Detlef Fischer

Zitatenschatz der Weltreligionen

Detlef Fischer

Zitatenschatz der Weltreligionen

Zentrale Aussagen und Begriffe aus

Judentum
Christentum
Islam
Hinduismus
Buddhismus

Aschendorff Verlag Münster

Gesamtherstellung: Aschendorff Medien GmbH & Co. KG, Druckhaus · Münster, 2003

Gedruckt auf säurefreiem, alterungsbeständigem Papier ∞

ISBN 3-402-05469-8

Vorwort

In neuerer Zeit scheinen das Interesse an Religion und die Beschäftigung mit religiösen Fragen wieder zuzunehmen. Hier und dort wird schon von einer Renaissance der Religion gesprochen. Mehr jedoch als in der Vergangenheit treten, bedingt durch Fernreisen, Migration und Medien, fremde Religionen ins Blickfeld der Menschen. Die Begegnung mit grundlegend anders geformten Anschauungen löste früher vor allem Ängste aus, denen in der Regel mit Abwehr und kultureller Einkapselung begegnet wurde. Das vollzog sich nicht nur in Europa, sondern auch in Asien. Bis heute gibt es Länder auf der Erde, die einen freien Zugang in ihr Staatsgebiet aus religiösen Gründen vollkommen oder teilweise unterbinden. Aber der Gefahr der Aufweichung der überlieferten Glaubensinhalte und Bräuche steht auch die Chance gegenüber, das Profil der eigenen Religion im Kontrast zu anderen Religionen zu schärfen und neu zu definieren.

Hier sehe ich auch die Aufgabe dieses Buches, das aus der ungeheuren Fülle der religiösen Literatur eine überschaubare und dennoch repräsentative Auswahl vorstellt. Da alle fünf großen lebenden Religionen sich im Laufe der Jahrhunderte, ja Jahrtausende weiterentwickelt haben, Zeiten des Niedergangs und Zeiten der Blüte erlebt haben, schien es mir sinnvoll, auch die Werke von Schriftstellern, Künstlern, Philosophen und Theologen hinzuzuziehen. Heilige Schriften bedurften und bedürfen immer wieder der Auslegung und Neuinterpretation, um der sich wandelnden Lebenswirklichkeit der Völker und Menschen gerecht zu werden. Schließlich sind auch Sprichwörter einzelnen Stichwörtern zugeordnet. Johann Gottfried von Herder schrieb einmal: „Sprichwörter sind die Spiegel der Denkart einer Nation." Diese „Denkart" ist immer auch ganz entscheidend von der Religion geprägt. Vor allem in Indien und China, wo die individuelle Leistung weniger hoch bewertet wird als im Westen, existiert eine große Fülle anonym verfasster Weisheitsliteratur.

Die Ordnung nach Stichworten machte es bei Bibelzitaten notwendig, mit mehreren Übersetzungen zu arbeiten. Im Wesentlichen sind die Bibelzitate der Einheitsübersetzung, der Luther-Bibel, der Zürcher Bibel und der „Guten Nachricht" entnommen.

Abschließend möchte ich betonen, dass der Arbeit an diesem Buch nicht die heute populäre Ansicht zugrunde liegt, dass „alle Religionen das Gleiche sagen". Nicht nur sind die verwendeten Begriffe der fünf Weltreligionen verschieden, es gibt – ebenso wie zahlreiche Übereinstimmungen – auch deutliche inhaltliche Unterschiede. Der Weg der Einebnung dieser Unterschiede und einer zu sehr gewollten „Gleichmachung" der Religionen führt meiner Meinung nach nicht weiter. Es scheint mir angemessener, Unterschiede als Unterschiede anzuerkennen und sie ebenso zu würdigen wie Ähnlichkeiten und Übereinstimmungen. Wenn alle Religionen gleich wären, wäre vielleicht einiges gewonnen, aber mit Sicherheit auch vieles an Farbe, Charakter und Vielfalt verloren.

Münster, im Juli 2003

Detlef Fischer

Die fünf Religionen sind durch folgende Buchstabenkürzel gekennzeichnet:

J Judentum

C Christentum

I Islam

H Hinduismus

B Buddhismus

Register aller Stichworte: S. 457–462

Aberglaube

Zuschanden werden alle, die den Bildern dienen, die der Götzen sich rühmen. (Bibel AT; Ps. 97,7) / Wenn dir jemand ein Amulett anrät – als nutzbringend für Gunst und Reichtum –, so trage es nicht, sondern habe dein ungeteiltes Vertrauen in Gott. Denn es wäre Abfall, wolltest du, wenn deine Pläne misslingen, dir einen anderen Herrn aussuchen als den Ewigen, deinen Gott. (Jehuda Hachassid, 13. Jhdt.; „Das Buch der Frommen") / Weil die große Menge immer gleich elend bleibt, bleibt sie nie lange demselben Aberglauben ergeben, vielmehr wird sie immer wieder von einem neuen Aberglauben angezogen, von welchem sie noch niemals getäuscht worden ist. (Baruch Spinoza, 1632–1677; „Theologisch-Politisches Traktat")

Sie beteten an, was Gott geschaffen hat, anstatt ihn selbst als Schöpfer zu ehren. (Bibel NT; Röm. 1,25) / Das heißt abergläubisch, wenn man seine Hoffnungen auf Formeln und Zeremonien setzt. Es heißt aber hochmütig sein, wenn man sich ihnen nicht unterwerfen will. (Blaise Pascal, 1623–1662) / Zuletzt ist Aberglaube schöner, heiliger, kräftiger als jene sieche Kraftlosigkeit des Indifferentismus, der bei den Worten Gott, Unsterblichkeit, Ewigkeit nichts denkt und sie nur als Redeform im Munde führt. (Adalbert Stifter, 1805–1868; „Ein Gang durch die Katakomben")

Allah gab euch Gattinnen aus euch selbst, und aus euren Gattinnen machte er Söhne und Enkel, und er hat euch versorgt mit Gutem. Wollen sie da an Nichtiges glauben und Allahs Huld verleugnen? (Korân; Sure 16,72) / Was den Mann zum Polytheismus und Unglauben führt, ist der Verzicht auf das Gebet. (Mohammed, 570–632; „Hadith") / Wer Gott um seiner Wohltaten willen liebt, der ist ein Götzenanbeter. (Abû Bakr asch-Schibli, gest. 945)

Nicht von den Göttern oder durch Wallfahrten, nicht durch Heldenmut, nicht durch Zaubersprüche oder magische Formeln, nicht durch Goldspenden, auch nicht durch die wertvolle Spende einer Wunschkuh an die Brahmanen, durch den Stein der Weisen oder den Wunderbaum erreicht man, was man sich wünscht, wenn nicht das Verdienst eigener guter Taten hinzutritt. (Aus Indien) / Wir müssen uns von dem Aberglauben befreien, etwas zu glauben, weil es „in den Schriften steht". – Bücheranbetung ist der schlimmste Götzendienst. (Swâmi Vivekânanda, 1862–1902; „Jnana-Yoga") / Die Kunst des Wahrsagens ist sicher unterbaut; denn sie ist auf des Menschen chronischer Krankheit – das Hoffen – gegründet. (Dhan Gopal Mukerdshi, 1890–1936; „Ghond")

Vermeide Niedrigkeit und Lässigkeit im Leben, Irrlehren flieh und sei der Weltlust nicht ergeben! (Gautama Buddha, um 550–480 v. Chr.; „Dhammapada") / Verblendung ist es auch, wenn man glaubt, Verblendung könnte entstehen oder beseitigt werden. Verblendung hat eigentlich keine Grundlage, sondern kommt nur durch unterscheidende Denktätigkeit zustande. (Huang-po, gest. 850) / Ein Beweisverfahren gegenüber der Wirklichkeit gibt es nicht. Wirklichkeit kann nicht bewiesen werden. Bewiesen werden können nur Vorgänge innerhalb der Wirklichkeit. (Paul Dahlke, 1865–1928)

Abgrund

Ein Abgrund ruft den andern an: der Abgrund des Elends den Abgrund der Barmherzigkeit, der Abgrund der Sünde den Abgrund der Gnade. (Bibel AT; Ps. 41,8) / Wehe dem, der allein ist; wenn er fällt, so ist kein anderer da, der ihm aufhelfe. (Bibel AT; Pred. 4,10)

Jeder Mensch ist ein Abgrund, es schwindelt einem, wenn man hinabsieht. (Georg Büchner, 1813–1837) / Man kann sich nicht davon abbringen, unablässig hineinzuhorchen in den Abgrund des Lebens und in den des Todes. (Antonin-Gilbert Sertillanges, 1863–1948) / Wir können in keinen Abgrund fallen als in den der Hände Gottes. (Ida von Coudenhove, 1901–1971)

Zu Ende geht es jetzt mit meinen Tagen, und ich steh noch, wo ich am Anfang stand. (Saadî, 1184–1283) / Zu meinen Seiten gähnt ein Abgrund: Dein Pfad ist mein Weg. Halte mich an der Hand, mein Gott, wenn ich falle, denn der Pfad bist du selbst. (Zia Gök-Alp, 1875–1924) / Um das spirituelle Ziel zu errreichen, müssen zwei Abgründe überquert werden: das Meer der Bindung und der Ozean der Gleichgültigkeit. (Hazrat Inayat Khan, 1882–1927; „Vadan“)

Durch Ungerechtigkeit gewinnt der Mensch, was wünschenswert erscheint. Er besiegt seine Feinde, geht aber darüber in seinem Wesen zugrunde. (Rabindranâth Tagore, 1861–1941) / Anzunehmen, dass wir hilflose Wesen seien, dem Strom (des Lebensrades) ausgeliefert, der uns schließlich in den Abgrund reißt, hieße einer Verzweiflungsphilosophie huldigen, einem Nihilismus. Wir können auch gegen den Strom schwimmen, und wir können sogar seine Richtung bestimmen! (Sarvepalli Radhakrishnan, 1888–1975) / Das denkende Bewusstsein schafft den Abgrund, das Herz überschreitet ihn. (Sri Nisargadatta Maharaj, 1897–1981; „Ich bin“)

Der Adler, der königliche Vogel der rötlichen Felsen, der seine Flügel im weiten Himmel ausstreckt, hat vor dem Fallen in den Abgrund keine Furcht. Der Flug des Adlers strebt zur Höhe des Himmels, hierin besteht seine Stärke. (Milarepa, 1052–1135; „Sieben Legenden“) / Durch die Worte verwirrt, stürzt ihr in den Abgrund. Im Zerwürfnis mit den Worten gelangt ihr in die Sackgasse des Zweifels. (Tung-shan Liang-chieh, 807–869; „San-mei-k’o“) / Wenn du zum wahren Nicht-Ich gelangen willst, musst du über dem Abgrund die Hände loslassen. (Hakuin Ekaku, 1686–1769)

Abhängigkeit

Weder dem Sohn noch dem Weibe, weder dem Bruder noch dem Freund sollst du über dich Gewalt geben. (Bibel AT; Sir. 33,20) / Die Ohnmacht des Menschen in Mäßigung oder Hemmung der Affekte nenne ich Knechtschaft; denn der von seinen Affekten abhängige Mensch ist nicht Herr über sich selbst, sondern dem Schicksal untertan. (Baruch Spinoza, 1632–1677; „Nachlass“) / Der Knecht singt gern ein Freiheitslied des Abends in der Schenke. (Heinrich Heine, 1797–1856)

Wo euer Schatz ist, da wird auch euer Herz sein. (Bibel NT; Lk. 12,34) / Dieses Suchen und dieses Anhangen an Jesus und dieses tiefe und stete Abhängigsein von Jesus ist unser Leben und unsere Kraft und all unser Vermögen. (Pierre de Berulle, 1575–1629) / Die Religion ist das Gefühl der schlechthinnigen Abhängigkeit. (Friedrich Schleiermacher, 1768–1834)

Die Herzen der Menschenkinder sind zwischen zwei Fingern des Allerbarmers wie ein einziges Herz, und er tut mit ihnen, was er will. (Mohammed, 570–632; „Hadith") / O Gott, du hast es gern, dass ich dich liebe, obgleich du meiner nicht bedarfst – wie sollte ich es nicht gern haben, dass du mich liebst, wo ich deiner so sehr bedarf. (Yahya ibn Mu'adh, gest. 871) / Nicht ein Atemhauch, den du tust, in dem er nicht eine seiner Bestimmungen in dir vollziehe. (Ibn Ata'ullah, gest. 1309; „Hikam")

Gott durchdringt wie die unendliche Zeit jedes Geschöpf und fügt sein Wohl und Weh; wie ein Vogel, festgebunden an einem Faden, hängt jedes Geschöpf von Gott ab, und er, der oberste Herr, spielt mit seinen Geschöpfen, wie es ihm gefällt, schafft und zerstört sie immer wieder. (Mahâbhârata; 500 v. Chr. bis 500 n. Chr.) / Das Leben mag den in die Welt Verstrickten noch so übel mitspielen, sie lernen nichts daraus. Das Kamel lässt nicht davon ab, dorniges Buschwerk zu fressen, obgleich ihm das Blut von der Zunge läuft. (Shrî Râmakrishna, 1834–1886; „Ewige Botschaft") / Individuelle Freiheit und gegenseitige Abhängigkeit sind gleich wichtig für das Zusammenleben. (Mahatma Gandhi, 1869–1948)

Wir sind alle voneinander abhängige Wesen, das sollten wir nicht vergessen. (Gautama Buddha, um 550–480 v. Chr.; „Dhammapada") / Angekettet an dieses vergängliche brennende Haus, entzündest du selbst das Feuer, nährst die Flammen, die dich verzehren. (Bankei Eitaku, 1622–1693) / Wenn ich schon in kurzer Zeit mein derzeitiges Heim, meine Verwandten und Freunde, die Besitztümer und selbst diesen Körper verlassen muss, wie kann ich da noch diesen gegenwärtigen – einem Traumgebilde gleichenden – Dingen anhaften? (Jesche Tsöndrü, 1761–1816; „Die Elixiere der Erleuchtung")

Abschied

Beweinet den, der leidet, nicht den, der scheidet! (Talmud; 70–500 n. Chr.) / Der Mensch tritt in die Welt mit geschlossenen Händen, als wolle er andeuten: Die ganze Welt ist mein; ich nehme sie in Besitz. Wenn er von der Welt scheidet, sind seine Hände ausgestreckt, als wolle er sagen: Ich habe von der Welt nichts mitgenommen; siehe, alles ist dein. (Midrasch; „Kohelet rabba 5,14") / Ein Abschied schmerzt immer, auch wenn man sich schon lange darauf freut. (Arthur Schnitzler, 1862–1931)

Das Herz möchte brechen, wenn es den fernen Abschiedsgruß derer hört, die man liebt, ein Abschied aus Schweigen und einer Gebärde, die man nicht sieht. (Antonin-Gilbert Sertillanges, 1863–1948) / Beim Abschied liebender Menschen: Der eine klagt unter Tränen und sagt: „Du gehst nun fort, wie wird es mir da ergehen?" Ein anderer: „Du gehst nun fort, wie wird es dir da ergehen?" (Peter Lippert, 1879–1936) / Weher tut kein Abschied als das Scheiden vom eigenen Willen. (Hugo Lang, 1892–1967)

Klage nicht: „Abschied, ach Abschied!", wenn man ins Grab mich geleitet, ist mir doch selige Ankunft hinter dem Vorhang bereitet. (Dschelâleddin Rûmî, 1207–1273) / Wenn du die ganze Welt erwirbst mit Ungemach, was hilft es? Wieder lassen musst du sie mit Ach. (Saadî, um 1215–1292) / Wer die Geheimnisse der Welt erkannt hat, geht schnell hinweg. – Wer seine Lektion gut lernte, verlässt die Schule. (Abu Talib Kalim, gest. 1651)

Verlässt der Lebenssaft einen Ast, dann verdorrt er. Verlässt er einen zweiten und dritten Ast, so verdorren auch diese. Verlässt er aber den ganzen Baum, dann verdorrt der ganze Baum. So erkenne es auch beim Menschen. Wenn ihn die Lebensenergie verlässt, dann stirbt er. Diese Lebensenergie aber stirbt nicht. (Chândogya-Upanishad; 800–500 v. Chr.) / Um einen todkranken Mann sitzen seine Verwandten herum und fragen ihn: Erkennst du mich? Erkennst du mich? Solange sein Sprechen noch nicht im Denken aufgegangen ist, sein Denken noch nicht im Atem, sein Atem noch nicht in der Hitze und diese noch nicht in der höchsten Gottheit, so lange erkennt er sie. (Chândogya-Upanishad, 800–500 v. Chr.) / Was geboren wird, muss sterben. Nur das Ungeborene hat keinen Tod. (Sri Nisargadatta Maharaj, 1897–1981; „Ich bin")

Eile nicht so, du Herbstwind, der auf dem Feld sich erhebt! (Dogen Zenji, 1200–1253) / Da dieser treibenden Welt letztlich keine Wirklichkeit zukommt – statt deinen Geist an Dinge zu hängen, lass los, lass los! (Bankei Eitaku, 1622–1693) / Als du auf die Welt kamst, weintest du, und um dich herum freuten sich alle. Lebe so, dass, wenn du die Welt verlässt, alle weinen und du allein lächelst! (Aus China)

Absicht, Absichtslosigkeit

Er, der im Himmel wohnt, ist selbst der Wächter und Schützer jenes Ortes; und wer in böser Absicht dorthin kommt, den schlägt er nieder. (Bibel AT; 2 Makk. 3,39) / Die Absicht, dass der Mensch glücklich sei, ist im Plan der Schöpfung nicht enthalten. (Sigmund Freud, 1856–1939) / Die meisten Menschen machen das Glück zur Bedingung. Aber das Glück findet sich nur ein, wenn man keine Bedingungen stellt. (Arthur Rubinstein, 1889–1982; „Erinnerungen")

Und Gott, der die Herzen erforscht, weiß, was die Absicht des Geistes ist: Er tritt so, wie Gott es will, für die Heiligen ein. (Bibel NT; Röm. 8,27) / Deine Absicht erst gibt deinem Werke seinen Namen. (Ambrosius, um 340–397, „Von den Pflichten") / Gott lässt keinen absichtslos leiden. (Hugo Löbmann, geb. 1864)

David fragte: „O Herr, was war deine Absicht bei der Erschaffung der Welt?" Und Gott sprach: „Ich war ein verborgener Schatz, und ich wollte erkannt werden, deshalb schuf ich die Welt." (Mohammed, 570–632; „Hadith") / Ich erkannt meinen Herrn durch das Zunichtewerden meiner Absichten. (Ali ibn Ali Talib, gest. 661) / Verlangen nicht alle Liebenden danach, den Freund zu treffen? Hier bin ich, ganz nahe, und wer mich sucht, der hat mich gefunden. Moses – der Friede sei mit ihm, hat gesagt: Herr, wo bist du, damit ich meine Schritte zu dir lenke? Wenn du mit dieser Absicht aufbrachst, antwortete Gott, so bist du schon am Ziel angekommen. (al-Ghazâlî, 1058–1112)

Wer keine Wünsche hat, Herz und Selbst bezähmt, allen Besitz verlässt, nur mit dem Körper handelt, der begeht kein Fehl. (Bhagavadgîtâ; ca. 300 v. Chr.) / Kennt man die Absicht eines bösen Menschen und hält ihn nicht von seiner Tat zurück, obwohl es einem möglich wäre, so ist man der gleichen Tat schuldig wie dieser. (Aus Indien) / Die Sonne geht auf, ohne es zu wünschen, absichtslos und ohne Kraftanstrengung. Aber sobald sie aufgeht, erwachen unbegrenzte Tätigkeiten auf der Erde. (Shrî Ramana Maharshi, 1879–1949)

Lass dich nicht durch andere von deinen Absichten abbringen. Wenn du führende Aufgaben hast, dann sei aufrichtig im Reden, redlich im Handeln, großzügig zu allen. Dann wird alles gut gelingen. (Gautama Buddha, um 550–480 v. Chr.; „Jâtaka") / Wie von (himmlischen) Musikinstrumenten der Ton ausgeht, ohne dass sie geschlagen werden, so geht vom Buddha die Lehre aus ohne ein Streben seinerseits. (Maitreyanâtha, um 300 n. Chr.; „Schmuck der Sutren des Mahayana") / Das Herz anderer roher, törichter Leute bändigen zu wollen, ohne den eigenen, einem irrsinnig tobenden Elefanten gleichenden Geist gezähmt zu haben, ist ein schwerwiegender Fehler. (Gampopa, 1079–1153; „Der kostbare Rosenkranz")

Abtötung

Rabbi Dosa, des Harkinas Sohn, sprach: Morgenschlaf, Mittagswein, Kindergeschwätz und Sitzen in den Versammlungshäusern der Unwissenden bringen den Menschen aus der Welt. (Sprüche der Väter 3,15; ca. 200 n. Chr.) / Jede Art von Erziehung hat es darauf abgesehen, das Leben reizlos zu machen, indem sie entweder sagt, wie es ist oder dass es nichts ist. (Karl Kraus, 1874–1936)

Die Lehre der Stoiker, dass wir unseren Bedürfnissen durch Ausrottung unserer Begierden abhelfen sollen, kommt mir ebenso vor, als wenn wir uns die Füße abschneiden sollten, damit wir keine Schuhe brauchen. (Jonathan Swift, 1667–1745; „Aphorismen") / Abtötung ist nicht Verneinung der Außenwelt, des eigenen Leibes, Vernichtung des eigenen Ich, Abtötung will nur wieder geordnete harmonische Beziehungen der Seele zum eigenen Ich, zum eigenen Leib und zur Um- und Mitwelt herstellen. (Augustin Mayer, geb. 1875) / Töte deine Augen ab, damit du einst das Antlitz Mariens im Himmel schauen kannst. (Don Bosco, 1815–1888)

Wer seinen Zorn unterdrückt, während er ihn hätte befriedigen können, dessen Herz macht Gott voll Frieden und Glauben. (Mohammed, 570–632; „Hadith") / Wie es auf dem Meere keine Rettung gibt außer durch ein Schiff, so vermag der Asket sich nicht vor der Welt zu retten außer durch Enthaltsamkeit. (Aus Persien)

Wer stärker als die Dinge ist, der ist Asket. (Aus Indien) / Würde sich mit Gott vereinen, wer da nackt geht hier auf Erden, müsste jedes Tier des Waldes der Erlösung teilhaftig werden. (Kabîr, 1440–1518; „Spruchgedichte")

Ob wochenlang ein Tor sich noch so sehr kasteit; wer treu der Lehre folgt, der übertrifft ihn weit. (Gautama Buddha, um 550–480 v. Chr.; „Dhammapada“) / Tötet alles, was ihr außerhalb eurer selbst findet, und auch das, was ihr in euch selbst entdeckt. (Lin-chi, gest. 867) / Wenn ihr meint, ihr könntet eure körperliche Verfassung so schwach machen, dass eure geistigen Kräfte frei werden, so wird dies nur so lange gehen, solange ihr euer asketisches Leben aufrechterhaltet. (Shunryu Suzuki, 1905–1971; „Zen-Geist“)

Achtsamkeit, Achtung

Habe auf dich Acht in allen deinen Werken. (Bibel AT; Tob. 4,14) / Seid achtsam, wenn ihr es mit Mächtigen zu tun habt, die Menschen zu ihrem eigenen Vorteil an sich binden. Sie erscheinen wie Freunde, solange man ihnen nutzt, stehen einem aber nicht zur Seite, wenn man in Not geraten ist. (Bibel AT; Spr. 2,3) / Ihr Weisen, gebt Acht auf eure Worte ... Die Schüler kommender Generationen könnten sie trinken und daran sterben, und dann wäre der Name Gottes entweiht. (Sprüche der Väter 1,11; ca. 200 n. Chr.) / Achtet auf die Armen, denn von ihnen wird die Lehre ausgehen. (Talmud; 70–500 n. Chr.; Nedarim 85b)

Das ganze Glück des Menschen besteht darin, bei anderen Achtung zu genießen. (Blaise Pascal, 1623–1662) / Jedes freie und offene Bekenntnis zwingt auch den rohesten Menschen zu schweigender Achtung. (Wilhelm E. von Ketteler, 1811–1877) / O Gott, ich achte so gerne, mir ist, als schnitt ich in mein eigen Fleisch hinein, wenn ich jemanden verachten muss. (Friedrich Hebbel, 1813–1863) / Ich achte jeden und fürchte keinen. (Don Bosco, 1815–1888)

Nur das wird dem Menschen vergolten, was er mit Vorbedacht getan. (Korân; Sure 53,40) / Wer Selbstachtung hat, der achtet andere, und wer keine Selbstachtung hat, der achtet andere nicht. (Husayn-al-Sulami, 936–1021; „Futuwwah“) / Wie unachtsam bist du, wenn du die Menschen mit deinen Flügeln fliegen lassen möchtest, und du kannst ihnen nicht einmal eine Feder geben. (Kahlil Gibran, 1883–1931; „Aphorismen“)

Vor Jähzorn und vor Bettelei, Geheimnisbruch und Wankelmut, vor Lüge, Spiel und Härte sei ein Freund besonders auf der Hut. (Nârâjana, 9./10. Jhdt.; „Hitopadesa“) / Lebt ihr in einem Raum voller Ruß, wird er trotz all eurer Achtsamkeit auf euch abfärben. (Shrî Râmakrishna, 1834–1886) / Gott achtet mich, wenn ich arbeite, aber er liebt mich, wenn ich singe. (Rabindranâth Tagore, 1861–1941)

Wenn wir achtsam mit den Dingen umgehen, werden sie uns zum Segen. Wenn wir sie unachtsam benutzen, zeitigen sie böse Folgen. (Gautama Buddha, um 550–480 v. Chr.; „Sutta-Nipâta“) / Wir alle streben nach Weisheit, denn Wissen haben wir genug. Die Weisheit aber kommt aus den vielen kleinen Aufmerksamkeiten des Lebens. (Gautama Buddha, um 550–480 v. Chr.; „Jâtaka“) / Selbst ist man Wächter über sich; welchen anderen Wächter könnte es denn geben? Wenn man sich selbst ganz in Kontrolle hat, bekommt man einen Wächter, wie er nur schwer zu erhalten ist. (Gautama Buddha, um 550–480 v. Chr.; „Dhammapada“)

Adel

Schrecken stürzen auf mich ein, verjagt wie vom Wind ist mein Adel, wie eine Wolke entschwand mein Heil. (Bibel AT; Hiob 30,15) / Wie schön sind deine Schritte in den Sandalen, du Edelgeborene. Deiner Hüften Rund ist wie Geschmeide, gefertigt von Künstlerhand. Dein Schoß ist ein rundes Becken, Würzwein mangle ihm nicht. Dein Leib ist ein Weizenhügel, mit Lilien umstellt. Deine Brüste sind zwei Kitzlein, wie die Zwillinge einer Gazelle. (Bibel AT; H.L. 7,2–4) / Welches ist der richtige Lebensweg, den ein Mensch wählen soll? – Es ist jeder, der einem in den eigenen Augen und in den Augen der anderen Menschen Ehre verschafft. (Sprüche der Väter 2,1; ca. 200 n. Chr.)

Gott hat nichts so Verborgenes in seinem ganzen Wesen, dass er der Seele unerreichbar wäre, deren Adel ja gerade darin besteht, dass sie es suchen kann. (Meister Eckhart, um 1260–1327) / Ich verachte den Adel, welchen bloß das Glück der Geburt erteilt und der nicht durch persönliche Verdienste erworben und unterstützt ist. (Ulrich von Hutten, 1488–1523) / Wer das Dasein Gottes leugnet, zerstört den Adel der Menschheit. (Francis Bacon, 1561–1626) / Der Adel besteht in Stärke des Leibes bei Pferden, bei Menschen in guter Denkart. (Matthias Claudius, 1740–1815, „Wandsbeker Bote“)

Ein Zweifaches ist es, worauf des Herzens Adel beruht: Das Wissen und die Macht. (al-Ghazâlî, 1058–1112; „Elixier der Glückseligkeit“) / Mache dein Herz zu einem Spiegel und siehe da, wie sich darin des Freundes Adel widerspiegelt. (Attâr, um 1136 bis ca. 1220) / Des Herzens Adel macht den Mann, und Reichtum ändert nichts daran. (Saadî, um 1215–1292; „Bostân“)

Dem helfen, der dir nicht geholfen hat, wohl tun, empfangene Wohltat nicht vergessen, aufrichten, wen das Schicksal niedertrat – daran wird wahre Vornehmheit ermessen! (Pantschatantra; 5. Jhdt.) / Sind doch die Edlen auf der Erde allüberall am heimischen Herde. (Nârâjana, 9./10. Jhdt.; „Hitopadesa“) / Ein Mensch ist, was er denkt, und wir sollen darum beten, dass unser Herz voll edler Gedanken sei. (Sarvepalli Radhakrishnan, 1888–1975; „Religion und Gesellschaft“) / Humane Anschauungen und humanes Verhalten finden wir oft ohne Bindung an irgendeine religiöse Lehre. Sie sollen sich auf den Glauben an den Adel der menschlichen Natur gründen. (B. H. Bon, geb. 1901; „Die Antwort der Religionen“)

Je mehr wir unsere Lebenskraft für andere hingeben, umso mehr strömt sie zu uns zurück. (Gautama Buddha, um 550–480 v. Chr.; „Sutta-Nipâta“) / Der Adel ist ein Verdienst für solche, die sonst keins haben. (Aus China) / Der Treffliche gleicht kostbarem Metall, unwandelbar in jeder Art. Der Schurke gleicht dem Balken einer Waage, stets pendelt er hinauf und hinab. (Sakya Pandita, 1182–1251; „Erlesene Aussprüche“)

Alkohol

Der Wein macht lose Leute, und starkes Getränk macht wild. (Bibel AT; Spr. 20,1) / Beim Weintrinken spiel dich nicht als Held auf, denn der Rebensaft hat schon viele zu Fall gebracht. (Bibel AT; Sir. 31,25) / Man ist nur Herr, sich den ersten Becher zu versagen, nicht den zweiten. (Ludwig Börne, 1786–1837) / Der Wein und die Wahrheit sind sich nur insofern ähnlich, als man mit beiden anstößt. (Moritz Gottlieb Saphir, 1868–1925)

Betrinkt euch nicht, denn der Wein macht haltlos. (Bibel NT; Eph. 5,18) / Für die Toten Wein, für die Lebenden Wasser: Das ist eine Vorschrift für Fische. (Martin Luther, 1483–1546) / Die Welt ist wie ein trunkener Bauer: Hebt man ihn auf einer Seite in den Sattel, so fällt er auf der anderen Seite wieder herab. (Martin Luther, 1483–1546) / Es säuft sich voll für sich kein unvernünftig Tier. O, hätten sie Vernunft, sie tränken auch wie wir! (Friedrich von Logau, 1604–1655; „Trunkenheit“)

Alles, was berauscht, ist verboten. (Mohammed, 570–632; „Hadith“) / Bin ich berauscht von edlem alten Wein, so bin ich's; bin ich ungläubig und voll Ketzereien, so bin ich's; die einen sagen dies von mir, die andern jenes, allein was hilft's? Wie Gott mir gab das Sein, so bin ich. (Omar Khayyâm, um 1045–1122; „Strophen“) / Der Herrscher eines Reiches fehlt, wenn er vergeudet Tag und Nacht in Rausch und Wein. (Saadî, um 1215–1292) / Du trinkst Wein, um berauscht zu werden; und ich trinke, dass er mich ernüchtern möge von jenem anderen Wein. (Kahlil Gibran, 1883–1931; „Aphorismen“)

Nicht ist die Verfehlung unser eigener Wille; es ist der Branntwein, der Zorn, die Würfel und Unverstand. (Rigveda; 1500–500 v. Chr.) / Berauschende Getränke, so sagt man, diese reiche Quelle des Elends, vernichten Körper, Vermögen, Verstand, Charakter und Wohlstand. Ist der Verstand getrübt, weil die Sinne ganz vom Alkohol beherrscht werden, achtet man weder auf Genießbares noch Ungenießbares und auf etwas anderes erst recht nicht. (Aus Indien)

Wie man vor Trunkenheit sich schützen kann? Man sehe sich recht den Trunkenen an! (Aus China) / Erst trinkt der Mensch Schnaps, dann trinkt der Schnaps Schnaps, und schließlich trinkt der Schnaps den Menschen. (Aus Japan) / Alles Geld der Welt ist nicht so viel wert wie zur rechten Stunde ein Becher besten Weines. (Aus China)

Alleinsein

Gott sprach: Es ist nicht gut, dass der Mensch allein sei. (Bibel AT; 1. Mos. 2,18) / Wehe dem, der allein ist; wenn er fällt, so ist kein anderer da, der ihm aufhelfe. (Bibel AT; Pred. 4,10) / Es gibt keinen Menschen, der nicht die Freiheit liebte; aber der Gerechte fordert sie für alle, der Ungerechte nur für sich allein. (Ludwig Börne, 1786–1837; „Der Narr im Weißen Schwan“) / Meine Liebe mag die Freunde erfreun; meinen Hass genieß ich für mich allein. (Paul von Heyse, 1830–1914, „Spruchbüchlein“)

Er (Jesus) redete nur in Gleichnissen zu ihnen; seinen Jüngern aber erklärte er alles, wenn er mit ihnen allein war. (Bibel NT; Mk. 2,7) / Der Mensch, welcher nur sich liebt, fürchtet nichts so sehr, als mit sich allein zu sein. (Blaise Pascal, 1623–1662; „Gedanken“) / Man ist allein mit allem, was man liebt. (Novalis, 1772–1801) / Jeder Mensch muss die letzten

Schritte allein tun, muss allein ringen um sein Ja zu Gottes schwerster Forderung (Hugo Lang, 1892–1967)

Sprich: Er ist der alleinige Gott, der unveränderliche Gott; er zeugt nicht und wurde nicht gezeugt. Niemand gleicht ihm. (Korân; Sure 112,1–4) / Alleinsein ist besser als ein schlechter Gesellschafter, aber ein rechtschaffener Gefährte ist besser als Alleinsein. (Mohammed, 570–632; „Hadith“) / Er gibt dir Ausdehnung, um dich in Beklemmung zu lassen; er gibt dir Beklemmung, um dich in Ausdehnung zu lassen; und er führt dich aus beiden, damit du nichts anderes hast als ihn alleine. (Ibn Ata'ullah, gest. 1309; „Hikam“)

In Frieden mit allen Kreaturen soll man im Walde leben, seine Sinne von der äußeren Welt abwenden und das Selbst (Atman) aus dem eigenen Körper heraus erkennen. (Maitrâyanî-Upanishad; 800–500 v. Chr.) / Allein kommt der Mensch zur Welt, allein stirbt er, allein genießt er den Lohn für seine guten und allein den Lohn für seine bösen Taten. (Aus Indien) / Wer mit Gott Freund sein will, muss allein bleiben oder die ganze Welt zu seinem Freund machen. (Mahatma Gandhi, 1864–1948)

Allein musst du essen, wohnen, wandeln und allein dich selbst erziehen; so wirst du wunschlos glücklich sein. (Gautama Buddha, um 550–480 v. Chr.; „Dhammapada“) / Der Mensch wird allein geboren und stirbt ganz allein: keinem anderen gehört ein Teil von dessen Leiden. (Sântideva, 7. Jhdt.; „Bodhicaryâvatâra“) / In all seinem Denken und Tun mit anderen – Weltmenschen – innerlich nicht übereinstimmen ist ein Kennzeichen eines edlen Menschen. (Gampopa, 1079–1153; „Der kostbare Rosenkranz“)

Alltag

Gelobt sei der Herr Tag für Tag! (Bibel AT; Ps. 68,20) / Schickt euch in die Verfassung des Landes, in welches ihr versetzt seid. Aber haltet euch standhaft bei der Religion eurer Väter. Tragt beider Lasten, so gut ihr könnt. (Moses Mendelssohn, 1729–1786) / Es bleibt der letzte und allgemeine Maßstab für den Wert eines Menschen, ob er auch der Andacht fähig ist, ob er seine Gedanken vom Staub des Werktages losmachen und eine Feiertagsstille in sich erzeugen und würdig genießen kann. (Paul von Heyse, 1830–1914)

Wenn ihr esst oder trinkt oder sonst etwas tut, so tut alles zur Ehre Gottes. (Bibel NT; 1. Kor. 10,31) / Wenn dein Alltag dir arm erscheint, klage ihn nicht an; klage dich an, dass du nicht stark genug bist, seine Reichtümer zu rufen; denn für den Schaffenden gibt es keine Armut und keinen armen gleichgültigen Ort. (Rainer Maria Rilke, 1875–1926) / Die wahre Lebensweisheit besteht darin, im Alltäglichen das Wunderbare zu sehen. (Pearl S. Buck, 1892–1973)

Der vollkommene Mystiker ist weder ein ekstatischer, in der Betrachtung der Einheit verlorener Schüler noch ein heiliger Einsiedler, der jeglichen Umgang mit den Menschen meidet. Der wahre Heilige geht unter den Leuten ein und aus und schläft und isst mit ihnen und kauft und verkauft auf dem Marktplatz und heiratet und nimmt teil am gesellschaftlichen Leben und vergisst Gott nicht einen Augenblick. (Abû Sa'îd-i Abû'l-Khair, gest. 1049) / Kleide dich, wie die Menschen sich kleiden, und iss, was sie essen. Innerlich aber sei von ihnen getrennt. (Abû'Ali ad-Daqqâq, gest. 1015 oder 1021) / Wer früh aufsteht, wird reich. (Aus der Türkei)

Aus Gott mein' Speis und Trank ich mache, Gott ist mein Bett, auf dem ich liege. Gott ist, was immer ich auch gebe oder nehme, stete Gemeinschaft habe ich mit Gott. Denn Gott ist hier und da, kein Platz, der von ihm leer wäre. (Nâm Dev, 1270–1350) / Die Wesensart verändert sich nach dem Umfeld, in dem man lebt und wirkt. (Shrî Râmakrishna, 1834–1886) / Jeder Dummkopf ist imstande, in irgendeinem Momente zum Helden zu werden. – Aber der echte große Mann ist im alltäglichen Leben noch groß. (Swâmi Vivekânanda, 1862–1902)

Wenn man an einer Stätte dauernd weilt, wird man müde der Welt durch täglichen, nahen Verkehr. (Milarepa, 1052–1135; „Sieben Legenden") / Bringt eure Erkenntnis immer in die alltäglichen Handlungen hinein. (Sokei-an Roshi, 1882–1945; „Der Zen-Weg") / Ein tiefes Empfinden für den Budhhismus zu haben ist nicht wichtig. Wir tun einfach, was wir tun sollen, so wie abends essen und ins Bett gehen. Das ist Buddhismus. (Shunryu Suzuki, 1905–1971; „Zen-Geist")

Allvermögen

Allüberall sind die Augen des Herrn, überwachen Böse und Gute. (Bibel AT; Spr. 15,3) / Außerhalb Gottes kann es keine Substanz geben und kann keine gedacht werden. (Baruch Spinoza, 1632–1677; „Die Ethik") / Alleinherrschaft kann nur bestehen, solange ein Volk in Stände zerfällt, welche, in einer unabwandelbaren Ordnung übereinander gebaut, die festen Stufen bilden, welche gemählich zum Throne führen. (Ludwig Börne, 1786–1837)

Es gibt nichts, was Gott verborgen wäre. Alles liegt nackt und bloß vor den Augen dessen da, dem wir Rechenschaft schuldig sind. (Bibel NT; Hebr. 4,13) / In Gott wird auch der Seele schöpferisches Allvermögen zuteil. (Meister Eckhart, um 1260–1327) / Allwissenheit ist das Auge, Güte das Herz, Wahrheit der Mund, Allmacht die Hand Gottes. (Johann Michael Sailer, 1751–1832, „Sprüche mit und ohne Glossen")

Allah ist Allah, außer ihm gibt es keinen Gott. Er ist der aus sich selbst Lebendige, der Ewige. – Er weiß, was war und was sein wird, und die Menschen begreifen seine Allwissenheit nur insoweit, als es ihm gefällt. (Korân; Sure 2,256) / Die meisten Philosophen sind der Ansicht, dass alle Dinge für Gott möglich sind. Dadurch lässt sich ableiten, dass sie auch das Böse als von Gott kommend für möglich erklären. Dass nun aber nicht alle Dinge für Gott möglich sind, ist offenbar; denn es ist undenkbar, dass das Vergängliche ewig sei oder das Ewige vergänglich. (Averroes, 1126–1198; „Metaphysik") / Ich bin das Stäubchen, ich bin der Sonnenball. Zum Stäubchen sag ich: Bleibe! Und zu der Sonne: Scheide! – Ich bin der Wesen Kette, ich bin der Welten Ring, der Schöpfung Stufenleiter, das Steigen und der Fall. (Dschelâleddin Rûmî, 1207–1273; „Ghaselen")

Das Brahman ist nicht etwas, was erst erlangt werden müsste. Denn wegen seiner Allgegenwart ist das Brahman, ähnlich wie der Raum, von solcher Art, dass es von jedem immer schon tatsächlich besessen wird. (Shankara, um 780–820; „Vedanta Sutras") / Aus dem Umgang mit Gebildeten geht Wissen hervor, aus dem Wissen gutes Benehmen, aus gutem Benehmen die Liebe der Menschen, und was geht aus der Liebe der Menschen nicht hervor? (Aus Indien) / Ein reiner und starker Wille ist allmächtig. (Swâmi Vivekânanda, 1863–1902)

Große, weit gespannte Pläne machen, als ob man ewig da sein könnte, anstatt zu leben, als ob man bei Anbruch des nächsten Tages von der Erscheinungswelt zu scheiden habe, ist ein schwerwiegender Fehler. (Gampopa, 1079–1153; „Der kostbare Rosenkranz") / Es ist nicht mein Geist, der denkt und geht, sondern der große Geist des Universums – ein mysteriöses Wort. (Sokei-an Roshi, 1882–1945; „Der Zen-Weg") / Wenn ihr unserer Lehre mit einem reinen, klaren Geist zuhört, dann könnt ihr sie annehmen, als ob ihr etwas hören würdet, was ihr schon gewusst habt. Das nennt man Leerheit oder allmächtiges Selbst oder Allwissenheit. (Shunryu Suzuki, 1905–1971; „Zen-Geist")

Almosen

Wer bettelnd lebt von milden Händen, auch der muss Ärmeren noch spenden. (Talmud; 70–500 n. Chr.; Gittin 7b) / Besser, du lebst von Almosen, als dass du – zur Schmach des Judentums und des jüdischen Namens – mit fremdem Gelde davonläufst. (Jehuda Hachassid, 13. Jhdt.; „Das Buch der Frommen") / Ein Geschenk gibt man, um jemanden zu sich heranzuziehen, ein Almosen – um jemanden loszuwerden. (Jüdisches Sprichwort)

Wenn du Almosen gibst, so wisse deine Linke nicht, was deine Rechte tut, dass dein Almosen verborgen bleibt; und dein Vater, der ins Verborgene sieht, wird es dir vergelten. (Bibel NT; Mt. 6,2) / Man gibt Almosen, um der Not abzuhelfen, aber nicht, um die Faulheit auf die Weide zu treiben. (Aurelius Augustinus, 354–430) / Um Almosen geben zu können, muss man nicht reich sein. (Don Bosco, 1815–1888)

Freundliche Worte und Verzeihen sind besser als ein Almosen, dem Ungemach folgt. Gott ist reich und mild. (Korân; Sure 2,263) / Was ihr hingebet an gutem und reichlichem Vermögen, das sei für Eltern und nahe Angehörige und für die Waisen und Bedürftigen und den Wandersmann. Und was ihr Gutes tut, wahrlich, Allah weiß es wohl. (Korân; Sure 2,215) / Wer um Almosen bittet, während er besitzt, was ihm reicht, bereitet sich ein großes Maß an Höllenfeuer. (Mohammed, 570–632; „Hadith")

Gaben soll man spenden, doch am rechten Ort; seine Meinung sagen ohne grobes Wort. (Nârâjana, 9./10. Jhdt. n. Chr.; „Hitopadesa") / Stets nur einen guten Menschen sollen Arme mit Bitten angehen, wäre sein Reichtum auch geschwunden: Die nach Wasser suchen, graben ja auch im trockenen Flussbett. (Aus Indien) / Gott fragt nicht, wem er gibt. (Aus Indien)

Die besten Reichtümer sind die, die man als Almosen verschenkt; und der feinste Schmuck ist der Verstand. (Sakya Pandita, 1182–1251; „Kostbare

Schatzkammer der Tugenden") / Mit Geiz, List und Unredlichkeit Reichtümer anhäufen, ohne von seinen Gütern Almosen und Gaben zu spenden, ist ein schwerwiegender Fehler. (Gampopa, 1079–1153; „Der kostbare Rosenkranz")

Alt, Alter

Vor einem grauen Haupte sollst du aufstehen und das Alter ehren und sollst dich vor deinem Gott fürchten. (Bibel AT; 3. Mos. 19,32) / Ein Greis im Hause – eine Bürde im Hause; eine Greisin im Hause – ein Schatz im Hause. (Talmud; 70–500 n. Chr.; Erachim 19 a) / Das Alter, das man haben möchte, verdirbt das Alter, das man hat. (Paul von Heyse, 1830–1914) / Charakteristisch für das Alter sind, meiner Meinung nach, Vollkommenheit der Mittel und Unsicherheit in den Zielen. (Albert Einstein, 1879–1955)

Keiner, der alten Wein getrunken, verlangt wohl gleich darauf jungen; er wird sagen: Der alte ist besser. (Bibel NT; Lk. 5,39) / Wäre der Geist mit Gott allezeit geeint, wahrlich, der Mensch könnte nicht altern. (Meister Eckhart, um 1260–1327) / Willst du alt werden, so werde balde alt. Behalt den Kragen warm, fülle nicht zu sehr den Darm, mache dich der Frau nicht zu nah, also wirst du langsam grau. (Martin Luther, 1483–1546; „Tischreden")

Und Allah erschafft euch, dann lässt er euch sterben; und es gibt manche unter euch, die ins hinfällige Greisenalter getrieben werden, so dass sie nicht wissen, nachdem sie doch einst Wissen besessen hatten. (Korân; Sure 16,70) / „Aber Hafis, du bist alt und nah dem Grabe!" Ach, des Hafis altes Herz ist jung, wie immer, so auch heute. Hör ich auch die Grabesglocken schon von ferne, schlag ich doch die Laute, küsse kühn, wie immer, so auch heute. (Hâfis, 1326–1390) / Wer das Alter nicht ehrt, ist des Alters nicht wert. (1001 Nacht; 16./17. Jhdt.)

Grau wird das Haupt, es zittert die Sehne, und aus dem Mund fallen die Zähne; kaum kann die Hand noch den Stab umfassen, aber doch willst du die Hoffnung nicht lassen. (Shankara, 788–820; „Lehrgedichte") / Mit Unlieben zusammen zu sein, von Lieben getrennt zu leben und mit Schlechten zu verkehren ist der Schmerz derer, die lange leben. (Aus Indien) / In der ersten Jugend handle man so, dass man im Alter glücklich leben kann. Während des ganzen Lebens handle man so, dass man im Jenseits glücklich leben kann. (Aus Indien)

Ein Ehrwürdiger ist nicht der, dessen Haupt mit weißem Haar bedeckt. Herangereift ist seine Zeit, „umsonst gealtert" nennt man ihn. In jenem, wo die Wahrheit wohnt, Recht, Güte, Selbstverzicht, Geduld: Der Fleckenreine, Standhafte, der wird „Ehrwürdiger" genannt. (Gautama Buddha, um 550–480 v. Chr.; „Majjhima-Nikâya") / Das Nirvana ist zunächst kein Sein, weil daraus folgen würde, dass es die Merkmale des Alters und Todes trägt. Denn es gibt kein Sein ohne Alter und Tod. (Nâgârjuna, um 200 n. Chr.; „Merkverse der mittleren Lehre") / Mögen die Jahre vergehen, der Geist wird nicht älter: der Geist, der sich selbst immer gleich bleibt. (Bankei Eitaku, 1622–1693)

Altruismus

Wohl tun errettet vom Tode. (Bibel AT; Spr. 10,2) / Liebe ist nicht das Höchste. Über der Liebe steht die Selbstvergessenheit. (Walther Rathenau, 1867–1922)

Ihr sollt nicht an euch selbst denken, sondern an die andern. (Bibel NT; 1. Kor. 10,24) / Bis zu einem gewissen Grade selbstlos sollte man schon aus Selbstsucht sein. (Marie von Ebner-Eschenbach, 1830–1916; „Aphorismen")

Bei dem, in dessen Hand meine Seele ist: Niemand von euch ist wirklich gläubig, bis er seinem Bruder das wünscht, was er sich selbst wünscht. (Mohammed, 570–632; „Hadith") / Der selbstlose Mensch zieht größeren Nutzen aus dem Leben als der Eigennützige, dessen Gewinn sich schließlich als Verlust erweist. (Hazrat Inayat Khan, 1882–1927; „Gayan")

Wer nicht selbstsüchtig ist, sagt: „Ich will der Letzte sein, ich frage nicht danach, ob ich in den Himmel komme; wenn ich damit meinen Brüdern helfen kann, so will ich auch zur Hölle fahren." (Swâmi Vivekânanda, 1862–1902) / Ein anderer Name für Glaube ist Selbstlosigkeit. (Shrî Aurobindo, 1872–1950)

Wer Speise und Trank gläubig hingibt, auch Kränze, Wohlgerüche und Salben, frommen Gemütes und friedvoll ist, der findet fürwahr in den Himmeln seine Heimstatt. (Gautama Buddha, um 550–480 v. Chr.; „Jâtaka") / Ist mein Geist durch Erregung und Sinken zerstreut, kann ich die Natur der Selbstlosigkeit nicht einwandfrei erkennen. (Jesche Tsöndrü, 1761–1816; „Die Elixiere der Erleuchtung")

Andacht

Wer Gott recht liebt, muss nicht verlangen, dass Gott ihn wiederliebe. (Baruch Spinoza, 1632–1677) / Es bleibt der letzte und allgemeine Maßstab für den Wert eines Menschen, ob er auch der Andacht fähig ist, ob er seine Gedanken vom Staub des Werktages losmachen und eine Feiertagsstille in sich erzeugen und würdig genießen kann. (Paul von Heyse, 1830–1914)

Durch wahre Philosophie wird die Seele still, zuletzt andächtig. (Friedrich Heinrich Jacobi, 1746–1803) / Andacht muss dir alles sein, Tempel alles hier auf Erden! Jeder Stein muss Brot dir werden, jedes Wasser Freudenwein. (Johannes Hessen, 1889–1971)

Kaaba wie Tempel sind ein Bild der Andacht, auch aus der Christen Glocken quillt nur Andacht. Ja, Kirche, Kanzel, Kreuz und Rosenkranz sind alle wahrlich nur ein Schild der Andacht. (Omar Khayyâm, um 1045–1122) / Jedwede Andachtsrichtung ist viel besser als das Selbstanbeten. (Hâfis, 1326–1390; „Ghasel")

An mich denkend, mich verehrend, mir opfernd, huldige mir allein! Gibst du in Andacht mir dich hin, dann gehst du einstmals ein zu mir. (Brahma-Nirvana) / Ist die falsche Meinung von der eigenen Person geschwunden und der höchste Geist erkannt worden, so ist, wohin sich der Geist auch wendet, Andacht da. (Aus Indien)

Der Erde gleiche in deiner Andacht! Dann werden keine Reize, weder angenehme noch unangenehme, deinen Geist aus der Ruhe bringen. Wie die

Erde, wenn man Reines oder Unreines und Schmutziges auf sie hinwirft, sich nicht davor entsetzt und sich nicht dagegen sträubt, so werden dich keinerlei Reize aus deiner Ruhe bringen, wenn du in deiner Andacht der Erde gleichst. (Gautama Buddha, um 550–480 v. Chr.; „Digha-Nikâya") / Demütiger Glaube und reine Andacht reinigen das falsche Denken. (Phadampa Sangay, um 1100)

Andere, anderer

Auch die Frommen der anderen Völker haben Anteil am Paradies. (Talmud; 70–500 n. Chr.; Tosefta zu Sanhedrin 80,13) / Solltet ihr meinen, ihr wäret Ehrlichkeit nur den Israeliten schuldig, weil diese sich brüderlich gegen euch betragen, so haben gegen eine solche Meinung bereits alle unsere großen Lehrer die Mahnung ausgesprochen, dass es verboten sei, Nichtjuden zu hintergehen. (Jechiel ben Jekutiel ben Benjamin, 2. Hälfte 13. Jhdt.) / Das Geheimnis jeder Macht besteht darin, zu wissen, dass andere noch feiger sind als wir. (Ludwig Börne, 1786–1837; „Der Narr im Weißen Schwan")

Wer in Klöstern etwas anderes sucht als Gott und sein Seelenheil, der wird nichts finden als Plage und Herzeleid. (Thomas a Kempis, 1380–1471) / Der Mensch, der es unternimmt, andere zu bessern, verschwendet seine Zeit, wenn er nicht bei sich selbst beginnt. (Ignatius von Loyola, 1491–1556 „Exerzitien") / Schlag dem andern keine Wunde, denn der andere bist du. (Isolde Kurz, 1853–1944) / Sobald ein Mensch vom göttlichen Leben ergriffen ist, muss er ganz und gar für die anderen sein. (Joseph Wittig, 1879–1949)

Mähe das Schlechte aus der Brust eines anderen, indem du es aus deiner eigenen Brust reißest. (Ali ibn Ali Talib, gest. 661) / Ein Bettler ist, wem andrer Müh' verhilft zu seinem Brote. (Aus Persien) / Die Wirklichkeit eines Menschen liegt nicht darin, was er dir offenbart, sondern in dem, was er dir nicht offenbaren kann. Wenn du ihn daher verstehen willst, höre nicht auf das, was er sagt, sondern vielmehr auf das, was er verschweigt. (Kahlil Gibran, 1883–1931; „Aphorismen")

Mit unseren eigenen Augen sehen wir, wie der Mond aussieht. Wie könnten wir dies durch die Augen anderer erfahren? (Shankara, 788–820; „Kleinod der Unterscheidung") / Wozu andere tadeln und ihre Vergehen erwähnen? Man tue vielmehr, was angenehm, angemessen und einem selbst zuträglich ist. (Aus Indien) / Du unterscheidest dich nicht von anderen Menschen. Die meisten ihrer Erfahrungen haben auch für dich Gültigkeit. (Sri Nisargadatta Maharaj, 1897–1981; „Ich bin")

Keiner hintergehe den andern, keiner überhebe sich in irgendeiner Weise gegenüber dem andern; keiner suche aus Zorn oder Hassgefühl dem andern Leid anzutun. (Gautama Buddha, um 550–480 v. Chr.; „Sutta-Nipâta") / Spanne nicht eines anderen Bogen! Reite nicht eines anderen Pferd! Sprich nicht über eines anderen Fehler! Erforsche nicht eines anderen Angelegenheiten! (Wu-men Hui-kai, 1183–1260; „Wu-men-kuan") / Man soll sich nicht auf die Religion eines anderen verlassen. Man muss sich auf die eigene Religion verlassen. (Sokei-an Roshi, 1882–1945; „Der Zen-Weg“)

Anfang

Am Anfang schuf Gott Himmel und Erde. Und die Erde war wüst und leer, und es lag Finsternis auf der Tiefe, und der Geist Gottes schwebte über den Wassern. (Bibel AT, 1. Mos. 1,1) / Wenn der Mensch Münzen mit einem Stempel prägt, sind sie alle einander gleich. Der König aller Könige, der Heilige, er sei gepriesen, bildet jeden Menschen dem Adam nach, aber trotzdem ist kein Mensch dem anderen gleich. Deshalb ist jeder Mensch verpflichtet zu sagen: „Um meinetwillen wurde die Welt erschaffen.“ (Talmud; 70–500 n. Chr., „Mischna“) / Dem Menschen kann nicht von Anfang an eine gute oder schlechte Eigenschaft von der Natur mitgegeben worden sein. Es kann ihm aber die Anlage zur Tugend oder zum Laster mitgegeben sein, so dass ihm dementsprechende Taten leichter fallen als die anderen. (Moses Maimonides, 1135–1204; „Acht Kapitel“) / Alt sein ist eine herrliche Sache, wenn man nicht verlernt hat, was anfangen heißt. (Martin Buber, 1878–1965)

Am Anfang war das Wort, und das Wort war bei Gott, und Gott war das Wort. Dasselbige war im Anfang bei Gott. Alle Dinge sind durch das dasselbige gemacht, und ohne dasselbige ist nichts gemacht. (Bibel NT; Joh. 1– 3) / Schwerer Anfang ist zumeist zehnmal heilsamer als leichter Anfang. (Jeremias Gotthelf, 1797–1854) / Der alte Satz: „Aller Anfang ist schwer“ gilt nur für Fertigkeiten. In der Kunst ist nichts schwerer als beenden. (Marie von Ebner-Eschenbach, 1830–1916; „Aphorismen“)

Waret ihr Menschen etwa schwerer zu erschaffen oder der Himmel? Er baute ihn, hob sein Dach hoch und machte, dass er gleichmäßig ist. Und er ließ ihn bei Nacht dunkel werden und die Tageshelle an ihm zum Vorschein kommen. Und danach breitete er die Erde aus und ließ ihr Wasser und ihre Weide daraus hervorkommen. Und er befestigte die Berge, euch und eurem Vieh zur Benützung. (Korân; Sure 79,27–33) / Die Vollkommenheiten aller Dinge gehen auf die Vollkommenheit des ersten Seienden zurück, und die Notwendigkeit ihrer Existenz ist verursacht von der Existenz des ersten Seienden. (Averroes, 1126–1198; „Metaphysik“) / Zum Meere geht, was aus dem Meer je kam, und alles kehrt, woher es Anfang nahm. (Dschelâleddin Rûmî, 1207–1273; „Spruchgedichte“) / Geschick, Rechtleitung, Schöpfung sind der Anfang, „Erbarmung für die Welten“ ist das Ende. (Muhammad Iqbal, 1877–1938)

Im Anfang – da war weder das Sein noch das Nichtsein; kein Luftraum war, kein Himmel darüber her. Wer hielt die Welt in Hut, wer schloss sie ein? Wo war der tiefe Abgrund, wo das Meer? (Rigveda 10; 1500–500 v. Chr.) / Diese Welt war am Anfange, und sie war nicht: Es war nur der Geist, der existierte. (Shatapatha-Brâhmana 10; 1000–500 v. Chr.) / Zwischen den einzelnen Sekten Indiens bestehen zwar Meinungsverschiedenheiten über die Natur der menschlichen Seele, doch in bestimmten Punkten herrscht völlige Einmütigkeit. So glauben wir alle, dass die Seelen ohne

Anfang und ohne Ende, somit also unsterblich sind und alle Kräfte, Segnung, Reinheit, Allgegenwärtigkeit und Allwissenheit, in jeder Seele vereinigt sind. (Swâmi Vivekânanda, 1863–1902)

Was keinen Anfang, was keine Mitte und was kein Ende hat, ist unsichtbar. Wer kann es sehen? (Âryadeva, 3. Jhdt. n. Chr.; „Werk in vierhundert Strophen") / Wenn man die gesamte Welt zu Lehm zerkleinert und daraus Kügelchen in der Größe von Wacholderbeeren formt, so könnte man diese doch noch genau zählen; für die Mütter einer Gattung ist jedoch kein Anfang festzustellen; so wird es gelehrt. Denn wer könnte ein Ende aufzeigen, das dieses anfanglose Dasein begrenzt? (Jesche Tsöndrü, 1761–1816; „Die Elixiere der Erleuchtung") / Im Anfang war das Wort – aber am Ende ist kein Wort. (Junyu Kitayama, 1904–1962; „West-östliche Begegnung")

Anfechtung

Wer den Herrn fürchtet, den trifft kein Unheil; fällt er in Versuchung, wird er wieder befreit. (Bibel AT; Sir. 33,1) / Der böse Trieb ist zuerst dünn wie Spinnfäden; bald aber wird er stark wie Wagenseile. (Talmud; 70–500 n. Chr.; Sukka 52a) / Wer eine Sünde zweimal begangen hat, der hält sie für keine Sünde mehr. (Talmud; 70–500 n. Chr.)

Die Gelegenheit ist der größte Dieb, ein Teufel über alle Teufel. Sie betört die Weisesten, befleckt die Keuschesten, hintergeht die Behutsamsten und verführt die Heiligsten. (Abraham a Santa Clara, 1644–1709) / Jede Anfechtung verschönert den Menschen. (Sören Kierkegaard, 1813–1855) / Der Teufel schläft nicht. (Fjodor M. Dostojewski, 1821–1881)

Verlockend ist den Menschen gemacht die Liebe zu dem, was man begehrt: Frauen, Söhne, ganze Zentner von Gold und Silber, markierte Pferde, Vieh und Ackerland. Dies ist Nutznießung des diesseitigen Lebens. Aber bei Gott ist die schöne Heimstatt. (Korân; Sure 3,14) / Ein Mann befindet sich nie allein mit einer Frau, ohne dass nicht der Teufel sich als Dritter zu ihnen gesellt. (Mohammed, 570–632; „Hadith")

Den sichtbaren Feind der Erkenntnis klar erschauend, gibt sich der Allzuschwache – Rätsel! – den Wünschen hin, dem dunklen beider Pole zugewandt. (Ashtâvakra-Gîtâ; ca. 2. Jhdt. v. Chr.) / Den können Gut und Böse nicht anfechten, der das Einssein der Natur und seines Selbst mit dem Höchsten in Gänze erkannt hat. (Shrî Râmakrischna, 1834–1886)

Geistiges Streben, verbunden mit spiritueller Rüstung gegen Versuchungen und mit innerer Stärke, ist unentbehrlich. (Gampopa, 1079–1153; „Der kostbare Rosenkranz") / In dir liegt eine dunkle Welt, die du nicht kennst. Stelle dich ihr mit den Waffen des Lichts. (Drugpa Rinpoche, gest. 1989; „Tibetische Weisheiten")

Angst

Des Bösen Leben ist voll Angst; nur wenige Jahre sind dem Gewaltmenschen bestimmt. (Bibel AT; Hiob 15,19) / Wisse, deine Seele ist ein Erz, das keiner zermalmen und nur Gott verschmelzen kann. Darum fürchte den Widersacher nicht, fürchte nichts und niemand. (Israel ben Eliser,

1699–1760; „Legende des Baalschem") / Diejenigen fürchten das Pulver am meisten, die es nicht erfunden haben. (Heinrich Heine, 1797–1856)

Warum habt ihr solche Angst? Ihr habt zu wenig Vertrauen. (Bibel NT; Mt. 8,26) / Lobe Jesus in den Stunden der heißesten Angst wie in den Stunden des höchsten Jubels. (Thomas a Kempis, 1380–1471) / Die Angst ist der Fluch des Menschen. (Fjodor M. Dostojewski, 1821–1881; „Die Teufel")

Wir senden die Gesandten nur als Freudenboten und Warner. Diejenigen nun, die glauben und Gutes tun, haben nichts zu befürchten, und sie werden nicht traurig sein. (Korân; Sure 6,48) / Wem vor der Liebe Leiden bangt, der geht nicht auf der Liebe Pfaden. (Tûtî-Nâmeh, 14. Jhdt.; „19. Abend") / Der Gottesfürchtige fürchtet sich vor nichts. Wer aber Gott nicht fürchtet, der fürchtet sich vor allem. (Sufi-Weisheit)

Alles, was es gibt, diese ganze Welt, ist aus dem Prâna, der feinstofflichen Lebensenergie, hervorgegangen und vibriert darin. Sie ist das, was man bei großer Angst spürt. Wie ein Blitz leuchtet sie auf. Wer das erkennt, der wird unsterblich. (Katha-Upanishad; 800–500 v. Chr.) / Weisheit kann Angst nicht bannen, Angst jedoch kann Weisheit bannen. (Mahâbhârata; 500 v. Chr. bis 500 n. Chr.) / Die Angst ist die Hauptursache allen Unglücks in der Welt. Die Furcht ist der größte Aberglaube. (Swâmi Vivekânanda, 1862–1902)

Wir sind von unserem Ursprung getrennt, deswegen haben wir Angst. Wenn wir begreifen, dass wir mit allen Wesen verbunden sind, verlieren wir unsere Angst. (Gautama Buddha, um 550–480 v. Chr.; „Jâtaka") / Dem Wesen nach ist alles das Unbewegte. Droht man mit Speer und Schwert, so zuckt mir keine Wimper. Schleicht Gift heran, so fürchte ich mich nicht. (Yung-chia Hsüan-chüeh, 665–713) / Finde zur Kühnheit und Klarheit des Kriegers zurück: Steige in dich selbst hinab, und schneide dort die Wurzeln der Angst ab. (Drugpa Rinpoche, gest. 1989; „Tibetische Weisheiten")

Anmut

Wer ein reines Herz liebt, dessen Lippen haben Anmut. (Bibel AT; Spr. 22,11) / Wen der Herr gesegnet, holdselig ist er über alle Menschenkinder, voll Anmut strahlt sein Angesicht. (Bibel AT; Ps. 44,3) / Anmut ohne Schönheit ist ein Magnet, der heimlich, aber fest zieht, ein Glanz, der nicht blendet, aber wohl tut, ein Zauber, der nicht überrascht, aber beseligt. (Moritz Gottlieb Saphir, 1795–1858; „Nachtschatten") / Eleganz ist gemeisterte Verschwendung. (Walter Rathenau, 1867–1922)

Anmut machet schön das Weib. (Walther von der Vogelweide, um 1170 bis um1230; „Schönheit und Anmut") / Wie die Mode (Gewohnheit) die Anmut schafft, so schafft sie auch die Gerechtigkeit. (Blaise Pascal, 1623–1662) / Anmut ist ein Ausströmen der inneren Harmonie. (Marie von Ebner-Eschenbach, 1830–1916; „Aphorismen")

Gott hat mir lieb gemacht von eurer Welt die Frauen und den Duft, und mein Augentrost ist im Gebet. (Mohammed, 570–632; „Hadith") / Die

Frau ist ein Skorpion von süßer Umgangsart. (Ali ibn Ali Talib, gest. 661) / Feines Benehmen, mit Aufrichtigkeit gepaart, wird zu einer lebendigen Kunst. (Hazrat Inayat Khan, 1882–1927; „Gayan“)

Der Mensch übe ein Betragen, welches angemessen ist seinem Alter, Verstande, Reichtum, seiner Rede, Kleidung, Veda-Kunde, Familie und seinen Taten. (Yâjnavalkya; 2.-5. Jhdt.) / Ist ein Kluger mit Vorzügen ausgestattet, so erfahren sie durch ihn eine Steigerung: Schöner funkelt der Edelstein, wenn er in Gold gefasst ist. (Aus Indien) / Alle Menschenkinder preisen Reichtum und ein langes Leben; aber mehr noch sind die Greisen einer jungen Frau ergeben. (Nârâjana, 9./10. Jhdt. n. Chr.; „Hitopadesa“)

Im Frühling blühen hundert Blumen, im Herbst scheint der Mond, - im Sommer weht ein kühler Wind, im Winter fällt Schnee. (Wu-men Hui-kai, 1183–1260; „Wu-men-kuan“) / Wenn ihr in euren Handlungen mit der Natur in vollkommenem Kontakt und Einklang seid, „tut“ ihr nichts. (Sokei-an Roshi, 1882–1945; „Übertragung des Zen“) / Anmut macht eine schöne Frau noch schöner, eine entzückende Frau noch entzückender, Anmut macht eine alte Frau jung und eine hässliche schön. Anmut bringt Gefühle hervor und bezaubert auf unmerkliche Art. (Aus China)

Anstand

Was dir selbst zuwider, das tue niemandem an! (Bibel AT; Tob. 4,14) / Wie der Mensch will, dass sich die Mitmenschen gegen ihn benehmen, so soll er sich auch gegen sie bezeigen. (Jechiel ben Jekutiel ben Benjamin, 2. Hälfte 13. Jhdt.)

Wer liebt, ist nicht taktlos. (Bibel NT; 1. Kor. 13,5) / Es gibt nicht zwei Sorten von Anständigkeit, und was ein anständiger Mensch nicht darf, das darf auch ein anständiger Staat nicht. (Theodor Fontane, 1819–1898) / Wenn einer von seiner Anständigkeit spricht, zähle die Löffel. (Aus Polen)

Die Frauen ehret nur, wer selber ehrenwert, und verachtet nur, wer selbst verachtenswert. (Aus Arabien) / Verdienten Männern Kummer zu bereiten ist ungeziemend; sich wie ein wildes Tier herumzustreiten ist ungeziemend; voll Prahlerei und Wichtigtuerei großtun mit seinen Nichtigkeiten ist ungeziemend. (Hâfis, 1326–1390; „Der Sänger von Schiras“)

Den Mann voll Willenskraft, der klüglich handelt, der treue Freundschaft hält, der frei von Lastern wandelt, nicht aufschiebt, dankbar ist, vor Kampf nicht bebt zurück, bei ihm zu wohnen, sucht ihn selber auf das Glück. (Nârâjana, 9./10. Jhdt.; „Hitopadesa“) / Ein Törichter, der den Fehler macht, sich aufgrund falschen Lobes für besser als andere zu halten, verliert ganz bestimmt sein Ansehen. (Aus Indien)

Vermöchten wir alle nur für einen einzigen Tag höflich zu sein: Die Feindschaft unter den Menschen würde sich in Liebe verwandeln. (Aus China) / Ein Lehrer, der sich nicht vor seinem Schüler verbeugen kann, kann sich auch nicht vor Buddha verbeugen. (Shunryu Suzuki, 1905–1971; „Zen-Geist“) / Ein Mord mag verziehen werden, Unhöflichkeit nie. (Aus China)

Anstrengung

Im Schweiße deines Angesichts sollst du dein Brot essen. (Bibel AT; 1. Moses 3,19) / Halte den Knecht zur Arbeit, so hast du Ruhe vor ihm. Lässest du ihn müßig gehen, so will er Junker sein. (Bibel AT; Sir. 33,26) / Durch anhaltende Betrachtung schwerer Dinge wird die Seele abgespannt und der Geist abgestumpft. Gleichwie der Körper durch Verrichtung schwerer Arbeiten erschlafft und erst, wenn er ruht und rastet, wieder in die rechte Verfassung kommt, so ist es auch ein Bedürfnis der Seele, auszuruhen und sich durch Ergötzung der Sinne beschäftigen zu lassen. (Moses Maimonides, 1135–1204; „Acht Kapitel")

Geh keiner Arbeit aus dem Weg, auch dann nicht, wenn du dir einbildest, sie ginge über deine Kraft! (Johannes vom Kreuz, 1542–1591) / Kraftvolle Menschen lieben, was ihre Kraft anstrengt. Aber alle Schwächlinge lieben es nicht, solche Männer in ihrer Mitte zu haben. (Johann Heinrich Pestalozzi, 1746–1827) / Unter einem leeren Sack wird oft ärger gekeucht als unter einem vollen. (Aus Ungarn)

Jeder Mensch sei König in seinem Gewerbe! (Aus Arabien) / Der hungrige Esel läuft schneller als das satte Rennpferd. (Aus der Türkei) / Die Menschen lassen sich in drei Klassen einteilen: diejenigen, die unbeweglich sind, diejenigen, die beweglich sind, und diejenigen, die sich bewegen. (Aus Arabien)

Durch Anstrengung gelingen die Werke, nicht durch Wünsche. Es läuft das Wild nicht in den Rachen des schlafenden Löwen. (Nârâjana, 9./10. Jhdt.; „Hitopadesa") / Der Weise strengt sich selbst an mit ganzem Ernst und mit dem festen Willen, frei zu sein von der Knechtschaft der Welt, als ob er von einer Krankheit frei werden wollte. (Shankara, 788–820; „Sankaracharya") / Ein Gottwissender und ein Gottliebender gingen einst durch einen Wald. Unterwegs sahen sie einen Tiger. Der Gottwissende sagte: „Zur Flucht ist kein Anlass; der Allmächtige wird uns sicher beschützen!" Der Gottliebende sagte: „Nein, Bruder, lass uns davonlaufen. Warum sollen wir Gott um etwas bemühen, was wir durch eigene Anstrengung erreichen können?" (Shrî Râmakrishna, 1834–1886; „Worte des Râmakrishna")

Die Waffenschmiede biegen die Speere und Lanzen für den Krieg zurecht. Die Zimmerleute biegen das Holz für den Hausbau. So biegen die weisen Menschen ihr eigenes Leben für die Wahrheit. (Gautama Buddha, um 550–480 v. Chr.; „Dhammapada") / Obwohl ich mich mit hundertfachen Anstrengungen im Ozean der unzähligen Zeitalter mühte, ist die große Vereinigung doch nur äußerst schwer zu finden. (Jesche Tsöndrü, 1761–1816; „Die Elixiere der Erleuchtung") / Der Geist eines Kindes ist rein und leer, aber auch dunkel, gleich einem schwarzen Diamanten. Er soll durch unsere Anstrengung wie ein durchsichtiger Diamant werden, rein und leer und hell. (Sokei-an Roshi, 1882–1945; „Übertragung des Zen")

Antwort

Ehe sie rufen, will ich antworten, während sie noch reden, will ich sie erhören. (Bibel AT; Jes. 65,24) / Wenn der Gerechte beleidigt wird, antwortet er nicht darauf, sondern handelt mit Liebe und freut sich an seinem Kummer. (Moses Maimonides, 1135–1204; „Mischneh Torah") / Ich verstehe die so genannten aufgeklärten Leute nicht, die in Glaubensdingen endlose Antworten fordern. Für den, der glaubt, gibt es keine Frage, für den, der nicht glaubt, gibt es keine Antwort. (Chassidische Weisheit) / Das Judentum ist eine Religion, die ihre Bewährung im Leben sucht und in der Verbindung des Lebens mit Gott ihre Antworten findet. (Leo Baeck, 1873–1956)

Leben heißt nicht fragen. Leben ist Antwort durch Leben und Tat. (Bonaventura, 1221–1274) / Man hört in der Welt leichter ein Echo als eine Antwort. (Jean Paul, 1763–1825) / Antworten stehen am Ende, nicht am Anfange unseres Weges. (Ida von Coudenhove, 1901–1971)

Einem, der zu reden anfängt, bevor er gegrüßt hat, dem antworte nicht. (Mohammed, 570–632; „Hadith") / Die Antwort für Narren ist Schweigen. (Aus Arabien) / Gott ist die Antwort auf jede Frage. (Hazrat Inayat Khan, 1882–1927; „Gayan") / Jeder Drachen bringt einen St. Georg zur Welt, der ihn erschlägt. (Kahlil Gibran, 1883–1931; „Aphorismen")

Jedes Exempel, das durch das Instrument der Dichtung hervorgebracht wird, ist authentischer als Antworten, die durch experimentierendes Fragen und Auf-die-Probe-Stellen hervorgequält werden. (Rabindranâth Tagore, 1861–1941) / Je nach der Windrichtung, aus der eine Wolke ihr Wasser entlässt, hält der Kluge den Regenschirm. (Aus Indien) / Gott beantwortet das Gebet auf seine Weise, nicht auf die unsrige. (Mahatma Gandhi, 1869–1948)

Wenn Güte von uns ausgeht, werden wir auch Güte erfahren. Wenn Schlechtigkeit von uns ausgeht, werden wir auch Schlechtigkeit erfahren. (Aus China) / Der Buddhismus verlangt nicht von uns, zu glauben, wir hätten die Welt selbst erschaffen, oder die Behauptung zu akzeptieren, dass wir stellvertretend für die Missetaten eines anderen büßen müssen. Er verspricht uns aber, dass wir, wenn wir die Bedingungen erfüllt haben, die Antwort erfahren werden. (Nyogen Senzaki, 1876–1958; „Keine Spur im Wasser") / An Hochzeiten und Beerdigungen fällt es schwer, richtige Antworten zu geben. (Aus China)

Arbeit

Was ihr, vom frühen Morgen angefangen, schafft und bei der Arbeit bis zur Nacht, das gibt der Herr den Seinigen im Schlafe. (Bibel AT; Ps. 127,2) / Warum hat keine Religion vor allem andern das Gebot: Du sollst arbeiten? (Berthold Auerbach, 1812–1882; „Auf der Höhe") / Nur Arbeit hebt dich sanft hinweg aus dumpfem Weltverneinen: Sie gibt der Stunde einen Zweck – hat auch das Leben keinen. (Oskar Blumenthal, 1852–1917)

Ein Arbeiter bekommt seinen Lohn nicht als Geschenk, sondern weil er einen Anspruch darauf hat. (Bibel NT; Röm. 4,4) / Wenn du Gott bei der Arbeit im Stalle weniger hast als im Hochamt, so hast du ihn nicht recht. (Meister Eckhart, um 1260–1327) / Wir leben, um zu arbeiten. (Nikolaus Ludwig Graf von Zinzendorf, 1700–1760) / Bei jeder Arbeit kannst du Gott von Angesicht zu Angesicht sehen. (Adolph Kolping, 1813–1865)

Sei nicht müßig, sondern arbeite in der Welt, bis du den Zustand des Vertrauens auf Allah vollständig erlangt hast. (Husayn-al-Sulami, 936–1021; „Futuwwah“) / Keines Menschen Arbeit gelte gering. (Firdausî, 935–1021; „Schah-Nameh“) / Gott zu dienen heißt, dass ein jeder für alle arbeitet. (Hazrat Inayat Khan, 1882–1927; „Gayan“)

Auch der Ackerbau eines Einfältigen ist ergiebig, wenn er ihn auf gutem Felde betreibt: Wenn der Reis viel Ertrag liefert, sind nicht die vorzüglichen Charaktereigenschaften des Sämanns die Voraussetzung dafür. (Aus Indien) / Arbeit und Pflicht sind kein Ziel an sich, sondern immer nur Weg zum Ziel. Das Ziel ist Gott. (Shrî Râmakrishna, 1834–1886; „Ewige Botschaft“) / Auf Arbeit haben wir ein Recht, doch nicht auf ihre Früchte. (Swâmi Vivekânanda, 1862–1902; „Karma-Yoga“)

Der Brunner Wasser führt, die Pfeile biegt der Schmied, der Zimm'rer biegt das Holz, der Weise sich erzieht. (Gautama Buddha, um 550–480 v. Chr.; „Dhammapada“) / Man sehe einmal vom künftigen Leben ab: Aber auch die sichtbare Welt gedeiht nicht, wenn der Diener seine Arbeit nicht tut und der Herr den Lohn nicht zahlt. (Sântideva, 7. Jhdt.; „Bodhicaryâvatâra“) / Meine Schüler, für den Zen gibt es keine Arbeit, es ist lediglich wichtig, sich im gewöhnlichen Leben zurechtzufinden und ohne Umstände zu scheißen und zu pissen, sich anzuziehen und zu essen! (Lin-chi, gest. 867)

Armut

Spotte nicht über das Leben der Armen, und lass die Augen des Verzweifelnden nicht verschmachten. (Bibel AT; Sir. 4,1) / Erst gib den Armen deiner Stadt, dann mache fremde Arme satt. (Talmud; 70–500 n. Chr.; Baba 80a) / Der Arme, der gern reich sein möchte, redet unaufhörlich vom Missbrauch des Geldes und den Lastern des Reichen, wodurch er aber nichts anderes erzielt, als dass er sich ärgert und anderen zeigt, wie er nicht bloß über seine eigene Armut, sondern auch über der anderen Reichtum Unmut hegt. (Baruch Spinoza, 1632–1677; „Ethik“) / Armut ist kein Laster, aber auch keine Tugend. (Jüdisches Sprichwort)

Selig sind die Armen im Geiste, denn ihrer ist das Himmelreich. (Bibel NT; Mt. 5,3) / Der ist wirklich arm im Geist, der alles das wohl entbehren mag, was nicht nötig ist. (Meister Eckhart, um 1260–1327) / Man lehre die Christen, dass, wer dem Armen gibt oder dem Bedürftigen leiht, besser handelt, als wer Ablass übt. (Martin Luther, 1483–1546; „95 Thesen“) / Was ist die heilige Armut anderes als der Wille, sich nicht mehr bevormunden zu lassen durch äußere Dinge? (Romano Guardini, 1885–1968)

Tötet eure Kinder nicht aus Furcht vor Armut; wir sorgen für sie und für euch. Fürwahr, sie zu töten ist eine große Sünde. (Korân; Sure 17,31) / Es rechnet nie der kluge Mann als Schande sich die Armut an. (Saadî, um 1215–1292; „Pend-nameh“) / Vollkommen arm ist der, dessen Herz in der Armut schwarz ist. (Attâr, um 1136 bis ca. 1220; „Meer der Seele“) / Bittet ein Reicher um Kinder, kommen Dukaten zu ihm, und bittet ein Armer um Dukaten, kommen Kinder zu ihm. (Maurisches Sprichwort)

Armen zu spenden schmälert den Reichtum nicht; wer nicht gibt, hat auch keinen, der sich seiner erbarmt. (Rigveda 10,117; 1500–500 v. Chr.) / Komm her! Geh fort! Nun falle nieder! Steh auf! Jetzt rede! Schweige wieder! So spielen mit den Armen, welche Beute des Unholds Hoffnung sind, die reichen Leute. (Nârâjana, 9./10. Jhdt.; „Hitopadesa") / Die Armut bringt uns in die engste Berührung mit dem Leben und der Welt; denn als Reicher leben heißt meistens durch Stellvertreter leben und infolgedessen in einer Welt von geringerer Wirklichkeit. (Rabindranâth Tagore, 1861–1941)

Bist du arm an Gütern, dann suche umso mehr nach innerer Weisheit. Dann wird dein Leben gelingen. (Gautama Buddha, um 550–480 v. Chr.; „Anguttara-Nikâya") / Ich möchte für die Armen unter den Geschöpfen ein unerschöpflicher Schatz sein; ich möchte ihnen aufwarten in den mannigfachen Formen von Unterstützungen. (Sântideva, 7. Jhdt.; „Bodhicaryâvatâra") / Meister Chao Chou wurde gefragt: „Wenn man einen Bettler trifft, was soll man ihm geben?" Er antwortete: „Es fehlt ihm nicht das Geringste." (Chao Chou, 778–897) / Armut ist dein Reichtum. Tausche sie nicht gegen ein bequemes Leben ein. (Zengetsu, China, 9. Jhdt.)

Arzt

Wer sündigt, gegen den, der ihn gemacht hat, der fällt in die Hände des Arztes. (Bibel AT; Sir. 38,15) / Der Arzt, der nicht dazu rät, dass man seine Affekte beherrscht, kann seinen Beruf nicht vollkommen ausüben. (Moses Maimonides, 1135–1204; „Brief an Sultan Alafbad") / Es sterben viel weniger Menschen an der Schwindsucht als an der Systemsucht der Ärzte. Das ist gewiss die traurigste aller Todesarten, wenn man an einer Krankheit stirbt, die ein anderer hat. (Ludwig Börne, 1786–1837; „Kleine Beiträge zur Heilwissenschaft")

Arzt, heile zuerst dich selbst und mich nachher, dann will ich die Arznei nehmen, die du mir reichen magst! (Katharina von Siena, 1347–1380) / Die Ärzte sind unseres Herrgotts Flicker. (Martin Luther, 1483–1546; „Deutsche Schriften") / Ein Übel gibt es, von dem auf die Dauer die Ärzte uns immer heilen: unsere Leichtgläubigkeit ihnen gegenüber. (Jean Antoine Petit-Senn, 1792–1870; „Gedankensplitter")

Wer behauptet, Arzt zu sein, obwohl man nichts von seiner ärztlichen Kunst weiß, der haftet für sein Tun. (Mohammed, 570–632; „Hadith") / Der Arzt der Liebe sprach zu Hafis so: Wer Schmerz fühlt, ist nicht zu gesunden wert. (Hâfis, 1326–1390) / Ein freundlicher Doktor fällt in der Achtung seines Patienten. (Aus Persien)

Nahrung vergeht nicht, sagt man. Sie ist verehrungswürdig und das Leben der Tiere. Nahrung gilt als das Älteste und wird auch Arzt genannt. (Maitrâyanî-Upanishad; 800–500 v. Chr.) / Der Arzt soll erst der Krankheit Art, den Ursprung dann ergründen, sodann zur Heil- und Linderung das rechte Mittel finden und bei dem Heilverfahren die Fehler sich ersparen. (Tiruvalluvar, 6. Jhdt.; „Kurral") / Medizin ein Viertel, gesunder Menschenverstand drei Viertel! (Aus Indien)

Wer die wahre Natur der Dinge erkennt, was bedarf der noch eines Lehrers? Wer von einer Krankheit genesen, was bedarf der noch des Arztes? (Nâgârjuna, um 200 n. Chr.; „Stütze der Weisheit") / Ich bin die Arznei der Kranken; ich möchte ihr Arzt und auch ihr Diener sein, bis die Krankheit nicht wiederkommt. (Sântideva, 7. Jhdt.; „Bodhicaryâvatâra") / Der Hungrige lehnt das königliche Mahl ab. Wie sollen die Kranken behandelt werden, wenn sie sich vom guten Arzt abwenden? (Yung-chia Hsüan-chüeh, 665–713; „Shodoka")

Askese

Göttliches Gesetz legt uns keine Askese auf. Vielmehr wünscht es, dass wir ein Gleichgewicht beibehalten und jeder geistigen und körperlichen Fähigkeit gerecht werden, ohne eine auf Kosten der anderen zu überlasten. (Judah Halevi, ca. 1080–1140) / Toren peinigen ihren Körper auf jegliche Weise und meinen, sie hätten etwas Tugendhaftes getan und Gutes geübt und man komme dadurch Gott näher, als wenn Gott der Feind des Körpers wäre und dessen Zerstörung und Untergang wolle. (Moses Maimonides, 1135–1204; „Acht Kapitel") / Man erzählte Rabbi Bunam von einem in der Abgeschiedenheit lebenden Mann. „Mancher", sagte er, „zieht sich in die Wildnis zurück und blinzelt durchs Gestrüpp, ob ihn keiner aus der Ferne bewundert." (Rabbi Ssimcha Bunam, 1765–1827; „Der große Maggid")

Es ist genug, dass ein jeglicher Tag seine eigene Plage habe. (Bibel NT; Mt. 6,34) / Bei vollem Magen kann man leicht vom Fasten reden. (Hieronymus, um 347–419) / Das ist eigentlich Askese: Heimatlos sein um des Werkes willen, um der Aufgabe willen, um des Auftrages willen, den der Vater dir gegeben. (Peter Lippert, 1879–1936)

Die beste Askese ist das Verbergen der Askese. (Ali ibn Ali Talib, gest. 661) / Die Welt ist eine Braut. Wer sie begehrt, der kämmt sie; der Asket schwärzt ihr das Gesicht und reißt ihr die Haare aus und zerreißt ihr die Kleider; aber der, welcher Gott erkennt, ist mit seinem Herrn beschäftigt und kümmert sich nicht um sie. (Yahya ibn Mu'adh, gest. 871) / Faste, denn Hunger ist ein Schutz gegen den Teufel. Ibn Isam sagt: „Wer absichtlich hungrig bleibt, ist von den Banden des Teufels frei." (Husayn-al-Sulami, 936–1021; „Futuwwah") / Darani sagte: „Wer Gott durch Askese dient – das ist wie ein Atmen in Essig und Senf. Wer Gotteserkenntnis hat – das ist wie der Duft von Moschus und Ambra." (al-Ghazâlî, 1058–1112; „Ihja ulum ad-din")

Durch Askese wird das gute Prinzip erlangt, aus dem Guten wird der Geist erlangt. Aus dem Geist wird das Selbst erlangt. Dieses erlangt habend, kehrt man nicht zurück. (Maitrâyâni-Upanishad, IV,3; 800–500 v. Chr.) / Wer stärker als die Dinge ist, der ist Asket. (Aus Indien) / Askese, Studium der heiligen Schriften und Gottergebenheit bilden den Werk-Yoga. (Patanjali, 2. Jhdt. v. Chr.; „Yoga-Sutra") / Der siegt: ein Asket, der alles ablegt, dessen Gestalt ganz vom eigenen Safte erfüllt ist, dessen Sammlung ohne Kunst und Wollen dauert, ohne je abzureißen. (Ashtâvakra-Gîtâ; ca. 2. Jhdt. v. Chr.)

Tue alles, was du tust, mit Augenmaß. Übertreibe auch deine Askese nicht. (Gautama Buddha, um 550–480 v. Chr.; „Jâtaka“) / Es ist nicht nötig, auf Fleisch zu verzichten oder jeden Morgen ein Bad zu nehmen. Euer Geist wird von seinem Schlamm gereinigt, wenn ihr eure Urnatur erkennt, welche schon da war, bevor euch Vater und Mutter gezeugt haben. (Sokei-an Roshi, 1882–1945; „Der Zen-Weg“) / Das indische Leben und Denken, das dem Buddha begegnete, war auf die Vorstellung gegründet, dass der Mensch eine Kombination von geistigen und körperlichen Elementen sei. Sie dachten, dass der körperliche Teil des Menschen die geistige Seite einschließen würde, und deshalb richtete sich ihre religiöse Praxis darauf, das körperliche Element schwächer zu machen, um den Geist freier und stärker werden zu lassen. Deshalb betonte die Praxis, die Buddha in Indien vorfand, die Askese. (Shunryu Suzuki, 1905–1971; „Zen-Geist“)

Atem, atmen

Alles, was Odem hat, lobe den Herrn. (Bibel AT, Ps. 150,6) / Wer weiß, ob der Odem der Menschen aufwärts fahre und der Odem des Viehes hinab unter die Erde fahre? (Bibel AT; Pred. 3,21) / Das Gras verdorrt, die Blume verwelkt, wenn der Atem des Herrn darüber weht. Wahrhaftig, Gras ist das Volk. (Bibel AT; Jes. 40,7)

Solange ich atme, geb ich nichts verloren. (William Shakespeare, 1564–1616) / Die Seele ist offenbar ein vernünftiger Hauch, und in der Wohnstätte des Herzens ist ihre Weisheit. (Hildegard von Bingen, 1098–1179) / Der erste Atemzug schließt, gleich dem letzten, eine alte Welt mit einer neuen zu. (Jean Paul, 1763–1825; „Levana“)

Der Schlaf des Wissenden ist Gottesdienst und sein Atem Gotteslob. (Mohammed, 570–632; „Hadith“) / Weißt du, dass du Allah jeden deiner Atemzüge unterordnen musst, wenn du von ihm bekommen willst, was du möchtest? Ist das zu viel? (Husayn-al-Sulami, 936–1021; „Futuwwah“) / Doch wisset, dass wir der Atem und der Wohlgeruch Gottes sind. Wir sind Gott in der Gestalt des Blattes, der Blüte und oftmals der Frucht. (Kahlil Gibran, 1883–1931; „Aphorismen“)

Der Mensch lebt auch ohne Rede, sehen wir doch Stumme; der Mensch lebt auch ohne Gesicht, sehen wir doch Blinde; der Mensch lebt auch ohne Gehör, sehen wir doch Taube; der Mensch lebt auch mit abgeschnittenen Armen, und er lebt auch mit abgeschnittenen Beinen, denn so sehen wir es ja. Aber der Atem, der das Bewusstsein ist, umspannt diesen Leib und richtet ihn auf. (Kausîtaki-Upanishad; 800–500 v. Chr.) / Kein Sterblicher lebt aufgrund des Ein- und Ausatmens. Durch einen anderen wird er belebt, und dieser bewirkt auch das Atmen. (Katha-Upanishad; 800–500 v. Chr.) / Gott ist der Atem in allem, was atmet. (Kabîr, 1440–1518; „Spruchgedichte“)

Halte deinen Körper aufrecht, atme tief und entspannt, dann kann deine Lebensenergie fließen. (Gautama Buddha, um 550–480 v. Chr.; „Jâtaka“) / Leise atmen die Kiefern. Wer führt diesen heiligen Abend der ewigen Nacht entgegen? (Yung-chia Hsüan-chüeh, 665–713) / Was wir ‚Ich‘ nennen, ist nichts als eine Drehtüre, die sich bewegt, wenn wir ein- und ausatmen. (Shunryu Suzuki, 1905–1971; „Zen-Geist")

Atheismus

Die Toren sprechen in ihrem Herzen: „Es ist kein Gott." (Bibel AT; Ps. 14,1) / Der Mund der Gottlosen sprudelt Bosheit hervor. (Bibel AT; Spr. 15,28) / Auch in einem Atheisten verbirgt sich ein heiliger Funke: Sieht er seinen Nächsten fallen, so muss er ihm helfen! Er kann als Mensch doch nicht sagen: „Dies ist eine göttliche Fügung!" (Chassidische Weisheit) / Bist du schon gut, weil du gläubig bist? Der Teufel ist sicher kein Atheist. (Paul von Heyse, 1830–1914; „Spruchbüchlein")

Die Gottlosen folgen nur der eigenen Willkür. (Bibel NT; Röm. 1,31) / Atheismus ist Zeichen eines starken Geistes – aber nur bis zu einem gewissen Grade. (Blaise Pascal, 1623–1662) / Atheismus ist Selbstmord der Seele. (Jean Antoine Petit-Senn, 1792–1870; „Geistesfunken und Gedankensplitter") / Atheismus ist der Versuch, die Erde ohne die Sonne zu erklären. (Sigismund von Radecki, 1891–1970; „Als ob das immer so weiterginge ...")

Diejenigen, die den Bund Gottes nach Schließung des Paktes brechen und zerreißen, was Gott zu verbinden befohlen hat, und Unheil auf der Erde stiften, die haben den Fluch Gottes und eine schlimme Behausung zu erwarten. (Korân; Sure 13,25) / Die Gottlosen sagen: Ihr folgt da nur einem verrückten Menschen! (Korân; Sure 25,9)

Es ist besser, dass die Menschheit auf dem Pfade der Vernunft zum Atheismus gelangt, als dass sie blind, auf beliebige Autoritäten hin an zweihundert Millionen Götter glaubt. (Swâmi Vivekânanda, 1862–1902) / Alle Formen des Atheismus berühren nur die Oberfläche des Geistes. Das Leben ist um vieles triumphierender und geheimnisvoller als unser Intellekt verstehen kann. (Sarvepalli Radhakrishnan, 1888–1975; „Idealismus und Leben") / In jeder freien Gesellschaft wird es gewisse Leute, vielleicht sogar viele geben, die gern ein „gutes Leben" führen. Aber es wird auch viele geben, die freiwillig ein einfaches Leben auf hoher geistiger Ebene vorziehen. Und es wird auch eine kleine Gruppe von Menschen geben, die sich ausschließlich Gott widmen möchten. (B. H. Bon, geb. 1901; „Die Antwort der Religionen")

Wer Unschuld niedrig schätzt, Vergehen für rühmlich hält und falscher Lehre folgt, der kommt zur Höllenwelt. (Gautama Buddha, um 550–480 v. Chr.; „Dhammapada") / Dass es am Anfang des Werdens und Vergehens durch unzählige Weltzeitalter hindurch eine Person gab, die schon da war – ist Propaganda von Irren. (Wu-men Hui-kai, 1183–1260; „Wu-men-kuan") / Buddha verkündete nicht eine Lehre, die irgendetwas mit dem materialistischen Atheismus unserer Zeit zu tun hat, sondern eine „nicht-theistische" Lehre, die statt einer Gottesvorstellung die Verwirklichung des Göttlichen, des Unendlichen im Menschen anstrebt. (Lama Govinda, 1898–1985; „Buddhistische Reflexionen")

Auferstehung

J Der Herr tötet und macht lebendig; er stößt in die Grube und führt herauf. (Bibel AT; 1. Sam. 2,6) / Die Geborenen sind dazu da, dass sie sterben, die Gestorbenen, dass sie wieder lebend werden, diese Lebenden, dass sie gerichtet werden. (Sprüche der Väter 4,29; ca. 200 n. Chr.)

C Es kommt die Zeit, wo alle, die in den Gräbern sind, die Stimme des Sohnes hören werden. Die Gutes getan, werden hervorgehen zur Auferstehung des Lebens; die aber Böses getan, zur Auferstehung des Gerichtes. (Bibel NT; Joh. 5,28–29) / Ich bin die Auferstehung und das Leben. Wer an mich glaubt, der wird leben, wenn er auch gestorben ist. (Bibel NT; Joh. 11,25) / Der wird nicht auferstehn, der vor nicht auferstanden, der Jüngste Tag ist jetzt und nicht darnach vorhanden. (Angelus Silesius, 1624–1677; „Der Cherubinische Wandersmann") / Auferstehen, ja auferstehen wirst du, mein Staub, nach kurzer Ruh, unsterblich Leben wird, der dich schuf, dir geben. (Friedrich Gottlieb Klopstock, 1724–1803)

I Ein jeder wird den Tod erleiden. Und erst am Tage der Auferstehung werdet ihr euren vollen Lohn erhalten. Wer dann vom Höllenfeuer fern gehalten wird und ins Paradies eingehen darf, hat gewonnen. Das diesseitige Leben ist nichts als eine Nutznießung, durch die man sich betören lässt. (Korân; Sure 3,185) / Ich habe so lange an Gott gedacht, bis mein Gedenken zu seinem Gedenken wurde. Dann strahlte seine Erkenntnis in mir auf und vernichtete mich. Und dann kam sie zum zweiten Male und machte mich wieder lebendig. (Bâyazîd Bistâmî, gest. 874) / Vor dem Tode sind alle gleich, der Sultan wie der Sklave, und alle werden wieder zu Erde. Vielleicht werden nach Jahr und Tag aus dieser Erde Töpfe gemacht, deren Scherben hierhin und dorthin verstreut werden: Aber trotzdem sorgen Gottes Engel dafür, dass auch nicht das kleinste Teilchen eines Körpers verloren geht oder mit einem fremden Körper vermischt wird. Sie sammeln alles, und am Tage des letzten Gerichts werden alle Menschen auferstehen, wie sie gewesen sind. (Bokhari von Johor, 16./17. Jhdt.; „Die Krone aller Fürsten")

H Der Aufstieg des Menschen zum Himmel ist nicht das Wesentliche, vielmehr ist es sein Aufstieg im Irdischen zum Geist und der Abstieg des Geistes in seine natürliche Menschlichkeit, die Verwandlung seiner irdischen Natur. Dies, nicht irgendeine Erlösung nach dem Tode, ist die wirkliche Neugeburt, die die Menschheit erwartet als Krönung ihres langen, dunklen und leidvollen Weges. (Shrî Aurobindo, 1872–1950) / Auferstehung besteht nicht darin, dass sich die Toten aus den Gräbern erheben, sie ist vielmehr der Übergang vom Tod des Sich-in-sich-selbst-Verlierens zum Leben selbstloser Liebe, der Schritt aus der Dunkelheit des selbstischen Individualismus ins Licht des universalen Geistes, von der Falschheit zur Wahrheit, von der irdischen Sklaverei zur ewigen Freiheit. (Sarvepalli Radhakrishnan, 1888–1975; „Die Gemeinschaft des Geistes")

B Es ist ein weiser und vollkommener Mensch nicht mehr gefesselt an das Wiederdasein. Befreit von Drang, von Sorge und von Wünschen, hat er Geburt und Altern überwunden. (Gautama Buddha, um 550–480 v. Chr.;

„Sutta-Nipâta“) / Ob einer aufgeweckt wird oder nicht, jeder wird frei. Ob mit Götterantlitz oder Teufelsfratze, alle treiben hilflos im Wind. (Wumen Hui-kai, 1183–1260; „Wu-men-kuan“)

Aufgabe

Sei aufrichtig und wahr gegen jedermann, auch gegen Nichtjuden. Grüße jeden zuerst ohne Unterschied des Glaubens, und erzürne keinen Bekenner fremden Glaubens. (Rabbi Ascher, 1. Hälfte 14. Jhdt.) / Gott reicht mir die Situation hin, auf die ich zu antworten habe. (Martin Buber, 1878–1965) / Die wichtigste Lebensaufgabe des Menschen besteht darin, seinem eigenen Wesen zum Durchbruch zu verhelfen. (Erich Fromm, 1900–1980)

Man unternehme das Leichte, als wäre es schwer, und das Schwere, als wäre es leicht: jenes, damit das Selbstvertrauen uns nicht sorglos, dieses, damit die Zaghaftigkeit uns nicht mutlos macht. (Balthasar Gracian, 1601–1658) / Jede Gabe ist auch eine Aufgabe, jedes Geschenk auch eine Forderung. (Augustin Wibbelt, 1862–1947) / Wenn man das Dasein als eine Aufgabe betrachtet, dann vermag man es immer zu ertragen. (Marie von Ebner-Eschenbach, 1830–1916; „Aphorismen“)

Wir legen einer Seele nicht mehr auf, als sie zu tragen vermag. (Korân; 6. Sure, 153) / Der edelste Reichtum ist das Aufgeben von Wünschen. (Ali ibn Ali Talib, gest. 661) / Mein besonnenes Ich! – Tadle niemand, trage niemand etwas nach, führe gegen niemand etwas Böses im Schild; sei weise, tolerant, rücksichtsvoll, höflich und freundlich zu allen. (Hazrat Inayat Khan, 1882–1927; „Gayan“)

Deine Aufgabe liegt allein im Handeln, nicht in dessen Früchten. Lasse nicht die Früchte deines Tuns dein Beweggrund sein. (Bhagavadgîtâ; ca. 300 v. Chr.) / Der Weise, der Ruhe gefunden hat und die Betrachtung des Atman (Selbst) übt, möge alle irdische Tätigkeit aufgeben und sich bemühen, die Bande der Weltlichkeit zu zerreißen. (Shankara, 788–820; „Kleinod der Unterscheidung“) / Übergib alles Gott – gib dich Gott hin. Dann hört jede Verwirrung auf. Dann wirst du erkennen, Gott tut alles. (Shrî Râmakrishna, 1834–1886) / Im Kampf gegen den Krieg sollten die Frauen die Führerinnen sein. Es ist die ihnen gemäße Aufgabe. (Mahatma Gandhi, 1869–1948)

Einem, der den zur Leidensvernichtung führenden Weg gründlich bedenkt, dem schwinden die drei Fesseln: der Glaube an ein eigenes Ich, der Zweifel und die Sucht zur Askese. (Gautama Buddha, um 550–480 v. Chr.; „Majjhima-Nikâya“) / Man kann dem Leiden nicht entgehen, wenn man nicht das Ich aufgibt; wie man der Verbrennung nicht entgehen kann, wenn man das Feuer nicht meidet. (Sântideva, 7. Jhdt.; „Bodhicaryâvatâra“) / Es ist schwer, die Vorstellung von sich selber aufzugeben, denn jedermann hält an seinem Ich, an seiner Wurzel, fest. (Sokei-an Roshi, 1882–1945; „Übertragung des Zen“)

Aufrichtigkeit

Dem Herrn sind ein Gräuel, die falschen Herzens sind; die unsträflich wandeln, gefallen ihm wohl. (Bibel AT; Spr. 11,20) / Rabbi Jannai sagte:

Wir können weder das ruhige Glück der Gottlosen noch die Leiden der Gerechten erklären. (Sprüche der Väter 4,19; ca. 200 n. Chr.) / Aufrichtigkeit ist die Quelle aller Genialität. (Ludwig Börne, 1786–1837; „Vermischte Aufsätze")

Freuen dürfen sich alle, die ein reines Herz haben; denn sie werden Gott sehen. (Bibel NT; Mt. 5,8) / Von der Zunge hängen des Menschen Würde und Glück ab. (Erasmus von Rotterdam, 1469–1536) / Niemand, der sein inneres Bewusstsein aufrichtig fragt, wird seine Rolle auf der Welt wiederholen wollen. (Jonathan Swift, 1667–1745)

Das Geständnis der Ohnmacht, Gott in Wahrheit zu erkennen, ist die letzte Erkenntnis der Aufrichtigen. (al-Ghazâlî, 1058–1112; „Elixier der Glückseligkeit") / Besser, dass einer laut mit dir zanke als schweigend auf deinen Gruß nicht danke. (Saadî, um 1215–1292) / Wenn du aufrichtig sein musst, sei in Schönheit aufrichtig; sonst halte dich still, weil ein Mann in deiner Nachbarschaft ist, der gerade stirbt. (Kahlil Gibran, 1883–1931; „Aphorismen")

Sie, die freundlich tun und Feind sind, fürchte! Die wie blanke Schwerter dastehn, nie! (Tiruvalluvar, 6. Jhdt.; „Kurral") / Ziel und Weg dürfen nicht auf verschiedenen Ebenen, Licht und Leben nicht im Widerstreit liegen. Das Verhalten darf den Glauben nicht Lügen strafen. (Sri Nisargadatta Maharaj, 1897–1981; „Ich bin")

Lass dich nicht durch andere von deinen Absichten abbringen. Wenn du führende Aufgaben hast, dann sei aufrichtig im Reden, redlich im Handeln, großzügig zu allen. Dann wird alles gut gelingen. (Gautama Buddha, um 550–480 v. Chr.; „Jâtaka") / Drei Arten von Menschen gibt es, mit denen es gut ist, Umgang zu pflegen: die innerlich Starken, die Aufrichtigen und die, welche viel gelernt haben. (Aus China) / Willst du nicht zehntausend Schwierigkeiten haben in allem, so sei aufrichtig! (Yoshida Kenkô, 1283–1350)

Auge

Was einer im Sinn hat, das siehet man ihm an den Augen an, sei es Gutes oder Böses. (Bibel AT; Sir. 13,31) / Was die Vernunft in der Seele ist, das ist das Auge im Körper; denn beide sehen, jene die rein geistigen Dinge, diese die sinnlich wahrnehmbaren. Und wie die Vernunft der Einsicht bedarf, um die körperlichen Dinge zu erkennen, so bedarf das Auge, um die Körper wahrzunehmen, des Lichtes. (Philo von Alexandria, um 25 v. Chr. bis 54 n. Chr.; „Über die Weltschöpfung") / Dem Menschen wurden zwei Augen gegeben, damit er mit einem Auge die guten Eigenschaften seines Nächsten und mit dem anderen seine eigenen Fehler sehe. (Rabbi Meir aus Przemysl)

Wird dir dein rechtes Auge zum Versucher, so reiße es aus und wirf es von dir! Denn es ist dir besser, dass eines deiner Glieder verloren gehe, als dass dein Körper in die Hölle geworfen werde. (Bibel NT; Mt. 5,29) / Selig sind die Augen, die sehen, was ihr sehet! Denn ich sage euch, viele Propheten und Könige haben zu sehen gewünscht, was ihr sehet, und haben es nicht gesehen, und zu hören, und haben es nicht gehört. (Bibel NT; Lk. 10,23–24) / Dass dir im Sonnenschein vergehet das Gesicht, sind deine Augen schuld und nicht das große Licht. (Angelus Silesius, 1624–1677; „Der Cherubinische Wandersmann“) / Augen sind Fenster, durch welche der Teufel die Sünde ins Herz senkt. (Don Bosco, 1815–1888)

Das Auge ist der ehrliche Vorläufer der Seele, ihr rechtleitender Führer und ihr glänzender Spiegel, mittels dessen sie die Wesenheit der Dinge klar erfasst. (Ibn Hazm, 993–1064; „Das Halsband der Taube“) / Die Augen, die mit dem Lichte Allahs leuchten, geben ihr Licht allen Leuten weiter, die auf sie schauen. (Husayn-al-Sulami, 936–1021; „Futuwwah“) / Zwei Augen jedem Haupt sind aufgetan, doch siehst du Bilder, ich den Bildner an. (Saadî, um 1215–1292) / Das Auge des Menschen ist wie ein Fernglas; es zeigt ihm die Erde größer, als sie in Wirklichkeit ist. (Kahlil Gibran, 1883–1931; „Aphorismen“)

Wisse, dass nicht das Auge dir Sicht verleiht; Tugend adelt, vornehme Geburt mitnichten! Wahrer Reichtum ist Genügsamkeit, und Weisheit heißt: auf Unerreichbares verzichten. (Pantschatantra; 5. Jhdt.) / Die Erkenntnis der Wirklichkeit durch das Auge des klaren Verstandes wird durch das eigene Sehen erlangt und nicht durch die Augen des Lehrers. (Shankara, 788–820; „Sankaracharya“) / Willst du einen Gegner überzeugen, so musst du ihm die besten und edelsten Züge seines Charakters vor Augen führen. (Mahatma Gandhi, 1869–1948)

Was das Auge nicht sieht, darüber ärgert sich das Herz nicht. (Aus China) / Das Auge ist weder vom Sehen noch zum Sehen, sondern das Auge kann sehen, weil es geformtes Bewusstsein ist, weil es der Niederschlag früherer Bewusstseinsakte ist. (Paul Dahlke, 1865–1928) / Wenn ihr euer Auge öffnet und von eurer egoistischen Sicht loslasst und zum anderen schaut, werdet ihr die Schönheit dieser wunderbaren Welt erkennen. (Sokei-an Roshi, 1882–1945; „Übertragung des Zen“)

Augenblick

Die Freude des Heuchlers währet einen Augenblick. (Bibel AT; Hiob 20, 5) / Bis auf den letzten Augenblick spielen wir Komödie mit uns selber. (Heinrich Heine, 1797–1856) / Wer nur für die Zukunft sorgt, ist weniger vorsorglich, als wer nur für den Augenblick sorgt, denn er sorgt nicht einmal für den Augenblick, sondern für dessen Dauer. (Franz Kafka, 1883–1924; „Das vierte Oktavheft“) / Zwischen zu früh und zu spät liegt immer nur ein Augenblick. (Franz Werfel, 1890–1945)

Der Augenblick ist zeitlos. (Leonardo da Vinci, 1452–1519) / Viel Jahre tun es nicht, die Ewigkeit zu wissen: Ein Augenblick, und nicht so viel, muss sie umschließen. (Angelus Silesius, 1624–1677; „Der Cherubinische Wandersmann“) / Derjenige, der Gott auch nur einen Augenblick gedacht hat, sollte nicht unsterblich sein? (Friedrich Gottlieb Klopstock, 1724–1803) / Ich gleiche einem ganz kleinen Kinde. Ich leide nicht, ich erfasse nur den Augenblick, ohne mich um das, was kommt, zu kümmern. (Theresia von Lisieux, 1872–1897)

Strebe danach, einen einzigen Augenblick zu erleben, in dem du im Himmel und auf Erden nichts siehst als Gott. Dieser Augenblick wird dein ganzes Leben mit Wonne und Seligkeit erfüllen. Dann erkennst du dich als Meer, das ohne Ufer ist. (Bâyazîd Bistâmî, gest. 874) / Wenn der Feind ist an den Leib gerannt, ist es zu spät, dass man den Bogen spannt. (Saadî, um 1215–1292; „Gulistân") / Jeder Augenblick deines Lebens ist kostbarer als alles andere auf Erden. (Hazrat Inayat Khan, 1882–1927; „Gayan")

Kluge Leute haben keine Freude an Dingen, die erst nach dem rechten Augenblick geschehen. (Mahâbhârata; 500 v. Chr. bis 500 n. Chr.) / Zusammenzieht der Kluge sich, Schildkröten gleich, lässt selbst sich schlagen; doch schießt er, wie die Schlange tut, empor, erscheint der Augenblick zu wagen. (Pantschatantra; 5. Jhdt.) / Es gibt Augenblicke, wo wir handeln müssen, auch wenn unsere besten Freunde nicht mitgehen wollen. Die leise innere Stimme muss bei einem Widerstreit der Pflichten immer die letzte Entscheidung treffen. (Mahatma Gandhi, 1869–1948; „Jung-Indien")

Die Welt vergeht nicht, kommt nicht und verharrt nicht einen Augenblick. Wieso sollte sie also wirklich sein, da sie ihrem Wesen nach außerhalb der drei Zeitstufen liegt? (Nâgârjuna, um 200 n. Chr.; „Juwelenkette") / Wie ein Blitz nachts in der Finsternis des Gewölkes einen Augenblick Helle verbreitet, so wendet sich dank der Gnade Buddhas der Gedanke des Menschen manchmal für einen Augenblick dem Guten zu. (Sântideva, 7. Jhdt.; „Bodhicaryâvatâra") / Klammert euch nicht an eure lieb gewordenen Gepflogenheiten, und jagt nicht dem Vergnügen hinterher. Es wäre schade um die verlorene Zeit. Die Augenblicke ziehen schnell dahin. (Linchi, gest. 867)

Ausdauer

Ein Geduldiger ist besser denn ein Starker. (Bibel AT; Spr. 16,32) / Ein Mann von Ausdauer wird reich gesegnet. (Bibel AT; Spr. 28,20)

Wer ausharrt bis ans Ende, der wird gerettet werden. (Bibel NT; Mt. 10,22) / Alle Tugend verlangt nämlich Ausdauer. (Katharina von Siena, 1347–1380) / Ausdauer ist eine Tochter der Kraft, Hartnäckigkeit eine Tochter der Schwäche, nämlich der Verstandesschwäche. (Marie von Ebner-Eschenbach, 1830–1916; „Aphorismen")

Bedächtiges Tun ist vom All-Erbarmer, Eile ist vom Teufel. (Mohammed, 570–632; „Hadith") / Wenn sich einer auf den ersten Blick verliebt und sein Herz infolge eines flüchtigen Aufleuchtens schnell an jemand hängt, so ist dies ein Beweis dafür, dass er wenig Ausdauer besitzt; es zeigt an, dass er schnell vergisst. (Ibn Hazm, 993–1064; „Das Halsband der Taube") / Ausdauer macht Dinge kostbar und Menschen groß. (Hazrat Inayat Khan, 1882–1927; „Gayan")

Mag feindlich auch das Schicksal sein, der weise Mann erfüllt die Pflichten, sich selber zu befrein von Schuld und seinen Geist emporzurichten. (Pantschatantra; 5. Jhdt.) / Um ein Unglück kümmere dich drei Jahre nicht, und es wird zum Segen! (Aus Indien) / Um ein Ding richtig gebrauchen zu lernen, muss man es erst einmal missbrauchen; einen anderen Weg gibt es nicht. (Rabindranâth Tagore, 1861–1941; „Meine Lebenserinnerungen“)

Vom Guten denk nicht leicht: Ich kann nicht, was ich soll. Auch tropfenweise wird ein Eimer schließlich voll. Erfüllt vom Guten wird der Weise Zoll für Zoll. (Gautama Buddha, um 550–480 v. Chr.; „Dhammapada“) / Wer an Nirvana denkt, der darf nicht müde werden, nicht nachlässig und faul, nicht eitel sich gebärden, nicht reden Lug und Trug und nicht nach Schönheit streben, verzichten auf den Stolz und stets gewaltlos leben. (Gautama Buddha, um 550–480 v. Chr.; „Sutta-Nipâta“) / Siddharta Gautama wurde Buddha genannt, weil er durch seine eigene Ausdauer die höchste Erleuchtung und ethische Vollkommenheit erlangte. Er war aber kein Gott, der sich der Menschheit offenbarte, und auch keiner, der von Gott gesandt wurde, um die Menschheit zu erlösen. (Nyogen Senzaki, 1876–1958; „Keine Spur im Wasser“)

Autorität

Nicht das Amt ehrt den Mann, sondern der Mann ehrt das Amt. (Talmud; 70–500 n. Chr.; „Taanith 21“) / Echte Autorität gibt es in der Religion wie überhaupt in der Welt nur insofern, als Gottes Wille erkannt wird. (Martin Buber, 1878–1965) / Die meisten Menschen haben das starke Bedürfnis nach einer Autorität, die sie bewundern und der sie sich unterwerfen können, die sie beherrscht und manchmal sogar misshandelt. (Sigmund Freud, 1856–1939)

Es gibt keine Autorität, die nicht von Gott verliehen wird. (Bibel NT; Röm. 13,1) / Sinn und Zweck aller Autorität ist das Wohl der Gesamtheit der Einzelglieder, und das ist die Entfaltung ihres Eigenlebens und ihrer Mündigkeit. (Matthias Laros, 1882–1965) / Das unfehlbare Mittel, Autorität über die Menschen zu gewinnen, ist, sich ihnen nützlich zu machen. (Marie von Ebner-Eschenbach, 1830–1916; „Aphorismen“)

Gehorcht Gott, seinem Gesandten und denjenigen unter euch, die Befehlsgewalt innehaben. (Korân; Sure 4,59) / Das Weltall verhält sich wie die Stadt edler Bürger. Wenn dieselben auch viele leitenden Autoritäten besitzen, so bilden diese doch eine kontinuierliche Kette, die hinführt zu einer einzigen, obersten Leitung, und erstreben ein einziges Ziel. (Averroes, 1126–1198; „Metaphysik“) / Wenn du irgendwo bist, wo kein Mann ist, dann sei du der Mann! (Aus Arabien)

Wen das höchste Gelingen seines Vorhabens nicht verwirrt macht und wen ebenso eine zeitweilige Notlage nicht verwirrt macht, wer vielmehr Lust und Leid sowie den mittleren Zustand ruhig hinnimmt, der Mann ist ein Führender. (Mahâbhârata; 500 v. Chr. bis 500 n. Chr.) / Fehler machen ist kein so großes Unglück wie keine Autorität haben. Nur die Freiheit, Fehler zu machen, schenkt die Freiheit, die Wahrheit zu finden. (Rabindranâth Tagore, 1861–1941) / Jeder, der nach Wahrheit strebt durch Studium und Nachdenken, durch Reinheit seines Leibes und Verhaltens und durch Hingabe an hohe Ideale, jeder, der glaubt, dass Religion nicht auf

Autorität beruht, sondern auf Erfahrung, ist ein Hindu. (Sarvepalli Radhakrishnan, 1888–1975)

Richtet euch nicht nach einer Überlieferung, nicht nach heiligen Schriften, nicht nach bloßen Vernunftgründen und auch nicht nach der Autorität eines Meisters. Nur wenn ihr selbst erkennt, dass diese oder jene Dinge schlecht sind, so sollt ihr sie verwerfen. (Gautama Buddha, um 550–480 v. Chr.; „Anguttara-Nikâya") / Wer essen will, soll den Koch nicht beleidigen. (Aus China) / Die Erfahrung trägt ihr Ziel in sich und besitzt ihre eigene Autorität. Es ist die letzte Wahrheit, nicht das Erzeugnis relativer Erkenntnis, was allen menschlichen Bedürfnissen volle Erfüllung gibt. (Daisetz T. Suzuki, 1870–1966; „Der Weg zur Erlösung")

Barmherzigkeit

Wer sich des Armen erbarmt, leiht dem Herrn; der wird ihm seine Wohltat vergelten. (Bibel AT; Spr. 19,17) / Sogar in Gottes Zorn ist Barmherzigkeit. (Talmud; 70–500 n. Chr.; Pesachim; 87 b) / Noch ehe Gott den Schlag erteilt, schafft er das Pflaster, das ihn heilt. (Talmud; 70–500 n. Chr.; Megilla 13b)

Selig sind die Barmherzigen; denn sie werden Barmherzigkeit erlangen! (Bibel NT; Mt. 5,7) / Denn wäre die Gerechtigkeit ohne die Barmherzigkeit, verbündete sie sich mit der Finsternis der Grausamkeit und wäre eher Ungerechtigkeit als Gerechtigkeit. (Katharina von Siena, 1347–1380) / Eines andern Pein empfinden heißet nicht barmherzig sein. Recht barmherzig sein will heißen: wenden eines andren Pein. (Friedrich von Logau, 1604–1655; „Erbarmung und Barmherzigkeit")

O meine Diener, die ihr euch gegen eure eigenen Seelen vergangen habt, verzweifelt nicht an Allahs Barmherzigkeit, denn Allah vergibt alle Sünden. (Korân; Sure 39,53) / Als Gott die Schöpfung schuf, schrieb er in einem Buch, das er über dem Thron aufbewahrt, Folgendes: Meine Barmherzigkeit hat über meinen Zorn gesiegt. (Mohammed, 570–632; „Hadith") / Barmherzigkeit ist ein Erweitern des Herzens. (Hazrat Inayat Khan, 1882–1927; „Gayan")

Mein eigener Zerstörer bin ich, ein Feind für alle; gewähr du mir Rettung, Meer der Barmherzigkeit! (Tukârâm, 1608–1649) / O Herr der Barmherzigkeit, führe mich zu deinem Wohnort der Seligkeit. Ich bin unruhig allein nach dir. (Devendranâth Tagore, 1817–1905) / Der Mensch sei Christ in der Barmherzigkeit, Moslem in der genauen Beobachtung der äußeren Gebräuche und Hindu in der alles umschließenden Milde gegenüber allen lebendigen Geschöpfen. (Shrî Râmakrishna, 1834–1886)

Wer andre Wesen schont, die auch nach Wohlsein streben so wie er selbst, der findet Glück im nächsten Leben. (Gautama Buddha, um 550–480 v. Chr.; „Dhammapada") / Das Tor der Barmherzigkeit ist schwer zu öffnen und schwer zu schließen. (Aus China) / Wer mit einem anderen Erbarmen hat, empfiehlt sich selbst der Barmherzigkeit. (Aus Tibet)

Bedürfnis

Man bedarf oft des Unnötigsten am meisten. (Berthold Auerbach, 1812–1882) / Die menschliche Person bedarf der Bestätigung, weil der Mensch als Mensch ihrer bedarf. (Martin Buber, 1878–1965)

Der Mensch braucht wenig, und auch das nicht lang. (Edward Young, um 1683–1765; „Nachtgedanken") / Gottes bedürfen ist des Menschen höchste Vollkommenheit. (Sören Kierkegaard, 1813–1855)

Wer immer nach Gott Ausschau hält, den begleitet er auf seinem Weg, und hat er einmal den Suchenden bei der Hand genommen, weckt er in ihm das Verlangen, nach sich selbst zu suchen. (Abdallah-i Ansârî, 1006–1089)

Das entscheidende Merkmal der modernen Zivilisation ist die unendliche Vielfalt ihrer Bedürfnisse. Das Merkmal alter Kultur ist die unabdingbare Reduzierung und strikte Regulierung der menschlichen Bedürfnisse. (Mahatma Gandhi, 1869–1948) / Die Welt hat genug für jedermanns Bedürfnisse, aber nicht für jedermanns Gier. (Mahatma Gandhi, 1869–1948)

Sieh zu, dass du nur wenige Dinge begehrst, dann wirst du glücklich sein. (Milindapana; 1. Jhdt. v. Chr.) / Man kann die Menschen entbehren, aber man bedarf eines Freundes. (Aus China)

Befreiung

Der Geist Gottes, des Herrn, ruht auf mir; denn der Herr hat mich gesalbt. Er hat mich gesandt, damit ich den Armen eine frohe Botschaft bringe und alle heile, deren Herz zerbrochen ist, damit ich den Gefangenen die Entlassung verkünde und den Gefesselten die Befreiung. (Bibel AT; Jes. 61,1–11) / Auf sich selbst begrenzt zu sein bedeutet, zum Tode verurteilt zu sein; für das Unbegrenzte zu leben bedeutet, vom Tode befreit zu sein. (Martin Buber, 1878–1965) / Das höchste Glück des Menschen ist die Befreiung von der Furcht. (Walther Rathenau, 1867–1922) / Nach und nach muss man sich von dem Sklaven befreien, der ganz tief in einem versteckt ist. Dies ist eine Aufgabe, die das ganze Leben andauert. (Nathan Scharansky, geb. 1948)

Das Ende naht, und Tag auf Tag verschwindet. Nimm fort, was sich um meine Seele windet! Ich könnt es nicht, doch du kannst mich befrein! (Michelangelo Buonarotti, 1475–1564) / Wem Zeit wie Ewigkeit und Ewigkeit wie Zeit, der ist befreit von allem Leid. (Jakob Böhme, 1575–1624) / Die Menschen sind doch sonderbare Wesen. Die Freiheit, die sie haben, benutzen sie nicht, aber verlangen die, die sie nicht haben: Sie haben Denkfreiheit, und verlangen Redefreiheit. (Sören Kierkegaard, 1813–1855)

Es ist leichter, einen Berg an einem Haar herumzuschleppen, als sich mit eigener Kraft von sich selbst zu befreien. (Abû Sa'îd-i Abû'l-Khair, gest. 1049) / Brich das verstockte Herz der Welt, und bring in Fluss das starre Blut! (Dschelâleddin Rûmî, 1207–1273) / Nur wenn dein Wissen von dir selber dich befreit, ist dein Erkennen besser als Unwissenheit. (Dschelâleddin Rûmî, 1207–1273)

Wer inmitten des Gewirrs den Anfangs- und Endlosen, den Schöpfer des Weltalls, den vielfach Gestalteten, den Einen, der das Weltall umschlossen hält, als Gott erkannt hat, der wird von allen Fesseln befreit. (Svetâsvatara-Upanishad; 800–500 v. Chr.) / Solange sich der Mensch mit diesem elenden Ich identifiziert, kann es keine Möglichkeit der Befreiung geben. Denn diese ist sein genauer Gegensatz. (Shankara, 788–820; „Kleinod der Unterscheidung“) / Befreiung ist unmöglich, wenn ein Mensch noch Wünsche hat und Weltliches begehrt. (Shrî Râmakrishna, 1834–1886)

Im Geiste ungebeugt, ließ er eingehen, was Empfindung war, und eben wie das Licht verlöscht, so ging er in Befreiung ein. (Gautama Buddha, um 550–480 v. Chr.; „Digha-Nikâya“) / Die eigene Befreiung selbst genügt noch nicht, denn irren doch auch all die anderen Wesen durch diesen Kreislauf vieler Leben. (Jesche Tsöndrü, 1761–1816; „Die Elixiere der Erleuchtung“) / Die Befreiung ist etwas, das man wirklich ergreifen kann, oder besser gesagt, etwas, worin man sich verkörpern kann, so wie ich in diesem Körper verkörpert bin und weiß, dass ich hier bin. (Sokei-an Roshi, 1882–1945; „Der Zen-Weg“)

Begierde

Wenn du dir erlaubst, was deiner Begierde gefällt, so tust du, was deine Feinde freut. (Bibel AT; Sir. 18,31) / Begierde ist des Menschen Wesen selbst. (Baruch Spinoza, 1632–1677; „Ethik“) / Das Fortstreben im menschlichen Leben kennt keine Grenzen. Jede menschliche Begierde zieht in die Unendlichkeit hinaus. (Moses Mendelssohn, 1729–1786; „Phaedon“)

Woher kommen die Kriege und Zänkereien unter euch? Woher anders als von euren Begierden. (Bibel NT; Jak. 4,1) / Nichts hindert und belästigt dich mehr als die unertötete Begierde. (Johannes Tauler, um 1300–1361) / Sobald ein Mensch eine unordentliche Begierde in sich nährt, so ist der Hausfriede seines Herzens gestört. (Thomas a Kempis, 1380–1471)

Gott, der Allmächtige, ließ mich in zweitausend Augenblicken seine Gegenwart erfahren, und jedes Mal bot er mir ein Königreich an, doch ich lehnte ab. Gott sagte zu mir: „Bâyazîd, was wünschst du?“ Ich erwiderte: „Ich wünsche mir, nichts zu begehren.“ (Bâyazîd Bistâmî, gest. 874) / Wenn deine Begierden nicht mit deinem Geist in Einklang stehen, opfere sie, und du wirst ans Ziel deiner Reise gelangen. (Attâr, um 1136 bis ca. 1220) / Der Sieg über die eigene Begierde ist das Kennzeichen wahren Glaubens. (Nizâmî, 1141–1209; „Sieben Geschichten“)

Sie, mit der behaftet der hienieden treibt, was er nicht sollte, die Begierde, müsst ihr mit scharfen Schwertern ausrotten und immer wieder ausrotten. (Mahâbhârata; 500 v. Chr. bis 500 n. Chr.) / Frei von Begierde stirbt die Seele nie, nur wenn sie lebend stirbt, ist wissend sie. (Lallà, 14. Jhdt.) / Die eigenen Begierden sind es, die reformiert werden müssen, sonst nichts. (Rabindranâth Tagore, 1861–1941)

Was fein, tief, schwer zu schauen, zart ist; was dem Irdischen zuwiderläuft, nicht werden es die Begierdeblinden, die Finsternisumhüllten sehen. (Gautama Buddha, um 550–480 v. Chr.; „Mahavagga“) / Wenn es (in Wahrheit) niemand gibt, der empfindet, und wenn auch keine Empfindung existiert, warum vergehst du dann nicht, Begierde, nachdem du dieses Verhältnis gesehen hast? (Sântideva, 7. Jhdt.; „Bodhicaryâvatâra“) / Begierden verdunkeln selbst die höchsten und erhabensten Zustände des Geistes. (Padma Sambhava, 8. Jhdt.)

Beharrlichkeit

Der Gerechte hält fest an seinem Wege, und wer reine Hände hat, nimmt zu an Kraft. (Bibel AT; Hiob 17,9) / Noch wunderbarer als die zähe Erhaltung der Juden in der Geschichte sind die Erhaltung und der Stoffwechsel des Judenhasses. (Berthold Auerbach, 1812–1882) / Die Judenfrage ist ein verschlepptes Stück Mittelalter. (Theodor Herzl, 1860–1904, „1895 an Bismarck“) / Und waren unsere bildhaften Vorahnungen nicht richtig, hängen wir denn tatsächlich in der Luft, leiden wir nicht an einer einzigen Krankheit: der Sucht nach Stabilität? (Marc Chagall, 1889–1985; „Mein Leben“)

Selig sind die, welche das Wort Gottes hören und bewahren. (Bibel NT; Lk. 11,28) / Harret nur aus! Zwar folgt auf den Fortschritt ewig der Rückschlag, doch er verbraust, und es bleibt immer ein Rest des Gewinns. (Emanuel Geibel, 1815–1884; „Distichen vom Strande der See“) / Die Gnade der Beharrlichkeit ist besser als die Gnade der Beschauung oder die der Krankenheilung. (Bonifazius Wöhrmüller, geb. 1885) / Mir ist eine beständig geübte bescheidene Tugend lieber als eine außergewöhnliche. Halten wir uns an leichte Dinge, aber halten wir sie dann auch durch. (Don Bosco, 1815–1888)

Gott hat euch von der Religion vorgeschrieben, was er Noah verordnet hat und was wir dir geoffenbart haben und was wir Abraham, Mose und Jesus verordnet haben: Haltet die Religion und bringt ihnen keine Spaltungen ... (Korân; Sure 42,13) / Der Gesandte Gottes wurde gefragt: Welches Werk ist Gott am liebsten? Er sagte: Das, was mit Beharrlichkeit verrichtet wird, auch wenn es gering ist. (Mohammed, 570–632; „Hadith“) / Wenn in der ganzen Stadt es gäb nur eine Klette, sie würd fallen auf des ärmsten Bettlers Bette. Wie auch in Gradheit mag der Waage Balken prahlen, er neigt sich dahin, wo am meisten in den Schalen. (Saadî, um 1215–1292)

Irgendwo ist Schmerz des Leibes, irgendwo schmerzt es die Zunge, irgendwo auch den Sinn – das gab ich auf. Fest stehend im Ziel des Menschen ist mir wohl. (Ashtâvakra-Gîtâ; ca. 2. Jhdt. v. Chr.) / Flüsse fließen in das Meer, aber das Meer wird nicht bewegt. (Shankara, 788–820; „Kleinod der Unterscheidung“) / Fälle am heutigen Tag die Pappel. Schon morgen wirst du entdecken, dass sie von neuem austreibt. (Shrî Râmakrishna, 1834–1886)

Wohlan, ihr Jünger, an euch ergeht mein Wort: Vergänglich ist die Erscheinungswelt, bleibt immer fest im strebenden Bemühen! (Gautama Buddha, um 550–480 v. Chr.; „Digha-Nikâya“) / Da es kein Beharren gibt, gibt es in Wirklichkeit auch kein Entstehen und keine Vernichtung. Woher sollte es in Wahrheit etwas Entstandenes, Beharrendes und Vernichtetes geben? (Nâgârjuna, um 200 n. Chr.; „Juwelenkette“) / Du musst den inneren Schatz durch deine eigenen Anstrengungen finden. (Nyogen Senzaki, 1876–1958; „Keine Spur im Wasser“)

Beherrschung

Folg nicht deinen Begierden, von deinen Gelüsten halte dich fern! (Bibel AT; Sir. 18,31) / Wende dein Angesicht von schönen Frauen! (Bibel AT; Sir. 9,8) / Der Geist kann es dahin bringen, dass alle körperlichen Erregungen oder Vorstellungen auf die Idee Gottes bezogen werden. (Baruch Spinoza, 1632–1677; „Die Ethik“) / Die Menschen haben es jetzt in der Beherrschung der Naturkräfte so weit gebracht, dass sie es mit deren Hilfe leicht haben, einander bis auf den letzten Mann auszurotten. (Sigmund Freud, 1856–1939; „Das Unbehagen in der Kultur“)

Hüte dich, alles zu begehren, was du siehst, alles zu glauben, was du hörst, alles zu sagen, was du weißt, und alles zu tun, was du kannst! (Inschrift im Franziskanerkloster Lyon) / Wer sich in alles will mischen, muss oft die Augen sich wischen. (Abraham a Santa Clara, 1644–1709) / Wer die Beherrschung verloren hat, ist kein Herrscher mehr. (Henry Benrath, 1882–1949)

Die Zunge, die im Zaum hält ihre Hitze, die wird mit Witz entgehn dem Feindeswitze. (Nizâmî, 1141–1209; „Iskander Name“) / Ehe du weißt vom Worte, dass es völlig recht sei, sag es nicht; und wovon du weißt, dass darauf die Antwort schlecht sei, sag es nicht! (Saadî, um 1215–1292; „Gulistân“) / Kannst du deinen Gedanken nicht beherrschen, so vermagst du ihn ebenso wenig festzuhalten. (Hazrat Inayat Khan, 1882–1927; „Gayan“)

Die Leidenschaftslosigkeit ist das Bewusstsein der Selbstbeherrschung eines nicht mehr nach wahrnehmbaren und schriftverheißenden Dingen Dürstenden. (Patanjali, 2. Jhdt. v. Chr.; „Yoga-Sutra“) / Jede Seele ist ihrem Wesen nach göttlich. Das Ziel ist, diese innewohnende Göttlichkeit durch Beherrschen der inneren und äußeren Natur zu offenbaren. (Swâmi Vivekânanda, 1862–1902) / Der Mensch ist Mensch, weil er der Selbstbeherrschung fähig ist. (Mahatma Gandhi, 1869–1948; „Mein Leben“)

Gut ist es, den Geist zu beherrrschen. Der Weise wacht über seinen Geist. Ein überwachter Geist bringt Glück. (Gautama Buddha, um 550–480 v. Chr.; „Dhammapada“) / Klammert euch nicht an eure lieb gewordenen Gepflogenheiten, und jagt nicht dem Vergnügen hinterher. Es wäre schade um die verlorene Zeit. Die Augenblicke ziehen schnell dahin. (Lin-chi, gest. 867) / Alle Lust und alles Leid haben ihre Ursachen im Geist, und die Religionen sind notwendig, weil wir ohne sie unsern Geist nicht zu beherrschen vermögen. (14. Dalai-Lama, geb. 1935; „Mein Leben und mein Volk“)

Beispiel

Wenn ein Herrscher auf Lügen hört, so werden alle seine Diener zu Schurken. (Bibel AT; Spr. 29,12) / Wäre uns die Thora nicht gegeben, dann würden wir Bescheidenheit von der Katze lernen, Ehrlichkeit von der Ameise und gute Sitten vom Hahn. (Talmud; 70–500 n. Chr.; Eruwin 100b) / Durch feine Spekulationen ist nie der Geist einer Nation geändert worden, aber durch große Beispiele allemal. (Heinrich Heine, 1797–1856; „Literaturfragmente“) / Es gibt kein Leid, das dem jüdischen zu vergleichen wäre. (Ernst Bloch, 1885–1977)

Ich habe euch ein Beispiel gegeben, damit auch ihr tun möget, wie ich euch getan. (Bibel NT; Joh. 13,15) / Lebendige Beispiele erklären tote Regeln. (Volksweisheit) / Man erzieht durch das, was man sagt, mehr noch durch das, was man tut, am meisten aber durch das, was man ist. (Ignatius von Antiochien, gest. um 110 n. Chr.) / Erziehung ist Beispiel und Liebe, sonst nichts. (Friedrich Fröbel, 1782–1852)

Wenn ihr verzeiht, Nachsicht übt oder vergebt, so folgt ihr damit dem Beispiel Gottes. Gott ist barmherzig und bereit zu vergeben. (Korân; Sure 64,14) / Immer wenn der Prophet (Mohammed) mit anderen aß, dann war er der Letzte, der zu essen begann. (Husayn-al-Sulami, 936–1021; „Futuwwah“) / Hoffnungen sind wie Wolken: einige ziehen vorüber, andere geben Regen. (Aus Arabien)

Dass man mit Starken kämpfen müsse, kein Beispiel wird sich dafür finden; gibt's einen, welcher je die Wolken entgegenziehen sah den Winden. (Pantschatantra; 5. Jhdt.) / Wenn ein Elefant in einen großen Teich steigt, wird auch niemandem bewusst, dass ein so großes Tier im Wasser ist. (Shrî Râmakrishna, 1834–1886) / Wenn man das Leben der großen Arbeiter verfolgt, die die Welt hervorgebracht hat, so stellt man fest, dass es äußerst ruhige Männer waren. Nichts konnte sie aus dem Gleichgewicht bringen. (Swâmi Vivekânanda, 1862–1902)

Wem vergleich ich wohl Welt und des Menschen Leben? Dem Mondesschatten, wenn er im Tautropf berührt des Wasservogels Schnabel. (Dogen Zenji, 1200–1253) / Der Lebensspanne ist nichts hinzuzufügen; sie vergeht gleich dem Beispiele einer brennenden Butterlampe, ohne auch nur einen einzigen Moment innezuhalten. (Jesche Tsöndrü, 1761–1816; „Die Elixiere der Erleuchtung“) / Die wahre Welt ist jene Welt, in der es zum Beispiel heißt: „Ich schaue die Blume an, und die Blume schaut mich an.“ (Daizohkutsu R. Ohtsu; „Kommentar zu ‚Der Ochs und sein Hirte‘“)

Berufung

Der Herr sprach zu Abraham: Zieh weg aus deinem Land, von deiner Verwandtschaft und aus deinem Vaterhaus in das Land, das ich dir zeigen werde. (Bibel AT; 1. Mos. 12,1) / Nach Wahrheit forschen, Schönheit lieben, Gutes wollen, das Beste tun – das ist die Bestimmung des Menschen. (Moses Mendelssohn, 1729–1786) / Ja, wir glauben, dass die Menschen noch einen höheren Beruf haben, als sich gegenseitig auszubeuten. (Moses Hess, 1812–1875; „Über die Not“) / Jeder ist dazu berufen, etwas in der Welt zur Vollendung zu bringen. (Martin Buber, 1878–1965)

Bist du nicht berufen, so mach dich berufen. (Aurelius Augustinus, 354–430) / Denen, die seinen Ratschlüssen gemäß ihre Berufung wirken, denen, die Gott lieben, gereicht alles zum Guten. (Bibel NT; Röm. 8,28) / Ein Stand muss lehrn, der andre nährn, der dritt' muss bösen Buben wehrn. (Erasmus Alberus, 1500–1553) / Der Mensch hat zwei Berufungen in sich:

eine ruft zum Leben, die andere zum Tod. (Hildegard von Bingen, 1098–1179)

Gott ist uns notwendig, damit wir existieren können, während wir für ihn notwendig sind, damit er sich manifestieren kann. (Ibn Arabî, gest. 1240) / Die Bedeutung eines Menschen liegt nicht in dem, was er erreicht, sondern vielmehr in dem, was er sich zu erreichen sehnt. (Kahlil Gibran, 1883–1931; „Aphorismen")

Nicht das Sprechen heiliger Verse, nicht Weisheit und alle Erfahrung in den Schriften führt zur Erkenntnis: Der Geist schenkt sich nur dem und macht nur dessen Leib zu dem seinen, wen er erwählt hat. (Kâthaka-Upanishad; 800–500 v. Chr.) / Der Mensch, der einen Glauben und die Kraft besitzt, die dem Glauben entströmt, fragt nicht danach, ob er von andern über die Achsel angesehen wird. Er verlässt sich einzig und allein auf seine innere Kraft. (Mahatma Gandhi, 1869–1948; „Mein Leben")

Und wenn auf Erden gleich bliebe kein Lotosteich, doch scharrte nie der Schwan im Miste wie der Hahn. (Bhartrihari, 7. Jhdt.) / Betrachte deine Kräfte, deine Bedürfnisse und Möglichkeiten, so wirst du des Lebens Pflichten erfahren und wirst auf allen deinen Pfaden Geleit haben. (Aus Tibet) / Der Berufene häuft keinen Besitz auf. Je mehr er für andere tut, desto mehr besitzt er. (Aus China)

Bescheidenheit

Dem Hagelwetter leuchtet der Blitz voraus und dem Bescheidenen die Beliebtheit. (Bibel AT; Sir. 32,10) / Wer sein Vermögen vermindert und Wohltätigkeit übt, der wird vor der Höllenstrafe gerettet nach jenem Gleichnis von zwei Schafen, die durch das Wasser schwimmen: Das eine ist geschoren, das andere nicht; das geschorene schwimmt durch, das ungeschorene geht durch die Schwere der nassen Wolle unter. (Talmud; 70–500 n. Chr.; Gittin 7a) / Weh dir, Freund, der du die Seele in Vielheit und Hast bereichern wolltest! Gottes Wunder sind derer, die sich in Einem sammeln und bescheiden können. (Israel ben Eliser, 1699–1760; „Legende des Baalschem")

Jener muss wachsen, ich aber abnehmen. (Bibel NT; Joh. 3,30) / Kein Ding ist auf der Welt so hoch und wert zu achten als Menschen, die mit Fleiß nach keiner Hoheit trachten. (Angelus Silesius, 1624–1677; „Der Cherubinische Wandersmann") / Bescheidenheit ist immer falsche Bescheidenheit. (Jules Renard, 1864–1910)

Überschreitet das Maß nicht; denn Allah liebt nicht die Maßlosen. (Korân; Sure 2,191) / Wenn der Falke dir entgangen, nimm vorlieb mit dem Spatzen; und erhältst du den Taler nicht, so begnüg dich mit dem Batzen. (al-Harîrî, 1054–1122; „Die Makamen") / Lasst uns weder eigen noch abgesondert sein. Des Poeten Geist und der Schwanz des Skorpions erheben sich mit der gleichen Pracht von der gleichen Erde. (Kahlil Gibran, 1883–1931; „Aphorismen")

Wer unter tausend, unter Millionen Wagenladungen nur auf den Scheffel sieht, der zu seinem Unterhalte ausreicht, wer in einem Palaste nur auf eine Schlafstelle für sich sieht, der ist ein freier Mann. (Mahâbhârata; 500 v. Chr. bis 500 n. Chr.) / Ob einer redegewandt und wahr, aus seiner Rede wird's offenbar. Doch ob er bescheidenen Sinnes und schlicht, liest man gleich anfangs auf seinem Gesicht. (Nârâjana, 9./10. Jhdt.; „Hitopadesa") / Ich bin der Staub des Staubs unter den Sohlen meiner Schüler. (Shrî Râmakrishna, 1834–1886)

Nicht niedrig und nicht hoch schätzt sich der Weise ein, ist ruhig, ohne Neid, verlangt nicht, sagt nicht nein. (Gautama Buddha, um 550–480 v. Chr.; „Sutta-Nipâta") / Bescheidenheit ist die Grundlage aller Tugenden. Lass die anderen dich finden, bevor du dich ihnen zu erkennen gibst. (Zengetsu, China, 9. Jhdt.) / Eines bescheidenen Mannes Rede verleiht der Wahrheit Wert, und seiner Worte Mäßigung lässt seinen Irrtum entschuldigen. (Aus Tibet) / Wenn ihr sehr bescheiden werdet und alles bewundert, werdet ihr die weiche Geisteshaltung und damit den Grund der Natur erreichen. (Sokei-an Roshi, 1882–1945; „Der Zen-Weg")

Besitz

Ich bin nackend von meiner Mutter Leib gekommen, nackend werde ich wieder dahinfahren. Der Herr hat es gegeben, der Herr hat es genommen; der Name des Herrn sei gelobt! (Bibel AT; Hiob 1,21) / An dem Vermögen derer, welche ihre Arbeiter drücken, gestohlene Sachen kaufen und überflüssige Verzierungen als Hausgerät wählen, ist kein Segen – sie oder ihre Kinder werden es verlieren. (Jehuda Hachassid, 13. Jhdt.; „Das Buch der Frommen") / An seinen Besitz gekettet, ist der Mensch nur ein Sklave. (Jakob Wassermann, 1873–1934)

Wes die Geister voll sind, des begehren sie ohne Unterlass, und wonach sie begehren, das besitzen sie allezeit in neuer, grünender, freudenreicher Wonne. (Meister Eckhart, um 1260–1327) / Gott will nicht, dass man nicht Geld und Gut haben und nehmen soll oder dass man es, wenn man's hat, wegwerfen solle, wie etliche Narren unter den Philosophen und tolle Heilige unter den Christen gelehrt und getan haben. (Martin Luther, 1483–1546) / Besitz verlockt zur Sünde, und die Anhäufung von Reichtümern entsittlicht den Menschen. (Leo N. Tolstoi, 1828–1910)

Besitz und Kinder sind ein Schmuck dieser Welt. Die bleibenden guten Werke aber sind besser vor dem Angesicht deines Herrn hinsichtlich des Lohnes und besser hinsichtlich der Hoffnung. (Korân; Sure 18,46) / Verstehe, dass das, was du wahrhaft besitzt, nicht das ist, was du deinen Besitz nennst, sondern das, was du für deine Brüder ausgibst. (Husayn-al-Sulami, 936–1021; „Futuwwah") / Viele Frauen leihen sich das Herz eines Mannes; sehr wenige können es in Besitz nehmen. (Kahlil Gibran, 1883–1931; „Aphorismen")

Wer keine Wünsche hat, Herz und Selbst bezähmt, allen Besitz verlässt, nur mit dem Körper handelt, der begeht kein Fehl. (Bhagavadgîtâ; ca. 300 v. Chr.) / Man soll gewiss sich Gut erwerben, doch nicht zu viel zusammentragen. (Nârâjana, 9./10. Jhdt.; „Hitopadesa") / Nur so viel, wie das, was den Bauch füllt, ist der Besitz der Menschen; wer mehr verlangt, verdient, als Dieb bestraft zu werden. (Aus Indien) / Was kann Gott mir geben oder nehmen? Was mir gehört, gehörte mir, selbst als Gott nicht war. (Sri Nisargadatta Maharaj, 1897–1981; „Ich bin")

Freude erwächst uns nicht aus Besitz und Reichtum. Wahre Lebensfreude kommt aus einem weisen und liebevollen Herzen. (Gautama Buddha, um 550–480 v. Chr.; „Sutta-Nipâta") / Wenn ich auch viele Güter erworben und lange das Glück genossen habe – mit leeren Händen und nackt werde ich dahingehen wie ein Ausgeplünderter. (Sântideva, 7. Jhdt.; „Bodhicaryâvatâra") / Besitz und Reichtum sind nur Trug, geliehen zu des Augenblicks Nutzen; lieb sie nicht allzu sehr, und horte sie nicht auf. (Phadampa Sangay, um 1100)

Besseres

Es ist besser, auf den Herrn zu vertrauen, als sich auf Menschen zu verlassen. (Bibel AT; Ps. 118,8) / Besser eine Stunde in Buße und guten Werken auf dieser Welt als alles Leben in der künftigen Welt. Besser eine Stunde Erquickung in der künftigen Welt als alles Leben in dieser Welt. (Sprüche der Väter 1,3; ca. 200 n. Chr.) / Was die Besten und nur die Besten unter den Zeitgenossen wünschen, das geschieht zwar auch, aber spät; denn da die Besten ihrer Zeit vorauseilen, so werden ihre Wünsche und Bedürfnisse erst die der Nachwelt. Doch was die Menge wünscht, das geschieht bald. (Ludwig Börne, 1786–1837; „Aphorismen")

Es ist besser, für gute Taten zu leiden, wenn Gott es so will, als für schlechte. (Bibel NT; 1. Petr. 3,17) / Besser kennt Gott, wer ihn nicht zu kennen bekennt. (Aurelius Augustinus, 354–430; „De ordine") / Wenn ihr das Beste tut, wie ihr's versteht, so seid ihr ohne Schuld, auch wenn es nicht das Beste ist. (Joseph Bernhart, 1881–1969)

Die gute Tat und die schlechte Tat sind nicht gleich. Vergelte mit der Tat, die besser ist, und siehe, der, zwischen dem und dir eine Feindschaft war, wird so, als wäre er ein warmer Freund. (Korân; Sure 41,34) / Ein weichherziger Sünder ist besser als ein in Frömmigkeit verhärteter Heiliger. (Hazrat Inayat Khan, 1882–1927; „Gayan") / Gebet nur das Beste in euch eurem Freunde. (Kahlil Gibran, 1883–1931; „Aphorismen")

Durch Gleiche wird man nicht erhoben, durch Bessere nur kommt man nach oben. (Nârâjana, 9./10. Jhdt.; „Hitopadesa") / Erlösung ist durch moralische Besserung nicht erreichbar. (Shankara, 788–820; „Vedanta Sutras") / Besser Verstand als Wissen, denn höher als Wissen steht der Verstand: Denen es an Verstand mangelt, die gehen zugrunde wie jene, die einen Löwen wiederbeleben. (Aus Indien)

Das Beste für den schwachen Verstand ist sein Glaube an das Gesetz von Ursache und Wirkung. Das Beste für den Durchschnittsverstand ist die Erkenntnis des in und außer sich selbst wirkenden Gesetzes der Gegensätze. Das Beste für den Verstandesmächtigen ist das völlige Begreifen der Untrennbarkeit von Erkennendem, Gegenstand der Erkenntnis und Vorgang des Erkennens. (Dvagpo-Lharje, um 1077–1152; „Kostbarer Rosenkranz") / Geh lieber nach Hause und mache eine Netz, als dass du im

Teich nach Fischen tauchst. (Aus China) / Besser, als den Leib zu heilen, ist es, den inneren Frieden zu finden. Hat man den Frieden gefunden, so kann dich der Leib nicht mehr quälen. (Wu-men Hui-kai, 1183–1260; „Wu-men-kuan“)

Bestimmung

Ich weiß, o Herr, dass es nicht in des Menschen Gewalt steht, seinen Weg zu bestimmen, nicht bei dem Wandersmann, seinen Schritt zu lenken. (Bibel AT; Jer. 10,23) / Gott lässt alles zwar auf mannigfaltige Weise, aber doch in der festgesetzten Zeit und Ordnung genau nach seiner Vorherverkündigung eintreffen. (Flavius Josephus, 37–100; „Jüdische Altertümer“) / Halte den Aberwitz nicht für wahr, den die Astrologen lügenhafterweise auskramen, indem sie vorgeben, dass die verschiedene Geburtszeit der Individuen sie mit einer Tugend oder einem Fehler begabe und dass das Individuum zu den entsprechenden Handlungen unwiderstehlich gezwungen sei. (Moses Maimonides, 1135–1204; „Acht Kapitel“) / Nach Wahrheit forschen, Schönheit lieben, Gutes wollen, das Beste tun – das ist die Bestimmung des Menschen. (Moses Mendelssohn, 1729–1786)

Viele sind berufen, wenige aber auserwählt. (Bibel NT; Mt. 22,14) / Kein Ding, noch Werk, noch Kunst, noch Wort, Mensch, schafft dir Ruh, wer dieses alles lässt, ist bloß geschickt dazu. (Angelus Silesius, 1624–1677; „Der Cherubinische Wandersmann“) / Die Bestimmung des Menschen ist: Gottes Ratschluss mit ihm und seinesgleichen erforschen und an sich und seinesgleichen ausführen helfen, d. h. Ordnung herstellen in sich und außer sich. (Johann Michael Sailer, 1751–1832)

Es gibt weder auf der Welt noch im Jenseits etwas ohne sein (Gottes) Wissen, seinen Willen, seinen Beschluss und seine Bestimmung. (Abu Hanifa, 699–767) / Ohne Planmäßigkeit geschieht nichts auf der Welt, und nur in diesem Sinne ist alles „notwendig“. Wir sind überzeugt, dass alles in der Welt wegen eines weisen Planes gemacht ist, wenn unser Verstand auch in vielen Fällen nicht fähig ist, denselben zu erkennen. (Averroes, 1126–1198; „Widerlegung des Gazali“) / Bemühung ändert Fügung nicht! Kein Salböl gibt dem Blinden Licht, keine Weiser lebt in Ost und West, der Honigseim aus Galle presst. (Saadî, um 1215–1292; „Bostân“)

Dem angebornen Wesen, ach, wie ist es schwer, ihm zu entsagen! Macht man zum König auch den Hund, er hört nicht auf, am Schuh zu nagen. (Nârâjana, 9./10. Jhdt.; „Hitopadesa“) / Was kommen soll, fällt einem in die Hand, befände es sich auch jenseits des Ozeans; was aber nicht kommen soll, entwischt einem, läge es einem auch schon auf der Handfläche. (Aus Indien) / Jeder Seele ist es vorbestimmt, vollkommen zu werden, und sie wird daher schließlich den Zustand der Vollkommenheit erreichen. Was wir jetzt sind, ist das Ergebnis unserer Gedanken und Handlungen der Vergangenheit. (Swâmi Vivekânanda, 1862–1902; „Erkenntnisse des Hinduismus“)

Der Leib ist ausgelöscht, wenn das Bewusstsein schwindet. (Gautama Buddha, um 550–480 v. Chr.; „Sutta-Nipâta“) / Die würdigen Wesen, die sich in dieser Welt recht verhalten haben, werden nach ihrem Tode zu einer glücklichen Bestimmung in der irdischen oder himmlischen Welt wiederkehren. Jene Wesen aber, die auf unrechte Art gelebt haben, werden nach dem Tod im Bereich der Geister wiedergeboren. (Gautama Buddha, um 550–480 v. Chr.; „Majjhima-Nikâya") / Wer fragt, ob der Buddha so ist oder anders, ist selbst jemand, der „so ist oder anders". (Wu-men Huikai, 1183–1260; „Wu-men-kuan")

Beten

Es ist gut, zu beten und zu fasten, barmherzig und gerecht zu sein. Lieber wenig, aber gerecht als viel und ungerecht. Besser barmherzig sein als Gold aufhäufen. (Bibel AT; Tob. 12,8) / Rabbi Simon pflegte zu sagen: Wenn du betest, betrachte dein Gebet nicht als Satzung, sondern es sei ein inbrünstiges Flehen vor Gott. Denke daran, dass er gnädig und barmherzig, langmütig und voller Huld ist und das Böse zum Guten wendet. Darum halte dich nie für einen verlorenen Menschen. (Talmud; 70–500 n. Chr.; „Mischna Aboth 2,13") / Man soll nicht beten, dass das Leid ein Ende nehme. Denn wenn das Leid aufhört, hört auch das Leben auf. (Jüdisches Sprichwort)

Wachet und betet, damit ihr nicht in Versuchung fallet; der Geist ist zwar willig, aber das Fleisch ist schwach. (Bibel NT; Mt. 26,41) / Wer Gott um Gaben bitt', der ist gar übel dran: Er betet das Geschöpf und nicht den Schöpfer an. (Angelus Silesius, 1624–1677; „Der Cherubinische Wandersmann") / Beten heißt nicht sich selbst reden hören. Beten heißt: Stillewerden und Stillesein und Hören, bis der Betende Gott hört. (Sören Kierkegaard, 1813–1855) / Erst in Not zu beten ist nicht recht. Im Glück betet! Beten soll Danken sein und Gelübde. (Hans Much, 1880–1932)

Nur die glauben an unsere Zeichen, die, wenn sie damit ermahnt werden, in Anbetung niederfallen und das Lob ihres Herrn singen und die nicht hochmütig sind. (Korân; Sure 32,15) / O mein Herr, wenn ich zu dir bete aus Furcht vor der Hölle, so verbanne mich in die Hölle! Wenn ich zu dir bete aus Hoffnung auf das Paradies, so schließe mich aus von ihm! Aber wenn ich zu dir bete um deinetwillen, so entziehe mir nichts von deiner ewigen Schönheit. (Rabia al-Adawija, geb. 801) / Wer Gott anbetet und den Menschen verachtet, dessen Anbetung ist eitel. (Hazrat Inayat Khan, 1882–1927; „Gayan")

Betet ihr immerzu, dann ist keine Kraft im Gebet. Aber wenn ihr bei der schrecklichsten Gefahr betet, nicht für euch selber, sondern für die ganze Welt, dann wird euer Gebet, wenn es vom Opfer eures Selbst begleitet ist, gewisslich erhört werden. (Dhan Gopal Mukerdshi, 1890–1936; „Ghond") / Das Gebet ist der Schlüssel für den Morgen und der Türriegel für den Abend. (Mahatma Gandhi, 1869–1948) / Beten ist nicht bitten. Es ist ein Sehnen der Seele. Es ist das tägliche Eingeständnis der eigenen Schwachheit. (Mahatma Gandhi, 1869–1948)

Man kann auch zum Kopf einer Sardine beten, wenn man fest daran glaubt. (Aus Japan) / Beten um Heil in kommenden Welten, beten für deine egoistischen Ziele heißt nur häufen und auftürmen von Anmaßung und Ichsucht. (Bankei Eitaku, 1622–1693) / Ich bete nicht den Himmel an und verstecke mich nicht in der Erde. Ich bin hier zwischen Himmel und Erde, ich bin derjenige, der wirklich existiert und sich dieser Existenz gewahr ist. (Sokei-an Roshi, 1882–1945; „Der Zen-Weg")

Betrug / Trug

Dem Rebhuhn, das Eier brütet, die es nicht gelegt hat, gleicht der Mensch, der Reichtum erwirbt durch Unrecht. (Bibel AT; Jer. 17,11) / Die einzige Art zu betrügen, die zuweilen noch Erfolg hat, ist, offenherzig zu sein. (Ludwig Börne, 1786–1837; „Aphorismen") / Wenn sich jemand selbst belügen will, so gelingt es ihm sehr bald. (Karl Emil Franzos, 1848–1904; „Die Juden von Barnow")

Schlechte Menschen und Schwindler werden immer tiefer sinken. Sie betrügen andere und werden selbst betrogen. (Bibel NT; 2. Tim. 3,13) / Betrüge nicht; du hast nicht Rast noch Ruh, wenn du betrogen hast. (Matthias Claudius, 1740–1815, „Ein silbern ABC") / Wer im Kleinen untreu ist, wird der treu im Großen werden? (Jeremias Gotthelf, 1797–1854)

Es steht keinem Menschen zu, dass Gott ihm das Buch, die Urteilskraft und die Prophetie zukommen lässt und dass er dann zu den Menschen sagt: Seid mir Diener an Gottes statt. (Korân; Sure 3,79) / Und hätte ich dir auch ein Buch, auf Pergament geschrieben, herabgeschickt, die Ungläubigen würden es mit ihren Händen befühlt und gesagt haben: „Das ist ja offener Betrug!" (Korân; Sure 50,43) / Ein Schleier ist die Schönheit dieser Welt, dahinter sich sein Angesicht verhält. So schmiegt der Schleier sich dem Angesicht – oft kennt man beide voneinander nicht. (Saadî, 1184–1283)

Durch die Betrüger, die lehren, es gebe kein Selbst (Atman), sowie aufgrund von falschen Beispielen und Argumenten sind die Menschen verwirrt und kennen nicht mehr den Unterschied zwischen wahrer Weisheit und intellektuellem Wissen. (Maitrâyâni-Upanishad; 800–500 v. Chr.) / Wer nur in sentimentaler Art für die Freiheit schwärmt und nur scheinbar frei von Leidenschaft den Ozean des bedingten Daseins zu durchkreuzen sucht, wird von dem Haifisch der Lust erfasst, gewaltsam gepackt, und in die Tiefe gezogen, ertrinkt er. (Shankara, 788–820; „Sankaracharya") / Wem Gelehrsamkeit zum Streit, Geld zum Hochmut, ein ausgezeichneter Verstand zum Betrügen anderer und eine hohe Stellung zur Demütigung der Leute dient, dem ist Licht zur Finsternis geworden. (Aus Indien)

Es ist nicht schwer, Besitz zu horten, wenn man seine Mitmenschen betrügt. Alle schädlichen Dinge sind leicht zu tun. (Gautama Buddha, um 550–480 v. Chr.; „Dhammapada") / Wenn du mich einmal betrügst – deine Schande. Wenn du mich zweimal betrügst – meine Schande. (Aus China) / Einem lippendienerischen Scharlatan nachfolgen, anstatt sich an einen Meister, der aufrichtig den edlen Dharma übt, zu halten, ist ein schwerwiegender Fehler. (Gampopa, 1079–1153; „Der kostbare Rosenkranz")

Bewegung

In einem wankenden Schiff fällt um, wer stille steht, nicht wer sich bewegt. (Ludwig Börne, 1786–1837) / Das Wesen des Lebens liegt in der Bewegung, die es weiterpflanzt. (Henri Bergson, 1859–1941) / Sterblich sein – das heißt in einem Universum, in dem alles im Kreise schwingt und Anfang und Ende immerfort dasselbe sind, einen Anfang haben und ein Ende und daher in die ganz und gar „unnatürliche" Form einer geradlinigen Bewegung gebannt zu sein. (Hannah Arendt, 1906–1975)

Zu unserer Natur gehört die Bewegung. Die vollkommene Ruhe ist der Tod. (Blaise Pascal, 1623–1662) / Wenn das Christentum so leicht und gemütlich wäre, wozu hätte Gott in seiner Schrift Himmel und Erde in Bewegung gesetzt, mit ewigen Strafen gedroht? (Sören Kierkegaard, 1813–1855) / Traurigkeit ist Stille, ist Tod. Heiterkeit ist Regsamkeit, Bewegung, Leben. (Marie von Ebner-Eschenbach, 1830–1916; „Aphorismen")

Die höchste Stufe des Gottvertrauens besteht darin, dass man vor Allah in Bewegung und Ruhe wie der Tote in den Händen des Leichenwäschers ist, von dem er sich nur darin unterscheidet, dass er sieht, wie er selbst tot ist und von der uranfänglichen Macht bewegt wird, wie der Tote von der Hand des Leichenwäschers bewegt wird. (al-Ghazâlî; 1058–1112; „Ihja ulum ad-din") / Die Menschen lassen sich in drei Klassen einteilen: diejenigen, die unbeweglich sind, diejenigen, die beweglich sind, und diejenigen, die sich bewegen. (Aus Arabien) / Jede große Bewegung muss ihre Wurzeln in die Tiefe der Volksseele tauchen: Sie ist der Urquell aller Kraft und Größe. (Kemâl Atatürk, 1881–1938)

Wie sich die Flamme einer Öllampe bei sanftem Wind kaum bewegt, so auch jemand, der sich mit den göttlichen Kräften vereint hat. (Maitrâyâni-Upanishad; 800–500 v. Chr.) / Meine äußere Form kommt und geht. Sie handelt und kostet die Früchte ihrer Handlungen. Sie wirkt und stirbt, ich aber bleibe wie ein mächtiger Berg für immer fest und unbeweglich. (Shankara, 788–820; „Kleinod der Unterscheidung") / Das Antlitz der Welt könnte sich ändern, wenn der Mensch sich Gott zuwenden würde, ehrlich und aufrichtig. (B. H. Bon, geb. 1901; „Die Antwort der Religionen")

Gleichwie ein Affe, der im Walde auf einem Bergabhang hinläuft, einen Ast ergreift, ihn loslässt und einen anderen ergreift, ebenso auch, was Geist genannt wird, Denken, Bewusstsein, das springt Tag und Nacht als ein anderes auf und geht als ein anderes zugrunde. (Gautama Buddha, um 550–480 v. Chr.; „Samyutta-Nikâya") / Gehen ist Zen, sitzen ist auch Zen. Rede ich, so schweige ich; ruhe ich, so eile ich: Dem Wesen nach ist alles das Unbewegte. (Hui-Neng, 638–713) / Gegensätze haben nur begriffliches Dasein, und jeder Begriff ist ein künstlicher Stillstand der immer beweglichen Wirklichkeit. (Paul Dahlke, 1865–1928)

Bewusstsein

Vier verschiedene Haltungen gibt es unter den Menschen: Die einen sagen: „Das Meinige ist meines, und das Deinige ist deines" – dies ist die durchschnittliche Haltung. „Das Meinige ist deines, und das Deinige ist meines"

– die Haltung der Dummen. „Das Meinige ist deines, und das Deinige ist deines" – die Haltung der Frommen. „Das Deinige ist meines und das Meinige auch meines" – die Haltung des Bösen. (Sprüche der Väter 5,13; ca. 200 n. Chr.) / Die menschliche Freiheit besteht lediglich darin, dass sich die Menschen ihres Wollens bewusst und der Ursachen, von denen sie bestimmt werden, unbewusst sind. (Baruch Spinoza, 1632–1677)

Niemand, der sein inneres Bewusstsein aufrichtig fragt, wird seine Rolle auf der Welt wiederholen wollen. (Jonathan Swift, 1667–1745) / Nur durch die Liebe und durch das Bewusstsein der Liebe wird der Mensch zum Menschen. (Friedrich von Schlegel, 1772–1829) / Man muss nur alles bewusst auf sich nehmen, von dem Augenblick an steht man über dem, was man auf sich nahm. (Friedrich Lienhard, 1865–1929)

Geist gleicht dem Schwerte und Erfahrung dem Wetzstein. (Aus Arabien) / Du bewohnst das Bewusstsein im Innern meines Herzens, wie die Geister die Körper bewohnen. (al-Hallâdsch, 858–922; „Der Islam") / Seid euch bewusst, dass die Rettung nur von euch selbst kommen kann. Es ist sinnlos, dazusitzen und auf Hilfe von draußen zu warten. (Kemâl Atatürk, 1881–1938)

Vom Bewusstsein gelenkt ist die Welt, das Bewusstsein ist ihr Grund, das Bewusstsein ist Brahman! (Chândogya-Upanishad; 800–500 v. Chr.) / Wenn das Bewusstsein und das Selbst von gleicher Reinheit sind, wird Unabhängigkeit erreicht. (Patanjali, 2. Jhdt. v. Chr.; „Yoga-Sutra") / Ziel des Yoga ist die Beruhigung des Bewusstseins, damit es die göttliche Schau im Universum ohne Fälschung zurückstrahlen kann. (Paramhansa Yogânanda, 1893–1952; „Autobiografie")

Mit klarem Bewusstsein wollen wir uns wappnen: klar bewusst beim Kommen und Gehen, klar bewusst beim Hinblicken und Wegblicken, klar bewusst beim Neigen und Erheben, beim Einschlafen und Erwachen, beim Sprechen und Schweigen. (Gautama Buddha, um 550–480 v. Chr.; „Majjhima-Nikâya") / Unser Bewusstsein besteht seit anfanglosen Zeiten, ist ungeschaffen und unvergänglich, weder blau noch gelb, hat weder Gestalt noch Merkmale und gehört weder dem Sein noch dem Nichtsein an. Man kann es weder alt noch neu nennen. Es ist weder lang noch kurz, weder groß noch klein und übersteigt alle Beschränkungen, Benennungen, Spuren und Gegensätze. (Huang-po, gest. 850) / Worte bilden sich nicht auf der Zungenspitze. (Wu-men Hui-kai, 1183–1260; „Wu-men-kuan")

Bild

Gott schuf den Menschen in seinem Bilde, im Bilde Gottes schuf er ihn; als Mann und Frau schuf er sie. (Bibel AT; 1. Mos. 1,27) / Liebe ward dem Menschen zuteil, weil er nach dem Bild Gottes erschaffen ward. Größere Liebe ward ihm dadurch zuteil, dass er wusste, er sei nach dem Bild Gottes erschaffen. (Sprüche der Väter 3,19; ca. 200 n. Chr.) / Helfe mir Gott, echte Tränen vor meinen Bildern zu vergießen! Dort werden meine Runzeln, meine blasse Haut sichtbar bleiben, dort wird sich für immer meine flüchtige Seele eingraben. (Marc Chagall, 1889–1985; „Mein Leben")

Den Nächsten lieben heißt Gott in seinem Bilde lieben. (Nikolaus von Kues, 1401–1464) / Der beste Teil der Schönheit ist der, den ein Bild nicht wiedergeben kann. (Francis Bacon, 1561–1626) / In jedem ruht ein Bild des, was er werden soll; solang er das nicht ist, ist nicht sein Friede voll. (Angelus Silesius, 1624–1677; „Der Cherubinische Wandersmann“)

Dein Bildnis mir im Auge, dein Wohnort mir im Herz, im Mund das Dein-Gedenken – und wo verbirgst du dich? (al-Hallâdsch, 858–922) / Das Bildliche ist die Brücke des Wahren. (Tûtî-Nâmeh, 14. Jhdt., „25. Abend“) / Solltest du wirklich deine Augen öffnen und sehen, du würdest dein Ebenbild in allen Bildern erblicken. Und solltest du deine Ohren öffnen und hören, du würdest deine eigene Stimme in allen Stimmen hören. (Kahlil Gibran, 1883–1931; „Aphorismen“)

Ist jemand hilflos oder zerquält, mag er Sklave sein oder Sohn, auf alle blickt gleicherweise sein Erbarmen, allen schenkt er Liebe gleicherweise. Wie oft muss ich wiederholen dieses Wort: Dieser Mann ist Gottes eigenes Bild. (Tukârâm, 1608–1649) / Bedenke, Gott ohne Form ist wahr, und Gott mit Form ist auch wahr. Nimm, woran du glaubst, und halte daran fest. Doch mit Sicherheit ist Gott nicht das tönerne Bildnis, das man anbetet. (Shrî Râmakrischna, 1834–1886) / Ihr mögt euch ein Bild suchen, durch das ihr Gott verehrt; aber es gibt bereits ein besseres Bild – den Menschen. Ihr mögt einen Tempel errichten, in dem ihr Gott anbetet, und das mag gut sein; aber es gibt schon einen besseren, einen viel höheren Tempel – und das ist der menschliche Körper. (Swâmi Vivekânanda, 1862–1902)

Wie das Bild des Mondes nicht zu sehen ist, wenn das Gefäß mit Wasser zerbrochen ist, so ist das Bild des Buddha in verderbten Wesen nicht zu sehen. (Maitreyanâtha, um 300 n. Chr.; „Schmuck der Sutren des Mahayana“) / Keine Unruhe mehr in der Außenwelt, keine Bilder mehr innen im Geist, erst wenn dein Geist wie eine senkrechte Wand ist, kannst du in den Bereich der Wirklichkeit treten. (Bodhidharma, um 470– 543) / Ein Bild sagt mehr als tausend Worte. (Aus China)

Bildung

Mein Sohn, von deiner Jugend an eigne dir Bildung an, und bis zum Greisenalter wirst du Weisheit erlangen. (Bibel AT; Sir. 6,18) / Mancher Gelehrte gleicht dem Kassierer eines Bankiers: Er hat den Schlüssel zu vielem Gelde, aber das Geld gehört ihm nicht. (Ludwig Börne, 1786–1837; „Der Narr im Weißen Schwan“) / Bildung ist das, was die meisten empfangen, viele weitergeben und wenige haben. (Karl Kraus, 1874–1936)

Jeder ungebildete Mensch ist die Karikatur von sich selbst. (Friedrich Schlegel, 1772–1829) / Bildung unterbricht die mühelose und einfache Verbindung mit Gott. (Wilhelm E. von Ketteler, 1811–1877) / Die wahre Bildung besteht im Christentum (Alban Stolz, 1808–1883) / Das Ziel der Bildung ist nicht die Kenntnis von Fakten, sondern von Werten. (William Ralph Inge, 1860–1954)

Wissen erwerben in der Kindheit ist wie eine Inschrift, gemeißelt in Stein, aber Wissen, das man im Alter erwirbt, ist wie auf Wasser geschrieben.

(Mohammed, 570–632; „Hadith“) / Der Mensch ohne Schulbildung gleicht einem Jagdhunde ohne Dressur. (Aus Marokko) / Alles Gelernte verblasst, wenn einst das göttliche Wissen zu leuchten beginnt. (Hazrat Inayat Khan, 1882–1927; „Vadan“)

Es gibt Menschen, die trotz aller Bücherweisheit Toren sind; der Mann aber, der handelt, ist ein Weiser. (Aus Indien) / Bäume und Flüsse, blauer Himmel und schöne Fernsichten sind ebenso notwendig zur Bildung wie Bänke und Wandtafeln, Bücher und Prüfungen. (Rabindranâth Tagore, 1861–1941) / Bildung muss eines der vielen Mittel zur geistigen Entwicklung sein, aber wir hatten in der Vergangenheit wahre Geistesriesen, die keinerlei Bildung besaßen. (Mahatma Gandhi, 1869–1948)

Wer die Klassiker studiert, ohne sie zu begreifen, täte besser daran, zum Pflug zurückzukehren. (Aus China) / Ohne Nutzen und Sinn ist es, wenn man viele Lehren gehört und studiert hat und in seinem Charakter in gemeiner Art hinter ihnen zurückbleibt; man gleicht einem Arzt, der von Schwindsucht befallen ist. (Gampopa, 1079–1153; „Der kostbare Rosenkranz“) / Im Notfall erst bedauert man seine Wissenslücken. Ohne Erfahrung kennt man nicht der Dinge verborgene Tücken. (Meister Dsi, 18./19. Jhdt.)

Bindungen

Rabbi Baruch sprach einmal: „Was für eine gute und lichte Welt ist das doch, wenn man sich nicht an sie verliert; und was für eine finstre Welt ist das doch, wenn man sich an sie verliert. (Rabbi Baruch, um 1760; „Erzählungen der Chassidim“) / Wenn du einen Freund los sein willst, dann bitt ihn um ein Darlehen oder gib ihm ein Darlehen. (Jüdisches Sprichwort) / Die einen verführen und lassen sitzen; die anderen heiraten und lassen liegen. Diese sind die Gewissenloseren. (Karl Kraus, 1874–1936; „Sprüche und Widersprüche“)

Vater, ich befehle meinen Geist in deine Hände. (Bibel NT, Lk. 23,46) / Mensch, was du liebst, in das wirst du verwandelt werden. Gott wirst du, liebst du Gott, und Erde, liebst du Erden. (Angelus Silesius, 1624–1677; „Der Cherubinische Wandersmann“) / Tod ist Freiheit, aber Ewigkeit ist Bindung; der Abschied ist ein Schmerz, aber die Ankunft ist das Glück. (Albrecht Goes, geb. 1908)

Man ist mit dem zusammen, was oder wen man liebt. (Mohammed, 570–632; „Hadith“) / Es hat mein Geist gemischt sich mit dem deinen, wie Wein vermischt mit klarem Wasser sich. Wenn etwas dich berührt, rührt es auch mich an, denn immer bist und überall du ich. (al-Hallâdsch, 858–922) / Binde zwei Vögel zusammen – sie werden nicht fliegen können, obwohl sie nun vier Flügel haben. (Dschelâleddin Rûmî, 1207–1273)

Nicht Bindung noch Erlösung gibt es für mich, der grundlose Wirbel ist zur Ruhe gekommen. Oh in mir steht das All – und steht in Wahrheit nicht in mir. (Ashtâvakra-Gîtâ; ca. 2. Jhdt. v. Chr.) / Die befreite Seele nimmt mit Freude Bindungen auf sich, sie empfindet sie als die Offenbarung einer unendlichen Kraft, die ihre Freude im Schaffen hat. (Aus Indien) / Der Rückzug aus der Welt ist nicht der Schlusspunkt in der Frage nach dem Geist. Es gibt eine Rückkehr in die Welt, die von der ständigen Weigerung begleitet ist, die Welt, wie sie uns begegnet, als endgültig zu nehmen. (Sarvepalli Radhakrishnan, 1888–1975)

Zur Weisheit gehört die Loslösung von allen Bindungen. Daher: Binde dich nicht an die vergänglichen Dinge, binde dich nicht an die sich wandelnden Menschen. (Milindapana; 1. Jhdt. v. Chr.) / Es ist nicht aufzuzählen, was alles einem Ding zu seinem Schaden anhaftet. Der Leib hat seine Läuse, das Haus seine Mäuse, das Land seine Schurken, der Fürst seine Herrschertugend und der Geistliche seine Religion. (Yoshida Kenkô, 1283–1350) / Obwohl es unmöglich ist, unsere egozentrischen Gedanken loszuwerden, haben wir es zu tun, weil unsere wahre Natur dies verlangt. (Shunryu Suzuki, 1905–1971; „Zen-Geist“)

Bitten

Es gibt Zeiten, in denen es schwer ist, dich zu hören, und es gibt Zeiten, in denen es schwer ist, dir zu folgen. ... Hilf mir, deine Stimme zu hören, dein Bild in meiner Seele zu finden und Frieden zu haben. (Seder ha-Teffillot) / Der vollkommene Wohltäter ist der, welcher – sei es viel oder wenig – gibt, bevor er gebeten wurde. (Orchot Zadikim) / Der Arme möchte Geld, um zu leben, eigentlich aber bittet er um Leben. Der Reiche möchte für sein Geld leben, eigentlich aber bittet er um Geld. (Chassidische Weisheit)

Wir wollen bewirken, dass wir Gott nicht bitten müssen, dass er uns seine Gabe und seine göttliche Güte gebe, sondern wir wollen bewirken, dass wir selber nehmen und ihn darum nicht fragen. (Meister Eckhart, um 1260–1327) / Ich bitte meinen Gott um weder dies noch das, als bloß um Gott. Was ist dann Gott? Ich weiß nicht, was. (Angelus Silesius, 1624–1677; „Der Cherubinische Wandersmann“) / Ich bitte nicht um Glück der Erden, nur um ein Leuchten nun und dann, dass sichtbar deine Hände werden, ich deine Liebe ahnen kann. (Annette von Droste-Hülshoff, 1797–1848; „Das geistliche Jahr“)

Wenn er dir die Zunge zum Bitten löst, so wisse, dass er dir geben will. (Ali ibn Ali Talib, gest. 661) / Ehe du melkst, streichele; und ehe du bittest, schmeichele. (al-Harîrî, 1054–1122; „Die Makamen“) / Vergebung steht allein bei Gott; sie wird nur dann zum Vorrecht des Menschen, wenn ein anderer darum bittet. (Hazrat Inayat Khan, 1882–1927; „Gayan“)

Wie kommt ein Ausgestoßener, wie einer, der versunken ins tiefe Meer der Leiden ist, sage, wie kommt zu dir, o Herr, einer, wie ich es bin? (Mânikkavâshagar, 9. Jhdt.) / Bittgebete sprechen nicht die Sprache der Liebe. Man sollte Gott nicht einmal um Erlösung bitten. Liebe kennt keinen Lohn. Liebe ist um der Liebe willen da. (Swâmi Vivekânanda, 1862–1902; „Bhakti-Yoga“) / Das beste Mittel, in die Menschen hineinzusehen, ist, sie um etwas zu bitten. (Dhan Gopal Mukerdshi, 1890–1936; „Ghond“)

Sage mir, wo es dich juckt, wenn du wünschst, dass ich dich kratze! (Aus Vietnam) / Hast du eine Abbildung oder eine Statue von Buddha zu Hause, bete sie nicht an und bitte sie nicht um Glück oder Gesundheit. (Nyogen Senzaki, 1876–1958; „Keine Spur im Wasser“)

Blick

Dein Blick erhebt sich, wenn du Gutes tust. (Bibel AT; 1. Mos. 4,7) / Getroffen hast du mir das Herz, meine bräutliche Schwester! Getroffen das Herz nur durch einen einzigen Blick deiner Augen. (Bibel AT; H.L. 4,9) / Sieh nicht auf den Krug, sondern auf das, was darinnen. (Talmud; 70–500; Aboth IV,27) / Frauen haben einen schärferen Blick für den Charakter von Gästen als Männer. (Talmud; 70–500 n. Chr.; Berachot, 10 b)

Jeder prüfe sein eigenes Tun. Dann wird er sich nur im Blick auf sich selbst rühmen können, nicht aber im Vergleich mit anderen. (Bibel NT; Gal. 6,4) / Der Lohn für unseren Glauben wird sein, dass wir schauen, was wir glauben. (Aurelius Augustinus, 354–430) / Die Wunder des Universums verdunkeln sich vor unseren Blicken. (Germaine de Staël, 1766–1817)

Nichts erblickt Gott, das nicht stürbe, und wiederum erblickt nichts Gott, das nicht lebe – denn sein Leben ist ewig, und wer ihn erblickt, bleibt in ihm. (Dhû'n-Nûn, ca. 796–859) / Trag deinen Wunsch mit frischem Blicke vor, der offenen Stirne verschließt sich nicht das Tor. (Saadî, um 1215–1292; „Gulistân") / Lenk, frommer Eiferer, meinen Blick nicht stets zum Paradiese auf; Gott schloss mir, als er mich erschuf, nicht jene Welt, nur diese auf. (Hâfis, 1326–1390; „Der Sänger von Schiras") / Über alles blick hinweg zu Gott, und Ruhe wird dir zuteil. (Dschâmî, 1414–1492; „Diwan")

Der aus sich selbst heraus Entstandene bohrte Löcher für die Sinne aus dem Körper heraus. Deshalb schaut der Mensch nach außen und nicht auf das Innere. (Katha-Upanishad; 800–500 v. Chr.) / Das „Gesehene" existiert nur für den „Sehenden". (Patanjali, 2. Jhdt. v. Chr.; „Yoga-Sutra") / Bei Glück und Leid, bei Mann und Frau, bei Fülle des Glücks und Fall des Glücks ist dem Weisen kein Unterschied, in allem ist er gleichen Blicks. (Ashtâvakra-Gîtâ; ca. 2. Jhdt. v. Chr.)

Lasst mich euch daran erinnern, dass das Wahrgenommene nicht selbst wahrnehmen kann. (Huang-po, gest. 850) / Hebt man den Blick, so sieht man keine Grenzen. (Aus Japan) / Von Uranfang an war dir nichts vorenthalten, alles, was du zu sehen begehrtest, hat all die Zeit vor deinen Augen gelegen, und nur du selbst verschlossest die Augen vor der Wahrheit. (Daisetz T. Suzuki, 1870–1966; „Die große Befreiung")

Blindheit

Blinde führe ich auf Wegen, die sie nicht kennen, auf unbekannten Pfaden lasse ich sie wandern. Die Finsternis vor ihren Augen mache ich zum Licht, was krumm ist, mache ich gerade. (Bibel AT; Jes. 42,16) / Die Liebe wird wie die Katze blind geboren, aber die Ehe ist eine Starnadel in der geübtesten Hand. (Ludwig Börne, 1786–1837) / Der schlimmste Taube ist der, der nicht hören will. Der schlimmste Blinde der, der nicht sehen will. (Jüdisches Sprichwort)

Wenn ein Blinder den andern führt, so fallen beide in die Grube. (Bibel NT; Mt. 15,14) / Keiner ist so blind wie der, welcher nicht sehen will. (Aus Frankreich) / Ungläubigen die Wahrheit preisen heißt Blinden schöne Dirnen weisen. (Andreas Gryphius, 1616–1664; „Epigramme")

Deine Liebe zu etwas macht dich blind und taub. (Mohammed, 570–632; „Hadith“) / Wahrhaft blind und taub ist der zu nennen, der die weisen Lehren nicht befolgt, die Gegenwart ihm und Vergangenheit gewähren. (Ibn Sara, gest. 1123; „Diwan aus Al-Andalus“) / Wenn du die Mitte des Lebens erreichst, wirst du Schönheit in allen Dingen finden, sogar in den Augen, die blind für das Schöne sind. (Kahlil Gibran, 1883–1931; „Aphorismen“)

In blinde Finsternis fahren, die dem Nichtwissen huldigen; in blindere wohl noch jene, die am Wissen genügten sich. (Brihad-Aranyaka-Upanishad IV.; 800–500 v. Chr.) / Unwissende Leute halten sich selbst für weise und gelehrt. Aber sie sind dumm und laufen ziellos hin und her wie Blinde, die ein Blinder führt. (Katha-Upanishad, 800–500 v. Chr.) / Unter den zwei Arten von Blinden ist der von der Sinneswelt Geblendete der Stockblinde: Der gewöhnliche Blinde erkennt nur mit dem Auge nicht, der von der Sinneswelt Geblendete aber mit keinem Organ. (Aus Indien)

Die Welt ist blind; der Sehenden, die zum Himmel ziehen, sind so wenig wie der Vögel, die dem Netz entfliehen. (Gautama Buddha, um 550–480 v. Chr.; „Dhammapada“) / Wie ein Blinder in einem Haufen Unrat eine Perle findet, so ist auch in mir – ich weiß nicht, wie – der Bodhi-Gedanke entstanden; ein Elixier, welches die Geschöpfe dem allgemeinen Tod entzieht. (Sântideva, 7. Jhdt.; „Bodhicaryâvatâra“) / Ohne Nutzen und Sinn ist es, wenn man anderen Lehren erklärt, deren richtige Bedeutung man selbst nicht verstanden hat; man gleicht einem Blinden, der andere Blinde zu führen unternimmt. (Gampopa, 1079–1153; „Der kostbare Rosenkranz“)

Blume, Blüte

Wer duftende Blumen riecht, spricht: „Gepriesen seist du, Ewiger, unser Gott; du regierst die Welt. Du hast duftende Pflanzen geschaffen.“ (Jüdisches Gebetbuch) / Wenn du eine Rose schaust, sag, ich lass sie grüßen. (Heinrich Heine, 1797–1856; „Neuer Frühling“) / Geist ist nicht eine späte Blüte am Baume Mensch, sondern er ist das, was den Menschen als solchen konstituiert. (Martin Buber, 1878–1965)

Schickt sich die erste Wahrheit auch an, Blumen hervorzubringen und zu zeitigen, genügt mir dies nicht; denn man lebt nicht von der Blüte, sondern von den Früchten. (Katharina von Siena, 1347–1380) / Die Freundschaft und die Liebe sind zwei Pflanzen an einer Wurzel. Die Letztere hat nur einige Blumen mehr. (Friedrich Gottlieb Klopstock, 1724–1803) / Die einfache Blume ist ein Symbol aus der ewigen Heimat. (D. Wilhelm Bousset, 1865–1920)

Ich sah die Welt und ihr Tun allerwegen, nur Dorn sind ihre Rosen, Gram ihr Segen. (Chuschhal Chan Chattak, gest. 1689) / Die Sanduhr ist der Spiegel von Welt und Religion – steht eins davon in Blüte, so ist das andre schwach. (Nusrat, gest. 1726) / Die Liebe ist die einzige Blume, die ohne Jahreszeiten wächst und gedeiht. (Kahlil Gibran, 1883–1931; „Aphorismen“)

Der Duft ist die Gestalt, die die All-Freude in der Blume annimmt. (Rabindranâth Tagore, 1861–1941) / Die Rose ist unendlich viel mehr als nur eine errötende Entschuldigung für ihre Dornen. (Rabindranâth Tagore, 1861–1941)

Der schönen Blume gleich, die feinen Duft verbreitet, ist schön gesprochenes Wort, das gute Tat begleitet. (Gautama Buddha, um 550–480 v. Chr.; „Dhammapada") / Die Blumen des eigenen Gartens duften nicht so stark wie die wilden Blumen. Dafür halten sie länger. (Aus China) / Alle Wesen sind Blumen; blühend in einem blühenden Universum. (Nakagawa Soen, 1907–1984)

Boden

Weil du gegessen von dem Baume, von welchem ich dir gebot und sprach: Du sollst von ihm nicht essen, so soll verflucht sein um deinetwillen der Boden; nur mit Beschwerde sollst du von ihm dich nähren alle Tage deines Lebens. (Bibel AT; 1. Mos. 3,17) / Alle Narrheit erschöpfen – so gelangt man zum Boden der Weisheit. (Ludwig Börne, 1786–1837; „Fragmente und Aphorismen") / Es kommt der Freiheit zu, den Boden herzugeben, auf dem sich das wahre Leben errichtet, aber nicht auch das Fundament. (Martin Buber, 1878–1965)

Die Betrachtung der Natur drückt den Gedanken zu Boden. (Germaine de Staël, 1766–1817) / Wo ist ein Grund, ein Dach, ein Schild, ein Himmel, der kein Wolkenflug, ein Frühling, der kein Vogelzug, wo eine Spur, die ewig treu, ein Gleis, das nicht stets neu und neu? (Clemens Brentano, 1778–1842) / Ein freundlich Wort findet immer guten Boden. (Jeremias Gotthelf, 1797–1854)

Sprich zu den gläubigen Männern, dass sie ihre Blicke zu Boden schlagen und ihre Keuschheit wahren sollen. Das ist reiner für sie. Wahrlich, Allah ist recht wohl kundig dessen, was sie tun. (Korân; Sure 24,30) / Dem Töpfer sah einst im Basar ich zu, wie er den Lehm zerstampfte ohne Ruh. Da hört ich, wie der Lehm ihn leise bat: „Nur sachte, Bruder, einst war ich wie du." (Omar Khayyâm, um 1045–1122; „Sinnsprüche")

Kein einziges Leben entsteht, nicht gibt es einen Grund des Alls. Dies ist die höchste Wahrheit hier, dass es nicht ein Entstehen gibt. (Mândûkya-Upanishad; 800–500 v. Chr.) / Worte sind die Töchter der Erde und die Taten die Söhne des Himmels. (Aus Indien) / Wenn ich wie ausgedörrter, harter Boden bin, komm über mich im Schauer deiner Gnade. (Rabindranâth Tagore, 1861–1941)

Wer auf der Grundlage der Wahrheit handelt, wird in dieser und der nächsten Welt glücklich sein. (Gautama Buddha, um 550–480 v. Chr.; „Dhammapada") / Der Weg, den der Buddha weist, ist schwer, ein Weg des Entsagens, ein Weg der Entidealisierung, der Ernüchterung, auf dem alles aufgegeben werden muss, an dem man bisher gehangen, an dem man bisher sich erwärmt und entzückt hat, und nichts bleibt als die Gewissheit, die letzte Schicht erreicht zu haben, auf unerschütterlichem Grund zu stehen, dem Boden der Wirklichkeit. (Paul Dahlke, 1865–1928) / Unser Geist

ist wie der Boden, auf welchem alles wächst. Doch ist es ein Boden, der bedeckt ist mit Unkraut, Büschen, Abfall, Schlangen, Blutegeln und Stinktieren. (Sokei-an Roshi, 1882–1945; „Der Zen-Weg“)

Das Böse

O Trieb zum Bösen! Warum bist du geschaffen, den Erdkreis mit Bosheit zu erfüllen? (Bibel AT; Sir. 37,3) / In der Nachbarschaft des Rabbi Meir wohnten böse Menschen, die ihn sehr beunruhigten. Er betete, dass sie sterben mögen. Da sprach seine Frau zu ihm: Warum tust du das? Es heißt im Psalm nur, die Sünden sollen von der Erde vertilgt werden, nicht aber die Sünder. (Talmud; 70–500 n. Chr.; Berakoth 8a) / Ich glaube nicht an die „böse“ Natur des Menschen. Ich glaube, dass er das Schrecklichste tut aus Mangel an Phantasie, aus Trägheit des Herzens. (Ernst Toller, 1893–1939)

Wer böse handelt, scheuet das Licht und kommt nicht an das Licht, damit seine Handlungen nicht offenbar werden. (Bibel NT; Joh. 3,20) / Gott, der nicht zum Bösen gereizt werden kann, reizt auch selber niemand zum Bösen. (Bibel NT; Jak. 1,13) / Nicht in den Dingen liegt das Böse, sondern in dem unrechten Gebrauch. (Aurelius Augustinus, 354–430) / Niemals tut man so vollständig und so gut das Böse, als wenn man es mit gutem Gewissen tut. (Blaise Pascal, 1623–1662)

Böse Frauen sind für böse Männer, und böse Männer sind für böse Frauen. Und gute Frauen sind für gute Männer, und gute Männer sind für gute Frauen. (Korân; Sure 24,26) / Manches Böse gebiert Reichtum, viel mehr jedoch die Armut. (Hazrat Inayat Khan, 1882–1927; „Gayan“) / Das Böse ist nichts als das Gute, gequält von seinem eigenen Hunger und Durst. (Kahlil Gibran, 1883–1931; „Der Prophet“)

Die Guten und Reinen müssen alles Böse tragen. (Aus Indien) / Lass ab vom Bösen! Es zerstört Erkenntnis und Erfahrung dir. (Aus Indien) / Jeder ist für das Böse, das irgendwo in der Welt geschieht, verantwortlich. (Swâmi Vivekânanda, 1862–1902)

Böse Menschen sind wie giftige Pfeile, die in die Nacht geschossen werden. Doch weise Menschen wissen sich vor ihnen zu schützen. (Gautama Buddha, um 550–480 v. Chr.; „Dhammapada“) / Du denkst: Gut heißt das Böse hassen. Böse ist nur der hassende Geist. (Bankei Eitaku, 1622–1693) / Das Böse lebt nicht in der Welt der Dinge. Es lebt allein im Menschen. (Aus China)

Boshaftigkeit

Die Weisheit geht nicht ein in eine boshafte Seele und wohnt nicht in einem Leibe, der Sünden und Lastern dient. (Bibel AT; Buch der Weisheit) / Gleichwie aus den Kleidern Motten kommen, also kommt von Weibern viel Böses. (Bibel AT; Sir. 42,13) / Was heißt das, was die Leute sagen: Die Wahrheit geht über die ganze Welt? – Es heißt, dass sie von Ort zu Ort verstoßen wird und weiter wandern muss. (Israel ben Eliser, 1699–1760; „Der große Maggid“)

Lass dich vom Bösen nicht überwinden, sondern überwinde das Böse durch das Gute. (Bibel NT; Röm. 12,21) / In der Bosheit liegt etwas Reizvolles; so wie in der Güte etwas Schwaches liegt. (Germaine de Staël, 1766–1817) / Die Bösen müssten vor den Guten Angst haben, aber doch nicht die Guten vor den Bösen! (Don Bosco, 1815–1888)

Der Zuträger einer Schmähung ist selbst ein Schmäher. – Die Kränkung kommt zuerst von dem Zuträger, dann erst von dem Urheber der Kränkung. (al-Ghazâlî, 1058–1112; „Elixier der Glückseligkeit“) / Von Schlechgesinnten sprech ich Schlechtes nicht; denn schlecht gesinnt ist selbst, wer Schlechtes spricht. (Nizâmî, 1141–1209, „Iskander Name“) / Bosheit, die bei einem intelligenten Menschen zutage tritt, gleicht einer auf fruchtbaren Boden sprießenden giftigen Frucht. (Hazrat Inayat Khan, 1882–1927; „Gayan“)

Feuer brennt, entstände es auch aus Sandelholz: Ein böser Mensch bleibt ein böser Mensch, stammte er auch aus vornehmem Geschlecht. (Aus Indien) / Die Bosheit aller Schlechten möge schwinden. Sie mögen Kraft zu guten Taten finden. Und alle mögen glaubensvoll empfinden die Freundlichkeit, die nur das Herz gewährt. (Inâneshvar, gest. 1296) / Nächstenliebe ist Ertragen des Bösen. (Sarvepalli Radhakrishnan, 1888–1975; „Idealismus und Leben“)

In jedem Menschen ist Gutes und Böses vermengt. Jeder ist fähig, zu lieben und zu hassen, aufzubauen und zu zerstören. Dies zu wissen gehört zur Weisheit des Lebens. (Gautama Buddha, um 550–480 v. Chr.; „Dhammapada“) / Dem makellosen Mann, der strebt nach innerer Reinheit, erscheint gewaltig groß die winzigste Gemeinheit. (Theragâthâ, ca. 400 bis 200 v. Chr.) / Wie das Gift, wenn es in das Blut eindringt, sich im Körper verbreitet, ebenso verbreitet sich das Böse im Gedanken, wenn es eine Blöße findet. (Sântideva, 7. Jhdt.; „Bodhicaryâvatâra“)

Boten, Botschaft

Gott hat das Volk Israel einzig deswegen unter die Völker verstreut, damit Bekehrte zu ihm stoßen sollen. (Talmud; 70–500 n. Chr.; Pessachim 87b) / Der Mensch tritt in die Welt mit geschlossenen Händen, als wolle er andeuten: Die ganze Welt ist mein; ich nehme sie in Besitz. Wenn er von der Welt scheidet, sind seine Hände ausgestreckt, als wolle er sagen: Ich habe von der Welt nichts mitgenommen; siehe, alles ist dein. (Midrasch; Kohelet rabba 5,14) / Jeder ist dazu berufen, etwas in der Welt zur Vollendung zu bringen. (Martin Buber, 1878–1965)

Die wahre Religion müsste die Größe und das Elend lehren, müsste den Menschen dazu bringen, sich selbst zu achten und zu verachten, zu hassen und zu lieben. (Blaise Pascal, 1623–1662) / Gott ist nicht wählerisch in seinen Boten und Werkzeugen. (Wilhelm Raabe, 1831–1910) / Ich verzeihe meinen Freunden, die Schlechtes über mich sagen, aber nicht denen, die es mir überbringen. (André Malraux, 1901–1976)

Wir haben dich entsandt mit der Wahrheit, als einen Bringer froher Botschaft und einen Warner. Und du wirst nicht zur Rede gestellt werden über die Insassen der Hölle. (Korân; Sure 2,119) / Seid ihr nicht jedes Mal, wenn Boten euch etwas brachten, was euch nicht zusagte, hochmütig gewesen, habt die einen Lügner genannt und die anderen getötet? (Mohammed, 570–632) / Jemand fragte: „Welches ist ihr Stand, o Bote Allahs?“ Und dieser antwortete: „Sie sind diejenigen, die niemanden und nichts haben außer ihrer Religion. Am Tage des Jüngsten Gerichts werden sie zu Jesus, dem Sohn Marias, gebracht werden.“ (Husayn-al-Sulami, 936–1021; „Futuwwah“)

Die befreite Seele nimmt mit Freude Bindungen auf sich, sie empfindet sie als die Offenbarung einer unendlichen Kraft, die ihre Freude im Schaffen hat. (Aus Indien) / Sei beides in einem: Erkennender und Liebender Gottes. (Shrî Râmakrischna, 1834–1886) / Wolke des Himmels, komm herab mit deiner Gnade! Lösche den Durst, kühle das Auge, Fülle das Herz! (Rabindranâth Tagore, 1861–1941)

Es gibt einen Frühling, der sich nicht nach dem Kalender richtet. Worte bilden sich nicht auf der Zungenspitze. (Wu-men Hui-kai, 1183–1260; „Wu-men-kuan“) / Alles Böse nicht wirken, an Leben und Tod nicht haften, mit allen Lebewesen tiefes Mitleid hegen, das Oben ehren, mit dem Unten Erbarmen haben, nichts hassen, nichts verlangen, nichts im Herzen bedenken, um nichts Leid tragen – dies nenne ich den Buddha. Suche nichts sonst! (Dogen Zenji, 1200–1253)

Brot

Da sprach der Herr zu Moses: Siehe, ich lasse euch Brot vom Himmel regnen, und das Volk soll ausgehen und Tag für Tag seinen Bedarf sammeln. (Bibel AT; 2. Mos. 16,4) / Hillel lehrte: „Das Geschenk des täglichen Brotes für die Menschen ist ein ebenso großes Wunder wie der Durchzug durch das Schilfmeer.“ (Midrasch Pesikta Rabbati 152a)

Ich bin das lebendige Brot, das vom Himmel herabgekommen ist, wer von diesem Brote isst, der wird leben in Ewigkeit. (Bibel NT; Joh. 6,51) / Gott lässt nur das Korn wachsen, nicht das Brot. (Joseph Bernhart, 1881–1969)

Die Liebe macht das tote Brot zur Seele, macht ewig die vergängliche, die Seele! (Dschelâleddin Rûmî, 1207–1273) / Nähre dich von Brot und Butter, bis Gott dir den Schinken dazu gibt! (Aus Marokko)

Bemüh dich nicht so um dein täglich Brot! Der Schöpfer schafft jedem sein Futter: Sowie ein Kindlein geboren ist, so strömen die Brüste der Mutter. (Nârâjana, 9./10. Jhdt. n. Chr.; „Hitopadesa“) / Der Mensch braucht das Gebet ebenso nötig wie das tägliche Brot. (Mahatma Gandhi, 1869–1948)

Gib anderen Wesen von dem, was du hast. Denke daran, dein Brot mit den Hungrigen zu teilen. (Gautama Buddha, um 550–480 v. Chr.; „Jâtaka“) / Wenn du willst, dass die Menschen dich hassen, dann schenke ihnen Brot. Wenn du willst, dass sie dich lieben, zwinge sie, einen Turm zu bauen. (Aus China)

Brücke

Der Tod ist eigentlich nur ein Übergang aus diesem Winkel in einen anderen Winkel. (Israel ben Eliser, 1699–1760) / Die ganze Welt ist eine schmale Brücke, und es kommt darauf an, dass wir furchtlos sind. (Rabbi Nachmann, 1772–1810) / In dunklen Zeiten wurden die Völker am besten durch die Religion geleitet, wie in stockfinstrer Nacht ein Blinder unser bester Wegweiser ist; er kennt dann Wege und Stege besser als ein Sehender. (Heinrich Heine, 1797–1856; „Aphorismen und Fragmente“)

Das Grab ist eine Brück' ins bessre Leben. Den Brückenzoll müsst ihr dem Arzte geben. (Friedrich Haug, 1761–1829) / Die Welt mit ihrem Gram und Glücke will ich, ein Pilger, froh bereit betreten nur wie eine Brücke zu dir, Herr, übern Strom der Zeit. (Joseph von Eichendorff, 1788–1857; „Morgengebet“) / Das Leben ist eine lange, lange Brücke, wenn man davorsteht. Ist man hinüber, so sind es nur einige Querbäumchen, über die man gegangen. (Adalbert Stifter, 1805–1868)

Die Welt ist für uns eine Brücke, die mitten auf dem Wege zur Ewigkeit liegt. Der Verständige wird sich auf dieser Brücke kein Haus bauen. (Bokhari von Johor, 16./17. Jhdt.; „Die Krone aller Fürsten“) / Die Liebe der Mutter ist eine Brücke zu allem Guten: im Leben und in der Ewigkeit. (Aus der Türkei) / Der Weg des Sufis heißt, das Leben zu erfahren und doch darüber zu stehen, in der Welt zu leben, ohne ihr zu verfallen. (Hazrat Inayat Khan, 1882–1927; „Gayan“)

Das Selbst (Atman), das ist die Brücke, welche die Welten auseinander hält, dass sie nicht verfließen. Dies überschreiten nicht Tag und Nacht, nicht das Alter, nicht der Tod und nicht das Leiden, nicht gutes Werk noch böses Werk; alle Sünden kehren vor ihr um, denn sündenlos ist diese Gotteswelt. (Chândogya-Upanishad; 800–500 v. Chr.) / Wie Wasser ohne Aufenthalt unter einer Brücke hindurchfließt, so rinnt das Geld durch die Hände der Freien, ohne jemals von ihnen angehäuft zu werden. (Râmakrishna, 1834–1886) / Die Seele ist die Brücke, die zur Unsterblichkeit führt. (Rabindranâth Tagore, 1861–1941; „Sadhana“)

Tag und Nacht wächst der Schatz guter Taten bei denen, welche Gärten und Haine anlegen, Brücken errichten, Brunnen und Wasserleitungen bauen. (Gautama Buddha, um 550–480 v. Chr.; „Samyutta-Nikâya“) / Wenn ich die Brücke überquere – seht nur! – Nicht das Wasser fließt, sondern die Brücke! (Shan-Shui, 487–569)

Brüderlichkeit

Unter euch Brüdern soll keiner dem andern ein harter Herr sein. (Bibel AT; 3. Mos. 25,46) / Verliere gerne dein Geld um deines Bruders und Nächsten willen, und vergrabe es nicht unter einem Stein. (Bibel AT; Sir. 29,10) / Mit deines Nächsten Ruf und Ehre verfahr, als ob's die deine wäre. (Talmud; 70–500 n. Chr.; Aboth II,9)

Wer sagt: „Ich liebe Gott“, und hasset seinen Bruder, der ist ein Lügner. (Bibel NT; 1. Joh. 4,20) / Was ihr einem meiner geringsten Brüder tut, das tut ihr mir. (Bibel NT; Mt. 25,40) / Bruder, du kannst gar nichts tun, weshalb ich aufhören würde, dich zu lieben. (Fjodor M. Dostojewski, 1821–1881)

Die Gläubigen sind ja Brüder. Stiftet darum Frieden zwischen euren Brüdern, und nehmet Allah zu eurem Beschützer, auf dass euch Barmherzigkeit erwiesen werde. (Korân; Sure 49,10) / Keiner von euch ist wirklich gläubig, solange er nicht für seinen Bruder das Gleiche wünscht wie für sich selbst. (Mohammed, 570–632; „Hadith") / Ihr seid alle Brüder und gleich. Niemand soll ein Privileg oder eine Überlegenheit gegenüber dem anderen beanspruchen. Ein Araber ist keinem Nichtaraber vorzuziehen und kein Nichtaraber einem Araber; noch ist ein Weißer einem Farbigen vorzuziehen, es sei denn, er zeichnet sich durch größere Rechtschaffenheit aus. (Ahmad ibn Hanbal, 780–855)

Wenn man in der Gewaltlosigkeit fest gegründet ist, schafft man eine Atmosphäre des Friedens, und alle, die in der Nähe sind, geben die Feindschaft auf. (Patanjali, 2. Jhdt. v. Chr.; „Yoga-Sutra") / Wir sind alle Brüder – Mensch und Tier. Wir sind Genossen in der Arbeit und im Ertragen von Schmerzen. (Dhan Gopal Mukerdshi, 1890–1936; „Wir pilgern zum Himalaya") / Lieber möchte ich in Stücke zerrissen werden, als meine Brüder in den verstoßenen Klassen nicht anerkennen zu dürfen. (Mahatma Gandhi, 1869–1948)

Wir sollten lernen, empfänglich zu sein für alles, was Mitmenschen uns schenken wollen. (Gautama Buddha, um 550–480 v. Chr.; „Jâtaka") / Keiner hintergehe den andern, keiner überhebe sich in irgendeiner Weise gegenüber dem andern; keiner suche aus Zorn oder Hassgefühl dem andern Leid anzutun. (Gautama Buddha, um 550–480 v. Chr.; „Sutta-Nipâta") / Beglückend ist es, wenn ein Meister kommt und lehrt und wenn die Jüngerschaft in Eintracht sich bewährt. (Gautama Buddha, um 550–480 v. Chr.; „Dhammapada")

Buch, Bücher

Du sollst aus dem Buche des Herrn lesen alle Tage deines Lebens, damit du fürchten lernest den Herrn, unsern Gott. (Bibel AT; 5. Mos. 17,19) / Selbst die Heilige Schrift wird Zweiflern zum Gift. (Talmud; 70–500 n. Chr.; Schekalim 10b) / Ein Buch ist ein Freund, der deine Fähigkeiten aufdeckt; es ist ein Licht in der Finsternis und ein Vergnügen in der Einsamkeit; es gibt und es nimmt nicht. (Mosche ibn Esra) / Ein Buch muss die Axt sein für das gefrorene Meer in uns. (Franz Kafka, 1883–1924)

Wer ist würdig, zu öffnen das Buch und zu brechen seine Siegel? Und niemand, weder im Himmel noch auf Erden, noch unter der Erde, konnte das Buch öffnen und hineinsehen. (Bibel NT; Offb. 5,2–3) / Bücher, die keine lebendige Seele haben, sind ein Raub an unserm Leben. Man soll sie an einem dunklen Ort vergraben. (Franz von Assisi, 1181–1226) / Das Leben gleicht einem Buche: Toren durchblättern es flüchtig, der Weise liest es mit Bedacht, weil er weiß, dass er es nur einmal kann. (Jean Paul, 1763–1825)

Dies ist das vollkommene Buch (der Koran); es ist kein Zweifel darin; es ist eine Richtschnur für die Gottesfürchtigen. (Korân; Sure 2,2) / Hast du in das Buch der Liebe deinen Namen eingeschrieben, nicht mehr denkst du dann an Strafe oder an Belohnung. (Omar Khayyâm, um 1045–1122; „Strophen") / Ein Buch ist wie ein Garten, den man in der Tasche trägt. (Aus Arabien)

All die alten Bücher und Schriften sind die Zeugnisse von Menschen, die spirituelle Erfahrungen gemacht haben. Sie berichten, dass es so etwas wie Gotteserkenntnis und Verwirklichung selbst in diesem Leben gibt und dass diese Möglichkeit jedermann offen steht. (Swâmi Vivekânanda, 1862–1902) / Für mich ist die Bibel ebenso ein heiliges Buch wie die Gita und der Koran. (Mahatma Gandhi, 1869–1948) / Diejenigen, die nur die alten Schriften kennen, wissen gar nichts. Ich kenne das, worüber ich rede, nicht vom Lesen oder Hörensagen. (Sri Nisargadatta Maharaj, 1897–1981; „Ich bin“)

Bücherwürmer fressen sich durch ein Buch und setzen sich auf den Text; trotzdem können sie nicht lesen. (Sakya Pandita, 1182–1251; „Kostbare Schatzkammer der Tugenden“) / Du kannst kein Buch öffnen, ohne etwas daraus zu lernen. (Aus China) / Das Erforschen der Bücher, Wort für Wort, kann dich bis in die Tiefen der erkennbaren Welt führen, damit erfährst du aber nicht dein wahres Selbst. (Nyogen Senzaki, 1876–1958; „Keine Spur im Wasser“)

Buddha

Christus – oder Gott – oder Buddha – oder wie man das nennt – ist ein Popanz geworden – ihr kümmert euch ja gar nicht drum; ihr stellt euer lächerliches Vaterland – und das tun alle – viel höher als alle Forderungen der Moral. (Kurt Tucholsky, 1890–1935; „Schnipsel“)

Die Sekte des Fo (chin. für Buddha) glaubt an die Seelenwanderung. Es ist eine Meinung unter ihnen, dass das Nichts der Ursprung und das Ende aller Dinge sei, daher eine Fühllosigkeit und Entsagung aller Arbeit auf einige Zeit gottselige Gedanken sind. (Immanuel Kant, 1724–1804; „Physische Geographie“) / Einen Einzigen gibt es, der den Gedanken eingeben könnte, ihn in die Nähe Jesu zu rücken: Buddha. Dieser Mann bildet ein großes Geheimnis. Er steht in einer erschreckenden, fast übermenschlichen Freiheit; zugleich hat er dabei eine Güte, mächtig wie eine Weltkraft. Vielleicht wird Buddha der Letzte sein, mit dem das Christentum sich auseinander zu setzen hat. (Romano Guardini, 1885–1968)

Ja, es gibt ein Nirvana; du spürst es, wenn du dein Schaf zu einer grünen Weide führst, dein Kind zu Bett bringst und die letzte Zeile eines Gedichtes schreibst. (Kahlil Gibran, 1883–1931; „Aphorismen“)

Buddha beugte sich weder den Veden noch den Kasten, weder den Priestern noch den überlieferten Bräuchen. Er folgerte furchtlos, soweit ihn der Verstand bringen konnte. Nie wieder hat die Welt eine solch furchtlose Suche nach Wahrheit und Liebe zu allen Lebewesen erlebt. (Swâmi Vivekânanda, 1862–1902) / Die Lehre von Jesus Christus, des Yogis von Nazareth, ist für die Europäer die beste, wie die Lehre des Buddha für China, Thailand, Japan und Ceylon. Die Lehre Mohammeds passt für Arabien. Alle diese waren Söhne Gottes, geschaffen nach seinem Bilde. (Swami Sivananda, 1887–1963)

Fragt man: „Wer nun aber besitzt die Fähigkeit, alle Lebewesen aus dem Ozean des Samsara zu befreien?“ Einzig der Buddha besitzt sie und kein anderer! (Jesche Tsöndrü, 1761–1816; „Die Elixiere der Erleuchtung") / Auch Buddha war zuerst nur ein gewöhnlicher Mensch. (Aus Japan) / Wenn ich einen Buddhisten treffe und in seinem Verhalten oder in seinen Augen keinen Frieden und keine Ruhe sehe, dann weiß ich, dass er kein wahrer Buddhist ist. (Sokei-an Roshi, 1882–1945; „Der Zen-Weg")

Buße

Warum fasten wir, und du siehst es nicht? Warum tun wir Buße, und du merkst es nicht? Seht, an euren Fasttagen macht ihr Geschäfte und treibt alle eure Arbeiter zur Arbeit an. (Bibel AT; Jes. 58,3) / Rabbi Eliezer sagte: Tue Buße einen Tag vor deinem Tode. Die Schüler sprachen zu Rabbi Eliezer: Weiß denn der Mensch, an welchem Tage er sterben wird? Dieser erwiderte: Umso mehr muss er heute Buße tun. Vielleicht stirbt er morgen. (Talmud; 70–500 n. Chr.; Sabbath 153a)

Von einem Altvater wird gesagt: Wenn ihm seine Gedanken vorsagten: Lass heute nach, du kannst ja morgen wieder Buße tun, dann widersprach er ihnen mit den Worten: „Nein, sondern heute will ich Buße tun; morgen aber geschehe Gottes Wille. („Worte der Väter"; 5./6. Jhdt.) / Die allerbeste Buße ist die, dass man sich zu einer vollkommenen Abkehr entschließt von allem, was nicht durchaus Gott und göttlich ist an uns und aller Welt. (Meister Eckhart, um 1260–1327) / Wer sündigt, der muss Buße tun. Das ist die ewige Ordnung. (Michael Christoph Pfliegner, 1891–1972)

Abul-Hasan al-Muzayyin hat gesagt: „Buße tun besteht aus drei Dingen: die Vergangenheit bedauern, den absoluten Entschluss fassen, das aufzugeben, was man getan hat, und seine Sünden zu fürchten, denn man kann seine Sünden noch so genau kennen und doch niemals sicher sein, dass auch nur eine von ihnen vergeben ist." (Husayn-al-Sulami, 936–1021; „Futuwwah") / Herr, zerstört hat meiner Sünde Schmach mir meine Lebensbahn. Scham erregt mir all das Böse, das gesagt ich und getan! (Abu Said, Persien, 979–1062) / Im Auge der Menschen ist mein Äußeres schön, während ich selbst verborgene Fehler büße. (Saadî, um 1215–1292)

Um meine vielen Sünden zu büßen, neige mein Haupt ich vor deinen Füßen. Meinen Leib will gleich einer Lampe ich schwenken um dich, mein Gott, in stetem Gedenken. (Eknâth, Indien, 16. Jhdt.) / Brächte ein Mensch sein ganzes Leben mit Bußübungen zu, mit Opfer- und Sühneriten und Zeremonien, wie sie in den heiligen Schriften beschrieben sind – fruchtlos wäre all sein Bemühen, wenn er Gott nicht kennt. (Devendranâth Tagore, 1817–1905)

Jeder schafft sich seine eigene Hölle, in der er leidet, und niemand kann ihn herausholen außer er selbst. (Nyogen Senzaki, 1876–1958; „Keine Spur im Wasser") / Die Leiden der Welt auf sich zu nehmen bedeutet aber nicht, dass man das Leiden suchen oder sich selbst zufügen soll in dem Glauben, sich hierdurch zu läutern oder Buße zu tun. (Lama Govinda, 1898–1985; „Buddhistische Reflexionen")

Charakter

Wie Angesicht neben Angesicht, so sind der Menschen Herzen verschieden. (Bibel AT; Spr. 27,19) / Der Mensch ist wie eine Spieldose – ein unmerklicher Ruck, und es beginnt eine andere Melodie. (Ludwig Börne, 1786–1837) / „Vor seinem Tode", sagt Solon, „ist niemand glücklich zu schätzen." Wir dürfen auch sagen: Vor seinem Tode ist niemand als Charakter zu preisen. (Heinrich Heine, 1797–1856; „Gedanken und Einfälle") / Charakter ist der Inbegriff des bewussten und unbewussten Willens. (Walther Rathenau, 1867–1922; „Aphorismen")

Schlechter Umgang verdirbt den Charakter. (Bibel NT; 1. Kor. 15,33) / Ein Charakter ist ein volkommen gebildeter Wille. (Novalis, 1772–1801) / Ein Charakter ist der Abdruck, den das Ewige in empfänglichen Seelen zurücklässt. Ein Charakter ist nur durch Frömmigkeit zu erwerben. (Anton Paul de Lagarde, 1827–1891) / In Sachen des Gefühls haben Worte den Charakter von Taten. (Germaine de Staël, 1766–1817)

In der Natur des Menschen wohnen vier Wesen zusammen: ein Hund, ein Schwein, ein Teufel und ein Engel. – Alle Charaktereigenschaften entstehen aus jenen vier Gewaltigen. (al-Ghazâlî, 1058–1112; „Elixier der Glückseligkeit") / Wenn du vernimmst, dass ein Berg versetzt worden sei, so glaube es! Wenn du aber vernimmst, dass ein Mensch seinen Charakter geändert habe, so glaube es nicht! (Aus Arabien) / Zwei Dinge sind es, durch die der Mensch seinen Edelmut beweist, nämlich wohl tun ohne Gegenforderung und Treue ohne Falschheit. (Tûtî-Nâmeh, 14. Jhdt.; „25. Abend") / Ein Mensch von sanftem Charakter macht sich selbst und andere glücklich. (Aus Arabien)

Ob er die heiligen Schriften gelesen, ob er des Gesetzes beflissen gewesen, der Böse folgt seinem Charakter nur, wie die Kuhmilch süß ist von Natur. (Nârâjana, 9./10. Jhdt.; „Hitopadesa") / Wenn sie sich fünf Ideen wirklich angeeignet haben, nach denen sie ihr Leben und ihren Charakter gestalten, so haben sie mehr Erziehung als ein Mensch, der den Inhalt einer ganzen Bibliothek auswendig weiß. (Swâmi Vivekânanda, 1862–1902) / Eure ganze Gelehrsamkeit, euer Studium von Shakespeare und Wordsworth ist verschwendet, wenn ihr nicht zugleich euren Charakter bildet und die Herrschaft über euer Denken und Handeln erlangt. (Mahatma Gandhi, 1869–1948)

Ein Pferd von guter Abkunft springt schon an, auch wenn es nur den Schatten der Peitsche sieht. (Wu-men Hui-kai, 1183–1260; „Wu-men-kuan") / Die Zeit offenbart den Charakter des Mannes. (Aus China) / Den Charakter entwickeln ist ähnlich wie Brot backen: Ihr müsst es nach und nach mischen, Stufe für Stufe, und eine gemäßigte Temperatur ist erforderlich. (Shunryu Suzuki, 1905–1971; „Zen-Geist") / Geziertes Benehmen und schmeichelnde Worte sind selten bei einem Mann von gutem Charakter zu finden. (Aus der Mongolei)

Christ, Christen

Einen Christen betrügen oder bestehlen ist eine noch größere Sünde, als wenn man sich gegen einen Juden vergeht. Immer ist Unredlichkeit gegen jeden, wer es auch sei, ein Vergehen. Aber an einem Christen Betrug üben zieht die ganze Judenschaft in Mitleidenschaft. (Jehuda Hachassid, 13. Jhdt.; „Das Buch der Frommen") / Offenbar beschützt die Tonsur des katholischen Priesters den Kopf besser als das Mützchen den frommen Juden. (Jüdisches Sprichwort) / Die christliche Moral ... hat immer betont, dass man sich nur um das Eigene kümmern solle, dass politische Verantwortung eine Last sei und dass man die Bürde des Politischen ausschließlich um der Nächstenliebe willen auf sich nehmen dürfe ... (Hannah Arendt, 1906–1975)

Wir segnen, wenn man uns verflucht; wir ertragen es, wenn man uns verfolgt; wenn man uns beschimpft, antworten wir mit freundlichen Worten. (Bibel NT; 1. Kor. 4,12) / Ein Christ ist ein solcher Mensch, der gar keinen Hass noch Feindschaft wider jemand weiß, keinen Zorn noch Rache in seinem Herzen hat, sondern eitel Liebe, Sanftmut und Wohltat. (Martin Luther, 1483–1546; „Deutsche Schriften") / Wer sich als Christ bekennt und nicht danach handelt, ist ein Betrüger. (Don Bosco, 1815–1888)

Feuerdiener und Brahman, Christ und Muselman bin ich. Du bist meine Zuversicht, sei nicht fern, o sei nicht fern! In Pagoden, in Moscheen und in Kirchen, mein Altar ist allein dein Angesicht; sei nicht fern, o sei nicht fern! (Dschelâleddin Rûmî; 1207–1273; „Ghaselen")

Jeder Christ soll sein wie Christus, nie aber ein Arbeitsvermittler, der Arbeiter für die Teeplantagen seines Herrn anzuwerben sucht. (Rabindranâth Tagore, 1861–1941) / Ohne Zweifel wäre ich ein Christ, wenn die Christen es vierundzwanzig Stunden täglich wären. (Mahatma Gandhi, 1869–1948)

Christentum

Das Christentum ist eine Idee und als solche unzerstörbar und unsterblich wie jede Idee. (Heinrich Heine, 1797–1856; „Über Deutschland") / Der Katholizismus trägt noch Züge einer Religion. Protestantismus und Judentum sind Lehren. (Walther Rathenau, 1867–1922) / Das Christentum ist eine gewaltige Macht. Dass zum Beispiel protestantische Missionare aus Asien unbekehrt wieder nach Hause kommen – das ist eine große Leistung! (Kurt Tucholsky, 1890–1935; „Schnipsel")

Wer die Lehre Christi in ihrer Fülle kennen lernen will, der muss mit allem Ernst darauf dringen, dass sein ganzes Leben gleichsam ein zweites Leben Jesu werde. (Thomas a Kempis, 1380–1471) / Das Christentum ist das Leben, aber zuerst geht es durch den Tod hindurch. (Sören Kierkegaard, 1813–1855) / Nicht Lehre, sondern Leben ist Zweck und Ziel des Christentums. (Johannes Hessen, 1889–1971)

Und die Juden sagen: „Die Christen fußen auf nichts"; und die Christen sagen: „Die Juden fußen auf nichts", obwohl sie doch beide die Schrift lesen. So, gleich ihrer Rede, sprachen schon die, die keine Kenntnis hatten. Allah aber wird richten unter ihnen am Tage der Auferstehung über das, worin sie uneinig sind. (Korân; Sure 2,113)

Das Christentum muss erst tolerant werden, bevor die Welt bereit sein wird, sich mit ihm zu gemeinsamen Werken der Barmherzigkeit zu vereinen. (Swâmi Vivekânanda, 1862–1902) / Denken, Anbetung, Opfer und Verehrung müssen alle auf den Herrn gerichtet werden. Wir müssen uns in eine einfache, andauernde, vertrauensvolle Hingabe an Gott hineingleiten lassen, uns ihm auftun mit den Worten der christlichen Hymne: O Lieb, dir schenk ich mich, um immer dein, nur dein zu sein auf ewig. (Sarvepalli Radhakrishnan, 1888–1975)

In der Betonung der Zwecklosigkeit zeigt sich der Unterschied zwischen Buddhismus und Christentum. Der Christ glaubt an einen Zweck der Existenz. ... Die Buddhisten sind anderer Ansicht. (Sokei-an Roshi, 1882–1945; „Übertragung des Zen")

Christus, Messias

Der Messias, Sohn Davids, wird nur kommen, wenn ein Geschlecht entweder vollkommen rein oder vollkommen schuldig ist. (Talmud; 70–500 n. Chr.; Sanhedrin 98a) / Der Sohn Gottes, d. h. die ewige Weisheit Gottes, hat sich am mächtigsten in Jesus Christus offenbart. (Baruch Spinoza, 1632–1677) / Der Messias wird erst kommen, wenn er nicht mehr nötig sein wird. (Franz Kafka, 1883–1924)

Wir predigen Christus, den Gekreuzigten, der den Juden ein Ärgernis und den Heiden eine Torheit ist, den Berufenen aber aus den Juden und Heiden Gottes Kraft und Gottes Weisheit. (Bibel NT, 1. Kor. 1,23) / Viele folgen Jesus nach bis zum Brotbrechen beim Abendmahl, aber wenige bis zum Trinken aus dem Leidenskelche. (Thomas a Kempis, 1380–1471) / Wenn man mir mathematisch bewiese, dass die Wahrheit nicht in Christus ist, so würde ich es dennoch vorziehen, mit Christus zu bleiben als mit der Wahrheit. (Fjodor M. Dostojewski, 1821–1881) / Dass Christus in seiner Geistigkeit in uns aufersteht und zum Leben kommt, ist das Entscheidende. (Albert Schweitzer, 1875–1965)

Wahrlich, Jesus ist vor Allah wie Adam. Er schuf ihn aus Staub, dann sprach er zu ihm: „Sei!", und er war. (Korân; Sure 3,59) / Wahrlich, der Messias, Jesus, der Sohn der Maria, war nur ein Gesandter Gottes und seines Wortes, das er niedersandte zu Maria, und eine Gnade von ihm. (Korân; Sure 4,171) / Vor langer Zeit lebte ein Mann, der gekreuzigt wurde, weil er allzu liebevoll und überdies liebenswürdig war. Sonderbar zum Erzählen, gestern traf ich ihn dreimal. Das erste Mal bat er einen Polizisten, eine Hure nicht ins Gefängnis zu stecken; das zweite Mal trank er Wein mit einem Ausgestoßenen; und das dritte Mal hatte er im Innern einer Kirche einen Boxkampf mit einem Gründer. (Kahlil Gibran, 1883–1931; „Aphorismen")

Christus predigte nie sich selbst oder ein neues Dogma oder eine Lehre, er predigte nur Gottes Liebe. (Rabindranâth Tagore, 1861–1941) / Christus hätte vergebens gelebt und wäre vergebens gestorben, wenn er uns nicht gelehrt hätte, unser ganzes Leben nach dem ewigen Gesetz der Liebe einzurichten. (Mahatma Gandhi, 1869–1948) / Die Lehre von Jesus Christus, des Yogis von Nazareth, ist für die Europäer die beste, wie die Lehre des Buddha für China, Thailand, Japan und Ceylon. Die Lehre Mohammeds passst für Arabien. Alle diese waren Söhne Gottes, geschaffen nach seinem Bilde. (Swami Sivananda, 1887–1963)

Dankbarkeit

Es ist der Herr, der deine Krankheiten heilt, der dein Leben vom Untergange rettet, der deine Sünden tilgt, der deine Jugend dir erneuert wie die des Adlers. Vergiss nicht, ihm zu danken! (Bibel AT; Ps. 102,3–5) / Wenn weisere Künstler mich bessern und zurechtweisen wollen, lass meinen Geist dankbar und folgsam sein; denn der Umfang der Kunst ist groß, und keiner sieht, was jeder sieht. (Moses Maimonides, 1135–1204; „Medizinische Schriften“) / Nur freie Menschen sind einander wahrhaft dankbar. (Baruch Spinoza, 1632–1677; „Die Ethik“) / Danksagung erhebt, Gebet erniedrigt. (Walther Rathenau, 1867–1922)

Ich danke meinem Gott, sooft ich euer gedenke. (Bibel NT; Phil. 1,3) / Denk an mich, wenn es dir gut geht. Denn du dankst es mir, dass es dir gut geht. (Aurelius Augustinus, 354–430) / Ich will das Gott immer danken, dass er mich liebt, denn er vermag es nicht zu lassen: Seine Natur zwingt ihn dazu; ich will ihm das danken, dass er nicht zu lassen vermag von seiner Güte, mich lieben zu müssen. (Meister Eckhart, um 1260–1327) / Dankbarkeit bedeutet Erinnerung. (Germaine de Staël, 1766–1817)

Wer den Menschen nicht dankt, dankt auch Gott nicht. (Mohammed, 570–632; „Hadith“) / Du weißt, wie wenig es in meiner Macht steht, dir gebührenden Dank zu sagen. So komme in mich, und erweise du dir Dank. Dies ist das wahre Dankesgebet! Kein anderes gibt es! (al-Hallâdsch, 858–922) / Ich habe Schweigen von den Beredsamen gelernt, Toleranz von den Intoleranten und Freundlichkeit von den Unfreundlichen; doch seltsam, ich bin diesen Lehrern nicht dankbar. (Kahlil Gibran, 1883–1931; „Aphorismen“)

Die Milch das Gift vermehrt, wenn sie die Schlange trank. Wer einen Toren lehrt, der erntet Zorn für Dank. (Nârâjana, 9./10. Jhdt.; „Hitopadesa“) / Mein Haar, einst dunkel, ist weiß geworden; der Glanz meiner Augen ist dunkel geworden. Mein Leib wird alle Tage schwächer, aber Gottes Gnade kennt kein Abnehmen. (Devendranâth Tagore, 1817–1905) / Ich bin dankbar, dass mein Los steht bei den Geringen, die leiden und tragen die Last der Macht und verbergen ihre Gesichter und ihre Seufzer ersticken im Dunkeln. (Rabindranâth Tagore, 1861–1941)

Alles weiß, der mich belehrte, der erbarmungsreiche Held. Höchste Weisheit zeigte er mir, die zum Ende führet, Abgeklärtheit lehrte er mich; ihm gebührt mein ganzer Dank. (Theragâthâ, ca. 400–200 v. Chr.) / Es gibt Menschen, die Gott ihre Sünden beichten, es aber nicht mögen, wenn andere ihre kleinen Unzulänglichkeiten kritisieren. Ein Schüler des Zen hört nicht nur darauf, sondern nimmt die Kritik mit Dankbarkeit entgegen. (Nyogen Senzaki, 1876–1958; „Keine Spur im Wasser“) / Trotz der riesigen Vermehrung des Wissens und trotz aller zivilisatorischer Fortschritte sind wir bis zum heutigen Tage noch keinen Schritt über die Weisheit eines Buddha, eines Laotse, eines Plato, eines Christus oder eines Mohammed hinausgekommen. Dennoch können wir nicht behaupten, dass diese großen Lehrer der Menschheit umsonst gelebt hätten. (Lama Govinda, 1898–1985; „Buddhistische Reflexionen“)

Dasein

Es ist die Tragik im Dasein des Juden, dass er zwei Gefühle in seiner Seele vereinigt, das Gefühl des Vorrangs und das Gefühl der Brandmarkung. (Jakob Wassermann, 1873–1934) / Das ist, glaube ich, die Fundamentalregel allen Seins: Das Leben ist gar nicht so. Es ist ganz anders. (Kurt Tucholsky, 1890–1935) / Das Dasein ist dadurch charakterisiert, dass es nicht einfach ist, sondern dass es ihm in seinem Sein um sein Selbst geht. (Hannah Arendt, 1906–1975)

Die Jämmerlichkeit des Erdendaseins zwingt den Menschen, seine Gedanken einem anderen Leben zuzuwenden; erst die Aussicht auf das verheißene andere Leben verleiht unserem Dasein Würde und Wert. (John Henry Newman, 1801–1890) / Existieren ist zwar eine Unvollkommenheit im Vergleich mit dem ewigen Leben der Idee, aber eine Vollkommenheit demgegenüber, gar nicht zu sein. (Sören Kierkegaard, 1813–1855) / Schon das bloße Dasein des guten Menschen macht die Welt hell und schön. (Peter Lippert, 1879–1936)

Einer fragte den weisen Bâyazîd, warum Himmel und Erde so seien, wie sie sind; warum die Erde stehe und der Himmel sich drehe. Der Weise antwortete: Wir reden nicht über den Grund des Ganzen, daher suchen wir auch nicht nach dem Grunde für das Einzelne. – In unserer Religion gibt es nichts, als die Dinge hinzunehmen, wie sie sind, und sich darein zu ergeben. (Attâr, um 1136 bis ca. 1220; „Meer der Seele“) / Das Dasein schaun wir an, als sei es nicht, und alles überwährt doch unser Hauch; wir sind das Feuer, und wir sind der Rauch, wir sind das Lodern, und wir sind das Licht. (Dschelâleddin Rûmî; 1207–1273; „Spruchgedichte“) / O lerne da sein, dass nicht dein Dasein eines Tages gehaltlos und ertraglos dir in der Hand zerscherbe. (Hâfis, 1326–1390; „Ghasel“)

Aus dem Nicht-Seienden wird kein Sein. Und aus dem Seienden kein Nicht-Sein. (Bhagavadgîtâ II,16; ca. 300 v. Chr.) / Nur wenige verstehen, dass es das Ziel menschlichen Daseins darstellt, Gott zu schauen. (Shrî Râmakrischna, 1834–1886) / Von der Welt lässt sich sagen, dass sie erscheint, nicht aber, dass sie ist. (Sri Nisargadatta Maharaj, 1897–1981; „Ich bin“)

Auf die Frage: Woher stamme ich? gibt der Buddhismus die Antwort: Aus der eigenen früheren Daseinsform, aus dem eigenen früheren Wirken. (Paul Dahlke, 1865–1928) / Solange wir auf der Ebene des zweckbestimmten Daseins verharren, sind wir keineswegs frei. Und Unfreiheit ist der Grund aller Sorgen, alles Elends und allen Streits, die auf der Erde umgehen. (Daisetz T. Suzuki, 1870–1966; „Zen und die Kultur Japans“) / Verneinung und Bejahung gehören zum menschlichen Denken. Aber das große Sein hat nichts mit dem menschlichen Denken zu tun. Es ist vor allem anderen da gewesen, vor der menschlichen Wahrnehmung, vor dem menschlichen Wort, vor dem menschlichen Denken. (Sokei-an Roshi, 1882–1945; „Der Zen-Weg“)

Demokratie

Die Welt wird nach der Mehrheit ihrer Menschen beurteilt und der einzelne Mensch nach der Mehrheit seiner Taten. Glücklich ist der Mensch, der eine gute Tat tut. Er hat für sich und für die ganze Welt die Waagschale der Verdienste zum Überwiegen gebracht. (Talmud; 70–500 n. Chr.; Qidduschin 40b) / Diejenige Regierung wird die gewaltsamste sein, wo einem jeden die Freiheit, zu sagen und zu lehren, was er denkt, verweigert wird. (Baruch Spinoza, 1632–1677) / Für die Güte der Republik könnte man denselben Beweis anführen, den Boccaccio für die Religion anführt: Sie besteht trotz ihrer Beamten. (Heinrich Heine, 1797–1856)

Das ist ein eigner Reiz der Republik, dass sich alles in ihr viel freier äußert. Tugenden und Laster, Sitten und Unarten, Geist und Dummheit, Talent und Ungeschicklichkeit treten viel stärker hervor, und so gleicht eine Republik dem tropischen Klima. (Novalis, 1772–1801; „Nachlass“) / Demokratie ist die Regierung des Volkes durch das Volk für das Volk. (Abraham Lincoln, 1809–1865) / Das demokratische System, zu dem unser Staat sich bekennt, beruht auf der Überzeugung, dass man den Menschen die Wahrheit sagen kann. (Carl Friedrich von Weizsäcker, geb. 1912)

Disziplin ohne Demokratie führt zur Gewalt, Demokratie ohne Disziplin zur Anarchie. (Reza Schah Pahlevi, 1919–1980) / Politische Demokratie kann nie wie eine Maschine funktionieren; man kann sie nicht einfach einschalten und laufen lassen. Wirksame politische Demokratie erfordert Intelligenz, Reife und Toleranz. (Reza Schah Pahlevi, 1919–1980) / In der islamischen Gesellschaftsauffassung gibt es keinen Raum für den Begriff eines „säkularisierten“ Staates, und zwar aus dem einfachen Grunde, weil der Islam keine Trennung zwischen „religiösen“ und „weltlichen“ Lebensbelangen gelten lässt. (Muhammad Asad, geb. 1900; „Die Antwort der Religionen“)

Disziplinierte und aufgeklärte Demokratie ist das Beste auf der Welt. (Mahatma Gandhi, 1869–1948) / Die Freiheit, die der kämpfende menschliche Geist für das Individuum fordert, ist der göttliche Instinkt im Menschen, das Gesetz seines Selbst, sein Anspruch auf Raum und damit auf die grundlegende Bedingung für seine natürliche Selbstentfaltung. (Shrî Aurobindo, 1872–1950) / Der Staat besteht um der Freiheit und des verantwortlichen Lebens der Individuen willen. Er besteht aus und existiert für die Einzelnen. Leben tut sich im Individuum kund. (Sarvepalli Radhakrishnan, 1888–1975; „Religion und Gesellschaft“)

Demut

Manch einer überhebt sich vor dem Sturz; doch der Ehre geht Demut voran. (Bibel AT; Spr. 18,12) / Demut ist, wenn jemand ohne Verlangen, hoch geachtet zu werden, seine Unvollkommenheit erkennt. (Baruch Spinoza, 1632–1677; „Abhandlung von Gott, dem Menschen und dessen Glück“) /

Hüte dich vor dem Hochmut, und befleißige dich der Demut. Halte dich für nichts, verkleinere dich, und sei in allen Stücken der Letzte. (Jehuda Hachassid, 13. Jhdt.; „Das Buch der Frommen“)

In der Demut achte einer den andern höher als sich selbst. (Bibel NT; Phil. 2,3) / Rechte Demut weiß nimmer, dass sie demütig ist; denn wo sie es wüsste, so würde sie hochmütig. (Martin Luther, 1483–1546; „Deutsche Schriften“) / Hohe Ziele werden uns nur durch Demut offenbar und zugänglich; der Demütige hat einen Gipfel und ringt sich zu ihm empor; der Hochmütige ist sich selber die höchste Höhe. Hochmut kennt nur Distanzen nach unten, Demut nach oben. (Else Hasse, 1870–1960)

Muhammad al-Razi sagt: „Demut besteht darin, dass man ohne Unterschied dient.“ (Husayn-al-Sulami, 936–1021; „Futuwwah“) / Den Spruch des heiligen Buches bedenke scharf: „Du warfst den Speer, doch warst nicht der, der warf.“ Nicht durch dich selbst ist je ein Pfeil geflogen: Gott ist der Bogner, und du bist der Bogen. (Dschelâleddin Rûmî, 1207–1273; „Spruchgedichte“) / Nimm dein Schicksal, wie dir’s Gott beschieden, seinen Ratschluss ändert nichts hienieden. (Hâfis, 1326–1390; „Der Sänger von Schiras“) / Der Mensch bleibt sich stets ein Rätsel und muss erkennen, dass nicht alles nach seinem Willen geht. – Eine Fliege kann er nicht hindern, sich immer wieder auf seinen Körper zu setzen, und einer kleinen Ameise Biss schmerzt ihn am ganzen Leibe. Das zeigt, wie machtlos und gebrechlich wir sind, und daher sollen wir demütig sein vor dem Herrn, vor dem wir nur eine Hand voll Erde oder ein Tropfen Wasser im Meere sind. (Bokhari von Johor, 16./17. Jhdt.; „Die Krone aller Fürsten“)

Zur Größe gelangt man, indem man demütig ist. (Shrî Râmakrishna, 1834–1886) / Aus einem Menschen, der sich Tag und Nacht für schlecht, niedrig und für ein Nichts hält, wird auch nichts werden. (Swâmi Vivekânanda, 1862–1902) / Wir müssen dem Mangobaum gleichen, der sich niederbeugt, wenn er Früchte trägt. (Mahatma Gandhi, 1869–1948)

Die höchste Geduld ist Demut. (Geshe Drom, 11. Jhdt.; „Kadamthorbu“) / Gibt man sich schon mit dürftigen, einfachen Sachen zufrieden und hegt keine Wünsche nach vorzüglichen, entsteht einem hieraus großer, besonderer Segen. (Gampopa, 1079–1153; „Der kostbare Rosenkranz“) / Ein Lehrer, der sich nicht vor seinem Schüler verbeugen kann, kann sich auch nicht vor Buddha verbeugen. (Shunryu Suzuki, 1905–1971; „Zen-Geist“)

Denken

Der Mensch kann wohl bei sich überlegen, aber das rechte Wort gibt ihm der Herr ein. (Bibel AT; Spr. 16,1) / Nachdenken doch immer Mühe macht, wie gut man euch auch vorgedacht. (Paul von Heyse, 1830–1914; „Spruchbüchlein“) / Das Denken ist der Prozess, durch den die niederen Instinkte in hohe Instinkte verwandelt werden. (Walther Rathenau, 1867–1922)

Jeder soll stets bereit sein zu hören, aber sich Zeit lassen, bevor er redet. (Bibel NT; Jak. 1,19) / Nicht im Grübeln, nein, im Beten wird dir Offenbarung kommen. (Friedrich Wilhelm Weber, 1813–1894) / Aus falschem

Denken entspringt falsches Reden und Handeln. (Georg von Kopp, 1837–1914) / Die Menschen, die berufen sind, den andern durch Geistesarbeit zu dienen, leiden immer in der Ausübung dieser Arbeit; denn die geistige Welt gebiert nur unter Schmerzen und Qualen. (Leo Tolstoi, 1828–1910)

Denkt über die Schöpfung nach, aber denkt nicht über den Schöpfer nach! (Mohammed, 570–632; „Hadith") / Wenn jemand Gutes von dir denkt, dann bemühe dich, dass er Recht hat! (Ali ibn Ali Talib, gest. 661) / Wenn sie am Tage des Todes tief in die Erde mich senken, dass mein Herz dann noch auf Erden weile, darfst du nicht denken! (Dschelâleddin Rûmî; 1207–1273)

Woran der Mensch in diesem Leben denkt, das wird er im nächsten Leben selbst. (Upanischaden; 800–500 v. Chr.) / Man denkt, wenn man glaubt. Ohne Glauben ist kein Denken; nur wer Glauben hat, hat Denken. (Chândogya-Upanishad VI.; 800–500 v. Chr.) / Auch wer das Undenkbare denkt, hat Teil an der Form des Denkens. (Ashtâvakra-Gîtâ; ca. 2. Jhdt. v. Chr.) / Er ist mein Gott, er füllt in Ewigkeit das All und führt es zur Vollkommenheit. Tod liegt und Leben liegt in seiner Hand: Dâdû! Ihm sei dein Denken zugewandt. (Dâdû, 1544–1603; „Bânî")

Das Denken erst, dann Wort und Tat; im Denken ruht des Schicksals Saat. (Gautama Buddha, um 550–480 v. Chr.; „Dhammapada") / Das Erkennen befindet sich weder in den Sinnesorganen noch in den Gestalten, noch zwischen beiden; weder im Innern noch außerhalb des Körpers, noch auch sonst irgendwo findet sich das Denken. (Sântideva, 7. Jhdt.; „Bodhicaryâvatâra") / Auf Nicht-Denken bedacht sein ist immer noch Denken. (Takuan Shûhô, 1573–1645; „Das Unbewegte Begreifen")

Depression

Ich bin versunken in tiefem Schlamm, wo kein Grund ist; ich bin in Wassertiefen geraten, und die Flut schwillt über mich her. (Bibel AT; Ps. 69,3) / Tröste dein Herz, und treibe Traurigkeit ferne von dir; denn Traurigkeit tötet viele Leute und dienet doch nirgend zu. (Bibel AT; Sir. 30,24) / Die Melancholie ist die Freudigkeit Gottes. (Ludwig Börne, 1786–1837) / Wir können uns nur in vierzehn Tagen von unseren Depressionen befreien, wenn wir uns nur jeden Tag überlegen, wie wir anderen helfen können. (Alfred Adler, 1870–1937)

Kleinmut und Verzagtheit geht nicht aus dem Gewichte der Drangsal, sondern aus der Schwäche des Gemütes hervor. (Johannes Chrysostomus, 344–407) / Wer mit dem Geist der Traurigkeit geplagt wird, der soll aufs Höchste sich hüten und vorsehen, dass er nicht allein sei. (Martin Luther, 1483–1546; „Deutsche Schriften") / Mich bedrückt oft eine unbezwingliche Schwermut, nämlich die über die Eitelkeit, Leerheit im Ganzen des Lebens und all unserer Weisheit und unserer Tugend. In uns brennt ein ewiger Durst nach einem höheren Glück, nach einer höheren Liebe, nach einer höheren Tugend, für den dieses Leben nicht einmal einen Tropfen zu reichen hat. (Jean Paul, 1763–1825)

Wenn jemand viele Sünden hat und keine Werke, die diese Sünden verhüllen könnten, sucht Gott ihn mit Traurigkeit heim, um seine Sünden zu verhüllen. (Mohammed, 570–632; „Hadith“) / Der Wein ist Arznei der Welt. (Nizâmî, 1141–1209, „Iskander Name“) / Der Geist der Hoffnungslosigkeit ist es, der dem Menschen die Wege versperrt und ihn am Fortschritt hindert. (Hazrat Inayat Khan, 1882–1927; „Gayan“)

Leiden, Gemütsstörungen, Körperschwäche, unnatürliches Ein- und Ausatmen sind die Begleiterscheinungen eines zerstreuten Geistes. (Patanjali, 2. Jhdt. v. Chr.; „Yoga-Sutra“) / Das einzige Heilmittel gegen das Unglücklichsein ist, so haben Kenner der Lebensklugheit erklärt, die Verzweiflung aufzugeben und sich daranzumachen, die Ursache zu beseitigen. (Aus Indien) / Kummer vernichtet Einsicht, Kummer vernichtet die Gelehrsamkeit, Kummer vernichtet die Standhaftigkeit: Es gibt keine Finsternis des Geistes, die dem Kummer gleichkäme. (Aus Indien)

Mögen Furcht und Schrecken mich nicht besiegen. (Gautama Buddha, um 550–480 v. Chr.; „Majjhima-Nikaya“) / Aus Furcht vor Schwermut suchte ich einen Freund. Die selige Leere, die ist mein ewiger Freund, und vor Schwermut habe ich nun keine Furcht. (Milarepa, 1052–1135; „Sieben Legenden“) / Das Leid der Seele belastet den Menschen tiefer als eine Krankheit des Körpers. Auch haben Krankheiten meist ihren Ursprung im Seelischen. (Yoshida Kenkô, 1283–1350)

Diebe, Diebstahl

Wer sein Haus mit fremdem Gute baut, sammelt Steine zu einem Schutthaufen. (Bibel AT; Sir. 21,8) / Es gibt manches, das nicht Diebstahl, das aber ärger als Diebstahl ist. (Jehuda Hachassid, 13. Jhdt.; „Das Buch der Frommen“) / Nimm nichts ohne Wissen des Besitzers auch nur zum augenblicklichen Gebrauch, um es gleich wiederzugeben, denn es ist Diebstahl für den Augenblick. (Samson Rafael Hirsch, 1808–1888)

Die haben sich vor Dieben nicht zu fürchten, die sich Schätze für den Himmel sammeln. (Bernhard von Clairvaux, 1090–1153) / Die kleinen Diebe, die müssen hangen. Die großen mit güldenen Ketten prangen. (Georg Rollenhagen, 1542–1609; „Froschmeuseler“) / Was die Schelme nicht stehlen, das verderben die Narren. (Annette von Droste-Hülshoff, 1797–1848; „Die Judenbuche“)

Und was nun den Mann betrifft, der stiehlt, und die diebische Frau, so schneidet ihnen die Hände ab als Vergeltung für ihr Verbrechen und als abschreckende Strafe vor Allah. (Korân; Sure 5,38) / Die Hand des Diebes darf nur bei einem Wert von einem Viertel Dinar oder mehr abgehackt werden. (Mohammed, 570–632; „Hadith“) / Wer ein Ei stiehlt, stiehlt ein Kamel. (Aus Arabien) / Weil keinem du das Herz gekränkt hast, bleibt ungekränkt dein Herz von aller Welt. Nur hinter Dieben sind die Wächter her; nur gegen Mörder zieht der Vogt zu Feld! (Saadî, um 1215–1292)

Wenn man im Nicht-Stehlen fest gegründet ist, kommen einem alle Schätze von selber zu. (Patanjali, 2. Jhdt. v. Chr.; „Yoga-Sutra“) / Wer nie schöne Frauen, die mit der Pracht blauer Lotosknospen wetteifern, umschlang; wer nie Bedürftige, die zur Tür hinschauen und grau von Staub sind, zufrieden stellte; wer nie Verwandte, die in den Schlamm des Meeres der

Armut geraten waren, herauszog: der hat, o Freund, der Mutter die Jugend geraubt, ist für nichts und wieder nichts hier geboren worden. (Aus Indien)

Das Begehren nach Besitz und Reichtum macht uns blind. Wir sind wie Taschendiebe, die nicht genug bekommen können. (Milindapana; 1. Jhdt. v. Chr.) / Halte jeden erst einmal für einen Dieb! (Aus Japan) / Die Räuber von Geld werden hingerichtet, die Räuber von Ländern zu Königen gemacht. (Aus Japan)

Dienen, Diener

Weil du nicht gedient hast dem Herrn, deinem Gott, so wirst du dienen müssen deinen Feinden, die der Herr gegen dich senden wird. (Bibel AT; 5. Mos.) / Beuge unseren Willen, damit wir dir dienen. (Talmud; 70–500 n. Chr.; Berachot 60b) / Jeder soll Gott, gelobt sei er, mit seiner ganzen Kraft dienen, denn alles steht im Dienste des Höchsten, und Gott, gelobt sei er, will, dass man ihm auf jede Weise diene. (Israel ben Eliser, 1699–1760; „Legende des Baalschem")

Der Sohn des Menschen ist nicht gekommen, sich bedienen zu lassen, sondern zu dienen und sein Leben als Lösegeld für viele zu geben. (Bibel NT; Mk. 10,45) / Man kann zu allen Zeiten Gott dienen und auf diese Weise sein Heil wirken. (Aurelius Augustinus, 354–430) / Kein Mensch kann Gott und der Welt dienen, weil sie nicht übereinstimmen. (Katharina von Siena, 1347–1380)

Niemand in den Himmeln und auf der Erde wird zum Erbarmer anders denn als Diener kommen können. (Korân; Sure 19,93) / Wenn du willst herrschen, diene dem Herrn! (Firdausî, 935–1021; „Schah-Nameh") / Ich bewundere den Menschen, der mir seine Seele offenbart; ich ehre den, der seine Träume entschleiert. Aber warum bin ich schüchtern und sogar ein bisschen beschämt vor dem, der mir dient? (Kahlil Gibran, 1883–1931; „Aphorismen")

Man soll nicht Niedrigen dienen, sondern sich Großen anschließen: Durch die Gunst des Löwen weidet eine Ziege furchtlos im Walde. (Aus Indien) / Die Fügsamen sind es, die das Unmögliche in dieser Welt vollbringen. (Rabindranâth Tagore, 1861–1941; „Meine Lebenserinnerungen")

Man lobt schon den, der einen Dienst mit einem Gegendienst vergilt: Was soll man aber vom Bodhisattva (Anwärter auf Buddhaschaft) sagen, der aus eigenem Antriebe gut ist? (Sântideva, 7. Jhdt.; „Bodhicaryâvatâra") / Auch Menschen mit geringen Fähigkeiten, die großen dienen, werden wohl gedeihen. Ein kleiner Tropfen Wasser vertrocknet nicht im großen See. (Sakya Pandita, 1182–1251; „Erlesene Aussprüche") / Wer auch nur einmal deinem Fuße Dienst tut mit wilden Blumen, fromm-verständig, dem wird zuteil die Herrlichkeit, die fleckenlose, mit Kranz und Krone und der Schar der sich vor ihm neigenden Götter. (Râma-Candra, 13. Jhdt.; „Bhakti – Hundert Verse")

Dinge

Drei Dinge sind es, die der menschlichen Gesellschaft Bestand geben: Wahrheit, Recht und Frieden. (Sprüche der Väter 1,18; ca. 200 n. Chr.) / Für drei Dinge muss man beten: einen guten König, ein gutes Jahr und einen guten Traum. (Talmud; 70–500 n. Chr.; Berachot 10b) / Verwechsle die Schatten nicht mit der Wirklichkeit, und verschwende dein Leben nicht durch das Jagen nach vergänglichen Dingen, die dir nicht helfen können. (Moses Maimonides, 1135–1204) / Der moderne Mensch hat viele Dinge und gebraucht viele Gegenstände, aber er ist sehr wenig. Seine Gefühle, seine Denkvorgänge sind zurückgebildet wie untrainierte Muskeln. (Erich Fromm, 1900–1980; „Vom Haben zum Sein")

Die Empfindlichkeit des Menschen für die kleinen Dinge und seine Gleichgültigkeit für die großen zeugen von einer seltsamen Verkehrtheit. (Blaise Pascal, 1623–1662) / Schau alle Ding in Gott und Gott in allen an, du siehst, dass alles sich in ihm vergleichen kann. (Angelus Silesius, 1624–1677; „Der Cherubinische Wandersmann") / Wir suchen überall das Unbedingte und finden immer nur Dinge. (Novalis, 1772–1801; „Fragmente") / Die Dinge sind für die Menschen da und nicht die Menschen für die Dinge. (Don Bosco, 1815–1888)

Jeder, der in Wahrheit Gottes gedenkt, vergisst im Gedenken alles andere, und jeder, der im Gedenken an ihn alles vergisst, dessen sämtliche Angelegenheiten nimmt Gott wahr, und Gott wird ihm zum Ersatz für alle Dinge. (Dhû'n-Nûn, ca. 796–859) / Es ist nicht richtig, mehr zu haben als vier Dinge, die man auf dem Tisch des Armen findet: erstens Hunger, zweitens die Armut, drittens die Erniedrigung und viertens die Dankbarkeit. (Husayn-al-Sulami, 936–1021; „Futuwwah") / Wenn des Weines goldne Fluten aus dem Becher mich durchrinnen und es mir im Freudenrausche schwindeln wird in allen Sinnen, tausend Wunder seh ich dann und höre Stimmen, die in klaren Worten mir das tiefste Wesen aller Dinge offenbaren. (Omar Khayyâm, um 1045–1122; „Sinnsprüche") / Alle Dinge sind gut; aber alle Dinge sind weder für jeden Menschen gut noch zu allen Zeiten richtig. (Hazrat Inayat Khan, 1882–1927; „Gayan")

Kleine Dinge, wenn vereinigt, werden stark. Zarte Baumwollfäden, wenn verwoben, sind schwer zerreißbar. (Pantschatantra; 5. Jhdt.) / Die Gegenstände, die die fünf Sinne wahrnehmen, haben eine noch verhängnisvollere Wirkung als das Gift der Kobra. Gift tötet nur, wenn es in den Körper eindringt. Diese Gegenstände aber vernichten uns allein schon durch ihren Anblick. (Shankara, 788–820; „Kleinod der Unterscheidung") / Der Mensch ist so viel größer als die Dinge, die er in diesem Leben verliert. (Rabindranâth Tagore, 1861–1941)

Laufe nicht unbedeutenden Dingen nach. (Gautama Buddha, um 550–480 v. Chr.; „Dhammapada") / Das eine selbst ist alle Dinge, und alle Dinge selbst sind eins. (Seng-ts'an, gest. 606; „Hsin-hsin-ming") / Wie ein Ding gesehen wird, so erscheint es. (Padma Sambhava, 8. Jhdt.) / Wenn ihr ihr selbst seid, dann seht ihr die Dinge, wie sie sind, und ihr werdet eins mit eurer Umwelt. (Shunryu Suzuki, 1905–1971; „Zen-Geist")

Du

Du bist Erde und sollst zu Erde werden. (Bibel AT; 1. Mos. 3,19) / Dein Paradies will ich nicht und auch nicht deine künftige Welt. Was ich will, bist du. (Rabbi Schneur Salman von Lyady, 1745–1812)

Mensch, gibst du Gott dein Herz, er gibt dir seines wieder: Ach, welch ein werter Tausch! Du steigest auf, er nieder. (Angelus Silesius, 1624–1677; „Der Cherubinische Wandersmann) / Es braucht unbedingt das Du, um uns von der Gefangenschaft im Ich zu erlösen. (Ida von Coudenhove, 1901–1971)

Ich sah meinen Herrn mit dem Auge des Herzens und sagte: „Wer bist du?“ Er antwortete: „Du.“ (al-Hallâdsch, 858–922; „... und Mohammed ist sein Prophet“) / Folge den Spuren des Glücklichen, und du wirst glücklich werden. (Aus Arabien)

Warum willst du wissen, was du sein wirst, wenn du stirbst, bevor du weißt, was du jetzt bist? – Warum willst du von Gott wissen, ehe du von dir weißt? Zuvor suche zu erfahren, was DU bist! (Shrî Ramana Maharshi, 1879–1949)

Der hat Zuflucht in dir, der allein ist dein Knecht, der auch nicht irgendwie dein Gebot verletzt. Der Welt wohl tun, das heißt allein dir dienen; der Welt übel tun, das heißt dich quälen. (Râma-Candra, 13. Jhdt.; „Bhakti – Hundert Verse“) / Was du ins Ohr flüsterst, wird tausend Meilen weit gehört. (Aus China)

Dummheit

Um einen Toten klage, denn sein Licht ist erloschen; um einen Toren klage, denn seine Einsicht ist erloschen. (Bibel AT; Sir. 22,11) / Gibt es eine Eigenschaft der menschlichen Natur, die man nicht erwerben kann, die angeboren sein muss, so ist es die Dummheit. (Ludwig Börne, 1786–1837; „Über Herrn von Villele“) / Ein kluger Entschluss reift unverhofft, blitzschnell und ohne Erwägung, doch Dummheiten machen wir allzu oft nach reiflichster Überlegung. (Oskar Blumenthal, 1852–1917)

Wer meine Worte hört und sich nicht nach ihnen richtet, kommt mir vor wie ein Dummkopf, der sein Haus auf Sand baut. (Bibel NT; Mt. 7,26) / Ein Mensch ohne Wissenschaft ist wie ein Soldat ohne Degen, wie ein Acker ohne Regen, wie ein Wagen ohne Räder, wie ein Schreiber ohne Feder. Gott selbst mag solche Eselsköpf' nicht leiden. (Abraham a Santa Clara, 1664–1709) / Jeder Mensch hat ein Brett vor dem Kopf. Es kommt nur auf die Entfernung an. (Marie von Ebner-Eschenbach, 1830–1916; „Aphorismen“)

Heil euch, ihr Dummen! Ihr seid zu beneiden. Euch fehlt der Geist, wohl euch, ihr seid geborgen! Mit dem Verstande schwanden auch die Sorgen, und sel'ge Torheit schafft euch tausend Freuden. (Mahmud ben Jemineddin; „Mokattaat 91“) / Was der Esel sagt, glaubt er. (Aus Persien) / Im Elend stirbt der Alchimiste, der Dumme findet Gold im Miste. (Saadî, um 1215–1292; „Rosengarten“)

Ungefragt soll man niemand antworten und auch nicht, wenn man ungehörig gefragt wird; der Weise bleibt in solchem Falle, auch wenn er die Sache kennt, ruhig sitzen wie ein Dummer. (Mahâbhârata; 500 v. Chr. bis 500 n.

Chr.) / Einen harten, kargen Mann geh um keine Gabe an. Eher sollst du mit deinem Leben Nahrung dem Feuer geben. (Nârâjana, 9./10. Jhdt.; „Hitopadesa“) / Wissenschaft, die sonst Dünkel und andere Untugenden wegwischt, erzeugt bei Dummen Dünkel, gleichwie das Tageslicht, das sonst zu sehen ermöglicht, bei Eulen Blindheit hervorruft. (Aus Indien)

Wer viel mit Edelen verkehrt, ist reich gesegnet; und immer glücklich lebt, wer Dummen nicht begegnet. (Gautama Buddha, um 550–480 v. Chr.; „Dhammapada“) / Man hat seinen Geist nie so nötig, wie wenn man mit einem Dummkopf zu tun hat. (Aus China) / Der Durchschnittsmensch hat keine Ahnung vom wahren Sinn von Leben und Tod, deshalb klammert er sich an das Leben und fürchtet sich vor dem Tod. (Nyogen Senzaki, 1876–1958; „Keine Spur im Wasser“)

Dunkelheit

Der Gottlosen Weg ist wie Dunkel. (Bibel AT; Spr. 4,19) / Mond und Sterne werden verdunkelt aus vier Ursachen: gefälschte Dokumente, falsches Zeugnis, das Züchten von Kleinvieh in Israels Land und das Abhauen von stattlichen Bäumen. (Talmud; 70–500 n. Chr.; Succha 29a) / Alles Licht setzt ein Dunkel voraus und wird nur Helligkeit durch den Gegensatz zu diesem Dunkel. (Moses de Léon, geb. um 1240; „Sohar, Idra Suta“)

Herr, bleib bei uns, denn es wird Abend, und der Tag hat sich schon geneigt. (Bibel NT; Lk. 24,29) / Schon ein kleines Licht kann viel Dunkel erhellen. (Thomas von Aquin, 1225–1274) / Alle Lichter, die wir anzünden, zeugen von dem Licht, das da erschienen ist in der Dunkelheit. (Friedrich von Bodelschwingh, 1831–1910) / So dunkel ist keine Nacht, dass Gottes Auge nicht darüber wacht. (Aus Deutschland)

Lass dich nicht von jedem Wunsch deines Ego führen, denn diese Wünsche führen dich nur in die Dunkelheit. Launen sind aus der Dunkelheit erschaffen. (Husayn-al-Sulami, 936–1021; „Futuwwah“) / Das beste Abendmahl ist das vor dem Abendstrahl. (al-Harîrî, 1054–1122; „Die Makamen“) / Die Dunkelheit ist imstande, Bäume und Blumen vor den Augen zu verbergen, aber sie kann Liebe nicht vor der Seele verheimlichen. (Kahlil Gibran, 1883–1931; „Aphorismen“)

Von Dunkel war die ganze Welt bedeckt, ein Ozean ohne Licht, in Nacht verloren; da ward, was in der Schale war versteckt, das Eine durch der Glutpein Kraft geboren. (Rigveda 10; 1500–500 v. Chr.) / Aus der Unwirklichkeit führe uns in die Wirklichkeit. Aus der Dunkelheit führe uns ins Licht. Vom Tode führe uns zur Unsterblichkeit. (Upanishaden; 800–500 v. Chr.) / Dunkelheit vergeht in ihrem Gegenteil, dem Sonnenlicht. So wird auch diese scheinbare Welt in Brahman (Gott) vergehen. (Shankara, 788–820; „Kleinod der Unterscheidung“) / Ein von Geburt an Blinder weiß nicht, was Dunkelheit ist. Ebenso weiß nur der Wissende, dass er nicht weiß. (Sri Nisargadatta Maharaj, 1897–1981; „Ich bin“)

Der weise Mensch, der unter Törichten lebt, ist wie eine Lampe, die in einen dunklen Raum gebracht wird. Sie bringt Licht und vertreibt die Dunkelheit. (Milindapana; 1. Jhdt. v. Chr.) / Auch wenn du dich allein in einem dunklen Raum befindest, benimm dich so, als ob ein hoher Gast bei dir wäre. (Zengetsu, China, 9. Jhdt.) / Die Kinder wissen, dass die Angst in der Dunkelheit lauert wie ein sprungbereiter Tiger. Helle deine Handlungen auf, deine Wünsche, deine Gedanken. (Drugpa Rinpoche, gest. 1989; „Tibetische Weisheiten")

Durst

Gleichwie der Hirsch verlangt nach Wasserquellen, so verlangt meine Seele nach dir, o Gott, meine Seele dürstet nach Gott, nach dem starken, lebendigen Gott; wann werde ich hinkommen und vor dem Angesicht Gottes erscheinen? (Bibel AT; Ps. 42,2f.) / Wirf keinen Stein in den Brunnen, von dem du deinen Durst gelöscht hast. (Talmud; 70–500 n. Chr.; Baba Kama 92b) / Den wahren Geschmack des Wassers erkennt man in der Wüste. (Jüdisches Sprichwort)

Jesus antwortete ihnen: Ich bin das Brot des Lebens; wer zu mir kommt, wird nie mehr hungern, und wer an mich glaubt, wird nie mehr Durst haben. (Bibel NT; Joh. 6,35) / Ich war schwach um der Schwachen willen, hungrig um der Hungrigen willen, durstig um der Durstigen willen. (Origenes, 185–253; „Komm. zu Mt. 13,2") / Die Quelle des Ideals ist der heiße Durst nach Ewigkeit, die Sehnsucht nach Gott, also das Edelste unserer Natur. (Friedrich von Schlegel, 1772–1829)

Nicht nur der Durstige sucht das Wasser, auch das Wasser sucht den Durstigen. (Dschelâleddin Rûmî, 1207–1273) / Kein Wasser löscht der Liebe Durst, den Durst löscht Tod nur und Vernichtung! (Tûtî-Nâmeh, 14. Jhdt.; „11. Abend") / Das Leben ist ein Brunnen, der ewig quillt; nur schade, dass er ewigen Durst nicht stillt. (Hâfis, 1326–1390)

Wo auch immer Durst ist, wisse, da ist auch der endlose Strom der Geburten. Ausgereifte Wunschlosigkeit pflege und frei vom Durste sei selig. (Ashtâvakra-Gîtâ; ca. 2. Jhdt. v. Chr.) / Mein Leben ist dahin in ungestilltem Durst nach Glück; nicht einen Augenblick habe ich recht nach Erlösung gerungen. (Tukârâm, 1608–1649) / Unser weltliches Begehren verhindert, dass wir echte Heiligkeit und Frömmigkeit wahrnehmen. (Shrî Râmakrishna, 1834–1886)

Alle diejenigen, die, was es hier an Lieblichem und Erfreulichem gibt, als vergänglich, leidvoll, seelenlos, krankhaft, gefährdet ansehen – alle die tun den „Durst" ab. Die den Durst abtun, die tun das „Häufen" ab; die das Häufen abtun, die tun das Leiden ab; die das Leiden abtun, die werden frei von Geburt, Altern und Sterben, von Kummer, Jammer, Leiden, Gram und Verzweiflung. (Gautama Buddha, um 550–480 v. Chr.; „Anguttara-Nikâya") / Je mehr dieser Körper behütet wird, umso empfindlicher wird er, und umso tiefer sinkt er. Aber trotz seines Falles ist diese ganze Welt nicht hinreichend, seinen Durst nach Genüssen zu löschen. (Sântideva, 7. Jhdt.; „Bodhicaryâvatâra") / Verlangen nach Dingen ist wie Durst und Salzwasser: Je mehr ihr genießt, desto größer wird das Verlangen, der Durst. (Geshe Drom, 11. Jhdt.; „Kadamthorbu") / Du musst den Brunnen graben, bevor du Durst hast. (Aus China)

Egoismus

Wer sein Ohr verschließt vor dem Schreien der Armen, der wird auch nicht erhört, wenn er selber schreit. (Bibel AT; Spr. 21,13) / Es gibt keinen Menschen, der nicht die Freiheit liebte; aber der Gerechte fordert sie für alle, der Ungerechte nur für sich allein. (Ludwig Börne, 1786–1837; „Der Narr im Weißen Schwan“) / Die zackigste, härteste Selbstsucht ist nichts als gefrorenes Mitleid und die zärtlichste Teilnahme nur aufgelöste Eigenliebe. (Ludwig Börne, 1786–1837, „Fragmente und Aphorismen“)

Sie denken nur an sich. Sie sind wie Wolken, die vom Wind vorbeigeweht werden und keinen Regen bringen. Sie sind wie entwurzelte Bäume, die abgestorben sind und keine einzige Frucht mehr tragen. (Bibel NT; Jud. 12) / Die Menschen wären alle in einem Augenblicke weise und gut und selig zu machen, wenn der Egoismus nicht wäre. (Johann Michael Sailer, 1751–1832) / Der Mensch möchte Egoist sein und kann es nicht. Dies ist das auffälligste Kennzeichen seines Elends und die Quelle seiner Größe. (Simone Weil, 1909–1943)

Ich kenne keinen auf der Welt, der mich mit Leib und Seele lieber hätt’ als sich. Wie soll mein Herz sich solcher Liebe neigen? Ich fand ein jedes Herz sich selbst nur eigen. (Nizâmî, 1141–1209; „Iskander Name“) / Der Geruch von Stolz, Gier und Begierde kommt beim Sprechen wie Geruch von Zwiebeln. (Dschelâleddin Rûmî, 1207–1273) / Wer an deinem Vergnügen teilhaben möchte, aber nicht an deinem Schmerz, soll den Schlüssel zu einem der sieben Tore des Paradieses verlieren. (Kahlil Gibran, 1883–1931; „Aphorismen“)

Wer alle Begierden aufgibt, ohne Verlangen handelt, ohne Selbstsucht und Egoismus ist, dieser erlangt den Frieden. (Bhagavadgîtâ; ca. 300 v. Chr.) / Diejenigen aber, welche zum Glück der Erkenntnis gelangt, über die Gegensätze erhaben und frei von Selbstsucht sind, diese erschüttert weder Glück noch Unglück irgendwann. (Mahâbhârata; 500 v. Chr. bis 500 n. Chr.) / Selbstsucht ist die Hauptsünde: wenn wir an uns selbst zuerst denken. Selbstsüchtig ist, wer so denkt: „Ich will zuerst essen, ich will mehr Geld als andere haben und alles besitzen. Ich will vor anderen in den Himmel kommen, ich will Erlösung vor anderen erlangen.“ (Swâmi Vivekânanda, 1862–1902)

Wer eigenes Glück erstrebt auf Kosten fremder Leiden, der ist in Hass verstrickt, kann Feindschaft nicht vermeiden. (Gautama Buddha, um 550–480 v. Chr.; „Dhammapada“) / Die Lehren der alten Weisen vergessen, das Leid des Volkes und den Verfall der Sitten unbeachtet lassen, nur daran zu denken, wie man an allem sein eigenes Licht entzünde und erglänzen lasse, das ist wirklich armselig. (Yoshida Kenkô, 1283–1350) / Obwohl es unmöglich ist, unsere egozentrischen Gedanken loszuwerden, haben wir es zu tun, weil unsere wahre Natur dies verlangt. (Shunryu Suzuki, 1905–1971; „Zen-Geist“)

Ehe

Wohl dem Manne, der ein gutes Weib hat: Die Zahl seiner Tage verdoppelt sich. (Bibel AT; Sir. 26,1) / Hat dich zur Ehe das Geld bewogen, werden die

Kinder dir unerzogen. (Talmud; 70–500 n. Chr.; Qidduschin 70a) / Die Ehe ist die exemplarische Bindung. Sie trägt uns wie keine andere in die große Gebundenheit. Und nur als Gebundene können wir in die Freiheit der Kinder Gottes gelangen. (Martin Buber, 1878–1965) / In der Ehe pflegt gewöhnlich immer einer der Dumme zu sein. Nur wenn zwei Dumme heiraten – das kann mitunter gut gehen. (Kurt Tucholsky, 1890–1935)

Jeder von euch muss seine Frau so lieben wie sich selbst. Die Frau aber soll ihren Mann achten. (Bibel NT; Eph. 5,33) / Der untrügliche Prüfstein für die Reife zur Ehe ist die Opferbereitschaft. (Hugo Löbmann, geb. 1864) / Manche Ehen sind ein Zustand, in dem zwei Leute es weder mit noch ohne einander aushalten können. (Marie von Ebner-Eschenbach, 1830–1916) / Man lernt von einem einzigen Wesen mehr als von hundert. (Cesare Pavese, 1908–1950)

Man heiratet eine Frau aus vier Gründen: wegen ihres Vermögens, wegen ihrer vornehmen Herkunft, wegen ihrer Schönheit, wegen ihrer Frömmigkeit. Bemühe dich, die zu bekommen, die Frömmigkeit besitzt, sonst wirst du verarmen. (Mohammed, 570–632; „Hadith“) / Liebe bedeutet, dass die Eigenschaften des Liebenden zu denen des Geliebten werden. (Junayd, ca. 825–910) / Eine gesunde Regelung der Beziehungen zwischen den Geschlechtern ist für die Menschheit ebenso lebenswichtig wie die Meisterung der ökonomischen Verhältnisse. (Maulânâ Muhammad Ali, 1874–1951; „Die neue Weltordnung“) / Die Europäer beugen ihre Knie bis zum Boden, wenn sie eine Frau heiraten, und brauchen ein ganzes Leben, um wieder hochzukommen. (Reza Schah Pahlevi, 1919–1980)

Wer ein Mädchen zur Ehe gibt, ohne einen Fehler, welchen sie hat, angezeigt zu haben, soll die höchste Strafe bezahlen; ebenso wer ein fehlerfreies Mädchen verlässt. (Yâjnavalkya; 2.–5. Jhdt.) / Die Gattin ist die eine Hälfte des Mannes; die Gattin ist der beste Freund; die Gattin ist die Wurzel des Reichtums, der Annehmlichkeiten und der Tugend; die Gattin ist eine Wurzel für den, der seinen Lebensweg glücklich zurückzulegen gedenkt. (Aus Indien) / Ist Liebe ohne Ehe ungesetzlich, dann ist Ehe ohne Liebe unmoralisch. (Sarvepalli Radhakrishnan, 1888–1975; „Religion und Gesellschaft“)

Wer eine Gattin hat von gleichem Alter, einträchtig, gehorsam, das Recht liebend und fruchtbar, von guter Herkunft, tugendsam, dem Gatten ergeben, findet fürwahr bei den Frauen Wohlfahrt. (Gautama Buddha, um 550–480 v. Chr.; „Jâtaka“) / Wenn der Mann am Morgen aus dem Hause geht, freut sich die Frau. (Aus der Mongolei) / Eheleute, die sich lieben, sagen sich tausend Dinge, ohne zu sprechen. (Aus China)

Ehre

Lass keinen Makel auf deine Ehre kommen. (Bibel AT; Sir. 33,23) / Die Ehre deines Schülers sei dir ebenso lieb wie deine eigene; die Ehre deines Kollegen gleiche der Ehrfurcht vor deinem Lehrer; und die Ehrfurcht vor deinem Lehrer gleiche der Ehrfurcht vor dem Himmel. (Talmud; 70–500 n. Chr.; Aboth IV,15) / Der Ruhm glänzt wie die Sonne mit eignem Licht. Die Ehre gleicht der Erde, die mit geborgten Strahlen leuchtet. (Ludwig Börne, 1786–1837)

Wenn einer von euch in ärmlichen Verhältnissen leben muss, soll er stolz darauf sein, dass er bei Gott angesehen ist. (Bibel NT; Jak. 1,9) / Die Ehre ist ein Rechenspiel; bald gilt man nichts, bald gilt man viel. (Abraham a Santa Clara, 1642–1709) / Wer in sich Ehre hat, der sucht sie nicht von außen. Suchst du sie in der Welt, so hast du sie noch draußen. (Angelus Silesius, 1624–1677; „Der Cherubinische Wandersmann") / Wenn wir uns unserer eigenen Ehre wegen abmühen, haben unsere Gedanken und Werke keinen Wert. (Don Bosco, 1815–1888)

Mit keiner Form von Verehrung erweist man Gott mehr Gefallen als dadurch, dass man ihn liebt. (al-Hallâdsch, 858–922) / Wer mit der eigenen Ehre schlecht verfahren, wird auch der anderen Ehre nicht bewahren. (Saadî, um 1215–1292; „Rosengarten") / Es ist die Ehre des Ermordeten, dass er nicht der Mörder ist. (Kahlil Gibran, 1883–1931; „Aphorismen")

Der Gott, der im Feuer ist, im Wasser, der in die ganze Welt ist eingegangen, der in den Kräutern weilt und in den Bäumen, diesem Gott sei Ehre! – Sei Ehre! (Shvetâshvatara-Upanishad V.; 800–500 v. Chr.) / Ein Mensch ohne Ehre und ein Grashalm haben das gleiche Los: Sie beugen sich aus Mangel an Kraft und haben wegen ihrer Nichtigkeit überaus wenig Gewicht. (Aus Indien) / Ehre beides: Geist und Form, den innewohnenden Gedanken so gut wie das sichtbare Symbol. (Shrî Râmakrishna, 1834–1886; „Worte des Râmakrishna")

Ein Weg führt zum Gewinn, der andere führt zum Nirvana. Da sie dies erkennen, sollten Schüler des Buddha sich nicht daran erfreuen, geehrt zu werden, sondern sie sollten üben, nicht anzuhaften. (Gautama Buddha, um 550–480 v. Chr.; „Dhammapada") / Wer alle Götter und Ahnen wie auch Schlangen und überhaupt alle Lebewesen voll Liebe stets in Ehren hält, der findet bei allen Wesen Wohlfahrt. (Gautama Buddha, um 550–480 v. Chr.; „Jâtaka") / Schwer ist's, von Pöbelehrung frei zu sein. (Theragâthâ; ca. 400–200 v. Chr.)

Ehrfurcht

Was dir wunderbar ist, erforsche nicht, und was vor dir verhüllt ist, untersuche nicht. Worüber dir Macht gegeben ist, dem sinne nach; mit dem Verborgenen hast du nichts zu schaffen. Was über dich hinausgeht, darüber mache dir nicht viele Gedanken, denn Größeres, als du fassen kannst, ist dir schon kundgetan. (Bibel AT; Sir. 3,21–23) / Verhaltet euch nicht wie Diener, die ihrem Herrn deshalb dienen, weil sie Lohn empfangen. Verhaltet euch vielmehr wie Diener, die ihrem Herrn nicht deshalb dienen, weil sie Lohn empfangen, und lasst die Ehrfurcht vor Gott euer Handeln bestimmen. (Sprüche der Väter 1,2; ca. 200 n. Chr.) / Das tiefste und erhabenste Gefühl, dessen wir fähig sind, ist das Erlebnis des Mystischen. Aus ihm allein keimt wahre Wissenschaft. Wem dieses Gefühl fremd ist, wer sich nicht mehr wundern und in Ehrfurcht verlieren kann, der ist seelisch bereits tot. (Albert Einstein, 1879–1955)

Religion ist Ehrfurcht – die Ehrfurcht zuerst vor dem Geheimnis, das der Mensch ist. (Thomas Mann, 1875–1955) / Die Ehrfurcht ist das innerste

Wesen der Religion, der Kern der religiösen Seelenhaltung. (Bonifazius Wöhrmüller, geb. 1885) / Die heilige Tiefe der Wirklichkeit erschließt sich allein dem ehrfürchtig gestimmten Geist. (Johannes Hessen, 1889–1971)

Wohl geht es dem, der des Tages der Rückkehr gedenkt und für die Abrechnung arbeitet und mit dem Genügenden sich begnügt und Gottes Wohlgefallen sucht. (Ali ibn Ali Talib, gest. 661) / Wo Frauen geehrt werden, sind die Götter zufrieden. (Aus Arabien) / Wir würden vor dem Glühwürmchen ebenso ehrfürchtig stehen wie vor der Sonne, wenn wir nicht an unsere Vorstellung von Gewicht und Maß gebunden wären. (Kahlil Gibran, 1883–1931; „Aphorismen“)

Weil uns Welten, Unendlichkeit und Erreichung des Himmels durch Sohn, Enkel und Urenkel zuteil werden, deshalb muss man die Frau ehren und wohl bewachen. (Yâjnavalkya; 2.–5. Jhdt.) / Neige dein Haupt, wo andere sich verneigen. (Shrî Râmakrishna, 1834–1886; „Worte des Râmakrishna“) / Wenn ich das Wunder eines Sonnenuntergangs oder die Schönheit des Mondes bewundere, so weitet sich meine Seele in der Ehrfurcht vor dem Schöpfer. (Mahatma Gandhi, 1869–1948)

Ehre sei dem Durch-sich-selbst-Seienden! Wunderbar sind seine vielen Werke, mächtig und reichlich seine Tugenden, die sich nicht umgrenzen lassen. Ihre Anzahl hat kein Ende, Worte fassen nicht ihr Wesen, doch Verdienst bringt, sie zu künden, und so wollen wir es tun. (Aus Tibet, um 1300) / Das Leben respektieren heißt, die gewöhnlichen Tugenden zu praktizieren, ehrlich zu sein, rein zu leben und zu denken, gerecht und freundlich zu sein, andere zu respektieren, in Frieden mit ihnen zu leben und gegen die Unwissenheit anzukämpfen. (Nyogen Senzaki, 1876–1958; „Keine Spur im Wasser“) / Wenn ihr eure dualistischen Vorstellungen vergesst, dann wird alles zu eurem Lehrer, und alles kann Gegenstand der Verehrung sein. (Shunryu Suzuki, 1905–1971; „Zen-Geist“)

Ehrlichkeit

Wie wirksam sind doch aufrichtige Reden! (Bibel AT; Hiob 6,25) / Gott hat vier Arten von Menschen nicht gern: den Armen, der hochmütig, den Reichen, der lügt, den sittenlosen Alten und den auf seine Stellung eitlen Richter, der sich nicht um das allgemeine Wohl kümmert. (Talmud; 70–500 n. Chr.; Pesachim 113b) / Fehlt es dem Diebe an Gelegenheit, glaubt er an seine Ehrlichkeit. (Talmud; 70–500 n. Chr.)

Ich möchte nicht nur vor dem Herrn, sondern auch vor den Menschen unbescholten dastehen. (Bibel NT; 2. Kor. 8,21) / Wer ehrlich hat gelebt und selig ist gestorben, hat einen Himmel hier und einen dort erworben. (Friedrich von Logau, 1604–1655; „Zuversicht“) / Den Ehrlichen liebt die Welt, auch wenn sie selbst noch so unehrlich ist. (Bonifazius Wöhrmüller, geb. 1885)

Gebt volles Maß, wenn ihr messt, und wägt mit richtiger Waage; das ist besser und bringt den besten Erfolg. (Mohammed, 570–632; „Hadith“) / Junayd wurde gefragt: „Was sind die Eigenschaften der Sufis?“ Da antwortete er: „Sie sind so edel, dass sie ihr Wort halten.“ (Husayn-al-Sulami, 936–1021; „Futuwwah“) / Auf gradem Wege kommst du zum Ziele wohl hinan: Sei grad, und dein sei alles, was man dir wünschen kann. Dich reut ein grader Stecken, ins Feuer ihn zu tun: Man wird ins Höllenfeuer nicht tun den graden Mann! (Saadî, um 1215–1292)

Wer klug und ehrlich ist, den soll man aufsuchen; wer klug und falsch ist, vor dem soll man sich in Acht nehmen; wer dumm und ehrlich ist, den soll man bemitleiden; wer dumm und falsch ist, den soll man in jeder Hinsicht meiden. (Aus Indien) / Wer sich nicht an die Wahrheit hält, verliert nach und nach alles. (Shrî Râmakrishna, 1834–1886)

Nehmen wir in schwierigen Zeiten Zuflucht zum Mitgefühl mit anderen, dann werden auch sie mit uns fühlen. Und begegnen wir den Mitmenschen in Ehrlichkeit und Wahrheit. (Theragâthâ; ca. 400–200 v. Chr.) / Auf dem Haupte der Ehrlichkeit hausen die Götter. (Aus Japan) / Die Befreiung erlangt man nicht durch Gebete, den Glauben oder die Einweihung in Geheimorden und Mysterien, sondern indem man ein ehrliches, würdiges Leben führt. (Nyogen Senzaki, 1876–1958; „Keine Spur im Wasser")

Eifersucht

Grimmig mag die Wut sein, überwallen der Zorn – aber wer besteht vor der Eifersucht? (Bibel AT; Spr. 27,4) / Eifersucht ist Beschämung, Beschämung, die Rechnung ohne den Wirt gemacht zu haben. Unsere Wünsche, unsere Neigung brachten wir in Anschlag, nicht die des anderen. (Rahel Varnhagen, 1771–1833; „Briefe") / Die Liebe ist jene Flamme, welche die Götter den Sterblichen missgönnen, und die Eifersucht ist der fressende Geier, der den Diebstahl furchtbar rächt. (Ludwig Börne, 1786–1837; „Fastenpredigt")

Ihr seid eifersüchtig aufeinander und streitet euch. Beweist das nicht, dass ihr noch unter dem Einfluss dieser Welt steht und es macht wie alle anderen Menschen auch? (Bibel NT; 1. Kor. 3,3) / Wer nicht eifersüchtig ist, liebt nicht. (Aurelius Augustinus, 354–430) / Eifersucht ist eine Leidenschaft, die mit Eifer sucht, was Leiden schafft. (Friedrich Schleiermacher, 1768–1834)

Gott ist eifersüchtig. Und auch der Gläubige ist eifersüchtig. Die Eifersucht Gottes bezieht sich darauf, dass der Gläubige das begehrt, was Gott verboten hat. (Mohammed, 570–632; „Hadith") / Die Eifersucht der Frau ist Unglaube, und die Eifersucht des Mannes ist Glaube. (Ali ibn Ali Talib, gest. 661) / Gott ist eifersüchtig, und ein Zeichen seiner Eifersucht ist, dass er nur einen einzigen Weg zu sich freihält – sich selbst. (al-Hallâdsch, 858–922) / Shibli sagt: „Die Eifersucht des Menschen betrifft Menschen. Die Eifersucht Allahs betrifft die Zeit, die wir mit anderen Dingen verbringen als mit Allah." (Husayn-al-Sulami, 936–1021; „Futuwwah")

Die schöne Frau gehört der Welt; die hässliche gehört dir ganz allein. (Aus Indien)

Eine Frau, die nicht eifersüchtig wird, ist wie ein Ball, der nicht springt. (Aus Japan) / Eifersucht ist die Seele der Liebe. (Aus Japan)

Eigentum

O Herr, vergib unsere Missetaten und unsere Sünden, und mache uns zu deinem Eigentum. (Bibel AT; 2. Mos. 34,9) / Das Eigentum deines Nächsten sei dir so kostbar wie dein eigenes. (Sprüche der Väter 2,17; ca. 200 n. Chr.) / Das Geld zieht nur den Eigennutz an und verführt stets unwiderstehlich zum Missbrauch. (Albert Einstein, 1879–1955; „Vom Reichtum")

Keiner von uns lebt ja für sich selbst, und keiner stirbt für sich selbst; wenn wir leben, so leben wir dem Herrn, und sterben wir, so sterben wir dem Herrn; darum mögen wir leben oder sterben, so gehören wir dem Herrn als Eigentum an. (Bibel NT; Röm. 14,7f.) / Wer Gott zum Eigentum hat, ist Herr der ganzen Welt. (Ambrosius, um 340–397) / Durch das Eigentum wird der Besitz veredelt wie durch die Ehe der körperliche Genuss. (Novalis, 1772–1801; „Nachlass")

Lasse deine Freunde deine Vermögensverhältnisse nicht wissen! Wenn du reich bist, beneiden sie dich, und wenn du arm bist, verlassen sie dich. (Mohammed, 570–632) / Mu'adh al-Razi sagt: „Der Gläubige kann betrogen werden, was sein Eigentum betrifft, aber niemals, was seine Religion betrifft. Hingegen kann dem Heuchler die Religion leicht weggenommen werden, ihm aber sein Eigentum wegzunehmen ist unmöglich. (Husayn-al-Sulami, 936–1021; „Futuwwah") / Zu wem die Seele wahrlich gehört, zu ihm kehrt sie dereinst zurück. (Hazrat Inayat Khan, 1882–1927; „Gayan")

Man ist gebunden, solange man noch an irgendwelchen Dingen hängt. (Maitrâyâni-Upanishad, IV,9; 800–500 v. Chr.) / Von Fürsten, Wasser, Diebesbanden, von Feuer und von Anverwandten ist stets ein reicher Mann bedroht, wie alles, was da lebt, vom Tod. (Nârâjana, 9./10. Jhdt.; „Hitopadesa") / Sei niemals der Ansicht, nur du und sonst niemand besitze das Verständnis der Wahrheit und die anderen seien Narren. (Shrî Râmakrishna, 1834–1886)

Wenn du denkst, der Geist, der Erleuchtung erlangt, sei dein, kämpfen nur Gedanken in dir miteinander. (Bankei Eitaku, 1622–1693) / Nicht die Blumen und Bäume, nur der Garten ist unser Eigentum. (Aus China) / Die Begehren der Menschen entstehen dadurch, dass man etwas sieht, von dem man denkt, man möchte es haben. Den Himmel möchte man gewöhnlich nicht besitzen, da es dort nichts Fassbares gibt. (Sokei-an Roshi, 1882–1945; „Der Zen-Weg")

Das Eine / Der Eine

Es gibt nur Eine, alle Determination und Negation von sich ausschließende, unendliche Substanz, welche Gott genannt wird und das Eine Sein in allem Dasein ist. (Baruch Spinoza, 1632–1677) / Er ist der Eine, und darum soll der Mensch sich für ihn, gegenüber allem und gegen alles entscheiden, und darum darf der Mensch ihm allein, und keiner Kraft der Natur und keiner Gestalt des Schicksals, dienen. (Leo Baeck, 1873–1956) / Wenn die Dinge in mystischer Meditation betrachtet werden, stellt sich alles als Eines heraus. (Gershom Scholem, 1897–1982; „Jüdische Mystik")

Alle sollen eins sein: Wie du, Vater, in mir bist und ich in dir bin, sollen auch sie in uns sein, damit die Welt glaubt, dass du mich gesandt hast. (Bibel NT; Joh. 17,21) / Eines mit dem Einen, Eines von dem Einen und im Einen selber das Eine ewiglich. (Meister Eckhart, um 1260–1327) /

Wann du in Einem All' und Einen suchst in Allen: stehst du, wo Adam stund, eh' als er war gefallen. (Angelus Silesius, 1624–1677; „Der Cherubinische Wandersmann")

Als die Liebe Gottes zu mir kam, nahm sie alles, was außer Gott war, von mir weg. Sie ließ keine Spur von all dem, was nicht Gott ist. Sie blieb allein und einzig in mir wie Gott selbst. (Bâyazîd Bistâmî, gest. 874) / Keiner bekennt Gott als Einen außer Gott selbst, und keiner kennt das wahre Wesen des Einheitsbekenntnisses als der Gesandte Gottes. (al-Hallâdsch, 858–922) / Ich sah empor und sah in allen Räumen eines; hinab ins Meer und sah in allen Wellenschäumen eines. Ich sah ins Herz, es war ein Meer, ein Raum der Welten, voll tausend Träum'; ich sah in allen Träumen eines. (Dschelâleddin Rûmî, 1207–1273; „Ghaselen")

Gott ist das Eine, in allen Wesen verborgen, alldurchdringend, das innere Selbst aller Wesen, Aufseher über die Taten, Bewohner aller Wesen, Augenzeuge, Denker, absolut und eigenschaftslos. (Svetâsvatara-Upanishad, VI,11; 800–500 v. Chr.) / Unzählig sind aus dem Einen geworden, die Zahllosen wurden zu Einem allein. Wenn die Erkenntnis des Einen geboren, dann geht in das Eine alles ein. (Kabîr, 1440–1518; „Spruchgedichte") / Kennt ihr das Eine, kennt ihr alles weitere. Setzt man hinter die Eins fünfzig Nullen, wird eine große Zahl daraus. Streicht man die Eins aber, so bleibt nichts. Durch die Eins wird das Viele geschaffen. (Shrî Râmakrishna, 1834–1886)

Das Eine gleicht dem All, alles ist nur das Eine. Ist diese Wahrheit einmal wirklich, was kümmert mich das Unvollkommene? (Seng-ts'an, gest. 606; „Hsin-hsin-ming") / Je mehr man redet und denkt, desto weiter entfernt man sich vom Einen. Erst wenn man das Reden und Denken einstellt, kann es überall vordringen. (Seng-ts'an, gest. 606) / Die ganze Welt ist nur ein einziger Geist. Und alles, was existiert, ist nur eine einzige Erkenntnis. (Fa-yen Wen-i, 885–958)

Einfalt

Dem Toren ist die Torheit eine Freude. (Bibel AT; Spr. 15,21) / Ein Kluger bemerkt alles. Ein Dummer macht über alles eine Bemerkung. (Heinrich Heine, 1797–1856)

Selig sind, die da geistlich arm sind; denn das Himmelreich ist ihr. (Bibel NT; Mt. 5,3) / Armut des Geistes Gott erfreut – Armut und nicht Armseligkeit. (Matthias Claudius, 1740–1815; „Ein gülden ABC")

Heil euch, ihr Dummen! Ihr seid zu beneiden. Euch fehlt der Geist, wohl euch, ihr seid geborgen! Mit dem Verstande schwanden auch die Sorgen, und sel'ge Torheit schafft euch tausend Freuden. (Mahmud ben Jemineddin; „Mokattaat") / Während der Kluge nachdenkt, zeugt der Dumme unbekümmert einen Sohn. (Aus Aserbeidschan)

Sei klug in deinem Verstand, aber einfältig in deinem Herzen. (Aus Indien) / Wer sich in seiner Einfalt schon mit dem Allergeringsten begnügt, den verlässt das Glück, und sogar den Reichtum, der ihm früher geschenkt wurde, verliert er wieder. (Aus Indien) / Wunderbar ist die Einfalt des

Kindes! Es zieht eine Puppe allem Reichtum der Erde vor. So auch der echte Gottesliebende. Keiner sonst vermag alle Reichtümer und Ehre wegzuschieben und sich zu Gott allein zu gesellen. (Shrî Râmakrishna, 1834–1886)

Für Leute, die nur einen Hammer als Werkzeug haben, ist jedes Problem ein Nagel. (Aus China) / Wollen wir zur wirklichen Wahrheit der Dinge gelangen, so müssen wir sie so betrachten, als sei diese Welt noch unerschaffen, als sei das Bewusstsein von Dies und Nicht-Dies noch nicht erwacht und der Geist noch unerfüllt von seiner eigenen Identität, will sagen von Gelassenheit und Leere. (Daisetz T. Suzuki, 1870–1966; „Die große Befreiung")

Einheit

Wisse, dass die Seele des Menschen eine Einheit ist. (Moses Maimonides, 1135–1204; „Acht Kapitel") / Sich zur Einheit vollenden, bis man vollendet ist nach der Schöpfung, wie man vor der Schöpfung war, dass man ganz eins sei, ganz gut, ganz heilig, wie vor der Schöpfung. (Rabbi Nachmann, 1771–1810; „Worte des Rabbi Nachmann") / Am Streben nach Einheit entzünden sich im Juden die schöpferischen Kräfte; im Einswerden der Seele wurzelt seine schöpferische Tat. (Martin Buber, 1878–1965; „Das Judentum und die Menschheit")

Tut alles in der Liebe. Sie verbindet euch und macht eure Einheit vollkommen. (Bibel NT; Kol. 3,14) / Nichts hindert die Seele so sehr, Gott zu erkennen, als Zeit und Raum! Zeit und Raum sind immer Stückwerk, Gott aber ist Eins! (Meister Eckhart, um 1260–1327) / In allem Geschaffenen ist eine Einheit wirklich, gegenwärtig, lebendig, und jede Tat wirkt in jede spätere Tat hinein und wird durch jede frühere Tat mitbestimmt. (Fjodor M. Dostojewski, 1821–1881)

Al-Wasiti sagt: „Wer sich und alles andere als Eigentum Allahs ansieht, der wird eins mit Allah, und er wird nichts anderes brauchen." (Husayn-al-Sulami, 936–1021; „Futuwwah") / Ein Weiser wurde gefragt, ob der Weg von Gott zum Menschen oder vom Menschen zu Gott führe. Er antwortete: Beides ist falsch. Der Weg führt von Gott zu Gott. (Attâr, um 1136 bis ca. 1220; „Meer der Seele") / Obgleich die Sonne ein Scheinchen ist deines Scheines nur, doch ist mein Licht und deines ursprünglich eines nur. (Dschelâleddin Rûmî, 1207–1273; „Ghaselen")

Aus der Einheit der Umwandlungen ist zu schließen auf die Realität der objektiven Welt. (Patanjali, 2. Jhdt. v. Chr.; „Yoga-Sutra") / Freiheit wird gewonnen durch die Wahrnehmung der Einheit des Selbstes mit dem Ewigen, nicht aber durch Lehrsätze von der Vereinigung mit demselben oder von Zahlen noch durch Formeln und Wissenschaften. (Shankara, 788–820; „Sankaracharya") / Wir wissen, Wasser, Schnee und Eis sind eins von je, sie werden gleich im hellen Strahl des Sonnenscheins, so sind auch Gott und Welt im Licht des Wissens eins. (Lallà, 14. Jhdt.)

Verwirklicht unser Körper in tiefer Weise die Einheit, können wir augenblicklich alle Verkettungen abschneiden. (Seng-ts'an, gest. 606; „Hsin-

hsin-ming") / Verwendet eure Lebenskraft dazu, aus den Umständen, die auf euch zukommen, eine Einheit mit eurem Leben zu gestalten und die Dinge an ihren richtigen Platz zu setzen. (Dogen Zenji, 1200–1253) / Wenn ihr zum ersten Mal ein Pferd reitet, seid ihr euch des Pferdes bewusst, und das Pferd ist sich eurer bewusst, das Pferd führt euch. Dann vergesst ihr das Pferd, und ihr führt es. Dann vergesst ihr euch beide gegenseitig, das Pferd ist sich eurer nicht bewusst, und ihr seid euch des Pferdes nicht bewusst. Das Pferd und ihr galoppiert als eins. (Sokei-an Roshi, 1882–1945; „Der Zen-Weg") / Wenn alle Dinge auf die Einheit zurückgeführt sind, worauf wäre dann dieses eine zurückzuführen? (Daisetz T. Suzuki, 1870–1966; „Die große Befreiung")

Einsamkeit

Gott der Herr sprach: Es ist nicht gut, dass der Mensch allein sei. (Bibel AT; 1. Mos. 2,18) / Es gibt keinen einsameren Menschen als den, der nur sich selbst liebt. (Abraham ibn Esra) / Die nicht in der Einsamkeit wandeln, werden verwirrt sein, wenn der Messias kommt und man sie ruft; aber wir werden sein wie ein Mensch nach dem Schlaf, dessen Sinn ruhig und gelassen ist. (Rabbi Nachmann, 1771–1810; „Worte des Rabbi Nachmann")

Herr, ich habe keinen Menschen. (Bibel NT; Joh. 5,7) / Wer unbetrübt und lauter sein will, der muss eines besitzen, das ist die innere Einsamkeit. (Meister Eckhart, um 1260–1327) / Die Einsamkeit tut Not, doch sei nur nicht gemein, so kannst du überall in einer Wüste sein. (Angelus Silesius, 1624–1677; „Der Cherubinische Wandersmann")

Yaha ibn Mu'adh hat gesagt: Die Festung des Menschen ist das Alleinsein und das Verlassen der Gesellschaft der Menschen, denn wenn jemand nicht mit dir ist, dann wird er gegen dich sein. (Husayn-al-Sulami, 936–1021; „Futuwwah") / Selig, der Mann, dem Einsamkeit genug, der niemals seidene Gewänder trug, der wie ein Greif zum Himmel aufgeflogen, statt wie die Eule sitzt in Lug und Trug. (Omar Khayyâm, um 1045–1122; „Sinnsprüche") / Jenseits meiner Einsamkeit liegt eine andere Einsamkeit, und wer sie bewohnt, dem erscheint meine Einsamkeit wie ein bevölkerter Marktplatz und mein Schweigen wie lautes Stimmengewirr. (Kahlil Gibran, 1883–1931; „Der Vorbote")

Einsam Schauender des Alls bist du, wesenhaft erlöst in Ewigkeit. Denn das Ich ist deine Fessel: Im Schauenden siehst du einen anderen. (Ashtâvakra-Gîtâ; ca. 2. Jhdt. v. Chr.) / Einsam – verlassen bin ich, bin von den Sinnen geplagt und gequält wie ein Wurm, über den die Ameisen kommen! Willst du wirklich mich, Gott, verlassen? (Mânikkavâshagar, 9. Jhdt.) / Auf meinem einsamen Lager saß ich im Dunkel der Nacht und dachte an all die Dinge, womit ich das Leben verbracht. (Rabindranâth Tagore, 1861–1941)

Zu allen Lebewesen Liebe hegend, nicht eines von ihnen mit Gewalt bedrückend, vom Sohn halt man sich frei, vielmehr vom Anhang, man wandre einsam hin gleichwie das Nashorn. (Gautama Buddha, um 550–480 v.

Chr.; „Sutta-Nipâta“) / Man sollte sich eifrig in Einsamkeit üben, bis man innere Beständigkeit erlangt hat. (Gampopa, 1079–1153; „Der kostbare Rosenkranz“) / Einsamkeit, in die Sprache des Weltlebens übertragen, bedeutet Nicht-Haften und Freiheit. (Daisetz T. Suzuki, 1870–1966; „Zen und die Kultur Japans“)

Einsatz

Unter allen Vorschriften und Verordnungen des mosaischen Gesetzes lautet kein einziges: „Du sollst glauben oder nicht glauben“, sondern alle heißen: „Du sollst tun, oder du sollst nicht tun.“ (Moses Maimonides, 1135–1204) / Es gibt Ideen, denen man nicht entrinnen kann. Man engagiert sich, wenn man „ja“ sagt, wenn man „nein“ sagt und wenn man gar nichts sagt. (Theodor Herzl, 1860–1904) / Alles sollte so einfach wie möglich gemacht werden, aber nicht einfacher. (Albert Einstein, 1879–1955)

Ein Mann, der nicht mehr leistet als das, wofür er bezahlt wird, leistet so wenig, dass er nicht wert ist, was er bekommt. (Abraham Lincoln, 1809–1865) / Wer Menschen gewinnen will – muss sein Herz zum Pfand einsetzen. (Adolph Kolping, 1813–1865) / Nur was wir mit dem Einsatz unseres ganzen Lebens erstreben, das kann zu einem inhaltreichen Werke werden. „Setzet ihr nicht das Leben ein – nie kann euch das Leben gewonnen sein.“ (Anton Heinen, 1869–1934)

Sprach der Verstand: „Die Richtungen sind sechs, sind Grenze, Ende!“ Die Liebe sprach: „Nein! Wege gibt’s, ich bin sie oft gegangen!“ (Dschelâleddin Rûmî, 1207–1273) / Die Liebe ist kein eitles Spielen, denn Herz und Kopf steht auf dem Spiele, und nicht allein mit heißem Drange gelangt das glühende Herz zum Ziele. (Hâfis, 1326–1390; „Der Sänger von Schiras“) / Geh eine Meile, einen Kranken zu besuchen, zwei, um Frieden zu stiften, und drei, um einen Freund zu sehen. (Aus Arabien)

Wer ständig fragt, hört und das Gehörte behält, dessen Einsicht erweitert sich wie eine Lotosblüte durch die Strahlen der Sonne. (Aus Indien) / Derjenige, der niedrige Arbeit tut, ist deswegen kein niedriger Mensch. Kein Mensch sollte nur nach der Art seiner Arbeiten beurteilt werden, aber alle danach, wie und in welchem Geist sie sie verrichten. (Swâmi Vivekânanda, 1862–1902) / Wenn es um Ehre, Selbstachtung und Freiheit geht, ist uns kein Preis zu hoch. Lieber untergehen als nachgeben und kapitulieren. (Jawaharlal Nehru, 1889–1964)

Bevor du dich daranmachst, die Welt zu verändern, gehe dreimal durch dein eigenes Haus. (Aus China) / Vernachlässige nicht dein eigenes Feld, um das eines anderen zu jäten. (Aus China)

Einsicht

Erblickst du einen Einsichtsvollen, dann such ihn schleunigst auf. Abtreten soll dein Fuß die Schwellen seiner Türen. (Bibel AT; Sir. 6,36) / Wer seinen Nächsten schmäht, dem fehlt der Verstand; aber ein einsichtiger Mann schweigt. (Bibel AT; Spr. 11,12) / Wenn aber dein Herz angefüllt ist, um zur obersten Stufe, der Stufe der Einsicht, aufzusteigen und du als wahr erkennst, dass es bei ihm keine Zusammensetzung und keine Teilbarkeit gibt, dann weißt du, dass ihm auch in keiner Weise ein Wesensattribut zukommt. (Moses Maimonides, 1135–1204; „Führer der Unschlüssigen)

Urteilt nicht nach dem Scheine, sondern nach richtiger Einsicht. (Bibel NT; Joh. 7,24) / Je besser deine Einsicht, umso heiliger musst du werden. (Thomas a Kempis, 1380–1471) / Je mehr Einsicht man hat, desto mehr Größe und Niedrigkeit entdeckt man im Menschen. (Blaise Pascal, 1623–1662)

Wisse, dass du Gott nicht von dir aus erreichen kannst, sondern ihn durch ihn selbst erreichst. Dem ist so, weil Gott, wenn er dir die Einsicht gewährt, dass du ihn zu erreichen vermagst, dich damit auffordert, nach ihm zu suchen, und du es dann tust. (Junayd, ca. 825–910) / Mit der Welt, wie sie ist, – so lautet mein Rat – dich abzufinden, musst du sinnen; nur mit den Karten, die einer hat, vermag er das Spiel zu gewinnen. (Omar Khayyâm, um 1045–1122; „Strophen") / Wie beschränkt ist eine Einsicht, die die Geschäftigkeit der Ameise über den Gesang der Heuschrecke erhebt. (Kahlil Gibran, 1883–1931; „Aphorismen")

Wer ohne Einsicht ist, mit einem Verstand, der nie angejocht ist, hat seine Sinne nicht in der Gewalt wie ein Wagelenker nicht wilde Rosse. (Kâthaka-Upanishad III.; 800–500 v. Chr.) / Nach einem Leben der Entsagung habe ich dieses als die höchste Wahrheit erkannt; Gott ist in jeder Einzelseele gegenwärtig, außer ihr gibt es keinen Gott. (Swâmi Vivekânanda, 1862–1902) / Bekenntnis des Irrtums ist einem Besen vergleichbar, der den Schmutz wegfegt und den Boden reiner zurücklässt, als er gewesen. (Mahatma Gandhi, 1869–1948; „Jung-Indien")

Leicht zu lenken ist ein Tor und noch leichter, wer verständig; doch wer etwas halb nur weiß, den kann Brahma selbst nicht lenken. (Bhartrihari, 7. Jhdt.) / Schwing in des Raumes Leere hoch den Speer der Einsicht; das Streben kennt nicht Grenze oder Hindernis. (Phadampa Sangay, um 1100) / Intuition bedeutet für uns nichts anderes als die Erfassung des Gegenstandes in seinem organischen Zusammenhang mit dem Weltall. (Junyu Kitayama, 1904–1962; „West-östliche Begegnung")

Einzigartigkeit

Das hast du sehen dürfen, damit du erkennst: Jahwe ist der Gott, kein anderer ist außer ihm. (Bibel AT; 5. Mos. 4,35) / Die Einmaligkeit ist eine Ewigkeit des Einzelnen. Denn mit seiner Einzigartigkeit ist er unverlöschbar in das Herz der Allheit eingegraben und liegt im Schoß des Zeitlosen immerdar als der so und nicht anders Beschaffene. So ist die Einzigkeit das wesentliche Gut des Menschen, das ihm gegeben ist, es zu entfalten. (Israel ben Eliser, 1699–1760; „Legende des Baalschem") / Nur wer innerlich ein Besonderer ist, besitzt den Sinn für das Umfassende, für das Gesamte. Tiefe der Persönlichkeit vermag sich am weitesten zu eröffnen. Umso stärker ergreift der Mensch die Einheit, je sicherer er seines Eigentümlichen ist. (Leo Baeck, 1873–1956; „Dieses Volk") / In jedermann ist etwas Kostbares, das in keinem anderen ist. (Martin Buber, 1878–1965)

Denn Gott hat die Welt so sehr geliebt, dass er seinen einzigen Sohn hingab, damit jeder, der an ihn glaubt, nicht zugrunde geht, sondern das ewige Leben hat. (Bibel NT; Joh. 3,16) / Gott ist ein Einziger und durch sich selbst und in sich selbst. (Hildegard von Bingen, 1098–1179) / Jemanden lieben heißt als Einziger ein Wunder begreifen, das für alle andern unsichtbar bleibt. (François Mauriac, 1885–1970)

Allah ist euer einziger Gott, es gibt keinen Gott außer ihm, dem Allbarmherzigen. (Korân; Sure 2,164) / Jeder Mensch hat den ihm gemäßen Schritt und erträgt keinen andern – und Feinbrot ist keine Alltagsspeise für jedermanns Bauch. (Nizâmî, 1141–1209; „Sieben Geschichten") / Einmaligkeit ist aller Schöpfung Grund; Nachahmung schafft kein Lebensfundament. (Muhammad Iqbâl, 1873–1938; „Das Buch der Ewigkeit")

Das Göttliche ist einzig, hat keine Farbe und gibt doch aufgrund seiner vielfältigen Kraft allem eine eigene, sinnvolle Farbe. Zu ihm wird am Ende alles, wie auch am Anfang alles allein das war. (Svetâsvatara-Upanishad; 800–500 v. Chr.) / Wunderbar ist die Einfalt des Kindes! Es zieht eine Puppe allem Reichtum der Erde vor. So auch der echte Gottesliebende. Keiner sonst vermag alle Reichtümer und Ehre wegzuschieben und sich zu Gott allein zu gesellen. (Shrî Râmakrishna, 1834–1886)

Ein und derselbe Mond spiegelt sich in allen Wassern. Alle Monde in den Wassern sind eins mit dem einen einzigen Mond. (Yung-chia Hsüan-chüeh, 665–713) / Der Buddhismus ist die einzige aller Religionen, die das Ziel, das sie zeigt, zu einer Erlebbarkeit macht, und insofern ist er überhaupt die einzige aller Religionen, die sich mit Recht so nennen darf. (Paul Dahlke, 1865–1928) / Um die Windrichtung zu beurteilen, genügt es, einen einzigen Grashalm anzusehen. (Daisetz T. Suzuki, 1870–1966; „Zen und die Kultur Japans")

Eitelkeit

Gott hat vier Arten von Menschen nicht gern: den Armen, der hochmütig, den Reichen, der lügt, den sittenlosen Alten und den auf seine Stellung eitlen Richter, der sich nicht um das allgemeine Wohl kümmert. (Talmud; 70–500 n. Chr.; Pesachim 113b) / Um zu gefallen, muss man eitel sein. Man lernt, der Eitelkeit anderer nur an sich selbst zu schmeicheln. (Ludwig Börne, 1786–1837; „Fragmente und Aphorismen") / Die individuelle Eitelkeit verlangt nach öffentlicher Bestätigung wie der individuelle Magen nach Nahrungsmitteln. (Hannah Arendt, 1906–1975)

Wie eine mit Pflastern bedeckte Hand und ein mit Salbe bestrichenes Auge schon durch den bloßen Anblick den Verdacht der Krankheit erwecken, so lassen das Schminken und Haarfärben vermuten, dass die Seele in der Tiefe krank ist. (Clemens von Alexandrien, um 150 bis um 215; „Paidagogos") / Wer die Eitelkeit der Welt nicht sieht, ist selbst sehr eitel. (Blaise Pascal, 1623–1662) / Wo wäre die Macht der Frauen, wenn die Eitelkeit der Männer nicht wäre? (Marie von Ebner-Eschenbach, 1830–1916; „Aphorismen") / Die Eitelkeit ist eine Ware, die man auf keinem Markt verkaufen kann, weil jedermann selbst genügend damit versehen ist. (Karl Heinrich Waggerl, 1897–1973)

Wer seinem eigenen Ego oder dem Ego eines anderen schmeichelt, der wird niemals den Duft der Aufrichtigkeit zu riechen bekommen. (Husayn-al-Sulami, 936–1021; „Futuwwah“) / Wer sein Herz der Schmeichelei der Welt hingibt, sei auf der Hut vor dessen Übermut! (Dschâmî, 1414–1492; „Diwan“) / Eitelkeit! – Heilige wie Sünder trinken beide aus deinem Becher. (Hazrat Inayat Khan, 1882–1927; „Gayan“)

Gott, halte mich von Stolz zurück und auch von Eitelkeiten, verderb ich doch, weich ich von deiner Seiten! (Tukârâm; 1608–1649) / Die Eitelkeit anderer Menschen mag allmählich vergehen, doch die eines Heiligen, die jener aufgrund seiner Heiligkeit empfindet, ist wahrlich nur schwer auszutreiben. (Shrî Râmakrishna, 1834–1886) / Reines Wissen ist eine Art Dekoration, ein Ausstellungsgegenstand ohne Wurzeln. Es macht den Geist nicht frei. (Sarvepalli Radhakrishnan, 1888–1975; „Gemeinschaft des Geistes“)

Wenn deine eigenen Vorzüge gerühmt werden, hast du des Nächsten Freude gern; wenn die Vorzüge des Nächsten gerühmt werden, magst du die eigene Freude nicht. (Sântideva, 7. Jhdt.; „Bodhicaryâvatâra“) / Benehmt euch so normal wie nur irgend möglich, nicht so geziert! (Lin-chi, gest. 867) / Wie Rotz von der Nase, so sollt ihr alle Gedanken von Ruhm und Lob ausstoßen, denn sie tun weiter nichts als euch betrügen und verführen. (Geshe Drom, 11. Jhdt.; „Kadamthorbu“)

Elend

Das ist mein Trost im Elend: Deine Verheißung spendet mir Leben. (Bibel AT; Ps. 119,50) / Wäre nicht dein Gesetz meine Freude, ich wäre zugrunde gegangen in meinem Elend. (Bibel AT; Ps. 119,92) / Alle Merkmale lassen sich verwischen, nur das Merkmal der Armut bleibt. (Jüdisches Sprichwort)

Wisset, dass dieses Leben ein Elend ist und keine Seligkeit! (Ulrich Zwingli, 1484–1531; „An seine Brüder“) / Der Mensch ist dadurch groß, dass er sich elend weiß. Ein Baum weiß sich nicht elend. (Blaise Pascal, 1623–1662) / In Widerspruch zur eigenen Vernunft zu leben ist der unerträglichste aller Zustände. (Leo N. Tolstoi, 1828–1910)

Des Lebens Elend dauert nur zwei Tage – wie sie vergehn, ich will es dir jetzt nennen: ein Tag, das Herz an dies und das zu binden; ein Tag, das Herz von dem und dem zu trennen. (Abu Talib Kalim, gest. 1651) / Ich sah die Welt und ihr Tun allerwegen, nur Dorn sind ihre Rosen, Gram ihr Segen. (Chuschhal Chan Chattak, gest. 1689) / Warum gibt's unterm Himmel Armut, Elend? Weil ihr zu dem, was Gottes ist, sagt „unser“. (Muhammad Iqbal, 1877–1938)

Alle Beschwerden und Betrübnis dieser Welt haben in der Begierde und dem Geiz ihren Ursprung. (Pantschatantra; 5. Jhdt) / Es ist Unsinn, von Elend und Kummer zu reden, weil sie außerhalb von uns gar nicht existieren. Wer für Zorn empfänglich ist, wird nie zornig werden, und wer gegen allen Hass gefeit ist, wird keinen Hass empfinden. (Swâmi Vivekânanda, 1862–1902; „Jnana-Yoga“) / Armut ist die größte Umweltzerstörerin. (Indira Gandhi, 1917–1984)

Des Übels Ursprung möchtest du erfahren; ich will's dir sagen, so wie ich es weiß: Das Elend jeder Art in dieser Welt stammt alles aus dem Trieb zu leben. (Gautama Buddha, um 550–480 v. Chr.; „Sutta-Nipâta") / Alles Elend in der Welt kommt vom Wunsch für unser eigenes Glück. (Sântideva, 7. Jhdt.; „Bodhicaryâvatâra") / Alles Elend und alles Glück dieses Lebens stammen vom Karma dieses und früherer Leben. (Geshe Drom, 11. Jhdt.; „Kadamthorbu")

Eltern

Bedenke, dass du ohne deine Eltern nicht wärest, und wie könntest du ihnen vergelten, was sie dir taten? (Bibel AT; Sir. 7,28) / Was das Kind auf dem Markte spricht, haben die Eltern ihm vorgesagt. (Talmud; 70–500 n. Chr.; Sukkah 56b) / Was ein Mensch in der Welt auch tue, und sei es noch so weit wirkend: Hat er nicht seine Pflicht gegen seine Eltern erfüllt, so ist alles andre hinfällig. (Berthold Auerbach, 1812–1882)

Ihr Eltern, behandelt eure Kinder nicht so, dass sie widerspenstig werden! Vielmehr sollt ihr sie in christlicher Ordnung erziehen und zum Guten anhalten. (Bibel NT; Eph. 6,4) / Das Gefühl der Liebe gegen die Eltern rettet unendlich viele Kinder vor dem Bösen in der Stunde der Versuchung. (Johann Heinrich Pestalozzi, 1746–1827) / Da liebt der Mann in der Frau nur die Gattung. Die Frau im Mann nur den Grad seiner natürlichen Qualitäten und seiner bürgerlichen Existenz und beide in den Kindern nur ihr Machwerk und ihr Eigentum. (Friedrich von Schlegel, 1772–1829)

Wir geboten dem Menschen Güte gegenüber seinen Eltern. Seine Mutter trägt ihn mit Schmerzen, und mit Schmerzen gebiert sie ihn. Und ihn zu tragen und ihn zu entwöhnen erfordert dreißig Monate, bis dann, wenn er seine Vollkraft erlangt und vierzig Jahre erreicht hat, spricht er: „Mein Herr, sporne mich an, dankbar zu sein für deine Gnade, die du mir und meinen Eltern erwiesen hast, und Rechtes zu wirken, das dir wohl gefallen mag." (Korân; Sure 46,15) / Seid gut zu euren Eltern, dann werden eure Kinder gut zu euch sein, und selbst seid keusch, dann werden eure Frauen keusch sein. (Mohammed, 570–632; „Hadith") / Ein Sohn, der seinen Eltern widerspricht, wird seiner Schwiegermutter nicht widersprechen. (Aus dem Sudan)

Der Knabe wird reich an Vorzügen, den Vater und Mutter zum Studium anhalten: Durch bloße Geburt wird aus dem Sohn noch kein Gelehrter. (Aus Indien) / Wie ein Kind, das nach seinen Eltern ruft, muss man nach Gott rufen. (Shrî Râmakrischna, 1834–1886)

Wohl dem, der liebevoll die alten Eltern ehrt und Ehrfurcht Heiligen erweist, wie sich's gehört. (Gautama Buddha, um 550–480 v. Chr.; „Dhammapada") / Weder Vater noch Mutter, noch unsere besten Verwandten können so viel für uns tun, wie der recht geleitete Geist. (Gautama Buddha, um 550–480 v. Chr.; „Dhammapada") / Der Bodhisattva liebt alle Lebewesen, als sei jedes sein eigenes Kind. (Vimalakirtinirdesha-Sutra; 2. Jhdt. n. Chr.) / Was du deinen Eltern schuldig bist, weißt du erst, wenn du selber ein Kind hast. (Aus Japan)

Ende

Da sprach der Herr zu Mose: Sag zu den Israeliten: Ihr seid ein störrisches Volk. Wenn ich auch nur einen einzigen Augenblick mit dir zöge, müsste ich dir ein Ende machen. Jetzt aber leg deinen Schmuck ab! Dann will ich sehen, was ich mit dir tun kann. (Bibel AT; Ex. 33,5) / Bei allen deinen Dingen denk an das Ende, dann sündigst du in alle Zukunft nicht. (Bibel AT; Sir. 7,36) / Am Ende wird das Zepter Israels aufstehen, das ist der König Messias, im Garten Eden erwachend. Und alle jene Frommen werden ihm Kronen bereiten und ihn mit Waffen umgürten, geprägt aus den Zeichen des heiligen Namens. Und eine Stimme wird schmettern durch das Gezweig des Gartens und machtvoll rufen: Erwachet, ihr oberen Heiligen, steht auf vor dem Messias! (Moses de Léon, geb. um 1240; „Sohar") / Gott gefunden zu haben ist kein Abschluss, sondern selber ein Anfang. (Franz Rosenzweig, 1886–1929)

Die Welt ist eine Null. Für sich allein gilt sie nichts, aber in Verbindung mit dem Himmel viel. Daher sei man auf ein gutes Ende bedacht. (Balthasar Gracian, 1601–1658) / Das Ende eines Dinges ist der Anfang eines anderen. (Leonardo da Vinci, 1452–1519) / Der Gedanke an Weltende und Tod hat für mich nichts Schreckhaftes, denn ich weiß, dass der in Christus geoffenbarte Gott mich und die Welt zu seinem ewigen Leben ruft. (Emil Brunner, 1889–1966)

Es wechseln miteinander Lust und Not. – Das Ende jeder Hoffnung ist der Tod. (König Al-Mutamid, 1040–1095; „Aus dem Kerker von Agmat") / Wohl endet Tod des Lebens Not, doch schauert Leben vor dem Tod. Das Leben sieht die dunkle Hand, den hellen Kelch nicht, den sie bot. (Dschelâleddin Rûmî, 1207–1273; „Ghaselen") / Ob aus Moschee, aus Kloster oder Weinhaus: wir kommen alle doch zuletzt ins Beinhaus. (Hâfis, 1326–1390; „Der Sänger von Schiras")

Es ist doch müßig, einen Heiligen zu fragen, zu welcher Kaste er gehört! Es kommen alle einmal zu dem Ende, wo alle gleich sind. (Kabîr, 1440–1518; „Spruchgedichte") / Müde schlief ich auf müßigem Bette – im Wahn, dass die Arbeit ein Ende hätte. Am Morgen, da wachte ich auf und fand, dass mein Garten voll Blumenwundern stand. (Rabindranâth Tagore, 1861–1941) / Mein Tag ist zu Ende, und ich bin wie ein Boot, das auf den Strand gezogen ist und am Abend der Tanzmusik der Flut lauscht. (Rabindranâth Tagore, 1861–1941)

Diese große Erde wird verbrannt werden, ganz vergehen und nicht mehr sein. (Gautama Buddha, um 550–480 v. Chr.; „Anguttara-Nikâya") / Die Jungen, die Alten, die Toren, die Weisen, in Todes Gewalt geraten sie alle, und jedem gebietet der Tod einmal Halt. (Gautama Buddha, um 550–480 v. Chr.; „Sutta-Nipâta") / Wenn ihr über etwas nachdenkt, müsst ihr zum Ende des Denkens kommen. Solange ihr noch etwas denken könnt, seid ihr nicht am wahren Ende. (Sokei-an Roshi, 1882–1945; „Übertragung des Zen")

Engel

Siehe, ich sende meinen Engel vor dir her, dich zu bewahren auf dem Wege und dich zu bringen an den Ort, den ich bereitet habe. Hüte dich vor seinem Angesicht, und höre auf seine Stimme. (Bibel AT; 2. Mos. 23,20–21) / Der böse Trieb wandelt sich in dem Gerechten in einen heiligen Engel, ein Wesen der Macht und des Schicksals. (Rabbi Nachmann, 1771–1810; „Worte des Rabbi Nachmann“) / Die Engel, die nennen es Himmelsfreud’, die Teufel, die nennen es Höllenleid, die Menschen, die nennen es Liebe. (Heinrich Heine, 1797–1856) / Wer aus allen Himmeln fällt, bringt den Engeln Erleichterung. (Aus Israel)

Bei der Auferstehung werden sie weder zur Ehre nehmen noch genommen werden; sondern sie werden wie die Engel Gottes im Himmel sein. (Bibel NT; Mt. 22,30) / Dem Menschen ist ein Mensch noch immer lieber als ein Engel. (Gotthold Ephraim Lessing, 1729–1781; „Nathan der Weise“) / Der Schmerz ist ein heiliger Engel, und durch ihn sind die Menschen größer geworden als durch alle Freuden der Welt. (Adalbert Stifter, 1805–1868) / Ein Kind ist ein Engel, dessen Flügel im gleichen Maße schrumpfen, wie die Füße wachsen. (Aus Frankreich)

Wo Engel hausen, da ist der Himmel, und sei’s auch mitten im Weltgetümmel. (Hâfis, 1326–1390; „Der Sänger von Schiras“) / Leb so, dass, wenn du strauchelst, Engelshand dich führen mag zum Ziel, das dir entschwand. (Hâfis, 1326–1390; „Der Sänger von Schiras“) / Der erste Gedanke Gottes war ein Engel. Das erste Wort Gottes war ein Mensch. (Kahlil Gibran, 1883–1931; „Aphorismen“)

Es gibt Christen, die einen Engel bewundern, aber den Teufel hassen. Einige Konfuzianer sehnen sich zurück in die Zeit des Alten Reiches und klagen über die gegenwärtige Regierung. Sie alle versuchen, sich dem Wahren zu nähern, indem sie das Falsche von sich weisen. Sie plagen sich endlos, erreichen aber niemals echten inneren Frieden. (Nyogen Senzaki, 1876–1958; „Keine Spur im Wasser“)

Entrinnen

Sie haben gefrevelt; es gibt für sie kein Entrinnen. In deinem Zorn, o Gott, wirf die Völker zu Boden! (Bibel AT; Ps 56,8) / Ein falscher Zeuge bleibt nicht ungestraft, wer Lügen flüstert, wird nicht entrinnen. (Bibel AT; Spr. 19,5)

Ebenso wie der ein schlechter Soldat ist, dessen einziges Ziel darin besteht, der Gefangennahme zu entkommen, ist jener ein schlechter Christ, dessen einziges Ziel es ist, der Hölle zu entgehen. (Evelyn Waugh, 1903–1966)

Es gibt für niemand ein Entrinnen vor dem Ungehorsam gegen Gott, außer durch den Beistand Gottes, und niemand besitzt die Stärke, im Gehorsam gegen Gott zu verbleiben, außer mit Gottes Hilfe. (Mohammed, 570–632)

Nicht durch Reichtum, nicht durch Herrschaft, nicht durch furchtbare Askese können die Menschen ihrer Natur entfliehen, an die sie gebunden sind. (Mahâbhârata; 500 v. Chr. bis 500 n. Chr.)

Auch wenn nun mein Körper angenehm und frei von Krankheiten ist, so ist es dennoch nicht angebracht, in geistigem Wohlbehagen zu verharren; denn mein Feind – der Herr des Todes – kommt so plötzlich und unvorhersehbar wie eine Wolke am Himmel. (Jesche Tsöndrü, 1761–1816; „Die Elixiere der Erleuchtung“)

Entsagung

Der Mensch wird einst darüber zur Rechenschaft gezogen, dass er erlaubten Genüssen, die er sich hätte gönnen können, entsagt hat. (J. Talmud; um 400; Qidduschin 4,12) / Enthalte dich aller lauten und heftigen Rede, vor allem enthalte dich aller Lügen und Schwüre, allem Spott und aller zügellosen Begierde. (Jehuda Hachassid, 13. Jhdt.; „Das Buch der Frommen“) / Du magst, wenn du die Welt nicht kannst entbehren, nach Ehre geizen, nicht nach Ehren. (Paul von Heyse, 1830–1914; „Allenfalls“)

Ihr sollt euch nicht Schätze sammeln auf Erden, da sie die Motten und der Rost fressen und da die Diebe nachgraben und stehlen. (Bibel NT; Mt. 6,19) / Unser Wille würde niemals befriedigt werden, gewänne er alles, was er verlangt. Sofort aber ist er befriedigt, wenn man entsagt. (Blaise Pascal, 1623–1662) / Fromme Bücher schreiben, die schönsten Gedichte verfassen: All dies gilt nicht so viel als der geringste Akt der Entsagung. (Theresia von Lisieux, 1872–1897)

Der Monat Ramadan ist der, in welchem der Koran herabgesandt war als Weisung für die Menschheit mit deutlichen Beweisen der Leitung und Unterscheidung. Wer von euch in diesem Monat anwesend ist, der möge den ganzen Ramadan hindurch fasten. (Korân; Sure 2,185) / Am ersten Tage entsagte ich dem Diesseits und allem, was darinnen ist; am zweiten Tage entsagte ich dem Jenseits und allem, was darinnen ist. Am dritten Tage entsagte ich allem außer Gott, und als der vierte Tag kam, war mir nichts übrig geblieben als Gott. (Bâyazîd Bistâmî, gest. 874) / Da von der Erde fortzugehn verhängt uns o wie bald ist, ein Frevel wär’s, entsagten wir der Liebe und dem Zechen. (Omar Khayyâm, um 1045–1122; „Strophen“)

Höher als die Übung steht das Erkennen, höher als das Erkennen die Meditation, höher als die Meditation die Entsagung in Bezug auf den Lohn der Werke; der Entsagung folgt der Friede auf dem Fuße. (Bhagavadgîtâ; ca. 300 v. Chr.) / Wenn ihr erkannt habt, dass die Welt irreal und vergänglich ist, werdet ihr sie nicht länger lieben, euer Geist wird sich von ihr lösen; ihr werdet ihr entsagen und euch von allen Begierden befreien. (Shrî Râmakrischna, 1834–1886) / Die Kraft, an die ich glaube, ist die Kraft des Entsagens. (Rabindranâth Tagore, 1861–1941)

Entsagend allem, wünscht der Weise nichts noch klagt er; ob Glück, ob Unglück kommt, nicht jubelt noch verzagt er. (Gautama Buddha, um 550–480 v. Chr.; „Dhammapada“) / Edler als das Spenden weltlicher Güter ist Besitzlosigkeit und Loslösung von den Dingen der Welt. (Gampopa, 1079–1153; „Der kostbare Rosenkranz“) / Um der Welt zu entsagen, ist es nicht nötig, das Geschäft oder die Familie aufzugeben, man soll bloß auf die nutzlosen Gedanken verzichten. (Sokei-an Roshi, 1882–1945; „Der Zen-Weg“)

Entscheidung

Gott hat im Anbeginn den Menschen erschaffen und überließ ihn seinem eigenen Willen. Wenn du willst, kannst du das Gebot halten und getreulich nach Gottes Wohlgefallen handeln. Feuer und Wasser hat man vor dich hingesetzt: Strecke deine Hand aus, wonach du begehrst. Vor dem Menschen liegen Leben und Tod: Was ihm beliebt, wird ihm gegeben. (Bibel AT; Sir. 15,14–17) / Die Athener sprachen zu Rabbi Jehoschua ben Chananja: Wo ist der Mittelpunkt der Erde? – Da erhob er seinen Finger und sagte: Hier! – Wer kann das beweisen?, sagten jene. Bringt Stricke und messt es nach. (Talmud; 70–500 n. Chr.; Bechor. 8b) / Der Mensch darf nicht sagen, es habe sich in ihm eine Handlungsweise festgesetzt, die sich nicht mehr ändern lasse. Jede Handlungsweise lässt sich ändern, sowohl vom Guten zum Schlechten als auch vom Schlechten zum Guten; und er selbst hat die freie Entscheidung darüber. (Moses Maimonides, 1135–1204; „Acht Kapitel")

Gehet durch die enge Tür! Denn das Tor, das ins Verderben führt, ist breit und die Straße dorthin bequem. Viele sind auf ihr unterwegs. Aber die Tür, die zum Leben führt, ist eng und der Weg dorthin anstrengend. Nur wenige gehen ihn. (Bibel NT; Mt. 7,13–14) / Der Mensch lebt immer in der Entscheidung zwischen Gut und Böse. (Friedrich Gogarten, 1887–1967) / Wer eine wichtige Entscheidung zu treffen hat, schaue nicht nach dem Gesicht der anderen. (Don Bosco, 1815–1888)

Diejenigen, die es nicht schaffen zu heiraten, sollen keusch bleiben, bis Gott sie durch seine Gnade reich macht. (Korân; Sure 24,33) / Sei entweder wahr oder falsch; denn du kannst nicht beides sein. (Hazrat Inayat Khan, 1882–1927; „Gayan") / Unser Verstand ist ein Schwamm, unser Herz ein Strom. Ist es nicht seltsam, dass die meisten von uns lieber das Saugen wählen, statt sich zu ergießen? (Kahlil Gibran, 1883–1931; „Aphorismen")

Der Mensch hat stets die Wahl zwischen dem Angenehmeren und dem Besseren. Wenn er weise ist, trifft er die rechte Entscheidung und zieht das Bessere dem Angenehmeren vor. Ist er aber töricht, dann entscheidet er sich für das Angenehmere, für Reichtum und Sicherheit. (Katha-Upanishad; 800–500 v. Chr.) / Dem erhabenen Krishna überantworte ich meinen Leib, meine Sinnesorgane, meinen Lebenshauch, mein Denken und alle ihre Eigenschaften, meine Frau, mein Haus, meine erworbenen Schätze, diesseitige und jenseitige, samt meinem Selbst. (Vallabha, 1479–1531) / Wenn man das Wirkliche erkannt hat, sieht man alles auf die Weise, wie es wirklich ist. (Shrî Râmakrishna, 1834–1886)

Wenn durch das Leiden eines Einzelnen das Leiden vieler ein Ende hat, muss man es, mitleidig gegen sich und gegen den Nächsten, auf sich nehmen. (Sântideva, 7. Jhdt.; „Bodhicaryâvatâra") / Obgleich wir den durchaus notwendigen menschlichen Körper mit seiner Muße und seinen Vorteilen erworben haben, steht uns die Wahl nicht offen, darin zu verweilen – wir müssen sterben. (Geshe Drom, 11. Jhdt.; „Kadamthorbu") / Es gibt eine große Entscheidung, die wir immer und jederzeit im Geiste treffen müssen, die Frage lautet: Wer ist derjenige, den du bei deinem eigenen Namen nennst? (Sokei-an Roshi, 1882–1945; „Der Zen-Weg")

Enttäuschung

Ein Schlag aufs Auge presst Tränen hervor, ein Schlag aufs Herz treibt die Liebe aus. (Bibel AT; Sir. 22,19) / Wer aus allen Himmeln fällt, bringt den Engeln Erleichterung. (Aus Israel) / Der Mensch zürnt über sich selbst, wenn er ein gebrochenes Herz hat; ist er bloß enttäuscht, zürnt er über andere. (Chassidische Weisheit)

Ein Prophet ist nirgends verachtet außer in seiner Vaterstadt und in seinem Hause. (Bibel NT; Mt. 13,57) / Nirgends habe ich Trost, nirgends Erholung gefunden, sondern überall nur Kummer und Schmerz, denn ich habe den, den ich so glühend liebe und so inständig suche, nicht gefunden. (Gilbert von Hoyland, um 1200) / Wer das Gefühl des Verlassenseins nach enttäuschter Liebe ohne Bitterkeit ertragen kann, hat die Tiefe der menschlichen Not erfahren und hat sie mutig bestanden. (Paul Tillich, 1886–1965)

Drei Dinge suchet nicht, denn ihr suchet sie vergeblich: einen Wissenden, dessen Taten seinem Wissen gemäß sind; einen Tatkräftigen, dessen Herz mit seinen Taten übereinstimmt, und einen Menschenbruder ohne Fehler. (Sufi-Weisheit) / Des Freundes Herz ist wie Glas – einmal zersprungen, lässt es sich nicht mehr ganz machen. (1001 Nacht; 16./17. Jhdt.) / Vom Anfang und vom Ende dieser Welt – wir wissen nichts: Denn dieses alten Buches erstes Blatt und auch sein letztes fehlt. (Abu Talib Kalim, gest. 1651)

Wenn es im Gebirge regnet, verläuft das Wasser an den Abhängen. Genauso ergeht es einem Menschen, der den Dingen nachläuft, als wären sie von ihm verschieden. (Katha-Upanishad; 800–500 v. Chr.) / Wohl dem, der Freunde hat, aber wehe dem, der Hilfe von ihnen braucht. (Pantschatantra; 5. Jhdt) / Wie niemand vor des Frostes Pein Erwärmung sucht im Mondenschein; wie niemand vor der Hitze Qual Erquickung sucht im Sonnenstrahl; so freut sich nimmer ein Frauengemüt des Gatten, dessen Sinne verglüht. (Nârâjana, 9./10. Jhdt. n. Chr.; „Hitopadesa“)

Es ist das Los der Menschheit, dass man zwar Hunderte oder Tausende weltlicher Güter ansammeln kann, aber dennoch dem Spruch des Todes unterliegt. (Gautama Buddha, um 550–480 v. Chr.; „Udana“) / Versetze einen Berg; es bleiben davon unberührt jene, die ächzen, wenn ein Wollflaum sie nur drückt. (Lama Kazi Dawa-Samdup; „Unendliche Freude der Weisen“) / Hast du die Lehre der Buddhas erfasst, wirst du erkennen: Du hast nichts gelernt! (Bankei Eitaku, 1622–1693)

Erbarmen

Der Herr ist nahe denen, die zerbrochenen Herzens sind, hilft denen, die ein zerschlagenes Gemüt haben. (Bibel AT; Ps. 34,19) / Merke, dass er jemanden fromm nennt, der so viel Erbarmen hat, dass er nicht mit seinem eigenen Erbarmen zufrieden ist, sondern will, dass auch andere Erbarmen zeigen. (Moses Maimonides, 1135–1204; „Mischna Kommentar“) / Wer Erbarmen mit den Menschen hat, dessen erbarmt sich Gott. Ein Unbarmherziger aber gleicht dem Vieh, das bei den Leiden der Seinen gleichgültig bleibt. (Jehuda Hachassid, 13. Jhdt.; „Das Buch der Frommen“)

Ein Gericht ohne Erbarmen wird über den ergehen, der kein Erbarmen beweiset. (Bibel NT; Jak. 4,8) / Mein Gott, habe Erbarmen mit jenen, die kein Erbarmen mit sich selbst haben. (Theresia von Avila, 1515–1582) / Kind, mache dich gemein mit der Barmherzigkeit. Sie ist die Pförtnerin im Schloss der Seligkeit. (Angelus Silesius, 1624–1677; „Der Cherubinische Wandersmann")

Gott wird sich niemandes erbarmen, der sich der Menschen nicht erbarmt. (Mohammed, 570–632; „Hadith") / Wie sollte Gottes Sehnen uns gehen lassen? Ihm sei Dank, dass wir nicht in unserer eigenen Hand sind, sondern in Gottes Hand! (Dschelâleddin Rûmî, 1207–1273) / Du kannst nicht über deinen Appetit hinaus essen. Die andere Hälfte des Brotlaibes gehört einem anderen Menschen, und es sollte ein wenig übrig bleiben für den zufälligen Gast. (Kahlil Gibran, 1883–1931; „Aphorismen")

Ich weiß nicht, wie ich loskomme von meinem trügerischen Leib, noch wie ich soll gelangen zu dir, o Herr! (Mânikkavâshagar, 9. Jhdt.) / Auch Wesen von verworfenem Stand sei dein Erbarmen zugewandt. Zieht seinen Schein doch nie der Mond von einem Haus, in dem ein Geringer wohnt. (Nârâjana, 9./10. Jhdt. n. Chr.; „Hitopadesa")

Ein jedes Wesen scheuet Qual, ein jedes Wesen flieht den Tod: Erkenn dich selbst in jedem Sein, und quäle nicht und töte nicht. (Gautama Buddha, um 550–480 v. Chr.; „Dhammapada") / Wenn man irgendwelchen Arbeiten zum Heil der anderen hingegeben ist, besteht keine Notwendigkeit, eigenen Nutzen verfolgen zu wollen. (Gampopa, 1079–1153; „Der kostbare Rosenkranz") / Der größte Reichtum ist Erbarmen; das größte Glück ist Geistesruhe, und Erfahrung ist der schönste Schmuck. (Sakya Pandita, 1182–1251; „Erlesene Aussprüche")

Erbe

Mein Erbe und mein Anteil ist der Herr! So ist fürwahr das allerschönste Los mir zugefallen. (Bibel AT; Ps. 15,5.6.) / Ein kluger Knecht wird herrschen über unfleißige Erben und wird unter den Brüdern das Erbe austeilen. (Bibel AT; Spr. 17,2)

Wer vor dem Tode stirbt, darf nicht im Tode sterben, das Leben nach dem Tod ist sein: Er kann es erben. (Angelus Silesius, 1624–1677; „Der Cherubinische Wandersmann") / Wenn Gott mit dem Tode kommt, dann kommt der Teufel mit den Erben. (Aus Schweden)

Den Männern gebührt ein Anteil von dem, was Eltern und nahe Anverwandte hinterlassen; und den Frauen gebührt ein Anteil von dem, was Eltern und nahe Anverwandte hinterlassen, ob es wenig oder viel – ein bestimmter Anteil. (Korân; Sure 4,7) / Nur der ist tot, der keinen guten Namen hinterlässt. (Aus Persien)

Die Erfahrungen von Freude und Bedrängnis sind das Erbe von Handlungen, die von guter oder böser Absicht motiviert sind. (Patanjali, 2. Jhdt. v. Chr.; „Yoga-Sutra") / Wir sind die Erben aller guten Gedanken des Universums, wenn wir uns ihnen öffnen. (Swâmi Vivekânanda, 1862–1902)

Und was der Mensch auch wirken mag, verdammte Taten, edles Werk:

Der Erbe ist er überall, der Erbe aller eigenen Tat. (Gautama Buddha, um 550–480 v. Chr.; „Sutta-Nipâta“) / Hat man seinen Söhnen und Enkeln in liebender Gesinnung allerlei Dinge vermacht, ist es doch ohne inneren Wert, insofern es einem zur Zeit des Todes auch nicht einen Augenblick nützt. (Gampopa, 1079–1153; „Der kostbare Rosenkranz“)

Erde

Solange die Erde steht, soll nicht aufhören Saat und Ernte, Frost und Hitze, Sommer und Winter, Tag und Nacht. (Bibel AT; 1. Mos. 8,22) / Das Judentum bezeichnete diese Erde nicht als ein Jammertal, malte nicht den jenseitigen Lohn aus; es verlangte nie, dass man diese Erde zerstöre als ein Nichtiges und Sündiges, es wollte nicht, dass das Erdenleben geknickt werde, weil es bloß eine Prüfung sei. Diese krankhafte, sentimentale Stimmung kennt das Judentum nicht. (Abraham Geiger, 1810–1874) / In ihren menschlichen Menschen müssen die Völker ins Gespräch kommen, wenn der große Friede erscheinen und das verwüstete Leben der Erde erneuern soll. (Martin Buber, 1878–1965; „Das echte Gespräch“)

Der von der Erde kommt, gehört der Erde an und redet von der Erde her; wer aber vom Himmel kommt, ist über allen. (Bibel NT; Joh. 3,31) / Alles auf Erden ist für den Menschen da, damit es ihm behilflich sei in der Erreichung seines Lebenszieles. (Ignatius von Loyola, 1491–1556) / Die Erde ist ein Himmel, wenn man Frieden sucht, recht tut und wenig wünscht. (Johann Heinrich Pestalozzi, 1746–1827)

Drei Eigenschaften gibt Gott dem, den er liebt: eine Freigebigkeit wie die des Ozeans, eine Milde wie die der Sonne und eine Demut wie die der Erde. (Bâyazîd Bistâmî, gest. 874) / Der Weise ist wie die Erde, auf die man alles Faule wirft und aus der Reines hervorkommt. (Junayd, ca. 825–910) / Grabe irgendwo in der Erde, und du wirst einen Schatz finden, nur musst du mit dem Vertrauen eines Bauern graben. (Kahlil Gibran, 1883–1931; „Aphorismen“)

Die große Weltenwahrheit, die erhabene Ordnung des Naturgeschehens und des religiösen Lebens, die priesterliche Weihe und die ernste Innenarbeit des geistig sich Vertiefenden, das heilige Gebet und Wort, das Opfer, sie erhalten die Erde aufrecht in ihrem Gang. (Brâhmanas; Atharvaveda 12; 1000–500 v. Chr.) / Wo sind die Fürsten hin aus frühren Tagen mit ihrer Macht, mit Heereszug und Wagen? Die Erde hat sie alle scheiden sehen, und dennoch bleibt die Erde stehen. (Nârâjana, 9./10. Jhdt.; „Hitopadesa“) / Hier in dieser Welt trägt die Erde Gute und Böse, scheint die Sonne auf Gute und Böse, weht der Wind für Gute und Böse und reinigt das Wasser Gute und Böse. (Aus Indien)

Wie die Erde, wenn man Reines oder Unreines und Schmutziges auf sie hinwirft, sich nicht davor entsetzt und sich nicht dagegen sträubt, so werden dich keinerlei Reize aus deiner Ruhe bringen, wenn du in deiner Andacht der Erde gleichst. (Gautama Buddha, um 550–480 v. Chr.; „Majjhima Nikâya“) / Das wahre Wunder besteht nicht darin, in der Luft zu schweben oder auf dem Wasser zu wandeln, sondern darin, auf der Erde zu gehen. (Lin-chi, gest. 867) / Orientalische Religionen haben eine tiefe Beziehung zur Erde, weil der Geist der Orientalen an die Erde gebunden ist. (Sokei-an Roshi, 1882–1945; „Der Zen-Weg“)

Erfahrung

Ich bin jung gewesen und bin alt geworden, und nie sah ich den Gerechten verlassen. (Bibel AT; Ps. 37,25) / Früchte der Erfahrung – beste Geistesnahrung. (Talmud; 70–500 n. Chr.; Midr.r.) / Wir machen keine neuen Erfahrungen. Aber es sind immer neue Menschen, die alte Erfahrungen machen. (Rahel Varnhagen, 1771–1833) / Die Erfahrung gleicht einer unerbittlichen Schönen. Jahre gehen vorüber, bis du sie gewinnst, und ergibt sie sich endlich, seid ihr beide alt geworden, und ihr könnt euch nicht mehr brauchen. (Ludwig Börne, 1786–1837; „Der Narr im Weißen Schwan“)

Haben wir in diesem Leben auf Christus nur gehofft, so sind wir bejammernswerter als alle andern Menschen. (Bibel NT; 1. Kor. 15,19) / Die Erfahrung irrt nie, nur euer Urteil irrt. (Leonardo da Vinci, 1452–1519) / Vieles erfahren haben heißt noch nicht Erfahrung besitzen. (Marie von Ebner-Eschenbach, 1830–1916)

Einem, der sich versucht hat im Leben, braucht man nicht gute Lehren zu geben. (Firdausî, 935–1021; „Schah-Nameh“) / Wenn du sprichst, dann bemühe dich darum, nur aus deiner eigenen Erfahrung und von deinem Zustand aus zu sprechen. Du sollst nicht über Dinge sprechen, die du nicht gelebt hast. (Husayn-al-Sulami, 936–1021; „Futuwwah“) / Schildkröten können mehr über die Straßen erzählen als Hasen. (Kahlil Gibran, 1883–1931; „Aphorismen“)

Den Freund erkennst du in der Not, die Gattin, mangelt es an Brot, in Schulden Brave, Tapfere im Streit und die Verwandten, naht sich dir Leid. (Nârâjana, 9./10. Jhdt.; „Hitopadesa“) / Meine Erfahrung hat mich dazu geführt, nicht so sehr das Übel selbst zu fürchten als tyrannische Versuche, Gutes zu schaffen. (Rabindranâth Tagore, 1861–1941; „Meine Lebenserinnerungen“) / Alle meine Erfahrungen haben mich davon überzeugt, dass es keinen andern Gott gibt als die Wahrheit. (Mahatma Gandhi, 1869–1948; „Mein Leben“)

Lang ist die Nacht für den Schlaflosen, lang ist der Weg für den Müden. Lang ist der Fluss der Wiedergeburten für den Toren, der das gute Gesetz der Erleuchtung nicht beachtet. (Gautama Buddha, um 550–480 v. Chr.; „Dhammapada“) / Tag und Nacht, was immer euch begegnet, ist euer Leben; daher sollt ihr euer Leben der Situation anpassen, der ihr im Augenblick begegnet. (Dogen Zenji, 1200–1253) / Wissen ist oberflächlich, solange es sich nicht mit persönlichen Erfahrungen verbindet. (Daisetz T. Suzuki, 1870–1966; „Die große Befreiung“)

Erfolg

Gar unscheinbar unter dem Flügelvolk ist die Biene, und doch schafft sie köstlichen Ertrag. (Bibel AT; Sir. 11,3) / Wenn A für Erfolg steht, gilt die

Formel A = X + Y + Z. X ist Arbeit, Y ist Muße und Z heißt Mundhalten. (Albert Einstein, 1879–1955) / Das Geheimnis meines Erfolges bei Frauen ist einfach: Ich habe die Frauen geliebt, und Frauen lieben es, geliebt zu werden. (Arthur Rubinstein, 1886–1982)

Wir wissen, dass denen, die Gott lieben, alle Dinge zum Guten mitwirken. (Bibel NT; Röm. 8,28) / Eines der sichersten Zeichen, um zu erkennen, ob man ein Werk wirklich mit einer reinen Absicht verrichtet habe, ist dies, dass man sich gar nicht beunruhige, wenn es nicht den erwünschten Erfolg hat. (St. Alfonsus, 1696–1787) / Wir wirken, auch wenn uns Glück und Erfolg versagt bleiben. (Albert Schweitzer, 1875–1965)

Wer etwas sucht und sich bemüht, wird es finden. (Mohammed, 570–632; „Hadith") / Wenn jemand die Frucht seiner Tat schon hier sieht – ein Zeichen ist's, dass er auch dort angenommen wird. (Ibn Ata'ullah, gest. 1309; „Hikam") / Zielstrebigkeit des Bewusstseins sichert den Erfolg. (Hazrat Inayat Khan, 1882–1927; „Gayan")

Die Allertörichtsten und die Allerweisesten haben leicht Erfolg. Aber der zwischen beiden Stehende hat zu leiden. (Mahâbhârata; 500 v. Chr. bis 500 n. Chr.) / Erfolg und Misserfolg auf dem Gebiete meiner persönlichen Leiden und Freuden sind zu belanglos, als dass sie das ganze große Unternehmen des Lebens bankrott machen könnten. (Rabindranâth Tagore, 1861–1941) / Ernsthaftigkeit ist die einzige Bedingung für Erfolg. (Sri Nisargadatta Maharaj, 1897–1981; „Ich bin")

Aus Lustbegier suchen die Menschen Erfolg, von Lebenslust durchdrungen opfern sie. So kann ihnen nimmermehr gelingen, Geburt und Altern hinter sich zu lassen. (Gautama Buddha, um 550–480 v. Chr.; „Sutta-Nipâta") / Wer sein Herz dem Ehrgeiz öffnet, verschließt es der Ruhe. (Aus China) / Eurem Schaf oder eurer Kuh eine große, ausgedehnte Weide zu geben ist der Weg, sie zu kontrollieren. (Shunryu Suzuki, 1905–1971; „Zen-Geist")

Erfüllung

Wer andere erquickt, wird auch selber erquickt. (Bibel AT; Spr. 11,25) / Großartiger ist eine Sünde um der Sünde willen als die Erfüllung eines Gesetzes nicht um seinetwillen. (Talmud; 70–500 n. Chr.; Nasir 23a) / Was ist Erfüllung? Vernichtung des Wünschens. Dies begreifet nur recht, so werdet ihr nicht ein sattes Jenseits begehren, sondern euch des Todes, der edelsten Erfüllung, getrösten. (Walther Rathenau, 1867–1922)

Selig sind, die hungern und dürsten nach der Gerechtigkeit; denn sie werden gesättigt werden. (Bibel NT; Mt. 5,6) / Gott hat ein größeres Verlangen, dir Wohltaten zu erweisen, als du, sie zu empfangen. (Aurelius Augustinus, 354–430) / Wir pflügen und wir streuen den Samen auf das Land, doch Wachstum und Gedeihen stehn in des Himmels Hand. (Matthias Claudius, 1740–1815)

Das diesseitige Leben ist nur Spiel und Zerstreuung. Die jenseitige Behausung ist gewiss besser für die, die gottesfürchtig sind. (Korân; Sure 6,32) / Ich weiß nichts, ich verstehe nichts, ich bin mir meiner selbst nicht bewusst. Ich bin verliebt, doch in wen, weiß ich nicht. Mein Herz ist zugleich erfüllt von der Liebe und durch sie entleert. (Attâr, um 1136 bis ca. 1220) / Kein Sehnen bleibt unerfüllt. (Kahlil Gibran, 1883–1931; „Aphorismen")

Das Wesen, das ohne Sünde ist, das nicht altert und nicht stirbt, das kein Leiden kennt, das nicht hungert und nicht dürstet, das nicht begehrt, weil es alles hat, das nichts außer sich hat: Dieses sollst du zu erfassen suchen, dann wird dir alle Welt und alle Sehnsucht. Denn in ihm ist Erfüllung. (Upanishaden; 800–500 v. Chr.) / Wie im Safte des Zuckerrohrs Zuckerkristall sich bildet und ganz vom Safte erfüllt ist, so ist das All in mir gebildet, ganz und gar von mir erfüllt. (Ashtâvakra-Gîtâ; ca. 2. Jhdt. v. Chr.) / Wer hat die Liebe es gelehrt, Erfüllung im Verzicht zu finden? (Kabîr, 1440–1518; „Spruchgedichte")

Der Menschen wenige nur gelangen übers Meer, die andern laufen nur am Ufer hin und her. (Gautama Buddha, um 550–480 v. Chr.; „Dhammapada") / Erfüllung zu suchen im Vergnügen ist die Pforte zu allem Elend. (Geshe Drom, 11. Jhdt.; „Kadamthorbu") / Köstlicher ist ein vom Sehnen nach Erleuchtung erfülltes Leben als ein äonenhaft langes, dem weltlichen Streben gewidmetes. (Dvagpo-Lharje, um 1077–1152; „Kostbarer Rosenkranz") / Wenn man sich selber wahrhaftig versteht, stellt sich der Friede des Geistes ein. Man kann diesen nicht kaufen – man kann ihn bei Armen und Reichen finden. (Sokei-an Roshi, 1882–1945; „Der Zen-Weg")

Ergebung

Ich bin verstummt, will meinen Mund nicht auftun; denn du hast es gefügt. (Bibel AT; Ps. 39,10) / Erdulden, was man nicht von sich abzuwehren vermag, heißt noch lange nicht ergeben in sein Schicksal sein. (Fanny Lewald, 1811–1889) / Gott wohnt dort, wo man ihn einlässt. (Martin Buber, 1878–1965)

Mein Vater, ist es möglich, so gehe dieser Kelch an mir vorüber; doch nicht mein, sondern dein Wille geschehe. (Bibel NT; Mt. 26,39) / Mensch, soll dein Willen recht in Gottes Willen stehn, so muss der deine ganz in seinem untergehn. (Angelus Silesius, 1624–1677; „Der Cherubinische Wandersmann") / Die Befreiung liegt im Leiden darin, dass man seine Sache ganz aus den eigenen Händen geben und in die Hände Gottes legen darf. In diesem Sinne ist der Tod die Krönung der menschlichen Freiheit. (Dietrich Bonhoeffer, 1906–1945; „Widerstand und Ergebung")

Wir fliegen wie ein Spielball hin und her: Das Schicksal treibt uns wahllos kreuz und quer. Doch das Warum, Wofür des tollen Spiels, das weiß nur er allein – nur er – nur er! (Omar Khayyâm, um 1045–1122; „Sinnsprüche") / Macht fordert Unterwerfung; kannst du jedoch der Macht nicht durch ihre Überwindung widerstehen, so gewinne sie dir durch Ergebung. (Hazrat Inayat Khan, 1882–1927; „Gayan") / Ich kenne die absolute Wahrheit nicht. Aber ich stehe meiner Unwissenheit demütig gegenüber, und darin liegt meine Ehre und meine Belohnung. (Kahlil Gibran, 1883–1931; „Aphorismen")

Wer der Göttlichkeit und dem Meister gleichermaßen liebevoll ergeben ist und nach dem Höchsten strebt, den werden die niedergeschriebenen Lehren erleuchten. (Svetâsvatara-Upanishad; 800–500 v. Chr.) / Alle Menschenkinder preisen Reichtum und ein langes Leben. Aber mehr noch sind die Greisen einer jungen Frau ergeben. (Nârâjana, 9./10. Jhdt.; „Hitopadesa“) / Ist der Geist von jedem Anhaften an irdische Dinge frei, richtet er sich ganz auf Gott aus. So erlangen gebundene Seelen die Freiheit. (Shrî Râmakrishna, 1834–1886)

Gib auf, was war, was ist, was kommt, gib alles her! Bist du allseitig frei, gibt's keine Wiederkehr. (Gautama Buddha, um 550–480 v. Chr.; „Dhammapada“) / Ich übergebe mich und alles samt allem den Weltüberwindern und ihren Söhnen. Nehmt mein Geschenk an, ihr Ersten aller Wesen! (Sântideva, 7. Jhdt.; „Bodhicaryâvatâra“) / Wer frei von Lust und Stolz und Neid, wer voll Erbarmen, Zucht, Versenkung, Unterscheidung und fester frommer Ergebenheit ist zu deinem Fuß – auch wenn er Paria –, der soll in jedem Dasein mir der Männer Bester und Gefährte sein. (Râma-Candra, 13. Jhdt.; „Bhakti – Hundert Verse“)

Erhabenheit

Gott ist erhaben, wir begreifen es nicht. (Bibel AT; Hiob 36,26) / Einst sagte Rabbi Abraham: „Erhaben ist, wer Gott durch Lernen und Beten dient. Aber noch erhabener ist, wer Gott im Handeln und Wandeln und in den einfachen Dingen dient.“ (Chassidische Weisheit)

Bei Gott sind alle Dinge möglich. (Bibel NT; Mt. 19,26) / Der Gehorsam ist ein erhabener Vorzug, dessen nur die vernünftige Kreatur fähig ist. (Aurelius Augustinus, 354–430)

Reise, o Freund, aus dir selber und in dein eigenes Herz: Solch Reise verwandelt das Staubkorn in goldene Herrlichkeit! (Dschelâleddin Rûmî, 1207–1273) / Wenn er von den Geschöpfen dich entfremdet, so wisse, dass er dir die Pforte der Vertrautheit mit sich auftun will. (Ibn Ata'ullah, gest. 1309; „Hikam“)

Bei frommer Pflicht und bei Gewinn, bei Sinnenglück und Erlösung, in Leben und Tod findet, wer erhabenen Geistes ist, nichts aufzugeben noch zu ergreifen. (Ashtâvakra-Gîtâ, ca. 2. Jhdt. v. Chr.) / Über Gedanken und Worte erhaben ist Gottes Wesen; doch hat er, sich auszudrücken, die Liebe zum Maß gemacht. (Tukârâm, 1608–1649)

Ein edler Mann tritt selten auf, nicht überall entstehet er. Wo ein Erhabener erscheint, gedeihet alles Volk umher. (Gautama Buddha, um 550–480 v. Chr.; „Dhammapada“) / Ein edler Geist achtet des Glückes böse Launen gering; seine Seelengröße ist durch nichts zu erschüttern. (Aus Tibet)

Erinnerung

Mit deinem ganzen Herzen ehre deinen Vater, und deiner Mutter Geburtswehen vergiss nicht. (Bibel AT; Sir. 7,27) / Die Frau bleibt beständig in den Augen ihres Mannes das, was sie als Mädchen in den Augen des Liebhabers war. (Salomon Maimon, 1754–1800) / Die Jugend nährt sich von Träumen, das Alter von Erinnerungen. (Jüdisches Sprichwort)

Im Menschen ist nicht allein Gedächtnis, sondern Erinnerung. (Thomas von Aquin, 1225–1274) / Die Erinnerung ist das einzige Paradies, aus welchem wir nicht getrieben werden können. (Jean Paul, 1763–1825) / Das Leben kann nur in der Schau nach rückwärts verstanden, aber nur in der Schau nach vorwärts gelebt werden. (Sören Kierkegaard, 1813–1855) / Erinnerung heißt die Kunst, einmal Genossenes nicht nur festzuhalten, sondern es immer reiner auszuformen. (Hermann Hesse, 1877–1962)

Heilsam ist das Leben desjenigen, der von der Erinnerung an mich nicht ablässt, mein Recht nicht verkennt und Tag und Nacht nach meinem Wohlgefallen trachtet. (Mohammed, 570–632) / Erinnern bedeutet alles außer ihn vergessen. (Abû Sa'îd-i Abû'l-Khair, gest. 1049) / Die Erinnerung lässt den Wunsch nach dem Pfad aufkommen: Sie macht die Leute zu Wanderern. (Dschelâleddin Rûmî, 1207–1273)

Selbst wenn viele Menschen zusammensitzen, können sie niemanden hören, an niemanden denken und niemanden erkennen, es sei denn, sie haben ein Gedächtnis. Denn nur aufgrund des Gedächtnisses kann man seine eigenen Kinder und sein Vieh erkennen. Darum sollst du das Gedächtnis verehren! (Chândogya-Upanishad; 800–500 v. Chr.) / Ein Mensch mag gelehrt sein. Doch wenn er in der Übung der Erinnerung nachlässt, wird er von den Schlingen der Lust gefangen. (Shankara, 788–820; „Kleinod der Unterscheidung") / Lebenserinnerungen sind nicht Lebensgeschichte, sondern das ursprüngliche Werk eines unsichtbaren Künstlers. (Rabindranâth Tagore, 1861–1941; „Meine Lebenserinnerungen")

Vergangene Liebe ist bloß Erinnerung. Zukünftige Liebe ist ein Traum und ein Wunsch. Nur in der Gegenwart, im Hier und Heute, können wir wirklich lieben. (Gautama Buddha, um 550–480 v. Chr.; „Dhammapada") / Da alles unbeständig ist, bleibt keinerlei Spur im Gedächtnis zurück. (Seng-ts'an, gest. 606; „Hsin-hsin-ming") / Erinnerung an Vergangenes mach dir zunichte. Sieh nicht zurück, es wär dein Untergang. (Lama Kazi Dawa-Samdup; „Unendliche Freude der Weisen")

Erkenntnis

Die Lippen des Weisen bewahren Erkenntnis, das Herz des Toren aber ist verkehrt. (Bibel AT; Spr. 15,7) / Je mehr wir die einzelnen Dinge erkennen, desto mehr erkennen wir Gott. (Baruch Spinoza, 1632–1677; „Die Ethik") / Gott erkennen heißt nicht sein Wesen verstehen, sondern den Weg des Rechten gehen, den Gott gewiesen hat. (Ismar Elbogen, 1874–1943)

Die Erkenntnis bläht auf, die Liebe aber baut auf. (Bibel NT; 1. Kor. 1,8) / Wenn einer wähnt, er habe Gott erkannt, und sich irgendetwas darunter vorstellt, so hat er irgendetwas erkannt, nur Gott nicht. (Meister Eckhart, um 1260–1327) / Je weiter unsere Erkenntnis Gottes dringt, je weiter weicht Gott vor uns zurück. (Marie von Ebner-Eschenbach, 1830–1916)

Wer ihn kennt, beschreibt ihn nicht, und wer ihn beschreibt, kennt ihn nicht. (al-Hallâdsch, 858–922) / Die wahre innere Erkenntnis kommt dann zustande, wenn das, was du Verstand nennst, nichtig wird. – Das Wissen ist nötig, um zu wissen, dass sein Ende Unwissenheit ist. (Attâr, um 1136 bis ca. 1220; „Meer der Seele“) / Lerne Gott aus Gott erkennen, aus Vernunft nicht und Beweisen; braucht es Fackel oder Kerze, um die Sonne dir zu weisen? (Dschâmî, 1414–1492; „Diwan“)

So wie das angezündete Feuer das Brennholz zu Asche macht, so macht das Feuer der Erkenntnis alle Werke zu Asche; denn es gibt auf der Welt kein Läuterungsmittel, welches der Erkenntnis gleichkäme. (Bhagavadgîtâ; ca. 300 v. Chr.) / Merkt auf, ihr Brüder! Die Erlösung nur erlangen, die durch Gott in Gottes Namen zur Erkenntnis Gottes drangen. (Kabîr, 1440–1518; „Spruchgedichte“) / Lerne die wahre Freude, und du wirst Gott kennen lernen. (Shrî Aurobindo, 1872–1950)

Wo der Bereich des Erkennens aufhört, hört auch das Benennbare auf. Denn das Wesen der Gegebenheiten ist wie das Nirvana ohne Entstehen und Vergehen. (Nâgârjuna, um 200 n. Chr.; „Merkverse der mittleren Lehre“) / Um des Lieben und des Bösen willen habe ich vielfach Sünde begangen; das habe ich nicht erkannt, dass ich einst alles verlassen und davongehen muss. (Sântideva, 7. Jhdt.; „Bodhicaryâvatâra“) / Eine Überzeugung kann nur durch Erlebnis und nicht durch Abstraktion gewonnen werden. Sittliches Einstehen sollte allenthalben über intellektuellem Urteil stehen; mit anderen Worten: Erkenntnis sollte auf Lebenserfahrung gegründet sein. (Daisetz T. Suzuki, 1870–1966; „Die große Befreiung“)

Erleuchtung

Die Erklärung deiner Worte bringt Erleuchtung, den Unerfahrenen schenkt sie Einsicht. (Bibel AT; Ps. 119,130) / Es gibt einen Geist, den der Mensch erlangt im Gang der Zeiten. Aber es gibt einen Geist, der über den Menschen kommt in großer Fülle, in großer Eile, schneller als ein Augenblick, denn er ist über der Zeit, und es bedarf keiner Zeit zu diesem Geist. (Rabbi Nachmann, 1771–1810; „Worte des Rabbi Nachmann“) / Jüdische Weisheit hat die Welt erleuchtet – aber die Juden selber umgebracht. (Jüdisches Sprichwort)

Wer aus der Erleuchtung des Geistes redet, spricht für Menschen Worte der Ermahnung, der Erbauung und des Trostes. (Bibel NT; 1. Kor. 14,3) / Der Herr, das Licht aller Dinge, wird die Gnade haben, mich, den Erforscher des Lichtes, zu erleuchten. (Leonardo da Vinci, 1452–1519) / Den Erleuchteten ist jeder Tag Sonntag und Werktag zugleich. (Friedrich Lienhard, 1865–1929)

Nie wird's in deinem Kopfe helle, suchst du bei einem Kirchenlicht Erleuchtung deiner Klausnerzelle. (Hâfis, 1326–1390; „Der Sänger von Schiras“) / Für die erleuchtete Seele wird das Leben selbst zur Heiligen Schrift. (Hazrat Inayat Khan, 1882–1927; „Gayan“) / Höhere Eingebung will stets nur singen und niemals erklären. (Kahlil Gibran, 1883–1931; „Aphorismen“)

Von dir ist alles dies erfüllt, in dich ist es in Wahrheit eingesenkt. Reine Erleuchtung ist dein Wesen, versinke nicht in kleinlichem Denken. (Ashtâvakra-Gîtâ; ca. 2. Jhdt. v. Chr.) / Milch in Milch, Öl in Öl, Wasser in Wasser geschüttet, vermengen sich in eines. So wird der Erleuchtete, der den Atman (Selbst) erkennt, eins mit Gott. (Shankara, 788–820; „Kleinod der Unterscheidung“) / Die Menschheit braucht Erleuchtung, sie muss rein und spirituell stark und diszipliniert sein; nur dann wird das Leid in der Welt abnehmen und nicht eher. (Swâmi Vivekânanda, 1862–1902)

Was weder im Körper noch außerhalb des Körpers, weder im Zustande der Vermischung noch im Zustande der Isoliertheit existiert, das existiert nicht. Daher befinden sich die Kreaturen ihrer eigentlichen Natur nach im Zustande des absoluten Nirvana. (Sântideva, 7. Jhdt.; „Bodhicaryâvatâra“) / Gibt es ein Auf und Ab, ist kein Wissen zu finden, wo Geburt und Tod ist, findet Erleuchtung man nicht. (Milarepa, 1052–1135; „Sieben Legenden“) / Erleuchtung ist letzten Endes ganz ähnlich der Unwissenheit selber. In ihr gewinnst du deine ursprüngliche Unbefangenheit wieder. (Takuan Shûhô, 1573–1645; „Das Unbewegte Begreifen“)

Erlösung

Fürchte dich nicht, denn ich erlöse dich; ich rufe dich bei deinem Namen, mein bist du! (Bibel AT; Jes. 43,1) / Nur durch sich selber wird der Mensch erlöst, durch sich und in sich. (Karl Emil Franzos, 1848–1904; „Die Juden von Barnow“) / Der Mensch zeigt dem Juden fast immer nur seine widerlichste Fratze. Dennoch vergisst der Jude nie, wie hinter allem Unrecht, aller Gewalt Gottes reine Welt sich verbirgt und erlöst werden will. (Robert Rafael Geis, 1906–1972)

Gott hat seinen Sohn nicht in die Welt gesandt, damit er die Welt richte, sondern damit die Welt durch ihn gerettet werde. (Bibel NT; Joh. 3,17) / Christus hat seine ganze Erlösung zustande gebracht, wenn er uns von unserem feigen, engen, gefesselten Ich erlöst hat zum grenzenlosen Glauben, Lieben und Ringen. (Johann Michael Sailer, 1751–1832) / Du kannst es nicht ohn Gott, Gott will es nicht ohn dich, drum wird der Mensch, dass der Mensch komme zu sich. (Angelus Silesius, 1624–1677, „Der Cherubinische Wandersmann“)

Anfangs bildete ich mir ein, ich gedächte seiner und kennte ihn und liebte ihn und suchte ihn. Am Ende aber sah ich, dass er meiner eher gedacht hatte als ich seiner, dass seine Kenntnis meiner Erkenntnis vorausging, dass seine Liebe früher war als meine und dass er mich gesucht hatte, bevor ich ihn suchte. (Bâyazîd Bistâmî, gest. 874) / Abdulah al-Tustari wurde gefragt: „Wann wird der Derwisch von seinem Ego erlöst?“ Er antwortete: „Wenn er es seinem Ego nicht mehr erlaubt, sich mit irgendeiner anderen Zeit zu befassen als mit dem Augenblick, in dem er sich befindet. Dann erlangt der Sufi den Frieden.“ (Husayn-al-Sulami, 936–1021; „Futuwwah“) / O Herr! Gott! Mich will ich nicht. Erlöse mich von mir selbst. (Abû Sa'îd-i Abû'l-Khair, gest. 1049)

Verlangst du nach Erlösung, Kind, so fliehe die Sinnenwelt wie Gift. Langmut und Geradheit, Erbarmen, Heiterkeit, Wahrhaftigkeit nimm an wie Milch der Kuh, die frisch gekalbt hat. (Ashtâvakra-Gîtâ, ca. 2. Jhdt. v. Chr.) / Die Erlösung ist das Sein als Brahman. Folglich ist auch die Erlösung nicht durch eine Läuterung zu vollbringen. (Shankara, 788–820;

„Vedanta Sutras") / Könntest du vollkommen werden, weil du dir das Haar geschoren, warum sind dann nicht die Schafe zur Erlösung auserkoren? (Kabîr, 1440–1518; „Spruchgedichte")

Wenn der beseelte Körper mit dem stofflichen Bewusstsein gänzlich und restlos aufgelöst ist, dann zerreißt auch alles Flechtwerk dieser Erscheinungswelt. (Gautama Buddha, um 550–480 v. Chr.; „Samyutta-Nikâya") / Durch das Schwinden der Werke und der Laster erfolgt die Erlösung. Die Werke und Laster entspringen aus den Vorstellungen. Diese aus der Vielfalt. Die Vielfalt aber wird durch die Leerheit aufgehoben. (Nâgârjuna, um 200 n. Chr.; „Merkverse der mittleren Lehre") / Sobald in einer Seele, die nicht mehr wiederkehren kann, jener Gedanke zur Erlösung aller Wesen dieser Welt Platz ergriffen hat, sogleich schwellen die ununterbrochenen Gießbäche seiner Verdienste trotz des Schlafes und der häufigen Ablenkungen dem Himmel gleich an. (Sântideva, 7. Jhdt.; „Bodhicaryâvatâra")

Ernte

Das Land hat seinen Ertrag gegeben, es segnet uns Gott, unser Gott. (Bibel AT; Ps. 67,7) / Ihr müsst Herzen säen, wollt ihr Herzen ernten. (Ludwig Börne, 1786–1837; „Über den Umgang mit Menschen") / Wir leben in einer unerlösten Welt. Aber aus jedem willkürlos weltverbundenen Menschenleben fällt in sie ein Samen der Erlösung, und die Ernte ist Gottes. (Martin Buber, 1878–1965; „Die chassidische Botschaft")

Die Ernte ist groß, aber der Arbeiter sind wenige. Bittet den Herrn der Ernte, dass er Arbeiter zu seiner Ernte sende. (Bibel NT; Mt. 9,37.38) / Das Kommende ist nicht Geschick schlechthin, es ist die Ernte unseres Handelns. (Joseph Bernhart, 1881–1969) / Säen wir nur aus, und warten wir wie der Bauer geduldig bis zur Ernte. (Don Bosco, 1815–1888) / Wer nur um Gewinn kämpft, erntet nichts, wofür es sich lohnt zu leben. (Antoine de Saint-Exupéry, 1900–1944)

Mit denen, die ihr Vermögen auf dem Weg Gottes spenden, ist es wie mit einem Saatkorn, das sieben Ähren wachsen lässt mit hundert Körnern in jeder Ähre. Gott gibt das Doppelte, wem er will. (Korân; Sure 2,261) / Wenn jemand die Frucht seiner Tat schon hier sieht – ein Zeichen ist's, dass er auch dort angenommen wird. (Ibn Ata'ullah, gest. 1309; „Hikam") / Wer säend lernte sich bemühen, wird selig schlafen, wenn die Ernten blühen. (Saadî, um 1215–1292; „Bostân") / Säst Gerste du, dann erntest Gerste du; das Hermelin gebiert das Hermelin. (Saadî; um 1215–1292)

Nimm dem Reis die dünne Hülse, und die Körner wachsen nicht mehr. (Nârâjana, 9./10. Jhdt. n. Chr.; „Hitopadesa") / Auch der Ackerbau eines Einfältigen ist ergiebig, wenn er ihn auf gutem Felde betreibt: Wenn der Reis viel Ertrag liefert, sind nicht die vorzüglichen Charaktereigenschaften des Sämanns die Voraussetzung dafür. (Aus Indien) / So wie du denkst, fällt deine Ernte aus. (Shrî Râmakrishna, 1834–1886)

Der Bauer kann sein Feld in Eile pflügen und eggen. Aber der Bauer hat keine magische Macht zu sagen: „Mein Getreide soll heute ausschlagen, morgen Frucht tragen und übermorgen reifen." Nein, es ist die entsprechende Jahreszeit, die das Korn reifen lässt. (Gautama Buddha, um 550–480 v. Chr.; „Anguttara-Nikâya“) / Verlangen erzeugt Handeln, das dann zu Leiden führt. Es ist sinnlos, andere zu beschuldigen, wenn man erntet, was man selbst gesät hat. (Yung-chia Hsüan-chüeh, 665–713; „Shodoka“) / Es gibt fünf Ernten auf der Welt; also braucht niemand zu verhungern. (Wu Cheng-en, um 1500–1582)

Erscheinung / Erscheinungen

Die Erscheinung der Herrlichkeit des Herrn auf dem Gipfel des Berges zeigte sich vor den Augen der Israeliten wie verzehrendes Feuer. (Bibel AT; Ex. 24,17) / In den Augen der Lebenden ist der Jude wie ein Toter: in den Augen der Bürger ein Fremder, in den Augen der Ansässigen ein Vagant. (Jehuda Löw Pinsker, 1821–1891) / Aber es gibt schon Juden, die ich wirklich hasse, als Juden hasse. Das sind die, die vor andern und manchmal auch vor sich selber tun, als wenn sie nicht dazugehörten. (Arthur Schnitzler, 1862–1931)

Er (Jesus) war schon vor der Erschaffung der Welt dazu ausersehen, und euretwegen ist er am Ende der Zeiten erschienen. (Bibel NT; 1. Petr. 1,20) / Wenn wir lieben, erscheinen wir uns selbst ganz anders, als wir früher gewesen. (Blaise Pascal, 1623–1662) / Die Zeit ist nicht mehr, wo der Geist Gottes verständlich war. Der Sinn der Welt ist verloren gegangen. Wir sind beim Buchstaben stehen geblieben. Wir haben das Erscheinende über der Erscheinung verloren. (Novalis, 1772–1801; „Fragmente“)

Die besten Menschen sind diejenigen, die sich am besten benehmen. (Mohammed, 570–632; „Hadith“) / Er zeigt ganz klar alle Dinge, weil er der Innere ist. Er birgt das Sein aller Dinge, weil er der Äußere ist. (Ibn Ata'ullah, gest. 1309; „Hikam“) / Aus der Schale des gebrochenen Herzens tritt die neugeborene Seele in Erscheinung. (Hazrat Inayat Khan, 1882–1927; „Gayan“)

Durch die Vereinigung von Schwingungen entsteht die Seinsgrundlage der realen Welt. (Patanjali, 2. Jhdt. v. Chr.; „Yoga-Sutra“) / Formhaft, wisse, ist der Trug, formfrei aber das Gewisse. Nicht entstehen neue Leben, wem diese Wahrheit gewiesen wird. (Ashtâvakra-Gîtâ; ca. 2. Jhdt. v. Chr.) / Gewandte Leute vermögen sogar Unwahres als wahr erscheinen zu lassen wie geübte Maler Vertiefungen und Erhebungen auf einer ebenen Fläche. (Aus Indien)

Vereine dich ganz mit der heiligen Macht, die hinter aller Erscheinung wacht. Hör auf, unstet wie die Wellen zu gehen und in flüchtiger Weltlust das Glück zu sehen. (Bhartrihari, 7. Jhdt.) / Alle Erscheinungen sind in Wahrheit nur eigene Vorstellungen, die wie Spiegelungen in einem Spiegel vom Geist selbst erdacht werden. (Padma Sambhava, 8. Jhdt.) / Da die äußeren Erscheinungen täuschen können, wisse, dass sie nicht die Wahrheit verbürgen. (Gampopa, 1079–1153; „Der kostbare Rosenkranz“) / Erscheinung und Wesen sind nicht voneinander zu trennen. (Yoshida Kenkô, 1283–1350)

Erwachen

Die unwandelbare Freundschaft und der ewige Friede zwischen allen Völkern – sind das denn Träume? Nein, der Hass und der Krieg sind Träume, aus denen man einst erwachen wird. (Ludwig Börne, 1786–1837) / Man kann sich nur so lange von seinem Judentum bedrückt fühlen, als man nicht stolz darauf ist. (Bertha Pappenheim, 1859–1936) / Mit dem Ohr der Menschheit ist es so beschaffen, dass es den Schall zu verschlafen und erst durch das Echo zu erwachen pflegt. (Arthur Schnitzler, 1862 -1931; „Kleine Sprüche")

Wach auf, mein Herz, und singe! (Paul Gerhardt, 1607–1676; „Kirchenlied") / Der Entschluss zu philosophieren ist eine Aufforderung an das wirkliche Ich, dass es sich besinnen, erwachen und Geist sein solle. (Novalis, 1772–1801; „Nachlass") / Ein Gedanke kann nicht erwachen, ohne andere zu wecken. (Marie von Ebner-Eschenbach, 1830–1916; „Aphorismen")

Und er (Allah) ist es, der eure Seelen zu sich nimmt in der Nacht, und er weiß, was ihr schaffet am Tag; dann erweckt er euch wieder zum Licht, auf dass die vorbestimmte Frist vollendet werde. (Korân; Sure 6,60) / Die Menschen schlafen, aber wenn sie sterben, erwachen sie. (Mohammed, 570–632; „Hadith") / Lulle den Teufel lieber in Schlaf ein, als dass du ihn weckst. (Hazrat Inayat Khan, 1882–1927; „Gayan")

Wer Gott erkannt hat, wird frei von allen Fesseln. Die Beschwerden schwinden, und Geburt und Tod weichen. (Svetâsvatara-Upanishad; 800–500 v. Chr.) / Wenn der Traum abbricht, verschwindet die Traum-Welt. Oder scheint es dir beim Erwachen, dass du ein anderer bist als du selbst? (Shankara, 788–820; „Kleinod der Unterscheidung") / Man kann einen Menschen nur aufwecken, wenn er wirklich schläft; tut er nur so, dann ist alle Bemühung umsonst. (Mahatma Gandhi, 1869–1948; „Mein Leben")

Dies ist die Lehre des vollkommen Erwachten: alles Böse unterlassen, das Gute ausbilden, seinen Geist läutern. (Gautama Buddha, um 550–480 v. Chr.; „Dhammapada") / Erwacht eine Frau zum Gedanken der Höchsten Vollkommenen Erleuchtung, dann ist sie nicht mehr durch die Begrenztheit des weiblichen Geistes gebunden. (Gautama Buddha, um 550–480 v. Chr.) / Buddhas Lehre ist überall. Heute regnet es. Das ist Buddhas Lehre. (Shunryu Suzuki, 1905–1971; „Zen-Geist")

Erwartung

Das Volk, das in der Finsternis wandelt, sieht ein großes Licht; die im Lande des Dunkels wohnen, über ihnen strahlt ein Licht auf. (Bibel AT; Jes. 9,2) / Wer Gott recht liebt, darf nicht verlangen, dass Gott ihn wieder liebe. (Baruch Spinoza, 1632–1677) / Wir müssen lernen und die verzweifelten Menschen lehren, dass es eigentlich nie und nimmer darauf ankommt, was wir vom Leben noch zu erwarten haben, vielmehr lediglich darauf: was das Leben von uns erwartet! (Victor E. Frankl, 1905–1996)

Wer hofft auf etwas, das schon da ist? Also hoffen wir auf das, was wir noch nicht sehen, und warten geduldig darauf. (Bibel NT; Röm. 8,24–25) / Man muss gestehen, dass das Glück dieses Lebens nur in der Hoffnung auf ein anderes, neues Leben besteht und dass man nur in diesem Maße glücklich ist, als man sich der Erfüllung dieser Hoffnung nähert. (Blaise Pascal, 1623–1662) / Wer sich vornimmt, Gutes zu wirken, darf nicht erwarten, dass die Menschen ihm deswegen Steine aus dem Wege räumen, sondern muss auf das Schicksalhafte gefasst sein, dass sie ihm welche daraufrollen. (Albert Schweitzer, 1875–1965; „Aus meinem Leben und Denken")

Stellt euch nicht krank, sonst werdet ihr krank, und grabt nicht euer Grab, sonst sterbt ihr. (Mohammed, 570–632; „Hadith") / Wie fruchtbar immer auch sei der Regen: Wo du nichts säst, da wird nichts aufgehn. (Saadî, um 1215–1292) / Die andere Welt ist eine Wohnstatt, zu der die hiesige nur ein Vorhof ist. (Maurische Weisheit)

Niemand weiß, was diesem oder jenem morgen zustoßen kann; darum soll ein Verständiger schon heute tun, was zu tun ist. (Aus Indien) / Nimm es als Vergnügen, und es ist Vergnügen! Nimm es als Qual, und es ist Qual! (Aus Indien) / Ebbe und Flut, dieses Steigen und Fallen, ist das wahre Wesen der Welt; etwas anderes erwarten wäre ebenso unvernünftig, wie die Möglichkeit eines Lebens ohne den Tod in Betracht zu ziehen. (Swâmi Vivekânanda, 1862–1902)

Lebensangst kommt aus einer Vorahnung von etwas, was noch nicht eingetreten ist. Wenn wir das Befürchtete annehmen können, dann wird unsere Lebensangst geringer. (Gautama Buddha, um 550–480 v. Chr.; „Jâtaka") / Keine Sünde, kein Glück, kein Gewinn, kein Verlust. Diese Dinge suchst du vergebens in der Geistsubstanz. (Yung-chia Hsüan-chüeh, 665–713; „Shodoka") / Es gibt absolut nichts, was erreicht werden könnte. (Huang-po, gest. 850)

Erziehung

Beim Verständigen wirkt der Tadel tiefer als hundert Stockschläge beim Toren. (Bibel AT; Spr. 17,10) / Der Erzieher verdient den Namen „Vater" mehr als der Erzeuger. (Talmud; 70–500 n. Chr.) / Es erhellt, dass die Menschen von Natur zu Hass und Neid geneigt sind, und die Erziehung befördert dies. Denn die Eltern pflegen die Kinder nur durch die Reizmittel der Ehre und des Neides zur Tugend anzuhalten. (Baruch Spinoza, 1632–1677; „Ethik") / Aufgabe der Erziehung wäre es, den metaphysischen Hunger der Menschheit durch Mitteilung von Tatsachen mit weisem Maß zu stillen, statt ihn durch Märchen, was ja die Dogmen sind, zu betrügen. (Arthur Schnitzler, 1862–1931)

Wir wollen das „Wort" mit einem einzigen, ihm angemessenen Namen „Erzieher" nennen, da es sein Ziel ist, die Seele besser, nicht sie klüger zu machen. (Clemens von Alexandrien, um 150 bis um 215; „Paidagogos") / Rechte Erzieher sollen fröhliche Wecker alles Eigenartigen und Lebensfähigen sein. (Carl Jatho, 1851–1913) / Es gibt nichts Größeres in der Erziehung, als wenn ich sehe, diejenigen, die ich erzogen, stehen auf meinen Schultern, sind größer als ich, ich bin überflüssig. (Gottfried Kentenich, geb. 1873) / Über drei Dinge wird in unseren Tagen zu viel geschrieben und geredet: über Kunst, Gesundheit und Erziehung. Folge davon, dass wir unkünstlerisch, kränkelnd und ungezogen geworden sind. (Peter Rosegger, 1843–1918; „Höhenfeuer“)

Einen Esel macht kein Fleiß zum Menschen, mag man ihn auch auf die Kanzel treiben, und ein Mensch, den man nicht hat erzogen, wird ein hundertjähriger Esel bleiben. (Saadî, um 1215–1292) / Auch nur ein Ungehobelter allein ist einer sinnigen Gesellschaft Pein. Ein ganzes Bassin voll Rosenwasser mache; ein Hund fällt rein, und es ist eine Lache. (Saadî, um 1215–1292; „Gulistân“) / Kein Vater schenkt seinem Kind etwas Besseres als eine gute Erziehung. (Aus Arabien)

Auf eine rechte Art und Weise erziehe man den Geist, der durch Lust und Gier zerstreut ist. Und wie der Geist ganz ruhig dann dem Untergang entgegengeht, so wird der Untergang zur Lust. (Mândûkya-Upanishad; 800–500 v. Chr.) / Holz, das sich nicht biegen lässt, soll man auch nicht biegen, und Steine bearbeite man nicht mit dem Schermesser: Komme zu der Erkenntnis, dass man den nicht unterweist, der sich nicht belehren lässt. (Aus Indien) / Erziehung ist die Offenbarung der bereits im Menschen vorhandenen Vollkommenheit. (Swâmi Vivekânanda, 1862–1902)

Wie ein geschickter Maurer mit einem feinen Bolzen einen groben Bolzen heraustreibt, so soll der Jünger mit einer heilsamen Vorstellung eine unheilsame vertreiben. (Gautama Buddha, um 550–480 v. Chr.; „Majjhima-Nikâya“) / Der Magnet kann selbst aus dem Staube Eisensplitter hervorziehen. (Sakya Pandita, 1182–1251; Kostbare Schatzkammer der Tugenden“) / Der Schaft eines Pfeils mag noch so gerade sein: Ohne Feder und Kerbe ist er zum Schießen nicht zu gebrauchen. (Aus der Mongolei)

Essen

Wer sein Feld bebaut, der hat Brot genug. (Bibel AT; Spr. 12,11) / Überfülle dich nicht mit allerlei niedlicher Speise, und friss nicht zu gierig; denn viel Fressen macht krank, und ein unsättiger Fraß kriegt das Grimmen! (Bibel AT; Sir. 37,32) / Warte nicht mit Essen und Trinken; denn die Welt, die wir verlassen müssen, gleicht einem Festmahle. (Talmud; 70–500 n. Chr.)

Gib uns heute unser tägliches Brot. (Bibel NT; Mt. 6,11) / Ob aber ein fröhliches Mahl überhaupt ohne Frauen denkbar ist, lasse ich unentschieden. Ich führe nur die Tatsache an, dass jeder Schmaus, der durch die Torheit nicht belebt wird, der lieblichsten Würze entbehrt. (Erasmus von Rotterdam, 1469–1536; „Lob der Torheit“) / Es ist traurig, wenn über einem Leben keine anderen Sterne stehen als Mahlzeiten! (Jeremias Gotthelf, 1797–1854)

Untersagt ist euch das von selbst Verendete sowie Blut und Schweinefleisch; ferner das, worüber ein anderer Name angerufen war als Allahs; das Erdrosselte; das zu Tode Geschlagene; das zu Tode Gestürzte oder durch Hörnerstoß Getötete und das von reißenden Tieren Angefressene, außer ihr selbst habt es geschlachtet; und das, was auf einem Altar geschlachtet worden ist; auch dass ihr euer Geschick durch Lospfeile zu erkunden sucht. Das ist Ungehorsam. (Korân; Sure 5,3) / Der Bote Allahs verachtete niemals Nahrung, die ihm angeboten wurde. Er aß sie, wenn er darauf Appetit hatte, und er aß sie nicht, wenn er keinen Appetit hatte. (Husayn-al-Sulami, 936–1021; „Futuwwah“) / Der Bauch lähmt die Hand und fesselt den Fuß. Der Diener des Bauches dient Gott mit Verdruss. (Saadî, um 1215–1292; „Gulistân“)

Wenn jemand zehn Tage lang keine Nahrung zu sich nimmt, dann bleibt er zwar am Leben, aber er kann dann weder sehen noch hören und auch nicht denken, lernen, handeln und erkennen. Nimmt er dann aber Nahrung zu sich, so kann er das alles wieder. Deshalb sollst du die Nahrung verehren! (Chândogya-Upanishad; 800–500 v. Chr.) / Sieh, die Speise, die das Schicksal dir sogar zur Essenszeit auftischt, gelangt niemals in deinen Mund, wenn du nicht die Hand erhebst. (Aus Indien) / Unglücklicherweise scheint heute der Hinduismus nur aus Essen und Nicht-Essen zu bestehen. Einmal jagte ich einem frommen Hindu Entsetzen ein, als ich im Hause eines Muslim einen Toast nahm. (Mahatma Gandhi, 1869–1948)

Wenn du isst, dann iss langsam, und achte auf deinen Körper. Lass dir von deinem Magen sagen, wann du aufhören sollst. Iss nicht über das gesunde Maß, sonst schädigst du dich selber. (Gautama Buddha, um 550–480 v. Chr.; „Jâtaka“) / Stehlen, Betrügen, Unzucht, das ist verunreinigend – nicht das Essen von Fleisch. (Gautama Buddha, um 550–480 v. Chr.; „Sutta-Nipâta“) / Wenn Weisheit darin besteht, einfach zu essen, was man vorfindet, dann müssen Elefanten und Pferde sie haben. (Âryadeva, 3. Jhdt.; „Sarahas Liederschatz“)

Ethik

Liebt den Fremdling gleich dem Nächsten, gedenket seiner stets zum Guten, sprechet wohlwollend über ihn, und spähet nicht seine Fehler aus. Seid wohltätig gegen jedermann, mag er dessen würdig sein oder nicht, denn gesetzt auch, dass er die Wohltat nicht verdient, so seid ihr es doch Gott schuldig, sie zu üben. (Jechiel ben Jekutiel ben Benjamin, 2. Hälfte 13. Jhdt.) / Die Phantastik der Phantasielosen ist Ethik. (Walther Rathenau, 1867–1922)

Ethik ist ins Grenzenlose erweiterte Verantwortung gegen alles, was lebt. (Albert Schweitzer, 1875–1965) / Ethik ist die Lehre vom Schönen in uns, Ästhetik die Lehre vom Schönen um uns. (Richard von Coudenhove-Kalergi, 1894–1972)

Faris sagte: „Aus ihrer Ethik heraus weisen die Sufis diejenigen nicht zurück, die vor ihre Tür kommen, und sie laufen denen nicht nach, die nicht kommen. Sie versuchen auch nicht, die zu beherrschen, die in ihren Kreis eintreten.“ (Husayn-al-Sulami, 936–1021; „Futuwwah“) / Dem Koran zufolge weist die Menschheitsgeschichte keinen kollektiven Fortschritt in Bezug auf ethische Weisheit auf – und zwar aus dem einfachen Grunde, weil die „Menschheit“ eben nur eine Anhäufung von Individuen ist und keine geistige Einheit an sich darstellt. (Muhammad Asad, geb. 1900; „Die Antwort der Religionen“)

Solange ein einziger Hund in meinem Lande nichts zu essen hat, besteht meine ganze Religion darin, ihn zu nähren. (Swâmi Vivekânanda, 1862–

1902; „Vedanta und wir“) / Der Mensch sollte als Erstes nach seiner persönlichen, geistigen und sittlichen Vervollkommnung streben. Wenn er Vollkommenheit zu erreichen vermag, kann sein Beispiel andere inspirieren. (B. H. Bon, geb. 1901; „Die Antwort der Religionen“)

Eine ethische Haltung und barmherzige Taten sind zwar lobenswert, von bleibendem Wert sind sie aber nur, wenn sie der großen Weisheit entspringen. (Nyogen Senzaki, 1876–1958; „Keine Spur im Wasser“) / Das ethische Verhalten des religiösen Menschen wird durch seinen Glauben oder seine innere Überzeugung bestimmt. (Lama Govinda, 1898–1985; „Buddhistische Reflexionen“)

Ewigkeit

Den Sand am Meer und die Tropfen des Regens und die Tage der Ewigkeit – wer kann sie zählen? (Bibel AT; Sir. 1,2) / Wir müssen das Leben unter dem Gesichtspunkt der Ewigkeit, das heißt unter der Voraussetzung, dass es ein ewiges sei, betrachten. (Baruch Spinoza, 1632–1677) / Das Zeitliche braucht den Halt des Ewigen. (Franz Rosenzweig, 1886–1929; „Der Stern der Erlösung“)

Die Welt vergeht mit ihrer Lust; wer aber den Willen Gottes tut, der bleibt in Ewigkeit. (Bibel NT; 1. Joh. 2,17) / Klein ist der Mensch, der Vergängliches sucht, groß aber, wer das Ewige im Sinn hat. (Antonius von Padua, 1195–1291; „Predigten“) / In der Ewigkeit ist nicht Zeit noch Raum, nicht vor noch nach, sondern alles gegenwärtig beschlossen in einem neuen grünenden Nun. (Meister Eckhart, um 1260–1327)

Seine (Allahs) Eigenschaften sind von Ewigkeit her vorhanden. Nicht erstanden und nicht erschaffen. (Mohammed, 570–632) / Niemand sieht Gott und stirbt, wie auch niemand Gott sieht und lebt, denn sein Leben ist ewig, und wer ihn sieht, bleibt in ihm und wird von ewiger Dauer. (Dhû'n-Nûn, ca. 796–859) / Tor, ob der Ewigkeit der Welt den Kopf dir zu zerbrechen! Muss ich hinweg, was kümmert's mich, ob jung oder alt sie ist? (Omar Khayyâm, um 1045–1122; „Strophen“) / Tag und Nacht vor deinen Augen braust das Meer der Ewigkeit; Jammer, wenn du dich besudelst mit dem Unrat dieser Zeit! (Dschâmî, 1414–1492; „Diwan“)

Mensch und Tier und Meer und Land sind nur des Ewigen Gewand. (Upanishaden; 800–500 v. Chr.) / Meine äußere Form kommt und geht. Sie handelt und kostet die Früchte ihrer Handlungen. Sie wirkt und stirbt, ich aber bleibe wie ein mächtiger Berg für immer fest und unbeweglich. (Shankara, 788–820; „Kleinod der Unterscheidung“) / Zur Ewigkeit gelangt man nur durch die Endlichkeit. (Shrî Râmakrishna, 1834–1886)

Das Zeitlose und Ewige können wir im Jetzt erahnen, es begegnet uns überall. (Milindapana; 1. Jhdt. v. Chr.) / Ein undurchdringliches ewiges Ding ist nirgends wahrzunehmen. Daher haben die Buddha die Atome nie als ewig bezeichnet. (Âryadeva, 3. Jhdt. n. Chr.; „Werk in vierhundert Strophen“) / O, wisse, keinen Wechsel kennt das Ewige. (Lama Kazi Dawa-Samdup; „Unendliche Freude der Weisen“)

Extreme

Wer die Ehe untersagt und über die im Gesetz vorgeschriebenen milden Gaben, frommen Spenden und Schatzungen hinaus sein ganzes Vermögen an Arme oder zu heiligen Zwecken hingibt, übt, ohne es zu wissen, die Handlungen schlecht gearteter Menschen und verfällt, die rechte Mitte gänzlich verlassend, in das eine der beiden Extreme. (Moses Maimonides, 1135–1204; „Acht Kapitel") / Ein fröhlicher Bettler ist reicher als ein trübsinniger Millionär. (Jüdisches Sprichwort)

Teufel und Gott sind die Extreme, aus denen der Mensch entsteht. Teufel ist die vernichtende, Gott die schaffende Kraft. (Novalis, 1772–1801; „Fragmente") / Die Extreme berühren sich. (Aus Frankreich) / Echte Propheten haben manchmal, falsche Propheten haben immer fanatische Anhänger. (Marie von Ebner-Eschenbach, 1830–1916; „Aphorismen") / Die Bergpredigt verstehen kann nur ein Mensch, der den Mut hat, sich selbst radikal in Frage zu stellen – sich selbst, nicht die anderen, nicht nur dies und das an sich selbst. (Karl Rahner, 1904–1984)

Soll ich euch sagen, wer der Schlimmste unter den Dienern Gottes ist? Das ist der Harte und Hochmütige. (Mohammed, 570–632; „Hadith") / Die Höhe und die Tiefe der Welt ist Gott allein. Wer weiß, was er ist? Er ist, was er ist. (Firdausî, 935–1021) / Die Gegensätze sind im Grunde Ähnlichkeiten. Wenn die Dinge den höchsten Grad ihrer Gegensätzlichkeit überschreiten und ihre Verschiedenheit bis zum Äußersten geht, dann sind sie, unbegreifliches Werk der göttlichen Vorsehung, einander ähnlich. (Ibn Hazm, 993–1064; „Das Halsband der Taube")

Weder zu große Anpassung noch zu große Nichtanpassung bringt bei Mädchen Erfolg. Man meistere sie mit dem Mittelweg. (Kokkoka, 12. Jhdt.; „Ratirahasya") / Fanatiker sind ehrlich überzeugte Menschen, aber gleich anderen Geisteskranken in dieser Welt nicht zurechnungsfähig. Fanatismus ist eine der gefährlichsten Krankheiten. Er weckt alles Böse in der menschlichen Natur. Er reizt den Menschen auf zu Zorn und Hass und verwandelt ihn in einen Tiger. (Swâmi Vivekânanda, 1862–1902; „Jnana-Yoga") / Man kann eher aus Wüstlingen als aus Pharisäern und Prüden Heilige machen. (Sarvepalli Radhakrishnan, 1888–1975; „Gemeinschaft des Geistes")

Zwei Extreme sollten von einem, der die Weltentsagung vollzogen hat, nicht verfolgt werden: Da ist die auf sinnliches Glück gerichtete Hingabe an die Sinnenlüste; und da ist jene Hingabe an die Selbstpeinigung, die leidvolle, unedle, zwecklose. (Gautama Buddha, um 550–480 v. Chr.; „Anguttara-Nikâya") / Reine Weisheit besteht in der Erkenntnis, dass alles Existierende im Grunde frei ist von den beiden Extremen: Existenz und Nicht-Existenz. (Geshe Drom, 11. Jhdt.; „Kadamthorbu") / Wenn der denkende Geist ins Extreme geht, so läuft er ins leere Gebäude hinein, das zwar den Anschein des Gigantischen hat, in dem aber weder Götter noch Menschen verweilen können. (Junyu Kitayama, 1904–1962; „West-östliche Begegnung")

Falsch, Falschheit

Wer falschen Herzens ist, findet kein Glück. (Bibel AT; Spr. 17,20) / Es ist leicht, den Hass, schwer, die Liebe, am schwersten, Gleichgültigkeit zu verbergen. (Ludwig Börne, 1786–1837; „Aphorismen“) / Die Lippen sollen nicht bekennen, was dem Herzen fremd ist. (Gabriel Rießer, 1806–1863) / Wenn ein falscher Mensch dir einen Kuss gibt, musst du sogleich deine Zähne nachzählen. (Jüdisches Sprichwort)

Hütet euch vor falschen Propheten! Sie sehen wie harmlose Schafe aus, in Wirklichkeit aber sind sie wilde Wölfe. Ihr erkennt sie an dem, was sie tun. (Bibel NT; Mt. 7,15–16) / Die Einbildungskraft ist jenes Trügerische im Menschen, jene Herrin des Irrtums und der Fälschung, die uns umso mehr trügt, als sie nicht immer trügt; denn sie wäre eine unfehlbare Wahrheitsregel, wenn sie eine unfehlbare Regel der Falschheit wäre. (Blaise Pascal, 1623–1662) / Je mehr Leute es sind, die eine Sache glauben, desto größer ist die Wahrscheinlichkeit, dass die Ansicht falsch ist. Menschen, die Recht haben, stehen meistens allein. (Sören Kierkegaard, 1813–1855)

Und fresset nicht untereinander euren Reichtum auf durch Falschheit, und bietet ihn nicht der Obrigkeit an, dass ihr wissentlich einen Teil des Reichtums anderer zu Unrecht fressen möget. (Korân; Sure 2,188) / Das Zeichen eines Heuchlers ist ein dreifaches: Wenn er spricht, lügt er; wenn er verspricht, hält er nicht, und wenn er vertraut, fürchtet er. (Mohammed, 570–632) / Bewahr uns vor denen, die loben, eh sie unsern Wert erproben, wie vor denen, die schelten, eh sie wissen, was wir gelten. (al-Harîrî, 1054–1122; „Die Makamen“) / Klage dein Leid nicht den Ungetreuen, die sagen: O Gott! und sich heimlich freuen. (Saadî, um 1215–1292; „Gulistân“) / Das Leben in der Welt ist falsch, und seine Liebhaber schwelgen in Falschheit. (Hazrat Inayat Khan, 1882–1927; „Gayan“)

Nur angeblich nach der Befreiung Suchende, die nicht den wahren Geist der Entsagung besitzen, versuchen dennoch, das Meer dieser Welt zu durchqueren. Doch trügerische Gier fasst sie am Nacken und zieht sie gewaltsam in die Tiefe, so dass sie auf halbem Weg ertrinken. (Shankara, 788–820; „Kleinod der Unterscheidung“) / Glaub angelernter Tugend nicht, und prüfe die Natur zuvor. Natur kommt endlich doch ans Licht und steigt ob jener doch empor. (Nârâjana, 9./10. Jhdt.; „Hitopadesa“) / Erkennst du etwas als falsch, so gib es sofort mit entschlossenem Sinn auf. (Shrî Râmakrishna, 1834–1886)

Einen Priester oder Asketen oder irgendeinen Bettler durch Falschheit zu täuschen – dies ist eine Ursache für des Menschen Verderben. (Gautama Buddha, um 550–480 v. Chr.; „Sutta-Nipâta“) / Die Welt wird durch Falschheit versklavt, sagt Saraha, und der Tor erkennt nicht seine wahre Natur. (Âryadeva, 3. Jhdt.; „Sarahas Liederschatz“) / Bleibt uns die geringste Vorstellung von Richtig und Falsch, wird unser Geist in der Verwirrung zugrunde gehen. (Seng-ts'an, gest. 606; „Hsin-hsin-ming“) / Wenn ein alter Hund grinst, möchte er beißen. (Sakya Pandita, 1182–1251; „Kostbare Schatzkammer der Tugenden“)

Familie

Soll ich meines Bruders Hüter sein? (Bibel AT; 1. Mos. 4,9) / Zwei sind es, die den Menschen wirklich kennen: der Schöpfer der Welt und die Ehefrau. (Chassidische Weisheit) / Das Wort „Familienbande" ... hat einen Beigeschmack von Wahrheit. (Karl Kraus, 1874–1936)

Jedes Reich, das in sich gespalten ist, geht zugrunde, und keine Stadt und keine Familie, die in sich gespalten ist, wird Bestand haben. (Bibel NT; Mt. 12,25) / Nur um eine liebende Frau her kann sich eine Familie bilden. (Friedrich von Schlegel, 1772–1829) / Alle glücklichen Familien gleichen einander. Jede unglückliche Familie ist auf ihre eigene Art unglücklich. (Leo Tolstoi, 1828–1910; „Anna Karenina")

Alle Geschöpfe sind Gottes Familie. (Mohammed, 570–632; „Hadith") / Haltet euch nicht von eurer Familie entfernt, wendet einander nicht den Rücken zu, o gute Diener Allahs, seid einander Brüder, wie Allah es euch gebietet. (Husayn-al-Sulami, 936–1021; „Futuwwah") / Ein Mann sagte einmal zu Ibrahim ibn Adhan: „Glücklich bist du, der du unverheiratet bist und dich ganz dem Dienste Gottes widmen kannst." Aber Ibrahim antwortete: „Die Unruhe und Sorge, die du für deine Familie hegst, ist besser als all meine Frömmigkeitsübungen." (al-Ghazâlî, 1058–1112; „Ihja ulum ad-din")

Ist jemand von Tatendrang und von den Eigenschaften der Dunkelheit erfüllt und hängt an Kindern, Frauen und Verwandtschaft, dann kann er sehr tief erleuchtet sein, aber das letzte Ziel wird er nie erreichen. (Maitrâyanî-Upanishad; 800–500 v. Chr.) / Lebe fern von Verwandten und nahe am Wasser! (Aus Indien) / Wenn einem Mann eine Frau zuteil wird, die die gute Sitte der Familie aufrechterhält, dann ist das Glück sein Lehrer, die Wissenschaft sein Genosse und sein Los sein Freund. (Aus Indien)

Das Familienleben ist voller Behinderung, ein Weg auf dem Staub der Leidenschaft. Wie schwierig ist es für den Mann, der in einer Familie lebt, das höhere Leben in all seiner Fülle, Reinheit und Vollkommenheit zu führen. (Gautama Buddha, um 550–480 v. Chr.) / Wie Rost ist der lieblose Streit in der Familie, ist die Verachtung der Weisheit. (Gautama Buddha, um 550–480 v. Chr.; „Dhammapada") / In einer friedlichen Familie kommt das Glück von selber. (Aus China) / Wenn man einen Hausstand mit Familie gründet und ihn nicht erhalten kann, gleicht man einem Narren ohne Verstand, der ein starkes Gift gegessen hat. (Gampopa, 1079–1153; „Der kostbare Rosenkranz")

Faulheit

Wo Trägheit wohnt, senkt sich das Gebälk; wo die Hände lässig sind, tropft es ins Haus. (Bibel AT; Pred. 10,18) / Kein Tagedieb wird überdrüssig, sich abzuhasten um ein Nichts: Sie gehn ein ganzes Leben müßig im Schweiße ihres Angesichts. (Oskar Blumenthal, 1852–1917) / Totschlag an der Zeit ist Raub am Leben. Wir leben unter einem Ultimatum Gottes. (Max Scheler, 1874–1928)

Wer nicht arbeiten will, soll auch nicht essen. (Bibel NT; 2. Thess. 3,10) / Abbas Poimen sagte: „Wie der Rauch die Bienen vertreibt und von ihrer Arbeit die Süßigkeit nimmt, so vertreibt die körperliche Bequemlichkeit die Furcht Gottes aus der Seele und zerstört ihr ganzes Werk." („Worte der Väter"; 5./6. Jahrhundert) / An sich ist Müßiggang durchaus nicht eine Wurzel allen Übels, sondern ist, im Gegenteil, ein geradezu göttliches Leben, solange man sich nicht langweilt. (Sören Kierkegaard, 1813–1855; „Entweder – Oder") / Der Himmel ist nicht für Faulenzer geschaffen. (Don Bosco, 1815–1888)

Der Teufel verführt alle Menschen, der Müßiggänger aber verführt den Teufel. (Aus der Türkei) / Für den Faulen ist schon eine Wolke eine Last. (Kaschgari, gest. um 1096) / Ein Bettler ist, wem anderer Müh verhilft zu seinem Brote. (Aus Persien)

Faulheit, Frauendienst, Kränklichkeit, zu große Anhänglichkeit an den Geburtsort, Genügsamkeit und Furchtsamkeit sind sechs Hindernisse der Größe. (Nârâjana, 9./10. Jhdt. n. Chr.; „Hitopadesa") / Die Pflege des heiligen Feuers, das Studium der drei Veden, das Ergreifen des Bettelstabes und das Bestreuen mit Asche bilden den Lebensunterhalt derer, denen Verstand und Arbeitslust abgeht. (Aus Indien) / Man gebe nicht die eigene Arbeit auf, bei sich denkend: „Das Schicksal wird es tun": Wer vermöchte ohne Arbeit Öl aus Samenkörnern zu gewinnen? (Aus Indien)

Ein Schwelger, der sich faul im Bett wälzt gleich den Schweinen, muss noch oft in dieser Welt erscheinen. (Gautama Buddha, um 550–480 v. Chr.; „Dhammapada") / Und lebt man hundert Jahre auch untüchtig, ohne ernsten Sinn: Weit besser ist ein einziger Tag des selbstvertieften Tüchtigen. (Gautama Buddha, um 550–480 v. Chr.; „Dhammapada") / Müßiggang ist der Vater von Leid und Schmerz; aber die Bemühungen der Güte schaffen Freude. (Aus Tibet)

Fehler

Magst deine Fehler noch so tief verstecken, sie werden doch manchmal die Hälse recken. (Talmud; 70–500 n. Chr.; Bemidbar II) / Die moralischen und intellektuellen Fehler in ihrer Gesamtheit sind die Scheidewände, welche den Menschen von Gott trennen. (Moses Maimonides, 1135–1204; „Acht Kapitel") / Ein kluger Entschluss reift unverhofft, blitzschnell und ohne Erwägung, doch Dummheiten machen wir allzu oft nach reiflichster Überlegung. (Oskar Blumenthal, 1852–1917)

Wenn ihr den Menschen ihre Fehler verzeiht, so wird euer Vater im Himmel auch eure Fehler verzeihen. (Bibel NT; Mt. 6,14) / Die meisten Menschen verkriechen sich in das Irdische wie die Schnecken in ihr Haus. Sie rollen sich um ihre eigene Zuchtlosigkeit zu einer Kugel zusammen wie die Igel. Sie haben vom seligen, unvergänglichen Gott ungefähr die gleiche Vorstellung wie von sich selbst. (Clemens von Alexandrien, um 150 bis ca. 215; „Paidagogos") / Ich kann an einer Person umso weniger einen Fehler ertragen, je mehr ich sie liebe. (Theresia von Avila, 1515–1582)

Sprich: Liebt ihr Gott, so folgt mir, dann wird Gott euch lieben und euch eure Fehler verzeihen; denn Gott ist allverzeihend, barmherzig. (Korân; Sure 3,30) / Dhu Nun hat gesagt: „Wer auf die Fehler anderer schaut, ist blind für seine eigenen Fehler. Wer auf seine eigenen Fehler schaut, kann die Fehler anderer nicht sehen." (Husayn-al-Sulami, 936–1021; „Futuwwah") / Wer kommt, dass er dir anderer Fehler aufzähle, bringt ohne Zweifel anderen deine Fehler. (Saadî, um 1215–1292; „Gulistân")

Wer ein schlechtes Gedächtnis hat, wird nicht darum herumkommen, seine Fehler zu wiederholen. (Aus Indien) / Sechs der Fehler meide hier auf Erden, willst du des Glückes teilhaftig werden: Jähzorn, Trägheit und Verdrossenheit, Schlafsucht, Furcht und Unentschlossenheit. (Nârâjana, 9./10. Jhdt.; „Hitopadesa") / Willst du einen Gegner überzeugen, so musst du ihm die besten und edelsten Züge seines Charakters vor Augen führen. Umwirb ihn auf diese Weise. Halte ihm nicht seine Fehler vor. (Mahatma Gandhi, 1869–1948)

Man soll nicht auf die Fehler von anderen sehen – auf das, was andere getan oder nicht getan haben. Vielmehr soll man bedenken, was man selbst getan oder nicht getan hat. (Gautama Buddha, um 550–480 v. Chr.; „Dhammapada") / Indem du deine eigenen Fehler anderen zuschiebst, gleichst du einem, der, auf einem Pferde sitzend, das Pferd vergessen hat. (Nâgârjuna, um 200 n. Chr.; „Merkverse der mittleren Lehre") / Zum Fehler der Geschwätzigkeit kann ein schwacher Glaube neben starkem Verstand führen. Zum Fehler engstirnigen Dogmatisierens kann ein starker Glaube neben schwachem Verstand führen. (Dvagpo-Lharje, um 1077–1152, „Kostbarer Rosenkranz")

Feind

Gott sprach zur Schlange: Feindschaft setze ich zwischen dir und dem Weibe und zwischen deinem Samen und ihrem Samen. (Bibel AT; 1. Mos. 3,15) / Fällt dein Feind, so freue dich nicht; und stürzt er, so frohlocke nicht dein Herz. (Bibel AT; Spr. 24,17) / Der Umstand, dass wir Feinde haben, beweist klar genug, dass wir Verdienste besitzen. (Ludwig Börne, 1786–1837) / Seine Feinde muss man nehmen, wie und wo man sie findet, meine Freunde kann ich mir aussuchen – glücklicherweise. (Arthur Schnitzler, 1862–1932)

Liebet eure Feinde; tuet Gutes denen, die euch hassen, und betet für eure Verfolger und Verleumder. (Bibel NT; Mt. 5,44) / Wer ist Feind? Der mir nicht gönnet, was mir Gott und Glücke schenkt, der bei Tag und Nachte sinnet, wie er Herz und Sinn mir kränkt, der nach meinem Leben trachtet, der nach meiner Wohlfahrt strebt. O, wird der für Feind geachtet, so ist Feind, wer immer lebt. (Friedrich von Logau, 1604–1655; „Feind") / Gott will, dass wir auch seine Feinde lieben. (Joseph Bernhart, 1881–1969)

Die Feindseligkeit eines Volkes soll euch nicht verleiten, anders denn gerecht zu handeln. Seid gerecht, das ist näher der Gottesfurcht. (Korân; Sure 5,9) / Gott erfüllt die Wünsche seiner Feinde, um sie stufenweise zu bestrafen, je nachdem er sie ablassen oder zunehmen lässt in Unbotmäßigkeit und Unglauben. (Abu Hanifa, 699–767) / Schlechte Fürsten sind die Feinde Gottes, und unsere Pflicht ist es, die Feinde aller Feinde Gottes zu sein. (Bokhari von Johor, 16./17. Jhdt.; „Die Krone aller Fürsten“) / Ich habe keine Feinde, o Gott, aber wenn ich je einen Feind haben sollte, lass seine Stärke meiner ebenbürtig sein. (Kahlil Gibran, 1883–1931; „Aphorismen“)

Wer sich aus übler Lage retten will, soll Gemeinschaft auch mit einem Feinde, der von einem Starken bedrängt ist, machen. Besser ein kluger Feind als ein törichter Freund. (Mahâbhârata; 500 v. Chr. bis 500 n. Chr.) / Man schädige kein Wesen, sondern beharre auf dem Wege der Freundlichkeit! Nachdem man einmal in dieses Dasein geraten ist, lebe man in Feindschaft mit niemandem! (Mahâbhârata; 12. Buch; 500 v. Chr. bis 500 n. Chr.) / Es gibt zwei Wege, um dich aus den Klauen eines Feindes zu retten: Gebrauche deine Hände, um zu kämpfen, oder deine Füße, um fortzulaufen. (Pantschatantra; 5. Jhdt)

Was auch ein Feind dem Feinde antun mag, was ein Hassender einem Gehassten – mehr schaden wird uns ein falsch geleiteter Geist. (Gautama Buddha, um 550–480 v. Chr.; „Dhammapada“) / Magst auch im Äußeren die Feinde gezähmt du haben, werden ihrer doch immer mehr, hast du im Inneren die eigene Seele bekehrt, findest du Feinde nicht mehr. (Milarepa, 1052–1135; „Sieben Legenden“) / Niemand hat bei seiner Geburt schon Feinde. Du schaffst sie dir selbst im Streit um Gut und Böse. (Bankei Eitaku, 1622–1693)

Fesseln

Wer seine Tochter an einen ungebildeten Menschen verheiratet, der wirft sie gleichsam gebunden einem Löwen vor. (Talmud; 70–500 n. Chr.) / Die Weisen tadeln diejenigen, welche sich durch Schwüre und Gelübde Fesseln anlegen, so dass sie Gefangenen ähnlich werden und sagen: „Hast du nicht an dem genug, was das Gesetz dir untersagt hat, dass du dir noch andere Dinge untersagst?“ (Moses Maimonides, 1135–1204; „Acht Kapitel“) / Von den beiden Universallastern ist Furcht leichter loszuwerden als Hoffnung. (Walther Rathenau, 1867–1922)

Verstand und Witz kann leicht ergötzen, doch fesseln kann allein das Herz. (Wilhelm Hey, 1789–1854) / Erkenntnis macht frei, Bildung fesselt, Halbbildung stürzt in Sklaverei. (Wilhelm Raabe, 1831–1910; „Gedanken und Einfälle“) / Alles, was den Menschen innerlich bereichert und erleuchtet, trägt ihn auch hinaus über den Bereich der äußeren Not. Auch die geringste Erweiterung des inneren Gesichtskreises gibt erhöhte Freiheit, sie entrückt den Geist um einige Grade den Fesseln der Körperlichkeit. (Peter Lippert, 1879–1936)

Wer nicht zu Gott geht durch die Zärtlichkeiten der Wohltat, wird zu ihm geführt durch die Ketten der Prüfung. (Ibn Ata’ullah, gest. 1309; „Hikam“) / Wo weltlich Gut nicht ist, ruhn wir auf Nesseln, und wo es ist, da wird es uns zu Fesseln. (Saadî, um 1215–1292; „Gulistân“) / Die Erde öffnet weit ihren Mund und verschlingt den Menschen und seine Werke: Sie erlöst unsere Seele von den Fesseln, die sie an den Leib binden. (Kahlil Gibran, 1883–1931; „Aphorismen“)

H Der Geist ist für die Menschen die Ursache von Fessel und Freiheit. Zur Fessel dient das Haften an der Sinneswelt, die Abkehr von ihr zur Freiheit. (Maitrâyanî-Upanishad VI.; 800–500 v. Chr.) / Die Ketten, die uns durch unsere Unwissenheit binden, durch lustvolle Begierden und die Früchte unseres Karmas, kann niemand lösen außer uns selbst, wenn auch nur in unzähligen Wiedergeburten. (Shankara, 788–820; „Kleinod der Unterscheidung") / Fessellos abgeschnitten strahlt der feste Stand des Weisen, nicht aber des Toren gekünstelte Ruhe, dessen Geist voller Verlangen ist. (Ashtâvakra-Gîtâ; ca. 2. Jhdt. v. Chr.) / Alles, was unsere Neigungen in uns eingeschlossen hält und ihre freie Auswirkung nach außen hemmt, vergiftet unser Leben. (Rabindranâth Tagore, 1861–1941; „Meine Lebenserinnerungen")

B Die Fesseln des Geistes sind: leidenschaftliches Verlangen, Sehnsucht, Durst, heißes Begehren und Drang nach Sinnenfreuden, nach Körperberührung, nach sichtbaren Gestalten. (Gautama Buddha, um 550–480 v. Chr.; „Majjhima-Nikâya") / Nur die, welche nichts lieben und nichts hassen, tragen keine Fesseln. (Gautama Buddha, um 550–480 v. Chr.; „Dhammapada") / Dann sprach der Herr seine Mönche an und sagte: Ich bin von allen Fesseln befreit. Auch ihr, meine Schüler, seid von allen Fesseln befreit. (Gautama Buddha, um 550–480 v. Chr.; „Vinaya, Mahavagga")

Festigkeit

J Die den Herrn fürchten, machen ihr Herz fest. (Bibel AT; Sir. 2,17) / Kein fremder Gott soll in dir sein. Noch sollst du dich vor einem Gott der Fremde hinwerfen. Beides sind identische Sünden. (Moses Maimonides, 1135–1204; „Mischna-Kommentar") / Nicht Wächter, nicht Verteidiger der Mauer sind wir, sondern die Mauer selbst, und jeder von uns ist ein lebendiger Ziegel dieser Mauer. (Chajim Arlosoroff, 1899–1933)

C Gottes Gnade wird euch innerlich fest machen. (Bibel NT; Hebr. 13,9) / Nichts ist so hart und ehern, dass es nicht durch die Glut der Liebe bezwungen werden könnte. (Aurelius Augustinus, 354–430) / Jeder Dumme ist fest überzeugt; und jeder fest Überzeugte ist dumm: je irriger sein Urteil, desto größer sein Starrsinn. Die Festigkeit gehört in den Willen, nicht in den Verstand. (Balthasar Gracian, 1601–1658)

I Diejenigen, die alles als Gottes Bestimmung ansehen, wenden sich in allem Gott zu. (Nûrî, gest. 907) / Die Menschen errichten feste Mauern um ihre Ansichten, damit ihr Denken und Fühlen nicht durch die Kerkergitter entweiche. (Hazrat Inayat Khan, 1882–1927; „Gayan") / Seltsam, dass Geschöpfe ohne Rückgrat die härteste Schale haben. (Kahlil Gibran, 1883–1931; „Aphorismen")

H Wer fest begründet in der Erleuchtung verharrt, gilt schon in diesem Leben als frei. Seine Seligkeit ist unendlich. Fast vergisst er diese Welt der Erscheinungen. (Shankara, 788–820; „Kleinod der Unterscheidung") / Wer Erkenntnis erlangt hat, der ängstigt sich nicht vor den schlecht meinenden Worten anderer. Sein Geist ist fest und unerschütterlich wie der Amboss in einer Schmiede, der fest und ohne Schaden bleibt, obwohl un-

unterbrochen wuchtige Hammerschläge auf ihn niederkrachen. (Shrî Râmakrischna, 1834–1886) / Unbeugsamkeit und Güte sind gleich wirksam, wenn sie mit Weisheit angewendet werden. (Paramhansa Yogânanda, 1893–1952; „Autobiografie“)

Wie ein fester Felsen nicht vom Wind erschüttert wird, so bleibt der weise Mensch unbewegt durch Lob oder Tadel. (Gautama Buddha, um 550–480 v. Chr.; „Dhammapada“) / Hat man große Eigenschaften, Fähigkeiten und Kräfte, ist aber ohne geistige Festigkeit, gerät man leicht auf den Abweg, sie bei weltlichen Ritualen für Laien zur Schau zu stellen. (Gampopa, 1079–1153; „Der kostbare Rosenkranz“) / Wenn euer Geist ruhig und stetig ist, dann könnt ihr euch von der lauten Welt fern halten, selbst wenn ihr mitten in ihr steht. Inmitten von Lärm und Veränderung werdet ihr ruhig und gefestigt sein. (Shunryu Suzuki, 1905–1971; „Zen-Geist“)

Feuer

Die Worte des Herrn sind geläutert im Feuer, gereinigt von Schlacken, siebenmal gereinigt. (Bibel AT; Ps. 1,7) / Zanke nicht mit einem Schwätzer, dass du nicht Holz zutragest zu seinem Feuer. (Bibel AT; Sir. 8,1) / Was Feuer und Wasser nicht zerstören können, das zerstört der Meineid. (Talmud; 70–500 n. Chr.; Schebuoth 39a)

Um Feuer auf die Erde zu streuen, bin ich gekommen; und wie sehr wünsche ich, dass es brenne. (Bibel NT; Lk. 12,49) / Wenn Gott ein Feuer ist, so ist mein Herz ein Herd, auf welchem er das Holz der Eitelkeit verzehrt. (Angelus Silesius, 1624–1677; „Der Cherubinische Wandersmann“) / Tradition heißt nicht die Asche aufheben, sondern die Flamme weiterreichen. (Ricarda Huch, 1864–1947)

Die aber unsere Zeichen verwerfen und sich mit Verachtung von ihnen abwenden, sollen die Bewohner des Feuers sein; darin müssen sie bleiben. (Korân; Sure 7,36) / Das Feuer der Hölle brennt nur für die, die Gott nicht erkennen. Denn die Gotterkenner sind selbst Träger eines Lichts und Feuers, das alle anderen Feuer verschlingt. (Bâyazîd Bistâmî, gest. 874) / Der Volksmund sagt, dass durch Geduld der Kieselstein selbst zu Rubin wird, doch dann nur, wenn durch Herzensblut die glühende Röte ihm verliehen wird. (Hâfis, 1326–1390; „Der Sänger von Schiras“) / Wie das Feuer eine Speise kochen oder verbrennen kann, so wirkt Leid auf das menschliche Herz. (Hazrat Inayat Khan, 1882–1927; „Gayan“)

Wie aus einem hellen Feuer zu Tausenden ihm gleiche Funken hervorgehen, so entstehen aus dem Unwandelbaren allerlei Wesen und kehren in ihn zurück. (Mundaka-Upanishad II.; 800–500 v. Chr.) / Hat auch das Feuer dir dein Haus verheert, wer ist's, der trotzdem nicht das Feuer ehrt? (Nârâjana, 9./10. Jhdt.; „Hitopadesa“) / Feuer an sich ist weder gut noch böse. Wärmt es uns, so freuen wir uns an ihm, brennt es uns, so sind wir ihm gram. – Ebenso verhält es sich mit der Welt. (Swâmi Vivekânanda, 1862–1902; „Karma-Yoga“)

Drei Feuer sind zu meiden, nicht zu unterhalten: das Feuer der Lust, das Feuer des Hasses, das Feuer der Verblendung. – Und drei Feuer sind zu verehren und zum wahren Heile zu üben: das Feuer der kindlichen Ehrfurcht, das Feuer des guten Hausvaters und das Feuer frommer Spende. (Gautama Buddha, um 550–480 v. Chr.; „Anguttara-Nikâya“) / Wie das Feuer an der einen Stelle aufflammt, an der anderen dagegen verlischt, so ist es auch bei den Buddha aufzufassen, dass sie bald zu sehen, bald nicht zu sehen sind. (Maitreyanâtha, um 300 n. Chr.; „Schmuck der Sutren des Mahayana“) / Ein brennendes Feuer im Winter verbreitet Wohlgefühl; wenn der Sommer kommt – nur lästige Hitze. (Bankei Eitaku, 1622–1693)

Finsternis

Ob ich schon wanderte im finstern Tal, fürcht ich kein Unglück, denn du bist bei mir. (Bibel AT; Ps. 23,4) / Das Volk, das im Dunkel lebt, sieht ein helles Licht; über denen, die im Land der Finsternis wohnen, strahlt ein Licht auf. Du erregst lauten Jubel und schenkst große Freude. (Bibel AT; Jes. 9,1–2) / Beim Schein einer Kerze wählt man weder Diamanten noch Frauen aus. (Jüdisches Sprichwort)

Wer da saget, er sei im Licht, und hasset seinen Bruder, der ist noch in der Finsternis. (Bibel NT; 1. Joh. 2,9) / Denn wäre die Gerechtigkeit ohne die Barmherzigkeit, verbündete sie sich mit der Finsternis der Grausamkeit und wäre eher Ungerechtigkeit als Gerechtigkeit. (Katharina von Siena, 1347–1380) / Die Finsternis ist die größte Feindschaft des Lichts und ist doch die Ursache, dass das Licht offenbar wird. (Jakob Böhme, 1575–1624)

Er schuf euch aus einem einzigen Wesen; dann machte er aus diesem seine Gattin; und er sandte für euch hernieder acht Haustiere in Paaren. Er erschafft euch in den Schößen eurer Mütter, Schöpfung nach Schöpfung, in dreifacher Finsternis. (Korân; Sure 39,6) / Die Edelsten, die je die Welt gelehrt, die man noch jetzt als leuchtend Licht verehrt, sie blieben in der Finsternis. Nur Märchen erzählten sie und sind dann heimgekehrt. (Omar Khayyâm, um 1045–1122; „Sinnsprüche“) / Das Licht ist des Herzens Heer und Finsternis das des „Fleisches“. Wenn Gott jemand helfen will, schickt er ihm Heere von Licht und schneidet die Macht der Finsternis ab von ihm und die Macht alles andern. (Ibn Ata'ullah, gest. 1309; „Hikam“)

Finsternis war durch Finsternis verborgen im Anfang. Unterschiedslose Wasserflut war dies alles, umschlossen von der Leere als Gefährten. (Rigveda 10,117; 1500–500 v. Chr.) / In blindes Dunkel treten ein, die dem Nichtwissen huldigen. In noch größere Finsternis, als diese ist, geraten die, welche am Wissen sich ergötzen. (Brhadâranyaka-Upanishad; 800–500 v. Chr.) / Wem Gelehrsamkeit zum Streit, Geld zum Hochmut, ein ausgezeichneter Verstand zum Betrügen anderer und eine hohe Stellung zur Demütigung der Leute dient, dem ist Licht zur Finsternis geworden. (Aus Indien)

Eng begrenzt ist das Leben im Hause, eine Stätte der Finsternis, Freiheit ist im Verlassen des Hauses. Dieweil er so dachte, verließ er sein Haus. (Gautama Buddha, um 550–480 v. Chr.) / Menschen, die kindisch und dumm sind, irren abseits der Erleuchtung umher. Wenn sie eine geschlossene Faust sehen, glauben sie, dass etwas darin steckt. (Yung-chia Hsüan-chüeh, 665–713; „Shodoka")

Fleiß

Früh am Morgen säe deinen Samen, und bis zum Abend lass deine Hand nicht ruhen! Denn du weißt nicht, was glückt, ob dies oder jenes oder ob beides zugleich gelingt. (Bibel AT; Pred. 11,6) / Heimisch in der Welt wird man nur durch Arbeit. Wer nicht arbeitet, ist heimatlos. (Berthold Auerbach, 1812–1882; „Das Landhaus am Rhein") / Nur arbeitsame Menschen sind aus sich heraus fröhlich, friedlich und gut. (Berthold Auerbach, 1812–1882; „Der Lauterbacher")

Seid nicht träge in dem, was ihr tun sollt. (Bibel NT; Röm. 12,11) / Mit dem Fleiß bringt ein mittelmäßiger Kopf es weiter als ein überlegener ohne denselben. (Baltasar Gracián, 1601–1658; „Handorakel") / Wer immer angelt, dem nimmer mangelt. (Friedrich von Logau, 1604–1655; „Fleiß")

Erst binde dein Kamel an, und dann vertraue auf Gott! (Mohammed, 570–632; „Hadith") / Sitz müßig nicht! Nein, kratze das Papier, und schreibst du nicht, spitz eine Feder dir! (Daulatschah, gest. 1492) / Ein schwarzes Brot, die Frucht eigenen Fleißes, schmeckt saftiger als fremder Tische weißes. (Saadî, um 1215–1292; „Bostân")

Besser als die Unwissenden sind diejenigen, die Bücher lesen; besser als diese – die das Gelesene behalten; besser als diese – die das Gelesene verstehen; besser als diese – die ans Werk gehen. (Aus Indien) / Wie uns mit einer einzigen Hand nicht Händeklatschen kann gelingen, so kann auch ohne Menschenfleiß das Schicksal nichts vollbringen. (Pantschatantra; 5. Jhdt.) / Wenn Lust und Fleiß da sind, braucht man keinen Verstand, und wenn jene fehlen, ist auch der Verstand nicht von Nutzen. (Aus Indien)

Wenn das Feuer nicht geschürt wird, kann das Essen nicht gar werden. (Aus der Mongolei) / Eine Jahres Aussichten bestimmt der Frühling, die eines Tages das Morgenrot, die der Familie ihre Eintracht, die des Lebens der Fleiß. (Aus China) / Die fleißige Hand überwindet Not; Wohlstand und Erfolg sind des Fleißigen Gefährten. (Aus Tibet)

Flucht

Wohin soll ich fliehen vor seinem Geiste? Wohin mich verbergen vor seinem Angesichte? Steig ich zum Himmel empor, so bist du da. Steig ich in die Tiefen der Erde hinunter, so bist du auch dort. Borgt ich mir die Flügel der Morgenröte, flöge bis ans fernste Meer, so wird auch dort deine Hand mich führen und deine Rechte mich leiten. (Bibel AT; Ps. 138,7ff.) / Man kann sich selbst nicht entgehen. (Franz Kafka, 1883–1924; „G. Janouch, Gespräche mit Kafka") / Wer da schreit: „Dem Volke muss die Religion erhalten bleiben", lügt; gemeint ist: „Das Volk muss der Religion erhalten bleiben." Das Volk ist ihr in großen Teilen weggelaufen. (Kurt Tucholsky, 1890–1935; „Schnipsel")

Ein schöner Rückzug ist ebenso viel wert wie ein kühner Angriff. Man bringe seine Taten, wann ihrer genug, wann ihrer viele sind, in Sicherheit. (Baltasar

Gracián, 1601–1658; „Handorakel der Weltklugheit") / Der Weise suchet Ruh und fliehet das Getümmel, sein Elend ist die Welt, sein Vaterland der Himmel. (Angelus Silesius, 1624–1677; „Der Cherubinische Wandersmann") / Wer da glaubt, zu Gott zu gelangen, indem er die Welt flieht, wann und wo hofft er ihn da zu finden? Wie weit will er fliehen? Nein, wer feige flieht, kann ihn nirgends finden. (Friedrich Heiler, 1892–1967)

Flieh vor den Dummen, wie es Jesus tat! (Dschelâleddin Rûmî, 1207–1273) / Wer seinen Rücken zeigt in der Schlacht, kann nachher sein Gesicht nicht mehr zeigen. (Aus Persien) / Hunderte von Dingen magst du ausprobieren, doch Liebe allein wird dich von dir selbst erlösen. So fliehe nie vor der Liebe, nicht einmal vor der Liebe in irdischer Gestalt, denn sie ist Vorbereitung auf die höchste Wahrheit. (Dschâmî, 1414–1492; „Diwan")

Die zu mir (Gott Vishnu) flüchten, strebend nach Erlösung von Alter und Tod, die kennen dieses Brahman ganz, das höchste Selbst, das ganze Werk. (Bhagavadgîtâ; ca. 300 v. Chr.) / Gottesliebe ist keine Flucht aus der Rauheit des Lebens, sondern Bereitschaft zu dienen. (Sarvepalli Radhakrishnan, 1888–1975) / Schwierigkeiten und Fallgruben verschwinden nicht dadurch, dass wir sie übersehen. (Jawaharlal Nehru, 1889–1964)

Nicht in der Luft, im Meer, in Bergeinsamkeit ist ein Ort, wo man sich von böser Tat befreit. (Gautama Buddha, um 550–480 v. Chr.; „Dhammapada") / Flieht wie ein wildes Tier vor allem, was euch einfangen will. (Geshe Drom, 11. Jhdt.; „Kadamthorbu") / Wenn ihr versucht, vor euren Gedanken zu fliehen, indem ihr von einem Ort zum anderen zieht, bekommt ihr zwar neue Gedanken, doch diese werden nicht unbedingt eure eigenen sein. (Sokei-an Roshi, 1882–1945; „Der Zen-Weg")

Folgen

Sie säen Wind und werden Sturm ernten. (Bibel AT; Hos. 8,7) / Wer vorgibt, mit Blindheit, Fallsucht oder Lahmheit geschlagen zu sein, wird nicht sterben, ehe er wird, was er vorgab zu sein. (Talmud; 70–500 n. Chr.; Kethuboth 68a) / Da es Dinge gibt, die geworden und vergänglich sind, muss es auch eine Entität geben, die ungeworden und unvergänglich ist – und dies ist Gott. (Moses Maimonides, 1135–1204; „Moreh Newuchim")

Die Arznei macht kranke, die Mathematik traurige und die Theologie sündhafte Leute. (Martin Luther, 1483–1546; „Deutsche Schriften") / Jesus Christus will nicht Bewunderer, sondern Nachfolger. Der Bewunderer ist die billige Volksausgabe des Nachfolgers. (Sören Kierkegaard, 1813–1855) / Für seine Handlungen sich allein verantwortlich fühlen und allein ihre Folgen, auch die schwersten, tragen, das macht die Persönlichkeit aus. (Ricarda Huch, 1864–1947)

Sieh auf den Ausgang in jedem Dinge, streut man dir Körner, so sieh die Schlinge! (Firdausî, 935–1021, „Schah-Nameh") / Kannst du den Stich nicht ertragen, stecke doch deinen Finger nicht ins Skorpionenloch. (Saadî, um 1215–1292; „Gulistân") / Es gibt nichts, was wir vom Jahrmarkt des Lebens nehmen, wofür wir nicht früher oder später den Preis entrichten. müssen. (Hazrat Inayat Khan, 1882–1927; „Gayan")

Ein kluger Mann soll, geht er an irgendein Werk, sei es ein gutes oder böses, sorgfältig an die Folgen denken: Die Folgen der Taten, die man übereilt vollbracht hat, schmerzen wie ein Pfeil im Herzen bis zum Tode. (Aus Indien) / Wenn das Selbst durch den Irrtum verschleiert ist, so entsteht das Gebundensein an das Nichtselbst, das persönliche „Ich“, und aus diesem entspringt das Leiden der Welt. (Shankara, 788–820; „Sankaracharya“) / Wir sollen nicht die Erlösung von den Folgen der Sünde suchen, sondern die Erlösung von der Sünde an sich. (Mahatma Gandhi, 1869–1948)

Wenn einer mit unreinem Denken spricht oder handelt, dann folgt ihm das Leiden nach wie das Rad dem Fuße des Zugtieres. Wenn jemand mit reinem Geiste spricht oder handelt, so folgt ihm Glück so wie ein Schatten, der ihn nie verlässt. (Gautama Buddha, um 550–480 v. Chr.; „Dhammapada“) / Wissensnotwendig ist, dass die Folgen vergangener Handlungen als Quelle aller Leiden unvermeidbar sind. (Dvagpo-Lharje, um 1077–1152; „Kostbarer Rosenkranz“) / Wer ins Feuer bläst, dem fliegen leicht die Funken ins Auge. (Aus China)

Fortschritt

Wie fortgeschritten auch immer die Studien eines Mannes sein mögen, er muss sich doch fortlaufend an die Quelle aller Weisheit zurückbegeben. (Moses Maimonides, 1135–1204; „Mischna-Kommentar“) / Warum scheuen Sie es auch so sehr, etwas zu wiederholen, was schon vor Ihnen gesagt worden ist? In Verbindung mit Ihren eigenen Gedanken erscheint das Alte selbst doch immer von einer neuen Seite. (Moses Mendelssohn, 1729–1786; „An Kant 1770“) / An Fortschritt glauben heißt nicht glauben, dass ein Fortschritt schon geschehen ist. Das wäre kein Glauben. (Franz Kafka, 1883–1924; „Aphorismen“)

Für den Fortschritt unseres Herzens verzichte ich gern auf alle meine anderen Freuden. (Franz von Sales, 1567–1622) / Wie groß sind die Fortschritte der Menschheit, wenn wir auf den Punkt sehen, von dem sie ausging, und wie klein, betrachten wir den Punkt, wo sie hin will. (Franz Grillparzer, 1721–1872; „Aphorismen, 1820“) / Jeder Fortschritt ist Zurechtweisung und Weiterführung, beides schmerzlich. Es ist anzunehmen, dass der Schmetterling aus der Puppe nicht ohne Schmerzen entschlüpft. (Antonin-Gilbert Sertillanges, 1863–1948) / Fortschritt! – Das heißt: Unsere Leiden werden mehr und feiner. (Joseph Bernhart, 1881–1969)

Wer Gott erkennt, fragt nichts mehr. Wer Gott noch nicht erkannt hat, wird auch die Worte der Gotterkenner nicht begreifen. (Bâyazîd Bistâmî, gest. 874) / Reise, o Freund, aus dir selber und in dein eigenes Herz: Solch Reise verwandelt ein Staubkorn in goldene Herrlichkeit. (Dschelâleddin Rûmî, 1207–1273) / Geduldiges Ausharren ist ein Zeichen von Fortschritt. (Hazrat Inayat Khan, 1882–1927; „Gayan“) / Die größte Tragödie der Welt ist der Mangel an allgemeiner Entwicklung. (Hazrat Inayat Khan, 1882–1927; „Gayan“)

Der Mensch schreitet nicht vom Irrtum zur Wahrheit fort, sondern von Wahrheit zu Wahrheit, von der tieferen zur höheren Wahrheit. (Swâmi

Vivekânanda, 1862–1902; „Erkenntnisse des Hinduismus“) / Immer weicht das Ziel vor uns zurück. Je größer der Fortschritt, umso größer die Erkenntnis unseres Unwerts. Die Genugtuung liegt im Streben, nicht im Erreichen. (Mahatma Gandhi, 1869–1948; „Jung-Indien“) / Ein würdiges Ziel bedarf würdiger Mittel; denn nicht einwandfreie Mittel verdunkeln oft das ins Auge gefasste Ziel. (Jawaharlal Nehru, 1889–1964)

Der Anfänger auf dem Weg zur Weisheit hat noch viele Möglichkeiten, sich zu entscheiden. Doch der Fortgeschrittene hat nur mehr wenig Möglichkeiten. (Gautama Buddha, um 550–480 v. Chr.; „Dhammapada“) / Es ist eine Schande eurer eigenen Seele gegenüber, wenn ihr nicht erleuchtet seid. Ihr sollt Tag für Tag Fortschritte machen und die Last von Geist und Seele verringern. (Sokei-an Roshi, 1882–1945; „Der Zen-Weg“) / Trotz der riesigen Vermehrung des Wissens und trotz aller zivilisatorischen Fortschritte sind wir bis zum heutigen Tage noch keinen Schritt über die Weisheit eines Buddha, eines Laotse, eines Plato, eines Christus oder eines Mohammed hinausgekommen. Dennoch können wir nicht behaupten, dass diese großen Lehrer der Menschheit umsonst gelebt hätten. (Lama Govinda, 1898–1985; „Buddhistische Reflexionen“)

Frauen

Die Anmut einer Frau ergötzt ihren Mann, und ihre Klugheit erquickt sein Gebein. (Bibel AT; Sir. 26,13) / Gott hat das Weib nicht aus des Mannes Kopf geschaffen, dass sie ihm befehle, noch aus seinen Füßen, dass sie seine Sklavin sei, sondern aus seiner Seite, dass sie seinem Herzen nahe sei. (Talmud; 70–500 n. Chr.) / Wer keine Frau genommen hat, der ist, als wäre er nur eine Hälfte. (Talmud; 70–500 n. Chr.; Jebamoth 83) / Nicht sollen die Frauen Gedichte machen, sie sollen versuchen, Gedichte zu sein. (Oskar Blumenthal, 1852–1917; „Einer Dichterin“) / Die Frauenseele ist für mich ein offenes Buch – geschrieben in einer unverständlichen Sprache. (Ephraim Kishon, geb. 1924)

Frauen erlangen die echte Schönheit vor allem, wenn sie mit eigener Hand arbeiten und so ihren Körper üben und sich selbst aus eigener Kraft schmücken, indem sie nicht den von anderen hergestellten Schmuck verwenden. (Clemens von Alexandrien, um 150 bis um 215; „Paidagogos“) / Die Frauen sind ein liebliches Geheimnis: nur verhüllt, nicht verschlossen. (Novalis, 1772–1801) / Die Frau, die ihren Mann nicht beherrschen will, ist eine Heilige. (Marie von Ebner-Eschenbach, 1830–1916) / Wenn ich mit einem Fuß im Grabe stehe, werde ich die Wahrheit über die Frauen sagen. Ich werde sie sagen, in meinen Sarg springen, den Deckel über mich ziehen und rufen: „Jetzt macht, was ihr wollt!“ (Leo Tolstoi, 1828–1910)

Und sprich zu den gläubigen Frauen, dass sie ihre Blicke zu Boden schlagen und ihre Keuschheit wahren sollen und dass sie ihre Reize nicht zur Schau tragen sollen, bis auf das, was davon sichtbar sein muss. (Korân; Sure 24,31) / Was auch Frauen sagen mögen, man muss das Gegenteil davon tun, damit das Richtige herauskomme. (Nizâm ul-Mulk, 1018–1092; „Sîyâstnâma“) / Die Frau gleicht der Nacht, und ihr Licht ist das Licht des

Mannes, der als Mond an ihrem Himmel steht. (Nizâmî, 1141–1209; „Sieben Geschichten“) / Wenn zwei Frauen sprechen, sagen sie nichts aus; wenn eine Frau spricht, enthüllt sie das ganze Leben. (Kahlil Gibran, 1883–1931; „Aphorismen“)

Der Frauen Güte ist, zu lieben einen Mann; die ist nicht gut, die mehr als einen lieben kann. (Mahâbhârata; 500 v. Chr. bis 500 n. Chr.) / Der Vater schützt sie in Mädchenjahren, und die Gemahlin soll der Gatte wahren; es schirmt der Sohn die Mutter, ist sie alt; nie habe über sich ein Weib Gewalt. (Nârâjana, 9./10. Jhdt.; „Hitopadesa“) / Wie kann eine Nation vorankommen, wenn die Hälfte ihrer Mitglieder in einer Art Gefängnis gehalten wird? (Jawaharlal Nehru, 1889–1964)

Sagen denn nicht unsere Dichter etwas sehr Verkehrtes von den Frauen, wenn sie stets von schwachen Frauen reden? Die, von deren schwanker Augensterne Blitz getroffen Himmelsgötter selbst erliegen, sind die schwach zu nennen? (Bhartrihari, 7. Jhdt.) / Wer der Frau glaubt, betrügt sich. Wer ihr nicht glaubt, wird betrogen. (Aus China) / Während unter dem Aspekt der physischen Form Männer und Frauen offensichtlich verschieden sind, gibt es unter dem Aspekt des Buddha-Geistes überhaupt keinen Unterschied. (Bankei Eitaku, 1622–1693)

Freigebigkeit

Mancher gibt viel und wird doch noch reicher. (Bibel AT; Spr. 11,24) / Wer den Armen gibt, dem wird es nicht mangeln. (Bibel AT; Spr. 28,27) / Was dir Menschen geben, musst du bezahlen mit dem, was du hast, oder teurer mit dem, was du bist. (Ludwig Börne, 1786–1837; „Über den Umgang mit Menschen“) / Wer Gastfreundschaft übt, bewirtet Gott selbst. (Aus Israel)

Wenn du aber Almosen gibst, so lass deine linke Hand nicht wissen, was die rechte tut! (Bibel NT; Mt. 6,3) / Man gibt Almosen, um der Not abzuhelfen, aber nicht, um die Faulheit auf die Weide zu treiben. (Aurelius Augustinus, 354–430) / Wenn doch die Leute dächten, dass nicht Gaben Gott wohl gefallen, sondern das Herz, das die Gaben gibt! (Jeremias Gotthelf, 1797–1854) / Nicht darauf kommt es an, dass man ein argloses Menschenkind mit Schätzen überhäuft, als vielmehr einzig nur darauf, dass man seinen oft recht bescheidenen Wunsch erfüllt. (Peter Rosegger, 1843–1918; „Waldheimat“)

Ich wurde gefragt, warum ich weniger und weniger besitze, während alle anderen mehr und mehr haben. Ich sagte: „Gott gibt mir mehr und mehr Freigebigkeit und anderen mehr und mehr Besitz und Vermögen.“ (Husayn-al-Sulami, 936–1021; „Futuwwah“) / Brot gewähren ist der Gipfelpunkt aller Menschlichkeit und der Kern aller Freigebigkeit. (Nizâm ul-Mulk, 1018–1092; „Sîyâstnâma“) / Ein Stein aus Freundes Hand ist ein Apfel. (Maurisches Sprichwort) / Großzügigkeit besteht nicht darin, dass du mir gibst, was ich mehr benötige als du. Sie besteht jedoch darin, dass du mir das gibst, was du eher benötigst als ich. (Kahlil Gibran, 1883–1931; „Aphorismen“)

Der erst genießt, der auch dem Armen mitteilt, der hinschleicht, Nahrung bittend, abgemagert; wer ihm in seinem Hilferuf Gehör schenkt, hat für die Zukunft einen Freund gewonnen. (Rigveda 10,117; 1500–500 v. Chr.) / Nur der Freigebige fühlt sich frei vom Besitz. (Aus Indien) / Wie Wasser ohne Aufenthalt unter einer Brücke hindurchfließt, so rinnt das Geld durch die Hände der Freien, ohne jemals von ihnen angehäuft zu werden. (Râmakrishna, 1834–1886) / In deiner Welt bist du wirklich einsam, eingeschlossen in einen stets sich verändernden Traum, den du für das „Leben" hältst. Meine Welt ist eine offene Welt, für alle da, allen zugänglich. (Sri Nisargadatta Maharaj, 1897–1981; „Ich bin")

Jene, die anderen etwas geben, um dafür etwas zu erhalten, schießen Pfeile himmelwärts. Der Pfeil, der zum Himmel geschossen wird, kehrt zur Erde zurück. Wenn sich Einsatz und Ergebnis die Waage halten, bleibt nichts übrig. Ganz etwas anderes ist es, sich ohne Hoffnung auf Belohnung zu bemühen. (Yung-chia Hsüan-chüeh, 665–713; „Shodoka") / Sich selbst, den Körper, Rede und Herz dem Grund der heiligen Wahrheit schenken, das ist das höchste und das beste Tun. (Phadampa Sangay, um 1100) / Verachtet Freigebigkeit nicht, denn durch Freigebigkeit erlangen wir die geistigen Freuden der Menschen und Götter. (Geshe Drom, 11. Jhdt.; „Kadamthorbu")

Freiheit

Die Freiheit ist jedem gegeben. Wenn der Mensch sich zum Guten wenden und ein Gerechter werden will, so kann er das. (Moses Maimonides, 1135–1204; „Die starke Hand") / Die menschliche Freiheit besteht lediglich darin, dass sich die Menschen ihres Wollens bewusst und der Ursachen, von denen sie bestimmt werden, unbewusst sind. (Baruch Spinoza, 1632–1677) / Freiheit kann gar nichts anderes heißen als seiner innersten Natur sklavisch folgen zu dürfen. (Rahel Varnhagen, 1771–1833) / Nur der Mensch ist frei, der sich seine eigenen Gedanken im Kopfe ausbildet, niemand etwas nachspricht, was er nicht versteht und selber einsieht; der die Gesetze kennt, die Gott in seine Brust geschrieben hat, und ohne Menschenfurcht ihnen gerecht zu werden strebt. (Berthold Auerbach, 1812–1882; „Das Schatzkästlein des Gevattersmanns")

Alles ist mir erlaubt, aber nicht alles ist heilsam. Alles ist mir erlaubt, aber ich darf mich von nichts beherrschen lassen. (Bibel NT; 1. Kor. 6,12) / Das Gesetz der Freiheit ist das Gesetz der Liebe. (Aurelius Augustinus, 354–430) / Frei sein heißt sich selbst besitzen. (Henri D. Lacordaire, 1802–1861) / Soweit deine Selbstbeherrschung geht, so weit geht deine Freiheit. (Marie von Ebner-Eschenbach, 1830–1916)

Da Gott die Gläubigen als freie Individuen erschaffen hat, so ist der Glaube und der Unglaube die freie Tat der Menschen. (Mohammed, 570–632) / Ein Baum, der Früchte trägt, hat nie vorm Stein der Buben Frieden; wer leere Hände hat, ist frei wie die Zypress' hienieden. (Dschâmî, 1414–1492; „Diwan") / Es ist von vitaler Bedeutung, dass die Bürger meines oder irgendeines anderen Landes sich jedweder Art der verfassungsmäßigen Freiheit erfreuen – mit Ausnahme der Freiheit, ihr Land zu verraten. (Reza Schah Pahlevi, 1919–1980)

Der gesamte Kosmos mit allem, was darin existiert, ist von Göttlichkeit durchdrungen. Erkenne dies, und entsage dem Vergänglichen. Das führt zu wahrer Freiheit und vollkommener Freude. (Îshâ-Upanishad; 800–500 v. Chr.) / Das Streben nach Freiheit besteht in der Sehnsucht, durch die Erkenntnis der Wahrheit die Ketten, die der Irrtum geschmiedet hat, zu zerbrechen, die Bande der Selbstsucht und der Sinnlichkeit zu zerstören. (Shankara, 788–820; „Sankaracharya“) / Nur wer ohne Furcht und Hass lebt, ist ein freier Mensch. (Dhan Gopal Mukerdshi, 1890–1936; „Wir pilgern zum Himalaya“)

Nur die, welche nichts lieben und nichts hassen, tragen keine Fesseln. (Gautama Buddha, um 550–480 v. Chr.; „Dhammapada“) / Wer frei von Verantwortung ist, wohnt irgendwo, solange er will; in einem einsamen Tempel, am Fuße eines Baumes oder in Höhlen, frei von der Pein des Behütens des Besitzes; er wandelt, wie es ihm gefällt. (Sântideva, 7. Jhdt.; „Bodhicaryâvatâra“) / Hast du nie einen Menschen gesehen, der die Wahrheit selbst ist, der, über aller Wissenschaft und Lehre stehend, sich auch über alles Wirken und Bewirkte erhebt und völlig frei ist? (Yung-chia Hsüan-chüeh, 665–713)

Fremde

Einen Fremdling sollst du nicht bedrücken. Ihr wisst, wie dem Fremdling zumute ist; seid ihr doch auch Fremdlinge gewesen im Lande Ägypten. (Bibel AT; 2. Mos. 23,9) / Ein Fremdling bin ich auf Erden. (Bibel AT; Ps. 118,19) / Wer das Recht des Fremden verletzt, der verletzt das Recht Gottes. (Talmud; 70–500 n. Chr.; Hagiga 5a) / Das Recht zum Anderssein legitimiert sich in dem Empfinden für das Recht eines jeden anderen. (Leo Baeck, 1873–1956; „Dieses Volk“) / Es ist ein unsägliches Glück, irgendwo in der Fremde zu Hause zu sein – denn es ist eine Synthese unserer beiden Sehnsüchte: nach der Wanderschaft und nach der Heimat – eine Synthese von Werden und Sein. (Georg Simmel, 1858–1918)

Die Religion ist das Gebiet des innersten Selbst des Menschen. Da am wenigsten darf er ein Fremder sein. (Johann Gottlieb Fichte, 1762–1814) / In der Fremde erfährt man, was die Heimat wert ist. (Ernst Wiechert, 1887–1950; „Heinrich von Plauen“) / Jedes Volk hat seine Vorzüge und seine Fehler. Die Fehler erkennt der Fremde sofort, die Vorzüge oft sehr viel später. (Romain Rolland, 1866–1944)

Was du verdankst fremden Gnaden, ist dem Leib ein Gewinn, der Seele ein Schaden. (Saadî, um 1215–1292; „Gulistân“) / Ich und mein Bruder gegen unseren Vetter, wir drei gegen den Fremden. (Aus Ägypten) / Es ist ärger, in wesensfremder Umgebung zu sein als im Grab. (Hazrat Inayat Khan, 1882–1927; „Gayan“) / Das Haus stirbt nicht, das einen Gast willkommen heißt. (Aus dem Sudan)

Im Traum ist die Zeit zu kurz, in fremde Gegenden zu gehen. Denn niemand, wenn er aufgewacht, findet in jener Gegend sich. (Mândûkya-

Upanishad; 800–500 v. Chr.) / Nie sollst du einem Manne Wohnung geben, der dir nach Stamm und Sinn ein Fremdling ist. (Nârâjana, 9./10. Jhdt.; „Hitopadesa") / Selbst ein Fremder ist unser Angehöriger, wenn er uns Nutzen bringt, und selbst ein Angehöriger ist uns ein Fremder, wenn er uns Schaden bringt: Eine Krankheit bringt Schaden, obgleich sie in unserem eigenen Leibe erzeugt wird, und eine Arznei bringt Nutzen, obgleich sie aus dem Walde kommt. (Aus Indien)

„Gehört der zu uns oder ist er fremd?", so fragt die geistig beschränkte Herde. Wer weiter blickt, sieht als Verwandtschaft an alle Bürger der fruchtbaren Erde. (Bhartrihari, 7. Jhdt.) / Eine Hand voll Heimaterde ist mehr wert als zehntausend Pfund fremden Goldes. (Wu Cheng-en, um 1500–1582) / Lerne, diejenigen zu lieben, die dir nicht ähnlich sind, die anders erscheinen, deiner eigenen Kultur und deiner eigenen Geschichte fremd. Sie sind die anderen Spiegel deiner selbst. (Drugpa Rinpoche, gest. 1989; „Tibetische Weisheiten")

Freude

Süß ist dem Auge das Licht, und köstlich ist es, die Sonne zu schauen. Ja, wenn der Mensch viele Jahre lebt, so freue er sich an ihnen allen, und er gedenke der Tage des Dunkels! (Bibel AT; Pred. 11,7–8) / Frohsinn im Herzen ist Leben für den Menschen, und Frohlocken verschafft einem Manne langes Leben. (Bibel AT; Sir. 30,22) / An wem die Menschen Wohlgefallen haben, an dem hat auch Gott Wohlgefallen; an wem aber die Menschen kein Wohlgefallen haben, an dem hat auch Gott kein Wohlgefallen. (Talmud; 70–500 n. Chr.; Aboth III,10) / Wer keine Freude an der Welt hat, an dem hat die Welt auch keine Freude. (Berthold Auerbach, 1812–1882)

Dies habe ich zu euch geredet, damit meine Freude in euch sei und eure Freude vollkommen werde. (Bibel NT; Joh. 15,11) / Lange Ersehntes wird mit größerer Freude empfangen; was aber schnell gewährt wird, achtet man nicht. (Aurelius Augustinus, 354–430) / Wer nur Gott liebt in den Geschöpfen und die Geschöpfe nur in Gott, der findet wahre, rechte Freude allenthalben. (Meister Eckhart, um 1260–1327) / Ich bin Gottes Freude und er ist meine Qual. (Mechthild von Magdeburg, um 1208–1282) / Ich freue mich an meiner Freude, von, in, mit, bei, auf und zu meiner Freude. (Sören Kierkegaard, 1813–1855)

Ihr zieht das Leben im Diesseits dem Jenseits vor? Die Freuden des Erdenlebens sind klein im Vergleich mit denen des Jenseits. (Korân; Sure 9,38) / Von hier und dort befreit dich die Verzückung. – Die Hand voll Staub, sie hindert nicht am Flug! (Muhammad Iqbâl, 1873–1938; „Das Buch der Ewigkeit") / Wenn du dich daran erfreust, deinen Nächsten zu lieben, hört es auf, eine Tugend zu sein. (Kahlil Gibran, 1883–1931; „Aphorismen")

Aus der Freude werden alle Wesen geboren, aus der Freude leben sie, in die Freude gehen sie, wenn sie von hinnen scheiden, ein. (Taittirîya-Upanishad; 800–500 v. Chr.) / Alle Freuden, welche aus der Berührung mit der Welt entspringen, sind eine Quelle der Leiden; sie haben einen

Anfang und ein Ende. (Bhagavadgîtâ; ca. 300 v. Chr.) / Wer alle Güter erwirbt, Freuden in Fülle schmeckt, wird nicht glücklich, er gäbe denn alles auf. (Ashtâvakra-Gîtâ; ca. 2. Jhdt. v. Chr.) / Die Freuden soll man froh genießen und lasse sich kein Leid verdrießen, da sich uns, wie auf einem Rad, bald Missgeschick, bald Freude naht. (Nârâjana, 9./10. Jhdt.; „Hitopadesa“)

Wir können weise sein und voll Freundlichkeit zu allen Lebewesen. Wer mitfühlend lebt, dessen Leben wird heiter und gelassen. (Gautama Buddha, um 550–480 v. Chr.; „Dhammapada“) / Dann saß der Erhabene im Lotossitz sieben Tage lang am Fuße des Bodhi-Baumes und erlebte die Freude der Freiheit. (Gautama Buddha, um 550–480 v. Chr.; „Vinaya, Mahavagga“) / Der Tor ist nicht immer unglücklich, und der Weise nicht immer erfolgreich; aber nie war eines Narren Freude vollkommen, noch war ein Weiser gänzlich unglücklich. (Aus Tibet)

Freundschaft

Ein treuer Freund, ein starker Schutz! Wer ihn gefunden hat, fand einen Schatz. (Bibel AT; Sir. 6,14) / Setze selten deinen Fuß in das Haus deines Freundes, er möchte sonst deiner satt werden. (Bibel AT; Spr. 25,17) / Der von Mehltau befallene Fruchtbaum schließt Freundschaft mit dem unfruchtbaren. (Talmud; 70–500 n. Chr.; Baba Kama 92b) / Unter all meinen Freunden und Weggenossen fand ich noch jeden froh entschlossen, des andern Weisheit zu verlachen und seine Torheit nachzumachen. (Oskar Blumenthal, 1852–1917)

Gepriesen sei derjenige, der uns immer als treuer Freund zur Seite steht, wenn wir seine Freundschaft suchen. (Theresia von Avila, 1515–1582) / Die Freundschaft vermehrt das Gute und verhindert das Schlimme; sie ist das einzige Mittel gegen das Unglück, sie ist das Aufatmen der Seele. (Balthasar Gracian, 1601–1658) / Gründe deine Freundschaft auf Gott, und dann liebe deinen Freund mehr als dein Leben. (Mary Ward, 1585–1645)

O die ihr glaubt, nehmt euch nicht solche zu vertrauten Freunden, die nicht zu euch gehören; sie werden nicht verfehlen, euch zu verderben. (Korân; Sure 3,118) / Birg dein Geheimnis vor dem liebsten Freunde, sonst sagt er's denen, die ihm die Liebsten sind. (Aus Persien) / Dawud al-Balkhi hat gesagt: „Die Liebe eines Menschen, der keine Schwierigkeiten bereitet, ist von langer Dauer. Die Beziehung zu einem Freund, der schüchtern und bescheiden ist, bereitet Vergnügen. Aber Freunde, die fortwährend Bedürfnisse und Forderungen haben, sind unerträglich.“ (Husayn-al-Sulami, 936–1021; „Futuwwah“)

Eine Freundschaft, die nur aus Besorgnis geschlossen und von Furcht begleitet wird, bedarf der Vorsicht wie eine Hand vor dem Schlangenmund. (Mahâbhârata; 500 v. Chr. bis 500 n. Chr.) / Geh zu deines reichen Freundes Haus, wenn du gerufen bist! Zu des armen Freundes Haus geh ungerufen! (Aus Indien) / Wer Freund mit Gott sein will, muss entweder allein bleiben oder sich die ganze Welt zum Freunde machen. (Mahatma Gandhi, 1869–1948; „Mein Leben“)

Gut ist die Gesellschaft von Menschen, die nach Weisheit streben. Lautere und mitfühlende Menschen erfreuen unser Herz. (Gautama Buddha, um 550–480 v. Chr.; „Dhammapada“) / Man sollte sich an Freunde halten, die ihre Gedanken in der Gewalt haben und deren Anschauungen und Lebensweise mit einem in Einklang stehen. (Gampopa, 1079–1153; „Der kostbare Rosenkranz“) / Nur die geistig Beschränkten unterscheiden in Freund und Feind. Der geistig Freie liebt sie gleichermaßen, denn es ist ungewiss, wer ihm einst mehr helfen wird. (Sakya Pandita, 1182–1251; „Erlesene Aussprüche“)

Frieden

Sie werden ihre Schwerter zu Pflugscharen schmieden und ihre Spieße zu Rebmessern. Kein Volk wird wider das andre das Schwert erheben, und sie werden den Krieg nicht mehr lernen. (Bibel AT; Jes. 2,4) / Friede ist nicht Abwesenheit von Krieg. Friede ist eine Tugend, eine Geisteshaltung, eine Neigung zu Güte, Vertrauen, Gerechtigkeit. (Baruch Spinoza, 1632–1677) / Frieden wird nicht zwischen Freunden, sondern zwischen Feinden geschlossen. (Yitzhak Rabin, 1922–1995)

In welches Haus ihr kommt, da sprechet zuerst: Friede diesem Hause! Und wenn darin ein Kind des Friedens ist, so wird euer Friede auf ihm ruhen; wo nicht, wird er zu euch zurückkommen. (Bibel NT; Lk. 10,5–6) / So weit im Frieden, so weit in Gott, so weit außer Frieden, so weit außer Gott. (Aurelius Augustinus, 354–430) / Bewahre erst Frieden und Ordnung in dir selber, dann magst du auch Frieden und Ordnung in anderen herstellen. (Thomas a Kempis, 1380–1471)

Vielleicht geschieht es, dass Gott zwischen euch und denjenigen unter ihnen, mit denen ihr verfeindet seid, Frieden stiftet. Denn Gott ist ein Allmächtiger. Gott ist vergebungsreich und barmherzig. (Korân; Sure 60,7) / O Gott, du bist der Friede. Von dir kommt der Friede. So grüße uns, unser Herr, mit dem Frieden. (Mohammed, 570–632; „Hadith“) / Am Baume des Schweigens hängt seine Frucht, der Friede. (Aus Arabien) / Sari hat gesagt, dass der Friede des Menschen von fünf grundlegenden Dingen abhängt: dass er es vermeidet, mit üblen Menschen zusammen zu sein, dass er sich von gewöhnlichen Menschen fern hält und dass er in dieser Entfernung den Geschmack seiner eigenen Handlungen schmeckt, dass er es zugleich vermeidet, Menschen zu tadeln und Fehler an ihnen zu finden, und dass er dies so weitgehend tut, dass er es selbst übersieht, wenn sie gegen Allah rebellieren. (Husayn-al-Sulami, 936–1021; „Futuwwah“) / Frieden ist viel wertvoller als ein Stück Land. (Anwar el Sadat, 1918–1981)

Wer alle Begierden aufgibt, ohne Verlangen handelt, ohne Selbstsucht und Egoismus ist, dieser erlangt den Frieden. (Bhagavadgîtâ; ca. 300 v. Chr.) / Der Zustand des Schweigens ist ein Zustand vollkommenen Friedens, in dem der Intellekt aufhört, sich mit dem Unwirklichen zu beschäftigen. (Shankara, 788–820; „Kleinod der Unterscheidung“) / Es gibt keinen Weg zum Frieden. Der Frieden ist der Weg. (Mahatma Gandhi, 1869–1948)

Nirvana ist: „Alle Wahrnehmung hört auf, die Vielfalt kommt zur Ruhe, und es herrscht Friede. Nirgends ist irgendwem irgendeine Lehre von Buddha verkündet worden.“ (Nâgârjuna, um 200 n. Chr.; „Merkverse der mittleren Lehre“) / Wenn der Geist den Frieden findet, verschwindet die Dualität von selbst. (Seng-ts’an, gest. 606; „Hsin-hsin-ming“) / Seht euch die Welt an – zu allen Zeiten schrien die Menschen nach Frieden, doch es existiert kein Frieden. (Sokei-an Roshi, 1882–1945; „Der Zen-Weg“) / Wer selbst keinen inneren Frieden kennt, wird auch in der Begegnung mit anderen Menschen keinen Frieden finden. (14. Dalai-Lama, geb. 1935; „Mein Leben und mein Volk“)

Frömmigkeit

Der Fromme steht auf ewig festem Grund. (Bibel AT; Spr. 10,25) / Ein Frommer wird in Ewigkeit nicht wanken. (Bibel AT; Spr. 10,30) / In welcher glückseligen Welt würden wir leben, wenn alle Menschen die heiligen Wahrheiten annähmen und ausübten, die die besten Christen und die besten Juden gemeinsam haben. (Moses Mendelssohn, 1729–1786; „An Lavater in Zürich“) / Frömmigkeit ist freie Verehrung. Sklaven und Feige sind devot und bigott. (Walther Rathenau, 1867–1922; „Aphorismen“)

Die Frömmigkeit soll einen offenen, ungezwungenen Charakter annehmen. (Theresia von Avila, 1515–1582) / Es gibt zwei Sorten unter den Frommen: Die einen lieben mehr Christus, die anderen fürchten mehr den Teufel. (Joseph Bernhart, 1881–1969) / Das Entscheidende über die Frömmigkeit eines Menschen scheint mir darin zu liegen, wie er die Aufgaben seines Tages anfasst, ob aus der Fron eines täglichen Müssens oder aus der tiefen Lebendigkeit einer religiösen Seele. (Romano Guardini, 1885–1968)

Die Frömmigkeit besteht nicht darin, dass ihr das Antlitz nach Osten oder Westen richtet, sondern fromm ist, wer an Gott glaubt und an den Jüngsten Tag und an die Engel und an die Schrift und die Propheten; der voll Liebe von seinem Vermögen gibt: den Anverwandten, Waisen und Armen und den Pilgern, überhaupt jedem, der darum bittet; der Gefangene löst, das Gebet verrichtet, für Almosen spendet; der an eingegangenen Verträgen festhält; der geduldig Not und Unglück und standhaft Kriegsgefahr erträgt. Dieser ist gerecht; er ist wahrhaft gottesfürchtig. (Korân; Sure 2,178) / Die Frömmigkeit ist das gute Verhalten. Der Frevel ist das, was deine Seele beunruhigt und wovon du nicht magst, dass es die Menschen erfahren. (Mohammed, 570–632; „Hadith“) / Frömmigkeit bringt Segensfülle, ist des Frommen Absicht rein. (Saadî, um 1215–1292; „Bostân“) / Wahre Frömmigkeit ist Aufrichtigkeit. (Hazrat Inayat Khan, 1882–1927; „Vadan“)

Wer nicht den schlichten Glauben eines kleinen Knaben besitzt, der vermag nicht zu Gott zu gelangen. (Shrî Râmakrishna, 1834–1886) / Wir wissen von ganzen Völkern, die den Beistand Gottes angerufen haben, wenn Unglück über sie hereingebrochen war. Sie haben sich vor Gott erniedrigt und Tage der Demut, des Gebets und der Läuterung ausgerufen. (Mahatma Gandhi, 1869–1948) / Rechtschaffen handeln, die Schönheit lieben, demütig im Geiste der Wahrheit dahinwandern, dies ist die höchste Religion. (Sarvepalli Radhakrishnan, 1888–1975; „Religion und Gesellschaft")

B Die Wörter „glauben" und „beten" sind den Buddhisten fremd, da sie nicht „glauben", sondern verstehen und nicht „beten", sondern das, was sie verstehen, praktizieren. (Nyogen Senzaki, 1876–1958; „Keine Spur im Wasser")

Fruchtbarkeit

J Gott gebe dir vom Tau des Himmels und vom Fett der Erde und Korn und Wein die Fülle. (Bibel AT; 1. Mos. 27,28) / Siehe, es kommt die Zeit, da lasse ich (Jahve) David einen gerechten Spross erstehen. Der wird als König herrschen und Recht und Gerechtigkeit im Lande üben. (Bibel AT; Jer. 23,5) / Soll das kurze Menschenleben immer reife Frucht dir geben, musst du jung dich zu den Alten, alternd dich zur Jugend halten. (Paul von Heyse, 1830–1914)

C Ich bin der Weinstock, ihr seid die Reben. Wer in mir bleibt wie ich in ihm, der wird viele Frucht tragen. Denn ohne mich könnt ihr nichts tun. (Bibel NT; Joh. 15,5) / Man kann einen Baum nicht nach der Güte seiner Blätter einschätzen, sondern nur nach der Güte seiner Früchte. (Giordano Bruno, 1548–1600) / Nur das, was man in sich verarbeitet hat, wird fruchtbar. (Henri D. Lacordaire, 1802–1861) / Deine Taten sind nicht nur Früchte deiner Gesinnung, sondern sie werden auch wieder Wurzeln deiner Gesinnung. (Augustin Wibbelt, 1862–1947)

I Jedes Werk ist fruchtlos, das man nicht mit der Anrufung Gottes beginnt. (Mohammed, 570–632; „Hadith") / Fiel je ein Korn in die Erde, das sich nicht köstlich entfaltet? Glaubst du denn, dass sich das Korn, das die Menschen sind, anders gestaltet? (Dschelâleddin Rûmî, 1207–1273) / Nur nach dem Baum, der Früchte trägt, wirft man mit Steinen. (Aus Arabien) / Säe ein Samenkorn in die Erde, und sie wird dir eine Blume hervorbringen. Träume deinen Traum zum Himmel, und er wird dir eine Geliebte bringen. (Kahlil Gibran, 1883–1931; „Aphorismen")

H Weder in Wahrheit noch durch Blendwerk kann das Nichtseiende entstehen. Weder in Wahrheit noch durch Blendwerk wird einer unfruchtbaren Frau jemals ein Sohn geboren. (Mândûkya-Upanishad; 800–500 v. Chr.) / Deine Aufgabe liegt allein im Handeln, nicht in dessen Früchten. Lasse nicht die Früchte deines Tuns deinen Beweggrund sein. (Bhagavadgîtâ; ca. 300 v. Chr.) / Wir müssen dem Mangobaum gleichen, der sich niederbeugt, wenn er Früchte trägt. (Mahatma Gandhi, 1869–1948)

B Ein lockerer Lebenswandel, mangelhafte Zucht und Unbeständigkeit trägt keine gute Frucht. (Gautama Buddha, um 550–480 v. Chr.; „Dhammapada") / Nichts von dem, was ein Mensch tut – seien es tugendhafte oder sündige Taten –, ist von geringem Gewicht. Alles trägt seine Früchte. (Gautama Buddha, um 550–480 v. Chr.; „Udâna") / Sät man keine Samen, entstehen keine Früchte. In gleicher Weise kann auch kein Glück oder Leid als Resultat entstehen, wenn kein heilsames oder unheilsames Karma angesammelt wurde. Denn mit den Auswirkungen von Taten, die man nicht begangen hat, kann man nicht zusammentreffen. (Jesche Tsöndrü, 1761–1816; „Die Elixiere der Erleuchtung“)

Furcht

Die Furcht des Herrn ist Weisheit; und das Böse zu meiden ist Verstand. (Bibel AT; Hiob 28,28) / Der Herr ist mein Licht und mein Heil. Wen soll ich fürchten? Und lagert sich ein Heer um mich: Mein Herz bleibt unerschrocken. (Bibel AT; Ps. 26,1) / Gott hat einst über die Menschen mit Furcht geherrscht; jetzt aber regiert er uns mit Liebe. (Moses de Léon, geb. um 1240; „Sohar“) / Es ist nichts zu fürchten als die Furcht. (Ludwig Börne, 1786–1837; „Kritiken“) / Von den beiden Universallastern ist Furcht leichter loszuwerden als Hoffnung. (Walther Rathenau, 1867–1922; „Aphorismen“)

In der Welt habt ihr Angst; aber seid getrost, ich habe die Welt überwunden. (Bibel NT; Joh. 16,33) / Brachte Furcht es zuwege, dass du nicht sündigtest, die Liebe bringt es zuwege, dass du selbst dann nicht sündigen wolltest, wenn du es ungestraft könntest. (Aurelius Augustinus, 354–430) / Kein Leiden oder Gedränge und Tod kann überwunden werden mit Ungeduld, Flucht und Trostsuchen, sondern allein damit, dass man fest still steht und ausharrt, ja, dem Unglück und Tod kühn entgegengeht. Denn wahr ist das Sprichwort: „Wer sich vor der Hölle fürchtet, der fährt hinein!“ Ebenso wer sich vor dem Tod fürchtet, den verschlingt der Tod ewiglich; wer sich vor Leiden fürchtet, der wird überwunden. Furcht tut nichts Gutes. Darum muss man frei und mutig in allen Dingen sein und fest stehn. (Martin Luther, 1483–1546) / Im Unglück finden wir die Ruhe wieder, die uns durch die Furcht vor dem Unglück geraubt wurde. (Marie von Ebner-Eschenbach, 1830–1916)

Die Furcht machte mich krank, die Sehnsucht verbrannte mich, die Liebe fesselte mich, und Gott hat mich wieder belebt. (Dhû’n-Nûn, ca. 796–859) / O Gott, wie soll ich mich vor dir fürchten, wo du doch gnädig bist, und wie soll ich mich nicht vor dir fürchten, wo du doch mächtig bist? (Yahya ibn Mu’adh, gest. 871) / Es gibt zwei Arten von Furcht vor Allah: die äußere Furcht, die dich dazu bringt, dass du in dieser Welt nur um Allahs willen handelst, und die innere Furcht, die verhindert, dass du etwas anderes im Herzen aufnimmst als Allah. (Husayn-al-Sulami, 936–1021; „Futuwwah“)

Man braucht nicht zu fürchten, dass jemand seinen festen Charakter verliert, der einmal verachtet worden ist. Die Flamme des Feuers geht nicht nach unten, wenn man das Feuer nach unten kehrt. (Nârâjana, 9./10. Jhdt. n. Chr.; „Hitopadesa“) / Aus Furcht vor einem Fehler nichts anzufangen ist das Zeichen eines schlechten Mannes. (Nârâjana, 9./10. Jhdt. n. Chr.; „Hitopadesa“) / Schau der Furcht ins Auge, und sie wird dich nicht ängstigen. (Paramhansa Yogânanda, 1893–1952; „Autobiografie“)

Wer liebevoll und mitfühlend mit anderen gelebt hat, muss den Tod nicht fürchten. (Gautama Buddha, um 550–480 v. Chr.; „Jâtaka“) / Der Gedanke: „Ich bin nicht, und ich werde nicht sein, nichts ist mein, und nichts wird mein sein" bedeutet für den Toren Schrecken, für den Weisen Schwinden der Furcht. (Nâgârjuna, um 200 n. Chr.; „Juwelenkette") / Leben und Tod sind die gleiche Sache. Wenn wir diese Tatsache erkennen, haben wir keine Furcht mehr vor dem Tod, und wir haben keine eigentliche Schwierigkeit in unserem Leben. (Shunryu Suzuki, 1905–1971; „Zen-Geist")

Gaben

Ich will sein Angesicht versöhnen durch die Gabe, die vor mir hergeht; und dann will ich sein Angesicht sehen, vielleicht wird er mich annehmen. (Bibel AT; 1. Mos. 32,21) / Drei kostbare Geschenke hat Gott Israel gewährt, und keins davon ist frei von Kümmernis: das Gesetz, das Land und die Welt, die da kommen soll. (Talmud; 70–500 n. Chr.; Berachot 5a) / Will man einen Menschen kennen lernen, dann sehe man nur, wie er sich benimmt, wenn er Geschenke annimmt oder gibt. (Ludwig Börne, 1786–1837; „Aphorismen") / Freude ist keine Gabe des Geistes; sie ist eine Gabe des Herzens. (Ludwig Börne, 1786–1837)

Alle gute Gabe und alle vollkommene Gabe kommt von oben herab. (Bibel NT; Jak. 1,17) / Alles, was ich kann, kommt von Gott. (Bibel NT; 2. Kor. 3,5) / Wo deine Gabe liegt, da liegt auch deine Aufgabe. Wo deine Gabe liegt, da liegt auch deine Gefahr. (Emil Brunner, 1889–1966) / Der Verstand und die Fähigkeit, ihn zu gebrauchen, sind zwei verschiedene Gaben. (Franz Grillparzer, 1791–1872)

Und Allah hat einige von euch vor den andern mit Gaben begünstigt. Und doch wollen die Begünstigten nichts von ihren Gaben denen zurückgeben, die ein Recht darauf haben, auf dass sie daran gleich wären. (Korân; Sure 16,71) / Gaben von Geschöpfen sind Beraubung, Hinderung von Gott ist eine Wohltat. (Ibn Ata'ullah, gest. 1309; „Hikam") / Viele fühlen, einige denken, und wenige können ihren Gedanken Ausdruck verleihen. (Hazrat Inayat Khan, 1882–1927; „Gayan")

Die kostbarste Gabe des Lebens ist der Traum von einem höheren Leben. (Sarvepalli Radhakrishnan, 1888–1975; „Religion und Gesellschaft") / Der Mensch ist ein geborenes Kind; seine höchste Gabe ist die Gabe des Wachsens. (Rabindranâth Tagore, 1861–1941) / Eine Breifütterung mit dem Löffel ist weder für Kinder noch für Nationen gut. (Jawaharlal Nehru, 1889–1964)

Die Lehre ist die beste aller Gaben, sie wird am allerköstlichsten dich laben. Die Lehre ist die höchste aller Freuden; die Weltabkehr vernichtet alle Leiden. (Gautama Buddha, um 550–480 v. Chr.; „Dhammapada") / Des Menschen Leben: frei, begabt, ist wahrhaft die höchste Gabe; erbärmlich, welche ziellos es verschwenden. (Phadampa Sangay, um 1100) / Alle Menschen besitzen die Gabe des Bewusstseins, aber nicht alle Menschen besitzen „Geist" oder können als geistige Menschen bezeichnet werden. (Lama Govinda, 1898–1985; „Buddhistische Reflexionen")

Ganzheit

Das Leben ist eine Krankheit, die ganze Welt ein Lazarett, und der Tod ist unser Arzt. (Heinrich Heine, 1797–1856; „Reisebilder“) / Gäbe es einen Moment, wo wir Gott ganz und durchaus lieben könnten, so bräche die Welt zusammen. (Walther Rathenau, 1867–1922) / Alles Isolierte führt irre. Nur die Ganzheit ist zuverlässig und leitet den Menschen zum Heil. (Martin Buber, 1878–1965)

Gott ist ganz und unversehrt und ohne zeitlichen Anfang. (Hildegard von Bingen, 1098–1179) / Der Welt liegt viel an mir; lebt ich nicht diesen Blick (Ich bin ein Teil davon): Das Ganze ging in Stück. (Angelus Silesius, 1624–1677; „Der Cherubinische Wandersmann“) / Der Mensch ist in seinem Dasein nur zweimal ein völlig Ganzes: im gedankenlosen Genusse der Jugend und in der bedingungslosen Ergebung des Alters. (Peter Rosegger, 1843–1918)

Suche und bete um Weisheit in deinem Wissen, um die Offenbarung in deiner Weisheit und um die Wahrnehmung der göttlichen Essenz in deiner Offenbarung. Aber du solltest auch wissen, dass du das wahre Wissen um Allah in seiner Ganzheit niemals erlangen wirst. (Husayn-al-Sulami, 936–1021; „Futuwwah“) / Wer Gott kennt, sieht ihn in allen Dingen. (Ibn Ata'ullah, gest. 1309; „Hikam“) / Zu allen Dingen gibt es das Gegenteil, und in einem jeden Ding existiert der Geist des Gegenteils. (Hazrat Inayat Khan, 1882–1927; „Gayan“)

Einige meinen, Gott erschuf die Schöpfung zum Genuss sich selbst. Andere meinen, sie diene ihm allein zum Spielzeug nur. Doch diese Schöpfung ist fürwahr das eigne Wesen Gottes. (Mândûkya-Upanishad; 800–500 v. Chr.) / Leid und Lust sind dir gleich: Du bist der Ganze. Gleich in Hoffnung und Hoffnungslosigkeit, gleich sind dir Tod und Leben – so geh zum Verschmelzen. (Ashtâvakra-Gîtâ; ca. 2. Jhdt. v. Chr.) / Der Mensch kann nicht in einem einzelnen Lebensbereich recht tun, während er in irgendeinem anderen unrecht tut. Das Leben ist ein unteilbares Ganzes. (Mahatma Gandhi, 1869–1948)

Hast du die allererste Wahrheit verstanden, so hast du auch die allerletzte verstanden. Keine von beiden ist jedoch die *eine* Wahrheit. (Wu-men Hui-kai, 1183–1260; „Wu-men-kuan“) / Geist, Atem und Seele – in diesen drei'n beschlossen liegt alles: Werden und Sein. (Wu Cheng-en, um 1500–1582) / Als Weltmensch blicken wir nach außen auf die Vielfalt der Sinnesobjekte, als religiöser Mensch nach innen auf die Ganzheit des Ursprungs, auf das Bewusstwerden der universellen Einheit in der Vielheit der Erscheinungen. (Lama Govinda, 1898–1985; „Buddhistische Reflexionen“)

Geben

Dem, der ihm wohl gefällt, gibt Gott Weisheit und Einsicht und Freude. (Bibel AT; Pred. 2,24) / Des Narren Geschenk wird dir nicht viel frommen; denn mit einem Auge gibt er, und mit sieben Augen siehet er, was er dafür kriege. (Bibel AT; Sir. 20,14) / Das Geben verwandelt den Drang eines Menschen, grausam zu sein, in herzliche Güte. Dies ist der wichtigste Dienst des Gebens. (Rabbi Nachmann, 1771–1810)

Gott ist's tausendmal dringender, zu geben, als uns, zu nehmen. (Meister Eckhart, um 1260–1327) / Gott verlangt nichts vom Menschen, ohne ihm zugleich die Kraft dafür zu geben. (Edith Stein, 1891–1942) / Ich glaube, dass Gott uns in jeder Notlage so viel Widerstandskraft geben will, wie wir brauchen. Aber er gibt sie nicht voraus, damit wir uns nicht auf uns selbst verlassen. (Dietrich Bonhoeffer, 1906–1945)

Wer ein zusätzliches Reittier hat, der sollte es jemandem geben, der keines hat. Wer überflüssige Nahrungsmittel hat, sollte sie denjenigen geben, die keine haben. (Husayn-al-Sulami, 936–1021; „Futuwwah") / Ich mag viel lieber geben als empfangen, um vor dem Wiedergeben nicht zu bangen. (Nizâmî, 1141–1209; „Iskander Name") / Wenn er dir gibt, so zeigt er seine Güte, und wenn er vorenthält, ist's seine Macht. (Ibn Ata'ullah, gest. 1309; „Hikam")

Gehäufte Schätze recht zu wahren, muss man sie spendend andern reichen; so lässt man in die Felder rieseln das Wasser, aufgespart in Teichen. (Pantschatantra; 5. Jhdt.) / Genau wie der Körper sich unbewusst in Ordnung bringt, so bin ich unablässig beschäftigt, die Welt in Ordnung zu bringen. (Sri Nisargadatta Maharaj, 1897–1981; „Ich bin")

Gebt Gaben den Bedürftigen, weiht tugendhaftes Tun dem Heile aller Wesen. (Milarepa, 1052–1135; „Sieben Legenden") / Höchstes Geben besteht darin, an nichts gebunden zu sein. (Geshe Drom, 11. Jhdt.; „Kadamthorbu") / Der Buddhist gibt ohne Zweck und empfängt ebenso ohne anderes Motiv, ohne zu unterscheiden, ob er gibt oder bekommt, denn er erkennt, dass nichts ihm gehört. (Sokei-an Roshi, 1882–1945; „Der Zen-Weg")

Gebet

Ich bin müde von meinem Rufen, vertrocknet ist meine Kehle. Meine Augen verzehren sich im Harren auf meinen Gott. (Bibel AT; Ps. 69,4) / Es schreie ein jeder zu Gott und erhebe sein Herz zu ihm, als hinge er an einem Haar und der Sturmwind brauste bis zum Herzen des Himmels, bis dass er nicht wüsste, was er tun solle, und beinahe keine Zeit mehr hätte zu schreien. (Rabbi Nachmann, 1771–1810; „Worte des Rabbi Nachmann") / Das Gebet kommt aus dem Gedanken, dass in Wahrheit die Seele ständig betet. (Abraham Isaak Kook, 1865–1935; „Die Seele betet immer")

Alles, um was ihr im Gebete glaubend bitten werdet, das werdet ihr erhalten. (Bibel NT; Mt. 21,22) / Je weniger Wort, je besser Gebet; je mehr Wort, je ärger Gebet. (Martin Luther, 1483–1546; „Deutsche Schriften") / Gebet ist für das Geistesleben, was das Atemholen für das Leibesleben ist. (John Henry Newman, 1801–1890)

Wenn ihr zum Gebet hintretet, so wascht euer Gesicht und eure Hände bis zu den Ellbogen, und wischt euch mit den nassen Händen über den Kopf, und wascht eure Füße bis zu den Knöcheln. (Korân; Sure 5,6) / Trage

Gott, den Geliebten, immer in deinem Herzen. Lass dein Gebet, den „Dhikr", das Gebet deines Herzens sein. (Abdul Khâliq Ghijduwânî, gest. 1220) / Das Gebet ist das Lied der Seele. Es erreicht Gottes Ohr, selbst wenn es mit dem Schrei und dem Lärm von tausend Menschen vermengt ist. (Kahlil Gibran, 1883–1931; „Aphorismen")

Auf welche Weise du willst, so bete zu ihm. Gewiss wird er dich vernehmen, denn er vernimmt doch schon den Schritt einer Ameise. (Shrî Râmakrishna, 1834–1886) / Wenn ich Gott nicht rufe im Gebet, wenn ich Gott nicht halte im Herzen, so wartet doch seine Liebe zu mir auf meine Liebe zu ihm. (Rabindranâth Tagore, 1861–1941) / Das Gebet ist der Schlüssel für den Morgen und der Türriegel für den Abend. (Mahatma Gandhi, 1869–1948)

Die Befreiung erlangt man nicht durch Gebete, den Glauben oder die Einweihung in Geheimorden und Mysterien, sondern indem man ein ehrliches, würdiges Leben führt. (Nyogen Senzaki, 1876–1958; „Keine Spur im Wasser")

Geborgenheit

Gott bringt Verlassene wieder heim, führt Gefangene heraus zum Wohlstand. (Bibel AT; Ps. 68,7)

Ihr wart wie Schafe, die sich verlaufen haben; jetzt aber seid ihr auf den rechten Weg zurückgebracht worden und folgt dem Hirten, unter dessen Schutz ihr steht. (Bibel NT; 1. Petr. 2,25)

Wenn du eine Macht willst, die nimmer vergeht, so stütze dich nimmer auf Macht, die vergeht. (Ibn Ata'ullah, gest. 1309; „Hikam")

Ob deinem Haus ein Greis genaht, ein Knabe deine Schwelle trat, stets sollst du ehren, wie es frommt, den Gast, der aus der Fremde kommt. (Nârâjana, 9./10. Jhdt.; „Hitopadesa")

Wir sollten lernen, wie ein starker Baum zu stehen und in sich zu ruhen. Wenn wir nicht mehr hin- und hergerissen werden, beginnen wir, das Glück zu ahnen. (Gautama Buddha, um 550–480 v. Chr.; „Jâtaka")

Gebote

Tuet nichts zu den Worten hinzu, die ich euch gebiete, und nehmet nichts davon ab, sondern haltet die Gebote des Herrn, eures Gottes. (Bibel AT; 5. Mos. 4,2) / Rabbi Jakum lehrte: Wer das Gebot: „Du sollst nicht begehren" übertritt, ist, als ob er alle Zehn Gebote übertreten hat. (Talmud; 70–500 n. Chr.; Pessiqta Rabbathi, Kap. 21) / Sieben Gebote wurden den Nachkommen Noahs erteilt: Rechtspflege, Gott nicht zu lästern, keinen Götzendienst zu treiben, Unzucht zu vermeiden, nicht zu morden und nicht Fleisch vom lebendigen Tier zu entnehmen. (Talmud; 70–500 n. Chr.; Sanhedrin 56a) / Wenn man auf Gottes Gebote hört, wird eines Menschen Stellung auch in der Welt verbessert, während Ungehorsam sie zerstört. (Moses Maimonides, 1135–1204; „Moreh Newuchim")

Das ist die Liebe zu Gott, dass wir seine Gebote halten; und seine Gebote sind nicht schwer. (Bibel NT; 1. Joh. 5,3) / Die dogmatische Religion ist ein Gebot; die mystische Religion stützt sich auf die innere Erfahrung unseres Herzens. (Germaine de Staël, 1766–1817) / Du kannst bei den Geboten stehen und kannst weit von Gott weg sein. (Hermann Hesse, 1877–1962)

Wenn ich euch etwas verboten habe, dann meidet es. Und wenn ich euch etwas geboten habe, so vollbringt es, soviel ihr könnt. (Mohammed, 570–632; „Hadith") / Der gehört nicht zu uns, wer sich der Kleinen unter uns nicht erbarmt und die Alten nicht ehrt. (Mohammed, 570–632; „Hadith") / Du bist wahrhaft wohltätig, wenn du gibst. Und wenn du gibst, drehe dein Gesicht weg, damit du nicht die Schüchternheit des Empfängers siehst. (Kahlil Gibran, 1883–1931; „Aphorismen")

Der Bösgesittete, welcher Tiere gegen die Vorschrift tötet, wird so viel Tage in furchtbarer Hölle wohnen, wie das Tier Haare zählt. (Yâjnavalkya; 2.–5. Jhdt.) / Verliebte, Trunkene, Geistesgestörte, Erzürnte, Müde, Furchtbedrohte und Lässige, Eilige, Gierbetörte, was scheren die sich um Gebote? (Nârâjana, 9./10. Jhdt.; „Hitopadesa") / Sorge dich nicht um deine Person, wirf alle Sorgen auf Gott – dieses Gebot scheinen alle Religionen zu kennen. (Mahatma Gandhi, 1869–1948)

Töte nicht und nimm nicht, was dir nicht gegeben wird. Halte dich zurück von Unkeuschheit und falscher Aussage. Nimm weder Gold noch Silber an. (Gautama Buddha, um 550–480 v. Chr.; „Khuddaka-Nikâya") / Wem des andern Weib wie die eigene Mutter ist, wer nicht begehrt des andern Gut, nicht lügt, nicht Rauschtrank trinkt, nicht Lebewesen schädigt, wer die Grenzen innehält, wes Herz voll Erbarmen ist, wer allen Stolz aufgegeben, der Rechtschaffene allein vermag deinen Füßen Dienst zu tun. (Râma-Candra, 13. Jhdt.; „Bhakti – Hundert Verse") / Sämtliche Gebote beruhen auf dem allen empfindenden Wesen gemeinsamen Begehren zu leben. Um zu leben, müssen wir geben und nehmen und sollten dies üben. (Sokei-an Roshi, 1882–1945; „Der Zen-Weg")

Geburt

Gibt es eine Eigenschaft der menschlichen Natur, die man nicht erwerben kann, die angeboren sein muss, so ist es die Dummheit. (Ludwig Börne, 1786–1837) / Eine gewordene Hexe ist ärger als eine geborene. (Jüdisches Sprichwort) / Dieses brüchige Leben zwischen Geburt und Tod kann eine Erfüllung sein, wenn es eine Zwie-Sprache ist. (Martin Buber, 1878–1965)

Nie ward etwas durch Geburt einem andern so verwandt, wie die Seele es Gott wird in dieser Geburt. (Meister Eckhart, um 1260–1327) / Was wir sterben nennen, ist eine Geburt zu einem neuen Leben. (Giordano Bruno, 1548–1600) / Geboren wird nicht nur das Kind durch die Mutter, sondern auch die Mutter durch das Kind. (Gertrud von Le Fort, 1876–1971; „Aphorismen")

Und Allah hat euch aus Staub erschaffen, dann aus einem Samentropfen, dann machte er euch zu Paaren. Und kein Weib wird schwanger oder gebiert ohne sein Wissen. (Korân; Sure 35,11) / O ihr Geborenen eines Weibes, seid ihr nicht Glieder eines Leibes? Kann auch ein Glied dem Weh verfallen, dass es nicht wird gefühlt von allen? (Saadî, um 1215–1292; „Gulistân“) / Des Kindes Geburt zerreißt den Leib der Mutter, doch die Geburt des Mannes zerreißt die Welt. (Muhammad Iqbal, 1877–1938)

Er ist der Gott in allen Weltenräumen, vormals geboren und im Mutterleibe; er ward geboren, wird geboren werden, ist in den Menschen und allgegenwärtig. (Svetâsvatara-Upanishad II.; 800–500 v. Chr.) / Wer nicht im endlosen Strom der Geburten treibt, nirgends findet er Lust, nirgends Kleinmut: Immer kühlen Sinnes, strahlt er wie ein Leibloser. (Ashtâvakra-Gîtâ; ca. 2. Jhdt. v. Chr.) / Geburt und Tod sind nicht zweierlei Zustände, sie sind zwei Aspekte desselben Zustands. (Mahatma Gandhi, 1869–1948)

Jeden Morgen werden wir neu geboren, jeder Tag ist uns ein Geschenk. Es kommt darauf an, was wir aus diesem Geschenk machen. (Gautama Buddha, um 550–480 v. Chr.; „Digha-Nikâya“) / Der Leib des Buddha wird aus Liebe, Geduld, Sanftmut und Wahrheit geboren. (Vimalakirtinirdesha-Sutra; 2. Jhdt. n. Chr.) / Nicht Vater, nicht Mutter, nicht Gott – das eigene Wirken (Karma) ist der Mutterschoß, der euch gebar. (Paul Dahlke, 1865–1928) / Wo Geburt ist, da ist auch Tod, wo Tod – da Geburt. Leben ist die niemals endende Verkettung von Geburt und Tod. (Daisetz T. Suzuki, 1870–1966; „Der westliche und der östliche Weg“)

Gedanken

Immer suche man in seinen Gedanken die Einsamkeit mit der göttlichen Einwohnung und sinne nur darauf, sie stets zu lieben, auf dass sie einem anhafte. (Israel ben Eliser, 1699–1760; „Legende des Baalschem“) / Alle Gedanken des Menschen sind Worte und sprechende Bewegung, auch wenn er es nicht weiß. (Rabbi Nachmann, 1771–1810; „Worte des Rabbi Nachmann“) / Am Anfang gehören alle Gedanken der Liebe. Später gehört dann alle Liebe den Gedanken. (Albert Einstein, 1879–1955)

Richtet eure Gedanken auf das, was gut ist und Lob verdient, was wahr, edel, gerecht, sauber, liebenswert und schön ist. (Bibel NT; Phil. 4,8) / Gottes Geist redet zu uns, sooft wir einen guten Gedanken haben. (Antonius von Padua, 1195–1231) / Sei behutsam mit deinen Gedanken, denn jeder lässt eine Spur zurück in deiner Seele. (Augustin Wibbelt, 1862–1947)

Es sei dein Kopf ein Rennplatz der Gedanken; dass sie nicht fliehen, halte zu die Schranken! (Saadî, um 1215–1292; „Bostân“) / Himmel und Hölle sind die materiellen Wirkungen angenehmer und unangenehmer Gedanken. (Hazrat Inayat Khan, 1882–1927; „Gayan“) / Jeden Gedanken, den ich in die Sprache eingekerkert habe, muss ich durch meine Taten befreien. (Kahlil Gibran, 1883–1931; „Aphorismen“)

Wie schreckliche Tiger streifen die unreinen Gedanken im Dickicht der Sinneswahrnehmungen umher. Der Weise, der Befreiung sucht, muss dieses meiden. (Shankara, 788–820; „Kleinod der Unterscheidung“) / Wenn wir alle dieselben Gedanken denken würden, gäbe es keine Gedanken mehr, und wir wären wie ägyptische Mumien in einem Museum, die sich anstarrten. (Swâmi Vivekânanda, 1862–1902; „Jnana-Yoga“) / Wir sind das, was unsere Gedanken aus uns gemacht haben; achte also darauf, was du denkst. Jeder lasterhafte Gedanke wird zurückkehren, jeder Gedanke des Hasses wird aufgespeichert und dich eines Tages mit ungeheurer Wucht in Form eines Missgeschickes treffen. (Swâmi Vivekânanda, 1862–1902) / Gottes Schweigen reift die Gedanken des Menschen zur Rede. (Rabindranâth Tagore, 1861–1941)

Dem bösen Gedanken folgt der Schmerz, wie das Rad dem Fuße des Ochsen folgt. Dem reinen Gedanken folgt Glückseligkeit wie sein Schatten. (Gautama Buddha, um 550–480 v. Chr.; „Dhammapada“) / Das einzig Notwendige ist, dass du alle gemeinen Gedanken reinigst. Es gibt kein besonderes höheres Verstehen. (Tao-wu Yüan-chih, 768–853) / Man kann die Gedanken, die wie Luftblasen aus dem Unbewussten oder Halbbewussten in das Bewusstsein aufsteigen, nicht abweisen. Doch diese Blasen müssen zerplatzen, bevor sie die höchste Stufe des Geistes erreichen. (Sokei-an Roshi, 1882–1945; „Übertragung des Zen“)

Geduld

Bis zur rechten Zeit harrt der Geduldige aus, und nachher erwächst ihm daraus Freude. (Bibel AT; Sir. 1,23) / Duldsame Menschen sind die ungeduldigsten und geduldige die unduldsamsten. (Ludwig Börne, 1786–1837) / Alle menschlichen Fehler sind Ungeduld. (Franz Kafka, 1883–1924)

Seht, wie der Bauer darauf wartet, dass sein Land kostbares Getreide hervorbringt. Er wartet geduldig, bis im Herbst und Frühjahr der Regen fällt. Auch ihr müsst Geduld haben. (Bibel NT; Jak. 5,7–8) / Geduld ist nicht der tränenverhangene Spiegel eines zerbrochenen Lebens, sondern der strahlende Inbegriff letzter Unverwundbarkeit. (Johannes Chrysostomos, 344–407) / Geduld ist zweierlei: ruhige Ertragung des Mangels und ruhige Ertragung des Übermaßes. (Novalis, 1772–1801)

Sucht Hilfe in der Geduld und im Gebet! Es ist sicher etwas Schweres außer für die Demütigen, die damit rechnen, dass sie ihrem Herrn begegnen und dass sie zu ihm zurückkehren werden. (Korân; Sure 2,45–46) / Besser als Eile ist Bedachtsamkeit; der ruhige Mut bleibt Sieger im Streit. (Firdausî, 935–1021; „Schah-Nameh“) / Ohne dein Mittun wird die Welt regiert; drum gibt's nur eine Weisheit: die Geduld. (Omar Khayyâm, um 1045–1122; „Sinnsprüche“) / Korn und Korn ist im Speicher ein Haufen. (Saadî, um 1215–1292; „Gulistân“)

Um ein Unglück kümmere dich drei Jahre nicht, und es wird zum Segen! (Aus Indien) / Es soll der Weise freilich in Geduld mit Freund und Feind in Frieden leben. Der Fürst jedoch belastet sich mit Schuld, der einem Gegner will vergeben. (Nârâjana, 9./10. Jhdt.; „Hitopadesa“) / Für die Freundschaft von zweien ist die Geduld von einem nötig. (Aus Indien)

Du musst Geduld haben mit dir selber, so wie die Kinder Geduld brauchen. Wenn das Leben von außen her schwer wird, dann müssen wir einander besonders wohl gesinnt sein. (Gautama Buddha, um 550–480 v. Chr.; „Jâtaka“) / Wer den Umgang mit geduldigen Menschen sucht, wird selber Geduld erlernen. Und wer den Mitmenschen mit Respekt begegnet, dem werden auch andere Wohlwollen entgegenbringen. (Gautama

Buddha, um 550–480 v. Chr.; „Dhammapada“) / Wir wissen sogleich, wenn eine Lampe angezündet wird; bis der Reis gar ist, vergeht viel Zeit. (Wu-men Hui-kai, 1183–1260; „Wu-men-kuan“)

Gefahr

Wer sich gern in Gefahr begibt, kommt darin um. (Bibel AT; Sir. 3,27) / Nie soll sich einer an den Ort der Gefahr begeben und sich sagen: Es wird mir schon ein Wunder geschehen. (Talmud; 70–500 n. Chr., Schabbat 32a) / Die größte Gefahr im Leben ist, dass man zu vorsichtig wird. (Alfred Adler, 1870–1937)

Wer ist in größerer Gefahr: Wer leicht errötet, oder wer Scham nicht kennt? (Bonaventura, 1221–1274) / Wenn das Schwein am fettesten ist, so hat es den Metzger am meisten zu fürchten. (Abraham a Santa Clara, 1644–1709) / Gottes Herrschaft ist nicht in Gefahr. Nur unsere Seele ist immer in Gefahr. (Michael Pfliegler, 1891–1972)

Hüte dich vor schlechtem Umgang, denn dieser ist wie der Schmied; wenn dich sein Feuer nicht brennt, so beißt dich sein Rauch. (1001 Nacht; 16./17. Jhdt.) / Sei du kühn bereit, die Wahrheit und das Recht mit Gefahr des Lebens zu verteidigen. (al-Harîrî, 1054–1122; „Die Makamen“) / Sieh die Finsternisse, die auf Erden sind; in der dunklen Gasse reiche mir die Hand! (Dschelâleddin Rûmî, 1207–1273)

Begibst du nie dich in Gefahr, bietet sich das Glück dir nimmer dar. (Nârâjana, 9./10. Jhdt.; „Hitopadesa“) / Zeigt nicht die Weltgeschichte, dass es ohne Gefahren auch keine Lebenspoesie gegeben hätte? (Mahatma Gandhi, 1869–1948) / Um eine Gefahr zu überwinden, muss man sie zuerst durch Willenskraft besiegen, bevor man leiblich gegen sie ankämpft. (Dhan Gopal Mukerdshi, 1890–1936; „Wir pilgern zum Himalaya“)

Wer, falsch belehrt, nicht scheut die wirklichen Gefahren und Furcht hat ohne Grund, der muss zur Hölle fahren. (Gautama Buddha, um 550–480 v. Chr.; „Dhammapada“) / Achte auf deine Gedanken! Sie sind der Anfang deiner Taten. (Aus China) / Viel Reden ist die Quelle der Gefahr; durch Schweigen kann man dem Unglück entgehen. Der Papagei wird eingesperrt, weil er so schwatzhaft ist; Vögel aber, die nicht sprechen können, lässt man fliegen. (Sakya Pandita, 1182–1251; „Erlesene Aussprüche“)

Gefühl

Die Weiber haben Launen, weil sie zu gut sind, das Böse nach Grundsätzen, und zu schwach, das Gute mit Dauer zu üben. (Ludwig Börne, 1786–1837; „Fragmente und Aphorismen“) / Der Empfindsame ist der Waffenlose unter lauter Bewaffneten. (Berthold Auerbach, 1812–1882) / Gedanken bringen nicht so viel ein, wie Gefühle kosten. (Jüdisches Sprichwort) / In jedem starken menschlichen Gefühl ist sein Gegenteil enthalten. Im Ausbruch der Verzweiflung verkündet sich der Trost, im Jubel lauter die Verzweiflung. (Walther Rathenau, 1867–1922)

Des Menschen Herz ist wie Quecksilber, jetzt da, bald anderswo, heute so, morgen anders gesinnet. (Martin Luther, 1483–1546; „Tischreden von der

Welt und ihrer Art") / Ein Mühlstein und ein Menschenherz wird stets herumgetrieben. Wo beides nichts zu reiben hat, wird beides selbst zerrieben. (Friedrich von Logau, 1604–1655; „Ein unruhig Gemüte") / Niemand ist in Gefahr, stumpf zu werden, wie der höchst Reizbare. (Franz Grillparzer, 1791–1872; „Aphorismen 1837") / In Sachen des Gefühls haben Worte den Charakter von Taten. (Germaine de Staël, 1766–1817)

Mein Gefühl, woher kommst du? – Aus der ständig fließenden Quelle deines Herzens. (Hazrat Inayat Khan, 1882–1927; „Gayan") / Wenn du das Ende von dem erreichst, was du wissen solltest, stehst du am Anfang dessen, was du fühlen solltest. (Kahlil Gibran, 1883–1931; „Aphorismen") / Ich verzichte auf alle Weisheit, die nicht weinen, auf alle Philosophie, die nicht lachen, auf alle Größe, die sich nicht beugen kann – im Angesicht von Kindern. (Kahlil Gibran, 1883–1931; „Aphorismen")

Wer mit Besonnenheit und gezügelten Gedanken und Gefühlen den Wagen lenkt, der erreicht das Ziel des Weges, das transzendente Reich Gottes. (Katha-Upanishad; 800–500 v. Chr.) / Fühlt wie Christus, und ihr werdet ein Christus sein; fühlt wie Buddha, und ihr werdet ein Buddha sein. Gefühl ist das Leben, die Macht, die Kraft; kein noch so großer Verstandesaufwand kann Gott erreichen. (Swâmi Vivekânanda, 1862–1902; „Jnana-Yoga") / Dinge und Gedanken haben sich geändert, aber das Gefühl, dass das, was jetzt ist, wirklich ist, hat sich nie geändert, nicht einmal im Traum. (Sri Nisargadatta Maharaj, 1897–1981; „Ich bin")

Dein Mitgefühl muss dich selber einschließen, du musst mit dir und anderen fühlen lernen. (Gautama Buddha, um 550–480 v. Chr.; „Samyutta-Nikâya") / Drücke deine Gefühle aus, drücke aber nicht mehr aus, als du fühlst. (Zengetsu, China, 9. Jhdt.) / Bei einer offenherzigen Aussprache geht es genauso zu wie beim Gebrauch von Zangen und Pinzetten, von Schlüssel und Schloss: Da muss man ungebrochene Fühlung miteinander haben. So erst versteht man sich. (Yün-Djü, um 900; „Bi-Yän-Lu") / Verwandte sind verlockende Visionen, strahlend Blendwerk; zerbrich die Bande, lockere die Knoten des Gefühls. (Phadampa Sangay, um 1100)

Gegensätze

Dem Bösen ist das Gute entgegengesetzt und dem Tod das Leben, so auch dem Frommen der Sünder. Gleichermaßen betrachte alle Werke des Höchsten: Immer sind es zwei, eines das Gegenteil vom andern. (Bibel AT; Sir. 33,14–15) / Je nach dem Standpunkt dünkt ein Werk dem einen Recht und jenem Sünde; denn wenn man etwas glauben will, so finden sich schon Gründe. (Talmud; 70–500 n. Chr.; Megilla 24) / Harmonie ergibt sich aus der Analogie der Gegensätze. (Moses de Léon, geb. um 1240; „Sohar, Idra Suta") / Der Gegensatz zwischen Götzendienst und der Anerkennung Gottes ist letzten Endes der zwischen der Liebe zum Toten und der Liebe zum Lebendigen. (Erich Fromm, 1900–1980; „Ihr werdet sein wie Gott")

Recht und Unrecht passen genauso wenig zusammen wie Licht und Dunkelheit. (Bibel NT; 2. Kor. 6,14) / Weißes kann man besser erkennen, wenn man Schwarzes dagegen hält. (Martin Luther, 1483–1546; „Tischreden“) / Die Mischung der Gegensätze schafft nicht nur die Kräfte, sondern die Anmut und den Reiz. Und der Herrgott begnadete die Menschen am meisten, denen er die größten Widersprüche in die Seele legte, die, sich bekämpfend, höchste Lebendigkeit entfalten. (Margot Boger, geb. 1888) / Menschen mit sonst gegensätzlichen Anschauungen reichen sich die Hand als Christen, die sich alle auf dem Weg zum ewigen Reich befinden. (Walter Nigg, 1903–1988)

Ich hörte die Geschichte zweier Brüder, die einander nach langer Trennung umarmten. Einer von ihnen rief aus: „Ah, welch Sehnen!“ Der andere antwortete: „Ah, welche Ekstase!“ (Junayd, ca. 825–910) / Die Gegensätze sind im Grunde Ähnlichkeiten. Wenn die Dinge den höchsten Grad ihrer Gegensätzlichkeit überschreiten und ihre Verschiedenheit bis zum Äußersten geht, dann sind sie, unbegreifliches Werk der göttlichen Vorsehung, einander ähnlich. (Ibn Hazm, 993–1064; „Das Halsband der Taube“) / Der Ost sah Gott und hat die Welt vergessen, der West vergaß Gott, hat die Welt ermessen. (Muhammad Iqbâl, 1873–1938; „Das Buch der Ewigkeit“)

Das Weib ist wie ein Buttertopf, der Mann wie Kohlenglut erscheint. Wer Kohlenglut mit Butter eint, der ist ein unverständiger Tropf. (Nârâjana, 9./10. Jhdt.; „Hitopadesa“) / Wer frei von Werk das Heiligtum des Selbst errungen hat, jenseits von Raum und Zeit, für den verschwindet jeder Gegensatz, er kennt das All und hat Unsterblichkeit. (Shankara, 788–820; „Lehrgedichte“) / Denke daran: Jeder, der Erkenntnis hat, muss auch Nichtwissen haben. Jeder, der um die Einheit weiß, muss auch um die Vielheit wissen. Jeder, der das Wissen um Licht besitzt, muss auch jenes um das Dunkel besitzen. Denn all diese gegensätzlichen Paare zählen zum Reich des Nichtwissens. (Shrî Râmakrischna, 1834–1886)

Nur wer nicht im Sumpf steckt, kann einen andern aus dem Sumpf herausziehen. Wer wohlerzogen, ausgebildet und vervollkommnet ist, kann einen andern erziehen, ausbilden und vervollkommnen. Ebenso kann man einen Gewalttätigen durch Gewaltlosigkeit vervollkommnen, einen Dieb durch Ehrlichkeit, einen Unnachgiebigen durch Nachgiebigkeit. (Gautama Buddha, um 550–480 v. Chr.; „Majjhima-Nikâya“) / Obwohl die Wesen wünschen, von allen Leiden frei zu sein, rennen sie geradewegs in sie hinein. Obwohl sie sich nach Glück sehnen, zerstören sie es, als sei es ihr Feind. (Sântideva, 7. Jhdt.; „Bodhicaryâvatâra“) / Kleine Bäche machen viel Geräusch; der Ozean brüllt selten. (Sakya Pandita, 1182–1251; „Kostbare Schatzkammer der Tugenden“)

Gegenwart

Führe deine Streitsachen mit deinem Gegner, ohne dass du das Geheimnis des andern aufdeckst. (Bibel AT; Spr. 25,9) / Wir leben immer für die Zukunft: ewiges Stimmen, und nie beginnt das Konzert. (Ludwig Börne, 1786–1837) / Zwischen zu früh und zu spät liegt immer nur ein Augenblick. (Franz Werfel, 1890–1945)

Vergangenheit und Zukunft ist Gott fremd – alles ist Gottes Gegenwart. (Meister Eckhart, um 1260–1327) / Wir halten uns niemals an die gegenwärtige Zeit. Wir nehmen die Zukunft voraus, da sie zu langsam kommt, gleichsam um ihren Lauf zu beschleunigen. Und wir rufen die Vergangenheit zurück, um sie aufzuhalten. (Blaise Pascal, 1623–1662) / Die Vergangenheit hat nur dadurch Wertvolles hervorgebracht, dass sie sich damals als Gegenwart fühlte und auf das Recht der Lebenden sich berief. (Carl Jatho, 1851–1913)

Was dir die Zukunft bringt, das frage nicht, und die vergangene Zeit beklage nicht. Allein das Bargeld „Gegenwart“ hat Wert; nach dem, was war und sein wird, frage nicht. (Omar Khayyâm, um 1045–1122; „Sinnsprüche“) / Wer du immer seist, o Mensch, du bist das Kind deines Heut allein, nicht deines Gestern. (al-Harîrî, 1054–1122; „Die Makamen“) / Was du eben noch vermochtest, das vermagst du bald nicht mehr; die Gelegenheit erfasse, wo nicht, bleibt deine Hand dir leer. (Tûtî-Nâmeh, 14. Jhdt.; „9. Abend“)

Ich wohne im Innern, ich bin draußen. Ich bin vorn und hinten. Ich bin im Süden und bin im Norden. Ich bin oben und unten. (Shankara, 788–820; „Kleinod der Unterscheidung“) / Des Vergangenen sollst du nicht gedenken und auch über das Zukünftige dir keine Gedanken machen: Genieße hier die Freuden, die unerwartet kommen und gehen. (Aus Indien) / Geschicklichkeit hat wie alles andere ihre Zeit und ihren Ort; sie am falschen Platz anzuwenden wäre albern. (Dhan Gopal Mukerdshi, 1890–1936; „Wir pilgern zum Himalaya“)

Wenn jemand die Wahrheit gemäß richtiger Erkenntnis erschaut, dann spekuliert er nicht über Existenzen in der Vorzeit und dann spekuliert er auch nicht über Existenzen in der Zukunft. (Gautama Buddha, um 550–480 v. Chr.; „Samyutta-Nikaya“) / Es ist viel später, als du denkst. (Aus China) / Alles Zukünftige ist so, wie du es selbst in der Gegenwart geschaffen. Was immer du tun willst, tue es rasch. (Aus Tibet)

Gegner

Von daher rühren auch die meisten Streitigkeiten, indem die Menschen ihre Gedanken nicht richtig darstellen oder die Gedanken des andern falsch deuten. (Baruch Spinoza, 1632–1677; „Ethik“) / In Meinungskämpfen sei man dann am vorsichtigsten, wenn die Gegner sich uns nähern. (Ludwig Börne, 1786–1837; „Fragmente“)

Wenn man mit einem auf die Ewigkeit gehefteten Blick wandelt, fürchtet man wenig die Gegner des Tages. (Theresia von Avila, 1515–1582) / Mit- und Nachläufer sind nirgendwo groß geschätzt worden, wohl aber der ebenbürtige Gegner. (Matthias Laros, 1882–1965) /

Mit den Gegnern soll der Herrscher so Krieg führen, dass die Möglichkeit zum Friedensschlusse gewahrt bleibe. (Nizâm ul-Mulk, 1018–1092; „Sîyâstnâma“) / Gegen die Natur anzukämpfen heißt sich über die Natur erheben. (Hazrat Inayat Khan, 1882–1927; „Gayan“)

Man schädige kein Wesen, sondern beharre auf dem Wege der Freundlichkeit! Nachdem man einmal in dieses Dasein geraten ist, lebe man in Feindschaft mit niemandem! (Mahâbhârata; 500 v. Chr. bis 500 n. Chr.) / Willst du einen Gegner überzeugen, so musst du ihm die besten und edelsten Züge seines Charakters vor Augen führen. Umwirb ihn auf diese Weise. Halte ihm nicht seine Fehler vor. (Mahatma Gandhi, 1869–1948)

Wir dürfen unseren Gegnern nichts Böses tun. Das ist der Weg der Weisheit. (Gautama Buddha, um 550–480 v. Chr.; „Majjhima-Nikâya“) / Der Tapfere hält beim Kampfe ein, wenn sein Gegner strauchelt. (Aus der Mongolei)

Geheimnis

Die Geheimnisse des Herrn gehören denen, die ihn fürchten. (Moses de Léon, geb. um 1240; „Sohar“) / Alles, was wir wissen, bezieht sich auf etwas, was wir nicht wissen. (Rahel Varnhagen, 1771–1833) / Die große Frage, die niemals beantwortet worden ist und die ich trotz dreißig Jahre langer Erforschung der Frauenseele auch nicht beantworten konnte, lautet: Was wünscht sich eine Frau? (Sigmund Freud, 1856–1939) / Lass dich vom Bösen nicht glauben machen, du könntest vor ihm Geheimnisse haben. (Franz Kafka, 1883–1924; „Aphorismen“)

Wenn ich weissagen könnte und alle Geheimnisse und alle Kenntnisse wüsste und den stärksten Glauben hätte, so dass ich Berge versetzen könnte, ich hätte aber die Liebe nicht, so wäre ich nichts. (Bibel NT; 1. Kor. 13,2) / In den Heiligen verkörpern sich die Geheimnisse Gottes. In einem die Abgründigkeit seiner Erkenntnis. Im andern die Glut seiner Liebe. Im Dritten seine Stärke. Wieder im andern sein Reichtum. Oder seine Lieblichkeit. Oder seine Reinheit. Oder sonst eine Gottesherrlichkeit. (Romano Guardini, 1885–1968) / Je näher wir uns kennen, umso geheimnisvoller werden wir einander. Nur wer Ehrfucht vor dem geistigen Leben anderer hat, kann andern wirklich etwas sein. (Albert Schweitzer, 1875–1965)

Dhu Nun al-Misri sagte: „Wer im Geheimen Dinge tut, derer er sich schämen würde, wenn er sie öffentlich täte, der hat keine Selbstachtung.“ (Husayn-al-Sulami, 936–1021; „Futuwwah“) / Du darfst das Geheimnis, das dir der Bruder anvertraute, ableugnen, auch wenn du dazu lügen musst, denn nicht jeden Ortes ist es Pflicht, die Wahrheit zu sagen. (al-Ghazâlî; 1058–1112; „Elixier der Glückseligkeit“) / Geht ein Geheimnis über zwei hinaus, so ist es bald die Mär in jedem Haus. (Dschâmî, 1414–1492; „Diwan“)

Bemüht sich jemand sechs Monate lang mit äußerster Konzentration und vollkommen frei von weltlichen Dingen um die Einheit, dann erlangt er das unendliche und tiefste Geheimnis der vollkommenen Einheit. (Maitrâyanî-Upanishad; 800–500 v. Chr.) / Alle Schönheit sollte durch die Wahrheit gedämpft werden, damit sich niemand dem schrecklichen Geheimnis der Erkenntnis entziehen könne. (Dhan Gopal Mukerdshi, 1890–1936; „Ghond“) / Die Welt ist bereit, uns ihre Geheimnisse preiszugeben, wenn wir nur wissen, wie wir anzuklopfen haben, wie wir ihr den richtigen Schlag versetzen, der die Türe öffnet. (Swâmi Vivekânanda, 1862–1902)

Es gibt kein Geheimnis auf der Welt für den, der Böses tut, denn er hat das Geheimnis des Anfangs und des Endes vergessen. Seine bösen Taten möchte er geheim halten, doch die Götter des Waldes sehen, was er getan hat. (Gautama Buddha, um 550–480 v. Chr.; „Jâtaka") / Keiner weiß, wohin das Feuer gegangen, wenn vom niedersausenden Eisenhammer weg der Funke sprüht und langsam verlischt – so vom völlig Befreiten, der den Fesseln der Sinne, der der Lüste Flut entronnen, der des Nirvana Wonne erreicht, weiß keiner, wohin er gegangen. (Gautama Buddha, um 550–480 v. Chr.; „Udâna") / Geheimnisse und Wunder hat es nie gegeben. Nur wenn du nicht verstehst, siehst du seltsame Dinge. (Bankei Eitaku, 1622–1693) / Alle Versuche, mit dem begrifflichen Denken des Geheimnisses des Lebens Herr zu werden, gleichen dem Versuch des fahrenden Schiffes, über seine eigene Bugwelle hinauszufahren. (Paul Dahlke, 1865–1928)

Gehorsam

Die den Herrn fürchten, sind seinen Worten nicht ungehorsam, und die ihn lieben, halten seine Wege ein. (Bibel AT; Sir. 2,15) / Die meisten Menschen haben das starke Bedürfnis nach einer Autorität, die sie bewundern und der sie sich unterwerfen können, die sie beherrscht und manchmal sogar misshandelt. Von der Psychologie des Individuums haben wir gelernt, woher dieses Verlangen kommt: Es ist die Sehnsucht nach dem Vater. (Sigmund Freud, 1856–1939)

Wenn wir Gott gehorchen, können wir gewiss sein, dass wir ihn kennen. (Bibel NT; 1. Joh. 2,3) / Der Gehorsam ist ein erhabener Vorzug, dessen nur die vernünftige Kreatur fähig ist. (Aurelius Augustinus, 354–430; „De civitate Dei") / Die Autorität zwingt, aber die Vernunft überzeugt zum Gehorsam. (Kardinal Richelieu, 1585–1642; „Politisches Testament") / Möchtest du, dass man dir gehorcht, so sieh zu, dass man dich liebt. (Don Bosco, 1815–1888)

Er (Allah) verordnete euch eine Glaubenslehre, die er Noah anbefahl und die wir dir offenbart haben und die wir Abraham und Moses und Jesus auf die Seele banden: Nämlich: Bleibet standhaft im Gehorsam, und seid nicht gespalten darin. (Korân; Sure 42,13) / Wem Gott Gutes will, den prüft er mit Krankheit. (Mohammed, 570–632; „Hadith") / Ibn al-Mubarak sagt: „Bringe denen, die dich lieben und gut von dir denken, reine Liebe entgegen, und folge ihnen gehorsam." (Husayn-al-Sulami, 936–1021; „Futuwwah")

Wer aber ohne Erkennen lebt und wer sein Denken nie gezügelt hat, dessen Sinnesorgane sind unfolgsam wie schlechte Rosse ihrem Wagenlenker. (Kâthaka-Upanishad; 800–500 v. Chr.) / Von seinen Söhnen selbst soll es der Fürst nicht dulden, dass den Gehorsam sie verweigern, den sie schulden. (Nârâjana, 9./10. Jhdt.; „Hitopadesa")

Nicht zu folgen ist nicht die Kindespflicht des Sohnes. Nicht zu gehorchen bedeutet, kein wirklicher Gefolgsmann zu sein. (Tung-shan Liang-chieh, 807–869; „San-mei-k'o") / Wir Buddhisten gehorchen nicht mehr den menschlichen Gesetzen oder menschlichen Vorstellungen, wir lernen die wahre Ordnung, den wahren Rythmus, die wahre Schwingung, das wahre Gesetz der Natur kennen und leben darin. (Sokei-an Roshi, 1882–1945; „Der Zen-Weg")

Geist

Der Geist ist's im Menschen, der Hauch des Allmächtigen, der ihn verständig macht. (Bibel AT; Hiob 32,8) / Der Staub kehrt zur Erde wieder, was er war; aber der Geist kehrt zurück zu Gott, der ihn gegeben hat. (Bibel AT; Pred. 12,7) / Zuletzt schuf Gott den Menschen, dem er als besonderen Vorzug den Geist schenkte, gewissermaßen eine Seele der Seele wie die Pupille im Auge. (Philo von Alexandria, um 25 v. Chr. bis 54 n. Chr.; „Über die Weltschöpfung") / Geist ist nicht eine späte Blüte am Baume Mensch, sondern er ist das, was den Menschen als solchen konstituiert. (Martin Buber, 1878–1965)

Was vom Fleische geboren ist, das ist Fleisch, was aber vom Geiste geboren ist, das ist Geist. Der Wind wehet, wo er will, und du hörest sein Getöse; aber du weißt nicht, woher er kommt und wohin er geht. So verhält es sich auch mit jedem, der vom Geiste geboren. (Bibel NT; Joh. 3,6–8) / Wenn der Heilige Geist die Leier des Himmelsreiches schlägt, dann müssen alle Saiten klingen. (Mechthild von Magdeburg, um 1208–1282) / Geist kann nicht durch den Buchstaben gehoben und zu neuem Blühen gebracht werden. Das können nur lebendige, gotterfüllte Menschen. (Romano Guardini, 1885–1968)

Dein Geist hat sich mit meinem Geist gemischt, wie sich der Wein mit klarem Wasser mischt. Wenn etwas dich berührt, berührt es mich; nun bist du ich in jeder Lage. (al-Hallâdsch, 858–922; „Der Islam") / Des Menschen Geist wird diese Welt erobern, und seine Liebe jene Welt! (Muhammad Iqbâl, 1873–1938; „Das Buch der Ewigkeit") / Es gibt keine Anstrengung der Seele und des Körpers außer im Geist derjenigen, deren Seelen schlafen und deren Körper verstimmt sind. (Kahlil Gibran, 1883–1931; „Aphorismen")

Es geht im Tode aus dem Körper das Selbst hervor, in eigener Gestalt. Es gab ihm Halt. Denn das Auge hilft nur zum Sehen. Was zu den Sternen blickt, das ist der Geist. Und das Ohr hilft nur zum Hören; wer die Melodie hört, das ist der Geist. Und das Gehirn dient nur zum Denken; wer da denkt, das ist der Geist. (Upanishaden; 800–500 v. Chr.) / Dann ist Bindung, wenn der Geist etwas verlangt oder beklagt, etwas aufgibt oder ergreift, etwas schlägt oder ergrimmt. Dann ist Lösung, wenn der Geist nichts verlangt oder beklagt, nichts aufgibt oder ergreift, nichts schlägt oder ergrimmt. (Ashtâvakra-Gîtâ; ca. 2. Jhdt. v. Chr.) / Der menschliche Geist, der beschränkt ist, sieht nicht sehr weit. Er hat keinen Zugang zum Lande Gottes. (Shrî Râmakrischna, 1834–1886)

Der Körper ist sichtbar bestehend ein Jahr, fünfzig Jahre, hundert Jahre und mehr. Das aber, was Geist genannt wird, Denken, Bewusstsein, das springt Tag und Nacht als ein anderes auf, geht als ein anderes zugrunde. Gleichwie ein Affe, der im Walde auf einem Bergabhang hinläuft, einen

Ast ergreift, ihn loslässt und einen andern ergreift, ebenso auch, was Geist genannt wird. (Gautama Buddha, um 550–480 v. Chr.; „Anguttara-Nikâya) / Was gemeinhin Geist genannt wird, ist intuitive Weisheit. (Padma Sambhava, 8. Jhdt.) / Geist ist fließend, er hält sich nicht an einem Ort auf. Er ist im wahren Sinn „formlos", d. h. ohne Inhalt und ohne Gegenstand. (Sokei-an Roshi, 1882–1945; „Übertragung des Zen")

Geiz

Einem Knauser stehet nicht wohl an, dass er reich ist, und was soll Geld und Gut einem kargen Hunde? (Bibel AT; Sir. 14,3) / Der Geizhals besitzt nicht sein Vermögen, sondern sein Vermögen besitzt ihn. (Jüdisches Sprichwort) / Ein treuer Hund ist der Geizige: Er bewacht das Vermögen seiner Erben. (Josua Steiberg, 1825–1908)

Wer spärlich sät, wird nur wenig ernten. (Bibel NT; 2. Kor. 9,6) / Ein Geiziger kann nichts Nützlicheres und Besseres tun, als wenn er stirbt. (Martin Luther, 1483–1546) / Ein Geiziger hat niemals genug Gold. (Simone Weil, 1909–1943)

Die da geizig sind und die Menschen zum Geiz verleiten, die verhehlen, was Allah ihnen von seiner Huld gewährt hat. Und wir haben den Ungläubigen schmähliche Strafe bereitet. (Korân; Sure 4,37) / Wer das Bauwerk seines Geizes einreißt, baut das Denkmal seines Ruhmes auf. (Ibn Razin, 1045–1103; „Diwan aus Al-Andalus") / Legt der Geizhals irgendwelche Freigebigkeit an den Tag, so verherrlicht er sie mit Posaunenhall. (Hazrat Inayat Khan, 1882–1927; „Gayan")

Der Geizhals verrmag seine Reichtümer weder zu spenden noch zu genießen, befühlt sie aber mit der Hand wie der Eunuch eine Frau. (Aus Indien) / Einem Freigebigen soll man dienen, nähme er auch eine geringe Stellung ein, nicht aber einem Geizigen, stände er auch hoch durch seinen Reichtum: Der Brunnen mit süßem Wasser dient zur Erquickung der Leute, nicht der Ozean. (Aus Indien) / Das beste Mittel, in die Menschen hineinzusehen, ist, sie um etwas zu bitten. (Dhan Gopal Mukerdshi, 1890–1936)

Dem Geizigen begegnen wir mit Großzügigkeit, dem Lügner begegnen wir mit der Wahrheit. (Gautama Buddha, um 550–480 v. Chr.; „Dhammapada") / Hat man hinsichtlich seiner Güter und seines Vermögens Geiz und habgierige Gesinnung frei walten lassen, ist es doch ohne inneren Nutzen, da man im Tode nackt, mit leeren Händen gehen muss. (Gampopa, 1079–1153; „Der kostbare Rosenkranz") / Auf magerem Acker gibt es keine fette Ernte. (Aus China)

Gelassenheit

Worte von Weisen, die sich in Ruhe vernehmen lassen, sind besser als das Geschrei eines Herrschers unter den Toren. (Bibel AT; Pred. 9,17) / Wer dem großen Glück nachläuft, entläuft der Ruhe. (Jüdisches Sprichwort)

Selig sind die Sanftmütigen. (Bibel NT; Mt. 5,5) / Gib mir die Gelassenheit, Dinge hinzunehmen, die ich nicht ändern kann. Gib mir den Mut, Dinge zu ändern, die ich ändern kann. Und gib mir die Weisheit, das eine vom anderen zu unterscheiden. (Friedrich Christoph Oetinger, 1702–1782)

Einen edlen Charakter haben bedeutet, dass einem die Härte der Menschen nichts mehr anhat, sobald man einmal begonnen hat, auf Gott zu achten. (al-Hallâdsch, 858–922) / Sei nicht sicher, wenn froh ist der Tag, noch hoffnungslos, wenn er kommt mit Plag'! So oder so geht der Tag herum, wie sollt ein Weiser sich kümmern drum! (Firdausî, 935–1021; „Schah-Nameh")

Ein verständiger und mit der höchsten Einsicht ausgestatteter Mensch freut sich nicht und ist auch nicht betrübt, weil er weiß, dass alles, was da kommt, auch wieder vergeht. (Aus Indien) / Wenn du im Recht bist, kannst du dir leisten, die Ruhe zu bewahren, und wenn du im Unrecht bist, kannst du dir nicht leisten, sie zu verlieren. (Mohandas Gandhi, 1869–1908; „Erinnerungen")

Notwendig ist im Augenblick des Todes ein unbesiegbarer Glaube voll höchster geistiger Gelassenheit. (Dvagpo-Lharje, um 1077–1152; „Kostbarer Rosenkranz") / Weil wir uns aller Aspekte unseres Lebens erfreuen als einer Entfaltung des großen Geistes, bemühen wir uns nicht um eine außergewöhnliche Freude. Deshalb haben wir eine unerschütterliche Gelassenheit. (Shunryu Suzuki, 1905–1971; „Zen-Geist")

Geld

Wer das Geld lieb hat, wird des Geldes nicht satt, und wer den Reichtum lieb hat, nicht des Ertrages. (Bibel AT; Pred. 5,9) / Viel Geld erwerben ist eine Tapferkeit; Geld bewahren erfordet eine gewisse Weisheit, und Geld schön ausgeben ist eine Kunst. (Berthold Auerbach, 1812–1882; „Das Landhaus am Rhein") / Die Fähigkeit, auf welche die Menschen den meisten Wert legen, ist die Zahlungsfähigkeit. (Oskar Blumenthal, 1852–1917)

Euch selbst möchte ich, nicht euer Geld! (Bibel NT; 2. Kor. 12,14) / Lass dir nicht zu weh sein nach dem Gelde, doch auch zu unwert halt es nicht. (Walther von der Vogelweide, um 1170 bis um 1230) / Geld ist geprägte Freiheit. (Fjodor Dostojewski, 1821–1881)

Was immer ihr auf Zinsen verleiht, damit es sich vermehre mit dem Vermögen der Menschen, es vermehrt sich nicht in den Augen Allahs. (Korân; Sure 30,39) / Wo du kein Geld hast, kannst du niemand zwingen, und hast du Geld, so brauchst du keinen Zwang. (Saadî, um 1215–1292; „Gulistân") / Nation und Staat bilden gleichsam die Pforten, durch die man erst zum Hauptstück der materialistischen Dreieinigkeit gelangt: zum Mammon. (Maulânâ Muhammad Ali, 1874–1951; „Die neue Weltordnung")

Nichts gibt es in der Welt, das steht ja fest, was durch das Geld sich nicht erreichen lässt. (Pantschatantra; 5. Jhdt.) / Wie Wasser ohne Aufenthalt unter einer Brücke hindurchfließt, so rinnt das Geld durch die Hände der Freien, ohne jemals von ihnen angehäuft zu werden. (Râmakrishna, 1834–1886) / Europa ist heute nur dem Namen nach christlich. In Wirklichkeit betet es den Mammon an. (Mahatma Gandhi, 1869–1948)

Der kluge und weise Mensch gleicht einer goldenen Münze, er wird von allen Wesen geschätzt. (Gautama Buddha, um 550–480 v. Chr.; „Digha-Nikâya“) / „Ich habe Kinder, habe Geld!“, so quält sich innerlich der Tor. Nicht mal das Selbst gehört ihm selbst; wie denn der Sohn? Wie denn das Geld? (Gautama Buddha, um 550–480 v. Chr.; „Dhammapada“) / Bist du zu Geld gekommen, verachtest du die Armen. Weißt du nicht mehr, wie es war, als du nichts zu beißen hattest? (Bankei Eitaku, 1622–1693)

Gelübde, Schwur

Wenn du ein Gelübde tust dem Herrn, deinem Gott, so säume nicht, es abzutragen. Denn fordern wird es der Herr, dein Gott, von dir. (Bibel AT; 5. Mos. 23,21) / Es ist besser, du gelobest nichts, denn dass du nicht hältst, was du gelobest. (Bibel AT; Pred. 5,4) / Die Weisen tadeln diejenigen, welche sich durch Schwüre und Gelübde Fesseln anlegen, so dass sie Gefangenen ähnlich werden und sagen: „Hast du nicht an dem genug, was das Gesetz dir untersagt hat, dass du dir noch andere Dinge untersagst?“ (Moses Maimonides, 1135–1204; „Acht Kapitel“)

Der Mensch muss sich durch feste Entschlüsse, durch Gelübde binden, um in schwachen Stunden einen Anker zu haben. (Thomas von Aquin, 1225–1274) / Liebesschwüre sind wie die Gelübde der Matrosen auf hoher See: Nach dem Orkan ist alles vergessen. (John Webster, um 1580–1625) / Wenn einer schwört, so macht er sich dadurch nicht anheischig, dass er dich nicht betrügen will, sondern nur, dass er zugleich mit dir auch Gott betrügen will. (Friedrich Hebbel, 1813–1863)

Seinen Kopf darf man hingeben, sein Geheimnis nie. (Aus der Türkei) / Es gibt nur einen echten und vernünftigen Orden – den der Zivilisation. Um ein ganzer Mann zu sein, muss man sich nach dessen Regeln richten. (Kemâl Atatürk, 1881–1938)

Gewaltlosigkeit, Wahrhaftigkeit, Nicht-Stehlen, reiner Lebenswandel und Nicht-Besitzergreifen sind die Regeln der äußeren Disziplin. Diese Regeln umfassen das große Gelübde, das alle Bereiche des Lebens durchdringt und unabhängig ist von den Begrenzungen durch Geburt, Ort, Zeit und Umstände. (Patanjali, 2. Jhdt. v. Chr.; „Yoga-Sutra“)

Ein Gelübde, bei dessen Erfüllung ungute Dinge wachsen, gute Dinge schwinden, ist nicht zu erfüllen. (Gautama Buddha, um 550–480 v. Chr.; „Anguttara-Nikâya“) / Zahllos sind die Lebewesen; ich gelobe, sie alle zu retten. Unerschöpflich sind die Leidenschaften; ich gelobe, sie ganz zu zerstören. Endlos sind die Daseinsfaktoren; ich gelobe, sie alle zu meistern. Unvergleichlich ist das Wesen des Buddha; ich gelobe, es zu erlangen. (Das vierfache Bodhisattva-Gelübde)

Gemeinschaft

Durch einen Gottesfürchtigen wird eine Stadt bevölkert, aber durch ein Volk von Abtrünnigen wird sie zur Wüste. (Bibel AT; Sir. 16,4) / Dies ist das Geheimnis der Gemeinschaft, dass nicht bloß der Niedere des Höheren bedarf, sondern auch der Hohe des Niederen. (Israel ben Eliser, 1699–1760; „Legende des Baalschem“) / Die Menschen, die nach Gemeinschaft begehren, begehren nach Gott. (Martin Buber, 1878–1965) / Religiosität ... ist das Verlangen des Menschen, mit dem Unbedingten lebendige Gemeinschaft zu stiften, und sein Wille, es durch sein Tun zu verwirklichen und in die Menschenwelt einzusetzen. (Martin Buber, 1878–1965; „Das Judentum und die Menschheit")

Was der Geist in jedem Einzelnen von uns wirkt, das ist zum Nutzen aller bestimmt. (Bibel NT; 1. Kor. 10,33) / Der einzelne Mensch kann vollwertig nur im Mitsein mit anderen bestehen. Nur im Gemeinleben erwachsen die überpersönlichen Güter. (Joseph Bernhart, 1881–1969) / Als sie die ersten Kommunisten holten, habe ich geschwiegen; denn ich war kein Kommunist. Als sie die ersten Juden holten, habe ich geschwiegen; denn ich war kein Jude. Als sie die ersten Katholiken holten, habe ich geschwiegen; denn ich war kein Katholik. Als sie mich holten, war niemand mehr da, der seine Stimme hätte erheben können. (Martin Niemöller, 1892–1984)

Es entstehe aus euch eine Gemeinschaft von Leuten, die zum Guten aufrufen, das Rechte gebieten und das Verwerfliche verbieten. Jene sind die, denen es wohl ergeht. (Korân; Sure 3,104) / Dem Nachbar wirst du gern den Brotlaib borgen, von dem du weißt, er selbst wird backen morgen. (Nizâmî, 1141–1209; „Iskander Name") / Du bist blind, und ich bin taubstumm, lass uns deshalb die Hand geben und einander verstehen. (Kahlil Gibran, 1883–1931; „Aphorismen")

Lasst euch gegenseitig gelten; verstehet einander! (Swâmi Vivekânanda, 1862–1902) / Eine Gesellschaft, die nicht durch ihre Menschen, sondern durch ihre Institutionen lebt, ist keine Kollektivseele, sondern eine Maschine. (Shrî Aurobindo, 1872–1950; „Zyklus der menschlichen Entwicklung") / Die wahrhaft wirksame Liga der Nationen ist die natürliche, namenlose Gemeinschaft der menschlichen Herzen. (Paramhansa Yogânanda, 1893–1952; „Autobiografie")

Besser ist's, allein zu leben – denn mit Narren und Dummköpfen gibt es keine Gemeinschaft. (Gautama Buddha, um 550–480 v. Chr.; „Dhammapada") / Lasst im Orden kein Schisma auftreten. Wer die Gemeinschaft der Mönche spaltet, wird ein Zeitalter in der Hölle verbringen müssen. (Gautama Buddha, um 550–480 v. Chr.; „Vinaya, Cullavagga") / Der Kluge sieht das Gemeinsame in den verschiedenen Religionen, der Dummkopf die Unterschiede. (Aus China)

Genialität

Große Genies erreichen das Ziel mit einem Schritt, wohin sich gemeine Geister durch eine lange Reihe von Schlüssen müssen leiten lassen. (Moses Mendelssohn, 1729–1786; „An die Freunde Lessings") / Aufrichtigkeit ist die Quelle aller Genialität. (Ludwig Börne, 1786–1837; „Vermischte Aufsätze") / Es ist das charakteristische Merkmal des Genies, dass seine Äußerung als notwendig empfunden wird. (Max Liebermann, 1847–1935)

Das Genie ist wie das Donnerwetter: Es schreitet gegen den Wind, erschreckt die Menschen und reinigt die Luft. Das Bestehende hat dagegen allerlei Blitzableiter erfunden. (Sören Kierkegaard, 1813–1855; „Der Augenblick") / Das Genie entdeckt die Frage, das Talent beantwortet sie. (Karl Heinrich Waggerl, 1897–1973; „Kleine Münze") / Heiligkeit und Genie entziehen sich der Definition. (Heinrich Böll, 1917–1985)

Wer in die Fußstapfen der Großen tritt, fängt bald an zu hinken. (Aus der Türkei) / Das Geheimnis allen Erfolges liegt in der Kraft der Überzeugung. (Hazrat Inayat Khan, 1882–1927; „Gayan") / Genialität ist nur das Lied eines Rotkehlchens am Beginn eines langsam werdenden Frühlings. (Kahlil Gibran, 1883–1931; „Aphorismen")

Der Knabe wird reich an Vorzügen, den Vater und Mutter zum Studium anhalten: Durch bloße Geburt wird aus dem Sohn noch kein Gelehrter. (Aus Indien) / Das Genie schafft nicht in Gemeinschaftsarbeit. Dichter und Propheten besuchen keine Komitees. (Sarvepalli Radhakrishnan, 1888–1975; „Idealismus und Leben") / Große Persönlichkeiten haben in der Geschichte eine Rolle gespielt; denn der menschliche Faktor ist in jeder Schicksalsstunde bedeutungsvoll; aber größer als alle Individuen sind die mächtigen Kräfte, die beinahe blind und manchmal grausam am Werk sind und uns vorwärts treiben. (Jawaharlal Nehru, 1889–1964)

Ein wahrhaft großer Mensch erscheint nicht oft, nicht allerwegen; wo er geboren wird, auf diesem Haus ruht Segen. (Gautama Buddha, um 550–480 v. Chr.; „Dhammapada") / Es werden mehr Leute durch Schulung als durch natürliche Begabung tüchtig. (Aus China) / Selbst das größte Genie muss sowohl seine Wahrnehmungsorgane wie auch die Ausdrucksmittel seiner schöpferischen Tätigkeit und die diesen innewohnenden Gesetze beherrschen, üben und meistern. (Lama Govinda, 1898–1985; „Buddhistische Reflexionen")

Genügsamkeit

Ich habe genug, mein Bruder; behalte, was du hast. (Bibel AT; 1. Mos. 33,9) / Kannst du von dem wenigen, was du besitzt, dich ernähren, so nimm nicht von anderen, um reich zu werden, denn die meisten von denen, die von anderen nehmen, haben kein Glück. (Jehuda Hachassid, 13. Jhdt.; „Das Buch der Frommen") / Manchmal ist es schön, allein zu sein. Manchmal ist es schön, keinem Verein anzugehören. Manchmal ist es schön, vorbeizufahren. (Kurt Tucholsky, 1890–1935, „Schnipsel")

Hängt nicht am Geld, und seid zufrieden mit dem, was ihr habt. (Bibel NT; Hebr. 13,5) / Wehe dir, wenn du dich mit etwas begnügst, was weniger ist als Gott! (Franz von Sales, 1567–1622) / Nicht bitt Gott um dies und das. Es mangelt dir zu viel, der hat genug, der Gott und den Gott haben will. (Angelus Silesius, 1624–1677; „Der Cherubinische Wandersmann")

Genügsamkeit ist ein unerschöpfliches Gut. (Ali ibn Ali Talib, gest. 661) / Abu Hazim sagte: „Ich besitze nur zwei Dinge: Das eine ist mein Vertrauen auf Gott, das darin besteht, dass ich nur von ihm erbitte. Das andere ist, dass ich keine Wünsche nach Dingen habe, die in den Händen anderer Menschen sind." (Husayn-al-Sulami, 936–1021; „Futuwwah") / Genügsamkeit, o mache du mich reich; denn außer dir ist Reichtum nicht zu finden. (Saadî, um 1215–1292; „Gulistân“) / Hast du, wen du liebst, gefunden, lass die Welt: Du hast genug! (Hâfis, 1326–1390)

Was dich nichts angeht, lasse stehn! Sonst wird dir's wie dem Affen gehen, der von dem Stamme ward zertrümmert, weil er sich um den Keil gekümmert. (Nârâjana, 9./10. Jhdt.; „Hitopadesa“) / Wer sich in seiner Einfalt schon mit dem Allergeringsten begnügt, den verlässt das Glück, und sogar den Reichtum, der ihm früher geschenkt wurde, verliert er wieder. (Aus Indien) / Das ganze Leid der Menschheit rührt nicht daher, dass es nicht genug gibt, sondern daher, dass manche mehr als ihren Teil brauchen und ihn auf Kosten ihrer Brüder erlangen. (Dhan Gopal Mukerdshi, 1890–1936)

Wenn ich mich wahrhaft liebe, braucht man mich nicht zu lieben; wenn ich mich retten will, braucht man mich nicht zu retten. (Sântideva, 7. Jhdt.; „Bodhicaryâvatâra“) / Wenn ihr eure Lebenstätigkeit einschränkt, dann tut ihr bloß, was notwendig ist. Wenn ein Haufen Unrat vor euch liegt, dann müsst ihr ihn möglichst schnell wegräumen. (Geshe Drom, 11. Jhdt.; „Kadamthorbu“) / Wenn euer Geist ruhig und stetig ist, dann könnt ihr euch von der lauten Welt fern halten, selbst wenn ihr mitten in ihr steht. (Shunryu Suzuki, 1905–1971; „Zen-Geist“)

Genuss

Es gibt keinen schlechten Branntwein für den Trinker, keine schlechte Münze für den Händler und kein hässliches Weib für den Schürzenjäger. (Jüdisches Sprichwort) / Nicht der Schmerz und die Trauer, nicht das Kasteien und Abhärmen ist der Höhepunkt des Judentums: Frohsinn, Heiterkeit und Freude ist sein heiligstes Ziel. (Samson Rafael Hirsch, 1808–1888) / Der Genuss ist ein Aristokrat, der sich im Gedränge nicht leicht zu einem gesellt. (Paul Nathan, 1857–1927)

Genieße, was dir Gott beschieden; entbehre gern, was du nicht hast. (Christian Fürchtegott Gellert, 1715–1769; „Zufriedenheit“) / Kein Genuss der Gegenwart ist vollkommen, dem nicht Erinnerung und Hoffnung zur Folie dienen. (Christian Friedrich Wilhelm Jacobs, 1764–1847; „Ährenlese“) / Jegliche Stunde predigt aufs Neue die alte Erfahrung, dass des Lebens Genuss nicht im Genusse besteht. (Eugen Reichel, 1853–1916)

Das Getier des Meeres und sein Genuss sind euch erlaubt als eine Versorgung für euch und für die Reisenden; doch verwehrt ist euch das Wild des Landes, solange ihr Pilger seid. (Korân; Sure 5,96) / Wer nie jagte und nie liebte, nie den Duft der Blumen suchte und nie beim Klang der Musik erbebte, ist kein Mensch, sondern ein Esel. (Aus Arabien) / Genießen wir, was uns der Tag beschert, wer weiß, ob solch ein Tag uns wiederkehrt! (Hâfis, 1326–1390; „Der Sänger von Schiras“)

Der Lebenswille strömt dahin in selbsteigenem Genuss, und auch der Wissende ist davon nicht frei. (Patanjali, 2. Jhdt. v. Chr.; „Yoga-Sutra“) / Junges Korn und Wolkenschatten, Geld und böser Leute Freundlichkeit, junge Frauen und Jugend spenden uns Genuss für kurze Zeit. (Nârâjana, 9./10. Jhdt. n. Chr.; „Hitopadesa“) / Sinnlicher Genuss und Begierde wurzeln tief in der menschlichen Natur. Sie gleichen dem immergrünen Oleander mit seinen vielfarbigen Blüten: Alle Teile der Pflanze sind giftig. (Paramhansa Yogânanda, 1893–1952; „Autobiografie")

Tritt einmal eine Pause ein in der Sorge um den Gang der häuslichen Geschäfte, so ist das für uns Menschen eine glückliche Zeit. (Wu-men Huikai, 1183–1260; „Wu-men-kuan") / Ach, das Glück kommt nie doppelt, aber das Unheil selten allein! (Meister Dsi, 18./19. Jhdt.) / Möchtest du, dass deine Kinder ihr Leben in Ruhe genießen, so lass sie immer ein wenig hungrig sein und es kalt haben. (Aus China)

Gerechtigkeit

Fällt auch siebenmal der Gerechte, so steht er doch wieder auf. (Bibel AT; Spr. 24,16) / Kein Mensch ist so gerecht auf Erden, dass er stets richtig handelt und niemals fehlt. (Bibel AT; Sir. 7,20) / Es gibt keinen Menschen, der nicht die Freiheit liebte; aber der Gerechte fordert sie für alle, der Ungerechte nur für sich allein. (Ludwig Börne, 1786–1837; „Der Narr im Weißen Schwan") / Gerechtigkeit entspringt dem Neide, denn ihr oberster Satz ist: Allen das Gleiche. (Walther Rathenau, 1867–1922; „Aphorismen")

Die Gesunden bedürfen des Arztes nicht, sondern die Kranken; denn ich bin nicht gekommen, um die Gerechten, sondern die Sünder zu berufen. (Bibel NT; Mk. 2,17) / Was ist Gerechtigkeit anders, als dass jedermann tue in seinem Stande, was er schuldig ist? (Martin Luther, 1483–1546) / Von allen Tugenden die schwerste und seltenste ist die Gerechtigkeit. Man findet zehn Großmütige gegen einen Gerechten. (Franz Grillparzer, 1791–1872; „Aphorismen") / Kein Mensch steht so hoch, dass er andern gegenüber nur gerecht sein dürfte. (Marie von Ebner-Eschenbach, 1830–1916)

Wahrlich, Allah gebietet euch, dass ihr Vertrauenssachen ihren Besitzern übergebt, und wenn ihr zwischen Menschen richtet, dass ihr richtet nach Gerechtigkeit. (Korân; Sure 4,58) / Eine Stunde Gerechtigkeit ist mehr als siebzig Jahre Gebet. (Aus der Türkei) / Ehe man versucht, die Gerechtigkeit Gottes zu erkennen, muss man selbst gerecht werden. (Hazrat Inayat Khan, 1882–1927; „Gayan") / Wie kann ich den Traum an die Gerechtigkeit im Leben verlieren, wenn die Träume derer, die auf Federn schlafen, nicht schöner sind als die Träume derer, die auf der Erde schlafen? (Kahlil Gibran, 1883–1931; „Aphorismen")

Wie ein Mensch gegen einen anderen verfährt, so soll dieser gegen ihn verfahren: Das ist Gerechtigkeit. Wer sich hinterlistig benimmt, dem soll man mit Hinterlist zu Leibe rücken; wer sich redlich benimmt, dem soll man redlich begegnen. (Aus Indien) / Die Liebe, die, von niemandem beachtet, verkümmernd in des Lebens Schatten steht, die Blüte, die als Knospe schon verschmachtet, ich weiß es, dass sie nicht verloren geht. (Rabindranâth Tagore, 1861–1941) / Handlungen, die für böse und asozial angesehen werden, wenn sie ein Individuum tut, können nicht moralisch und gerecht sein, wenn sie der Staat begeht. (Sarvepalli Radhakrishnan, 1888–1975; „Religion und Gesellschaft")

In Tugend übe dich, sei niemals ungerecht! Hier und in jener Welt geht es dir dann nicht schlecht. (Gautama Buddha, um 550–480 v. Chr.; „Dhammapada“) / Der Erleuchtete muss genauso wie alle anderen seine karmischen Schulden begleichen, er macht sich aber weder Sorgen darüber, noch verschuldet er sich von neuem. (Nyogen Senzaki, 1876–1958; „Keine Spur im Wasser“) / Gerechtigkeit wird nicht vom Himmel geschickt und wächst auch nicht aus der Erde, sondern muss unter den Menschen entstehen. (Aus China)

Gericht

Deine Gerechtigkeit ist wie die ewigen Berge, deine Gerichte wie die große Flut. (Bibel AT; Ps. 36,7) / Merk auf drei Dinge und du fällst nicht in Sünde! Beherzige, woher du kommst, wohin du gehst und wem du Rechenschaft geben musst! (Sprüche der Väter 3,1; ca. 200 n. Chr.) / Ich fürchte mich nicht vor dem Gericht der Hölle. Ich fürchte mich nur, dass man mich im Paradies neben einen Hohlkopf setzt. (Rabbi Naftali Zewi)

Darin zeigt sich das gerechte Gericht Gottes: Ihr solltet des Reiches Gottes würdig befunden werden, für das ihr jetzt leidet. (Bibel NT; Thess. 1,5) / Am Tage des Gerichtes wird man uns nicht fragen, was wir gelesen, sondern was wir getan haben. (Thomas a Kempis, 1380–1471) / Jene Menschen werden selten sein, welche beim Gericht vor Gott hintreten können, ohne jemanden verloren zu haben, für dessen Seele sie die Verantwortung trugen. (Henri D. Lacordaire, 1802–1861)

Und an dem Tage, da die „Stunde“ herankommt, sollen sie voneinander getrennt werden. Was nun die betrifft, die glaubten und gute Werke übten, so werden sie in einem Garten glücklich werden. Jene aber, die ungläubig waren und unsere Zeichen und die Begegnung im Jenseits leugneten, diese sollen zur Strafe herbeigebracht werden. (Korân; Sure 30,14–16) / Wer bestünd’, der Falsches sprach und tat, wenn der Tag des Gerichtes naht. (Aus Persien) / Den, der strauchelt, stütz! Er stützt vielleicht dich einst, wo dir vor Gericht die Knie zittern. (al-Harîrî, 1054–1122; „Die Makamen“)

Da die Menschen die Früchte ihrer Taten seinen Gesetzen entsprechend ernten, haben sie die Verantwortung, nicht Gott. Gott ist an keine Taten gebunden. (Shrî Ramana Maharshi, 1879–1949)

Andere Religionen lehren, dass wir am Ende des Lebens vor ein göttliches Gericht kommen. Der Buddhismus hingegen lehrt, dass gute oder schlechte Eigenschaften entsprechend dem individuellen Bestreben weiterbestehen. (Nyogen Senzaki, 1876–1958; „Keine Spur im Wasser“)

Geschichte

Peinlichste Genauigkeit und wahrheitsgetreue Darstellung muss der Geschichtsschreiber anstreben, damit sein Werk dem Leser Belehrung und Überzeugung beibringe. (Flavius Josephus, 37–100; „Jüdische Altertümer“) / Hätte die Weltgeschichte ein Sachregister, wie sie ein Namensregister hat, könnte man sie besser benutzen. (Ludwig Börne, 1786–1837; „Aphorismen“) / Geschichte beginnt, wo Freiheit beginnt, wo Freiheit im Namen Gottes gefordert wird und ihre Aufgabe stellt. Wo keine Freiheit ist, dort ist auch keine Geschichte. (Leo Baeck, 1873–1956; „Dieses Volk") / Wer die Enge seiner Heimat ermessen will, reise. Wer die Enge seiner Zeit ermessen will, studiere Geschichte. (Kurt Tucholsky, 1890–1935)

An die Geschichte verweise ich euch. Forscht in ihrem belehrenden Zusammenhang nach ähnlichen Zeitpunkten, und lernt den Zauberstab der Analogie gebrauchen. (Novalis, 1772–1801; „Die Christenheit oder Europa") / Die Geschichte entwickelt nur, was uranfänglich vorhanden war. (D. Wilhelm Bousset, 1865–1920) / Die tiefsten Entscheidungen der Geschichte fallen nicht im Bereich der äußeren Tat, sondern der inneren. (Romano Guardini, 1885–1968) / Die Geschichte ist nichts anderes als eine Anhäufung von Aussagen der Mörder über ihre Opfer und sich selbst. (Simone Weil, 1909–1943)

Lebst du in der Schau vergangener Zeiten, so träume nur weiter, und öffne deine Augen nicht der Gegenwart; lebst du im Ewigen, so sei nicht besorgt um den kommenden Tag; lebst du aber künftigen Zeiten entgegen, so tue dein Möglichstes, dich auf die Zukunft vorzubereiten. (Hazrat Inayat Khan, 1882–1927; „Gayan") / Der Osten hat auf Gott gesehen und dabei die Welt vergessen, der Westen nun hat Gott vergessen und dabei die Welt ermessen. (Muhammad Iqbal, 1877–1938)

Die Geschichte der Welt ist die Geschichte weniger Menschen, die den Glauben an sich selbst besessen haben. (Swâmi Vivekânanda, 1862–1902) / Alle großen Kundgebungen des menschlichen Geistes sind nicht nach dem Buchstaben zu verstehen; sie können erst richtig beurteilt werden, wenn wir ihre lebendige Wirkung im Laufe der Geschichte sehen. (Rabindranâth Tagore, 1861–1941; „Sadhana") / Jenes Volk ist am glücklichsten, das keine Geschichte hat. (Mahatma Gandhi, 1869–1948; „Gefängniserinnerungen") / Geschichte ist die Aufzeichnung des menschlichen Fortschritts – des Kampfes um den Aufstieg des menschlichen Verstandes, des menschlichen Geistes zu einem bekannten oder unbekannten Ziel. (Jawaharlal Nehru, 1889–1964)

Nicht die Vergangenheit und die Zukunft muss man in der Geschichte studieren, sondern die Gegenwart. (Aus China) / Geschichte ist nicht bloß ein aus der Vergangenheit zur Zukunft Strömendes. Wahrhafte Geschichte ist der Gegenstrom zu der Bewegung von der Zukunft zur Vergangenheit. Geschichte ist dauernder Umschwung im ewigen Nun. (Kitarô Nishida, 1870–1945) / In anderen Religionen gibt es eine lineare Zeitenabfolge von Vergangenheit, Gegenwart und Zukunft, für Buddhisten aber sind dies lediglich Bezeichnungen für einen endlosen Kreislauf. (Nyogen Senzaki, 1876–1958; „Keine Spur im Wasser") / Die Menschheitsgeschichte ist nichts als Kampf und Krieg. Wir täten besser daran, zu akzeptieren, dass das Leben Leiden ist. (Sokei-an Roshi, 1882–1945; „Der Zen-Weg")

Gesetz

Achtet aber genau darauf, das Gebot und das Gesetz zu erfüllen, das euch Mose, der Knecht des Herrn, gegeben hat: den Herrn, euren Gott, zu lieben, auf allen seinen Wegen zu gehen, seine Gebote zu halten, euch ihm anzuschließen und ihm von ganzem Herzen und ganzer Seele zu dienen. (Bibel AT; Jos 22,5) / Mach die Gesetzeskunde nicht zur Krone, damit zu prangen, auch nicht zum Grabschaufel, damit zu graben. (Talmud; 70–500 n. Chr.; Aboth IV,7) / Auch fehlt es den Menschen, die Zeit genug haben, nie an Finten, Gesetze zu umgehen. (Baruch Spinoza, 1632–1677; „Politischer Traktat 40,5“) / Hätte die Natur so viele Gesetze wie der Staat, Gott selbst könnte sie nicht regieren. (Ludwig Börne, 1786–1837)

Eher werden Himmel und Erde vergehen, als dass ein Pünktchen des Gesetzes wegfalle. (Bibel NT; Lk. 16,17) / Wäre kein Gesetz geschrieben, die Frommen würden doch Gott und den Nächsten lieben. (Angelus Silesius, 1624–1677; „Der Cherubinische Wandersmann“) / Je weiter ein Mensch sich dem letzten Sinn und Zweck des Gesetzes nähert, umso mehr wächst er über das Gesetz hinaus. (Peter Lippert, 1879–1936)

Diese Welt und das Jenseits sind wie zwei Waagschalen; wenn die eine schwer wird, wird die andere leicht; sie sind wie Ost und West; und sie sind wie zwei Ehefrauen: Wenn du die eine zufrieden stellst, erzürnst du die andere. (Mohammed, 570–632; „Hadith“) / Nur aus Rücksicht auf andere fügt sich die königliche Seele dem Gesetz; sonst steht sie über dem Gesetz. (Hazrat Inayat Khan, 1882–1927; „Gayan“) / Nur ein Idiot und ein Genie brechen die von Menschen geschaffenen Gesetze; sie sind dem Herzen Gottes am nächsten. (Kahlil Gibran, 1883–1931; „Aphorismen“)

Krishna, der Heilige, sprach: Jedesmal, wenn die Gesetzlichkeit welk geworden ist und Ungesetzlichkeit vorherrscht, dann erschaffe ich selbst mich selbst. Zur Rettung der Guten und zur Vernichtung der Bösen entstehe ich in jedem Weltalter, um die Gesetzlichkeit wieder aufzurichten. (Bhagavadgîtâ IV,7; ca. 300 v. Chr.) / Höre die Zusammenfassung aller Gesetze, und, hast du sie gehört, beherzige sie: Was dir selbst nicht gefallen würde, wenn man es dir täte, das füge auch anderen nicht zu. (Aus Indien) / In Gewissenssachen hört die Gültigkeit des Gesetzes der Mehrheit auf. (Mahatma Gandhi, 1869–1948; „Jung-Indien“)

Es ist Gesetz, nicht erst von heut, erstaunlich nicht, nicht unerhört, dass, wo gezeugt, gestorben wird. (Gautama Buddha, um 550–480 v. Chr.; „Dhammapada“) / Das Gesetz der wechselseitigen Abhängigkeit und die Gelegenheit können verwirklicht werden in der Klarheit und Stille des Herzens. (Tung-shan Liang-chieh, 807–869; „San-mei-k'o“) / Es ist nicht leicht, die Idee, dass man selber Gott, d. h., dass der eigene Geist und der eigene Körper das Gesetz ist, ernst zu nehmen. (Sokei-an Roshi, 1882–1945; „Übertragung des Zen“)

Gesicht, Gesichte

Das Herz des Menschen wandelt sein Gesicht, Kennzeichen eines Herzens, voll im Glück, das ist ein fröhlich Angesicht. (Bibel AT; Sir. 13,26) / Was einer im Sinn hat, das siehet man ihm an den Augen an, es sei Gutes oder Böses. (Bibel AT; Sir. 13,31) / Die verbitterten Gesichtszüge eines Mannes sind oft nur die festgefrorene Verwirrung eines Knaben. (Franz Kafka, 1883–1924)

Wenn es keine Schrift gäbe, die uns über die Glaubensgeheimnisse unterrichtet, so wäre ich dennoch entschlossen, für sie zu sterben, einzig auf die Gesichte hin, die ich schaute. (Ignatius von Loyola, 1491–1556) / Der Tod schaut keinem ins Angesicht. (Don Bosco, 1815–1888) / Gesichter sind Tore zur Seele. Der Mensch ist, wie er aussieht. (Frank Thieß, 1890–1977)

Wer sein Gesicht Gott hingibt und dabei rechtschaffen ist, der hat seinen Lohn bei seinem Herrn. Diese haben nichts zu befürchten, und sie werden nicht traurig sein. (Korân; Sure 2,112) / Um dir zu begegnen, betrachte ich Gesicht um Gesicht, Erscheinung um Erscheinung ... Um dein Gesicht zu sehen, ziehe ich vorüber wie der Morgenwind. (al-Hallâdsch, 858–922) / Wer seinen Rücken zeigt in der Schlacht, kann nachher sein Gesicht nicht mehr zeigen. (Aus Persien)

Was ihm nah steht, zeigt im Glas der Spiegel; was ihm nah geht, im Gesicht das Herz. (Tiruvalluvar, 6. Jhdt.; „Kurral“) / Für den wahren Künstler ist nur jenes Gesicht schön, das ungeachtet seines Äußeren die Wahrheit der Seele widerspiegelt. (Mahatma Gandhi, 1869–1948)

Wer kein freundliches Gesicht hat, darf keinen Laden aufmachen. (Aus China) / Habt immer ein freundliches Gesicht und einen liebevollen Geist. Sprecht ehrlich und ohne Zorn. (Geshe Drom, 11. Jhdt.; „Kadamthorbu“) / Wenn man einem Menschen ins Gesicht sieht, sieht man in sein Herz. (Aus China)

Gesinnung

Ruhmvoll ist die Frucht edlen Strebens und unvergänglich die Wurzel guter Gesinnung. (Bibel AT; Sal. 3,15) / Vier Gesinnungen gibt es bei den Menschen: Meines ist mein und deines ist dein: eine durchschnittliche Gesinnung; meines ist dein und deines ist mein: ein Mensch aus dem gemeinen Volke; meines ist dein und deines ist dein: ein Frommer; meines ist mein und deines ist mein: ein Bösewicht. (Talmud; 70–500 n. Chr.; Aboth V,12) / Gerechtigkeit ist die feste Gesinnung, jedem zu lassen, was ihm nach dem staatlichen Recht zukommt. (Baruch Spinoza, 1632–1677)

Der gute Mensch bringt aus seinem guten Schatze Gutes hervor, und der böse Mensch bringt aus seinem bösen Schatze Böses hervor. (Bibel NT; Mt. 12,35) / Des Menschen Herz ist wie Quecksilber, jetzt da, bald anderswo, heute so, morgen anders gesinnet. (Martin Luther, 1483–1546; „Tischreden“) / Die wirtschaftlichen Schwierigkeiten sind nur durch Gesinnung zu lösen. (Albert Schweitzer, 1875–1965)

Wenn einer durch Gottes Fügung gefallen, gleich wird er mit Füßen getreten von allen; doch sehn sie das Glück ihm die Hand hinhalten, gleich werden sie vor ihm die Hände falten. (Saadî, um 1215–1292; „Gulistân“) / Der Glückliche ist schon im Mutterleibe glücklich, und der Unglückliche ist schon vor der Geburt unglücklich. (Tûtî-Nâmeh, 14. Jhdt.; „7. Abend“) / Nimm nichts an, was du nicht vergelten kannst, denn das Gleichgewicht des Lebens liegt in der Gegenseitigkeit. (Hazrat Inayat Khan, 1882–1927; „Gayan“)

Der, wie ein guter Lenker seine Rosse, die Menschen wie an Zügeln sicher leitet, im Herzen fest und doch des Schnellen Schnellstes, der Geist sei mir von freundlicher Gesinnung! (Brâhmanas, Vâjasaneyi-Samhitâ 34; 1000–500 v. Chr.) / Nur edle Menschen lieben bis zum Lebensende, sind kurz in ihrem Zorn und selbstlos in der Spende. (Nârâjana, 9./10. Jhdt.; „Hitopadesa") / Ein Mensch sei ein Christ an Barmherzigkeit, ein Mohammedaner in der genauen Beobachtung äußerer Bräuche und ein Hindu in der allumfassenden Milde gegen alle lebenden Wesen. (Shrî Râmakrishna, 1834–1886; „Worte des Râmakrishna")

Überall in allem sich wiedererkennend, durchstrahlt der Jünger die ganze Welt mit liebevollem Gemüte, mit weitem, tiefem, unbeschränktem, von Grimm und Groll geklärtem Gemüte. (Gautama Buddha, um 550–480 v. Chr.; „Majjhima-Nikâya") / Seid wachsam heiter-ernsten Sinnes, und hütet wohl das eigene Herz. Reißt aus dem Irrweg euch heraus wie ein im Sumpf versunkener Elefant. (Gautama Buddha, um 550–480 v. Chr.; „Dhammapada") / Zehn Jahre lang Gutes tun ist nicht genug. Einen Tag Böses tun ist zu viel. (Aus China)

Gesundheit

Kein Reichtum geht über den Reichtum der Gesundheit und keine Freude über ein frohes Herz. (Bibel AT; Sir. 30,16) / Es gibt tausend Krankheiten, aber nur eine Gesundheit. (Ludwig Börne, 1786–1837) / Krankheit ist wohl der letzte Grund des ganzen Schöpferdrangs gewesen: Erschaffend konnte ich genesen, erschaffend wurde ich gesund. (Heinrich Heine, 1797–1856; „Neue Gedichte") / Gesundheit? – Was nützt einem Gesundheit, wenn man sonst ein Idiot ist? (Theodor W. Adorno, 1903–1969)

Wie der Leib an Bergesluft und Waldesluft gesund wird, so kann die Seele sich an Helden- und Gottes-Atmosphäre gesund atmen. (Bonaventura, 1221–1274) / Wie wertvoll auch immer die Gesundheit sein mag – nicht ein Herkules leistet das meiste. Eine große Seele in einem schwachen Körper ist immer Weltherrscherin. (Henri D. Lacordaire, 1802–1861) / Weil ich fröhlich bin, so will ich ringsum keine Krankheit sehn: Ich rühr sie an – und wie die Krankheit ansteckt, so steck ich sie mit der Gesundheit an. (Friedrich Lienhard, 1865–1929)

Die Frucht der Übertreibung ist Reue, und die Frucht der klugen Beherrschung ist Gesundheit. (Ali ibn Ali Talib, gest. 661) / Abu Bakr al-Warraq sagt: „Die wirkliche Gesundheit besteht in der Vergebung Allahs. Ohne seine Vergebung gibt es keine Gesundheit und kein Wohlergehen." (Husayn-al-Sulami, 936–1021; „Futuwwah") / Ein sauberer Körper spiegelt die Reinheit der Seele und ist das Geheimnis der Gesundheit. (Hazrat Inayat Khan, 1882–1927; „Gayan")

Das beste aller löblichen Dinge ist die Geschicklichkeit; des Mannes wertvollster Besitz ist Wissen; der höchste Gewinn ist die Gesundheit. (Mahâbhârata; 500 v. Chr. bis 500 n. Chr.) / Der Kranke, der Arzneien nimmt und Diätvorschriften befolgt, erlangt seine Gesundheit durch eigene Kraft – nicht aber durch die Anstrengung anderer. (Shankara, 788–820; „Kleinod der Unterscheidung") / Deine Gesundheit folgt den Schwingungen deiner

Seelenzustände. Der Gedanke ist eine Kraft, ebenso wie die Elektrizität oder die Schwerkraft. (Paramhansa Yogânanda, 1893–1952; „Autobiografie")

Gesundheit ist höchstes Gut; Zufriedenheit ist größter Reichtum; Vertrauen zu genießen ist beste Verwandtschaft. (Gautama Buddha, um 550–480 v. Chr.; „Dhammapada") / In der ganzen Welt mögen die Leiden aller Wesen enden und das Schicksal der Versehrten sich zum Guten wenden, heilen mögen ihre Wunden und alle Siechen schnell gesunden! (Suvarnaprabhâsa, China, 5. Jhdt.) / Reich ist, wer keine Schulden hat, glücklich, wer ohne Krankheit lebt. (Aus der Mongolei) / Um zur Heilung beizutragen, bitte deinen innersten Geist um Hilfe, die unerschöpfliche, unendliche Quelle aller Weisheit. (Drugpa Rinpoche, gest. 1989; „Tibetische Weisheiten")

Gewalt

Wie dem Entmannten, der bei einer Jungfrau nächtigt, so geht es dem, der das Recht mit Gewalt durchsetzen will. (Bibel AT; Sir. 20,4) / Die Erfahrung lehrt über und über, dass die Menschen nichts weniger in der Gewalt haben als ihre Zunge. (Baruch Spinoza, 1632–1677) / Gewalt aber kann Macht nur zerstören, sie kann sich nicht an ihre Stelle setzen. (Hannah Arendt, 1906–1975)

Alle, die zum Schwert greifen, werden durch das Schwert umkommen. (Bibel NT; Mt. 26,52) / Daraus, dass man die Menschen mit Gewalt der Gerechtigkeit unterwerfen kann, folgt durchaus nicht, dass es gerecht sei, die Menschen der Gewalt zu unterwerfen. (Blaise Pascal, 1623–1662) / Lässt Gewalt sich blicken, geht das Recht auf Krücken. (Deutsches Sprichwort) / Gewalt erzeugt Lügen. (Henry Benrath, 1882–1949)

Wenn du auch deine Hand nach mir ausstreckst, um mich zu erschlagen, so werde ich doch nicht meine Hand nach dir ausstrecken, um dich totzuschlagen. Ich fürchte Allah, den Herrn der Welten. (Korân; Sure 5,28) / Schlägt man jemanden, so vermeide man das Gesicht, denn Gott schuf Adam nach seinem Bilde. (Mohammed, 570–632; „Hadith") / Keine Manneskunst ist es, mit der Faust den Mund zu stopfen. (Saadî, um 1215–1292; „Gulistân")

Denn bei allen vier Arten Geschöpfen: Göttern und Menschen, Tieren und Pflanzen, vom höchsten Gotte Brahma bis zum Grashalm herab hat, wer die Wahrheit erkannte, Gewalt, ihren Willen und Unwillen von sich zu streifen. (Ashtâvakra-Gîtâ; ca. 2. Jhdt. v. Chr.) / Weder Geldspenden, um Opfer damit auszurichten, noch Baden in allen heiligen Gewässern, die es gibt, noch die Frucht sämtlicher Spenden an Bedürftige kommt dem religiösen Verdienst gleich, das man durch Gewaltlosigkeit erreicht. (Aus Indien) / Was man mit Gewalt gewinnt, kann man nur mit Gewalt behalten. (Mahatma Gandhi, 1869–1948)

Der Erhabene enthält sich der Tötung und Verletzung lebender Wesen; abgelegt hat er den Stock, abgelegt die Waffe; zart, teilnehmend weilt er voll Mitleid um das Wohl aller lebenden Wesen. (Gautama Buddha, um

550–480 v. Chr.; „Digha-Nikâya“) / Wer Umgang mit gewalttätigen Menschen pflegt, wird selber leicht zur Gewalt neigen. (Gautama Buddha, um 550–480 v. Chr.; „Dhammapada“) / Da wir selbst über den heutigen Tag keine Gewalt haben, rechnet nicht damit, ewig zu leben, und empfindet diesen illusorischen Körper nicht als euer Eigentum. (Geshe Drom, 11. Jhdt.; „Kadamthorbu“)

Gewinn

Erhasteter Reichtum vermindert sich; wer allmählich sammelt, vermehrt ihn. (Bibel AT; Spr. 13,11) / Die Weisen weisen uns darauf hin, dass die Beschäftigung mit der göttlichen Lehre weder unserem Ehrgeiz noch unserer Gewinnsucht dienen soll. Dass wir sie nicht zur Einnahmequelle für unsere Lebensbedürfnisse machen dürfen. (Moses Maimonides, 1135–1204; „Perusch ha-Mischnajot“) / Nichts bringt dem Menschen mehr Gewinn, als nach den Grundsätzen der Vernunft zu leben. (Baruch Spinoza, 1632–1677)

Wer unbedingt reich werden möchte, gerät in Versuchung. (Bibel NT; 1. Tim. 6,9) / Viele erkaufen in diesem Leben die Hölle mit so großen Anstrengungen, dass die Hälfte davon hinreichen würde, um den Himmel zu gewinnen. (Thomas Morus, 1478–1535) / Verzehrt euch nicht in Rückschau auf begangene Versehen, sondern gebt diesen Abschnitt eures Lebens als eine verlorene Sache mutig auf! Sie ist nicht verloren, sondern ein Gewinn, sobald ihr mit ganzer Kraft der Reue und Buße an einem neuen Ende reine Taten zu leisten entschlossen seid. (Friedrich Lienhard, 1865–1929)

Gott ist sanftmütig, und er liebt die Sanftmut, und er belohnt sie mit dem, was er der Gewalt nicht gibt. (Mohammed, 570–632; „Hadith“) / So gierig rangen wir nach Gewinn; das Herz ist befriedigt, die Seele ist hin. (Firdausî, 935–1021; „Schah-Nameh“) / Ein weltlicher Verlust wandelt sich oft zu einem geistigen Gewinn. (Hazrat Inayat Khan, 1882–1927; „Gayan“)

Niemand ist des andern Freund, niemand des anderen Vertrauter: Nach dem Vorteil richten sich Feindschaft und Freundschaft. Vorteil wird von Vorteil „eingefangen“ wie der Waldelefant vom dem gezähmten. (Mahâbhârata; 500 v. Chr. bis 500 n. Chr.) / Genug mit Gewinn und Sinnenglück und auch mit fromm geübtem Tun. An ihnen fand der Sinn keine Ruhe im wilden Walde immer neuen Lebens und Sterbens. (Ashtâvakra-Gîtâ; ca. 2. Jhdt. v. Chr.) / Nur derjenige murrt über die Art der ihm auferlegten Pflichten, der dem Gewinn der Arbeit verhaftet ist. (Swâmi Vivekânanda, 1862–1902)

Wenn du wirtschaftlichen Gewinn hast, dann gib einen Teil den Notleidenden. Und einen Teil spare für spätere Zeiten, einen Teil nutze jetzt für dich selber. (Gautama Buddha, um 550–480 v. Chr.; „Jâtaka“) / Unermessliche Weltperioden sind an dir vorübergegangen, während du den eignen Vorteil suchtest: Durch diese große Anstrengung hast du nur Leid gewonnen. (Sântideva, 7. Jhdt.; „Bodhicaryâvatâra“) / Etwas zu tun, um einen Gewinn zu haben, ist eine absolut menschliche Angelegenheit. Doch wenn man etwas vom Buddhismus gewinnt, ist es nicht Buddhismus. (Sokei-an Roshi, 1882–1945; „Der Zen-Weg“)

Gewissen

Achte auf den Rat des Gewissens, denn einen treueren Berater hast du nicht. (Bibel AT; Sir. 37,13) / Nimm keine Verleumdung willig auf, sondern suche vielmehr, dem ins Gewissen zu reden, der sich bei dir über einen Dritten beschwert. (Jehuda Hachassid, 13. Jhdt.; „Das Buch der Frommen“)

Eine große Einsamkeit ist das Gewissen. Darin lasst uns gläubig wohnen. (Aurelius Augustinus, 354–430) / Mir wird man nie etwas abgewinnen, wenn ich sehe, dass es gegen mein Gewissen ist – und wenn darüber auch die Welt in Trümmer ginge. (Theresia von Avila, 1515–1582) / Im Gewissen hat Gott seinen Blick auf mich geworfen, und nun ist es mir unmöglich gemacht, zu vergessen, dass dieses Auge mich sieht. (Sören Kierkegaard, 1813–1855) / Uns allen ward ein Kompass eingedrückt, noch keiner hat ihn aus der Brust gerissen: Die Ehre nennt ihn, wer zur Erde blickt, und wer zum Himmel, nennt ihn das Gewissen. (Annette von Droste-Hülshoff, 1797–1848, „Halt fest!“)

Befrage dein Herz um ein Rechtsgutachten, selbst wenn die Juristen schon eins gegeben haben! (Mohammed, 570–632; „Hadith“) / Ein reines Gewissen verleiht Löwenstärke, aber ein schlechtes Gewissen verwandelt sogar Löwen in Hasen. (Hazrat Inayat Khan, 1882–1927; „Gayan“)

Wenn du meinst, du seiest allein, so kennst du den im Herzen sitzenden alten Weisen, das Gewissen, nicht: So begehst du die Sünde in Gegenwart dessen, der die böse Tat kennt. (Aus Indien) / Weil heutzutage jeder das Recht auf Gewissensfreiheit im Munde führt, ohne sich einer wie auch immer gearteten Disziplin zu unterwerfen, wird einer ratlosen Welt so viel Unwahrheit gepredigt. (Mahatma Gandhi, 1869–1948)

Verlangen nach Genuss von Sinnenfreuden und Traurigkeit sind beide aufzugeben, Trägheit und Müdigkeit sind zu vertreiben, und das Gewissen muss beruhigt sein. (Gautama Buddha, um 550–480 v. Chr.; „Sutta-Nipâta“) / Höre einzig und allein auf dein Herz. Kehre zur Quelle zurück. (Drugpa Rinpoche, gest. 1989; „Tibetische Weisheiten“)

Gewissheit

Die Berge mögen weichen und die Hügel wanken, aber meine Gnade soll nicht von dir weichen und mein Friedensbund nicht wanken, spricht der Herr, dein Erbarmer. (Bibel AT; Jes. 54,10) / Ich kann über die Wahrheit nicht nach anderer Menschen Einsichten urteilen. Ich muss es auf die meinigen ankommen lassen, wenn ich einen Satz annehmen, verwerfen oder mein Urteil darüber aufschieben soll. (Moses Mendelssohn, 1729–1786; „Betrachtungen“) / Ich bin zu der Gewissheit gekommen, dass es einen Gott gibt, der Richter unserer Taten ist, dass unsere Seele unsterblich ist und dass es ein Jenseits gibt, wo das Gute belohnt und das Böse bestraft wird. (Heinrich Heine, 1797–1856)

Das sichere Fundament, das Gott gelegt hat, kann nicht erschüttert werden. (Bibel NT; 2. Tim. 2,19) / Es ist die größte Gewissheit, dass es keinen Untergang, keinen Tod für den Geist gibt. (Friedrich Schleiermacher, 1768–1834) / Die letzte, unumstößliche Gewissheit, die das Leben braucht, wird im Leben gewonnen, aus der inneren Erfahrung geschöpft. (Johannes Hessen, 1889–1971) / Wer wollte sterben mit einem „Vielleicht“ auf den Lippen, wer kann leben ohne Gewissheit? (Michael Sailer, 1751–1832)

Wenn ihr euch auf Gott verließet, wie es das rechte Vertrauen ist, hätte er euch den Lebensunterhalt beschert, wie er es mit den Vögeln tut. Sie fliegen hinaus, mager vor Hunger, und kehren am Abend mit vollem Bauch zurück. (Mohammed, 570–632; „Hadith“) / Denkst du denn, dass ich weiß, was ich tue? Dass ich mir für einen oder auch nur für einen halben Atemzug selbst gehöre? So wenig, wie eine Feder weiß, was sie schreibt, so wenig, wie ein Ball erraten kann, wohin er als Nächstes fliegt. (Dschelâleddin Rûmî, 1207–1273) / Wenn jemand nicht auf uns hört, können wir gewiss sein, dass uns selbst der Glaube fehlt. (Hazrat Inayat Khan, 1882–1927; „Gayan“)

Gewissheit bezüglich der Wirklichkeit wird nur durch Meditation über die rechte Lehre erlangt und nicht durch religiöse Reinigungen, durch Almosengeben oder durch hunderte von Atemübungen. (Shankara, 788–820; „Kleinod der Unterscheidung“) / Wer das Gewisse aufgibt und das Ungewisse verfolgt, der verliert das Gewisse, und auch das Ungewisse ist verloren. (Nârâjana, 9./10. Jhdt.; „Hitopadesa“) / Wie sich der Mensch darüber gewiss ist, dass er Sünden begeht, so ist es doppelt gewiss, dass Gott Möglichkeiten zu seiner Erlösung findet. (Shrî Râmakrishna, 1834–1886)

Was ich war und werden will, werd ich niemals fragen. Was geworden ist, muss vergehn; was ist da zu klagen? (Theragâthâ; ca. 400–200 v. Chr.) / Am Ende ist mir der Tod gewiss. Darüber hinaus gibt es selbst für diesen heutigen Tag keine Gewissheit, ob ich nicht gleich aus dem Leben scheide, mein Körper in ein Grab gelegt wird und mein Geist im Zwischenzustand anlangt. (Jesche Tsöndrü, 1761–1816; „Die Elixiere der Erleuchtung“) / Der Weg, den der Buddha weist, ist schwer, ein Weg des Entsagens, ein Weg der Entidealisierung, der Ernüchterung, auf dem alles aufgegeben werden muss, an dem man bisher gehangen, an dem man bisher sich erwärmt und entzückt hat, und nichts bleibt als die Gewissheit, die letzte Schicht erreicht zu haben, auf unerschütterlichem Grund zu stehen, dem Boden der Wirklichkeit. (Paul Dahlke, 1865–1928)

Gewohnheit

Wer sein Gebet nur als festgelegte Routine betrachtet, dessen Gebet ist kein anständiges Flehen. (Talmud; 70–500 n. Chr.; Berachot 4,4) / Der Mensch hat seiner Natur nach ursprünglich weder Tugenden noch Fehler. Er gewöhnt sich ohne Zweifel von Kindheit an durch die Lebensweise seiner Angehörigen und seiner Heimat an gewisse Handlungen. (Moses Maimonides, 1135–1204; „Acht Kapitel“) / Das ursprüngliche Herdenwesen der Menschentiere besteht noch heute, und zwar auf dem Gebiet des

Geistes. Wie ehemals das Rudel auf einem Nahrungsplatz so lange verharrte, bis das sensitive Speciment sich auf neue Fährten wagte, so bewegt sich die Menge in gleich bleibenden Denkformen, bis ein Unbefriedigter, Instinktbegabter neue Weideplätze des Geistes sucht und findet. (Walther Rathenau, 1867–1922)

Gewohnheit wird nur durch Gewohnheit überwunden. (Thomas a Kempis, 1380–1471) / Wenn ich Narr genug wäre, noch an das Glück zu glauben, so würde ich es in der Gewohnheit suchen. (François René Châteaubriand, 1768–1798; „Geist des Christentums") / Ich bin der Meinung, dass selbst der beste Mensch aus bloßer Gewohnheit bis zum Tierischen verrohen und abstumpfen kann. (Fjodor M. Dostojewski, 1821–1881; „Aufzeichnungen aus einem Totenhaus")

Drei Gewohnheiten sind es, die deinen Charakter und deine Handlungen edel machen werden: Halte die Reichen nicht für deine Freunde, sondern betrachte sie als eine Gelegenheit zu lernen. Betrachte die Armen nicht mit Hochmut, sondern betrachte sie mit Bescheidenheit. Betrachte Frauen nicht mit lustvollen Augen, sondern betrachte sie mit Mitleid und Freundlichkeit. (Husayn-al-Sulami, 936–1021; „Futuwwah") / Geh um mit Menschen, wenn ein Mensch du bist, weil ja der Mensch gewöhnt an Menschen ist. Bist du ein Schatz im Schacht, wem tust du's kund? Dergleichen Schätze rosten viel im Grund. (Nizâmî, 1141–1209; „Iskander Name") / Liebe, die sich nicht jeden Tag selbst erneuert, wird eine Gewohnheit und dann Sklaverei. (Kahlil Gibran, 1883–1931; „Aphorismen")

Rituale und zur Gewohnheit erstarrte Übungen der Verehrung sind nutzlos, wenn sie nicht das Herz in hellen Jubel versetzen. (Shrî Râmakrishna, 1834–1886; „Das Antlitz des Schweigens") / Vollkommene Gleichförmigkeit ist dem Leben entgegengesetzt. Nur die Toten sind sich gleich. (Sarvepalli Radhakrishnan, 1888–1975; „Idealismus und Leben") / Der Geist wird nach einer Zeit gegen Brutalität abgestumpft. Eine schlimme Sache muss nur lange genug fortgesetzt werden, dann gewöhnt sich die Welt daran. (Jawaharlal Nehru, 1889–1964)

Wiederhole nicht die böse Tat, denn leicht wird Böses zur Gewohnheit. (Gautama Buddha, um 550–480 v. Chr.; „Dhammapada") / Weltliche Gewohnheiten werden durch allmählichen Fortschritt abgelegt, bis die Kraft der Heiligkeit zutage tritt. (Tsung-mi, 780–841) / Wenn eine Gewohnheit des Denkens das Bewusstsein durchdringt, bleibt sie dort als Samen über zahllose Verkörperungen hindurch erhalten. (Sokei-an Roshi, 1882–1945; „Der Zen-Weg")

Gier

Wer Geld liebt, wird Geldes nimmer satt. (Bibel AT; Pred. 5,9) / Herrschsucht ist die Freiheitsliebe Einzelner; Freiheitsliebe ist Herrschsucht aller. (Ludwig Börne, 1786–1837; „Das Gespenst der Zeit") / Himmlisch war's, wenn ich bezwang meine sündige Begier, aber wenn's mir nicht gelang, hatt' ich doch ein groß' Pläsier. (Heinrich Heine, 1797–1856; „Das Buch der Lieder")

Der Herr sagt nicht „die da reich sind", sondern „die da reich werden wollen". Die Begierde klagt er an, nicht die Besitztümer. (Aurelius Augustinus, 354–430) / Es gibt Unzählige, die zur Befriedigung irgendeiner Gier Gott samt der ganzen Welt zugrunde richten möchten. (Leonardo da Vinci, 1452–1519) / Wenn wir anfangen, Schätze zu sammeln, wird uns die Vorsehung den Rücken kehren. (Don Bosco, 1815–1888)

Der Gläubige isst mit einem Magen und der Ungläubige mit sieben Mägen. (Mohammed, 570–632; „Hadith") / Die Zweige der Niedrigkeit wachsen nicht breit, es sei denn aus dem Samen der Gier. (Ibn Ata'ullah, gest. 1309; „Hikam") / Zwei werden nicht satt: wer Wissen und wer Reichtum sucht. (Aus Arabien)

Die Gier bringt Weh uns nur und Bangen in jener andern Welt und hier. (Nârâjana, 9./10. Jhdt.; „Hitopadesa") / Gönne anderen den Wohlstand, obwohl er nicht dir selbst gehört; Geschickte genießen stets auch den Reichtum, den andere besitzen. (Aus Indien) / Das ganze Leid der Menschheit rührt nicht daher, dass es nicht genug gibt, sondern daher, dass manche mehr als ihren Teil brauchen und ihn auf Kosten ihrer Brüder erlangen. (Dhan Gopal Mukerdshi, 1890–1936) / Die Welt hat genug für jedermanns Bedürfnisse, aber nicht für jedermanns Gier. (Mahatma Gandhi, 1864–1948)

Das Vergangene ist das eine Ende, das Zukünftige ist das andere Ende, das Gegenwärtige steht in der Mitte, die Gier aber ist die Näherin; denn die Gier knüpft alles zusammen zur Wiedergeburt in dieser oder jener Daseinsform. (Gautama Buddha, um 550–480 v. Chr.; „Anguttara-Nikâya") / Nicht Brahma, der gleichgültig gesinnte, noch die anderen hohen Götter, nicht ein Verwandter, nicht ein Kasten- oder Sippengenosse ist in aller Welt uns Meister und Buddha: Nur wer aller Gier frei ist und allwissend, der allein darf von Verständigen verehrt werden. (Râma-Candra, 13. Jhdt.; „Bhakti – Hundert Verse") / Gier macht den Menschen allezeit arm, und die Fülle dieser Welt macht ihn nicht reich. (Aus der Mongolei)

Glaube

An Liebe habe ich Wohlgefallen und nicht an Schlachtopfern und an Gotteserkenntnis mehr als an Brandopfern. (Bibel AT; Hos. 6,6) / Wenn man überzeugt ist, dass das Gegenteil des Geglaubten in keiner Weise möglich ist, wenn im Denken kein Raum zur Abweisung des Geglaubten vorhanden ist und wenn man sich auch die Möglichkeit des Gegenteils nicht vorstellen kann, dann ist es wahrer Glaube. (Moses Maimonides, 1135–1204; „Führer der Unschlüssigen") / Zum Glauben geht der Weg über den Unglauben. (Ludwig Börne, 1786–1837) / Wenn wir einmal nicht grausam sind, dann glauben wir gleich, wir seien gut. (Kurt Tucholsky, 1890–1935; „Erfüllung, 1929")

So ist es mit dem Glauben: Wenn er keine Taten hervorbringt, ist er tot. (Bibel NT; Jak. 2,17) / Der forschende Geist mit all seinem Streben vermag dich nicht zu erreichen. Dir nahet der Glaube nur, Liebe und Gebet. (Ephraem der Syrer, 305–373) / Du musst ohne alles Wanken und Zweifeln fest glauben, dass Gott auch mit dir große Dinge tun will. Solch Glaube ist lebendig, der dringt durch und ändert die Menschen. (Martin Luther, 1483–1546) / Alles, was von Gott kommt, muss in einer Schwebe bleiben, damit der Glaube nicht aufhöre. (Romano Guardini, 1885–1968)

Glaube und Unglaube unterscheiden sich im Hinblick auf den Namen; aber im Hinblick auf die Wirklichkeit gibt es keinen Unterschied zwischen ihnen. (al-Hallâdsch, 858–922) / Nicht der Satan beraubt den Menschen seines Glaubens, sondern der Mensch legt den Glauben ab. (Abu Hanifa, 699–767) / Jene Glaubenssätze, die das gemeine Volk lernt, sind nur das Gehäuse für die Wahrheit, nicht die Wahrheit selbst. Die wahre Erkenntnis besteht darin, dass man jene Wahrheiten von dem Gehäuse unterscheiden lernt so wie das innere Mark von der umgebenden Haut. (al-Ghazâlî, 1058–1112; „Elixier der Glückseligkeit")

Den Glauben rufen morgens wir, den Glauben an zur Mittagszeit, den Glauben, wenn die Sonne sinkt. – O Glaube! Mache gläubig uns! (Rigveda 10,151; 1500–500 v. Chr.) / Der Glaube ist bei einem jeden seiner Wesenheit entsprechend. – Wie einer glaubt, so ist er. (Bhagavadgîtâ XVII,3; ca. 300 v. Chr.) / Wer nicht an sich selbst glaubt, kann auch niemals an Gott glauben. (Swâmi Vivekânanda, 1862–1902; „Karma-Yoga") / Glaube ist der Vogel, der singt, wenn die Nacht noch dunkel ist. (Rabindranâth Tagore, 1861–1941)

Nimm dir täglich Zeit, ruhig dazusitzen und den Dingen zu lauschen. Achte auf die Melodie des Lebens, die in dir schwingt. Glaube an die Kraft eines freizügigen Herzens. (Gautama Buddha, um 550–480 v. Chr.; „Jâtaka") / Glaubet einfach jeder Einzelne für sich: Mein eigener Geist, mein eigenes Herz ist Buddha. (Ma-Tzu, 8. Jhdt.; „Bi-Yän-Lu") / Glauben ist schwer. – Doch was in diesem Leben euch trifft an Leid, müsst ihr als Freund der Erleuchtung erkennen. (Milarepa, 1052–1135; „Sieben Legenden") / Ich habe entdeckt, dass es notwendig ist, absolut notwendig, an nichts zu glauben. (Shunryu Suzuki, 1905–1971; „Zen-Geist")

Gläubige

Sei stark wie ein Panther, leicht wie ein Adler, schnell wie eine Gazelle und mutig wie ein Löwe, wenn es darum geht, den Willen deines Vaters im Himmel zu erfüllen. (Sprüche der Väter 5,23; ca. 200 n. Chr.) / Was ist selbst der glücklichste Mensch ohne Glauben? Eine schöne Blume in einem Glase Wasser, ohne Wurzel und ohne Dauer. (Ludwig Börne, 1786–1837) / Der Teufel, der Adel und die Jesuiten existieren nur so lange, wie man an sie glaubt. (Heinrich Heine, 1797–1856; „Reisebilder")

Wer gläubig geworden und getauft worden ist, wird gerettet werden; wer aber nicht gläubig geworden ist, wird verurteilt werden. (Bibel; NT, Mk. 16,16) / Wer treulich arbeitet, der betet zwiefältig. Aus dem Grunde, dass ein gläubiger Mensch in seiner Arbeit Gott fürchtet und ehret und an seine Gebote denkt. (Martin Luther, 1483–1546) / Der Gläubige, der nie gezweifelt hat, wird schwerlich einen Zweifler bekehren. (Marie von Ebner-Eschenbach, 1830–1916; „Aphorismen") / Der Gläubige erkennt den

Gläubigen wie einen Bruder unter allerlei Völkern. (Agnes Miegel, 1879–1964)

Die Gläubigen, das sind diejenigen, deren Herz sich ängstigt, wenn man Gottes gedenkt, und die, wenn ihnen seine Verse verlesen werden, dadurch in ihrem Glauben bestärkt werden und die auf ihn vertrauen, die das Gebet verrichten und von dem abgeben, was wir ihnen beschert haben. Das sind die wahren Gläubigen. Ihnen stehen bei ihrem Herrn Rangstufen und Vergebung und ehrenvoller Lebensunterhalt bereit. (Korân; Sure 8,2–4) / Zur Kaaba treibt's die Gläubigen des Propheten, den Kirchenglocken folgt der Christ zum Beten. Kreuz, Rosenkranz und Kanzel will ich preisen, wo sie den Weg zu Gott und Wahrheit weisen. (Omar Khayyâm, um 1045–1122; „Lieder und Sprüche") / Ungläubig ist, wer nicht an sich zu glauben vermag. (Hazrat Inayat Khan, 1882–1927; „Gayan")

Himmel und Erde fassen mich nicht; aber es fasst mich das Herz meines Gläubigen. (Aus Indien) / Wer ernstlich will, wird gläubig bald, wer glaubt, gewinnt der Güter viel. (Rigveda 10,151; 1500–500 v. Chr.) / Die Unlogik der Gläubigen beruht auf tausend unerklärlichen Bestätigungen der Wirksamkeit göttlicher Hilfe. (Paramhansa Yogânanda, 1893–1952; „Autobiografie")

Wer der Frau glaubt, betrügt sich. Wer ihr nicht glaubt, wird betrogen. (Aus China) / Weit besser, mit dem Weisen, Sanften, Wahren und Zufriedenen gefangen sein, als mit dem Unbotmäßigen zu herrschen. (Nâgârjuna, um 200 n. Chr.; „Stütze der Weisheit")

Gleichheit

Da wird der Priester wie der Mann des Volkes, der Herr wie der Knecht, die Gebieterin wie die Magd, der Verkäufer wie der Käufer, der Entlehner wie der Leiher, der Schuldner wie der Schuldherr. (Bibel AT; Jes. 24,2) / Die Rabbanen lehren: Man ernähre die Armen der Heiden gleich den Armen Israels, besuche die Kranken der Heiden gleich den Kranken Israels, begrabe die Toten der Heiden gleich den Toten Israels wegen der Wege des Friedens. (Talmud; 70–500 n. Chr.; Gittin 61a) / In unserer Zeit sind die verschwindenden Aristokratien die letzten Reste der oberen Schichtung. Bald ist die Homogenität erreicht – ein Zeichen, dass wir reif sind, zu erobern oder erobert zu werden. (Walther Rathenau, 1867–1922)

Bei Gott hat keiner etwas vor dem anderen voraus. (Bibel NT; Gal. 2,6) / Es kann nur Gleiches von Gleichem gefasst werden. (Jakob Böhme, 1575–1624) / Jeder Standesunterschied infolge der Geburt ist ein frecher Hohn der Christuslehre. (Levin Schücking, 1814–1883; „Die Ritterbürtigen")

Allah ist der alleinige, einzige und ewige Gott. Er zeugt nicht und ist nicht gezeugt, und kein Wesen ist ihm gleich. (Korân; Sure, 2,112) / Nimmer werdet ihr es schaffen, den Frauen Gleichbehandlung zukommen zu lassen, ihr mögt noch so sehr danach trachten. (Korân; Sure 4,129) / Wer arm zu Hause lebt, lebt wie in fremdem Reiche. Wer reich im Ausland lebt, der hat sein Heimatland. Fürwahr, die Welt ist überall die Gleiche, und alle Völker sind sich brüderlich verwandt. (Az-Zubaidi, 928–989; „Diwan aus Al-Andalus")

Für alle Wesen bin ich der Gleiche, ich habe keinen, den ich hasse, und keinen Günstling; die aber in Verehrung mir anhängen, die sind in mir, und ich bin in ihnen. (Bhagavadgîtâ IX,29; ca. 300 v. Chr.) / Willst du, Geliebter, Freiheit finden, sei gleich zu allen, wer immer es sei. (Shankara, 788–820; „Kleinod der Unterscheidung“) / Das große Wasser gräbt sich talab – je nach Rasse, Zeitalter, Seelenbeschaffenheit – ein verschiedenes Bett. Es ist dasselbe Wasser. (Shrî Râmakrishna, 1834–1886; „Leben des Râmakrishna“)

Ist der Geist mit dem Geist in Einklang, verschwinden die Karma-Samen und die Spuren früherer Handlungen. (Seng-ts'an, gest. 606; „Hsin-hsin-ming“) / Ein und derselbe Mond spiegelt sich in allen Wassern. Alle Monde in den Wassern sind eins mit dem einen einzigen Mond. (Yung-chia Hsüan-chüeh, 665–713) / Es gibt nichts, was den zehn Fingern gleichkäme. (Aus der Mongolei) / Wenn wir alle das Gleiche tun, den gleichen Fehler machen, bemerken wir es nicht. So machen wir, ohne es zu merken, viele Fehler. (Shunryu Suzuki, 1905–1971; „Zen-Geist“)

Gleichmut

Am guten Tage sei guter Dinge, und den bösen Tag nimm auch für gut; denn diesen schafft Gott neben jenem, dass der Mensch nicht wissen soll, was künftig ist. (Bibel AT; Pred. 7,14) / Wer beleidigt und geschmäht ist, aber gleichwohl taub und stumm bleibt, Anwürfe nicht anhört und nicht mit Beleidigungen antwortet, der ist ein Frommer, und einst werden seine Augen strahlen, und er wird im Jenseits unter denen weilen, die der Gottesnähe würdig sind. (Jehuda Hachassid, 13. Jhdt.; „Das Buch der Frommen“) / Neben jeder Krippe, worin ein Heiland, eine welterlösende Idee, den Tag erblickt, steht ein Ochse, der ruhig frisst. (Heinrich Heine, 1797–1856)

Es bedarf eines großen Glaubens, um den Gleichmut der Seele zu bewahren. (Theresia von Avila, 1515–1582) / Gib mir die Gelassenheit, Dinge hinzunehmen, die ich nicht ändern kann. Gib mir den Mut, Dinge zu ändern, die ich ändern kann. Und gib mir die Weisheit, das eine vom anderen zu unterscheiden. (Friedrich Christoph Oetinger, 1702–1782) / Der Gleichmut ist der Maßstab großer Seelen. (Hans Much, 1880–1932)

Faris sagte: „Aus ihrer Ethik heraus weisen die Sufis diejenigen nicht zurück, die vor ihre Tür kommen, und sie laufen denen nicht nach, die nicht kommen. Sie versuchen auch nicht, die zu beherrschen, die in ihren Kreis eintreten.“ (Husayn-al-Sulami, 936–1021; „Futuwwah“) / Trifft Tadel dich, ist er begründet, trag ihn; ist er es nicht, in alle Winde schlag ihn! (Saadî, um 1215–1292; „Bostân“) / Gleichmut und Unabhängigkeit sind die beiden Flügel, die der Seele Flug ermöglichen. (Hazrat Inayat Khan, 1882–1927; „Gayan“)

Lasset euch nicht von Freude hinreißen, wenn euch etwas Angenehmes geschieht, noch übergebt euch der Trauer, wenn euch etwas Widerwärtiges zustößt. Lasst euer Gemüt in wolkenloser Klarheit in Brahma ruhen. (Bhagavadgîtâ V,20; ca. 300 v. Chr.) / Aber der Weise, ob er gespeist wird, ob er gequält wird – allerwärts sieht er allein sein eigenes Wesen und fühlt nicht Freude noch Zorn. (Ashtâvakra-Gîtâ, ca. 2. Jhdt. v. Chr.) / Freunde und Feinde, Verwandte und Söhne zu hassen und zu lieben, ganz dich entwöhne! Gleich sei dein Sinn gegen alle auf Erden, dann wirst göttlichen Wesens du werden. (Shankara, 788–820; „Lehrgedichte")

Wenn euch die Menschen tadeln, verurteilen, verfolgen und angreifen, werdet da nicht unwillig, nicht missmutig, nicht gedrückten Gemütes. Und wenn auch die Menschen euch werthalten, hoch schätzen, achten und ehren, werdet da nicht froh, nicht freudig, nicht geschwellten Gemütes. (Gautama Buddha, um 550–480 v. Chr.; „Majjhima-Nikâya") / Lass dich weder von der Hoffnung verlocken noch von der Furcht davon abhalten, das Rechte zu tun; dann bist du gewappnet, allen Ereignissen mit Gleichmut zu begegnen. (Aus Tibet) / Betrachten wir alle Daseinsformen mit Gleichmut, kehren wir zurück zu unserer ursprünglichen Natur. (Seng-ts'an, gest. 606; „Hsin-hsin-ming")

Glück

Vor dem Tode preise niemanden glücklich, denn an seinem Ende wird der Mensch erkannt. (Bibel AT; Sir. 11,28) / Solange wir die uns auferlegten Pflichten nicht erfüllt haben, können wir nicht glücklich sein. (Moses Mendelssohn, 1729–1786) / Das höchste Glück des Menschen ist die Befreiung von Furcht. (Walther Rathenau, 1867–1922) / Alles, was die Seele durcheinander rüttelt, ist Glück. (Arthur Schnitzler, 1862–1931) / Ich bin der glücklichste Mensch, dem ich je begegnet bin. (Arthur Rubinstein, 1887–1982)

Ich bitte nicht um Glück der Erden, nur um ein Leuchten dann und wann: dass sichtbar deine Hände werden, ich deine Liebe ahnen kann; nur in des Lebens Kümmernissen um der Ergebung Gnadengruß. Dann wirst du schon am besten wissen, wie viel ich tragen kann und muss. (Annette von Droste-Hülshoff, 1797–1848) / Der wahre Weg zur Glückseligkeit ist die Erfüllung des göttlichen Willens. Wer sein Glück auf anderen Pfaden sucht, findet Dornen und Disteln auf Erden und im Fegefeuer schwere Strafe. (Arnold Janssen, 1837–1909) / Wer viel Glück empfangen hat, muss viel hingeben. (Albert Schweitzer, 1875–1965)

Glaube an dein Glück, so wirst du es erlangen. (Ali ibn Ali Talib, gest. 661) / Leiden ist Er selbst, während Glück von Ihm kommt. (al-Hallâdsch, 858–922) / Folge den Spuren des Glücklichen, und du wirst glücklich werden. (Aus Arabien) / Ein Narr sagte: „Das, was die Menschen unglücklich macht, ist das Suchen nach dem Grunde. Ich Glücklicher komme aus der Welt der Grundlosigkeit. Mit meinem Irrsinn hat man mir Glück verliehen." (Attâr, um 1136 bis ca. 1220; „Meer der Seele") / Der Schlüssel zu allem Glück ist Gottesliebe. (Hazrat Inayat Khan, 1882–1927; „Gayan")

Das fortwährende Zusammenwohnen mit dem Glück verblendet einen unverständigen Menschen; das Glück fegt seine Besonnenheit hinweg wie der Wind die Wolke im Herbst. (Mahâbhârata; 500 v. Chr. bis 500 n. Chr.) / Fall des Glücks und Fülle des Glücks kommen zu ihrer Zeit vom Schicksal her. (Ashtâvakra-Gîtâ; ca. 2. Jhdt. v. Chr.) / Glück hilft nur manchmal; Arbeit immer. (Aus Indien) / Wahres Glück kann nicht in etwas gefunden werden, was sich verändert und vorübergeht. (Sri Nisargadatta Maharaj, 1897–1981; „Ich bin")

Ein Glück der Welt ist Mutterschaft, ein Glück ist auch die Vaterschaft, ein Glück der Welt ist Mönch zu sein, ein Glück ist auch die Heiligkeit. (Gautama Buddha, um 550–480 v. Chr.; „Dhammapada") / Das Glück verwandelt sich in Unglück. Das Unglück verwandelt sich in Glück. (Tung-shan Liang-chieh, 807–869; „San-mei-k'o") / Kein Mensch kann volle tausend Jahre glücklich sein, keine Blume vermag hundert Tage zu blühen. (Aus China) / Ein Buddhist sucht Frieden und nicht Glück. Glück ist eine Ursache des Leidens, denn um Glück zu erlangen, muss man leiden. (Sokei-an Roshi, 1882–1945; „Der Zen-Weg")

Gnade

Erhalte deine Gnade denen, die dich kennen, und deine Treue denen, die aufrichtigen Herzens sind. (Bibel AT; Ps. 36,11) / Niemand ist gnädig gegen uns als Gott und unser Gewissen. (Rahel Varnhagen, 1771–1833) / Bei denen, die lange beten, ist keine Gnade. (Walther Rathenau, 1867–1922)

Aus der Fülle des Wortes Gottes haben wir alle empfangen, und zwar Gnade über Gnade. (Bibel NT; Joh. 1,16) / Jeder gewinnt das Leben der Gnade in dem Grade, als er dem Eigenwillen abstirbt. (Heinrich Seuse, um 1295–1366) / Ob bei uns der Sünde viel, bei Gott ist viel mehr Gnade. (Martin Luther, 1483–1546)

Gott führt seinem Licht zu, wen er will. Und er prägt den Menschen die Gleichnisse. Gott weiß über alles Bescheid. (Korân; Sure 24,35) / Man fragte ihn: „Wann gelangt der Mensch zu Gott?" Er antwortete: „Du Armseliger, gelangt er denn überhaupt zu ihm?" (Bâyazîd Bistâmî, gest. 874) / Vom dunklen Staub bis zum leuchtenden Stern ist alles Gnade von Gott dem Herrn. (Firdausî, 935–1021; „Schah-Nameh")

Die ganz seltenen Vorzüge – menschliche Geburt, Sehnsucht nach Befreiung und Unterweisung durch einen erleuchteten Lehrer – sind nur durch Gottes Gnade zu erlangen. (Shankara, 788–820; „Kleinod der Unterscheidung") / Die Behauptung, dass Nicht-Wissen (Avidya) einfach durch Erkenntnis der Wesenseinheit mit Brahman überwunden werden könne, ist falsch. Denn die Gebundenheit ist etwas Reelles und kann nicht durch bloßes Erkennen beseitigt werden. – Solche Erlösung von der Gebundenheit wird nur durch des „Höchsten" Gnade erlangt, dem die Versenkung in ihn wohl gefällt. (Râmânuja, 1057–1137; „Siddhanta") / Vollkommenheit und Sündlosigkeit kommen nur aus göttlicher Gnade. – Ohne rückhaltlose Hingabe an seine Gnade ist vollkommene Herrschaft über das Denken unmöglich. (Mahatma Gandhi, 1869–1948; „Mein Leben")

Aus der Sicht der Erleuchtung gibt es nichts zu sehen: weder Mensch noch Buddha. Alle Dinge des Universums sind nichts als Blasen auf der Oberfläche des Meeres. Alle Weisen der Erde verschwinden mit einem Blitz. (Yung-chia Hsüan-chüeh, 665–713; „Shodoka") / Ein edles Herz drängt sich nicht vor. Es äußert sich nur selten, so wie man wertvolle Edelsteine nur selten herzeigt. (Zengetsu, China, 9. Jhdt.) / Im Augenblick der Erleuchtung sieht er durch unzählige Weltzeitalter hindurch; sie sind ihm wie ein Heute. (Wu-men Hui-kai, 1183–1260; „Wu-men-kuan“)

Götter, Götzen

Geh lieber hinter einem Löwen als einer Frau; lieber hinter einer Frau als einem Götzendiener; hinter einem Götzendiener als hinter eine Synagoge, wenn die Gemeinde beim Beten ist. (Talmud; 70–500 n. Chr.; Berachot 61a) / Werde nicht schnell zornig: Gib dich nicht Zorn und Ärger hin. Die Rabbis sagen: Wer zornig wird, ist, als ob er Götzen dient. (Moses Maimonides, 1135–1204; „Mischna-Kommentar“) / Nicht der Priester, die Anbetung schafft den Götzen. (Ludwig Börne, 1786–1837; „Der ewige Jude“)

Du dienst einem Götzen, wenn du immer nur deinen Lüsten nachlebst. (Hildegard von Bingen, 1098–1179) / Nicht für seine Scholle bloß kämpft ein Volk: Für seine Götter kämpft ein Volk. (Friedrich Lienhard, 1865–1929) / Wenn die Götter ihr verjagt, kommen die Gespenster. (Emanuel Geibel, 1815–1884)

Es gibt keinen Zwang in der Religion. Das Richtige unterscheidet sich nunmehr klar vom Irrtum. Wer also den Götzen keinen Glauben schenkt und an Gott glaubt, der hält sich an der festesten Handhabe, bei der es kein Reißen gibt. (Korân; Sure 2,256) / Erblickst du Gottes Bild im Götzentempelschrein, verehr ihn dort – und lass den Rundgang um die Kaaba sein. (Dschelâleddin Rûmî, 1207–1273; „Persisch-türkische Mystik“) / Zweiundsiebzig Sekten streiten – lass sie tun, wie sie's verstehn! Die ans Tor des Irrwahns klopfen, werden nie die Wahrheit sehn. (Hâfis, 1326–1390; „Der Sänger von Schiras“)

Gutes und Schönes mögen wir mit den Ohren hören, ihr Götter, Gutes und Schönes mit den Augen sehen, ihr Anbetungswürdigen; mit festen Gliedern, festen Leibern wollen wir, die wir euch preisen, die göttergesetzte Lebensdauer erreichen. (Rigveda 10,129; 1500–500 v. Chr.) / Auch wer andere Götter glaubensvoll verehrt, verehrt nur mich. (Bhagavadgîtâ IX,23; ca. 300 v. Chr.) / Sekten sind nicht Zeichen des Zerfalls, sondern des Lebens. Mögen sich die Sekten nur vermehren, bis eines Tages jeder von uns eine Sekte bildet, jeder Einzelne. (Swâmi Vivekânanda, 1862–1902; „Vedanta und wir“)

Den einsichtsfroh Entsagenden, in tiefster Ruhe Beseligten: Die Götter selbst beneiden ihn, den Auferwachten, Standhaften. (Gautama Buddha, um 550–480 v. Chr.; „Dhammapada“) / Mein Tun steht einmal in Widerspruch, das andere Mal in Einklang: Selbst die Götter sind ratlos darüber. (Yung-chia Hsüan-chüeh, 665–713) / Es ist töricht, Tempel zu bauen, diese mit Götterbildern zu füllen und davor zu knien oder in die Hände zu klatschen, wie die Japaner es tun, und auf diese Weise etwas zu verehren, was nicht wirklich ist, sondern abstrakt. (Sokei-an Roshi, 1882–1945; „Der Zen-Weg“)

Göttlich, das Göttliche

Ich bezeuge bei Himmel und Erde: Sei ein Mensch jüdisch oder nichtjüdisch, Mann oder Frau, versklavt oder frei – auf allen Menschen ruht der Geist Gottes allein nach dem Maß ihrer guten Werke. (Seder Elijahu Rabbah 10) / Alle Menschen haben Zugang zu Gott, aber jeder einen anderen. (Martin Buber, 1878–1965)

Göttliche Freude ist so zart, dass sie in einer Seele nicht bestehen kann, die noch woanders her Freude empfängt. (Bernhard von Clairvaux, 1090–1153) / Zu dem, der sich an Gott hängt, zieht sich, was göttlich ist, und weicht von hinnen, was Gott unähnlich und fremd ist. (Meister Eckhart, um 1260–1327) / Der Mensch muss an etwas Göttliches glauben, wenn er nicht auf Dauer krank werden will. (Friedrich Rittelmeyer, geb. 1872)

Wie göttlich sind die Widersprüche im Reich der Liebe! (Hâfis, 1326–1390) / Göttlichkeit ist menschliche Vollkommenheit, und Menschlichkeit ist göttliche Begrenzung. (Hazrat Inayat Khan, 1882–1927; „Gayan“) / Wenn du nur eine Elle über Geschlecht, Land und dein Selbst wachsen wolltest, würdest du göttlich werden. (Kahlil Gibran, 1883–1931; „Aphorismen“)

Der gesamte Kosmos, mit allem, was darin existiert, ist von Göttlichkeit durchdrungen. (Îshâ-Upanishad; 800–500 v. Chr.) / Das, was die Menschen Entsagung nennen, ist ein Eingehen ins Göttliche. (Bhagavadgîtâ; ca. 300 v. Chr.) / Dass einer von der sich selbst offenbarenden Unmittelbarkeit der göttlichen Gnade nichts ahnt, beweist nichts dagegen. Die Eule schaut die Sonne nicht, die alle Welt erleuchtet – liegt das an der Sonne oder an der Eule? (Shrî Ramana Maharshi, 1879–1949; „Der Weg zum Selbst“)

Göttliche Weisheit ist zweifellos unzerstörbar, unzerbrechbar wie die immer fließende Strömung eines Flusses. (Padma Sambhava, 8. Jhdt.) / Der Buddhismus ist die Lehre der Selbsterleuchtung. Kein Gott oder göttliches Wesen wird dir helfen, die Wahrheit zu begreifen. (Nyogen Senzaki, 1876–1958; „Keine Spur im Wasser“) / Das Göttliche ist unheimlich wie die Nacht, geheimnisvoll wie ein Dämon, heiter wie ein liebendes Paar, heimtückisch wie ein Kobold und launisch wie ein Witz aus Bauernmund. (Junyu Kitayama, 1904–1962; „West-östliche Begegnung“)

Gold

Ihr sollt euch neben mir keine Götter aus Silber machen, auch Götter aus Gold sollt ihr euch nicht machen. (Bibel AT; 2. Mos. 20,23) / Wohl ist das Wissen ein Geschmeide, das dich mehr ziert als Gold und Seide, das aber stets an Wert verliert, wenn man’s zu sichtlich bei sich führt. (Talmud; 70–500 n. Chr.; Erubin 54) / Ach, selbst das weiseste Sprichwort irrt: Nicht alles ist Gold, was geschwiegen wird! (Oskar Blumenthal, 1852–1917)

Wüsst ich, dass alle Steine auf meinem Rücken verwandelt sollten werden in lauteres Gold; je mehr Steine ich zu schleppen hätte und je größer und umso lieber wären sie mir. (Meister Eckhart, um 1260–1327) / Das Gold ist wahres Kind der Sonne, weil es mehr als irgendein anderes Geschöpf ihr gleicht und kein Ding von größerer Ewigkeit ist als das Gold. (Leonardo da Vinci, 1452–1519) / Das Evangelium hat das Gold der Cäsaren mehr zu fürchten als deren Strenge, die Weichlichkeit ihrer Paläste mehr als die Schrecknisse ihrer Kerker. (Henri D. Lacordaire, 1802–1861)

Denjenigen, die Gold und Silber horten und es nicht auf dem Weg Gottes spenden, verkünde eine schmerzhafte Pein. (Mohammed, 570–632; „Hadith") / Durch Liebe ward das Bittre süß und hold, durch Liebe ward das Kupfer reines Gold. (Dschelâleddin Rûmî, 1207–1273) / Ein Feld ist Güte, Gold ist Saat; gib Saat dem Feld durch gute Tat! (Saadî, um 1215–1292; „Bostân") / Wie niederträchtig bin ich, wenn mir das Leben Gold gibt und ich dir Silber gebe und mich dabei für großzügig halte. (Kahlil Gibran, 1883–1931; „Aphorismen")

Was du erblickst, darin strahlst du dich alleinsam wider. Strahlt etwa ein Goldreif an Handgelenk, Arm oder Fuß außer in seinem Golde? (Ashtâvakra-Gîtâ; ca. 2. Jhdt. v. Chr.) / Gute Menschen, sind sie auch noch so sehr erzürnt, werden wieder sanft durch angemessene Behandlung, nicht aber schlechte; Gold, obgleich es hart ist, kann zum Schmelzen gebracht werden, nicht aber Stroh. (Aus Indien) / Fasst die Flügel des Vogels in Gold, und er wird sich nie wieder in die Lüfte schwingen. (Rabindranâth Tagore, 1861–1941)

Kein Regen Goldes sättigt je der Menschen stets erneute Gier. (Gautama Buddha, um 550–480 v. Chr.; „Dhammapada") / Wenn drei Personen eines Herzens sind, so verwandelt sich selbst Lehm in Gold. (Aus China) / Im Feuer zeigt sich, ob etwas echtes Gold ist. (Wu-men Hui-kai, 1183–1260; „Wu-men-kuan") / Ein Tag Leben ist wertvoller als ein Berg Gold. (Yoshida Kenkô, 1283–1350)

Gott

Wie soll ich verfluchen, was Gott nicht verflucht, wie soll ich verwünschen, was der Herr nicht verwünscht? (Bibel AT; 4. Mos. 23,8) / O Gott, mein Gott, zu dir erwach ich vor dem Tageslicht. Nach dir dürstet meine Seele, nach dir schmachtet mein Leib. (Bibel AT; Ps. 62,1) / Der beste Prediger ist das Herz, der beste Lehrer die Zeit, das beste Buch die Welt, der beste Freund Gott. (Talmud; 70–500 n. Chr.) / Gott ist das beladenste aller Menschenworte. Keines ist so besudelt, zerfetzt worden. (Martin Buber, 1878–1965; „Gottesfinsternis")

Wer keine Liebe hat, der kennt Gott nicht, denn Gott ist die Liebe. (Bibel NT; 1. Joh. 4,8) / Gott allein ist es, der niemals vergebens gesucht wird, wenn er auch nicht gefunden werden kann. (Bernhard von Clairvaux, 1090–1153) / Gott ist so groß, dass wir Gottt sein müssten, um ihn ausdenken zu können. (Augustin Wibbelt, 1862–1947)

Lob sei Gott, dem Herrn der Menschen in der Welt, dem Erbarmer, dem Barmherzigen, der über den Tag des Gerichts verfügt. (Korân; Sure 1) / Keine Vorstellung erreicht Gott, kein Verstand begreift ihn, kein Geschöpf gleicht ihm. Er lebt, ohne zu sterben, wacht, ohne zu schlafen, schafft, ohne etwas zu bedürfen, unterhält ohne Vorrat, lässt sterben ohne Furcht und erweckt vom Tode ohne Mühe. Von Ewigkeit her hat er seine Eigenschaften, lange vor seinen Geschöpfen, und er hat durch ihre Existenz nichts angenommen, was nicht schon vor ihnen seine Eigenschaft gewesen wäre. (Mohammed, 570–632) / Gott wurde sichtbar, voll Mysterien: Mit einem Auge schaute er sich selbst. (Muhammad Iqbal, 1877–1938; „Lectures“)

Er ist der Ewige der ewigen Seelen, der Denker der Denker, der als Einer die Wünsche vieler erfüllt. Wer diesen Urgrund durch Prüfung und Meditation als Gott erkannt hat, wird befreit von allen Fesseln. (Svetâsvatara-Upanishad, VI,13; 800–500 v. Chr.) / Der Mensch muss Gott erkennen, Gott fühlen, Gott sehen, mit Gott sprechen. Das ist Religion. (Swâmi Vivekânanda, 1862–1902) / Es gibt unzählige Definitionen von Gott. Doch ich bete Gott nur als Wahrheit an. (Mahatma Gandhi, 1869–1948)

„Gott ist die Ursache der Welt.“ – Sage, wer ist denn Gott? Die Elemente? Aber was soll dann die Mühe um eines bloßen Wortes willen! (Sântideva, 7. Jhdt.; „Bodhicaryâvatâra“) / Für Buddhisten sind Gott und das Universum ein und dasselbe. (Nyogen Senzaki, 1876–1958; „Keine Spur im Wasser“) / Der absolute Geist (Gott) hat keinen Namen. Wir können für ihn keinen materiellen Beweis liefern und müssen ohne Namen über ihn nachdenken. (Sokei-an Roshi, 1882–1945; „Übertragung des Zen“)

Gottesdienst

Der Herr segne dich und behüte dich! Der Herr lasse sein Angesicht leuchten über dir und sei dir gnädig! Der Herr hebe sein Angesicht über dich und gebe dir Frieden! (Bibel AT; 4. Mos. 6, 24) / Was ist Gottesdienst im eigenen Herzen: das Gebet. (Talmud; 70–500 n. Chr.; Taanith 2a) / Der Gottesdient muss wieder werden, was er den Vätern gewesen: der Mittelpunkt des religiösen Lebens, eine Stätte religiöser Sammlung und Weihe. (Isamr Elbogen, 1874–1943)

Ein reiner und unbefleckter Gottesdienst vor Gott, dem Vater, ist der: die Waisen und Witwen in ihrer Trübsal besuchen und sich von der Welt unbefleckt halten. (Bibel NT; Jak. 1,27) / Alles, was außer dem guten Lebenswandel der Mensch noch tun zu können vermeint, um Gott wohl gefällig zu werden, ist bloßer Religionswahn und Afterdienst Gottes. (Immanuel Kant, 1724–1804; „Religion innerhalb der Grenzen der bloßen Vernunft“) / Wahrer Gottesdienst besteht ganz einfach darin, dass man Gottes Willen tut. (Sören Kierkegaard, 1813–1855)

Unser Gottesdienst ist verschieden, aber deine (Gottes) Schönheit ist nur eine, und jeder deutet auf diese Schönheit hin. (Omar Khayyâm, um 1045–1122) / Gleichgültig ist dem Auge höchster Liebe die Form der Anbetung im Weltgetriebe. (Hâfis, 1326–1390; „Der Sänger von Schiras“) / Gottesdienst und Gottanschauung unterscheidet dieses, merke: Jenen treibt des Werkes Liebe, diese treibt der Liebe Werk. (Dschâmî, 1414–1492; „Diwan“)

Herr, ich wünsche keinen Reichtum, keine Kinder und keine Gelehrsamkeit. Wenn es dein Wille ist, werde ich von Geburt zu Geburt gehen, doch bewahre mir dieses, dass ich dich lieben möge ohne Hoffnung auf Lohn, selbstlos lieben um der Liebe willen. (Veden; 1500–500 v. Chr.) / Dies ist der Kern aller Gottesverehrung: gut zu sein und anderen Gutes zu tun. (Swâmi Vivekânanda, 1862–1902) / Die Botschaft jeder Religion lautet, dass der Mensch nicht wirklich Mensch ist, wenn er nicht seinen Schöpfer preist. (Mahatma Gandhi, 1869–1948)

Verrichte deine Andacht vor der Kamelie, die heute in voller Blüte steht, und verehre sie, wenn du willst. Darin liegt ebenso viel Religion, als wenn du dich vor den verschiedenen Göttern verbeugst oder wenn du dich mit Weihwasser besprengst oder am heiligen Abendmahl teilnimmst. (Daisetz T. Suzuki, 1870–1966; „Die große Befreiung") / Ein Zen-Schüler betet zu keinem Gott, befolgt keine orthodoxen Riten, lebt nicht in Erwartung eines zukünftigen Paradieses und hat auch keine Seele, um die sich jemand anders kümmern müsste. (Nyogen Senzaki, 1876–1958; „Keine Spur im Wasser") / Wie der Wissenschaftler in seinem eigenen Gebiet eine strenge Schulung fordert, so bedarf auch die Erforschung des menschlichen Geistes und des religiösen Erlebens eines ernsthaften Trainings. (Lama Govinda, 1898–1985; „Buddhistische Reflexionen")

Gottesfurcht

Durch Gottesfurcht bleibt man dem Bösen fern. (Bibel AT; Spr. 16,6) / Seid nicht wie Knechte, die dem Herrn nur in der Absicht auf Belohnung dienen! Seid vielmehr Knechte, die dem Herrn dienen ohne Absicht auf Belohnung! Und die Furcht vor dem Himmel sei bei euch! (Sprüche der Väter 1,3; ca. 200 n. Chr.) / Wehe dem, der ein Kind in Furcht erzieht, und wenn es die Furcht Gottes wäre! (Walther Rathenau, 1867–1922) / „Furcht Gottes" bedeutet nicht: sich vor Gott fürchten, sondern: erschauernd seiner Unbegreiflichkeit innewerden. (Martin Buber, 1878–1965; „Einsichten")

Gottesfurcht ist Arznei, Gottesliebe Gesundheit. (Aurelius Augustinus, 354–430) / Die Buß' ist wie ein Strom. Sie dämpft mit ihren Wellen den größten Gotteszorn und löscht das Feuer der Höllen. (Angelus Silesius, 1624–1677; „Der Cherubinische Wandersmann") / Der größte Reichtum dieser Welt ist die heilige Gottesfurcht. (Don Bosco, 1815–1888)

Junayd sagt: „Die Diener Allahs sind so, dass ihre Glieder immer, wenn sie an seine Größe denken, vor Furcht gelähmt werden, und zwar durch den Gedanken, dass sie von ihrem Schöpfer getrennt sind, und durch die Gottesfurcht." (Husayn-al-Sulami, 936–1021; „Futuwwah") / Als gestern mich mein Fuß ins Wirtshaus trug, sah ich einen trunknen Greis, den ich frug: Fürchtest du dich nicht vor Gott? – Er aber sprach: Gott ist ja gnädig, trink! Du bist nicht klug! (Omar Khayyâm, um 1045–1122) / Fürchte Gott nicht, doch beachte sorgfältig sein Gefallen und Missfallen. (Hazrat Inayat Khan, 1882–1927; „Gayan")

Wie ein Vogel, festgebunden an einem Faden, hängt jedes Geschöpf von Gott ab, und er, der oberste Herr, spielt mit seinen Geschöpfen, wie es ihm gefällt, schafft und zerstört sie immer wieder. (Mahâbhârata; 500 v. Chr. bis 500 n. Chr.) / Möge ich der Hölle Abgrund betreten, ohne Murren gehe ich, wenn deine göttliche Gnade mein Geschick so bestimmt. (Mânikkavâshagar, 9. Jhdt.)

Gottesliebe

Einst sagte Rabbi Abraham von Apta: „Die Sätze: ‚Liebe Gott, deinen Herrn' und ‚Liebe deinen Nächsten' sind wohl zwei Gebote. In Wahrheit ist aber Gottesliebe und Menschenliebe eins. Und dies ist die Aufgabe des Zaddik (Gerechten): die Gottesliebe und die Menschenliebe zu vereinen." (Chajim Bloch, 1881–1973; „Aus Mirjas Brunnen") / Wer sich selbst und seine Affekte klar erkennt, der liebt Gott. (Baruch Spinoza, 1632–1677; „Die Ethik") / Wie kann einer Gott lieben, der nicht seine Werke liebt? (Ludwig Börne, 1786–1837; „Der Narr im Weißen Schwan")

So sehr hat Gott die Welt geliebt, dass er seinen einzigen Sohn gab, damit jeder, der an ihn glaubt, nicht verloren gehe, sondern ewiges Leben habe. (Bibel NT; Joh. 3,16) / Wir wissen, dass denen, die Gott lieben, alle Dinge zum Guten dienen. (Bibel NT; Röm. 8,28) / Die Liebe und die Vorsehung Gottes stimmen ganz und gar überein. (Hildegard von Bingen, 1098–1179) / Die Liebe ist die Schöpferin und Meisterin aller Dinge und Gottes älteste Gesellin. (Ernst Moritz Arndt, 1769–1860)

Sprich: „Liebet ihr Allah, so folget mir; dann wird Allah euch lieben und euch eure Fehler verzeihen; denn Allah ist allverzeihend und barmherzig." (Korân; Sure 3,31) / Wer Gott kennt, sieht ihn in allen Dingen. Wer in ihm entwird, verschwindet von allen Dingen, und wer ihn liebt, zieht ihm nichts anderes vor. (Ibn Ata'ullah, gest. 1309; „Hikam") / Wann erreicht man den Gipfel der Gottesliebe? Wenn das Geben und Zurücknehmen Gottes für den Menschen gleich geworden sind. (Sufi-Weisheit)

Wer ohne Hass, barmherzig, aller Wesen Freund, wer ohne Ich- und Mein-Gefühl, geduldig, in Freude und Leid sich gleich bleibt – wer keine Furcht hegt vor der Welt und wen die Welt nicht fürchtet, wer frei von den Erregungen der Lust, des Zornes und der Angst, der ist mir lieb. (Bhagavadgîtâ XII,13,15; ca. 300 v. Chr.) / Wisst ihr, wie stark unsere Liebe zu Gott sein muss, damit er sich uns offenbart? So groß wie die Liebe eines keuschen und hingebenden Weibes zum geliebten Mann, wie die Liebe des Kindes zur Mutter, wie das Verlangen des Weltmenschen nach den Lustbarkeiten des Lebens. (Shrî Râmakrishna, 1834–1886; „Ewige Botschaft") / Die Liebe Gottes drängt in unsere Seelen. Wenn wir uns seinem unaufhörlichen Kommen erschließen, wird er in unsere Seele einziehen, unsere Natur erlösen und uns leuchten machen wie strahlendes Licht. (Sarvepalli Radhakrishnan, 1888–1975)

Es ist eine anerkannte Tatsache, dass alle großen Religionen abgeändert und verfälscht wurden von jenen, die angeblich bemüht waren, die Lehre aufrechtzuerhalten und zu verbreiten. (Nyogen Senzaki, 1876–1958; „Keine Spur im Wasser") / Wir haben keinen anderen Gott als die Freude, deren letzte Quelle in einem jeden von uns liegt. (Drugpa Rinpoche, gest. 1989; „Tibetische Weisheiten")

Gottesreich

Der Messias kommt so lange nicht, bis nicht der Hochmut aus der Welt verschwindet. (Rabbi Nachmann, 1771–1810) / Vor seinem Tode sprach Rabbi Sußja: „Man wird mich in der künftigen Welt nicht fragen, warum ich nicht Moses gewesen bin. Warum ich nicht Sußja gewesen bin – das wird man mich fragen.“ (Chassidische Weisheit)

Im Gottesreich antworten dem Menschen die Dinge alle auf göttlich, da ist auch der Mensch ein Herr all seiner Werke. (Meister Eckhart, um 1260–1327) / Entscheiden wir uns einmal und immer wieder für das Gottesreich, dann ist es, als würden wir herausgehoben aus dieser Welt – und doch erst wieder hineingestellt in diese Welt, dann ist es, als empfingen wir den Ritterschlag einer höheren Welt für diese Welt. (Friedrich Rittelmeyer, geb. 1872)

Gottes ist der Orient und der Okzident. Wohin ihr euch wenden möget, dort ist das Antlitz Gottes. Gott umfasst alles und weiß Bescheid. (Korân; Sure 2,115) / Ein jedes Land ist unser, denn es ist unsres Gottes Land. (Muhammad Iqbal, 1877–1938; „Botschaft des Ostens“)

Alle vier Winde sind Gottes. (Aus Indien) / In seinem Reich sind Vernunft, Verstand und Gelehrsamkeit unnütz. Dort sprechen die Stummen, schauen die Blinden und hören die Tauben. (Shrî Râmakrishna, 1834–1886)

Wer rechter Lehre folgt und wohl kann unterscheiden, was gut, was böse ist, dem winken Himmelsfreuden. (Gautama Buddha, um 550–480 v. Chr.; „Dhammapada“) / Ein Gott außerhalb der Welt wäre ein falscher Gott und eine Welt, die nicht in Gott wäre, eine unwirkliche. (Nyogen Senzaki, 1876–1958; „Keine Spur im Wasser“)

Gottheit

Der Gottheit Walten kann nie ein Mensch ergründen. (Bibel AT; Sir. 12,14) / Mit allem Tun geht ins Gericht die Gottheit, mit allem, auch mit dem Verborgenen, mag's gut sein oder böse. (Bibel AT; Sir. 12,14) / Die Verehrung des einen Gottes bedeutet die Negierung der Verehrung von Menschen und Dingen. (Erich Fromm, 1900–1980; „Ihr werdet sein wie Gott“)

In der Liebe erkennt der Mensch das Walten der Gottheit. (Hildegard von Bingen, 1098–1179) / Die Seele ist ein Kristall, die Gottheit ist ihr Schein, der Leib, in dem du lebst, ist ihrer beider Schrein. (Angelus Silesius, 1624–1677; „Der Cherubinische Wandersmann“) / Gott steigt ins Menschliche herab, ohne seine Gottheit zu verleugnen. Der Mensch wird ins Göttliche hinaufgezogen, ohne etwas von seiner Menschlichkeit einzubüßen. (Henri D. Lacordaire, 1802–1861)

Das höchste Wahrsagen der Propheten ist das Geständnis, dass Gott nicht beschrieben werden kann. (al-Ghazâlî, 1058–1112) / Gott ist ja ewig – ich kann es nicht sein. Ich werde vergehen – und er bleibt ganz allein! (Attâr, um 1136 bis ca.1220)

Wer treibt und lenkt unser Denken? Wer veranlasst unseren ersten Atemzug? Wer ermöglicht unser sprechen? Wer ist der Gott, der die Augen sehen und die Ohren hören lässt? (Kena-Upanishad, 800–500 v. Chr.) / Weise haben die Gottheit im Herzen, für die Einfältigen ist der Gott in einem Götterbild, wer aber auf alles mit gleichem Auge schaut, sieht die Gottheit überall. (Aus Indien)

Nirgends hat ein und dieselbe Ursache die Kraft, alles hervorzubringen. (Sântideva, 7. Jhdt.; „Bodhicaryâvatâra") / Leicht ist zu lenken der Tor und leichter mit Gründen der Weise, aber den Halbwisser lenkt selbst die Gottheit nicht mehr. (Bhartrihari, 7. Jhdt., „Sprüche")

Gottlosigkeit

Die Gottlosen sind wie das aufgewühlte Meer; denn zur Ruhe kann es nicht kommen, und seine Wasser wühlen Schlamm und Kot auf. (Bibel AT; Jes. 57,20) / Was der Gottlose fürchtet, das wird ihm begegnen. (Bibel AT; Spr. 10,24) / Wohl dem, der nicht wandelt im Rat der Gottlosen noch tritt auf den Weg der Sünden, noch sitzet, wo die Spötter sitzen. (Bibel AT; Ps. 1,1)

Es gibt viele, die sich durch ihre Lebensführung als Feinde des Kreuzes Christi erweisen. Sie laufen in ihr Verderben. Ihre Triebe sind ihnen ihr Gott. (Bibel NT; Phil. 3,18–19) / Ich könnte mir vorstellen, dass ein Mensch auf die Erde hinabblickt und behauptet, es gebe keinen Gott. Aber es will mir nicht in den Sinn, dass einer zum Himmel aufschaut und Gott leugnet. (Abraham Lincoln, 1809–1865) / Einen Gottlosen habe ich noch nie gesehen; nur Ruhelose sind mir begegnet. (Fjodor M. Dostojewski, 1821–1881; „Der Jüngling")

Unter den Menschen sind welche, die sagen: Wir glauben an Gott und an den Jüngsten Tag. Doch sie sind keine Gläubigen. Sie versuchen, Gott und diejenigen, die glauben, zu betrügen. Sie betrügen aber nur sich selber und merken es nicht. (Korân; Sure 2,8–9) / Meine gesamte Gemeinschaft wird in das Paradies eingehen, nur der nicht, der sich weigert. (Mohammed, 570–632; „Hadith") / Ein Herz, das von Gott sich abgetan, fällt Schreck von allen Seiten an. (Firdausî, 935–1021; „Schah-Nameh")

Wenn meines Herzens Tür verschlossen ist, wenn du vergeblich pochst, o kehr nicht um! Sprenge die Tür, o Herr, und dringe in des Herzens Heiligtum! (Rabindranâth Tagore, 1861–1941) / Gott regiert die Welt nicht. Alles geschieht von allein. (Sri Nisargadatta Maharaj, 1897–1981; „Ich bin")

Dass es am Anfang des Werdens und Vergehens durch unzählige Weltzeitalter hindurch eine Person gab, die schon da war – ist Propaganda von Irren. (Wu-men Hui-kai, 1183–1260; „Wu-men-kuan") / Wenn du glaubst, dass die Welt von einem allmächtigen Wesen erschaffen wurde, dann musst du dich unfähig fühlen, sie zu verändern; dein Schicksal läge ganz in den Händen des Schöpfers. Für Buddhisten ist die Welt von uns selbst geschaffen. Wir können sie ändern, neu aufbauen oder verbessern, ganz wie wir wollen. (Nyogen Senzaki, 1876–1958; „Keine Spur im Wasser")

Gottvertrauen

Gott ist unsere Zuflucht und Stärke, als mächtige Hilfe bewährt in Nöten. Drum fürchten wir nichts, wenngleich die Erde sich wandelt und die Berge taumeln in die Tiefe des Meeres. Mögen tosen, mögen schäumen seine Wogen, die Berge erzittern bei seinem Aufruhr: Der Herr der Heerscharen ist mit uns, eine Burg ist uns der Gott Jakobs. (Bibel AT; Ps. 46,2–4) / Alles bewegt sich nur nach dem Willen Gottes, der die Wahrheit ist. Die Wahrheit ist die größte Macht, gegen welche keine Ungerechtigkeit etwas vermag. (Flavius Josephus, 37–100; „Jüdische Altertümer")

Gottvertrauen heißt: sich verlassen auf das, was man hofft, und fest mit dem rechnen, was man nicht sehen kann. (Bibel NT; Hebr. 11,1) / Wie wir mitten im Leben vom Tode umfangen sind, so müsst ihr jetzt auch ganz fest überzeugt sein, dass wir mitten im Tode vom Leben umfangen sind. (Johann Calvin, 1509–1564) / Ein gläubiges Gottvertrauen beruhigt und stärkt die Nerven mehr als Wasser und Luftkuren und psychoanalytische Künste. Gottvertrauen ist nicht nur ein Hilfsmittel für schwere Erschütterungen unseres Nervensystems, sondern für die vielen Arten täglichen Angstfiebers. (Bonifazius Wöhrmüller, geb. 1885)

Mu'adh al-Razi hat gesagt: „Vier Eigenschaften zeichnen die aus, die Allah nahe sind: Sie vertrauen auf ihn in allen Angelegenheiten, sie erbitten alles nur von ihm, sie suchen nur seine Hilfe, und sie tragen nur ihn im Herzen, wobei sie alles andere ausschließen. (Husayn-al-Sulami, 936–1021; „Futuwwah") / Die höchste Stufe des Gottvertrauens besteht darin, dass man vor Allah in Bewegung und Ruhe wie der Tote in den Händen des Leichenwäschers ist, von dem er sich nur darin unterscheidet, dass er sieht, wie er selbst tot ist und von der uranfänglichen Macht bewegt wird, wie der Tote von der Hand des Leichenwäschers bewegt wird. (al-Ghazâlî, 1058–1112; „Ihja ulum ad-din") / Wahres Gottvertrauen offenbart sich darin, dass man sich auf niemanden verlässt außer auf Gott und niemanden fürchtet außer Gott. (Sufi-Weisheit)

Der, der die Schwäne weiß gemacht und grün die Papageien, den Pfauen gab er Farbenpracht, sorgt auch für dein Gedeihen. (Nârâjana, 9./10. Jhdt.; „Hitopadesa") / Ich, Tuka, sage zu Gott: „Dir treu ergeben, hab ich bereits alles, was ich im Dasein brauche. Bediene dich, Herr, für meine Vollendung eines jeden Mittels, wenn es nur gut dir scheint." (Tukârâm, 1608–1649)

Dass es Sucher nach dem Weg gibt, welche die Wahrheit nicht erkennen können, kommt nur daher, dass sie traditionsgemäß an einen persönlichen Gott zu glauben gelernt haben. (Wu-men Hui-kai, 1183–1260; „Wu-men-kuan") / Das Weltbild des Glaubens mit seinem Leben ohne Sterben ist eine Fiktion; das Weltbild der Wissenschaft mit seinem Sterben ohne entsprechende Geburt ist eine Hypothese; beide liefern sie keinen geordneten Welthaushalt. (Paul Dahlke, 1865–1928)

Grenzen

Was für dich zu schwer ist, lade dir nicht auf. (Bibel AT; Sir. 13,2) / Wenn die Menschen frei geboren wären, würden sie nicht die Begriffe Gut und

Böse erdacht haben, jedenfalls so lange nicht, als sie frei sind. (Baruch Spinoza, 1632–1677; „Die Ethik“) / Der Mensch muss lernen, an seine Freiheit zu glauben. Er muss glauben, dass sie, wenn sonst vielleicht auch überall eingeschränkt, Gott gegenüber ohne Grenzen ist. (Franz Rosenzweig, 1886–1929)

Nicht einmal mit eurem eigenen Kopf sollt ihr euch verbürgen; denn es steht nicht in eurer Macht, dass auch nur ein einziges Haar darauf schwarz oder weiß wächst. (Bibel NT; Mt. 5,36) / Wir erkennen weder die Existenz noch die Natur Gottes, weil er weder Ausdehnung noch Grenzen hat. (Blaise Pascal, 1623–1662) / Gefühle der Besonnenheit und des Gegensatzes sind Grenzen der Größe. (Joseph Bernhart, 1881–1969) / Die Liebe der Guten kennt keine Grenzen. (Don Bosco, 1815–1888)

O Volk der Schrift, überschreitet nicht die Grenzen in eurem Glauben, und saget von Allah nichts als die Wahrheit. (Korân; Sure 4,171) / Wer die Grenzen erkennt und in ihnen sein Glück, der kann es auch halten sein Leben lang; wen aber das Irrlicht seines Verlangens weitertreibt vom einen immer zum Nächsten, der stürzt am Ende – ins Nichts. (Nizâmî, 1141–1209; „Sieben Geschichten“) / Kein Mensch kann die Grenze zwischen Notwendigkeiten und Luxus ziehen. Nur die Engel können das, und Engel sind weise und besonnen. (Kahlil Gibran, 1883–1931; „Aphorismen“)

Halte alle Tätigkeiten des Ich und die darin eingeschlossene Ichsucht in Grenzen. Erlange die höchste Wirklichkeit, und sei frei von Lust. (Shankara, 788–820; „Kleinod der Unterscheidung“) / Jeder, den das Glück erhebt, ist schwer in seinen Grenzen zu halten. Es ist eine Lehre erfahrener Männer, dass das Glück den Verstand verdirbt. (Nârâjana, 9./10. Jhdt. n. Chr.; „Hitopadesa“) / Frage: „Gott ist unendlich und die Einzelseele ein begrenztes Wesen. Wie kann das Begrenzte das Unbegrenzte begreifen?“ Antwort: „Die Seele ist einer Salzpuppe gleich, die versucht, des Meeres Tiefe zu messen. Doch sie löst sich auf und vergeht, indem sie es tut. So verliert auch die Seele, wenn sie Gott zu ermessen versucht, ihr individuelles Dasein und wird eins mit ihm.“ (Shrî Râmakrishna, 1834–1886; „Worte des Râmakrishna“) / Gelehrsamkeit hilft uns durch viele Lebensstadien, doch in Stunden der Gefahr und der Versuchung lässt sie uns im Stich. (Mahatma Gandhi, 1869–1948)

Wenn wir unsere Grenzen erkennen, dann werden wir uns in der Gefahr rechtzeitig schützen. Jedes Leben hat seine Aufgaben und seine Chancen. (Gautama Buddha, um 550–480 v. Chr.; „Jâtaka“) / Das Kleinste ist identisch mit dem Größten. Wir müssen alle Grenzen zwischen den verschiedenen Orten auslöschen. (Seng-ts'an, gest. 606; „Hsin-hsin-ming“) / Sobald die Grenze überschritten ist, durchläuft man das Reich der königlichen Einsamkeit. (Wu-men Hui-kai, 1183–1260; „Wu-men-kuan“) / Hebt man den Blick, so sieht man keine Grenzen. (Aus Japan)

Grenzenlosigkeit

Aller Vollkommenheit sah ich ein Ende; aber dein Gebot ist unendlich. (Bibel AT; Ps. 119,96) / Als Rabbi Jitzchak Meir ein kleiner Junge war, brachte ihn seine Mutter einmal zum Maggid von Kosnitz. Da fragte ihn jemand: „Jitzchak Meir, ich gebe dir einen Gulden, wenn du mir sagst, wo Gott wohnt." Er antwortete: „Und ich gebe dir zwei Gulden, wenn du mir sagen kannst, wo er nicht wohnt." (Rabbi Jitzchak Meir von Ger, um 1760; „Erzählungen der Chassidim") / Zuweilen muss der Mensch erfahren, dass es noch unendlich viele Firmamente und Sphären gibt, und er steht auf einem Fleckchen der kleinen Erde, die ganze Welt aber ist wie nichts vor Gott, der der Schrankenlose ist. (Martin Buber, 1878–1965)

Was unmöglich ist bei den Menschen, ist möglich bei Gott. (Bibel NT; Lk. 18,27) / Für das ungehemmte Einströmen Gottes werden alle menschlichen Grenzen zu eng. (Joseph von Görres, 1776–1848) / Der gute Mensch geht in seiner Güte ganz und gar hinaus über das eigene Ich ins Grenzenlose. (Peter Lippert, 1879–1936)

Ein Herz, in dem das Licht der Liebe ist, sei es nun Jude, Muslim oder Christ, wenn's nur in Gottes Buch der Liebe steht, des Himmels und der Hölle ganz vergisst. (Omar Khayyâm, um 1045–1122) / Möglichkeit ist das Wesen Gottes, Unmöglichkeit ist die Begrenzung des Menschen. (Hazrat Inayat Khan, 1882–1927; „Gayan") / Begrenzte Liebe ist bemüht, den Geliebten zu besitzen, unbegrenzte Liebe liebt um ihrer selbst willen. (Kahlil Gibran, 1883–1931; „Aphorismen")

Der eine Gott, der in allen Wesen verborgen ist, dringt überall hin und ist das innere Selbst aller Wesen. Er ist der Aufseher der Werke, er ist der Bewohner aller Wesen. Er ist Zuschauer, er ist Geist allein, er ist frei von Eigenschaften. (Svetâsvatara-Upanishad; 800–500 v. Chr.) / Nur im Schrankenlosen, im Grenzenlosen ist Lust. (Aus Indien) / Der Himmel wird nicht von den Wolken begrenzt. So werde auch ich nicht vom Körper begrenzt. (Shankara, 788–820; „Kleinod der Unterscheidung")

Aller Tiefsinn in der Rede ist wie ein Härchen, in den leeren Raum geworfen; alles Wissen um den Angelpunkt der Welt wie ein Tropfen Wasser, der ins Meer fällt. (Dö-Schan, 9. Jhdt.; „Bi-Yän-Lu") / Zum großen Weg gibt es kein Tor. Da sind tausend verschiedene Zugänge. Wer diese Schranke durchschritten hat, wandelt in einsamer Freiheit im Weltall. (Wu-men Hui-kai, 1183–1260; „Wu-men-kuan") / Eurem Schaf oder eurer Kuh eine große, ausgedehnte Weide zu geben ist der Weg, sie zu kontrollieren. (Shunryu Suzuki, 1905–1971; „Zen-Geist")

Größe

Es werden noch frohlocken und deiner sich freuen alle, die dich suchen; die dein Heil lieben, werden allezeit sagen: „Der Herr ist groß." (Bibel AT; Ps. 40,17) / Vielseitigkeit mag ich nicht recht oder glaube eigentlich nicht recht daran. Was eigentümlich und schön und groß sein soll, das muss einseitig sein. (Felix Mendelssohn-Bartholdy, 1809–1847; „Reisebriefe") / Die Welt ist freier durch unsere Freiheit, reicher durch unseren Reichtum, größer durch unsere Größe. (Theodor Herzl, 1860–1904)

In kleinen Dingen sich besiegen, das ist der Weg, um sich in großen Dingen zu bezwingen. (Theresia von Avila, 1515–1582) / Wenn man einen

Riesen sieht, so untersuche man erst den Stand der Sonne und gebe Acht, ob es nicht der Schatten eines Pygmäen ist. (Novalis, 1772–1801; „Fragmente“) / Das Große lässt sich, wenn es sich überhaupt sagen lässt, nur ganz einfach sagen. (Hans Much, 1880–1932)

Der hat mit Größe sich nicht geputzt, wer große Namen nur beschmutzt. (Saadî, um 1215–1292; „Gulistân“) / Kannst du nicht das Große fassen, sollst drum nicht das Kleine lassen. (Tûtî-Nâmeh, 14. Jhdt.; „11. Abend“) / Weil er nichts fühlt, begreift er nichts und glaubt als Tadler, groß zu sein: Wer wahrhaft groß und weise ist, wird von der Schönheit ganz bezwungen. (Hâfis, 1326–1390; „Der Sänger von Schiras“)

Im weltlichen Sinne bezeichnet man mit Größe eine große Anzahl von Kühen, Pferden, Elefanten, Gold, Sklaven und Frauen sowie große Ländereien. So eine Art von Größe fußt immer eines auf einem anderen. Das Unbegrenzte aber beruht nicht auf einem anderen. Es ist unten und oben, im Westen, Osten, Süden und Norden – es umfaßt die ganze Welt. (Chândogya-Upanishad; 800–500 v. Chr.) / Schüren muss man das Feuer, wenn die Flamme lodern soll. – Auch der Mensch braucht den Stachel, um seine Größe wiederzufinden. (Kâlidâsa, 4./5. Jhdt.; „Sakuntala“) / Gott allein bestimmt, wo wahre Größe ist, denn er kennt die Herzen der Menschen. (Mahatma Gandhi, 1869–1948)

Auf Dauer kann sich kein Mensch der Liebe und Zuwendung weiser Menschen entziehen. (Gautama Buddha, um 550–480 v. Chr.; „Dhammapada“) / Dass Buddha mit seiner freundschaftlichen Gesinnung den Geschöpfen verehrungswürdig erscheint, das macht ihre Größe aus; das Verdienst Buddhas infolge seiner Gnade macht seine Größe aus. (Sântideva, 7. Jhdt.; „Bodhicaryâvatâra“) / Durch Lob nicht erfreut, durch Tadel nicht betrübt, die eigenen Tugenden und Kräfte wirklich kennen: Das ist das Merkmal der Großen. (Sakya Pandita, 1182–1251; „Erlesene Aussprüche“)

Güte

Der Herr ist langmütig und von großer Güte. Er vergibt Missetat und Sünde, doch ungestraft lässt er nichts. (Bibel AT; 4. Mos. 14,18) / Alles ist von Gott vorgesehen, aber die freie Wahl ist dem Menschen gegeben. In Güte wird die Welt gerichtet, und auf die Summe der Taten kommt es an. (Talmud; 70–500 n. Chr.; Aboth III,15) / Eine Frau von innerer Güte ist immer liebenswürdig befunden worden, und eine, die noch nach drei Tagen hässlich gefunden wird, ist gewiss nicht liebenswürdig. (Ludwig Börne, 1786–1837; „Aphorismen“)

Die Frucht des Geistes ist Gütigkeit. (Bibel NT; Gal. 5,22) / Schönheit ohne Güte ist ein Haus ohne Tür, ein Schiff ohne Wind, eine Quelle ohne Wasser. (Deutsches Sprichwort) / Wie dem Geiste nichts zu groß ist, so ist der Güte nichts zu klein. (Jean Paul, 1763–1825) / Gutmütigkeit hat ihre Grenzen. Das unterscheidet sie von der Güte. (Karl Heinrich Waggerl, 1897–1973; „Kleine Münze“)

Ein gütiges Wort und Verzeihung sind besser als ein Almosen, gefolgt von Unrecht. (Korân; Sure 2,263) / Wer den Geschöpfen Gottes Gutes tut, der wird belohnt; denn zwischen Gott und Mensch ist Güte nie verloren. (1001 Nacht; 16./17. Jhdt.) / Dem Trotz entgegen setze Milde; durch weiche Seide dringt kein Schwert. (Saadî, um 1215–1292; „Gulistân") / Halte deine Güte gesondert, auf dass sie nicht deine Eitelkeit berühre. (Hazrat Inayat Khan, 1882–1927; „Gayan")

Mild sein gegen alle Wesen in Gesinnung, Tat und Rede, gerne helfen, gerne geben, das ist ewige Pflicht der Guten. (Mahâbhârata; 500 v. Chr. bis 500 n. Chr.) / Gottes unendliche Güte ist für alle da, zu jeder Zeit, an jedem Orte, unter allen Umständen, unfehlbar und unerschütterlich. An uns ist es, sie zu benützen. (Swâmi Vivekânanda, 1862–1902; „Jnana-Yoga") / Vor allem die Wahrheit! Doch es gibt keine Wahrheit ohne Güte. (Mahatma Gandhi, 1869–1948)

Wie eine Mutter ihr einziges Kind mit ihrem Leben schützen würde, so sollt ihr ein grenzenloses Herz für alle Wesen pflegen. Lasst eure Gedanken der grenzenlosen Güte die ganze Welt durchdringen. (Gautama Buddha, um 550–480 v. Chr.; „Sutta-Nipâta") / Güte, die auf Gegenwert rechnet, ist nicht Güte. (Aus China) / Ohne Nutzen und Sinn ist es, wenn sich jemand etwas, was ihm nicht gegeben worden ist, auf diebische oder betrügerische Weise angeeignet hat und davon Gaben spendet; es gleicht dem Ausschütteln eines Fellanzuges, nachdem man ihn ins Wasser gehalten hat. (Gampopa, 1079–1153; „Der kostbare Rosenkranz")

Gutes

Gott sah alles an, was er gemacht hatte. Und siehe, es war sehr gut. (Bibel AT; 1. Mos. 1,31) / Vor Guten müssen sich die Schlechten beugen. (Bibel AT; Spr. 14,19) / Insofern eine Sache mit unserer Natur übereinstimmt, ist sie notwendig gut. (Baruch Spinoza, 1632–1677; „Ethik") / Das Böse kann nicht mit der ganzen Seele getan werden; das Gute kann nur mit der ganzen Seele getan werden. (Martin Buber, 1878–1965) / Der Mensch ist gut, nur die Nerven sind schlecht. (Mose Ya'aqob Ben-gavriêl, 1891–1965; „Das Haus in der Karpfengasse")

Jeder gute Baum trägt gute Früchte; ein schlechter Baum aber trägt schlechte Früchte. (Bibel NT; Mt. 7,17) / Wer nichts Gutes tut, tat schon Böses genug. (Deutsches Sprichwort) / Sollen die Werke gut sein, so muss zuvor der Mann gut und fromm sein, der sie tut; denn wo nichts Gutes inne ist, kommt nichts Gutes heraus. (Martin Luther, 1483–1546) / Durch eines guten Menschen bloßes Dasein allein schon wird die Welt hell und schön. (Peter Lippert, 1879–1936)

Was dich Gutes trifft, das ist von Gott; was dich Schlechtes trifft, das ist von dir selbst. (Korân; Sure 3,81) / Ibn Shibrimah sagt: „Wenn das Gute erzählt wird, dann ist nichts Gutes mehr darin." (Husayn-al-Sulami, 936–1021; „Futuwwah") / Für versäumte gute Taten gibt es keine Wiederkehr. (Hafis, um 1327–1390)

Der Guten Nachbarschaft, der Götter Nähe soll ein Guter suchen, wo er kann, vertrauensvoll. (Mahâbhârata; 500 v. Chr. bis 500 n. Chr.) / Zu den Guten bin ich gut, zu den Bösen bin ich auch gut, zu den Treuen bin ich treu, zu den Falschen bin ich auch treu. (Aus Indien) / Das Gute, nicht das Nützliche, muss Grundprinzip und Richtschnur des Guten sein. (Shrî Aurobindo, 1872–1950; „Zyklus der menschlichen Entwicklung“) / Das Gute geht im Schneckentempo. Wer Gutes tun will, ist nicht selbstsüchtig, nicht in Eile; er weiß, dass die Durchdringung der Massen mit dem Guten viel Zeit erfordert. (Mahatma Gandhi, 1869–1948) / Das Gute reist mit der Geschwindigkeit einer Schlange. Das Böse hat Flügel. (Mahatma Gandhi, 1869–1948)

Tag und Nacht wächst der Schatz guter Taten bei denen, welche Gärten und Haine anlegen, Brücken errichten, Brunnen und Wasserleitungen bauen. (Gautama Buddha, um 550–480 v. Chr.; „Samyutta-Nikâya“) / Gut ist es, dass Erwachte auferstehen, gut, dass sie uns die Wahrheit lehren, gut ist Eintracht in der Jüngerschaft, und gut ist die Übung friedvoller Menschen. (Gautama Buddha, um 550–480 v. Chr.; „Dhammapada“) / Wenn ich das Gute nicht tue, wiewohl ich zum Guten fähig bin, will ich es etwa dann tun, wenn ich durch die Leiden der niedrigen Existenzen verwirrt bin? (Sântideva, 7. Jhdt.; „Bodhicaryâvatâra“)

Handel, handeln

Kenntnis der Gebote des Herrn ist eine Belehrung zum Leben; die aber seinen Willen tun, ernten vom Baum des Lebens. (Bibel AT; Sir. 19,19) / Der Mensch kann aus sich selbst heraus handeln, durch die ihm von Gott gegebene Einsicht. Daher kann er für seine Taten zur Rechenschaft gezogen werden. (Moses Maimonides, 1135–1204; „Die starke Hand“) / Bei allen Menschen ist es zu wissen wichtig, ob sie aus Not, aus Eitelkeit, aus Langeweile oder aus Liebe schaffen. (Walther Rathenau, 1867–1922; „Aphorismen“)

Wenn einer vor Gottes Gericht bestehen will, genügt es nicht, dass er das Gesetz kennt, vielmehr muss er auch danach handeln. (Bibel NT; Röm. 2,13) / Du musst handeln, als seiest du der einzige unbedingt verlässliche Mensch auf der Welt, der Opfernde, der für sich kein Opfer fordert. (Ina Seidel, 1885–1974) / Wahrhaftes Handeln ist allezeit Entsagung. (Hans Much, 1880–1932)

O die ihr glaubt, wenn der Ruf zum Gebet am Freitag erschallt, dann eilet zum Gedenken Allahs, und lasset den Handel ruhen. (Korân; Sure 62,9) / Der Mensch bringt in all seinem Tun seine Seele zum Ausdruck. (Hazrat Inayat Khan, 1882–1927; „Gayan“) / Sie halten mich für verrückt, weil ich meine Tage nicht für Gold verkaufen will. Und ich halte sie für verrückt, weil sie glauben, meine Tage hätten einen Preis. (Kahlil Gibran, 1883–1931; „Aphorismen“)

Durch Handeln vollziehen die Geschöpfe den Willen Gottes. (Mahâbhârata; 500 v. Chr. bis 500 n. Chr.) / Rechtes Handeln hilft das Herz reinigen. Aber es führt nicht zur unmittelbaren Erkenntnis der Wirklichkeit. (Shankara, 788–820; „Kleinod der Unterscheidung“) / Ein Geist, der von der Wahrheit erfüllt ist, muss sein Handeln auf das Endziel richten. (Mahatma Gandhi, 1869–1948)

Geh ganz in deinen Handlungen auf und denke, es wäre deine letzte Tat. (Gautama Buddha, um 550–480 v. Chr.; „Dhammapada") / Der bloße Wunsch: „Mögen alle Lebewesen Glück besitzen und frei von Leiden sein" ist nicht ausreichend. Vielmehr muss ich dieses selbst bewirken. (Jesche Tsöndrü, 1761–1816; „Die Elixiere der Erleuchtung") / Wer kein freundliches Gesicht hat, darf keinen Laden aufmachen. (Aus China)

Hass

Derer, die mich ohne Ursache hassen, sind mehr als der Haare auf meinem Haupte. (Bibel AT; Ps. 69,5) / Groß ist der Hass der Ungebildeten gegen die Gelehrten. (Talmud; 70–500 n. Chr.; Pessachim 49b) / Der Hass der Größe gegen die Kleinheit ist Ekel, der Hass der Kleinheit gegen die Größe Neid. (Arthur Schnitzler, 1862–1931)

Wer seinen Bruder hasst, ist ein Mörder. (Bibel NT; 1. Joh. 3,15) / Kein Hass ist je so groß und schwer, als der von Lieb ist kommen her. (Deutsches Sprichwort) / Großer Sinn kennt nicht beschränkten Hass. (Emanuel Geibel, 1815–1884)

Satan will durch Wein und Glücksspiel nur Feindschaft und Hass zwischen euch erregen, um euch so vom Gedanken an Allah und vom Gebet abzuhalten. (Korân; Sure 5,91) / Was Gott in einem Gebiet am meisten liebt, sind seine Moscheen, und was er am meisten hasst, sind seine Märkte. (Mohammed, 570–632; „Hadith") / Das Weib verbirgt seine Liebe vierzig Jahre, aber Hass und Widerwillen verbirgt es nicht einen Tag. (Aus Arabien)

Wer ohne Hass, barmherzig, aller Wesen Freund, wer ohne Ich- und Mein-Gefühl, geduldig, in Freude und Leid sich gleich bleibt – wer keine Furcht hegt vor der Welt und wen die Welt nicht fürchtet, wer frei von den Erregungen der Lust, des Zornes und der Angst, der ist Gott lieb. (Bhagavadgîtâ; ca. 300 v. Chr.) / Die Guten und Reinen müssen alles Böse tragen. (Aus Indien) / Ich halte mich für unfähig, irgendein Lebewesen zu hassen. Durch ein langes Leben in Gebet und Disziplin gelangte ich in vierzig Jahren dahin, niemanden zu hassen. (Mahatma Gandhi, 1869–1948)

Durch Nicht-Hass kommt der Hass zur Ruhe, das ist ein ewiges Gesetz. (Gautama Buddha, um 550–480 v. Chr.; „Dhammapada") / Nur die, welche nichts lieben und nichts hassen, tragen keine Fesseln. (Gautama Buddha, um 550–480 v. Chr.; „Dhammapada") / Wenn der Stachel des Hasses im Herzen sitzt, bekommt der Geist keine Ruhe; er erlangt nicht die Freude wohlwollender Gefühle; er kommt nicht zum Schlafe, nicht zur Festigkeit. (Sântideva, 7. Jhdt.; „Bodhicaryâvatâra")

Haus

Wenn Gott, der Herr, das Haus nicht baut, dann bauen die Bauleute umsonst. Wenn nicht der Herr die Stadt beschützt, so wacht umsonst des Wächters Auge. (Bibel AT; Ps. 126,1–2) / Ein Sammelplatz der Weisen sei dein Haus. Sitze zu ihren Füßen, und trinke dürstend ihre Worte. (Talmud; 70–500 n. Chr.) / Alle Worte des Lästerns und aller Grimm der Feindschaft wider den Echten und Schweigsamen sind wie Steine, die gegen ihn geworfen werden, und er baut aus ihnen sein Haus. (Rabbi Nachmann, 1771–1810)

Machet nicht das Haus meines Vaters zu einem Kaufhause! (Bibel NT; Joh. 2,16) / Die Welt ist des Teufels Haus; darum, wo man hinkommt, findet man den Wirt daheim. (Martin Luther, 1483–1546; „Deutsche Schriften“) / Wo gehen wir denn hin? Immer nach Hause. (Novalis, 1772–1801)

Das Herz ist das Haus Gottes. (Mohammed, 570–632; „Hadith“) / Von Haus nichts mitgebracht hab ich von Anbeginn; Gott gab mir, was ich hab, und Sein ist, was ich bin. (Nizâmî, 1141–1209) / Welcher Mann ist imstande, ein Haus zu verlassen, an dem er ein ganzes Leben lang gebaut hat, selbst wenn dieses Haus sein eigenes Gefängnis ist? Es ist schwer, solch ein Haus in einem Tag loszuwerden. (Kahlil Gibran, 1883–1931; „Aphorismen“)

Geh zu deines reichen Freundes Haus, wenn du gerufen bist! Zu des armen Freundes Haus geh ungerufen! (Aus Indien) / Ramas Haus, das steht im Osten, Allah im Westen Wohnung nahm. Suche im Herzen, schaue in Herzen, dort ist Allah, und dort ist Rama. (Kabîr, 1440–1518; „Spruchgedichte“) / Die Religion ist eine Straße zu Gott. Eine Straße ist kein Haus. (Shrî Râmakrishna, 1834–1886; „Leben des Râmakrishna“)

Leicht dringt jeder Regen ein in ein Haus, wo schlecht das Dach ist; bald schleicht Leidenschaft sich ein, wenn der Geist nicht klar und wach ist. (Gautama Buddha, um 550–480 v. Chr.; „Dhammapada“) / Das Haus habe ich verlassen und bin hinausgezogen; den Sohn und das liebe Vieh habe ich verlassen. Aufgegeben habe ich Leidenschaft und Bosheit, das Nichtwissen verbannt. Mit der Wurzel ist der Durst ausgerottet; friedvoll bin ich geworden, zur Ruhe gekommen. (Theragâthâ; ca. 400–200 v. Chr.) / Genau so, wie wir einen physischen Körper brauchen um zu existieren, so müssen wir auch ein solides inneres Haus bauen. (Sokei-an Roshi, 1882–1945; „Übertragung des Zen“)

Heiden

Ein Heide fragte einmal Rabbi Josua ben Korcha: „Ihr habt Feste, und wir haben Feste. Wenn ihr euch freut, freuen wir uns nicht, und wenn wir uns freuen, freut ihr euch nicht. Wann können wir uns einmal zusammen freuen?“ Darauf der Rabbi: „Wenn es regnet.“ (Talmud; 70–500 n. Chr.) / Rabbi Hillel sagt zu einem Heiden, der Jude werden möchte: „Was du nicht willst, das man dir zufüge, das füge auch deinem Nächsten nicht zu. Das ist die ganze Lehre, alles Übrige ist Auslegung.“ (Talmud; 70–500 n. Chr.) / Ob Israelit oder Heide – wer eine fromme Tat vollbracht hat, Gott wird es ihm lohnen. (Midrasch Tanna debe Elijahu 13) / Im Verkehr mit Nichtjuden befleißige dich derselben Redlichkeit wie mit Juden. (Jehuda Hachassid, 13. Jhdt.; „Das Buch der Frommen“)

Wenn ihr nur eure Brüder grüßet, was tut ihr Großes? Tun dies nicht auch die Heiden? (Bibel NT; Mt. 5,47) / Meine Augen haben dein Heil gesehen, das du vor allen Völkern bereitet hast als ein Licht zur Erleuchtung der Heiden und zur Ehre deines Volkes. (Bibel NT; Lk. 2,30–31) / Das Heidentum hielt den am höchsten, der die meisten Vorzüge, das Christentum den, der die wenigsten Fehler hat. (Franz Grillparzer, 1791–1872; „Studien zur Philosophie und Religion") / Heidentum ist, anzunehmen, dass Gott sich zum Menschen unmittelbar verhalte wie das Auffallende zu dem, der sich wundert. Aber ... Gottes List entspricht, dass er gar nichts Auffallendes hat, ja, so weit entfernt ist, aufzufallen, dass er unsichtbar ist, so dass man gar nicht daran denkt, dass er anwesend ist, da doch seine Unsichtbarkeit gerade seine Allgegenwart ist. (Sören Kierkegaard, 1813–1855; „Nachschrift zu den Philosophischen Brocken")

Und auch mit denen, die sagen: „Wir sind Christen", schlossen wir einen Bund; aber auch sie haben einen Teil von dem vergessen, womit sie ermahnt wurden. Darum erregten wir Hass und Feindschaft unter ihnen bis zum Tage der Auferstehung. (Korân; Sure 5,14) / Und wenn die verbotenen Monate verflossen sind, dann tötet die Götzendiener, wo ihr sie trefft, und ergreift sie, und belagert sie, und lauert ihnen auf in jedem Hinterhalt. (Korân; Sure 9,5) / Ein Heide, herzenswarm, ein Götzenbild anbetend, ist mehr als Fromme wert, zur Kaaba schläfrig tretend! (Muhammad Iqbâl, 1873–1938; „Das Buch der Ewigkeit")

Die Menschen, die Furchtloses schreckt und Fürchterliches nicht ergreift, verkehrter Lehre zugetan, beschreiten sie den schlechten Weg. (Gautama Buddha, um 550–480 v. Chr.; „Dhammapada") / Der Buddhismus hegt anderen Religionen gegenüber keine zerstörerischen Absichten. (Nyogen Senzaki, 1876–1958; „Keine Spur im Wasser") / Es gibt keine Religion, die Anspruch auf den alleinigen Besitz der Wahrheit erheben kann und ebenso wenig auf den alleinigen Besitz des allen Menschen zugänglichen Tiefenerlebnisses. (Lama Govinda, 1898–1985; „Buddhistische Reflexionen")

Heil

Stillehalten und Ruhe wäre euer wahres Heil, Ergebung und Vertrauen eure wahre Stärke. (Bibel AT; Is. 30,15) / Zu jeder Zeit hat die Religion auf die Verfassungsurkunden der Staaten ihr Siegel gedrückt, und die Priester waren immer die Siegelbewahrer. (Ludwig Börne, 1786–1837) / Wer das helfende Wort in sich aufruft, erfährt das Wort. Wer Halt gewährt, verstärkt in sich den Halt. Wer Trost spendet, vertieft in sich den Trost. Wer Heil wirkt, dem offenbart sich das Heil. (Martin Buber, 1878–1965)

Bist du gerecht, so sind auch deine Werke gerecht. Denke nicht, dein Heil zu setzen auf ein Tun; man muss es setzen auf ein Sein. (Meister Eckhart, um 1260–1327) / Der Welt Heil besteht nicht in neuen Maßnahmen, sondern in neuen Gesinnungen. (Albert Schweitzer, 1875–1965) / Darin allein besteht das Geheimnis des Heiles, dass der Mensch seine Seele findet und bewahrt und zum Vater erhebt. (Peter Rosegger, 1843–1918) / Man hüte sich, auf das Heil des Staates dieselben Regeln anzuwenden wie auf das Heil der Seele. (Simone Weil, 1909–1943)

Wenn nun einer von dem, was er besitzt, anderen etwas abgibt, gottesfürchtig ist und an das Paradies glaubt, werden wir es ihm leicht machen, des Heils teilhaftig zu werden. (Korân, Sure 92,6f) / Diejenigen, die um meiner Herrlichkeit willen sich lieben, werden Kanzeln aus Licht erhalten, und die Propheten und die Märtyrer werden sie selig preisen. (Mohammed, 570–632; „Hadith") / Das Beste, was man vom Reisen nach Hause bringt, ist eine heile Haut. (Persisches Sprichwort)

Gießt man Wasser in Wasser, so kann man dieses Wasser nicht mehr in dem anderen Wasser wiederfinden. Das Gleiche gilt für Feuer im Feuer und Raum im Raum. Genauso frei und eins geworden ist man, wenn man sein Denken nach innen gerichtet hat. (Maitrâyâni-Upanishad; 800–500 v. Chr.) / Der Schöpfer hat zur Verhüllung der Unwissenheit einen Schleier geschaffen, über den man selbst verfügen kann und der überall und immer von Nutzen ist: Vor allem in der Gesellschaft derer, die alles wissen, ist Schweigen der Schmuck der Unwissenden. (Aus Indien) / So wie ein Loch im Papier zugleich im Papier und doch nicht aus Papier ist, ebenso ist der höchste Zustand im Zentrum des Bewusstseins und doch jenseits davon. (Sri Nisargadatta Maharaj, 1897–1981; „Ich bin")

Die Unterstützung von Mutter und Vater, Freundlichkeit zu Kind und Weib, eine ungestörte Arbeit – das ist das höchste Heil. (Gautama Buddha, um 550–480 v. Chr.; „Mangala-Sutta") / Gib nicht dein eigenes Heil der andern wegen hin; hast du dein Heil erkannt, behalt es stets im Sinn! (Gautama Buddha, um 550–480 v. Chr.; „Dhammapada") / Das Heil ist einem jeden gewiss, der es für gewiss hält. Es ist ungewiss einem, der es für ungewiss hält. (Yoshida Kenkô, 1283–1350) / Wie man den Buddhismus als Wirklichkeitslehre die Lehre vom Leiden nennen kann, so kann man ihn die Lehre von der Befreiung nennen. (Paul Dahlke, 1865–1928)

Heilen, Heilung

Sich am Morgen mit kaltem und am Abend mit heißem Wasser waschen ist besser als alle Heilsalben der Welt. (Talmud; 70–500 n. Chr.; Schabbat 108b) / Die Heilkunde leistet zur Aneigung der Tugenden und der Gotteserkenntnis, sowie zur Erlangung der wahren Glückseligkeit sehr große Dienste. Die Erlernung und das Studium derselben sind eine der vorzüglichsten gottesdienstlichen Tätigkeiten. (Moses Maimonides, 1135–1204; „Acht Kapitel") / Man heilt Leidenschaften nicht durch Verstand, sondern nur durch andere Leidenschaften. (Ludwig Börne, 1786–1837; „Fragmente und Aphorismen")

Arzt, heile zuerst dich selbst und mich nachher, dann will ich die Arznei nehmen, die du mir reichen magst! (Katharina von Siena, 1347–1380) / Wen himmlisch' Feuer versehrt, den heilen nicht irdische Arzneien. (Anastasius Grün, 1806–1876) / Die bittersten Pillen sind die besten für die Gesundheit. (Don Bosco, 1815–1888)

Fand Allah dich nicht vaterlos, und gab er dir nicht ein Heim? Er fand dich auf Irrwegen und leitete dich; er fand dich entblößt und machte dich reich. (Korân; Sure 93,6f.) / Gott schickt keine Krankheit, ohne auch das Heilmittel zu schicken. (Mohammed, 570–632; „Hadith") / Wer Heilung sucht, ist nicht der Wunden wert; die Wunden halt, auch unverbunden, wert! (Hâfis, 1326–1390)

Der Mensch, der von der Schlange der Unwissenheit gebissen worden ist, kann nur durch die innere Erfahrung von Brahman geheilt werden. Veda und die anderen Schriften, Zaubermittel oder Kräuter sind nutzlos. (Shankara, 788–820; „Kleinod der Unterscheidung") / Das einzige Heilmittel gegen Unglück ist, so haben Kenner der Lebensklugheit erklärt, die Verzweiflung aufzugeben und sich daranzumachen, die Ursache zu beseitigen. (Aus Indien) / Die Wirksamkeit der Heilmittel hat Grenzen; die schöpferische Lebenskraft kennt keine. (Paramhansa Yogânanda, 1893–1952; „Autobiografie")

Unsere Leiden und Wunden werden nur dann geheilt, wenn wir sie voll Mitgefühl berühren. (Gautama Buddha, um 550–480 v. Chr.; „Jâtaka") / Der ehrwürdige Kassapa war krank und lag darnieder, von einer schweren Krankheit geschlagen. Der Buddha sprach zu ihm, und Kassapa fasste neuen Mut. Auf der Stelle erhob er sich von seinem Krankenbett und verließ es. (Gautama Buddha, um 550–480 v. Chr.; „Samyutta-Nikaya") / Ihr sollt Medizin nicht mit Essen verwechseln. Manchmal ist Medizin notwendig, doch sollte sie nicht unsere Nahrung werden. (Shunryu Suzuki, 1905–1971; „Zen-Geist")

Heiligkeit

Ihr sollet heilig sein, denn ich, euer Herr, bin heilig; und ich habe euch ausgesondert von den Völkern, dass ihr mir gehöret. (Bibel AT; 3. Mos. 20,26) / Eure Heiligkeit soll darin bestehen, wahrhaft menschlich zu sein, nicht engelhaft. Engel hat Gott genug. (Chassidische Weisheit) / Der Heilige erwirbt sich viel leichter die Hölle als der Böse das Paradies. (Jüdisches Sprichwort)

Gebet das Heilige nicht den Hunden hin, und werfet eure Perlen nicht den Schweinen vor. (Bibel NT; Mt. 7,6) / Anfangende Liebe ist anfangende Heiligkeit, wachsende Liebe ist wachsende Heiligkeit, vollendete Liebe ist vollendete Heiligkeit – Liebe aus reinem Herzen, aus gutem Gewissen, aus ungeheucheltem Glauben. (Aurelius Augustinus, 354–430) / Fromm ist der, für den es etwas Heiliges gibt. (Nathan Söderblom, 1866–1931)

Gottes Heilige erkennt man an dreierlei Zeichen: Sie sind in Gedanken bei Gott; ihr Zuhause ist in Gott; ihre Beschäftigung ist mit Gott. (Marûf al-Karkhî, gest. 815) / Abu Uthman al-Maghribi sagt: „Die Heiligen unter den Menschen sind jene, welche Gesundheit und Wohlergehen anderen übertragen können." (Husayn-al-Sulami, 936–1021; „Futuwwah") / Es muss etwas seltsam Heiliges im Salz sein. Es ist in unseren Tränen und im Ozean. (Kahlil Gibran, 1883–1931; „Aphorismen")

Wer heilig ist in seinem Tun, der naht sich Gottes Heiligkeit. (Bhagavadgîtâ; ca. 300 v. Chr.) / Die großen Heiligen sind wie Jungen. Vor Gott sind sie alle kleine Jungen. Ihre Stärke ist die Stärke Gottes, die Stärke des Vaters, selbst haben sie nichts. (Shrî Râmakrishna, 1834–1886) / Die Heilig-

keit allein kann Heiligkeit begreifen. Und nur soweit wir selbst Kinder der
Unsterblichkeit werden, können wir diese Söhne Gottes verstehen, die der
Menschheit zu helfen suchen. (Dhan Gopal Mukerdshi, 1890–1936; „Das
Antlitz des Schweigens")

Nicht Haargeflecht, nicht Ahnenzahl, nicht hoher Rang macht heilig dich:
Doch wenn du wahrer Lehre folgst, dann wirst du rein, wirst Heiliger.
(Gautama Buddha, um 550–480 v. Chr.; „Dhammapada") / Wenn ihr also
dem Nächsten Gutes tut, dann werdet nicht stolz, bewundert euch nicht,
erwartet keine Belohnung: Der Heilige hat nur Durst nach dem Wohle des
anderen. (Sântideva, 7. Jhdt.; „Bodhicaryâvatâra") / Es ist nicht nötig, in
der Pose eines Heiligen umherzugehen. Ein Heiliger ist ein einfacher
Mensch, ein Mensch wie jeder andere. (Sokei-an Roshi, 1882–1945; „Der
Zen-Weg")

Heim, Heimat

Besser das Leben des Armen unter schirmendem Dache als herrliche Lek-
kerbissen in fremdem Hause. (Bibel AT; Sir. 29,22) / Als ich das Vaterland
aus den Augen verloren hatte, fand ich es im Herzen wieder. (Heinrich
Heine, 1797–1856) / Alles Leben draußen ist nur wie ein Schlafen in Klei-
dern. Daheim erst liegt man im Bett. (Berthold Auerbach, 1812–1882) /
Am Tage, da ich meinen Pass verlor, entdeckte ich mit achtundfünfzig
Jahren, dass man mit seiner Heimat mehr verliert als einen Fleck um-
grenzter Erde. (Stefan Zweig, 1881–1942; „Erinnerungen")

Ich weiß nichts, was so gut zum Himmelreich bereitet, als dass man seine
Heimat nicht habe unter äußerlichen Dingen. (Meister Eckhart, um 1260–
1327) / Gerade dem auserwählten Menschen kann es ergehen, dass er kei-
ne andere Heimat mehr hat als sein Gewissen und sein eigen Herz. (Dante,
1265–1321) / Dort ist meine Heimat, wo ich meine Bibliothek habe.
(Erasmus von Rotterdam, 1469–1536) / Das Abitur ist des Deutschen wah-
res Vaterland. (Heinrich Böll, 1917–1985)

Wahrlich, wir selbst machen lebendig und töten, und zu uns ist die Heim-
kehr. (Korân; Sure 50,43) / Die Heimatliebe gehört zu den Glaubensarti-
keln. (Tûtî-Nâmeh, 14. Jhdt.; „11. Abend") / Deine Reise führt in deine
Heimat. Vergiss nicht: Du bist unterwegs von der Welt der Erscheinungen
hin zur Welt der Wirklichkeit. (Abdul Khâliq Ghijduwânî, gest. 1220) /
Der Gelehrte ist in seiner Heimat wie das Gold in seinem Schachte. (Aus
Arabien)

Ist dies ein Angehöriger oder ein Fremder? So überlegen nur die Schwach-
sinnigen. Den Edlen ist die ganze Welt ein Vaterhaus. (Nârâjana, 9./10.
Jhdt. n. Chr.; „Hitopadesa") / Wir haben nicht die Heimat gern, weil sie so
schön ist, sondern sie ist so schön, weil sie unsere Heimat ist. (Upanisha-
den; 800–500 v. Chr.) / Mit allem habe verborgene Gleichheit ich erfahren,
dennoch durch nichts gebunden ist mein Werden, des Weltalls Ruf in
meinem Innern tragend, steig ich ins Unvergängliche empor zu meiner
wahren Heimat. (Shrî Aurobindo, 1872–1950)

Wenn man zu lange an einem Orte wohnt, häufen sich zu viele Sachen an.

Man übernimmt zu viele Pflichten und Geschäfte, verkehrt mit zu vielen Familien, und wenn man fortzieht, empfindet man Trennungsschmerz. (Buddha, um 550–480, „Anguttara-Nikâya") / Vaterland und Heim vergehen wie die Lagerzelte der Nomaden. (Phadampa Sangay, um 1100) / Hat man sein Vaterland verlassen, sollte man sich gründlich darin üben, frei von Abhängigkeit zu werden, damit man nicht die Heimat im fremden Lande ausbreite. (Gampopa, 1079–1153; „Der kostbare Rosenkranz") / Meine Heimat ist die Welt, und meine Religion ist der Frieden. (Daisetz T. Suzuki, 1870–1966)

Heirat

Ein vernünftiger Mann findet erst eine Beschäftigung, die seinen Lebensunterhalt sichert, danach kauft er ein Haus, und danach heiratet er. Aber der Narr heiratet erst, und danach, wenn er kann, kauft er ein Haus, und danach, am Ende seiner Tage, sucht er schließlich eine Beschäftigung oder wird von der Sozialhilfe unterstützt. (Moses Maimonides, 1135–1204; „Mischneh Torah") / Jeder, der heiratet, ist wie der Doge, der sich mit dem Adriatischen Meer vermählt. Er weiß nicht, was drin ist, was er heiratet: Schätze, Perlen, Ungetüme, unbekannte Stürme. (Heinrich Heine, 1797–1856; „Gedanken und Einfälle") / Brautglocken sind der Freundschaft Sterbeglocken. (Paul von Heyse, 1830–1914; „Schlechte Gesellschaft")

Es ist besser freien denn Brunst leiden. (Bibel NT; 1. Kor. 7,9) / Die Heirat ist ein Vogelhaus – wer drin ist, der will wieder raus. (Deutsches Sprichwort) / Was Männer und Frauen im Himmel tun, wissen wir nicht; sicher ist nur, dass sie sich nicht heiraten. (Jonathan Swift, 1667–1745) / Falsche Liebe fürchtet die Ehe, echte sucht sie. (Peter Rosegger, 1843–1918; „Höhenfeuer")

Und heiratet nicht Götzendienerinnen, ehe sie gläubig geworden sind; selbst eine gläubige Sklavin ist besser als eine Götzendienerin, sosehr sie euch gefallen mag. (Korân; Sure 2,221) / Wer eine Frau um ihres Geldes und ihrer Schönheit willen heiratet, der wird ihres Vermögens und ihrer Schönheit beraubt, aber wenn er sie um ihres Glaubens willen heiratet, gibt ihm Gott Vermögen und Schönheit in ihr. (Mohammed, 570–632; „Hadith") / Die Europäer beugen ihre Knie bis zum Boden, wenn sie eine Frau heiraten, und brauchen ein ganzes Leben, um wieder hochzukommen. (Reza Schah Pahlevi, 1919–1980)

Das Weib ist mit seinem Mann, der Mann aber mit seinem Geschäft verheiratet. (Aus Indien) / Ist das Frühstück schlecht, so misslingt der ganze Tag; ist das Kleid schlecht, das ganze Jahr; ist die Frau schlecht, dann misslingt das ganze Leben. (Aus Indien) / Eine Frau ohne Ehemann ist ein Sandkörnchen in der Wüste. (Aus Indien)

Die Heirat in China ist, als ob man einen Kessel mit kaltem Wasser auf das Feuer stellt. Es kommt sehr bald ins Kochen und bleibt dann lange heiß. Die Heirat im Westen jedoch ist, als setze man auf einen kalten Ofen einen Kessel mit siedendem Wasser, das sich allmählich abkühlt. (Li Hung

Tschang) / Ein Schüler des Zen ist weder ein Menschenfeind noch ein Frauenfeind, es besteht nicht die geringste Notwendigkeit, sich in eine Waldhütte zurückzuziehen oder den Umgang mit dem anderen Geschlecht zu meiden. (Nyogen Senzaki, 1876–1958; „Keine Spur im Wasser“) / Ehen schließt der Zufall. (Aus Japan)

Held, Helden

Wer sich für einen Helden hält, bei dem ist nicht viel Weisheit. (Rabbi Nachmann, 1771–1810) / Es muss der Held nach altem Brauch den tierisch rohen Männern unterliegen. (Heinrich Heine, 1797–1856; „Romanzero“) / Meist fallen die Menschen nicht, weil sie zu schwach sind, sondern weil sie sich für zu stark halten. (Jüdisches Sprichwort)

Der ist kein Held, dem das Herz unter Mühen und Hindernissen nicht höher schlägt. (Franz von Sales, 1567–1622) / Ein Held ist etwas Erhabenes. Aber im Augenblick, wo er angesehen und bewundert werden will, wird er unansehnlich. (Bonifazius Wöhrmüller, geb. 1885) / Ein Held ist jemand, der tut, was er kann! Die anderen tun dies nicht. (Romain Rolland, 1866–1944)

Betrachte diejenigen, die auf dem Weg Gottes getötet wurden, nicht als tot. Sie sind vielmehr lebendig bei ihrem Herrn, und sie werden versorgt, und sie freuen sich dabei über das, was Gott ihnen von seiner Gnade zugeteilt hat. Und sie sind froh für die, die hinter ihnen nachgekommen und ihnen nicht gefolgt sind, darüber, dass diese nichts zu befürchten haben und nicht traurig werden. (Korân; Sure 3,169–170) / Der wahre Glaubenskämpfer ist jemand, der seine Triebseele um Gottes willen bekämpft. (Mohammed, 570–632; „Hadith“) / Starker Arm und Schwertschlag ist nicht Heldenmut: Das ist’s, wenn man Unrecht tun kann und nicht tut. (Saadî, um 1215–1292)

Töte einen, und du bist ein Mörder! Töte Tausende, und du bist ein Held! (Aus Indien) / Was man mit Schlauheit leichter tut, versuche nicht mit Heldenmut. (Nârâjana, 9./10. Jhdt.; „Hitopadesa“) / Wenn eine Motte freudig aus Verblendung in Feuer fliegt, um schnell den Tod zu finden, so ist dies offenkundig das Kennzeichen eines Helden. (Aus Indien)

Nicht, wer zehnhunderttausend Mann am Schlachtfeld überwältigt hat: Wer einzig nur sich selbst besiegt, der, wahrlich, ist der stärkste Held. (Gautama Buddha, um 550–480 v. Chr.; „Dhammapada“) / Um Zen zu studieren, braucht es den Mut eines Helden. (Aus China) / Ehre dir, vollkommene Weisheit, grenzenloser, alles überschreitender Geist! All jenen Helden, denen anderer Wohlergehen am Herzen liegt, bist du eine nährende Mutter, die Geburt und Liebe gibt. (Aus Tibet)

Herr

Aller Augen warten auf dich, o Herr; und du gibst ihnen Speise zur rechten Zeit, du öffnest deine milde Hand und sättigst alles, was da lebt, mit Segen. (Bibel AT; Ps. 103,27) / Wenn Gott nicht unser Gebieter ist, dann sind es Menschen; warum also Sklave von Sklaven sein? (Rabbi Nachmann, 1771–

1810) / Wer Lust hat, über Sklaven zu herrschen, ist selbst ein entlaufener Sklave. Frei ist, wem Freie willig folgen und wer Freien willig dient. (Walther Rathenau, 1867–1922)

Der Mensch soll frei sein und ein Herr aller seiner Werke, unzerstört und unbezwungen. (Meister Eckhart, um 1260–1327) / Wer sich selbst besiegt, der ist ein Herr der Welt, Christi Freund und ein Erbe des Himmels. (Thomas a Kempis, 1380–1471) / Der ist der Herr auf Erden, der ihre Tiefen misst und jeglicher Beschwerden in ihrem Schoß vergisst. (Novalis, 1772–1801)

Euer Herr weiß am besten, was in euren Seelen ist: Wenn ihr recht gesinnt seid, dann gewiss ist er verzeihend denen, die sich wieder und wieder ihm zuwenden. (Korân; Sure 17,25) / Der Mystiker ist weder mit dieser noch mit der nächsten Welt beschäftigt: Es betrifft ihn nichts als nur sein Herr. Weil er sich ganz sich selbst entworden ist, geht er ganz in der Vereinigung mit Gott auf. (Attâr, um 1136 bis ca.1220) / Und alles Drängen, alles Ringen ist ewige Ruh in Gott dem Herrn. (Muhammad Iqbal, 1877–1938; „Lectures“)

Herr, ich bin dein Werkzeug. Du bist die bewegende Kraft. Ich bin der Raum, du bist der Bewohner. Ich bin die Scheide, du bist das Schwert. Ich bin der Wagen, du bist der Lenker. Ich tue, was du befiehlst. Ich rede, was du mich reden heißt. Nicht ich, sondern du. (Aus Indien) / ER ist der Hüter der Welt, ER ist der Gebieter der Welt, ER ist der Weltenherr, und DIESER ist meine Seele, das soll man wissen. (Kaushîtaki-Upanishad 3; 800–500 v. Chr.) / Herr, du bist selbst der Himmel und die Erde, Luft, Wasser, Blume, Sandel, Nacht und Tag. Du bist die Opfergabe auf dem Herde, bist alles. Herr, wo ist, was ich dir opfern mag? (Lallà, 14. Jhdt.)

Sei dein eigener Herr, wo immer du auch bist, und sofort wirst du ein wahrer Mensch sein. (Lin-chi, gest. 867) / Für einen Menschen, der Herr über seinen Geist geworden ist, kann es gut sein, wenn er irdischen Gütern entsagt, es kann aber auch ebenso gut sein, wenn er sie behält. (Gampopa, 1079–1153; „Der kostbare Rosenkranz“) / Wenn der Diener zum Herrn wird, vergisst er Vergangenheit und Zukunft. (Aus der Mongolei)

Herz

Ein Mensch sieht, was vor Augen ist, der Herr aber sieht das Herz an. (Bibel AT, 1. Sam. 16,7) / Das Herz des Weisen macht klug seinen Mund und steigert die Bekehrung. (Bibel AT; Spr. 16,23) / Gott verbirgt sich dem Geist des Menschen; aber offenbart sich seinem Herzen. (Moses de Léon, geb. um 1240; „Sohar, Idra Suta“)

Unruhig ist unser Herz, bis es ruhet in dir. (Aurelius Augustinus, 354–430) / Es kann in Ewigkeit kein Ton so lieblich sein, als wenn des Menschen Herz mit Gott stimmt überein. (Angelus Silesius, 1624–1677; „Der Cherubinische Wandersmann“) / Die Kenntnis der Völker wie des Menschen wird mehr aus dem Herzen als aus Büchern gewonnen. (John Henry Newman, 1801–1890)

Das Gefallen am Schönen und die Herrschaft der Liebe sind etwas Natürliches, das weder befohlen noch verboten ist, weil die Herzen in Gottes

Hand stehen, der sie wendet. (Ibn Hazm, 993–1064; „Das Halsband der Taube“) / Wär auch die ganze Welt mit Dornen rings umstellt, ein Herz, das Liebe fühlt, bleibt stets ein Rosenfeld. (Dschelâleddin Rûmî, 1207–1273; „Diwan“) / Wenn du liebst, solltest du nicht sagen: „Gott ist in meinem Herzen“, sondern: „Ich bin in Gottes Herzen.“ (Kahlil Gibran, 1883–1931; „Der Prophet“)

Ist ein Mensch von all seinen Wünschen, die in seinem Herzen wohnen, befreit, dann ist aus dem Sterblichen ein Unsterblicher geworden. (Katha-Upanishad; 800–500 v. Chr.) / Sogar der Lauf des von heftigen Winden hochwogenden Meeres ließe sich hemmen, nicht aber der Lauf eines liebenden Herzen. (Aus Indien) / Es ist hundermal besser, ein kleines Herz und kein Gehirn zu haben als nur Gehirn und kein Herz. Für den, der Herz besitzt, sind Leben und Fortschritt möglich, aber wer kein Herz und nur Gehirn hat, verdorrt. (Swâmi Vivekânanda, 1862–1902; „Jnana-Yoga“)

Wer die Weisheit des Lebens sucht, dessen Herz wird weich und weit. Er muss nichts festhalten, sondern kann alle Dinge loslassen. (Gautama Buddha, um 550–480 v. Chr.; „Dhammapada“) / Wer sein Herz dem Ehrgeiz öffnet, verschließt es der Ruhe. (Aus China) / Im Herzen ist die Hölle, ist das Paradies. (Aus Japan)

Heuchelei

Du bist wohl nahe bei ihrem Munde, doch fern ihrem Herzen. (Bibel AT; Jer. 12,2) / Die Freude des Heuchlers währet einen Augenblick. (Bibel AT; Hiob 20,5) / Ein Heuchelmaul richtet Verderben an. (Bibel AT; Spr. 26,28)

Hütet euch davor, Gutes nur deshalb zu tun, um von den Menschen bewundert zu werden. (Bibel NT; Mt. 6,1) / Heuchelei gibt Geld's genug, Wahrheit geht betteln. (Martin Luther, 1483–1546; „Deutsche Schriften“)

Die Heuchler und Heuchlerinnen, sie halten zusammen. Sie gebieten das Unrechte und verbieten das Rechte, und ihre Hände bleiben geschlossen. Sie haben Allah vergessen, so hat er sie vergessen. Wahrlich, die Heuchler, das sind die Ungehorsamen. (Korân; Sure 9,67) / Das Zeichen eines Heuchlers ist ein Dreifaches: Wenn er spricht, lügt er; wenn er verspricht, hält er nicht, und wenn er vertraut, fürchtet er. (Mohammed, 570–632)

Ein schlechter Verwandter zeigt Geringschätzung, sobald sich die Vermögensverhältnisse ungünstig gestalten. (Aus Indien) / Wenn plötzlich fasst am Haupte an und heftig küsst auf seinen Mund die junge Frau den alten Mann – so hat das ganz besonderen Grund. (Nârâjana, 9./10. Jhdt. n. Chr.; „Hitopadesa“)

Wenn ihr frei seid von Heuchelei, dann werdet ihr, wenn auch einige euch tadeln, tatsächlich die am meisten Bewunderten sein. Da es die Grundlage eines guten Namens ist, ohne Falschheit in Gedanken oder Taten zu sein, ist es nutzlos, sich heuchlerisch zu benehmen. (Geshe Drom, 11. Jhdt.; „Kadamthorbu“) / Wenn man, heuchlerisch lebend, andere belügt und betrügt, gleicht man jemandem, der giftige Speisen verzehrt: Man bereitet sich selbst Unglück und Schwierigkeiten. (Gampopa, 1079–1153; „Der kostbare Rosenkranz“)

Hilfe

Der Herr gewährt den Rechtschaffenen Hilfe, ist denen Schild, die unsträflich wandeln. (Bibel AT; Spr. 2,7) / Wenn zwischen Juden und Nichtjuden ein Vertrag zu gegenseitigem Beistand abgeschlossen worden ist, so müssen Erstere Beistand leisten, wenn Letztere wirklich ihrer Verpflichtung nachkommen. (Jehuda Hachassid, 13. Jhdt.; „Das Buch der Frommen") / Der Mensch lebt siebzig Jahre, nur um mindestens einmal einem Menschen zu helfen. (Israel ben Eliser, 1699–1760)

Weil Christus mir zu Hilfe kommt, freue ich mich über meine Leiden, über Misshandlungen, Notlagen, Verfolgungen und Schwierigkeiten. Denn gerade, wenn ich schwach bin, bin ich stark. (Bibel NT; 2. Kor. 12,10) / In den Nöten des Lebens bitten wir Gott, er soll uns helfen; aber wir vergessen eine Binsenwahrheit, dass Gott uns oft hilft, indem er uns nicht hilft. (Antonin-Gilbert Sertillanges, 1863–1948) / Was uns fehlt, ist auch das, was uns hilft. (Karl Barth, 1886–1968)

Abdullah al-Juhani sagt: „In der gegenseitigen Hilfe wird die Brüderlichkeit verjüngt, und Feindseligkeiten und Rache verschwinden." (Husayn-al-Sulami, 936–1021; „Futuwwah") / Wer sich am Unglückstag der Hilfe will erfreuen, muss edelmütig sich zur Zeit des Glückes zeigen. (Saadî, um 1215–1292; „Rosengarten") / Welchen Pfad du auch wählst, den wahren oder den falschen – wisse, dass immer im Verborgenen eine mächtige Hand dir helfen wird, darauf zu wandeln. (Hazrat Inayat Khan, 1882–1927; „Gayan")

Wer keinen Verstand hat, was hilft dem die Lehre? Wer keine Augen hat, was hilft dem ein Spiegel? (Nârâjana, 9./10. Jhdt. n. Chr.; „Hitopadesa") / Am morgigen Tag wird der Herr selbst für dich sorgen, wenn du es nicht allein vermagst. (Shrî Râmakrishna, 1834–1886) / Rufe um Hilfe, und du wirst sie bekommen; und schließlich wirst du feststellen, dass der, der um Hilfe bat, verschwunden ist, ebenso wie der Helfer, und dass das Spiel aus ist; allein das Selbst ist geblieben. (Swâmi Vivekânanda, 1862–1902)

Vater und Mutter, die alt sind und ihre Jugend hinter sich haben, nicht zu unterstützen, selbst wenn man reich genug dazu wäre, dies ist eine Ursache für des Menschen Verderben. (Gautama Buddha, um 550–480 v. Chr.; „Sutta-Nipâta") / Hilfe suchen bei anderen ist nicht so gut wie Hilfe suchen bei sich selbst. (Aus China) / Wenn ihr einem Kanarienvogel helfen wollt, setzt ihr ihm nicht einen Hut auf den Kopf und Stiefel an die Füße. Doch wenn ihr Menschen helfen wollt, tut ihr genau das! (Sokei-an Roshi, 1882–1945; „Der Zen-Weg")

Himmel

Die Himmel rühmen die Herrlichkeit Gottes, und die Werke seiner Hände kündet das Firmament. (Bibel AT; Ps. 18,1) / Der Segen eines Freundes hat im Himmel viel mehr Bedeutung als die Empfehlung des Engels Michael. (Israel ben Eliser, 1699–1760; „Legende des Baalschem") / Schade, dass es nicht im Himmel einen Schalter gibt, bei dem man sich erkundigen kann, wie es unten nun wirklich gewesen ist. (Kurt Tucholsky, 1890–1935)

Das Himmelreich ist einem Sauerteig gleich, den eine Frau unter drei Scheffel Mehl mengte, bis es ganz durchsäuert war. (Bibel NT; Lk. 13,21) / Himmelreich und Hölle gehen mitten durch die Menschheit hindurch. Und jeder von uns gehört schon auf Erden einer bestimmten Gruppe an, je nach seinem Reifezustand. (Friedrich Lienhard, 1865–1929) / Der Himmel ist unterwegs zu uns, wenn wir nicht selbst ihn fern halten. (Romano Guardini, 1885–1968)

Die wie ein Schmuck am hohen Himmel stehn, sie kommen, blühen wieder und vergehn. (Omar Khayyâm, um 1045–1122; „Sinnsprüche") / Wo Engel hausen, da ist der Himmel, und sei's auch mitten im Weltgetümmel. (Hâfis, 1326–1390) / Wer in seinen feineren Empfindungen lebt, weilt im Himmel; wenn er sie aber in Worte fasst, fällt er zur Erde. (Hazrat Inayat Khan, 1882–1927; „Gayan")

Wenn man dadurch in den Himmel gelangt, dass man, wie es beim Opfer geschieht, die Bäume fällt, Tiere tötet und Blutlachen entstehen lässt, wer fährt dann zur Hölle? (Aus Indien) / Wir selbst machen uns unseren eigenen Himmel und können aus dem Himmel auch eine Hölle machen. Sünder findet man nur in der Hölle; solange wir Sünder wahrnehmen, sind wir selbst in der Hölle. (Swâmi Vivekânanda, 1862–1902; „Jnana-Yoga") / Ein Mensch, der der Wahrheit dient, eine Stimme ist er im Gesang der Himmel. (Rabindranâth Tagore, 1861–1941)

Wer beides lebt, ein gutes Verhalten zu den Mitmenschen und die rechte Ansicht über die Urgründe des Lebens, der ist wirklich weise. Ein solcher Mensch, ob Frau oder Mann, geht am Ende seines Lebens ein in die himmlische Welt. (Gautama Buddha, um 550–480 v. Chr.; „Itivuttaka") / Der eine Mond im Himmel spiegelt sich gleichzeitig ohne Mühen in allen Gewässern der Welt. (Jesche Tsöndrü, 1761–1816; „Die Elixiere der Erleuchtung") / Unser Geist ist wie der Himmel, manchmal bewölkt, manchmal leuchtend klar. Und er ist so alt wie der Himmel. (Sokei-an Roshi, 1882–1945; „Übertragung des Zen")

Hindernisse

Was den Menschen hindert, die Vernunft zu vervollkommnen und ein vernünftiges Leben zu führen, dies allein ist ein Übel. (Baruch Spinoza, 1632–1677) / Es gibt kein Hindernis, das man nicht zerbrechen kann, denn das Hindernis ist nur des Willens wegen da, und in Wahrheit sind keine Hindernisse als nur im Geist. (Rabbi Nachmann, 1771–1810, „Worte des Rabbi Nachmann")

Nichts hindert die Seele so sehr, Gott zu erkennen, als Zeit und Raum! Zeit und Raum sind immer Stückwerk, Gott aber ist eins! (Meister Eckhart, um 1260–1327) / Der Tod ist eine Befreiung von allen Hindernissen, die unserem höheren Leben im Wege stehen. (Leo Tolstoi, 1828–1910)

Ibrahim al-Khawwas sagt: „Stolz verhindert, dass der Mensch seinen wahren Wert erkennt, so wie uns die Hast von der Wahrheit wegführt und edles Betragen und Fürsorglichkeit verhindern, dass wir etwas bereuen müssen." (Husayn-al-Sulami, 936–1021; „Futuwwah") / Die Liebe ist eine

Waffe, die alle Hindernisse auf dem Lebensweg überwinden kann. (Hazrat Inayat Khan, 1882–1927; „Gayan“)

Krankheit, Apathie, Zweifel, Unbesonnenheit, Trägheit, Nichtentsagung, irrige Ansichten, Ermangelung der Yogastufen und Unbeständigkeit sind die Zerstreuungen des Geistes, und sie bilden Hindernisse. (Patanjali, 2. Jhdt. v. Chr.; „Yoga-Sutra“) / Ein Kind unterrichtet sich selbst. Man kann ihm aber dabei helfen, auf seinem eigenen Wege voranzukommen. Alles, was zu tun ist, ist nicht positiver, sondern negativer Art. Man kann die Hindernisse entfernen; das Wissen liegt jedoch im Innern des Kindes selbst. (Swâmi Vivekânanda, 1862–1902)

Hat man über die zahlreichen Hindernisse in diesem Verfallszeitalter nachgedacht, mag man zu Geduld angespornt werden. (Gampopa, 1079–1153; „Der kostbare Rosenkranz“) / Wenn ihr euer Auge öffnet und von eurer egoistischen Sicht loslasst und zum anderen schaut, werdet ihr die Schönheit dieser wunderbaren Welt erkennen. (Sokei-an Roshi, 1882–1945; „Übertragung des Zen“)

Hingabe

Alles, was du tun kannst, das tue nach deinem Vermögen. (Bibel AT; Pred. 9,10) / Er ist Einer. Niemand wird bestreiten, dass diese Lehre absolut notwendig ist für eine vollständige Hingabe an Gott, eine vollständige Verehrung Gottes und eine vollständige Liebe zu Gott. Denn Hingabe, Verehrung und Liebe wachsen aus der Überlegenheit des einen über alles andere. (Baruch Spinoza, 1632–1677)

Wenn jemand mit mir gehen will, verleugne er sich selbst und nehme sein Kreuz auf sich und folge mir nach! (Bibel NT; Mt. 16,24) / Das Christentum ist bei den meisten keine Inbrunst mehr, sondern eine bequeme Gewohnheit. (Sören Kierkegaard, 1813–1855)

Es gibt keinen größeren Beweis für die Größe der Zärtlichkeit und Liebe, als dass sie von dem Geliebten überströmt auf alles, was mit ihm zusammenhängt, bis auf den Hund an der Tür seines Hauses. (al-Ghazâlî, 1058–1112; „Elixier der Glückseligkeit“) / Die Liebenden, sie schenken Gott sich ganz und bringen den Verstand zum Opfer dar. (Muhammad Iqbal, 1877–1938) / Was für einen Weg auch immer man gehen möge, so kommt es doch letzten Endes nur auf ein und dasselbe an: des Menschen Hingabe an Gott. (Muhammad Asad, geb. 1900; „Die Antwort der Religionen“)

Hingabe an die Wahrheit ist der einzige Grund für unser Dasein. (Mahatma Gandhi, 1869–1948) / Der Weg zu Gott geht nicht über ausgeklügelte Metaphysik oder verwickeltes Ritual. Nötig ist nur ein Herz voller Hingabe. (Sarvepalli Radhakrishnan, 1888–1975)

Ich überlasse dies mein Ich der Willkür aller Lebenden: Sie können mich immer schlagen oder beschimpfen und mich mit Staub bedecken. Sie mögen mit meinem Leibe spielen, mich zum Gegenstande des Spottes und Hohnes machen. Ich habe ihnen meinen Leib preisgegeben; was soll mir die Sorge darum? (Sântideva, 7. Jhdt.; „Bodhicaryâvatâra“) / Vollkommene Hingabe bedeutet ein vollkommenes Vergessen des Ich und aller Dinge, die mit ihm zusammenhängen. (Takuan Shûhô, 1573–1645; „Das Unbewegte Begreifen“)

Hochmut

In meinem Hause darf nicht wohnen, wer voll Hochmut ist, wer Bosheit sinnt, darf nicht vor meine Augen treten. (Bibel AT; Ps. 100,7) / Wer seine Türe zu hoch macht, will den Einsturz. (Bibel AT; Spr. 17,19) / Hochmut ist, wenn ein Mensch sich eine Vollkommenheit beimisst, die bei ihm nicht zu finden ist. (Baruch Spinoza, 1632–1677) / Ohne Werk und Wesen lebt die Seele des Hochmütigen, flattert und müht sich und wird nicht gesegnet. Die Gedanken, die nicht das Gedachte, sondern sich und ihren Glanz meinen, sind Schatten. Die Tat, die nicht auf das Ziel, sondern auf die Geltung sinnt, hat nicht Körper, nur Fläche, nicht Bestand, nur Erscheinung. (Israel ben Eliser, 1699–1760; „Legende des Baalschem“)

Wer sich über den anderen erhebt, obwohl er doch gar keine Ursache dazu hat, betrügt sich selbst. (Bibel NT; Gal. 6,3) / Hochmut ist eine Geschwulst. Groß, aber krank. Demut ist aber gesund. (Aurelius Augustinus, 354–430) / Den leeren Schlauch bläst der Wind auf, den leeren Kopf der Dünkel. (Matthias Claudius, 1740–1815) / Jeder Hochmut wird für unsere Seelen ein zu enges Kleid sein. (François Chateaubriand, 1768–1798)

Euer Gott ist ein einziger Gott. Diejenigen, die nicht an das Jenseits glauben, weisen es in ihren Herzen ab und sind hochmütig. Wahrlich, Gott weiß, was sie geheim halten und was sie offen legen. Er liebt die Hochmütigen nicht. (Korân; Sure 16,22–23) / Hochmütig ist derjenige, der demütigt, wenn er ermahnt, und grob wird, wenn er ermahnt wird. (al-Ghazâlî, 1058–1112; „Der Anfang der Leitung“) / Nicht rühmlich ist, sich selbst zu überheben und andern stets den Vorrang abzustreben: Dein Augenstern sieht andere, doch nicht sich: Lass dir von ihm ein gutes Beispiel geben! (Hâfis, 1326–1390; „Der Sänger von Schiras“)

Betört ist der, der hochmütig ist, der Hochmut eben ist die Betörung. (Mahâbhârata; 500 v. Chr. bis 500 n. Chr.) / Der Reichtum selbst vermag den Guten nicht mit ungerechtem Hochmut aufzublähen. Das ist das wahre Wesen aller derer, die hilfreich ihre Hand den andern reichen. (Kâlidâsa, 4./5. Jhdt.; „Sakuntala“) / Wer reich ist und doch nicht toll vor Hochmut, wer jung ist und doch nicht leichtsinnig, wer ein großer Herr ist und doch nicht fahrlässig, der besitzt wahre Größe. (Aus Indien)

Wer nicht die Kleinheit des Großen in sich fühlen kann, ist leicht geneigt, die Größe der kleinen Dinge in den anderen zu übersehen. (Kakuzo Okakura, 1862–1913; „Ideale des Ostens“) / Es gibt Menschen, die Gott ihre Sünden beichten, es aber nicht mögen, wenn andere ihre kleinen Unzulänglichkeiten kritisieren. (Nyogen Senzaki, 1876–1958; „Keine Spur im Wasser“) / Überheblichkeit und Arroganz sind kümmerliche Schutzwälle. Indem du sie beseitigst, löschst du alle Distanz aus, die dich von anderen trennt. (Drugpa Rinpoche, gest. 1989; „Tibetische Weisheiten“)

Hoffnung

Mein Fleisch ruht in Hoffnung. Du wirst deinen Heiligen nicht hingeben der Verwesung. (Bibel AT; Ps. 15,9) / Der Hoffnung zur Unsterblichkeit beraubt, ist der Mensch, dieses Wundergeschöpf, das elendste Tier auf Erden. (Moses Mendelssohn, 1729–1786) / Die Hoffnungen guter Menschen sind Prophezeiungen, die Besorgnisse schlechter sind es auch. (Ludwig Börne, 1786–1837; „Fragmente und Aphorismen“)

Eine Hoffnung, die man sieht, ist keine Hoffnung. (Bibel NT; Röm. 8,24) / Das bloß harrende Hoffen ist nur das Hoffen der Toren. Man muss kämpfen, um zu hoffen, wie man hoffen muss, um zu ertragen. (Friedrich Schleiermacher, 1768–1834) / Das Menschenherz ist ein Kirchhof begrabener Hoffnungen. (Peter Sirius, 1858–1913; „Aphorismen“)

Die aber, die nicht hoffen, uns zu begegnen, und zufrieden sind mit dem Leben in dieser Welt und sich dabei beruhigen und die unserer Zeichen achtlos sind – sie sind es, deren Wohnstatt das Feuer ist, um dessentwillen, was sie sich erwarben. (Korân; Sure 10,7–8) / Seelenruhe bekommt man, wenn man aufhört zu hoffen. (Aus Arabien) / Wo immer sich eine Ruine findet, ist auch Hoffnung auf einen Schatz. Wieso suchst du Gottes Schatz nicht im verwüsteten Herzen? (Dschelâleddin Rûmî, 1207–1273) / Wenn wir unser Hoffen nicht auf Wahrheit gründen, worauf sollen wir dann bauen? (Hazrat Inayat Khan, 1882–1927; „Gayan“)

Der Hoffnungsfreie schläft sanft, Hoffnungsfreiheit ist das größte Glück. (Mahâbhârata; 500 v. Chr. bis 500 n. Chr.) / Der ist in allem gelehrt, hat alles getan und gehört, der der Hoffnung den Rücken gekehrt und nichts mehr zu empfangen begehrt. (Nârâjana, 9./10. Jhdt.; „Hitopadesa“) / Wo Leben ist, besteht auch immer die Hoffnung auf eine Besserung der Dinge. (Shrî Aurobindo, 1872–1950; „Zyklus der menschlichen Entwicklung“)

Wer nichts erhofft von dieser Welt, wer nichts erhofft von jener Welt, den Hoffensheilen, Weltlosen, den nenn ich einen Heiligen. (Gautama Buddha, um 550–480 v. Chr.; „Dhammapada“) / Auf das Leiden stürzen sich die Menschen in der Hoffnung, dem Leiden zu entgehen; aus Verlangen nach Glück vernichten sie in ihrer Verblendung das Glück. (Sântideva, 7. Jhdt.; „Bodhicaryâvatâra“) / Die Hoffnung auf ein langes Leben ist äußerst trügerisch, da dieser Körper und die Lebenskraft der Menschen schon durch kleinliche Umstände – gleich einer Blase auf dem Wasser – zerstört werden können. (Jesche Tsöndrü, 1761–1816; „Die Elixiere der Erleuchtung“)

Höhe

Für des Menschen Aufstieg ist keine Grenze, und jedem ist das Höchste offen. Hier waltet allein deine Wahl. (Rabbi Nachmann, 1771–1810; „Geschichten des Rabbi Nachmann“) / Wer in der wirklichen Welt arbeiten kann und in der idealen leben, der hat das Höchste erreicht. (Ludwig Börne, 1786–1837) / Wenn alle Wege verstellt sind, bleibt nur noch der nach oben. (Franz Werfel, 1890–1945)

Je höher wir stehen, desto mehr gefällt uns alles. (Novalis, 1772–1801) /

Wer der Höchste im Reiche Gottes sein will, der werde der Diener aller. (Fjodor M. Dostojewski, 1821–1881; „Tagebuch") / Wo kein Abgrund mehr möglich ist, dort müssen auch die Höhen aufhören. (Peter Lippert, 1879–1936) / Bleibt uns nicht Höhe und Tiefe, wenn die Breite sich versagt? (Ina Seidel, 1885–1974)

Die Juden sprechen: Wir haben den Messias, Jesus, ermordet. Aber dies stimmt nicht, sie töteten ihn nicht am Kreuz, sondern es erschien ihnen nur so. Gott erhöhte ihn zu sich. (Korân; Sure 4,156) / Die Zufriedenheit ist eine Frucht der Liebe und ist eine von den höchsten Stufen derer, die Gott nahe sind. (al-Ghazâlî, 1058–1112; „Elixier der Glückseligkeit") / Nur über Stufen steigt einer zur Höhe der Treppe. (Aus der Türkei)

Höher als die Sinnesorgane ist das Denkorgan, höher als das Denkorgan steht die Güte, höher als die Güte ist das „große Selbst", höher als das große Selbst steht das Unentfaltete. (Kâthaka-Upanishad; 800–500 v. Chr.) / Der Verzicht auf die Werke und das uneigennützige Verrichten derselben, beide führen zur Erhöhung der Seele. (Bhagavadgîtâ; ca. 300 v. Chr.) / Höher als die Übung steht das Erkennen, höher als das Erkennen die Meditation, höher als die Meditation die Entsagung in Betreff des Lohnes der Werke; der Entsagung folgt der Friede auf dem Fuße. (Bhagavadgîtâ; ca. 300 v. Chr.)

Wer nicht auf die hohen Berge steigt, kennt die Ebene nicht. (Aus China) / Hast du nie einen Menschen gesehen, der die Wahrheit selbst ist, der, über aller Wissenschaft und Lehre stehend, sich auch über alles Wirken und Bewirkte erhebt und völlig frei ist? (Yung-chia Hsüan-chüeh, 665–713) / Am Fuße des Leuchtturms herrscht Dunkelheit. (Aus Japan)

Hölle

Der Himmel hat tausend Pforten, die Hölle nur eine, und seltener, als man denkt, gelingt es dem Menschen und schwerer, als man glaubt, sich verdammen zu sehen. (Ludwig Börne, 1786–1837; „Der Gott in Höflingen") / Die Engel, die nennen es Himmelsfreud, die Teufel, die nennen es Höllenleid, die Menschen, die nennen es Liebe. (Heinrich Heine, 1797–1856) / Die Höllenstrafe besteht darin, dass man sein Leben nochmals mit dem Blick der Erkenntnis durchnehmen muss, wobei das Schlimmste nicht die Durchsicht der offenbaren Untaten ist, sondern jener Taten, die man einstmals für gut gehalten hat. (Franz Kafka, 1883–1924)

Wer sich von Gott nicht scheiden lässt, der kann die Hölle zwingen. (Ernst Moritz Arndt, 1769–1860) / Dort in der Höllen hat ein jeder seinen Willen, drum steckt sie voller Pein, und nichts nicht kann sie stillen. (Angelus Silesius, 1624–1677; „Der Cherubinische Wandersmann") / Was ist die Hölle? Ich meine so: das Leiden darüber, dass man nicht mehr lieben kann. (Fjodor M. Dostojewski, 1821–1881)

O Gott, ich habe nichts für das Paradies getan, und ich habe nicht die Kraft, die Hölle zu ertragen – nun liegt die Sache bei deiner Gnade! (Yahya ibn Mu'adh, gest. 871) / Für den, der Gott nicht erkennt, ist die Hölle eine Qual. Wer aber Gott erkennt, ist eine Qual für die Hölle. (Bâyazîd Bistâmî, gest. 874) / Rufe mich, auch wenn Höllenfeuer zwischen uns liegen, wird meine Liebe es mir leicht machen, die Flammen zu durchschreiten. (Abû Sa'îd-i Abû'l-Khair, gest. 1049) / Der Teufel starb gerade an dem Tag, an dem du geboren wurdest. Nun musst du nicht mehr durch die Hölle gehen, um einen Engel zu treffen. (Kahlil Gibran, 1883–1931; „Aphorismen")

Die drei Höllentore, die zum Zerfall der Seele führen, sie heißen: Wollust, Zorn und Gier. (Bhagavadgîtâ XVI,21; ca. 300 v. Chr.) / Wenn man dadurch in den Himmel gelangt, dass man, wie es beim Opfer geschieht, die Bäume fällt, Tiere tötet und Blutlachen entstehen lässt, wer fährt dann zur Hölle? (Aus Indien) / Wir selbst machen uns unseren eigenen Himmel und können aus dem Himmel auch eine Hölle machen. Sünder findet man nur in der Hölle; solange wir Sünder wahrnehmen, sind wir selbst in der Hölle. (Swâmi Vivekânanda, 1862–1902; „Jnana-Yoga")

Wer den anderen um des eigenen Ich willen gequält hat, wird in den Höllen gebraten; wer sein Ich aber um des Nächsten willen gequält hat, findet jegliches Glück. (Sântideva, 7. Jhdt.; „Bodhicaryâvatâra") / Keine Hölle ist zu finden außer in dir selbst. (Bankei Eitaku, 1622–1693) / Tief unter der Erde befinden sich die so genannten Höllen der Lebewesen. Der Boden besteht aus rot glühendem, sengendem Eisen; an den Seiten ist er von versengenden, eisernen Zäunen umgeben. Der Raum darüber wird von Flammen durchdrungen. Auch jede Einzelne der besonderen Höllen besteht aus brennend heißem Eisen und ist von Wänden und Zäunen völlig umschlossen und mit vier Toren abgesichert. (Jesche Tsöndrü, 1761–1816; „Die Elixiere der Erleuchtung")

Humor

Der Humor ist keine Gabe des Geistes. Er ist eine Gabe des Herzens. (Ludwig Börne, 1786–1837; „Dankrede auf Jean Paul") / In traurigen Zeiten blüht der Witz. (Jüdisches Sprichwort) / Für Witze und Geldborger ist es heilsam, wenn sie uns unangemeldet überraschen. (Heinrich Heine, 1797–1856) / Humor ist der Milchbruder des Glaubens. (Martin Buber, 1878–1965)

Lasst ja die Kinder viel lachen, sonst werden sie böse im Alter! Kinder, die viel lachen, kämpfen auf der Seite der Engel. (Hrabanus Maurus, um 776–856) / Wo Phantasie und Urteilskraft sich berühren, entsteht Witz, wo sich Vernunft und Willkür paaren, Humor. (Novalis, 1772–1801; „Fragmente") / Humor ist das umgekehrt Erhabene. Er erniedrigt das Große, um ihm das Kleine, und erhöht das Kleine, um ihm das Große an die Seite zu setzen und so beide zu vernichten, weil vor der Unendlichkeit alles gleich und nichts ist. (Jean Paul, 1763–1825)

Wer nach allen Seiten immer nur lächelt, bekommt nichts als Falten im Gesicht. (Aus Arabien) / Ein Scherz klärt das Denken und vertreibt die Trübniswolken, die das menschliche Herz umgeben. (Hazrat Inayat Khan, 1882–1927; „Gayan") / Sinn für Humor ist Sinn für ein Maß. (Kahlil Gibran, 1883–1931; „Aphorismen")

Tausendmal mehr können Feinde uns nützen als Freunde, die uns nur speisen mit Witzen. (Tiruvalluvar, 6. Jhdt.; „Kurral") / Der Mensch lacht über andere und weint für sich selbst. (Aus Indien) / Vier Sachen bringen andere zum Lachen: wenn ein Einfaltspinsel dichtet, wenn ein Heiserer singt, wenn ein Armer den Lebemann spielt und wenn ein Greis nach Sinnesgelüsten verlangt. (Aus Indien)

Der Scherz ist oft das Loch, aus dem die Wahrheit pfeift. (Aus China) / Zehn Jahre Suche im tiefen Wald – heute großes Gelächter am Seeufer. (Nakagawa Soen, 1907–1984) / Das Glück tritt gern in ein Haus, wo gute Laune herrscht. (Aus Japan) / Schätze den Humor nicht gering. Er erfrischt und verhindert das Ausdörren des Körpers und des Herzens. Ohne Humor trägt das Glück keine Früchte. (Drugpa Rinpoche, gest. 1989; „Tibetische Weisheiten")

Hunger

Der Arme und der Reiche, beide werden hungrig. Nur wird der Arme wehmütig beim Hungern, der Reiche aber freut sich, wenn er hungrig wird. (Chassidische Weisheit) / Lass sie betteln gehen, wenn sie hungrig sind. (Heinrich Heine, 1797–1856; „Die Grenadiere") / Aufgabe der Erziehung wäre es, den metaphysischen Hunger der Menschheit durch Mitteilung von Tatsachen mit weisem Maß zu stillen, statt ihn durch Märchen, was ja die Dogmen sind, zu betrügen. (Arthur Schnitzler, 1862–1931)

Wir Menschen sind Hungernde vom Wesen her. Hungernde nach ewig sättigender Fülle. Hungrig nach Verwirklichung des Willens des Vaters. (Romano Guardini, 1885–1968) / Was beweist es, wenn der Hunger nach Überweltlichkeit selten geworden ist? (Ida von Coudenhove, 1901–1971) / Alle Christen müssen befürchten, eines Tages aus Christi eigenem Munde die Worte zu vernehmen: „Ich habe Hunger gehabt, und du hast mir nichts zu essen gegeben." (Simone Weil, 1909–1943)

Obwohl ich Allah vollkommen vertraue und in diesem Vertrauen sogar die Wüste hungrig und ohne Nahrungsmittel durchqueren möchte, würde ich mich doch vor meinem Herrn schämen, wenn nicht mein Hunger zu meiner Nahrung würde. (Husayn-al-Sulami, 936–1021; „Futuwwah") / Selbst wenn der Wolf die ganze Nacht hungernd verbringt, trifft ihn der Argwohn des Menschen. (Aus Arabien) / Ewiger Hunger nach Liebe und Schönheit ist meine Sehnsucht. Ich weiß, dass jene, die alles in Hülle und Fülle besitzen, nur elend sind. (Kahlil Gibran, 1883–1931; „Aphorismen")

Der Hunger ist doch gottverhängte Strafe nicht! Denn Satte auch ereilt der Tod in vieler Art. (Rigveda 10,117; 1500–500 v. Chr.) / Solange ein Hund in meinem Lande nichts zu essen hat, besteht meine ganze Religion darin, ihn zu nähren. (Swâmi Vivekânanda, 1862–1902) / Man kann nur so viel sagen, dass jener, der echt und aufrichtig sucht, die Wahrheit findet, die den Hunger seiner Seele stillt. (B. H. Bon, geb. 1901; „Die Antwort der Religionen") / Wohltaten, die für morgen projektiert, geplant oder vorgesehen sind, zählen für die hungernden Menschen von heute überhaupt nicht. (Indira Gandhi, 1917–1984)

Besser, dass der Mensch auf den Reis wartet als der Reis auf den Menschen. (Aus China) / Hinunterschlingen macht zu schnell satt; langsam kauen stillt den Hunger besser. (Wu-men Hui-kai, 1183–1260; „Wu-men-kuan“) / Wer dem Laufe der Sonne folgt, wird niemals frieren, und wer dem Herrn oder der Herrin folgt, der wird nie hungern. (Aus der Mongolei)

Ich

Wer hat den Menschen den Mund gemacht? Oder wer macht stumm oder taub oder sehend oder blind? Nicht ich, der Herr? (Bibel AT; 2. Mos. 4,11) / Das Ich – das ist ein heimlicher Dieb. (Chassidische Weisheit) / Zwischen Ich und Du steht kein Zweck, keine Gier und keine Vorwegnahme; und die Sehnsucht verwandelt sich, dass sie aus dem Traum in die Erscheinung stürzt. Alles Mittel ist Hindernis. Nur wo alles Mittel zerfallen ist, geschieht die Begegnung. (Martin Buber, 1878–1965)

Ihr habt nicht mich erwählt, sondern ich habe euch erwählt. (Bibel NT; Joh. 15,16) / Willst du wandeln, so bin ich der Weg. Willst du ohne Enttäuschungen sein, so bin ich die Wahrheit. Willst du nicht sterben, so bin ich das Leben. Du kannst nirgends hingehen als zu mir; und du kannst nirgends gehen als durch mich. Ich bin der Weg, die Wahrheit und das Leben. (Aurelius Augustinus, 354–430) / Wer nicht frei ist vom Ich, der kann nicht gerecht sein. (Franz von Sales, 1567–1622) / Das Ich ist nichts anderes als Wollen und Vorstellen. (Novalis, 1772–1801)

Ich ging von Gott zu Gott, bis er in mir aus mir herausschrie: „Oh du bist Ich!“ So erreichte ich den Zustand der Auflösung in Gott. (Bâyazîd Bistâmî, gest. 874) / Deine großen Feinde sind jene, die dir nah und lieb sind, aber ein noch größerer Feind ist dein eigenes Ego. (Hazrat Inayat Khan, 1882–1927; „Gayan“) / Es sind welche unter euch, die den Redseligen suchen, weil sie Angst haben, allein zu sein. Die Stille des Alleinseins offenbart ihren Augen ihr nacktes Ich, und sie möchten flüchten. (Kahlil Gibran, 1883–1931; „Der Prophet“)

Das ICH ist die Gräte, die im Halse des Essenden stecken bleibt. Vernichte diesen Feind durch das scharfe Schwert der Erkenntnis. (Shankara, 788–820; „Kleinod der Unterscheidung“) / Du Dunkler, du bist des Weltalls Herr allein. Mein Ich vergaß ich in der Liebe Meer und opferte mich ganz zu deinen Füßen. (Indisches Gebet) / Wenn man das „Ich“ analysieren will, wird man entdecken, dass es gar nicht vorhanden ist. Wie von der Zwiebel, der man Haut um Haut abziehen kann, schließlich nichts übrig bleibt, so zerrinnt das „Ich“ in nichts. (Shrî Râmakrishna, 1834–1886; „Ewige Botschaft“)

Dass es ein Ich gibt, ist verkündet worden. Dass es kein Ich gibt, ist gelehrt worden. Und dass es weder ein Ich noch kein Ich gibt, ist von dem Buddha gelehrt worden. (Nâgârjuna, um 200 n. Chr.; „Merkverse der mittleren Lehre“) / Eines jeden Ich besitzt gute Eigenschaften! Es gibt Leute, denen gegenüber ich gering bin; denen gegenüber ich besser bin. (Sântideva, 7. Jhdt.; „Bodhicaryâvatâra“) / Das Ich, das du Ich nennst, ist nicht dein Ich. Es existiert nicht. (Sokei-an Roshi, 1882–1945; „Der Zen-Weg“)

Ideal / Ideale

Nach Wahrheit forschen, Schönheit lieben, Gutes wollen, das Beste tun – das ist die Bestimmung des Menschen. (Moses Mendelssohn, 1729–1786) / Um alt zu werden, darf man keine Grundsätze haben. (Ludwig Börne, 1786–1837; „Aphorismen“) / Wer in der wirklichen Welt arbeiten kann und in der idealen leben, der hat das Höchste erreicht. (Ludwig Börne, 1786–1837)

Idealist sein heißt Kraft haben für andere. (Novalis, 1772–1801) / Die Quelle des Ideals ist der heiße Durst nach Ewigkeit, die Sehnsucht nach Gott, also das Edelste unserer Natur. (Friedrich von Schlegel, 1772–1829) / Alle Ideale, und wären sie ursprünglich dem Religiösen noch so fern oder feindlich, münden zuletzt in Gott. (Otto Karrer, 1888–1970) / Idealisten sind in der zweiten und dritten Rolle unentbehrlich. In der ersten sind sie gefährlich. (Adolf von Harnack, 1851–1930)

Glaube du erst selbst an dein Ideal, wenn du willst, dass andere daran glauben. Ehe du nicht selbst dein Ideal achtest, werden auch andere es nicht achten. (Hazrat Inayat Khan, 1882–1927; „Gayan“) / Am Baum des Schweigens hängt der Friede. (Aus Arabien) / Wer seinem Ideal nachzuleben vermag, ist Herr des Lebens. (Hazrat Inayat Khan, 1882–1927; „Gayan“)

Wenn der Docht an seiner Spitze brennt, ist die ganze Lampe hell. Die Ideale des Lebens finden nur in den Spitzenmenschen angemessenen Ausdruck. Wenn es auch nur einer kleinen Anzahl der Leute gelingt, ein Ideal zu verwirklichen, ist es ein Gewinn für das ganze Volk. (Rabindranâth Tagore, 1861–1941) / Das höchste Ideal jedes Menschen ist Gott. Ob Unwissender oder Weiser, Heiliger oder Sünder, Mann oder Frau, Gelehrter oder Primitiver – in jedem Menschen lassen die höchsten Ideale der Schönheit, Erhabenheit und Macht das Bild eines liebenden und liebenswerten Gottes erstehen. (Swâmi Vivekânanda, 1862–1902) / Jeder, der nach Wahrheit strebt durch Studium und Nachdenken, durch Reinheit seines Leibes und Verhaltens und durch Hingabe an hohe Ideale, jeder, der glaubt, dass Religion nicht auf Autorität beruht, sondern auf Erfahrung, ist ein Hindu. (Sarvepalli Radhakrishnan, 1888–1975)

Der Strom der Ideen ist das Wesentliche, die Tatsachen sind das Nebensächliche. Wir verlangen vom Künstler nicht, dass er den Gegenstand selbst wiedergibt, sondern das Ewige, das in ihm liegt. (Kakuzo Okakura, 1862–1913; „Ideale des Ostens“) / Wir Buddhisten leiten nichts von einer Idee ab, indem sie zuerst Kategorien machen und dann versuchen, alles darin einzuordnen, um dann zu behaupten: „So muss es sein.“ (Sokei-an Roshi, 1882–1945; „Der Zen-Weg“) / Wohl einer der ältesten Träume der Menschheit ist jenes Idealbild einer ungeteilten, von Menschen besiedelten Welt, die auf geistigen und humanitären Gesetzen basiert. (Lama Govinda, 1898–1985; „Buddhistische Reflexionen“)

Ideen

Beschränkten Menschen ist es eigen, dass sie die wenigen Ideen, die in dem engen Kreise ihrer Fassungskraft liegen, mit einer Klarheit ergreifen, die uns in der Schätzung ihres Geistes oft irremacht. Sie sind wie Bettler, die das Gepräge und die Jahreszahl jedes ihrer Kreuzer kennen. (Ludwig Börne, 1786–1837; „Fragmente und Aphorismen") / Eine Idee muss Wirklichkeit werden können, oder sie ist eine Seifenblase. (Berthold Auerbach, 1812–1882) / Die Welt wird nicht von Ideen verändert, sondern von Ereignissen. (Hannah Arendt, 1906–1975)

Selig ist der, dem Gott eine große Idee beschert, für die er allein lebt und handelt, die er höher achtet als seine Freuden! (Jean Paul, 1763–1825) / Ideen sind unendliche, selbstständige, immer in sich bewegliche, göttliche Gedanken. (Friedrich von Schlegel, 1772–1829) / Nichts auf der Welt ist so mächtig wie eine Idee, deren Zeit gekommen ist. (Victor Hugo, 1802–1885) / Ein guter Einfall ist wie ein Hahn am Morgen. Gleich krähen andere Hähne mit. (Karl Heinrich Waggerl, 1897–1973)

Ich wollte ein Stein werden in steiniger Behausung, um die Liebe zu fliehen – aber auch aus dem Stein sprangen die Funken der Liebe. (Hâfis, 1326–1390) / Ich gebe dir nicht meine Ideen. Was ich dir gebe, ist mein persönliches Wissen. (Hazrat Inayat Khan, 1882–1927; „Vadan")

Wie sich Sonne und Mond nicht im trüben Gewässer widerspiegeln können, so kann sich der Allmächtige nicht in einem Herzen widerspiegeln, das nur von der Idee des „ich und mein" getrübt ist. (Shrî Râmakrishna, 1834–1886) / Man kann nicht die ganze Menschheit auf dieselben Ideen „gleichschalten", und wir sollten Gott dafür danken, dass dem so ist. (Swâmi Vivekânanda, 1862–1902; „Jnana-Yoga") / Das Wunder ist nicht, dass es Hemmnisse und Leiden in dieser Welt gibt, sondern dass es Gesetz und Ordnung, Schönheit und Freude, Güte und Liebe gibt. Die Idee Gottes, die der Mensch in seinem Geist hat, ist das Wunder aller Wunder. (Rabindranâth Tagore, 1861–1941)

Wenn man die Idee der Leere annimmt, dann verschwindet die Idee der Existenz; und später wird durch die Gewöhnung an den Gedanken, dass nichts existiert, auch die Idee der Leere selbst ausgeschaltet. (Sântideva, 7. Jhdt.; „Bodhicaryâvatâra") / Ideen und Gedanken, was gut ist, was schlecht – alles nur Spuren deines eigenen Ich. (Bankei Eitaku, 1622–1693) / Ob die Ideen uns beherrschen oder wir die Ideen, ist ein großes Problem der menschlichen Rasse. Seit wir auf dieser Erde geboren wurden, kämpfen wir damit. (Sokei-an Roshi, 1882–1945; „Der Zen-Weg")

Illusionen

Wie einer, der nach dem Schatten greift und dem Winde nachjagt, so ist der, der sich auf Träume verlässt. (Bibel AT; Sir. 34,2) / Was nennt ihr Wahrheit? Die Täuschung, die jahrhundertealt geworden. Was Täuschung? Die Wahrheit, die nur eine Minute lang gelebt. (Baruch Spinoza, 1632–1677) / Einen Wahn verlieren macht weiser als eine Wahrheit finden. (Ludwig Börne, 1786–1837; „Fragmente und Aphorismen")

Ein Wahn, der mich beglückt, ist eine Wahrheit wert, die mich zu Boden drückt. (Christoph Martin Wieland, 1733–1813; „Idris und Zenide") / Der Bau von Luftschlössern kostet nichts. Aber ihre Zerstörung ist sehr teuer.

(François Mauriac, 1885–1970) / Der Grund, weshalb wir uns über die Welt täuschen, liegt sehr oft darin, dass wir uns über uns selbst täuschen. (Johann Jakob Mohr, 1824–1886; „Aphorismen“)

Diejenigen, die das diesseitige Leben mehr lieben als das Jenseits und vom Wege Gottes abhalten und sich ihn krumm wünschen, die befinden sich in tiefem Irrtum. (Korân; Sure 14,3) / Wir sind nicht Dorfschulz, wir sind nur Vagant, Minister nicht, nur Diener ohne Stand. Wir sind die Feder nur in deiner Hand – wohin wir gehen, ist uns nicht bekannt. (Dschelâleddin Rûmî, 1207–1273) / Wer in den Spiegel speiet, weil er in dessen Licht sich hässlich sieht, der speiet sich selbst ins Angesicht. (Dschâmî, 1414–1492; „Diwan“)

Wer den Atman (Selbst) zu finden sucht, indem er die körperlichen Begierden nährt, gleicht jenem, der einen Fluss mit Hilfe eines Krokodils zu überqueren sucht, das er für ein Stück Holz hält. (Shankara, 788–820; „Kleinod der Unterscheidung“) / Nicht mit Gabe, nicht mit Ehren, nicht mit Liebe und Vertrauen, nicht mit Waffen, nicht mit Lehren wirst gewinnen du die Frauen. (Nârâjana, 9./10. Jhdt.; „Hitopadesa“) / Illusion nennen wir das, was an einem Gegenstand aufgehoben wird, sobald er erkannt wird, wie er wirklich ist. (Râmânuja, 1057–1137; „Siddhanta“)

Die Ich-Illusion rotte aus; so kannst du dem Tod entgehen. (Gautama Buddha, um 550–480 v. Chr.; „Sutta-Nipâta“) / Was alles an Missgeschikken in der Welt ist, so viele Leiden und Schrecknisse es gibt – sie alle haben ihre Ursache in der Illusion der Existenz eines Ich. (Sântideva, 7. Jhdt.; „Bodhicaryâvatâra“) / Unser Universum ist ebenso vergänglich wie die Wolken am Himmel. Es wird weggewischt und wieder geschaffen werden, doch es erscheint dem Menschen endlos. (Sokei-an Roshi, 1882–1945; „Der Zen-Weg“)

Individuum

Individualität ist das, was mich von der Welt absondert, Liebe ist das, was mich mit ihr verbindet. Je stärker die Individualität, desto stärker erfordert sie Liebe. (Walther Rathenau, 1867–1922) / Der Individualismus sieht den Menschen nur in der Bezogenheit auf sich selbst; aber der Kollektivismus sieht den Menschen überhaupt nicht, er sieht nur die „Gesellschaft“. (Martin Buber, 1878–1965; „Gottesfinsternis“) / Als das eigentlich Wertvolle im menschlichen Getriebe empfinde ich nicht den Staat, sondern das schöpferische und fühlende Individuum, die Persönlichkeit. (Albert Einstein, 1879–1955; „Wie ich die Welt sehe“)

Der Mensch bleibt närrisch bis ins vierzigste Jahr; wenn er dann anfängt, seine Narrheit zu erkennen, so ist das Leben schon dahin. (Martin Luther, 1483–1546; „Deutsche Schriften“) / Je mehr Geist man hat, desto mehr originelle Menschen entdeckt man. Alltägliche Leute finden bei den Menschen keine Unterschiede. (Blaise Pascal, 1623–1662) / Jeder Mensch ist ein besonderer Gedanke Gottes. (Paul Anton de Lagarde, 1827–1891)

Ein jeder strebt auf diesem Markt nach andern Dingen; ein jeder wird den Turban sich auch anders schlingen. (Sa'ib, gest. 1677) / Jedes einzige Kind ist merkwürdig. (Aus dem Libanon) / Jede Seele hat ihren eigenen Lebensweg; möchtest du dem Weg eines anderen folgen, so musst du dir seine Augen borgen, um ihn zu sehen. (Hazrat Inayat Khan, 1882–1927; „Gayan“)

Der Glaube ist bei einem jeden seiner Wesenheit entsprechend. – Wie einer glaubt, so ist er. (Bhagavadgîtâ; ca. 300 v. Chr.) / Die Gruppe hat kein Recht, das Individuum so zu betrachten, als sei es nur eine Zelle seines Körpers, ein Stein seines Gebäudes, ein Werkzeug seines kollektiven Lebens und Wachstums. Dies entspricht nicht dem Wesen der Menschheit. (Shrî Aurobindo, 1872–1950; „Zyklus der menschlichen Entwicklung“) / Es ist entwürdigend, wenn der Mensch seine Individualität verliert und zu einem bloßen Rädchen im Getriebe wird. (Mahatma Gandhi, 1869–1948)

Manche sterben im Mutterleib, einige bei der Geburt, andere im rüstigen oder auch im hohen Alter. Wenn die Früchte des Wirkens reif sind, führen mannigfache Ursachen den Untergang des Individuums herbei. (Lin-chi, gest. 867) / Ist Verständnis da, so bilden alle Menschen eine Einheit; hört Verständnis auf, so zerfallen alle in viele einzelne Individuen. Ist kein Verständnis da, so bilden alle Menschen eine Einheit; stellt sich Verständnis ein, so zerfallen alle in viele einzelne Individuen. (Wu-men Hui-kai, 1183–1260; „Wu-men-kuan“) / Jeder von uns muss seinen eigenen wahren Weg gehen, und wenn wir das tun, drückt dieser Weg den universellen Weg aus. (Shunryu Suzuki, 1905–1971; „Zen-Geist“)

Innenleben, Inneres

Wo nicht Vernunft innen ist, da lässt sich nichts ziehen. (Bibel AT; Sir. 21,14) / Der Mensch ängstet sich vor Dingen, die ihm nichts antun können, und er weiß es, und er gelüstet nach Dingen, die ihm nicht fruchten können, und er weiß es; aber in Wahrheit ist es ein Ding im Menschen selbst, vor dem er sich ängstet, und es ist ein Ding im Menschen selbst, nach dem er gelüstet. (Rabbi Nachmann, 1771–1810; „Worte des Rabbi Nachmann“) / Die Religion kann nie schlimmer sinken, als wenn sie zur Staatsreligion erhoben wird. Es geht dann gleichsam ihre innere Unschuld verloren, und sie wird so öffentlich stolz wie eine deklarierte Mätresse. (Heinrich Heine, 1797–1856; „Briefe aus Berlin“)

Ihr Toren, hat der, welcher das Äußere erfüllt, auch schon das Innere geleistet? (Bibel NT; Lk. 11,40) / Das äußere Tun soll aus unserem Innenleben hervorgehen und das innere Leben hinwieder durch das äußere Tun genährt und gefördert werden. (Franz von Sales, 1567–1622) / Das äußere muss ein Weg zum inneren Leben sein. Doch fängt das innere an, so geht das äußere ein. (Angelus Silesius, 1624–1677; „Der Cherubinische Wandersmann“) / Meinungen, Lehrsätze, Gebräuche, in denen jede Religion sich darstellt, sind nicht die Religion selbst, sie ist ein Inneres, Ursprüngliches. (Friedrich Schleiermacher, 1768–1834)

Einsamkeit in der Menge: Bei all deinen äußeren Aktivitäten bleibe innerlich frei. Lerne, dich mit überhaupt nichts zu identifizieren. (Abdul Khâliq Ghijduwânî, gest. 1220) / Wenn der Mensch die tiefste Wahrheit berührt, erkennt er, dass es nichts gibt, was nicht in ihm selbst ist. (Hazrat Inayat Khan, 1882–1927; „Gayan“) / Der Mensch strebt danach, das Leben außerhalb seiner selbst zu finden, und begreift nicht, dass das Gesuchte in ihm selber liege. (Kahlil Gibran, 1883–1931; „Aphorismen“)

Der Atman (Selbst) wohnt im Inneren. Er ist frei von Bindung und jenseits aller Tätigkeit. Der Mensch muss diesen Atman von jedem Gegenstand der Erfahrung trennen, so wie man einen Grashalm von seiner Blattscheide befreit. (Shankara, 788–820; „Kleinod der Unterscheidung“) / Wer Gott nicht im eigenen Inneren findet, wird ihn nie außerhalb seiner finden. (Shrî Râmakrishna, 1834–1886; „Ewige Botschaft“) / Man schaut Gott aus großer Nähe, verbindet sich der Geist mit ihm. Man sieht ihn im Innern, im Herzen. (Shrî Râmakrishna, 1834–1886)

Was hilft dein Haargeflecht, o Tor, was deine Tracht, das härne Hemd! Im Innern haust Verderben dir, das Äußere machst du hell und blank. (Gautama Buddha, um 550–480 v. Chr.; „Dhammapada“) / Es gibt keinen Weg, um in die Wirklichkeit einzutreten, außer dem Weg der Intuition. Die Intuition ist der einzige Zugang, die einzige Hoffnung; durch sie kann man die Wirklichkeit direkt erreichen. (Sokei-an Roshi, 1882–1945; „Übertragung des Zen“) / Wenn jemand an eine besondere Religion glaubt, richtet sich seine Einstellung gewöhnlich mehr und mehr von ihm selbst weg. Auf unserem Weg richtet sich die Einstellung auf uns selbst. (Shunryu Suzuki, 1905–1971; „Zen-Geist“)

Irrtum

Manch ein Weg dünkt den Menschen der rechte, zuletzt aber ist es ein Weg des Todes. (Bibel AT; Spr. 16,25) / Wer gleiche Sünde zweimal tut, der glaubt am Ende, was er tue, sei erlaubt. (Talmud; 70–500 n. Chr.; Joma 86b) / Wenn einer mit Vergnügen in Reih und Glied zu einer Musik marschieren kann, dann verachte ich ihn schon; er hat sein großes Gehirn nur aus Irrtum bekommen, da für ihn das Rückenmark schon völlig genügen würde. (Albert Einstein, 1879–1955; „Wie ich die Welt sehe“)

Irret euch nicht! Gott lässt sich nicht spotten; denn was der Mensch sät, das wird er ernten. (Bibel NT; Gal. 6,2) / Mache dir nicht weis, du wolltest Irrtümer verbessern. In der Natur ist kein Irrtum; sondern wisse, der Irrtum ist in dir. (Leonardo da Vinci, 1452–1519) / Der schlimmste Irrtum ist der, in welchem sich noch etwas Wahrheit findet. (Robert Saitschik, 1868–1965) / Für einen Menschen, der auf dem rechten Weg ist, haben auch Irrtümer ihren tiefen Sinn. (Hermann Stehr, 1864–1940)

Die Juden sagen, Esra sei Allahs Sohn, und die Christen sagen, der Messias ist Allahs Sohn. Das ist das Wort ihres Mundes. Sie ahmen die Rede derer nach, die vor ihnen ungläubig waren. Allahs Fluch über sie! Wie sind sie irregeleitet! (Korân; Sure 9,30) / Oft nennt die Welt im eitlen Trug den Weisen dumm, den Narren klug. (Saadî, um 1215–1292; „Rosengarten“) / Besser ein Irrtum, der dich beglückt, als eine Wahrheit, die dich niederdrückt. (Saadî, um 1215–1292)

Die Menschen, die an Vorsehung glauben, und diejenigen, die auf den

Zufall vertrauen, irren, denn sie vergessen das Bemühen. (Mahâbhârata; 500 v. Chr. bis 500 n. Chr.) / Das Schwinden des Irrtums wird bewirkt durch die Erkenntnis der Einheit des Brahman mit der Seele. (Shankara, um 780–820; „Vedanta Sutras") / Zweimal irrte der weise Schöpfer des Alls: zum Ersten, als er das Gold – und zum Zweiten, als er das Weib schuf. (Aus Indien) / Der Strom der Wahrheit fließt durch die Kanäle von Irrtümern. (Rabindranâth Tagore, 1861–1941)

Die Weltmenschen sind im Irrtum befangen. Mit denen, welche die Wahrheit geschaut haben, verhält es sich umgekehrt. Wahrhaft frei vom Irrtum und frei von der Vielfalt sind die Vollendeten. (Sâramati, um 250 n. Chr.; „Erläuterung des Keimes der drei Juwelen") / Es ist eine falsche Vorstellung, dass ich in der nächsten Existenz derselbe bin wie jetzt. Denn ein anderer ist der, welcher stirbt, ein anderer der, welcher wiedergeboren wird. (Sântideva, 7. Jhdt.; „Bodhicaryâvatâra") / Irren und Nicht-Irren sind zutiefst eine Einheit. (Padma Sambhava, 8. Jhdt.)

Jenseits

Wer in diesem Leben sich mit Sünden befleckt hat, zieht auch drüben die Geister der Unreinheit an sich. – Die sich heiligen und sich selbst bewahren in dieser Welt, dass ihre Wohnstatt nicht beschmutzt werde, deren Platz ist in der anderen Welt zwischen heiligen Wesen, den Dienern der Botschaft. (Moses de Léon, geb. um 1240; „Sohar, Gebet des Eliahu") / Der Himmel hat tausend Pforten, die Hölle nur eine, und seltener, als man denkt, gelingt es dem Menschen und schwerer, als man glaubt, sich verdammen zu sehen. (Ludwig Börne, 1786–1837; „Der Gott in Höflingen") / Was ist Erfüllung? Vernichtung des Wünschens. Dies begreifet nur recht, so werdet ihr nicht ein sattes Jenseits begehren, sondern euch des Todes, der edelsten Erfüllung, getrösten. (Walther Rathenau, 1867–1922)

Wenn wir das Ufer des diesseitigen Lebens verlassen, liegt ein neues Gewand am jenseitigen Ufer für uns bereit. (Emanuel Geibel, 1815–1884) / Es gibt kein Jenseits, kein anderes Ufer mehr, wenn das Unendliche in unser Leben selbst zu liegen kommt. (Friedrich Lienhard, 1865–1929) / Im Jenseits liegt der Schwerpunkt unseres Seins. Doch wir sollen nicht ins Jenseits flüchten, sondern das Jenseits in das Diesseits flechten. (Hans Much, 1880–1932)

Und ebenso lohnen wir auch dem, der maßlos ist und nicht an die Zeichen seines Herrn glaubt; und die Strafe des Jenseits ist wahrlich strenger und nachhaltiger. (Korân; Sure 20,127) / Die Welt ist das Saatfeld für das Jenseits. (Mohammed, 570–632; „Hadith") / Die Bitterkeit dieser Welt ist die Süße des Jenseits, und die Süße dieser Welt ist die Bitterkeit des Jenseits. (Ali ibn Ali Talib, gest. 661) / Der Mystiker wartet nicht erst auf das Jenseits, sondern bemüht sich schon im Diesseits vorwärts zu schreiten. (Hazrat Inayat Khan, 1882–1927; „Gayan")

Wer den schwer zu Erschauenden, Geheimnisvollen, tief in der Höhle des Herzens Verborgenen, den Uralten, durch spirituelle Übungen gefunden und als Gott erfahren hat, ist weise und lebt jenseits von Freude und Leid.

(Katha-Upanishad; 800–500 v. Chr.) / Nicht die Dinge um uns, sondern nur die in uns sind imstande, uns etwas über das Jenseits, über die Unendlichkeit, zu lehren. (Swâmi Vivekânanda, 1862–1902; „Erkenntnisse des Hinduismus“) / Jenseits von Zeit und Leben geh ich dahin auf unbegrenzten Schwingen und dennoch eins mit geborenen und ungeborenen Dingen. (Shrî Aurobindo, 1872–1950)

Im Denken nicht verwirrt und frei von Lustverlangen, jenseits von gut und schlecht – so ist die Furcht vergangen. (Gautama Buddha, um 550–480 v. Chr.; „Dhammapada“) / Besäße ich auch dreitausend Welten, die alle vollständig mit den sieben Arten von Schätzen gefüllt wären, so hätte ich doch keine Möglichkeit, auch nur ein einziges Sesamkorn dieses Schatzes mit in das nächste Leben zu nehmen. (Jesche Tsöndrü, 1761–1816; „Die Elixiere der Erleuchtung“) / Für den Buddhisten gibt es keine religiösen Aussagen, die „wörtlich“ zu nehmen sind, denn auch Worte sind Symbole für etwas, was jenseits von ihnen liegt. (Lama Govinda, 1898–1985; „Buddhistische Reflexionen“)

Jetzt

Hillel sagte: „Wenn ich nicht für mich bin, wer ist für mich? Bin ich aber nur für mich, was bin ich schon? Und wenn nicht jetzt, wann denn? (Talmud; 70–500 n. Chr.; Aboth I,14) / In dieser Welt soll man die Tugenden erwerben, auf Grund derer man in der zukünftigen Welt zugelassen wird, da diese Welt augenscheinlich der Weg und die Furt zur zukünftigen ist. (Moses Maimonides, 1135–1204; „Mischna Kommentar“) / Zwischen zu früh und zu spät liegt immer nur ein Augenblick. (Franz Werfel, 1890–1945)

Das Jetzt, in welchem Gott die Welt gemacht hat, ist dem Jetzt, in dem ich augenblicklich spreche, genau so nahe wie der gestrige Tag. (Meister Eckhart, um 1260–1327) Wir halten uns niemals an die gegenwärtige Zeit. Wir nehmen die Zukunft voraus, da sie zu langsam kommt, gleichsam um ihren Lauf zu beschleunigen. Und wir rufen die Vergangenheit zurück, um sie aufzuhalten. (Blaise Pascal, 1623–1662) / Die wichtigste Zeit ist das Jetzt; der wichtigste Mensch ist der Nächste, mit dem ich jetzt spreche; die wichtigste Tat ist, dem Nächsten, mit dem ich jetzt spreche, Gutes zu tun. (Leo N. Tolstoi, 1828–1910)

Beeilt euch mit dem Gebet, eh seine Zeit vergeht, und mit der Reue, ehe der Tod vor euch steht. (Mohammed, 570–632; „Hadith“) / Das Gestern schwand, wer kennt das Morgen? Das Jetzt zu nützen, lass uns sorgen! (Saadî, um 1215–1292; „Bostân“) / Freund, die Gelegenheit siehst du entschweben schnell wie die Wolke, sie kommt nicht zurück! Nutze sie, Freund, für dies teure Leben, mit der versäumten versäumst du das Glück. (Hâfis, 1326–1390; „Der Sänger von Schiras“)

An manchem Tag ohne Tätigkeit grämte ich mich über verlorene Zeit. Sie war nicht verloren, denn, O Herr, in dir ruht jede Sekunde des Lebens hier. (Rabindranâth Tagore, 1861–1941) / Das menschliche Leben, wie es sich uns darbietet, ist nur der Rohstoff für das Leben, wie es sein könnte.

(Sarvepalli Radhakrishnan, 1888–1975; „Gemeinschaft des Geistes“) / Ich bin ewig im „Jetzt“. Vergangenheit und Zukunft existieren nur im Denken – ich bin jetzt. (Sri Nisargadatta Maharaj, 1897–1981; „Ich bin“)

Der Zeitpunkt zum Erwachen ist immer jetzt. In der Gegenwart tu das Gute, nicht erst morgen. (Har Dayal) / Tag für Tag ist ein guter Tag. (Yün-Men, 10. Jhdt.; „Bi-Yän-Lu“) / Die Zukunft ist die Zukunft, die Vergangenheit die Vergangenheit; jetzt sollten wir an etwas Neuem arbeiten. (Shunryu Suzuki, 1905–1971; „Zen-Geist“)

Juden

Jedes Land hat die Juden, die es verdient. (Karl Emil Franzos, 1848–1904; „Tote Seelen“) / Juden und Deutsche haben vieles gemeinsam. Sie sind strebsam, tüchtig, fleißig und gründlich verhasst bei den anderen. Juden und Deutsche sind Ausgestoßene. (Franz Kafka, 1883–1924) / In den Jugendjahren eines jeden deutschen Juden gibt es einen schmerzlichen Augenblick, an den er sich zeitlebens erinnert: Wenn ihm zum ersten Mal bewusst wird, dass er als ein Bürger zweiter Klasse in die Welt getreten ist und keine Tüchtigkeit und kein Verdienst ihn daraus befreien kann. (Walther Rathenau, 1867–1922) / Die Welt, die dem Juden voll ist von gleitenden Übergängen aus „dieser“ in die „künftige“ hin und her, gliedert sich dem Christen in die große Doppelordnung von Staat und Kirche. (Franz Rosenzweig, 1886–1929; „Der Stern der Erlösung“)

Nenne sie (die Synagoge) einer Huren Haus, Lasterstätte, Teufelsasyl, Satansburg, Seelenverderb, jeden Unheils gähnenden Abgrund oder was immer, so wirst du noch weniger sagen, als sie verdient hat. (Johannes Chrysostomus, 344–407) / Jesus, den die Juden einst verkauften, wär er auf Erden jetzt, ich glaube, die Getauften verkauften ihn zum größten Teile. (Reinmar von Zweter, um 1200–1252) / Die Juden trinken aus den Quellen, die Griechen aus dem Ablauf und die Römer oder Lateiner aus den Pfützen. (Martin Luther, 1483–1546) / Wir Juden sind doch die wahren Kosmopoliten, die Weltbrüder von Gottes Gnaden oder, wenn du willst, von Gottes Ungnaden. (Wilhelm Raabe, 1831–1910; „Der Hungerpastor“) / Als sie die ersten Juden holten, habe ich geschwiegen; denn ich war kein Jude. Als sie die ersten Katholiken holten, habe ich geschwiegen; denn ich war kein Katholik. Als sie mich holten, war niemand mehr da, der seine Stimme hätte erheben können. (Martin Niemöller, 1892–1984)

Du wirst sicherlich finden, dass unter allen Menschen die Juden und die, welche Gott Bilder zur Seite stellen, die erbittertsten Gegner der Gläubigen (Muslime) sind. Und du wirst zweifellos finden, dass die, welche sprechen „Wir sind Christen“, den Gläubigen am freundlichsten gegenüberstehen. Das verhält sich so, weil unter ihnen Gottesgelehrte und Mönche sind und weil sie nicht hochmütig sind. (Korân; Sure 5,82) / Die Juden sprechen: Das Christentum ist auf nichts gegründet. Die Christen: Das Judentum ist auf nichts gegründet. Sie lesen beide die Schrift; aber am Jüngsten Tage wird Gott zwischen ihnen entscheiden. (Korân; Sure 2,107)

Juden und Christen können sich nur schwer von der Vorstellung lösen, dass Gott außerhalb des Menschen ist. (Nyogen Senzaki, 1876–1958; „Keine Spur im Wasser")

Jugend

Hast in der Jugendzeit du nicht gesammelt, wie kannst du's dann in deinem Alter wiederfinden? (Bibel AT; Sir. 25,3) / Die Jugend ist ein Rosenkranz, das Alter ist ein Dornenkranz. (Talmud; 70–500 n. Chr.; Sabbath 152a) / Jugendeindrücke sind das ewig Bestimmende in einem Menschen. Es bildet sich da gleichsam ein geistiger Münzfuß aus, nach dem lebenslang gerechnet wird. (Berthold Auerbach, 1812–1882) / Jeder Wolkendunst unserer Jugend, der sich harmlos zu verziehen schien, kommt irgendwann einmal als Gewitter wieder. (Arthur Schnitzler, 1862–1931)

Keiner soll dich verachten, weil du noch jung bist. (Bibel NT; 1. Tim. 4,12) / Jugend ist wie ein Most. Der lässt sich nicht halten. Er muss vergären und überlaufen. (Martin Luther, 1483–1546) / Was ist die Jugend? Ein Traum. Was ist Liebe? Der Inhalt des Traumes. (Sören Kierkegaard, 1813–1855) / Man bleibt jung, solange man noch lernen, neue Gewohnheiten annehmen und Widerspruch ertragen kann. (Marie von Ebner-Eschenbach, 1830–1916; „Aphorismen")

Sieh nicht die Welt so jugendlich an! Denn mancher, berauscht von der Jugend Wein, sah auf der Welt nur sich allein. (Firdausî, 935–1021; „Schah-Nameh") / Wer der Weisheit folgt, wird machtvoll! Weisheit gewährt dem Herzen Jugendfrische bis ins Greisenalter! (Firdausî, 935–1021; „Schah-Nameh") / Du kannst nicht Jugend und das Wissen um sie zur gleichen Zeit besitzen; denn die Jugend ist zu beschäftigt, um das Leben zu kennen, und das Wissen ist zu beschäftigt, um sich selbst im Leben zu suchen. (Kahlil Gibran, 1883–1931; „Aphorismen")

Jugendkraft, Reichtum und Dienerscharen, alles entreißt die Zeit mit den Jahren. – Alles ist Schein – erst wenn du's verbannt hast, wirst du des Gottes, den du erkannt hast. (Shankara, 788–820; „Lehrgedichte") / Jugend, Besitz, Macht und Torheit bringen jedes für sich Schaden. Wie viel mehr, wo sie alle vier vereinigt sind. (Nârâjana, 9./10. Jhdt. n. Chr.; „Hitopadesa") / Das volle Bett der Flüsse, die Blüten der Bäume und die verschiedenen Phasen des Mondes kehren wieder, wenn sie verschwinden, nicht aber die Jugend des Menschen. (Aus Indien)

Wer jung kein Geld erwarb und übte keine Tugend, liegt wie ein alter Bogen und beweint die verlorene Jugend. (Gautama Buddha, um 550–480 v. Chr.; „Dhammapada") / Solange der Körper noch frisch und gesund ist, so lange das Alter noch fern, die Fähigkeit der Sinne noch ungebrochen und die Lebenskraft noch nicht schwindet, solange denke ein Verständiger sehr ernsthaft an sein Seelenheil: Wozu sollte man sich bemühen, einen Brunnen zu graben, wenn das Haus schon in Brand steht? (Bhartrihari, 7. Jhdt.) / Leichtsinnig in der Jugend macht kläglich im Alter. (Aus China)

Kampf

Wie dem Entmannten, der bei einer Jungfrau nächtigt, so geht es dem, der das Recht mit Gewalt durchsetzen will. (Bibel AT; Sir. 20,4) / Es gibt keine gesegnetere Waffe als den Frieden. (J. Talmud; um 400; Berachot 82) / Im Kampf zwischen dir und der Welt sekundiere der Welt. (Franz Kafka, 1883–1924; „Aphorismen“)

Es war nie größere Mannheit und Streit und Kampf, als der sein selber vergisst und verleugnet. (Meister Eckhart, um 1260–1327) / Die Reinheit ist beschlossen in jenem Frieden, der dem Kampfe folgt. (Isaak von Ninive, 7. Jhdt.) / Ein Mensch, sonderlich ein Christ, muss ein Kriegsmann sein und mit den Feinden in Haaren liegen. (Martin Luther, 1483–1546; „Tischreden“) / Bis du gesiegt hast, sage von deinem verborgenen Kampfe nichts. (Johann Caspar Lavater, 1741–1801)

Wer für Gott kämpft, der kämpft nur für seine Seele; denn Gott bedarf der Menschen nicht. (Korân; Sure 9,38) / Ein Mann kam zum Propheten und sagte: Der eine Mann kämpft wegen der Beute, der andere kämpft wegen des Ruhmes, der andere kämpft, damit seine Stellung gesehen wird. Wer befindet sich auf dem Weg Gottes? Er sagte: Wer kämpft, damit das Wort Gottes die Oberhand gewinnt, der befindet sich auf dem Weg Gottes. (Mohammed, 570–632; „Hadith“) / Mit Weisheit soll nicht der Krieger verkehren, durch kriegerische Tat kommt er zu Ehren. (Firdausî, 935–1021; „Schah-Nameh“)

Rüste dich zum Kampf, nachdem dir Freude und Leid, Gewinn und Verlust, Sieg und Niederlage gleichgültig geworden sind. (Bhagavadgîtâ; ca. 300 v. Chr.) / Kämpfe mit denen, die kämpfen, und lass die Friedlichen in Frieden! (Aus Indien) / So seid denn, wenn es sein muss, zum Kampf bereit, aber nicht zum Kampf des Tötens, sondern des Sich-töten-Lassens. (Mahatma Gandhi, 1864–1948)

Vorzüglicher als Völkersieg ist eigenen Herzens Bändigung: dem selbstbezwungen Lebenden, beständig standhaft Wandelnden. (Gautama Buddha, um 550–480 v. Chr.; „Dhammapada“) / Verfolge keinen Feind, den du schon bestraft hast! (Aus der Mongolei) / Es gibt viele Strategien, die man im täglichen Leben anwenden kann. Die buddhistische Strategie ist es, zu gewinnen, ohne zu kämpfen. (Sokei-an Roshi, 1882–1945; „Übertragung des Zen“)

Keuschheit

Vor jeder unkeuschen Aufwallung schütze dich der Gedanke, dass du Staub bist und zum Staub zurückkehrst. (Jehuda Hachassid, 13. Jhdt.; „Das Buch der Frommen“) / Alle Unkeuschheit beginnt mit der Ehrfurchtslosigkeit gegenüber dem Geheimnis. (Leo Baeck, 1873–1956; „Dieses Volk“)

Die Schamhaftigkeit ist eine Begleiterin der Keuschheit. (Ambrosius, um 340–397; „Von den Pflichten“) / Die Keuschheit ist meiner Auffassung nach die Grundlage aller Tugenden; sie muss in der Tat als Fundament des ganzen religiösen Lebens dienen. (Don Bosco, 1815–1888) / Es gibt eine letzte Keuschheit des gesprochenen Wortes, die nicht verletzt werden darf, wenn der Zauber nicht sterben soll. (Ernst Wiechert, 1887–1950)

Sage auch den gläubigen Frauen, dass sie ihre Augen niederschlagen und sich vor Unkeuschem bewahren sollen und dass sie nicht ihren nackten Körper, außer nur, was notwendig sichtbar sein muss, entblößen und dass sie ihren Busen mit dem Schleier verhüllen sollen. (Korân; Sure 24,32) / Ein Mann, der dem Ehebruch oder der Hurerei ergeben ist, soll nur ein Weib von derselben Art oder eine Götzendienerin heiraten; und ein Weib, das dem Ehebruch oder der Hurerei ergeben ist, keiner soll sie heiraten als ein Mann von derselben Art oder ein Götzendiener. All das ist den Gläubigen verwehrt. (Korân; Sure 24,3) / Seid gut zu euren Eltern, dann werden eure Kinder gut zu euch sein, und selbst seid keusch, dann werden eure Frauen keusch sein. (Mohammed, 570–632; „Hadith“)

Keuschheit ist ein Reichtum, der einem Überfluss von Liebe entspringt. (Rabindranâth Tagore, 1861–1941) / Die Keuschheit ist eine der höchsten Disziplinen, ohne sie gelangt der Geist nicht zu der gebotenen Festigkeit. (Mahatma Gandhi, 1869–1948)

Unkeuschheit meidet der Erhabene und führt einen keuschen Lebenswandel, er lebt in Entsagung und verabscheut die Geschlechtslust, der die gewöhnlichen Menschen ergeben sind. (Gautama Buddha, um 550–480 v. Chr.; „Dhammapada“) / Barmherzigkeit bringt Ernte im nächsten Leben, Keuschheit ist die Mutter allen Menschenglücks. (Lama Kazi Dawa-Samdup, „Unendliche Freude der Weisen“)

Kinder, Kindheit

Ein ungeratener Sohn ist eine Schande für den Vater, und eine missratene Tochter bringt ihm Schaden. (Bibel AT; Sir. 22,3) / Warum ist Israel wie eine Olive? Wie die Olive ihr Öl nicht hergibt, bis man sie presst, so bessern sich die Kinder Israels nicht, bis Nöte sie heimsuchen. (Talmud; 70–500 n. Chr.; Menachoth 53b) / Man versteht die Kinder nicht, ist man nicht selbst kindlichen Herzens. Man weiß sie nicht zu behandeln, wenn man sie nicht liebt, und man liebt sie nicht, wenn man nicht liebenswürdig ist. (Ludwig Börne, 1786–1837; „Kritiken“)

Lasset die Kinder zu mir kommen, und wehret es ihnen nicht, denn für solche ist das Reich Gottes. (Bibel NT; Lk. 18,16) / Wer in Gegenwart von Kindern spottet oder lügt, begeht ein todeswürdiges Verbrechen. (Marie von Ebner-Eschenbach, 1830–1916) / Wen Kinder lieb haben, der hat mit dem Teufel nichts zu tun. In Kindern ist ein Engel, der sie lehrt. (Ina Seidel, 1885–1974)

Allahs ist das Königreich der Himmel und der Erde. Er schafft, was ihm beliebt. Er beschert Mädchen, wem er will, und er beschert Knaben, wem er will. Oder er gibt beides, Knaben und Mädchen; und er macht unfruchtbar, wen er will. (Korân; Sure 42,49–50) / Das Kind gleicht einem Spiegel, der das wiedergibt, was vor ihm steht. (Bokhari von Johor, 16./17. Jhdt.; „Die Krone aller Fürsten“) / Ich verzichte auf alle Weisheit, die nicht weinen, auf alle Philosophie, die nicht lachen, auf alle Größe, die sich nicht beugen kann – im Angesicht von Kindern. (Kahlil Gibran, 1883–1931)

Das menschliche Leben der Gebundenheit an die Welt von Geburt und

Tod hat viele Ursachen. Die Wurzel ist das Ich, das erstgeborene Kind der Unwissenheit. (Shankara, 788–820; „Kleinod der Unterscheidung") / Ein Kind ist schnell und beweglich wie ein dahineilender Bach, und man braucht sich daher nicht um jede kleine Trübung zu beunruhigen, denn die Schnelligkeit des Laufes selbst ist das beste Korrektiv. Erst wenn Stagnation eintritt, kommt die Gefahr. (Rabindranâth Tagore, 1861–1941; „Meine Lebenserinnerungen") / Jedes Kind ist uns ein Zeichen, dass Gott noch nicht am Menschen verzweifelt. (Rabindranâth Tagore, 1861–1941)

Alle Menschen sind meine Kinder. (Kaiser Ashôka, um 250 v. Chr; „I. Separat-Edikt") / Bei Feldfrüchten hält man die des Nachbarn für die besten, bei Kindern die eigenen. (Aus China) / Der Schüler muss den Zustand seines Kindseins wiederfinden, ehe das erste Wort des Meisters in seine Ohren dringen kann. (Lama Kazi Dawa-Samdup, „Unendliche Freude der Weisen") / Kinder tun Dinge für sich selber. Buddha tut alles für die anderen. Seht ihr den Unterschied? (Sântideva, 7. Jhdt.; „Bodhicaryâvatâra")

Klage

Wenn wir über bürgerliche Ungleichheit klagen, so sind alsdann unsre Augen nach oben gerichtet. Wir sehen nur diejenigen, die über uns stehen und deren Vorrechte uns beleidigen. Abwärts sehen wir nie bei solchen Klagen. (Heinrich Heine, 1797–1856; „Reisebilder") / Es hat sich noch keiner beklagt, dass es ihm an Verstand oder Seele fehlt. (Jüdisches Sprichwort) / Die Klage über die Schärfe des Wettbewerbs ist in Wirklichkeit meist nur eine Klage über den Mangel an Einfällen. (Walther Rathenau, 1867–1922)

Wer Freude hat am Klagen, wird immer was zum Klagen finden. (Jeremias Gotthelf, 1797–1854) / Wir müssen nicht klagen, dass alles vergänglich sei. Das Vergänglichste, wenn es uns wahrhaft berührt, weckt in uns ein Unvergängliches. (Friedrich Hebbel, 1813–1863; „Tagebücher 1837") / Zwei Dinge lern geduldig tragen: dein eigen Leid, der andren Klagen. (Marie von Ebner-Eschenbach, 1830–1916)

Wenn du Unglück leidest, klage nicht den Himmel an, sondern beuge dein Haupt, und setze dich mit deiner Seele auseinander! (Aus Arabien) / Klage nicht, die weite Welt sei ein Gefängnis; zum Gefängnis machen sie nur deine Klagen. (Dschelâleddin Rûmî, 1207–1273; „Ghaselen") / Ich bin die Flamme, und ich bin der trockene Busch; ein Teil von mir verzehrt den anderen. (Kahlil Gibran, 1883–1931; „Aphorismen")

Gerät jemand ins Unglück und wehklagt dann nur in seiner Verblendung, so vermehrt er das Übel, ohne es jemals zu beseitigen. (Aus Indien) / Ich weine wegen meiner Unwürdigkeit, wenn ich mein Leben sehe: in den Händen nichts sagender Stunden. (Rabindranâth Tagore, 1861–1941) / Klage nicht, dass die Welt so unvollkommen ist. Sie ist so unvollkommen, weil du so unvollkommen bist. (Aus Indien)

Arm sein, ohne zu klagen, ist leichter als reich sein, ohne zu prahlen. (Aus China) / Diskutiere nicht über Richtig und Falsch. Kritisiere immer dich selbst und nie andere. (Zengetsu, China, 9. Jhdt.) / Der Meister der

Schönschreibkunst wird sich nie über den Pinsel beklagen, den er benutzt. (Aus Korea)

Kleidung

Die Werke deiner Hände, Herr, wandelst du wie ein Kleid. Doch du selbst bleibst ewig, und deine Jahre schwinden nicht dahin. (Bibel AT; Ps. 102,26–27) / Wenn wir es recht überdenken, so stecken wir doch alle nackt in unsern Kleidern. (Heinrich Heine, 1797–1856; „Reisebilder") / Der lebendige Gott hat viele Bilder und Formen und Kleider, um sich zu manifestieren. Fromme Christen und Mohammedaner und Hindus und Buddhisten verehren Gott wohl ganz verschieden und jeder anders als ich, aber ihre Gottesverehrungen bedeuten Würde für ihr Leben und Trost für ihre Leiden und Sinn für ihr Dasein und Mut für ihren Tod. (Kurt Wilhelm, geb. 1900; „Die Antwort der Religionen")

Warum bekümmert ihr euch ängstlich um Kleidung? Seht, wie die Lilien des Feldes wachsen. Sie arbeiten nicht, sie spinnen nicht; und doch war nicht einmal Salomon in seiner ganzen Pracht gekleidet wie eine von diesen. (Bibel NT; Mt. 6,28–29) / Du kleidest dich mit meiner Seele und bist doch selbst ihr innerst Kleid. (Mechthild von Magdeburg, um 1208–1282) / Wohl dem, der das begreift, dass die Welt nur Sein Kleid ist, dass Er allein Halt gibt diesem Gewebe. (Paul Eberhard, 1871–1923)

Eine Frau, die ihre Kleider woanders auszieht als in ihrem Haus, zerreißt das, was zwischen ihr und Gott besteht. (Mohammed, 570–632; „Hadith") / Ich bin der Wahre, und der Wahre ist für den Wahren wahr. Er ist mit sich selbst bekleidet, und es gibt keinen Unterschied. (al-Hallâdsch, 858–922) / Von dem, was du gewebt, zieh an ein Kleid, von dem, was du gepflanzt, trink allezeit! (Dschelâleddin Rûmî, 1207–1273)

Wenn sich die Menschen in den Raum wie in ein Kleid kleiden werden, dann wird das Ende des Leides gekommen sein, auch ohne den Gott zu kennen. (Svetâsvatara-Upanishad; 800–500 v. Chr.) / Das Ewige hüllt sich in mancherlei Kleid. (Aus Indien) / Ein Schauspieler bleibt der Gleiche, auch wenn er das Kostüm einer Rolle trägt. (Shankara, 788–820; „Kleinod der Unterscheidung")

Welches Gut verbirgt eure Kleidung? Während eurer innerer Zustand in Verwirrung ist, pflegt und putzt ihr euer Äußeres. (Gautama Buddha, um 550–480 v. Chr.; „Dhammapada") / „Himmlische Teufel" sind diejenigen, die sich Zen-Meister nennen oder die Roben sonstiger religiöser Schulen tragen und meinen, dass sie dadurch irgendein göttliches Recht übertragen bekommen haben, das Leben anderer Menschen zu beeinflussen. (Nyogen Senzaki, 1876–1958; „Keine Spur im Wasser") / Jede Mode kommt aus der Mode. (Aus Japan)

Klugheit

Klug ist, wer schon im Sommer sammelt. Ein Tor, wer die Erntezeit verschläft. (Bibel AT; Spr. 9,5) / Der Narr sagt, was er weiß; der Kluge weiß, was er sagt. (Rabbi Ssimcha Bunam, um 1760; „Erzählungen der Chassidim") /

Klugheit ist oft lästig wie ein Nachtlicht im Schlafzimmer. (Ludwig Börne, 1786–1837; „Aphorismen") / Lebensklugheit bedeutet: alle Dinge möglichst wichtig, aber keines völlig ernst zu nehmen. (Arthur Schnitzler, 1862–1931)

Seid klug wie die Schlangen und ohne Falsch wie die Tauben. (Bibel NT; Mt. 10,16) / Allzu kluge Leute führen selten große Werke aus. (Ignatius von Loyola, 1491–1556) / Die Klugheit ist eine weit größere Macht als die Gewalt. (Henry Benrath, 1882–1949)

Beratschlagt euch mit den Frauen, und tut das Gegenteil. (Mohammed, 570–632; „Hadith") / Wenn man dich fragt, ob du Gott liebst, dann schweige. Denn dein „Nein" würde beweisen, dass du unglückselig bist, während du „Ja" sagend dein Wort schwerlich durch deine Taten beweisen könntest. (Sufi-Weisheit) / Gesprochenes Wort kehrt nicht zum Munde wieder, drum mag sich erst ein Kluger fein bedenken, dass er nicht einst bedenken muss: Weswegen sagt' ich das Wort? Und dann hilft kein Bedenken. (Saadî, um 1215–1292)

Es kann einer zwar viel wissen, wenn er aber nicht intelligent ist, dann ist dieses Wissen ohne Bedeutung. Andererseits kann jemand nur wenig wissen, wenn er aber intelligent ist, dann hören die Leute auf ihn. (Chândogya-Upanishad; 800–500 v. Chr.) / Nur was sich selbst fügt in der Welt, nur das vereint der Weise. (Nârâjana, 9./10. Jhdt.; „Hitopadesa") / Daran erkennt man vor allem den Klugen: Er begreift schnell, hört geduldig zu, macht sich nicht, sobald er etwas begriffen hat, dem Trieb folgend, an eine Sache und kümmert sich nicht ungefragt um fremde Angelegenheiten. (Aus Indien)

Tüchtig sei der Kluge, gerade und aufrichtig, mild im Reden, sanft und nicht hochfahrend; zufrieden und anspruchslos, sorglos und bedürfnislos, mit ruhigen Sinnen und weise, ohne Hochmut und nicht gierig. (Gautama Buddha, um 550–480 v. Chr.; „Sutta-Nipâta") / Der Kluge sieht das Gemeinsame in den verschiedenen Religionen, der Dummkopf die Unterschiede. (Aus China) / Je klarer das Wasser, desto weniger Fische. Je klüger ein Mensch, desto weniger Weisheit. (Aus China)

Knechtschaft

Einem weisen Knechte muss der Herr dienen, und ein vernünftiger Herr murret nicht darum. (Bibel AT; Sir. 10,28) / Völker sind wie die Oliven: Dem leichten Drucke geben sie süßes Öl, dem starken bitteres. (Ludwig Börne, 1786–1837) / Lächelnd scheidet der Despot; denn er weiß, nach seinen Tod wechselt Willkür nur die Hände, und die Knechtschaft hat kein Ende. (Heinrich Heine, 1797–1856; „König David")

Kein Knecht kann zwei Herren dienen. Ihr könnt nicht Gott und dem Mammon zugleich dienen. (Bibel NT; Lk. 16,13) / Ein Christenmensch ist ein freier Herr über alle Dinge und niemand untertan. Ein Christenmensch ist ein dienstbarer Knecht aller Dinge und jedermann untertan. (Martin Luther, 1483–1546) / Sei deines Willens Herr und deines Gewissens Knecht. (Marie von Ebner-Eschenbach, 1830–1916)

O Gott, wie kann ich dich rufen, da ich doch ein rebellischer Knecht bin, und wie könnte ich dich nicht rufen, da du doch ein gnädiger Herr bist?

(Yahya ibn Mu'adh, gest. 871) / Wenn ich mein Geheimnis verschweige, ist es mein Gefangener. Lasse ich es entschlüpfen, bin ich sein Gefangener. (Aus Arabien) / Es gibt auf der Welt weder Unterdrücker noch Unterdrückte. Es gibt solche, die dulden, dass man sie unterdrückt, und solche, die es nicht dulden. (Kemâl Atatürk, 1881–1938)

Geben wir die Habsucht auf, wer ist mächtig, wer ist nieder? Lassen wir ihr freien Lauf, herrscht sofort die Knechtschaft wieder. (Nârâjana, 9./10. Jhdt.; „Hitopadesa") / Nur insofern lohnt es sich, geboren zu werden, als man frei lebt. Wenn jene leben, die von anderen abhängig sind, wer ist dann tot? (Nârâjana, 9./10. Jhdt.; „Hitopadesa") / Glück und Unglück sind Ketten, die eine aus Gold, die andere aus Eisen, aber beide fesseln uns mit gleicher Stärke und hindern uns, unser wahres Wesen zu erkennen. (Swâmi Vivekânanda, 1862–1902; „Jnana-Yoga")

Solang im Mann die Lust am Weib nicht kommt zur Ruh, hangt er am Weibe noch, wie's Kälbchen an der Kuh. (Gautama Buddha, um 550–480 v. Chr.; „Dhammapada") / Wer einen Körper besitzt, ist an Begehren nach Dasein gebunden. (Geshe Drom, 11. Jhdt.; „Kadamthorbu") / Freiheit von Knechtschaft bedingt das Freisein von Begierde und Leidenschaften. (Dvagpo-Lharje, um 1077–1152; „Kostbarer Rosenkranz")

König

Gibt der König dem Wort der Lüge Gehör, dann werden alle seine Diener schlecht. (Bibel AT; Spr. 29,12) / Es sind drei Kronen: des Richters, des Priesters, des Königs. Aber die Krone eines guten Namens ist höher als alle. (Talmud; 70–500 n. Chr.) / Das Schicksal macht nie einen König matt, ehe es ihm Schach geboten hat. (Ludwig Börne, 1786–1837; „Fragmente und Aphorismen")

Wer sucht, soll nicht ruhen, bis er findet, wenn er aber findet, wird er staunen, wenn er aber staunt, wird er König sein, wenn er aber König ist, wird er Ruhe finden. (Verborgenes Jesus-Wort; „Oxyrynchus") / Er wird ein großer König werden; er sagt kein Wort von dem, was er denkt. (Jules Mazarin, 1602–1661; „Über Ludwig XIV.") / Der ist ein König auf Erden, er sei nun Fürst oder Bettler, welcher sein tiefstes Leid einsam und göttlich durchkämpft. (Hermann Stehr, 1864–1940)

Jeder Mensch sei König in seinem Gewerbe! (Aus Arabien) / Das Reich des Mystikers ist er selbst; er gebietet darüber wie ein König. (Hazrat Inayat Khan, 1882–1927; „Gayan") / Jeder Mensch ist der Nachkomme eines jeden Königs und eines jeden Sklaven, der je lebte. (Kahlil Gibran, 1883–1931; „Aphorismen")

Königsmacht, Söhne und Frauen, Leiber und Glücke gehen dir, auch wenn du an ihnen hängst, Leben um Leben verloren. (Ashtâvakra-Gîtâ; ca. 2. Jhdt. v. Chr.) / Macht man zum König auch den Hund, er hört nicht auf, am Schuh zu nagen. (Nârâjana, 9./10. Jh. n. Chr.; „Hitopadesa") / Das Herz ist ein König, der alles weiß und alles besitzt. Der Kopf ist nur sein Palast. (Dhan Gopal Mukerdshi, 1890–1936; „Ghond")

Als Mitglied einer königlichen Familie mit großem Ehrgeiz und unzureichenden Mitteln es darauf abgesehen zu haben, König zu werden – dies ist eine Ursache für des Menschen Verderben. (Gautama Buddha, um 550–480 v. Chr.; „Sutta-Nipâta“) / Die Gefolgschaft muss dem König gehorchen. Der Sohn muss seinem Vater folgen. (Tung-shan Liang-chieh, 807–869; „San-mei-k'o“) / Räuber von Geld richtet man hin, Räuber von Ländern macht man zu Königen. (Aus Japan)

Konzentration

Die Geheimlehre ist nur für die Seelen derer, die sich geistig gesammelt haben. Die, deren Seele in beständiger Erregung ist und nicht ihr Gleichgewicht gefunden hat, vermögen sie nicht zu verstehen. Kann man einen Nagel fest und sicher in eine schwankende Mauer einschlagen, die beim geringsten Anstoß umfällt? (Moses de Léon, geb. um 1240; „Sohar, Idra Suta“) / Leben ist aussuchen. (Kurt Tucholsky, 1890–1935)

So ich mich selber lese, so lese ich in Gottes Buch. (Jakob Böhme, 1575–1624) / Glaubt mir, dass die äußere Haltung des Körpers beim Verweilen in der Kirche viel zur Sammlung des Geistes beiträgt. (Don Bosco, 1815–1888)

Worauf des Menschen Sinn gerichtet ist, das bestimmt seinen Wert. (Aus Arabien) / Wenn du Gott wahrhaft liebst, dann löse dich von allem außer von Gott. Trachte allein nach dem Reiche, in dem das Leben unvergänglich und der Genuss vollkommen ist. (Ibrâhîm ibn Adham, gest. 770)

Richtet man sein Denken darauf, die heiligen Lieder und Sprüche auswendig zu lernen, dann lernt man sie auch. Richtet man sein Denken darauf, Handlungen zu vollbringen, dann vollbringt man sie; richtet man sein Denken darauf, sich Kinder und Reichtum zu wünschen oder Erfolg in dieser und der jenseitigen Welt zu haben, dann vollzieht sich eben das. (Chândogya-Upanishad; 800–500 v. Chr.) / Konzentration ist die Voraussetzung für alles Wissen; nichts kann ohne sie getan werden. Neunzig Prozent der Denkkraft wird von gewöhnlichen Menschen verschwendet, daher macht er unausgesetzt Fehler. Der Mensch mit konzentriertem Denkorgan macht keine Fehler. (Swâmi Vivekânanda, 1862–1902)

Ein Mönch, der in seiner Konzentration geübt ist, kann den Himalaya spalten. (Gautama Buddha, um 550–480 v. Chr.; „Anguttara-Nikâya“) / Bemühe dich um die Konzentration des Geistes, damit du in der Meditation voranschreitest. Erkenne die Vergänglichkeit aller Dinge, und halte an nichts fest. (Milindapana; 1. Jhdt. v. Chr.) / Zen ist nicht eine Art von Erregung, sondern eine Konzentration auf unsere übliche Tagesarbeit. (Shunryu Suzuki, 1905–1971; „Zen-Geist“)

Kraft

Wer reine Hände hat, nimmt zu an Kraft. (Bibel AT; Hiob 17,9) / Die Lebenskraft eines Zeitalters liegt nicht in seiner Ernte, sondern in seiner Aussaat. (Ludwig Börne, 1786–1837) / Ausgestoßene Verbrecher tragen oft mehr Menschlichkeit im Herzen als jene kühlen, untadelhaften Staatsbürger der Tugend, in deren bleichen Herzen die Kraft des Bösen erloschen ist, aber auch die Kraft des Guten. (Heinrich Heine, 1797–1856; „Englische Fragmente“)

Man erstaunte über Jesu Lehre, denn seine Rede hatte Kraft. (Bibel NT; Lk. 4,32) / Gott belohnt die guten Werke in der Weise, dass er Kraft und Gelegenheit zu noch besseren gibt. (Theresia von Avila, 1515–1582) / Kraft ist die Materie der Stoffe. Seele ist die Kraft der Kräfte. Geist ist die Seele der Seelen. Gott ist der Geist der Geister. (Novalis, 1772–1801; „Fragmente“)

Die seelische Kraft des Handelns erlangt häufig eine solche Intensität, dass sie auf die Naturdinge Einfluss ausübt. – Daher kann die Seele des Propheten durch den bloßen Blick Winde wehen, Regen fallen, Unwetter und Erdbeben heranbrausen lassen, um Völker zu vernichten. (al-Ghazâlî, 1058–1112; „Widerlegung der Philosophen“) / Nicht jeder hat die Kraft, sich Gott zu lassen! (Muhammad Iqbal, 1877–1938) / Wer alles aus eigener Kraft geschaffen hat, ist größer als derjenige, der auf andere angewiesen ist, um etwas zu werden. (Hazrat Inayat Khan, 1882–1927; „Gayan“)

Drei Kräfte wirken zusammen und zeitigen Ergebnisse. Es sind dies Schicksal, Zufall und Bemühung. Bemühung ist die Voraussetzung für alles Gute. (Mahâbhârata; 500 v. Chr. bis 500 n. Chr.) / Mit unterschiedlich entfalteten Kräften rings umwunden steht der Leib, kommt und geht. Das Selbst geht nicht und kommt nicht – was trauerst du ihm nach? (Ashtâvakra-Gîtâ; ca. 2. Jhdt. v. Chr.) / Zu behaupten, die Kraft, Seele genannt, sei das Ergebnis von Molekülkombinationen des Körpers, heißt den Wagen vor das Pferd spannen. (Swâmi Vivekânanda, 1862–1902; „Jnana-Yoga“)

Der strengen Selbsterziehung Zucht, der sinnenden Vertiefung Geistessammlung, der höhern Welt Erkennen und der Seele innere Freiheit, dies sind der hocherhabenen Normen vier, die der gepriesene Stier der Stiere durch eigene Kraft im inneren Wachen fand. (Gautama Buddha, um 550–480 v. Chr.; „Digha-Nikâya“) / Durch Unglück wird des Mannes Kraft wohl niedergebeugt, doch nicht zerstört: so wie die Fackel, zu Boden gewandt, doch nie die Flamme nach unten kehrt. (Bhartrihari, 7. Jhdt.) / Hat man darüber nachgedacht, dass das Menschenleben, indem man es auf der breiten Straße der Zerstreuung bald hier, bald dort vergeudet, vergeht, mag man zu männlicher Tatkraft angespornt werden. (Gampopa, 1079–1153; „Der kostbare Rosenkranz“)

Krankheit

Werde nicht gleichgültig in der Krankheit, bete zu Gott, denn er kann dich heilen. (Bibel AT; Sir. 38,9) / Es gibt tausend Krankheiten, aber nur eine Gesundheit. (Ludwig Börne, 1786–1837) / Krankheit ist wohl der letzte Grund des ganzen Schöpferdrangs gewesen: Erschaffend konnte ich genesen, erschaffend wurde ich gesund. (Heinrich Heine, 1797–1856; „Neue Gedichte“) / Man muss immer genauso gesund sein wie die andern, man kann aber ganz anders krank sein als jeder andere! (Arthur Schnitzler, 1862–1931)

Das Gebet des Glaubens wird dem Kranken helfen, und der Herr wird ihn aufrichten. (Bibel NT; Jak. 5,15) / Gott sendet dir Krankheit, um jene Askese zu ergänzen, die du nicht ausübst. (Theresia von Avila, 1515–1582) / Ein guter Arzt rettet, wenn nicht immer von der Krankheit, so doch von einem schlechten Arzte. (Jean Paul, 1763–1825) / Man kann sich viel leichter krank faulenzen als krank arbeiten. (Peter Rosegger, 1843–1918; „Heimgärtners Tagebuch")

Besucht die Kranken und bittet sie, für euch zu beten, denn das Gebet des Kranken wird erhört, und seine Verfehlung wird ihm vergeben. (Mohammed, 570–632; „Hadith") / Gott schickt keine Krankheit, ohne auch das Heilmittel zu schicken. (Mohammed, 570–632; „Hadith") / Kannst du auch vom Kranken nicht dadurch die Krankheit nehmen, dass dich dennoch nicht der Schritt, ihn zu besuchen, reue! Tausend süße Tränke und wohlgerucherfüllte Früchte sind nicht so erquickend wie der Geruch von Freundestreue! (Saadî, um 1215–1292) / Die Krankheit von heute ist nur die Überschreitung der Naturgesetze von gestern. (Aus dem Iran)

Der Kranke, der Arzneien nimmt und Diätvorschriften befolgt, erlangt seine Gesundheit durch eigene Kraft – nicht aber durch die Anstrengung anderer. (Shankara, 788–820; „Kleinod der Unterscheidung") / Auch eine wohl ausgedachte Arznei macht durch ihren bloßen Namen Kranke noch nicht wieder gesund. (Aus Indien) / Die Krankheit ist der Preis, den die Seele für die Besitznahme des Körpers zahlt. (Shrî Râmakrischna, 1834–1886)

Wenn ihr nicht füreinander sorgt, wer sorgt dann für euch? Wer auch immer für mich sorgen würde, der möge die Kranken versorgen. (Gautama Buddha, um 550–480 v. Chr.; „Mahavagga") / Selbst wenn man eine leichte Krankheit fürchtet, mag man das Wort des Arztes nicht übertreten; wie viel weniger, wenn man von den 404 Krankheiten angegriffen wird. (Sântideva, 7. Jhdt.; „Bodhicaryâvatâra") / Der Kampf zwischen Zuneigung und Abneigung ist eine Krankheit des Geistes. (Seng-ts'an, gest. 606; „Hsin-hsin-ming") / Das Leid der Seele belastet den Menschen tiefer als eine Krankheit des Körpers. Auch haben Krankheiten meist ihren Ursprung im Seelischen. (Yoshida Kenkô, 1283–1350)

Krieg

Was aus Gewalttat emporwächst, hat keinen Trieb, und die Wurzel des Frevlers stößt auf Felsgestein wie Gräser an den Hängen des Bachtals – ehe noch Regen gekommen, sind sie verdorrt. (Bibel AT; Sir. 40,15–16) / Der Krieg ist in den Augen jener gerechtfertigt, die durch ihn ihre Ziele erreichen. (Sprüche der Soferim) / Krieg ist zuerst die Hoffnung, dass es einem besser gehen wird, hierauf die Erwartung, dass es dem anderen schlechter gehen wird, dann die Genugtuung, dass es dem anderen auch nicht besser geht, und hernach die Überraschung, dass es beiden schlechter geht. (Karl Kraus, 1874–1936) / Der übernächste Krieg wird nur noch mit Pfeil und Bogen entschieden. (Albert Einstein, 1879–1955)

Alle, die zum Schwert greifen, werden durch das Schwert umkommen. (Bibel NT; Mt. 26,52) / Im längsten Frieden spricht der Mensch nicht so viel Unsinn und Unwahrheit wie im kürzesten Kriege. (Jean Paul, 1763–1825; „Friedenspredigt in Deutschland") / Der Krieg zwischen zwei gebildeten Völkern ist ein Hochverrat an der Zivilisation. (Carmen Sylva, 1843–1916) / Wer vorgibt, um der Religion willen Krieg zu führen, hat keine Religion. (Hans Much, 1880–1932)

Und kämpft um Gottes willen gegen diejenigen, die euch bekämpfen. Aber begeht keine Übertretung. Gott liebt diejenigen nicht, welche Übertretung begehen. (Korân; Sure 2,190) / Vernunft treibt nicht der Krieger Zunft, denn nie reimt sich Krieg mit Vernunft. (Firdausî, 935–1021; „Schah-Nameh") / Eine Frau sagte protestierend: „Natürlich war es ein gerechter Krieg. Mein Sohn fiel dabei." (Kahlil Gibran, 1883–1931; „Aphorismen")

Mit vielen zugleich sollte man sich nicht auf einen Kampf einlassen, da ein großer Trupp schwer zu besiegen ist: Ameisen verzehren eine mächtige Schlange, sosehr sie sich auch winden mag. (Aus Indien) / Im Kampf gegen den Krieg sollten die Frauen die Führerinnen sein. Es ist die ihnen gemäße Aufgabe. (Mahatma Gandhi, 1869–1948) / Krieg ist ein gefährlicher Lehrer, und der Sieg im leiblichen führt häufig zu einer Niederlage im moralischen Bereich. (Shrî Aurobindo, 1872–1950; „Zyklus der menschlichen Entwicklung")

An die Stelle des kriegerischen Lärms der Trompeten ist die Proklamation des moralischen Gesetzes getreten. (Kaiser Ashôka, um 250 v. Chr.; „IV. Fels-Edikt") / Sie (die Leidenschaften) wohnen in meinem Denken und führen Krieg mit mir aus sicherer Stellung. (Sântideva, 7. Jhdt.; „Bodhicaryâvatâra") / Generäle siegen, Soldaten fallen. (Aus Japan)

Kultur

Die individuelle Freiheit ist kein Kulturgut. Sie war am größten vor jeder Kultur. (Sigmund Freud, 1856–1939) / Die Religion kann erst dann wieder zur Kulturmacht werden, wenn sie sich von aller Zweckhaftigkeit frei macht. Zu dieser gehören Glaube und Erlösung. (Walther Rathenau, 1867–1922) / Man kann ein Träger der Kultur Europas, ein guter Bürger eines Staates und zugleich ein treuer Jude sein. (Albert Einstein, 1879–1955; „Antisemitismus und akademische Jugend")

Alle Kultur ist ein Hinuntersteigen in die Tiefen der Gottheit oder doch ein Suchen nach dem Unvergänglichen in uns. (Hans Much, 1880–1932) / Eine Kultur, die aus der Durchseelung der Arbeit erwüchse, wäre der höchste Grad der Verwurzelung des Menschen im Weltall. (Simone Weil, 1909–1943) / Das Schicksal der Kultur wird dadurch bestimmt, dass die Gesinnungen Macht über die Tatsachen behalten. (Albert Schweitzer, 1875–1965)

Von dem, was du gewebt, zieh an ein Kleid, von dem, was du gepflanzt, trink allezeit! (Dschelâleddin Rûmî, 1207–1273) / Eine ausgeglichene Kultur kann nur auf zwei Pfeilern ruhen: auf dem Glauben an Gott und der Einigkeit unter den Menschen. (Maulânâ Muhammad Ali, 1874–1951; „Die neue Weltordnung")

Alle modernen Kulturen habe eine Wiege von Stein und Mörtel. Solche

Mauern lassen tiefe Spuren im Geist des Menschen. Sie prägen uns von vornherein den Grundsatz ein: Teile und herrsche! (Rabindranâth Tagore, 1861–1941; „Sadhana“) / Jede Kultur ist der Ausdruck einer Religion; denn Religion bedeutet Glaube an absolute Werte und den Weg zu ihrer Verwirklichung. (Sarvepalli Radhakrishnan, 1888–1975; „Religion und Gesellschaft“)

Einem Land, in dem die Blumen teuer sind, fehlt die Grundlage der Kultur. (Aus China) / Wenn das Land ruhig ist, werden Talente geehrt; wenn Familien reich sind, werden ihre Kinder verzogen. (Wu-men Hui-kai, 1183–1260; „Wu-men-kuan“) / Der Buddhismus kann keine Religionsform, keine in Worten ausdrückbare Lehre als endgültig oder allein wahr betrachten. (Lama Govinda, 1898–1985; „Buddhistische Reflexionen“)

Kunst, Künstler

Allen Kunstverständigen habe ich künstlerischen Sinn verliehen. (Bibel AT; 2. Mos. 31,6) / Die erste Bedingung zu einem Künstler ist, dass er Respekt vor dem Großen habe und sich davor beuge und es anerkenne und nicht die großen Flammen auszupusten versuche, damit das kleine Talglicht ein wenig heller leuchte. (Felix Mendelssohn-Bartholdy, 1809–1847) / Kunst ist unbewusste, wirksame Betrachtung des Göttlichen. (Walther Rathenau, 1867–1922) / Kunst kommt nicht von Können, sondern von Müssen. (Arnold Schönberg, 1874–1951)

Große Kunst gibt Zeugnis von einer großen Seele. (Aurelius Augustinus, 354–430) / Der Künstler gehört dem Werke und nicht das Werk dem Künstler. (Novalis, 1772–1801) / Die Kunst ist die irdische Schwester der Religion. Wenn wir ein Herz haben, sie zu vernehmen, dann werden wir erhoben und beseligt. (Adalbert Stifter, 1805–1868) / Künstler kann man nicht sein ohne Verwandlung. (Johannes Hessen, 1889–1971)

Die Weisheit Gottes, des Künstlers, versteht der natürliche Verstand, indem er aus der Weisheit in der Natur schließt. Wenn also die Welt ein einheitliches, höchst vollendetes Kunstwerk ist, dann muss ein weiser Zielsetzender vorhanden sein, dessen Existenz Himmel und Erde voraussetzen und erfordern. Keiner kann das mit wunderbarer Weisheit hergestellte Kunstwerk als Ursache seiner selbst bezeichnen. (Averroes, 1126–1198; „Widerlegung des Gazali“) / Der Bildner, Kunstwerk’ bildend ohnegleichen, von dem jedes Kunstwerk ist vollkommen: Des Vogels Nahrung setzt er auf die Flügel – so wird zu seinem Futter der wohl kommen. Der armen Spinne täglich Brot versieht er mit Flügelein, dass es zu ihr soll kommen! (Saadî, um 1215–1292) / Kunst ist ein Schritt von der Natur zur Unendlichkeit. (Kahlil Gibran, 1883–1931; „Aphorismen“)

Wenn man ein Bild chemisch analysiert, so findet man nur Staub, nicht die schaffende Freude des Künstlers. (Rabindranâth Tagore, 1861–1941; „Meine Lebenserinnerungen“) / Das Leben ist größer als alle Kunst. Ich möchte noch weitergehen und behaupten: Der ist der größte Künstler, der das vollkommenste Leben führt. (Mahatma Gandhi, 1869–1948) / Große Kunst kann nicht Genüge haben an der Darstellung der intellektuellen

Wahrheit der Dinge. – Immer ist die Wahrheit, die die Kunst sucht, zunächst und vor allem die Wahrheit des Schönen. (Shrî Aurobindo, 1872–1950; „Zyklus der menschlichen Entwicklung")

B Wer keinen Verstand hat, wird ein literarisches Kunstwerk nicht anerkennen. Ein mit Juwelen verzierter Schmuck kann noch so schön sein, aber wird ein Ochse ihn ansehen? (Sakya Pandita, 1182–1251; „Kostbare Schatzkammer der Tugenden") / Mit Dichtern, Malern und Musikern ist es wie mit den Pilzen: Auf einen guten kommen zehntausend schlechte. (Aus China) / Die künstlerischen Impulse sind ursprünglicher oder tiefer eingeboren als die moralischen Antriebe. Die Kunst spricht unmittelbarer zum Wesen des Menschen. (Daisetz T. Suzuki, 1870–1966; „Zen und die Kultur Japans")

Last

Moses sprach zum Herrn: Warum hast du deinem Knechte das zu Leide getan? Und warum habe ich nicht Gnade vor deinen Augen gefunden, dass du die Last deines ganzen Volkes auf mich gelegt hast? Habe ich dieses ganze Volk empfangen, habe ich es geboren, dass du zu mir sagtest: Trage es in deinem Busen, wie die Mutter den Säugling trägt? (Bibel AT; 4. Mos. 11,11–12) / Je nachdem wie stark das Kamel ist, so schwer ist seine Last. (Talmud; 70–500 n. Chr.; Kethuboth 66b) / Liebe ist Last – gesegnet, wer schwere trägt. (Richard Beer Hoffmann, 1866–1945)

Einer trage des andern Last, so werdet ihr das Gesetz Christi erfüllen. (Bibel NT; Gal. 6,2) / Zu besitzen, was man nicht im Besitz zu haben wünscht, ist ein Weg, der Mühe bereitet. (Katharina von Siena, 1347–1380) / Hast du Lasten zu tragen, dein Glaube macht sie dir leicht. (Leo Tolstoi, 1828–1910) / Jemand muss das Leid der Welt ertragen, damit die anderen es leichter haben. (Ladislaus Boros, 1927–1981)

Gott belastet keinen über seine Kräfte. Jedem wird, was er verdient, und auf ihn kommt, was ihm gebührt. (Korân; Sure 2,286) / Begehre nie des Lebens Ende, drückt dich der Kummer noch so schwer, doch auch ein immer währendes Leben verlange töricht nimmermehr. (Dschâmî, 1414–1492; „Diwan") / Der unsoziale Mensch ist eine Bürde für die Gesellschaft. (Hazrat Inayat Khan, 1882–1927; „Gayan")

H Das gute Pferd wird so beladen und muss so viel tragen, dass es davon zusammensinkt. Dem Weisen schadet die Weisheit, da sie von anderen geneidet wird. (Pantschatantra; 5. Jhdt.) / Nicht Leib, nicht Leben, auch nicht höchstes Glück, nicht mich und anderes sonst, o Herr, vermag ich auch nur einen Augenblick zu tragen außer der Lust, dein Eigen ganz zu sein. (Pillai Lokâcârya, Indien, geb. 1213) / Wer alle mögliche Literatur liest und nichts davon versteht, gleicht einem Esel, der beständig eine Last Juwelen trägt und bekanntlich nie einen Nutzen davon hat. (Aus Indien)

B Wenn man sehr große Arbeiten in Angriff nimmt, ohne dass man sie verwirklichen könnte, gleicht man jemandem von schwachen Kräften, der eine zu große Last zu tragen unternimmt. (Gampopa, 1079–1153; „Der kostbare Rosenkranz") / Der Weidenzweig wird durch die Last des

Schnees nicht gebrochen. (Aus Japan) / Der Treiber weiß, wie viel Ladung der Ochse ziehen kann, und er bewahrt den Ochsen davor, überladen zu werden. (Shunryu Suzuki, 1905–1971; „Zen-Geist")

Leben

Leben und Tod habe ich euch vorgelegt, Segen und Fluch; so wählet das Leben. (Bibel AT; 5. Mos. 30,19) / Warum bleiben die Bösen am Leben, werden alt und nehmen an Wohlstand zu? (Bibel AT; Hiob 21,7) / Drei Arten von Leben sind kein Leben: dessen, der von eines andern Tische lebt, den seine Frau beherrscht, und der ein körperliches Gebrechen hat. (Talmud; 70–500 n. Chr.; Beitzah 32b) / Es gibt keinen Ersatz für das Leben. Lieber jung sterben als nur um das Leben herumschnüffeln. (Arthur Rubinstein, 1889–1982; „Erinnerungen")

Wer sein Leben zu erhalten sucht, der wird es verlieren; und wer um meinetwillen sein Leben verliert, der wird es erhalten. (Bibel NT; Mt. 10,39) / Dieses Leben ist nicht eine Gesundheit, sondern ein Gesundwerden, nicht ein Wesen, sondern ein Werden, nicht eine Ruhe, sondern eine Übung. Wir sind es noch nicht, wir werden es aber. (Martin Luther, 1483–1546) / Man darf nur das lehren, was man auch leben kann. (Albert Schweitzer, 1875–1965)

Das Leben in dieser Welt ist nur ein Spiel und ein Zeitvertreib. Und besser ist wahrlich die Wohnung im Jenseits für jene, die rechtschaffen sind. (Korân; Sure 6,32) / Wir sollten unsere Lebensfrist angesichts ihrer Kürze eigentlich nur für solche Dinge verwenden, von denen wir für morgen ein glückliches Jenseits und eine Stätte seliger Heimkehr erhoffen dürfen. (Ibn Hazm, 993–1064; „Das Halsband der Taube") / Aus dem Stoff der Dauer schnitt der Himmel keine Schürze; Leben ist ein prächtiges Kleid; sein Fehler ist die Kürze. (Dschâmî, 1414–1492; „Diwan")

Das Leben fährt wie der Wind dahin: Macht ist wie ein Regenbogen von kurzer Dauer, Jugend ist unbeständig wie ein Blitz, Reichtum verrauscht wie die Wellen eines Gebirgsflusses, Jugendfrische klappt wie Elefantenohren rasch zusammen, der Leib wird von Krankheiten heimgesucht: Habt ihr all dies erkannt, so befolgt das Rechte, das makellos und unwandelbar ist. (Aus Indien) / „Vollkommenes Leben" ist ein Widerspruch in sich. (Swâmi Vivekânanda, 1862–1902; „Karma-Yoga") / Andere Religionen sind vorwiegend Religionen des Glaubens und des Bekenntnisses, aber die „ewige Religion" ist das Leben selbst. (Shrî Aurobindo, 1872–1950; „Der integrale Yoga")

Jedes Leben hat sein Maß an Leiden und Trauer, das können wir nicht ändern. Doch manchmal kann auch das Leiden uns dem Erwachen und der Erleuchtung näher bringen. (Gautama Buddha, um 550–480 v. Chr.; „Jâtaka") / Das Leben ist eine Tatsache, es bedarf weder einer Erklärung noch einer Bestätigung. Erklären heißt rechtfertigen, und warum sollten wir das Leben rechtfertigen? (Daisetz T. Suzuki, 1870–1966; „Die große Befreiung") / Viele Leute kaufen sich ein Haus, ziehen aber nie ein. Viele Leute reden über Wirklichkeit, leben aber nie darin. (Sokei-an Roshi, 1882–1945; „Der Zen-Weg")

Lebendigkeit

Die Liebe zu den Lebendigen ist die Liebe zu Gott; und sie ist höher als irgendein Dienst. (Israel ben Eliser, 1699–1760; „Legende des Baalschem") / Es gibt Menschen, die leiden furchtbare Not und können nicht erzählen, was in ihrem Herzen ist, und sie gehen einher, voll der Not. Kommt ihnen da einer entgegen mit lachendem Angesicht, er vermag sie zu beleben mit seiner Freude. Und das ist kein geringes Ding: einen Menschen beleben. (Rabbi Nachmann, 1771–1810; „Worte des Rabbi Nachmann") / Vielleicht könnte ich Tote beleben. Viel wichtiger aber ist mir, Lebende zu beleben. (Chassidische Weisheit)

Ich will leben, um meine ganze Lebenskraft sich auswirken zu lassen, nicht nur um meinen Verstandeskräften, das heißt kaum einem Zwanzigstel meiner ganzen Lebensfähigkeit, Genüge zu tun. (Fjodor M. Dostojewski, 1821–1881; „Aufzeichnungen aus dem Kellerloch") / Frei werden heißt: innerlich lebendig werden. (Else Hasse, 1870–1960) / Der Zweck der Entwicklung ist nicht irgendwelche feste Form eines Endes. Die unaufhörliche Lebendigkeit des Weltgeschehens ist Weg und Ziel zugleich. (Joseph Bernhart, 1881–1969)

Allah – es gibt keinen Gott außer ihm, dem Lebendigen, dem aus sich selbst Seienden und Allerhaltenden. (Korân; Sure 3,3) / Der gute Redner bewirkt, dass die Menschen mit den Ohren sehen. (Aus Arabien) / Es gibt Menschen, die einen Toten lebendig machen, und andere, die einen Lebenden töten. (Hazrat Inayat Khan, 1882–1927; „Vadan") / Wäre ich nicht lebendig, so wäre ich auch nicht sterblich; und ohne das Verlangen meiner Seele hätte das Grab mich nicht begehrt. (Kahlil Gibran, 1883–1931; „Erde und Seele")

Wünsche erreichbare, niemals unerreichbare Dinge, genieße die gegenwärtigen, und betrübe dich nicht wegen der zukünftigen. (Aus Indien) / Wenn in einem der Geist lebendig wurde, ist die Innewerdung des All-Geistes die darauf anschließende höhere Stufe. Nur der Geist vermag des Geistes innezuwerden. (Shrî Râmakrischna, 1834–1886) / In Tatsachen gekleidet, fühlt sich die Wahrheit eingeengt. Im Gewande der Dichtung bewegt sie sich leicht und frei. (Rabindranâth Tagore, 1861–1941)

Berühre alle Lebewesen um dich, wie die göttliche Mutter der Welt es tut. Behandle alle Wesen so, als seien sie deine Kinder. Tu anderen Lebewesen kein Leid an, denn sie fühlen wie du. (Gautama Buddha, um 550–480 v. Chr.; „Digha-Nikâya") / Die sechs Sinne und die sechs Welten sind miteinander verwoben und machen das Leben zu dem, was es ist. (Yung-chia Hsüan-chüeh, 665–713; „Shodoka") / Leben bedeutet Wachstum, und Wachstum ist dauernde Verwandlung nach innerem Gesetz. Eine Religion, die sich nicht wandelt, ist tot. (Lama Govinda, 1898–1985; „Buddhistische Reflexionen")

Lehre, Lehren

Siehst du einen Schüler, der sein Thema so schwer bewältigt wie Stahl, so kommt dies wahrscheinlich daher, dass ihn sein Lehrer nicht freundlich, klar und richtig unterweist. (Talmud; 70–500 n. Chr.) / Der Bibel soll man keine Lehre zuschreiben, die sich nicht deutlich aus ihrer Geschichte ergibt. (Baruch Spinoza, 1632–1677; „Tractatus politicus") / Der Katholizismus trägt noch Züge einer Religion. Protestantismus und Judentum sind Lehren. (Walther Rathenau, 1867–1922)

Wenn jemand meine Lehre befolgt, der wird in Ewigkeit den Tod nicht schauen. (Bibel NT; Joh. 8,51) / Die richtigen Lehren anzunehmen und die anderen zu verwerfen, dazu befähigt nicht einfach der Glaube, sondern nur der auf Wissen beruhende Glaube. (Clemens von Alexandrien, um 150 bis um 215; „Paidagogos") / Man muss die Menschen so belehren, als ob man sie nicht belehrte, und unbekannte Dinge vortragen, als seien sie nur vergessen. (Alexander Pope, 1688–1744; „Aphorismen") / Der Mensch muss sich in der Welt selbst forthelfen. Dies ihn zu lehren ist unsere Aufgabe. (Johann Heinrich Pestalozzi, 1746–1827)

Wahrlich, an den Tieren habt ihr eine Lehre für euch. Wir geben euch zu trinken von dem, was in ihren Leibern ist, zwischen Kot und Blut in der Mitte, Milch, welche für die Trinkenden so angenehm ist. (Korân; Sure 16,66) / Ein Eisen, das der Rost zerfressen, macht kein Polieren wieder rein; was hilft es finstern Herzen predigen? Der Nagel dringt nicht in den Stein. (Saadî, um 1215–1292; „Gulistân") / Wenn des Jüngers Ruf eine gewisse Stärke erreicht hat, kommt der Lehrer, darauf die Antwort zu geben. (Hazrat Inayat Khan, 1882–1927; „Gayan")

Wer nur erborgte Lehren nachredet, ist nicht von der Welt gelöst. (Shankara, 788–820; „Kleinod der Unterscheidung") / Verkünde oder vernimm, mein Kind, viele Lehren viele Male: Doch findest du nicht Ruhe in dir selbst, es sei denn, du vergäßest sie alle. (Ashtâvakra-Gîtâ; ca. 2. Jhdt. v. Chr.) / Ergreife die Perle, und lass die Austernschale fallen. Befolge die Lehre deines Lehrers, und blicke nicht auf seine menschlichen Mängel. (Shrî Râmakrishna, 1834–1886) / Bemüht euch nicht, neue Lehren zu predigen, sondern gebt euch hin in der Liebe. (Rabindranâth Tagore, 1861–1941)

Der Erhabene sprach: Vielleicht werdet ihr denken: „Der Lehrer, der uns unterwies, ist dahingegangen, jetzt werden wir keinen Lehrer mehr haben." So soll es aber nicht sein, denn was ich gelehrt und euch erklärt habe, wird nach meinem Ende euer Lehrer sein. (Gautama Buddha, um 550–480 v. Chr.; „Digha-Nikâya") / Von dieser Lehre, die frei ist von allem, woran man sich klammern könnte, fürchten sich nun die törichten Menschen, die sich gern an etwas klammern und die über Sein und Nichtsein nicht hinausgekommen sind, und gehen daher zugrunde. (Nâgârjuna, um 200 n. Chr.; „Juwelenkette") / In die geringere Lehre führe den nicht ein, der der erhabenen Lehre würdig ist. (Sântideva, 7. Jhdt.; „Bodhicaryâvatâra")

Leib, Körper

Wenn auch mein Leib zerstört wird, so werde ich ohne Fleisch Gott schauen. (Bibel AT; Hiob 19,26) / Die Fröhlichkeit ist ein Affekt, welcher des Körpers Macht zu handeln vermehrt und unterstützt. Die Traurigkeit ist dagegen ein Affekt, welcher des Körpers Macht zu handeln mindert oder hemmt. (Baruch Spinoza, 1632–1677; „Ethik“) / Im Verhältnis zu der Art, wie die Frau konstitutiv ihren eigenen Leib erlebt – wie sie sich in ihm fühlt und weiß –, führt der Mann den seinen so distanziert mit sich, wie wenn es ein Hündchen an der Leine wäre. (Max Scheler, 1874–1928)

Der Leib ist nicht für die Unzucht da, sondern für den Herrn und der Herr für den Leib. (Bibel NT; 1. Kor. 6,13) / Der Leib soll ein Knecht sein der Seele, die Seele eine Dienerin des Geistes und der Geist ein Anstarren Gottes. (Johannes Tauler, um 1300–1361; „Apophthegmata“) / Den Leib können sie töten, nicht aber die Seele. (Ulrich Zwingli, 1484–1531)

Wenn einer sich reinigt und dabei die Waschungen richtig vollzieht, verlassen die Sünden seinen Leib, bis sie schließlich unter seinen Fingernägeln hinausgehen. (Mohammed, 570–632; „Hadith“) / Der Leib ist das Königreich des Herzens. (al-Ghazâlî, 1058–1112; „Elixier der Glückseligkeit“) / Durch die Materie erlangt die Seele ihre höchste Verwirklichung, deshalb ist der physische Körper zur Erfüllung ihrer Bestimmung unerlässlich. (Hazrat Inayat Khan, 1882–1927; „Gayan“)

Wenn mein Leib zum Krüppel wird, wird mich auch ein Krüppel aus dem Wasser anblicken; bin ich lahm, wird er auch hinken; bin ich blind, wird er auch blind sein; und sterbe ich, so wird auch dieses Wesen sterben und mit mir vergehen. (Upanishaden; 800–500 v. Chr.) / Der Körper ist nur ein Instrument für die Erfahrung des menschlichen Geistes. (Shankara, 788–820; „Kleinod der Unterscheidung“) / Der Körper ist ein ungetreuer Freund. Gib ihm, was er braucht, aber nicht mehr. (Paramhansa Yogânanda, 1893–1952; „Autobiografie“)

Unser Körper ist ein kostbares Geschenk. Wir sollten ihn sorgsam pflegen, denn er ist der Ort unseres Erwachens und unserer Erleuchtung. (Gautama Buddha, um 550–480 v. Chr.; „Jâtaka“) / Ich habe Altäre und Wallfahrtsorte auf meinen Wanderungen aufgesucht, doch ich habe keinen so selig machenden Altar gefunden wie meinen eigenen Leib. (Âryadeva, 3. Jhdt.; „Sarahas Liederschatz“) / Unser Körper gehört nicht uns selber, sondern ist lediglich ein Werkzeug. Es gibt kein sichtbares Wesen in diesem Werkzeug. (Sokei-an Roshi, 1882–1945; „Der Zen-Weg“)

Leiden

Besser der Tod als Siechtum und besser die ewige Ruhe als ständiges Leiden. (Bibel AT; Sir. 30,17) / Von allen Qualen, die den Menschen heimsuchen können, ist die Selbstverachtung die höchste. (Berthold Auerbach, 1812–1882) / Alle Leiden um uns müssen auch wir leiden. Wir alle haben nicht einen Leib, aber ein Wachstum, und das führt uns durch alle Schmerzen, ob in dieser oder jener Form. (Franz Kafka, 1883–1924; „Aphorismen“) / Wenn die Flammen züngeln, werden sie nachdenklich ... Wenn das Meer rauscht, werden sie nachdenklich ... Dann steht die Zeit still, und die Urmelodie wird hörbar: das Leid. (Kurt Tucholsky, 1890–1935; „Schnipsel“)

Das schnellste Ross, das euch zur Vollkommenheit trägt, ist Leiden. (Meister Eckhart, um 1260–1327) / Ein einziger Augenblick, wo Gott sich mir gegeben, wiegt jahrelange Leiden auf. (Novalis, 1772–1801) / Das Leid lieben – es ist zwar unnatürlich, aber es ist die einzige Rettung. (Hans Much, 1880–1932) / Wir müssen lernen, den Menschen weniger auf das, was er tut oder lässt, als auf das, was er leidet, anzusehen. (Dietrich Bonhoeffer, 1906–1945)

Wer liebt in dieser Welt, muss leiden; wer Qualen scheut, soll Liebe meiden. (Nizâmî, 1141–1209; „Sieben Geschichten") / Dass vom Tische dieses Lebens einen Bissen er erhalte, hat gar manches zu erdulden wie der Junge so der Alte. (Dschâmî, 1414–1492; „Diwan") / Das Leid ist der Schatten des Gottes, der seinen Wohnort in guten Herzen hat. (Kahlil Gibran, 1883–1931; „Aphorismen")

Die Allertörichtsten und die Allerweisesten haben leicht Erfolg. Aber der zwischen beiden Stehende hat zu leiden. (Mahâbhârata; 500 v. Chr. bis 500 n. Chr.) / Man wird nicht von Leid und Unwissenheit befreit, überschreitet man nicht beide. (Shrî Râmakrishna, 1834–1886) / Leiden ist nicht ein Durchgang zu größerer Vollkommenheit, ein Weg zur Vollendung. Das kann es nicht sein; denn es verwirrt und schwächt und lenkt den Geist ab, drückt die vitalen Kräfte herab, verdunkelt den Geist. (Shrî Aurobindo, 1872–1950; „Der integrale Yoga")

Das ist die hohe Wahrheit vom Leiden: Leidvoll sind Geburt, Alter, Krankheit, Tod, Kummer, Jammer, Schmerz, Gram und Verzweiflung. Mit Unliebem vereint sein, von Liebem getrennt sein und nicht erlangen, was man begehrt, ist leidvoll. (Gautama Buddha, um 550–480 v. Chr.; „Samyutta-Nikâya") / Ach, wehe, wie sehr sind die zu beklagen, die sich in den Fluten des Leidens befinden, die außerordentlich Unglücklichen, die trotzdem ihre bejammernswerte Lage nicht einsehen! (Sântideva, 7. Jhdt.; „Bodhicaryâvatâra") / Die Hölle verabscheuen, den Himmel ersehnen – so schaffst du dir Leiden in einer fröhlichen Welt. (Bankei Eitaku, 1622–1693)

Leidenschaft

Leidenschaft ist Wurmfraß in den Gebeinen. (Bibel AT; Spr. 14,30) / Wer in der Brunst steckt, ist wie ein brennendes Feuer. (Bibel AT; Sir. 23,22) / Wer ist mächtig unter den Mächtigen? Wer seine Leidenschaften kontrolliert und sich den Feind zum Freund macht. (Awot de Rabbi Nathan) / Leidenschaften der Regierungen zeugen von Schwäche, Leidenschaften des Volkes aber zeugen von Stärke. (Ludwig Börne, 1786–1837; „Aphorismen")

Woher kommen die Kämpfe und Streitigkeiten zwischen euch? Sie entspringen den Leidenschaften, die ständig in eurem Innern toben. Ihr wollt etwas haben und bekommt es nicht. Ihr seid neidisch und eifersüchtig, und es nützt euch doch nichts. So kommt es zu Kampf und Streit. (Bibel NT; Jak. 4,1–2) / Ein Mensch ohne Leidenschaft ist ein Steinbild ohne Leben. Keine große Tat geschah, deren Mutter sie nicht war. (Aurelius

Augustinus, 354–430) / Die Menschen streben mit Leidenschaft nach Dingen, die plötzlich allen Wert verlieren, wenn sie sie erlangt haben. (Patrick Sheehan, 1853–1913)

Nun schweigt das Getümmel des Tages. Und im heimlichen Gemach erfreut sich das Mädchen des Geliebten, ich Einsame aber erfreue mich Gottes Gegenwart, denn ihn bekenne ich als meinen wahren Geliebten. (Râbia al-Adawîya, um 717–801) / Nicht brennt von Leidenschaft zuerst des Liebenden, nein des Geliebten Herze, und ihren treuen Falter sengt erst, wenn sie selbst entzündet ist, die Kerze. (Tûtî-Nâmeh, 14. Jhdt.; „14. Abend“) / Nur der kopflose Tropf verliert nie den Kopf. (Hâfis, 1326–1390; „Der Sänger von Schiras“)

Derjenige, der Gott leidenschaftslose Liebe entgegenbringt, der benötigt undenklich viel Zeit, um ihn zu erreichen – wenn es ihm überhaupt jemals gelingt. (Shrî Râmakrishna, 1834–1886) / Die Leidenschaft wohnt in des Menschen Brust, auf dass sie ihn zu großen Taten wecke; allein nur wecken darf sie ihn, nicht leiten, den Mut nur stählen, nicht das Werk vollbringen. (Rabindranâth Tagore, 1861–1941) / Die niederen Leidenschaften zu besiegen erscheint mir schwerer als die Welt mit Waffengewalt erobern. (Mahatma Gandhi, 1869–1948)

Wer hundertfaches Liebes hat, hat hundertfaches Leid. Wer ein Liebes hat, hat ein Leid. Wer kein Liebes hat, hat kein Leid. (Gautama Buddha, um 550–480 v. Chr.) / Wer sich von seinen bösen Gefühlen und Leidenschaften hin- und herreißen lässt, der ist nur ein schwacher Zügelhalter, aber kein Lenker des Wagens. (Gautama Buddha, um 550–480 v. Chr.; „Dhammapada“) / Wenn man will, mögen meine Eingeweide hervorquellen, möge mein Kopf fallen; aber auf keinen Fall beuge ich mich vor den Feinden, den Leidenschaften. (Sântideva, 7. Jhdt.; „Bodhicaryâvatâra“) / Ein Raum, der sich leicht erwärmen lässt, wird auch leicht kalt. (Aus Korea)

Lernen

Höre, mein Sohn, die Belehrung deines Vaters, und verwirf nicht die Weisung deiner Mutter; denn sie sind deinem Haupte ein lieblicher Kranz und ein Geschmeide für deinen Hals. (Bibel AT; Spr. 1,8–9) / Folgende Dinge sind es, deren Früchte der Mensch in dieser Welt genießt und deren Hauptlohn ihm für die zukünftige Welt erhalten bleibt: die Ehrfurcht vor Vater und Mutter, die Wohltätigkeit und die Stiftung des Friedens zwischen dem Menschen und seinen Genossen. Das Studium der Lehre aber wiegt sie alle auf. (Talmud, 70–500 n. Chr.; Pea I,1) / Lerne von der Schwelle: Sie wird getreten, aber sie bleibt, auch wenn das ganze Haus zusammenstürzt. (Jehuda Hachassid, 13. Jhdt.; „Das Buch der Frommen“)

Lernt von der Blume und lernt vom Stahl und lernt vom Vogel – und lernt von Christus und – lernt von Gott. Sie haben alle ihr alles auch für euch. (Bonaventura, 1221–1274) / Ein ander Vergnügen als das zu lernen lass ich nicht gelten. (Francesco Petrarca, 1304–1374) / Lernst du wohl, wirst du gebratener Hühner voll. Lernst du übel, musst du mit der Sau zum Kübel. (Martin Luther, 1483–1546; „Tischreden“)

Liebe kann man nicht von Menschen lernen; sie ist eines der Geschenke Gottes und eine Gnade. (Marûf al-Karkhî, gest. 815) / Der Mensch lernt nur auf eigene Kosten. (Aus Arabien) / Ein Menschenleben reicht nicht aus, um zu lernen, wie man auf Erden leben soll. (Hazrat Inayat Khan, 1882–1927; „Gayan")

Selbst von einem Kinde soll man das Rechte annehmen, so haben die Weisen erklärt: Gibt denn nicht auch eine Lampe Licht, wenn die Sonne nicht da ist? (Aus Indien) / Ich habe zu lernen, solange ich lebe. (Shrî Râmakrishna, 1834–1886) / Die Hauptaufgabe des Lehrers ist nicht, Bedeutungen zu erklären, sondern an die Tür des Geistes zu klopfen. (Rabindranâth Tagore, 1861–1941; „Meine Lebenserinnerungen")

Lerne rechtzeitig, die Dinge um dich loszulassen. Darin liegt der Schlüssel zur wahren Glückseligkeit. (Gautama Buddha, um 550–480 v. Chr.; „Digha-Nikâya") / Lerne als Junger, als Erwachsener handle! (Wu Chengen, um 1500–1582) / Ruf, Geld, Bauch, Schlaf und Sex – hast du die fünf Begierden erlernt, werden sie für dich des Lebens Wegweiser. (Bankei Eitaku, 1622–1693) / Lernen ist wie Rudern gegen den Strom – sobald man aufhört, treibt man zurück. (Aus China)

Licht

Das Gebot ist eine Leuchte, ein Licht die Weisung; ein Weg zum Leben sind Mahnungen und Warnungen. (Bibel AT; Spr. 6,23) / Stets verbindet ein Strom des Lichtes das Dunkel mit der Helligkeit. Dieser Strom durchquert die unzähligen Formen des menschlichen Gedankens und verknüpft sie alle mit dem göttlichen Glanz. Das Haupt des Lichtes ergießt seine Helligkeit über alle denkenden Häupter, wenn sie sich dem Gesetz und der Vernunft beugen. (Moses de Léon, geb. um 1240; „Sohar, Idra Suta") / Es gibt Menschen, die die Worte des Gebets zu sprechen vermögen in Wahrheit, also dass die Worte leuchten wie ein Edelstein, der aus sich selbst leuchtet. Und es gibt Menschen, deren Worte nur wie ein Fenster sind, das kein Licht aus sich selbst hat, das dem Licht nur Eingang gibt und aus ihm strahlt. (Rabbi Nachmann, 1771–1810; „Worte des Rabbi Nachmann")

Gott ist Licht, und in ihm ist keine Finsternis. Wenn wir noch im Finstern wandeln, so haben wir keine Gemeinschaft mit ihm. (Bibel NT; 1. Joh. 1,5–6) / Die Finsternis ist die größte Feindschaft des Lichtes und ist doch die Ursache, dass das Licht offenbar werde. (Jakob Böhme, 1575–1624) / Wer sich nach Licht sehnt, ist nicht lichtlos, denn die Sehnsucht ist schon Licht! (Bettina von Arnim, 1785–1859)

O ihr Menschen, gekommen ist zu euch in Wahrheit ein deutlicher Beweis von eurem Herrn, und wir sandten hinab zu euch ein klares Licht. (Korân; Sure 4,174) / Der Liebe Lichtgeheimnis geht einher in ewiger Feier, wie Vollmond im Gewand der Nacht und Sonne im Wolkenschleier. (Dschâmî, 1414–1492; „Diwan") / Wir leben vom Licht der Sonne, doch in großer Entfernung von ihr. Wer aber kann in der Sonne leben? (Kahlil Gibran, 1883–1931; „Aphorismen")

Das Licht des Wissens, das in Geist und Wonne webt, wer das erkennt, ist – lebend noch – erlöst allein. (Lallà, 14. Jhdt.) / Wenn das Licht des Herrn der Welt nicht leuchtet, geht man blind auch an der Welt vorbei. (Kabîr, 1440–1518; „Spruchgedichte“) / Die Dunkelheit wandert dem Licht zu, aber die Blindheit dem Tode. (Rabindranâth Tagore, 1861–1941)

Selbst geborene Weisheit, die aus der Leere und damit ohne Beginn und Ende ist, leuchtet wie die selbst ungeborene Sonnenwesenheit wirklich immerdar. Um zu wissen, ob dies so ist oder nicht, schau in deinen eigenen Geist. (Padma Sambhava, 8. Jhdt.) / Das Licht ist in der Dunkelheit. In der Dunkelheit ist das Licht. (Shi-tou Hsi-chien, 700–790; „Tsan-tung-chi“) / Mitternacht ist das wahre Licht. Die Morgendämmerung ist nicht hell. (Tung-shan Liang-chieh, 807–869; „San-mei-k’o“)

Liebe

Besser ein Gericht Gemüse mit Liebe als ein gemästeter Ochse mit Hass. (Bibel AT; Spr. 15,17) / Alles, was ihr tut, sollt ihr aus Liebe tun. (Moses Maimonides, 1135–1204) / Liebe ist nicht das Höchste. Über der Liebe steht die Selbstvergessenheit. (Walther Rathenau, 1867–1922) / Liebe ist alles, was unser Leben steigert, erweitert, bereichert. Nach allen Höhen und Tiefen. Die Liebe ist so unproblematisch wie ein Fahrzeug. Problematisch sind nur die Lenker, die Fahrgäste und die Straße. (Franz Kafka, 1883–1924; „G. Janouch, Gespräche mit Kafka“)

Wenn ich mit Menschen- und Engelszungen redete und hätte der Liebe nicht, so wäre ich ein tönend’ Erz oder eine klingende Schelle. Und wenn ich weissagen könnte und wüsste alle Geheimnisse und alle Erkenntnis und hätte allen Glauben, also dass ich Berge versetzte, und hätte der Liebe nicht, so wäre ich nichts. Und wenn ich alle meine Habe den Armen gäbe und ließe meinen Leib brennen und hätte der Liebe nicht, so wäre mir’s nichts nütze. (Bibel NT; 1. Kor. 13,1–3) / Wem nie durch Liebe Leid geschah, dem ward auch Liebe durch Liebe nie nah; Leid kommt wohl ohne Liebe, aber Liebe kann nicht ohne Leiden sein. (Gottfried von Straßburg, um 1200) / Die Liebe besteht zu drei Vierteln aus Neugier. (Giacomo Girolamo Casanova, 1725–1798) / Ich will geliebt sein, oder ich will begriffen sein. Das ist eins. (Bettina von Arnim, 1785–1859)

Die Liebe ist eine unheilbare Krankheit. – Aber wer von ihr befallen ist, verlangt nicht nach Genesung, und wer daran leidet, wünscht nicht zu gesunden. (Ibn Hazm, 993–1064; „Das Halsband der Taube“) / Durch Liebe werden alle Dinge leichter, die der Verstand als gar zu schwer gedacht. (Aus Persien) / Wer einen Menschen mit großer Liebe liebt, der liebt auch den, der diesen Menschen lieb hat, und den, der von ihm geliebt wird. (al-Ghazâlî, 1058–1112; „Elixier der Glückseligkeit“) / Wär auch die ganze Welt mit Dornen rings umstellt, ein Herz, das Liebe fühlt, bleibt stets ein Rosenfeld. (Dschelâleddin Rûmî, 1207–1273; „Diwan“)

Am Tag ist die Eule blind, bei Nacht die Krähe. Wen aber die Liebe verblendet, der ist blind bei Tag und Nacht. (Aus Indien) / Das Geschenk der Liebe kann man nicht geben. Es wartet darauf, angenommen zu werden.

(Rabindranâth Tagore, 1861–1941) / Selbst in der irdischen Liebe ist jeder Gegenstand, der der Geliebten gehört, dem Liebenden heilig; und so ist dem, der Gott liebt, das ganze Weltall heilig, weil es ihm gehört. (Swâmi Vivekânanda, 1862–1902; „Bhakti-Yoga“) / Die Liebe ist die subtilste Macht in der Welt. (Mahatma Gandhi, 1869–1948)

Alle Schmerzen und Klagen, alle Leiden in der Welt, sie kommen durch das, was einem Lieb ist; wo es nichts Liebes gibt, entstehen auch sie nicht. Darum sind freudenreich und von Schmerz frei, die nichts Liebes in der Welt haben. (Gautama Buddha, um 550–480 v. Chr.; „Udâna“) / Die Herzen, die sich am schnellsten geben, nehmen sich am schnellsten zurück. (Aus China) / Liebe und Weisheit sind eins. Wenn wir dieses Eine in uns selbst aufnehmen, ist es Weisheit, wenn wir es jemand anderem geben, ist es Liebe. (Sokei-an Roshi, 1882–1945; „Übertragung des Zen“) / Den Augen eines Verliebten sind selbst Pockennarben Grübchen. (Aus Japan)

Lob

Lobet den Herrn im Himmel! Lobet ihn in den Höhen! Lobet ihn, alle seine Engel! Lobet ihn, alle seine Heerscharen! Lobet ihn, Sonne und Mond! Lobet ihn, ihr leuchtenden Sterne! Lobet ihn, ihr Himmel der Himmel! Alles, was Odem hat, lobe den Herrn! (Bibel AT; Ps. 148,1ff.) / Man darf einen Menschen in seiner Anwesenheit nur teilweise loben; ist er abwesend, kann man ihn vollauf loben. (Talmud; 70–500 n. Chr.; Erubhin 18b) / Gegen Angriffe kann man sich wehren, gegen Lob ist man machtlos. (Sigmund Freud, 1856–1939)

Der Mensch ist erschaffen, Gott den Herrn zu loben. (Ignatius von Loyola, 1491–1556) / Tu, was jeder loben müsste, wenn die ganze Welt es wüsste; tu es, dass es niemand weiß, und gedoppelt ist der Preis. (Friedrich von Logau, 1604–1655) / Ein Frommer frömmer wird, ein Arger aber schlimmer, ein Kluger klüger und ein Narr durch Lob nur dümmer. (Valentin Loeber, 1620–1685; „Lob verrichtet ungleiche Dinge“)

Das Lob sei Gott, dem Herrn der Welten, dem Erbarmer, dem Barmherzigen, dem Könige des Tages des Gerichtes! Dich beten wir an, und dich bitten wir um Hilfe. (Mohammed, 570–632) / Mein Gott, du weißt, dass ich die Pflichten deines Lobes nicht zu erfüllen vermag. Lobe du selbst dich an meiner statt, das ist das wahre Lob. (al-Hallâdsch, 858–922) / Dich selbst nicht hebe, willst du sein erhoben; dich selbst nicht lobe, soll die Welt dich loben! (Saadî, um 1215–1292; „Bostân“)

O Agni, führe uns auf guten Wegen, du pfadekundiger Gott, dem Heil entgegen. Bewahre uns vor Fehlern und vor Sünden, wir werden stets dein höchstes Lob verkünden. (Ishâ-Upanishad; 800–500 v. Chr.) / Solange uns Lob erfreut, wird uns Tadel verdrießen. (Swâmi Vivekânanda, 1862–1902; „Jnana-Yoga“) / Lob beschämt mich, denn heimlich bettle ich darum. (Rabindranâth Tagore, 1861–1941)

Wie ein harter Felsblock vom Winde nicht bewegt wird, so regen die Weisen sich bei Lob und Tadel nicht auf. (Gautama Buddha, um 550–480 v. Chr.; „Dhammapada“) / Lobeserhebung, Ruhm, Ehre dienen weder dem Verdienste noch der Verlängerung des Lebens, noch der Frische, noch der Gesundheit, noch dem Glücke meines Körpers. (Sântideva, 7. Jhdt.; „Bodhicaryâvatâra“) / Ein Wettrennen gewinnt man nicht für sich selbst, sondern um bei anderen beliebt zu sein und sich ihre Anerkennung zu verdienen. (Drugpa Rinpoche, gest. 1989; „Tibetische Weisheiten“)

Lohn

Wehe dem, der da baut sein Haus mit Ungerechtigkeit und seine Gemächer mit Unrecht, der seinen Nächsten ohne Entgelt arbeiten lässt und seinen Lohn ihm nicht gibt. (Bibel AT; Jer. 22,13) / Beachte mit der gleichen Sorgfalt das leichte Gebot wie das schwere, denn du kennst den Lohn nicht, den ein Gebot bringen wird. (Sprüche der Väter 2,1; ca. 200 n. Chr.) / Der Lohn guter Werke ist wie Datteln: spät reifend und süß. (Talmud; 70–500 n. Chr.) / Den Lohn für Mühe und Arbeit zahlt die Natur selbst, der Lohn ist Fruchtbarkeit; er liegt in dem stillen Vertrauen, dass, wer in Mühe und Arbeit sein Teil getan hat, ein Teil der Natur bleibt in Kindern und Kindeskindern. (Hannah Arendt, 1906–1975)

Der Lohn für unseren Glauben wird sein, dass wir schauen, was wir glauben. (Aurelius Augustinus, 354–430) / Wer gibt, was er nur schwer entbehrt, die Gab’ ist hohen Lohnes wert. (Pierre Corneille, 1606–1684) / Tu, was des Lohnes wert ist, und begehre keinen. (Matthias Claudius, 1740–1815) / Der beste und sicherste Lohn unserer Arbeit ist ihre Wirkung auf unseren eigenen Charakter. (Nikolaus Lenau, 1802–1850) / Ein Mann, der nicht mehr leistet als das, wofür er bezahlt wird, leistet so wenig, dass er nicht wert ist, was er bekommt. (Abraham Lincoln, 1809–1865)

Wer recht handelt, ob Mann oder Weib, und gläubig ist, dem werden wir gewisslich ein reines Leben gewähren; und wir werden gewisslich solchen ihren Lohn bemessen nach dem besten ihrer Werke. (Korân; Sure 16,97) / Wer den Lohn der Welt will, wir geben ihn ihm; und wer den Lohn des Jenseits will, wir geben ihn ihm. (Mohammed, 570–632) / Den einen ist das „Heute“ höchster Hort, die andern trachten nach dem „Morgen“ fort. Vom Turm des Schicksals ruft der Wächter allen: „Ihr Toren, Lohn ist weder hier noch dort!“ (Omar Khayyâm, um 1045–1122; „Sinnsprüche“) / Der keinen Lohn nimmt, um Leben zu geben, wie nähme er Sold, um Sünde zu vergeben? (Dschâmî, 1414–1492; „Diwan“)

Wer hier auf Erden eine Tat verübt, geniesst auch selbst den Lohn dafür: Nie und nimmer wird es geschehen, dass der eine Gift nimmt und ein anderer dafür den Tod erleidet. (Aus Indien) / Besitzt du Glauben, wirst du bekommen, wonach du begehrst. (Shrî Râmakrishna, 1834–1886) / Wenn die Menschen wüssten, dass nichts geschehen kann, es sei denn, das gesamte Universum lasse es geschehen, würden sie viel mehr mit weniger Energieverschleiß zustande bringen. (Sri Nisargadatta Maharaj, 1897–1981; „Ich bin“)

Wer dir einen Tropfen Wasser schenkt, den lohne mit einem nie versiegenden Born! (Aus China) / Tugend ist das Ergebnis von Selbstdisziplin und fällt nicht alleine vom Himmel wie Regen oder Hagel. (Zengetsu,

China, 9. Jhdt.) / Güte, die auf Gegenwert rechnet, ist nicht Güte. (Aus China)

Lüge

Der Mund, der da lügt, tötet die Seele. (Bibel AT; Sal. 1,11) / Wehe dem, der die Lüge mit den Schleiern des Geheimnisses verbirgt. (Moses de Léon, geb. um 1240; „Sohar, Idra Suta“) / Ich kann alle Sünder zur Umkehr bringen, nur die Lügner nicht. (Rabbi Ssimcha Bunam; um 1760) / In einer Welt der Lüge wird die Lüge nicht einmal durch ihren Gegensatz aus der Welt geschafft, sondern durch eine Welt der Wahrheit. (Franz Kafka, 1883–1924; „Das vierte Oktavheft“) / Auch das ist Lüge und oft die kläglichste von allen: sich anzustellen, als wenn man einem Lügner seine Lüge glaubte. (Arthur Schnitzler, 1862–1931)

Eine Lüge ist wie ein Schneeball: Je länger man ihn wälzt, desto größer wird er. (Martin Luther, 1483–1546; „Deutsche Schriften“) / Wie Sand verweht, was um die Lüge ranket. (Ernst Moritz Arndt, 1769–1860) / Die größte Strafe des Lügners ist nicht, dass man ihm nicht mehr glaubt, sondern dass er niemand mehr glauben kann. (Bonifazius Wöhrmüller, geb. 1885)

Diejenigen, die ungläubig sind und unsere Zeichen für Lüge erklären, das sind die Gefährten der Hölle. (Mohammed, 570–632; „Hadith“) / Unter Freunden begegne ich jedem, der einen Fehler macht, mit Nachsicht. – Nicht jedoch, wenn mir jemand als Lügner bekannt ist; denn in meinen Augen tilgt er damit alle seine Vorzüge, hebt alle seine Tugenden auf und löscht alles aus, was an Werten in ihm steckt. (Ibn Hazm, 993–1064; „Das Halsband der Taube“) / Von deinem Leid nicht zu den Feinden sprich, die sich freuen und sagen: Gott tröste dich! (Saadî; um 1215–1292)

Zwischen zwei Regierungen gilt von vornherein als ausgemacht, dass Falschheit und Verrat gerechtfertigt sind, solange sie unentdeckt bleiben. (Jawaharlal Nehru, 1889–1964)

Wer sich mit Lügnern und Betrügern abgibt, wird es bald selber mit der Ehrlichkeit nicht genau nehmen. Und wer sich mit raffgierigen Menschen umgibt, wird selber bald nicht genug haben können. (Gautama Buddha, um 550–480 v. Chr.; „Dhammapada“) / Lüge meidet und verabscheut der Erhabene, er redet die Wahrheit und ist der Wahrheit treu ergeben, zuverlässig und vertrauenswürdig, truglos gegen jedermann. (Gautama Buddha, um 550–480 v. Chr.; „Dhammapada“) / Wer Menschen belügt, dessen falsche Zunge ruft selbst die ewige Pein herbei, aus dem Munde gerissen zu werden. (Yung-chia Hsüan-chüeh, 665–713)

Lust

Wende dein Auge ab von einem anmutigen Weibe, und betrachte keine Schönheit, die dir nicht zugehört. An Frauenschönheit sind schon viele zugrunde gegangen, und Liebesleidenschaft verzehrt wie Feuer. (Bibel AT; Sir. 9,8) / Der Mensch ängstet sich vor Dingen, die ihm nichts antun können, und er weiß es; und er gelüstet nach Dingen, die ihm nicht fruchten können, aber in Wahrheit ist es ein Ding im Menschen selbst, vor dem er sich ängstet, und es ist ein Ding im Menschen selbst, nach dem er gelüstet. (Rabbi Nachmann, 1771–1810; „Worte des Rabbi Nachmann“) / Die Lust ... genießt nicht sich selbst, sondern ihren Gegenstand. (Hannah Arendt, 1906–1975)

Denn alles, was in der Welt ist, des Fleisches Lust und der Augen Lust und hoffärtiges Leben, ist nicht vom Vater, sondern von der Welt. Und die Welt vergeht mit ihrer Lust; wer aber den Willen Gottes tut, der bleibt in Ewigkeit. (Bibel NT; 1. Joh. 2,16–17) / Die geschlechtliche Lust bei der Frau kann mit der Sonne verglichen werden, die milde und leicht und ständig die Erde mit ihrer warmen Glut durchdringt, auf dass sie Früchte hervorbringe. (Hildegard von Bingen, 1098–1179) / Wo die Wollust kehret ein, wird nicht weit die Unlust sein. (Friedrich von Logau, 1604–1655; „Lust und Unlust“)

Nicht ein einziger Liebender suchte die Vereinigung, wenn der Geliebte sie nicht suchen würde. (Dschelâleddin Rûmî, 1207–1273) / Wenn du Gott willst dienen, kannst du dienen nicht den Lüsten. (Saadî; um 1215–1292) / O Herr, nicht mit Liebe nähre mich, sondern mit dem Verlangen nach Liebe. (Ibn Arabî, gest. 1240) / Die Lust der Welt kann nicht den Schmerz aufwiegen, den Kummer kann kein Freudenscherz aufwiegen. (Hâfis, 1326–1390)

Auf eine rechte Art und Weise erziehe man den Geist, der durch Lust und Gier zerstreut ist. Und wie der Geist ganz ruhig dann dem Untergang entgegengeht, so wird der Untergang zur Lust. (Mândûkya-Upanishad; 800–500 v. Chr.) / Beständig, von Anfang an, empfindet die Frau beim Liebesspiel jenen Zustand der Lusterfüllung, der Mann aber nur am Ende. Das ist durchaus natürlich, denn gerade bei der Lusterfüllung findet die Empfängnis statt. (Vâtsyâyana, 4. Jhdt.; „Kama-Sutra“) / Niemand von uns ist nur dazu hier, um zu tun, was ihm gefällt, oder eine Welt zu schaffen, in der wir endlich imstande sein werden zu tun, was uns gefällt. Wir sind hier, zu tun, was Gott will, und eine Welt zu schaffen, in der der göttliche Wille seine Wahrheit offenbaren kann. (Shrî Aurobindo, 1872–1950)

Der Mann ohne Fehl wird das Denken nicht auf die Pracht der Welt richten. Daher wird Lust ihm den Geist nicht versehren; der wird dann lustfrei, hassfrei, wahnfrei, unbeschmutzten Geistes dahinsterben. (Gautama Buddha, um 550–480 v. Chr.; „Majjhima-Nikâya“) / Kein Feuer gibt es gleich der Lust und keine Schlinge gleich dem Zorn; kein Netz ist der Betörung gleich, kein Strom ist gleich der Lebenslust. (Gautama Buddha, um 550–480 v. Chr.; „Dhammapada“) / So ist die Not derer, die der Lust ergeben sind, sehr groß, aber klein der Genuss wie die Erlangung des bisschen Futters des Tieres, das den Wagen zieht. (Sântideva, 7. Jhdt.; „Bodhicaryâvatâra“)

Macht

Macht begräbt den, der sie handhabt. (Talmud; 70–500 n. Chr.; Yoma 86b) / Das Geheimnis jeder Macht besteht darin, zu wissen, dass andere noch feiger sind als wir. (Ludwig Börne, 1786–1837; „Der Narr im Weißen Schwan“) / Macht dankt nur ab unter dem Druck einer Gegen-Macht. (Martin Buber, 1878–1965; „Pfade in Utopia“) / Auch wenn das Judentum keine Hierarchie mit kirchlichen Gewalten besitzt, kein Papsttum und kein Kalifat, so kennt doch die jüdische Geschichte die rabbinischen Autoritäten, die auf Grund ihrer Privilegien ihre Macht über alle Verhältnisse ihrer Mitglieder ausüben konnten. (Kurt Wilhelm, geb. 1900; „Die Antwort der Religionen“)

Das ledige Gemüt hat Macht zu allen Dingen. (Meister Eckhart, um 1260–1327) / Darum ist man auf die Macht verfallen, da man das Gerechte nicht finden konnte. (Blaise Pascal, 1623–1662) / Allwissenheit ist das Auge, Güte das Herz, Wahrheit der Mund, Allmacht die Hand Gottes. (Johann Michael Sailer, 1751–1832; „Sprüche mit und ohne Glossen“) / Keiner weiß, was in ihm steckt, bevor er von der Macht gekostet hat. (Otto Flake, 1880–1963)

Das Gleichnis des irdischen Lebens ist nur wie das Wasser, das wir herabsenden aus den Wolken; dann vermischen sich damit die Gewächse der Erde, davon Mensch und Vieh sich nähren, bis dass – wenn die Erde ihren Schmuck empfängt und schön geputzt erscheint und ihre Bewohner glauben, sie hätten Macht über sie – zu ihr kommt unser Befehl in der Nacht oder am Tag und wir sie zu einem niedergemähten Acker machen, als habe nichts darauf gestanden zuvor. So machen wir die Zeichen klar für ein Volk, das nachzudenken vermag. (Korân; Sure 10,24) / Wer nicht, geschlagen, wieder schlägt und nicht, gescholten, wieder schilt, wer seine Macht nicht geltend macht, gilt einst, wo keine Macht mehr gilt. (al-Harîrî, 1054–1122; „Die Makamen“) / Die Menschheit wird von Menschlichkeit bezwungen; der ist das Haupt, der Herzen sich errungen. (Nizâmî, 1141–1209; „Iskander Name“) / Kenntnisse bedeuten nichts ohne Macht. (1001 Nacht; 16./17. Jhdt.)

Kleine Dinge, wenn vereinigt, werden stark. Zarte Baumwollfäden, wenn verwoben, sind schwer zerreißbar. (Pantschatantra; 5. Jhdt.) / Ein Kluger, der sich in das Herz eines Menschen einschleicht, weil er sich ganz in dessen Art und Weise zu sein hineindenkt, bringt diesen kurz darauf in seine Gewalt. (Aus Indien) / Macht können wir durch Wissen erlangen, aber zur Vollendung gelangen wir nur durch Liebe. (Rabindranâth Tagore, 1861–1941; „Persönlichkeit“)

Der Tod hat keine Macht mehr über den, für welchen Selbst und Welt nicht mehr bestehn. (Gautama Buddha, um 550–480 v. Chr.; „Sutta-Nipâta“) / Ein Wunder geistiger Macht wird nicht jedem gezeigt. Wer solche Kräfte offen demonstriert, tut Falsches. (Gautama Buddha, um 550–480 v. Chr.; „Vinaya, Culavagga“) / Über eine Entfernung von tausend Meilen wirkt nur noch Menschlichkeit, nicht aber Macht. (Aus China)

Mann, Männer

An der Rede erkennt man den Mann! (Bibel AT; Sir. 27,8) / Wer sprechen will und wagt es nicht, wer heimlich seufzt und sagt es nicht, ein Mädchen liebt und küsst es nicht, der heißt ein Mann und ist es nicht. (Oskar Blumenthal, 1852–1917; „Buch der Sprüche") / Die verbitterten Gesichtszüge eines Mannes sind oft nur die festgefrorene Verwirrung eines Knaben. (Franz Kafka, 1883–1924)

Ohne die Frauen würde der Mann roh, grob, einsam sein und die Anmut nicht kennen. (François René Châteaubriand, 1768–1848) / Der Mann ist lyrisch, die Frau episch, die Ehe dramatisch. (Novalis, 1772–1801) / Denn gewiss ist es, dass Männer von Natur bloß heiß oder kalt sind: Zur Wärme müssen sie erst gebildet werden. Aber die Frauen sind von Natur sinnlich und geistig warm und haben Sinn für Wärme jeder Art. (Friedrich von Schlegel, 1772–1829) / Eine gescheite Frau hat Millionen geborener Feinde – alle dummen Männer. (Marie von Ebner-Eschenbach, 1830–1916; „Aphorismen")

Die Männer aber stehen über den Frauen, weil Allah einem Teil einen Vorzug vor dem anderen gegeben hat und weil die Männer von ihrem Vermögen hingeben. (Korân; Sure 4,34) / Des Mannes Stolz ist in seines Herzens Mitte, seine Frömmigkeit und edle Sitte. (al-Harîrî, 1054–1122; „Die Makamen") / Ein milder Mann ist jedermanns Verwandter. (Nizâmî, 1141–1209; „Iskander Name") / Jeder Mann liebt zwei Frauen; die eine ist die Schöpfung seiner Einbildungskraft, und die andere ist noch nicht geboren. (Kahlil Gibran, 1883–1931; „Aphorismen")

Den Mann voll Willenskraft, der klüglich handelt, der treue Freundschaft hält, der frei von Lastern wandelt, nicht aufschiebt, dankbar ist, vor Kampf nicht bebt zurück, bei ihm zu wohnen, sucht ihn selber auf das Glück. (Nârâjana, 9./10. Jhdt.; „Hitopadesa") / Das Weib ist mit seinem Mann, der Mann aber mit seinem Geschäft verheiratet. (Aus Indien) / Ein Mann der Tat steht über den Männern des Wortes: Männer des Wortes pflegen Männer der Tat lediglich zu erheitern. (Aus Indien)

Durch Unglück wird des Mannes Kraft wohl niedergebeugt, doch nicht zerstört: so wie die Fackel zu Boden gewandt, doch nie die Flamme nach unten kehrt. (Bhartrihari, 7. Jhdt.) / Wo ein Mann eine Meinung hat, gleicht sie dem Manne. (Aus der Mongolei) / Mann und Frau sind als geistige Wesen genau gleich – nur die Werkzeuge sind verschieden. (Sokeian Roshi, 1882–1945; „Der Zen-Weg") / Der weise Mann fügt sich den Verhältnissen, wie das Wasser sich der Form des Gefäßes fügt. (Aus China)

Meditation, Yoga

Die Stimmen des Schweigens stehen weit über den Stimmen des Redens. (Israel ben Eliser, 1699–1760) / Es gibt nichts Großes oder Kleines auf der Welt, was von Gott isoliert wäre, denn er ist in allen Dingen gegenwärtig. Daher vermag der vollkommene Mensch tiefe Meditationen und kontemplative Akte der „Einung" sogar in seinen irdischen Handlungen zu vollbringen, wie etwa durch Essen, Trinken und Beischlaf, ja sogar durch geschäftliche Transaktionen. (Rabbi von Polonoje, 18. Jhdt.) / Größer ist die Meditation als die Verwunderung über Gottes Schöpfung. (Rabbi

Schneur Salman von Lyady, 1745–1812) / Das Schweigen ist die schönste aller Stimmen. (Rabbi Menachem Mendel)

Drei Dinge machen einen Theologen: die Meditation oder Nachsinnung, das Gebet und die Anfechtung. (Martin Luther, 1483–1546; „Deutsche Schriften") / Ich habe Gott überall gesehen und nie verstanden. (Alphonse de Lamartine, 1790–1869; „Die ersten Meditationen") / Zum Wesentlichsten der meditativen Übung gehört, dass durch die Meditation eine möglichst totale Verwandlung des Bewusstseins ausgelöst wird. (Herman Weidelener, 1903–1972; „Abendländische Meditationen")

Dem, dessen Herz beim Gebet und bei der Meditation nicht anwesend ist, bleibt das Tor Gottes verschlossen. (Ibrâhîm ibn Adham, gest. 770) / Wenn der Körper der Begierde dir den Weg versperrt, weise ihn zurück; dann fixiere den Blick auf einen Punkt vor dir und übe Kontemplation. (Attâr, um 1136 bis ca. 1220) / Und denke so inständig Gottes, bis selber du ganz dich vergisst, dass du im Gerufenen aufgehst, wo Rufer und Ruf nicht mehr ist! (Dschelâleddin Rûmî, 1207–1273)

Die feste Zügelung der Sinne, das ist es, was man Yoga nennt. Doch sei man dann nicht achtlos, denn Yoga ist Entstehen und Vergehen. (Kâthaka-Upanishad; 800–500 v. Chr.) / Der Yoga ist die Unterdrückung der Funktionen des Bewusstseins. (Patanjali, 2. Jhdt. v. Chr.; „Yoga-Sutra") / Es gehört nicht zu meinem Yoga, nichts mit der Welt oder dem Leben zu tun zu haben oder die Sinne abzutöten oder ihre Funktion gänzlich zu unterbinden. Es ist das Ziel meines Yoga, das Leben zu transformieren, indem ich das Licht, die Kraft und die Seligkeit der göttlichen Wahrheit und ihrer dynamischen Gewissheiten in dasselbe herabbringe. (Shrî Aurobindo, 1872–1950)

Nur von sittlicher Selbsterziehung getragen und geläutert, ist Meditation ertragreich und segensvoll; nur von Meditation getragen und geläutert, ist Erkenntnis ertragreich und segensvoll, und von solcher Erkenntnis durchdrungen und geläutert, wird der Geist frei von allen Trübungen irdischen Wähnens. (Gautama Buddha, um 550–480 v. Chr.; „Digha-Nikâya") / Wo es Zerstreuung gibt, ist keine Meditation, wo Neigung und Ekel sich finden, gibt es Verwirklichung nicht. (Milarepa, 1052–1135; „Sieben Legenden") / Meditation ist etwas künstlich Auferlegtes, sie entspricht nicht der natürlichen Haltung des Geistes. Worüber meditiert der Vogel in den Lüften oder der Fisch im Wasser? (Daisetz T. Suzuki, 1870–1966; „Die große Befreiung")

Meer

Alle Wasser laufen ins Meer. (Bibel AT, Pred. 1,7) / Menschenherz und Meeresboden sind unergründlich. (Jüdisches Sprichwort) / Armut ist eine Sandbank, Reichtum ein Felsen im Meer des Lebens. Die Glücklichen schiffen hindurch. (Ludwig Börne, 1786–1837) / Das Meer ist bodenlos, und jüdische Leiden – uferlos. (Jüdisches Sprichwort)

Die Leute staunten und sprachen: Wer ist der, dass die Winde und das Meer ihm gehorchen? (Bibel NT; Mt. 8,27) / Gott ist noch mehr in mir, als wenn das ganze Meer in einem kleinen Schwamm ganz und beisammen wär. (Angelus Silesius, 1624–1677; „Der Cherubinische Wandersmann“) / Wenn das Meer alle seine Kraft anstrengt, so kann es das Bild des Himmels gerade nicht widerspiegeln; doch wenn es stille wird und tief, senkt sich das Bild des Himmels in sein Nichts. (Sören Kierkegaard, 1813–1855)

Und er (Allah) ist es, der euch das Meer dienstbar gemacht hat, dass ihr frisches Fleisch daraus essen und Schmuck aus ihm hervorholen möget, den ihr anlegt. Und du siehst Schiffe es durchpflügen, mit denen ihr reisen könnt. Daher sucht seine Gnade und seid dankbar. (Korân; Sure 16,14) / Das Kennzeichen dessen, der zur Weisheit Gottes erwacht ist, ist Schweigen. Wer im Meer versinkt, hört auf zu reden und verschwindet vor den Augen der Menschen. So auch der, der sich ins Meer der Weisheit versenkt. (Bâyazîd Bistâmî, gest. 874) / Wer einen Augenblick die Nähe Gottes erlangt, der gleicht einem Tautropfen im Meer. Der Tropfen, der im Meere unterging, für den sind beide Welten außer Gott nur noch Wahn. (Attâr, um 1136 bis ca. 1220; „Meer der Seele“)

Worin dieses All erzitternd wogt wie Wellen im Meer, das bist du allein: Da ist kein Zweifel. (Ashtâvakra-Gîtâ; ca. 2. Jhdt. v. Chr.) / Brahman (Gott) und Maya (Erscheinung) sind wie das Meer, das manchmal ruhig und dann wieder in Wellen bewegt ist. Das Meer in Ruhe ist Brahman und in seiner Bewegtheit Maya. (Shrî Râmakrishna, 1834–1886; „Worte des Râmakrishna“) / Der Ozean kennt keine völlige Ruhe. Dies gilt auch für den Ozean des Lebens. (Mahatma Gandhi, 1869–1948)

Wie das große Weltmeer von nur einem Geschmack durchdrungen ist, dem des Salzes, so ist meine Lehre von einem Geschmack durchdrungen: dem der Befreiung. (Gautama Buddha, um 550–480 v. Chr.) / Du kriegst dieselbe Wasserfülle in deinen Krug, ob aus dem Brunnen, ob aus dem Ozean du schöpfest. (Bhartrihari, 7. Jhdt.) / Ohne den Ozean gäbe es keine Wellen, und ohne Wellen gäbe es keinen Ozean. (Sokei-an Roshi, 1882–1945; „Der Zen-Weg“)

Meister

Das Werk lobt den Meister. (Bibel AT; Sir. 9,24) / Es lehrten unsere Meister: „Wenn man schöne Geschöpfe und schöne Bäume sieht, sagt man: ‚Gelobt sei er, der dergleichen in seiner Welt hat.‘“ (Talmud; 70–500 n. Chr.; Berakhot 58b) / Frühere Epochen schätzten die Meisterschaft; unsere sucht nach Persönlichkeit. Förderten die früheren die Mittelmäßigkeit, so züchtet die heutige den Dilettantismus. (Walther Rathenau, 1867–1922; „Aphorismen“)

Lernwillige Meister sind selten. (Leonardo da Vinci, 1452–1519) / Wenn ein Meister spricht, können Menschen niederer Ordnung nichts als ihn missdeuten. (Carl Sonnenschein, 1876–1929) / Sobald man in einer Sache Meister geworden ist, soll man in einer neuen Schüler werden. (Gerhart Hauptmann, 1862–1946)

Der spirituelle Meister ist seiner Gemeinde, was der Prophet seinem Volk ist. (Abû Sa'îd-i Abû'l-Khair, gest. 1049) / Wähle einen Meister, denn ohne ihn ist die Reise voller Sorgen, Ängste und Gefahren. Ohne Begleitung würdest du auf dem bereits eingeschlagenen Pfad verloren gehen. Gehe nicht allein auf dem Pfad. (Dschelâleddin Rûmî, 1207–1273) / Wie ist es möglich, dass ihr eure Augen zum starken Gott erhebt und ihn Vater nennt und euren Kopf dann vor einem schwachen Menschen beugt und ihn Meister nennt? (Kahlil Gibran, 1883–1931; „Geschichten")

Wen das höchste Gelingen seines Vorhabens nicht verwirrt macht und wen ebenso eine zeitweilige Notlage nicht verwirrt macht, wer vielmehr Lust und Leid sowie den mittleren Zustand ruhig hinnimmt, der Mann ist ein Führender. (Mahâbhârata; 500 v. Chr. bis 500 n. Chr.) / Hindus und Moslems ist ein Weg gewiesen, der wahre Meister lehrt ihn uns erkennen. Kabîr spricht: Hört, ihr Brüder, hört auf diesen, ihr mögt ihn Allah oder Rama nennen. (Kabîr, 1440–1518; „Spruchgedichte") / Lehrer gibt es zu Dutzenden, aber auch nur einen guten Schüler zu finden ist schwierig. (Shrî Râmakrishna, 1834–1886)

Es wäre schade, von seinem edlen Meister, der einen durch seine Wegweisung führen kann, getrennt zu werden, bevor man Erleuchtung erlangt hat. (Gampopa, 1079–1153; „Der kostbare Rosenkranz") / Erzählt nur nicht, die Mönche fänden keine Lehrer. – Hie und da singt die Nachtigall – das höchste Zen. (Bankei Eitaku, 1622–1693) / Echte religiöse Lehrer leben immer am Rande der Armut. Ihre Anhänger geben ihnen das Lebensnotwendigste. (Sokei-an Roshi, 1882–1945; „Der Zen-Weg")

Mensch, Menschen

Gott sprach: Lasset uns Menschen machen nach unserem Ebenbilde und nach unserer Ähnlichkeit. (Bibel AT; 1. Mos. 1,26) / Was ist am Ende der Mensch anderes als eine Frage? (Rahel Varnhagen, 1771–1833; „Briefe") / Du musst klein sein, willst du kleinen Menschen gefallen. (Ludwig Börne, 1786–1837; „Über den Umgang mit Menschen")

Das größte Wunderding ist doch der Mensch allein: Er kann, je wie er's macht, Gott oder Teufel sein. (Angelus Silesius, 1624–1677; „Der Cherubinische Wandersmann") / Wer den lebendigen Gott von Angesicht zu Angesicht sehen will, soll ihn nicht am leeren Firmament seiner Gedankenwelt suchen, sondern in der Menschenliebe. (Fjodor M. Dostojewski, 1821–1881) / Mit jedem Menschen stirbt eine Welt. (Gerhart Hauptmann, 1862–1946)

O ihr Menschen, Wir haben euch von einem Mann und einem Weibe erschaffen, und Wir haben euch zu Völkern und Stämmen gemacht, dass ihr einander kennen möget. Wahrlich, der Angesehenste von euch ist vor Allah der, der unter euch der Gerechteste ist. (Korân; Sure 49,13) / Es gibt nur drei Arten von Menschen: edle Menschen, Menschen von Ehre und Menschen, die ertragen. (Husayn-al-Sulami, 936–1021; „Futuwwah") / Der Mensch ist nicht zum Scherz und für nichts geschaffen, sondern hoch ist sein Wert und groß seine Würde. Wohl ist er nicht von Ewigkeit her, aber für die Ewigkeit ist er bestimmt. – Von der tiefsten Tiefe bis zur höchsten Höhe liegen alles Niedrige und alles Hohe im Bereich seines Tuns. (al-Ghazâlî, 1058–1112; „Elixier der Glückseligkeit")

Gott ist in allen Menschen, doch nicht alle Menschen sind in Gott. (Râmakrishna, 1834–1886) / Zwei Arten von Menschen brauchen keinerlei Vorbild: der Rohling, der niemals über Religion nachdenkt, und der Vollkommene, der durch die vorherigen Stadien spiritueller Übungen hindurchgegangen ist. (Swâmi Vivekânanda, 1862–1902) / Der Mensch ist nur dann wahrhaft Mensch, wenn er der Selbstbeherrschung fähig ist, und selbst dann nur, wenn er sie ausübt. (Mahatma Gandhi, 1869–1948)

Dem schlimmen Gedanken, den ein Mensch denkt oder ausführt, folgt der Schmerz, wie das Rad dem Fuße des Ochsen folgt, der den Wagen zieht. Dem reinen Gedanken, den ein Mensch denkt oder ausführt, folgt Glückseligkeit wie sein Schatten, der ihn nimmer verlässt. (Gautama Buddha, um 550–480 v. Chr.; „Dhammapada") / Auch Buddha war zuerst nur ein gewöhnlicher Mensch. (Aus Japan) / Ein Mensch, der ungehindert allen seinen Wünschen gemäß dahinleben könnte, müsste von Tag zu Tag schwächer werden. (Aus China)

Menschenkenntnis

Ein Mensch siehet, was vor Augen ist! Der Herr aber siehet das Herz an. (Bibel AT; 1. Sam. 16,7) / Ich habe mich eifrig darum bemüht, der Menschen Tun weder zu belachen noch zu beweinen, noch zu verabscheuen, sondern es zu begreifen. (Baruch Spinoza, 1632–1677; „Tractatus politicus") / Ein Talent können wir nach einer einzigen Manifestation anerkennen. Für die Anerkennung eines Charakters bedürfen wir eines langen Zeitraumes. (Heinrich Heine, 1797–1856; „Gedanken und Einfälle")

Wer den Menschen studieren und erkennen will, der unternimmt ein so schwieriges Werk wie einer, welcher Tinte anfassen möchte, ohne sich zu beschmutzen. (Ulrich Zwingli, 1484–1531; „Von der wahren und falschen Religion") / Es gibt nur zwei Arten von Menschen: Gerechte, die sich für Sünder halten; und die anderen Sünder, die sich für Gerechte halten. (Blaise Pascal, 1623–1662) / Wir müssen lernen, den Menschen weniger auf das, was er tut oder lässt, als auf das, was er leidet, anzusehen. (Dietr. Bonhoeffer, 1906–1945)

Gott tut den Menschen kein Unrecht. Vielmehr tun die Menschen sich selber Unrecht. (Korân; Sure 10,44) / Der schlimmste Mensch ist der Mensch mit zwei Gesichtern. Er begegnet den einen mit einem Gesicht und begegnet den anderen mit einem anderen Gesicht. (Mohammed, 570–632; „Hadith") / Menschen, die schwierig im Umgang mit anderen Menschen sind, sind auch schwierig sich selbst gegenüber. (Hazrat Inayat Khan, 1882–1927; „Gayan")

Ist jemand brauchbar, benutzt man ihn, auch wenn er einem früher einmal Schaden zugefügt hat: Ist auch das Haus niedergebrannt worden, so greift man dennoch, sollen Speisen gelingen, auf das Feuer zurück. (Aus Indien) / Der nie an Fürstentüren stand, der nie der Trennung Weh empfand, dem sich kein weibisch Wort entwand: Der Hehre ist mir – unbekannt. (Nârâjana, 9./10. Jhdt.; „Hitopadesa") / Es bleibt niemals Wasser in einem ungebrannten Kruge, feines Mehl in einem Sieb und eine Neuigkeit im Herzen der Frauen. (Aus Indien)

Durch das Selbst wird Böses getan, durch das Selbst verunreinigt man sich; durch das Selbst wird Böses getan, durch das Selbst reinigt man sich. (Gautama Buddha, um 550–480 v. Chr.; „Dhammapada“) / Leicht ist zu lenken der Tor und leichter mit Gründen der Weise, aber den Halbwisser lenkt selber die Gottheit nicht mehr. (Bhartrihari, 7. Jhdt.; „Sprüche“) / Wenn du willst, dass die Menschen dich hassen, dann schenke ihnen Brot. Wenn du willst, dass sie dich lieben, zwinge sie, einen Turm zu bauen. (Aus China)

Misstrauen

Niemand glaube seinem Nächsten; niemand verlasse sich auf Fürsten. Bewahre die Tür deines Mundes vor der, die in deinen Armen schläft. (Bibel AT; Mi. 7,5) / Es ist gut, auf den Herrn zu vertrauen und sich nicht auf Menschen zu verlassen. (Bibel AT; Ps. 118,8) / Man kann das echte Gespräch nicht herstellen, aber man kann ihm zur Verfügung stehen. Das existentielle Misstrauen lässt sich nicht durch Vertrauen ersetzen, wohl aber durch die wiedergeborene Unbefangenheit. (Martin Buber, 1878–1965; „Sehertum“)

Liebe kann nicht misstrauen, sie gewärtigt nur Gutes. (Meister Eckhart, um 1260–1327) / Dem traue nie, der einmal Treue brach. (William Shakespeare,1564–1616; „Heinrich IV.“) / Was andere uns zutrauen, ist meist bezeichnender für sie als für uns. (Marie von Ebner-Eschenbach, 1830–1916; „Aphorismen“)

Die Schwiegermutter ist gegen die Schwiegertochter und die Schwiegertochter gegen die Schwiegermutter zum Verdacht geneigt. (Aus Arabien) / Meine Einsamkeit wurde geboren, als ein Mensch meine geschwätzigen Fehler lobte und meine schweigenden Werte tadelte. (Kahlil Gibran, 1883–1931; „Aphorismen“)

Misstrau dem Menschen, der den Geschmack von Quark, den Geruch von Klee und den Gesang von Vögeln nicht liebt. (Aus Indien) / Wenn ein böser Mensch uns etwas Liebes sagt, so ist dies kein Grund, ihm zu vertrauen: Auf der Zungenspitze ist Honig, im Herzen aber Gift. (Aus Indien) / Vertrauen ist eine Tugend. Misstrauen geht immer aus Schwäche hervor. (Mahatma Gandhi, 1869–1948)

Wenn der Argwohn des Fuchses verschwindet, erscheint der wahre Glaube. (Seng-ts'an, gest. 606; „Hsin-hsin-ming“) / Halte jeden erst einmal für einen Dieb! (Aus Japan) / Glaube weder dem Schwein im Garten noch dem Wolf im Schafstall. (Aus China)

Mitleid

Verbirg dich nicht vor dem, der gebrochenen Herzens ist. (Bibel AT; Sir. 4,2) / Mit dreien muss man besonders Mitleid haben: mit dem Sinnigen, den ein Toller beherrscht; mit dem Guten, der einem schlechten Menschen untertan ist, und mit dem Edlen, der von einem Elenden abhängig ist. (Jehuda Hachassid, 13. Jhdt.; „Das Buch der Frommen“) / Die zackigste, härteste Selbstsucht ist nichts als gefrorenes Mitleid und die zärtlichste

Teilnahme nur aufgelöste Eigenliebe. (Ludwig Börne, 1786–1837; „Fragmente und Aphorismen")

Mitleid widerspricht nicht dem Egoismus. Im Gegenteil: Wir sind froh über die Gelegenheit, unsere Freundschaft beweisen und in den Ruf des Empfindsamen gelangen zu können, ohne dass wir dafür etwas geben müssen. (Blaise Pascal, 1623–1662) / Durch Mitleid wissend ist tausendmal besser als durch Bücher. (Henri D. Lacordaire, 1802–1861) / Was ist besser für den Menschen: dass man ihm nichts erspart von seinem Schicksal oder dass man ihm mitleidig seine Last abnimmt? Die kühle Ferne oder die tragende, bergende Nähe? (Peter Lippert, 1879–1936)

Weib und Mann, die des Ehebruchs oder der Hurerei schuldig sind, geißelt sie beide mit einhundert Streichen. Und lasst kein Mitleid mit den beiden euch überwältigen in der Ausführung von Allahs Urteil, wenn ihr an Allah und an den Jüngsten Tag glaubt. (Korân; Sure 24,2) / Wenn eine Fliege auf dem Gesicht meines Bruders sitzen würde, dann würde ich sie auf meinem eigenen Gesicht fühlen. (Husayn-al-Sulami, 936–1021; „Futuwwah") / Aus Mitleid den Tiger nicht zu bestrafen heißt einen Frevel begehen an den Schafen. (Saadî, um 1215–1292; „Gulistân") / Wer ein wachsames Mitgefühl hat, der lebt; tot ist, wessen Herz schläft. (Hazrat Inayat Khan, 1882–1927; „Gayan")

Wie dir dein eigenes Leben lieb ist, so auch den anderen Geschöpfen; die Guten haben mit allen Mitleid wie mit sich selbst. (Nârâjana, 9./10. Jhdt. n. Chr.; „Hitopadesa") / Wer gründlich Recht und Nutzen hat erkannt, lässt nicht zuvorderst gleich das Mitleid walten: Wer immer Rücksicht nimmt, ist nicht imstand, was in der Hand er hält, auch zu behalten. (Nârâjana, 9./10. Jhdt. n. Chr.; „Hitopadesa") / Habt Liebe für alle, denn keiner ist anders als ihr. (Shrî Râmakrischna, 1834–1886)

Wer mitleidslos die Wesen quält, die heiß begehren so wie er, wohlauf zu sein und frohgemut, erlangt kein Wohl nach seinem Tod. (Gautama Buddha, um 550–480 v. Chr.; „Dhammapada") / Wer das Mitleid vernachlässigt, erreicht nicht die höchste Stufe. Doch der, der nur Mitleid übt, erlangt nicht die Befreiung von den Qualen des Seins. (Âryadeva, 3. Jhdt.; „Sarahas Liederschatz") / Die Buddhas tun mir Leid: mit all ihrem Schmuck, wie müssen sie geblendet sein von diesem Glanz! (Bankei Eitaku, 1622–1693)

Mitte

Uns ist befohlen, auf dem mittleren Weg zu wandeln und damit auf Gottes Wegen. Gott ist huldvoll. So sei auch du huldvoll. (Moses Maimonides, 1135–1204; „Mischneh Torah") / Es lastet auf dieser Zeit der Fluch der Mittelmäßigkeit. (Kurt Tucholsky, 1890–1935)

Die Mitte der Welt verändert ständig ihren Sitz. (Leonardo da Vinci, 1452–1519) / Mitten im Leben sind wir vom Tod umfangen. (Martin Luther, 1483–1546; „Kirchenlied")

Die richtige Haltung im Leben besteht darin, das Gleichgewicht zwischen Gerechtigkeit und Güte zu bewahren. (Hazrat Inayat Khan, 1882–1927;

„Gayan") / Wenn du die Mitte des Lebens erreichst, wirst du Schönheit in allen Dingen finden, sogar in den Augen, die blind für das Schöne sind. (Kahlil Gibran, 1883–1931; „Aphorismen")

Wen das höchste Gelingen seines Vorhabens nicht verwirrt macht und wen ebenso eine zeitweilige Notlage nicht verwirrt macht, wer vielmehr Lust und Leid sowie den mittleren Zustand ruhig hinnimmt, der Mann ist ein Führender. (Mahâbhârata; 500 v. Chr. bis 500 n. Chr.) / Mein Herz, du sollst nicht wie ein Rad sich drehen, sondern stille stehen wie der Mittelpunkt des Rades. Wenn die Mitte nicht ruht, kann das Rad nicht kreisen. (Dhan Gopal Mukerdshi, 1890–1936; „Ghond")

Spanne dein Leben wie die Saiten eines Musikinstruments. Deine Vorsätze sollten nicht zu straff sein, sonst brechen sie. Sie dürfen auch nicht zu schlaff sein, sonst geben sie keinen Ton. (Gautama Buddha, um 550–480 v. Chr.; „Dhammapada") / Was keinen Anfang, was keine Mitte und was kein Ende hat, ist unsichtbar. Wer kann es sehen? (Âryadeva, 3. Jhdt. n. Chr.; „Werk in vierhundert Strophen")

Mohammed

Es sagen aber die Anhänger Muhammeds, der Koran sei in guter Absicht geschrieben worden und habe zum Inhalt, wie Muhammed, eine Waise, irrend oder götzendienerisch und arm, des Gesetzes und der Schrift völlig unkundig, nur die einheimische Sprache der Araber kennend, viele Weiber habend, nachdem er von Gott Barmherzigkeit erlangt habe, reich und von großem, schwieriger Dinge fähigem Verstande und hohem Ruhme geworden sei; ihn bestellte Gott selbst zum Lehrer des ungebildeten und götzendienerischen arabischen Volkes und schuf ihn zu einem Gesandten an sie und setzte ihn ihnen als Propheten vor, jedoch ohne die offenkundige Kraft zu Wundertaten, damit er jenes ihm anvertraute Volk vom Irrtum auf den rechten Weg zurückführe. (Nikolaus von Kues, 1401–1464; „Sichtung des Alkorans")

Mein Gleichnis und das Gleichnis der Propheten ist das Gleichnis eines Menschen, der einen Palast baute. Dieser Palast war wundervoll, alles war vollkommen an ihm. Nur für einen einzigen Stein war noch Platz frei. Dieser Stein bin ich. Er wird an seinen Platz gesetzt, und der Palast ist vollendet. Ich bin der Letzte der Propheten. (Mohammed, 570–632; „Hadith")

Mohammed war der Prophet der Gleichheit, der Verkünder der Brüderlichkeit der Menschen und der Brüderlichkeit aller Moslems. (Swâmi Vivekânanda, 1862–1902) / Die Lehre von Jesus Christus, des Yogis von Nazareth, ist für die Europäer die beste, wie die Lehre des Buddha für China, Thailand, Japan und Ceylon. Die Lehre Mohammeds passt für Arabien. Alle diese waren Söhne Gottes, geschaffen nach seinem Bilde. (Swami Sivananda, 1887–1963)

Moral

Zu einem Zaddik, einem „Frommen", der Mahnpredigten zu halten pflegte, sagte der Baalschem: „Wie kannst du dich auf das Mahnen verstehen? Du selber hast ja alle deine Tage die Sünde nicht gekannt, und mit den Leuten hast du keinen Umgang, dass du wüsstest, was Sündigen ist." (Israel ben Eliser; 1699–1760; „Erzählungen der Chassidim") / Moral ist die Grammatik der Religion; es ist leichter, gerecht als schön zu handeln. (Ludwig Börne, 1786–1837; „Aphorismen") / Der Zustand der gesamten menschlichen Moral lässt sich in zwei Sätzen zusammenfassen: Wir sollten, aber wir tun nicht. (Kurt Tucholsky, 1890–1935)

Alle wahren Verbesserungen sind moralische Verbesserungen, alle wahren Erfindungen moralische Erfindungen. (Novalis, 1772–1801) / Was moralisch falsch ist, das kann gar nicht politisch richtig sein. (William Gladstone, 1809–1898) / Es stände besser um die Welt, wenn die Mühe, die man sich gibt, die subtilsten Moralgesetze auszuklügeln, an die Ausübung der einfachsten gewendet würde. (Marie von Ebner-Eschenbach, 1830–1916; „Aphorismen")

Wir wollen nur, was gut; niemand zu kränken und zu schädigen ist unser heiliges Moralgebot: Das Übrige steht frei. (Hâfis, 1326–1390) / Die Moral eines Menschen muss eher nach seiner Haltung als nach seinem Handeln beurteilt werden. (Hazrat Inayat Khan, 1882–1927; „Gayan")

Krieg ist ein gefährlicher Lehrer, und Sieg im leiblichen führt häufig zu einer Niederlage im moralischen Bereich. (Shrî Aurobindo, 1872–1950) / Ist Liebe ohne Ehe ungesetzlich, dann ist Ehe ohne Liebe unmoralisch. (Sarvepalli Radhakrishnan, 1888–1975; „Religion und Gesellschaft") / Es ist unmöglich, eine herrschende Gruppe davon zu überzeugen, dass ihre Privilegien ungerechtfertigt sind und dass sie davon ablassen müssen. Individuen kann man manchmal, wenn auch selten, davon überzeugen, ganze Gruppen niemals. (Jawaharlal Nehru, 1889–1964)

Wie ein Mann, der eine Lampe trägt, alles erkennt, so ist es auch mit einem, der das Gesetz der Moral gehört hat. Er wird vollkommen weise werden. (Gautama Buddha, um 550–480 v. Chr.; „Udâna") / Die Gesetze unserer Moral sind erzeugt von den Bedürfnissen der Gesellschaft von gestern. (Kakuzo Okakura, 1862–1913; „Ideale des Ostens") / Das Gesetz des Menschen wird Moral genannt. Das Gesetz des Himmels kennt keine Diskriminierung, keine Strafe oder Belohnung, keine Heiligen oder Kriminellen – alles kann in gleicher Weise empfangen werden von denen, die im reinen Licht zu leben verstehen, in dem alles gleich ist. (Sokei-an Roshi, 1882–1945; „Der Zen-Weg")

Mühsal

Je nach der Mühe ist der Lohn. (Talmud; 70–500 n. Chr.; Aboth V,22) / Bloßes Wissen um die Wahrheit reicht nicht aus. Im Gegenteil, dieses Wissen muss kontinuierlich durch pausenlose Mühe erneuert werden. Geschieht dies nicht, geht es verloren. (Albert Einstein, 1879–1955) / Den Lohn für Mühe und Arbeit zahlt die Natur selbst, der Lohn ist Fruchtbarkeit; er liegt in dem stillen Vertrauen, dass, wer in Mühe und Arbeit sein Teil getan hat, ein Teil der Natur bleibt in Kindern und Kindeskindern. (Hannah Arendt, 1906–1975)

Kommet alle zu mir, die ihr mit Mühe und Last beladen seid; ich will euch erquicken. (Bibel NT; Mt. 11,28) / Es sagt mir jedes meiner Glieder: Mühe dich nicht ab für nichts! Ehe dich das Irdische hier zu sättigen vermag, wirst du verzehrt sein. (Thomas a Kempis, 1380–1471) / Was einen Mühe kostet, das hat man lieb. (Novalis, 1772–1801)

Es gibt keinen Menschen ohne Mühsal und Kummer. Gibt es einen solchen, dann ist er kein Mensch. (Aus der Türkei) / Es ist viel leichter, von Weisheit zu reden, als sie zu leben. (Hazrat Inayat Khan, 1882–1927; „Gayan")

Nicht erlangt der Betörte Erlösung durch Tun, das mühselig ist. Der Glückgesegnete wird durch einfaches Erkennen erlöst und steht in wandelloser Ruhe. (Ashtâvakra-Gîtâ; ca. 2. Jhdt. v. Chr.) / Durch Anstrengung allein kommen Werke zustande, nicht durch Wünsche: Es laufen die Gazellen ja auch nicht in den Rachen eines schlafenden Löwen. (Nârâjana, 9./10. Jhdt.; „Hitopadesa")

Mit Mühe und Not erreicht man bisweilen das Glück; das Leid besteht mühelos. Einzig durch das Leiden kann man den Existenzen entgehen. Sei also fest, meine Seele! (Sântideva, 7. Jhdt.; „Bodhicaryâvatâra") / Es gibt keine Befriedigung in den Dingen, die ihr begehrt. Es ist wie Meerwasser trinken, um den Durst zu stillen. (Geshe Drom, 11. Jhdt.; „Kadamthorbu") / Sage von einem Pass nie, er sei unüberwindlich! Wenn du nur hinaufsteigst und keine Anstrengung scheust, wirst du ihn überschreiten. Und sage auch nicht, es sei zu weit und ihr könntet's nicht schaffen! Wer geht, kommt schließlich auch an. (Aus der Mongolei)

Musik

Pfeifen und Harfen lauten wohl, aber eine freundliche Rede besser denn die beiden. (Bibel AT; Sir. 31,21) / Wenn die Engel für Gott spielen, so spielen sie Bach, füreinander spielen sie Mozart. (Isaiah Berlin, 1725–1799) / Musik allein ist die Weltsprache und braucht nicht übersetzt zu werden. (Berthold Auerbach, 1812–1882) / Das Beste der Musik steht nicht in den Noten. (Gustav Mahler, 1860–1911)

Wer sich die Musik erkiest, hat ein himmlisch Werk gewonnen; denn ihr erster Ursprung ist von dem Himmel selbst genommen, weil die lieben Engelein selber Musikanten sein. (Martin Luther, 1483–1546) / Sei du mir tausendmal willkommen, meine löbliche, liebliche, künstliche, vornehme und angenehme Musika! (Abraham a Santa Clara, 1664–1709) / Musik ist die Kurzschrift des Gefühls. (Leo Tolstoi, 1828–1910) / Musik ist für ihn Gottesdienst. (Albert Schweitzer,1875–1965; „Über Johann Sebastian Bach")

Wer nie jagte und nie liebte, nie den Duft der Blumen suchte und nie beim Klang der Musik erbebte, ist kein Mensch, sondern ein Esel. (Aus Arabien) / Jeder Mensch gleicht einem Musikstück mit einem individuellen Ton und einem eigenen Rythmus. (Hazrat Inayat Khan, 1882–1927; „Gayan") / Wenn das Leben keinen Sänger findet, der ihm aus dem Herzen singt, bringt es einen Philosophen hervor, der von des Lebens Geist spricht. (Kahlil Gibran, 1883–1931; „Aphorismen")

Wenn unser Leben voll Musik ist, können wir eine schöne Stimme entbehren. (Rabindranâth Tagore, 1861–1941) / Die Musik des Lebens ist in Gefahr, unterzugehen in der Musik der Stimme. (Mahatma Gandhi, 1869–1948)

Mehr wert als tausend Lieder ohne Sinn ist ein sinnvolles Lied, das führt zum Frieden hin. (Gautama Buddha, um 550–480 v. Chr.; „Dhammapada") / Je rauschender die Musik, desto melancholischer werden die Menschen, desto gefährlicher wird das Land, desto tiefer sinkt der Fürst. (Aus China) / Mit Dichtern, Malern und Musikern ist es wie mit den Pilzen: für einen guten zehntausend schlechte. (Aus China)

Mut

Wandere nicht mit einem Tollkühnen, dass er dich nicht ins Unglück bringe. (Bibel AT; Sir. 8,18) / Geld und Gut macht Mut, aber viel mehr die Furcht des Herrn. (Bibel AT; Sir. 41,26) / Ein mutiger Mann erträgt sein Leiden; aber gedrücktes Gemüt, wer richtet es auf? (Bibel AT; Spr. 18,14) / Mittleren Menschen mag man den Mut loben, edlen die Besonnenheit. (Walther Rathenau, 1867–1922)

Wenn der Mut bleibt und nicht gebrochen wird, so bleibt der Leib auch stark. (Martin Luther, 1483–1546) / Der Mut wächst immer mit dem Herzen, und das Herz wächst mit jeder guten Tat. (Adolph Kolping, 1813–1865) / Der Mut ist ansteckend wie die Mutlosigkeit. (Richard Kralik, 1852–1934) / Die Bergpredigt verstehen kann nur ein Mensch, der den Mut hat, sich selbst radikal in Frage zu stellen – sich selbst, nicht die anderen, nicht nur dies und das an sich selbst. (Karl Rahner, 1904–1984)

In böser Zeit verliere nicht den Mut; denn dunkle Wolke regnet helle Flut. (Nizâmî, 1141–1209; „Iskander Name") / Der Herr ist es, der dein Schicksal schafft, nicht kecker Mut, noch Manneskraft: Denn wo des Himmels Glück gebricht, hilft Tapferkeit und Stärke nicht. (Saadî, um 1215–1292; „Bostân") / Wer sich im Wachen fest an den Boden klammert, wird bis zum Ende kriechen. Tod und Meer sind ähnlich: Wer es mutig angeht, wird sie überwinden, und wer zu schwer ist, wird untergehen. (Kahlil Gibran, 1883–1931; „Aphorismen")

Von Klugheit begleiteter Heldenmut führt zum Siege, nicht aber bloßer Heldenmut: Gift ist heilsam, wenn man es, mit etwas anderem vermischt, genießt, andernfalls aber bringt es den Tod. (Aus Indien) / Auch wenn das Schicksal widrig ist, man soll den Mut nicht sinken lassen; wer fest ist, dem gelingt es, einst von neuem wieder Fuß zu fassen. (Pantschatantra; 5. Jhdt.) / Um eine Gefahr zu überwinden, muss man sie zuerst durch Willenskraft besiegen, bevor man leiblich gegen sie ankämpft. (Dhan Gopal Mukerdshi, 1890–1936)

In bösen und harten Zeiten sind mutige Menschen gefragt, Männer und Frauen. (Gautama Buddha, um 550–480 v. Chr.; „Udâna") / Wer nicht auf die hohen Berge steigt, kennt die Ebene nicht. (Aus China) / Der umgehauene Baum schlägt wieder aus, und der geschwundene Mond wird wieder voll: Dies überlegend, wird der Gute nie den Mut verlieren bei des

Schicksals Groll. (Bhartrihari, 7. Jhdt.) / Für den Weg des Zen sind die folgenden Bedingungen unerlässlich: der große Glaube, der große Zweifel und der große Mut. (Daizohkutsu R. Ohtsu; „Kommentar zu ‚Der Ochs und sein Hirte'")

Mutter

Vergiss nicht, wie deine Mutter dich mit Schmerzen gebar. (Bibel AT; Sir. 7,27) / Bei Weibern ist die Liebe so oft eine Tochter als die Mutter der Eifersucht. (Ludwig Börne, 1786–1837; „Dramaturgische Blätter") / Alle Liebe der Menschen muss erworben, erobert und verdient, über Hindernisse hinweg erhalten werden. Die Mutterliebe allein hat man unerworben und unverdient. (Berthold Auerbach, 1812–1882)

Wer ist meine Mutter, und wer sind meine Brüder? Und Jesus streckte seine Hand über seine Jünger und sprach: Siehe hier meine Mutter und meine Brüder. Wer den Willen meines himmlischen Vaters tut, der ist mir Bruder und Schwester und Mutter. (Bibel NT; Mt. 12,48–50) / Wen zu leiden schwer fällt, soll nicht Mutter werden. (Hugo Löbmann, geb. 1864) / Es gibt kein Recht der Frau auf ein Kind, sondern es gibt nur das Recht des Kindes auf eine Mutter. (Gertrud von Le Fort, 1876–1971; „Die ewige Frau")

Das Paradies liegt zu Füßen der Mütter. (Mohammed, 570–632; „Hadith") / Die Liebe gleicht göttlichen Mutterarmen; wenn sie ausgebreitet sind, sinken alle Seelen hinein. (Hazrat Inayat Khan, 1882–1927; „Gayan") / War die Liebe von Judas' Mutter für ihren Sohn geringer als die Liebe Marias zu Jesus? (Kahlil Gibran, 1883–1931; „Aphorismen")

Der Mutter kommt kein kühlender Schatten gleich, der Mutter kommt keine Zuflucht gleich, der Mutter kommt kein Schutz gleich, der Mutter kommt keine an Liebe gleich. (Mahâbhârata; 500 v. Chr. bis 500 n. Chr.) / Der Erhabene behütet treulich die Geschöpfe immerdar, so wie eine Mutter ihre Kinder hegt und schützt vor Leid und vor Gefahr. (Dâdû, 1544–1603; „Bânî") / Man muss Vertrauen wie ein unschuldiges Kind besitzen, das nach seiner Mutter ruft. (Shrî Râmakrishna, 1834–1886)

Wie eine Mutter ihr eigen Kind, ihren einzigen Sohn, selbst mit ihrem Leben beschützt: Also hege man grenzenloses Wohlwollen für alle Wesen. (Gautama Buddha, um 550–480 v. Chr.; „Sutta-Nipâta") / Nach meiner Geburt standen mir die Haare wirr zu Berge; ich schied unkontrolliert Exkremente aus und wusste nicht das Geringste über Nutzen und Schaden. Und dennoch zog sie mich mit vielen Mühen groß. (Jesche Tsöndrü, 1761–1816; „Die Elixiere der Erleuchtung") / Glaube ist die Mutter der Religion. Ohne Glauben gibt es keine Religion. (Sokei-an Roshi, 1882–1945; „Der Zen-Weg")

Mysterium

Alles, was wir wissen, bezieht sich auf etwas, was wir nicht wissen. (Rahel Varnhagen von Ense, 1771–1833) / Dass wir geschaffen sind, das Unfassbare zu fassen und das Unerträgliche zu ertragen – das ist es, was unser

Leben so schmerzensvoll und was es zugleich so unerschöpflich reich macht. (Arthur Schnitzler, 1862–1931) / Zwischen dem mystischen Glauben an Gott und einem atheistischen rationalen Glauben an die Menschheit besteht ein wesentlich geringerer Unterschied als zwischen dem Glauben des Mystikers und dem eines Calvinisten, dessen Gottesglaube in der Überzeugung seiner eigenen Ohnmacht und seiner Furcht vor der Macht Gottes wurzelt. (Erich Fromm, 1900–1980; „Psychoanalyse und Ethik")

Der kennt Gott besser, der ihn nicht zu kennen bekennt. (Aurelius Augustinus, 354–430) / Anfang und Ende der Dinge werden dem Menschen immer ein Geheimnis bleiben. Er ist ebenso unfähig, das Nichts zu sehen, aus dem er stammt, wie die Unendlichkeit zu erkennen, die ihn verschlingen wird. (Blaise Pascal, 1623–1662) / Im Mittelpunkt des religiösen Lebens steht nicht das Wort, sondern das Mysterium, die Anbetung. (Carl Sonnenschein, 1876–1929) / Das Mysterium ist nicht eine undurchdringbare, sondern nur verhüllte Wahrheit. Nur was der Geist bewundert, das verehrt, liebt, betet das Herz an. (Franz von Baader, 1765–1841)

Wenn er dir seine Gegenwart verhüllt, dann weil er dir zuhört. (al-Hallâdsch, 858–922) / Nur Gott selbst erfasst die Eigenart seines Wissens. Für die Menschen ist sie ein Mysterium. (Averroes, 1126–1198; „Widerlegung des Gazali") / Wer das Mysterium der Reise kennt, fürchtet den Rastort mehr als Wegelagerer. (Muhammad Iqbal, 1877–1938)

Die Welt ist vom Bewusstsein erschaffen. (Aitareya-Upanishad, 800–500 v. Chr.) / Ich bin die Seele, die in der Tiefe aller Wesen weilt; ich bin der Anfang der Wesen, bin ihre Mitte und ihr Ende. (Bhagavadgîtâ; ca. 300 v. Chr.) / Man sieht, wie Schlechten oft geneigt die Frauen, wie Fürsten Schurken schenken ihr Vertrauen, wie auf die kahlen Berge Indra regnet und wie der Geizhals wird mit Geld gesegnet. (Nârâjana, 9./10. Jhdt.; „Hitopadesa")

Den Heimgegangenen misst kein Maß; es fehlt das Wort, womit man ihn bezeichnen könnte. Wo alle Dinge gänzlich sind vergangen, ist jeder Pfad der Rede uns versagt. (Gautama Buddha, um 550–480 v. Chr.; „Sutta Nipâta") / Alle philosophischen Systeme mögen eines Tages in Trümmern liegen, doch das religiöse Leben wird für immer fortfahren, seine tiefen Mysterien zu erfahren. (Daisetz T. Suzuki, 1870–1966; „Der Weg zur Erlösung") / Es klingt sehr mysteriös zu sagen, dass wir Buddha, der vor 2500 Jahren starb, heute sehen und mit unserer Hand berühren können. Aber wenn ihr diese mysteriösen Worte wirklich versteht, seid ihr mit Buddha. (Sokei-an Roshi, 1882–1945; „Übertragung des Zen")

Mystik

Wenn ich meine Gedanken mit dem Schöpfer, er sei gelobt, vereine, lasse ich den Mund reden, was er will, denn ich verbinde die Worte mit der Oberen Wurzel, mit dem Schöpfer. (Israel ben Eliser, 1699–1760) / Das tiefste und erhabenste Gefühl, dessen wir fähig sind, ist das Erlebnis des

Mystischen. Aus ihm allein keimt wahre Wissenschaft. Wem dieses Gefühl fremd ist, wer sich nicht mehr wundern und in Ehrfurcht verlieren kann, der ist seelisch bereits tot. (Albert Einstein, 1879–1955) / Wenn die Dinge in mystischer Meditation betrachtet werden, stellt sich alles als eines heraus. (Gershom Scholem, 1897–1982; „Jüdische Mystik")

Der Leib soll sein ein Knecht der Seele, die Seele eine Dienerin des Geistes und der Geist ein Anstarren Gottes. (Johannes Tauler, um 1300–1361) / Die dogmatische Religion ist ein Gebot; die mystische Religion stützt sich auf die innere Erfahrung unseres Herzens. (Germaine de Staël, 1766–1817) / Die Mystik lehrt die Beseeltheit der Welt, die Weltlichkeit Gottes, die Göttlichkeit der Seele. Das Ziel der Mystik ist die Befreiung vom Subjektiven. (Joseph von Görres, 1776–1848) / Mystisches Leben und liturgisch-sakramentales Leben gehen unterschiedslos ineinander über. (Alois Mager, 1883–1946)

Kennzeichen des wahren Mystikers ist, dass sein Herz sich immer tiefer in die Meditation einsenkt, dass seine Worte immer inbrünstigere Lobpreisungen Gottes werden, dass seine Taten immer willigere Dienstleistungen sind und seine Augen immer unverhüllter die Wunder der Werke Gottes und seine Herrlichkeit sehen. (Ibrâhîm ibn Adham, gest. 770) / Die Vollkommenheit des Mystikers wächst mit der Glut seiner Sehnsucht nach der Liebe Gottes. (Bâyazîd Bistâmî, gest. 874) / Dhû'n-Nûn wurde gefragt: „Wann hat der Mystiker sein Ziel erreicht?" Er antwortete: „Wenn er ist, wie er war, wo er war, bevor er war." (Dhû'n-Nûn, ca. 796–859) Der Mystiker besitzt das Wissen nicht, er selber ist das Wissen. (Hazrat Inayat Khan, 1882–1927; „Gayan")

Wer mich in allem sieht und alles sieht in mir, dem gehe ich nicht verloren, und der geht mir nicht verloren. (Bhagavadgîtâ; ca. 300 v. Chr.) / Die liebend mich verehren, die sind in mir, in ihnen ich. (Nirvana-Brâhmana 10; 1000–500 v. Chr.) / Befreiung erlangen wir durch die Verwirklichung unseres Einsseins mit dem höheren Selbst. Durch Zitieren der heiligen Schriften, durch Opfergaben usw. ist die Befreiung nicht zu erlangen, selbst nicht, wenn uns die Lebenszeit von hundert Brahmas zur Verfügung stände. (Shankara, 788–820)

Verehrung sei dem stillen Licht, das, unberührt von Raum und Zeit, als ewiger Gast sich selbst bewusst, unendlich glänzt in Ewigkeit. (Bhartrihari, 7. Jhdt.) / Alle Religion ist auf der Grundlage mystischer Erfahrung erbaut, ohne die ihr ganzer metaphysischer oder theologischer Überbau zusammenstürzte. Eben dies ist es, wodurch Religion sich von Philosophie unterscheidet. (Daisetz T. Suzuki, 1870–1966; „Der Weg zur Erlösung") / Das mystische Erleben der „anderen Wirklichkeit" tut sich in Tausenden von Werken religiöser Literatur, der Dichtung und der bildenden Kunst kund. (Lama Govinda, 1898–1985; „Buddhistische Reflexionen")

Nacht

Finsternisse sind für dich nicht finster, und Nacht glänzt dir wie der Tag. Du machst mir die Nacht wie Licht um mich zu meiner Wonne. (Bibel

AT; Ps. 139,12) / In der langen Nacht des Mittelalters war Glaube der Nordschein. (Ludwig Börne, 1786–1837; „Der Narr im Weißen Schwan") / Die verdrossenen Grübler rechten: Jeder Tag liegt zwischen zwei Nächten. Doch die heiteren Weltkinder sagen: Jede Nacht liegt zwischen zwei Tagen. (Oskar Blumenthal, 1852–1917)

Was ihr bei Nacht redet, das wird man am hellen Tage hören, und was ihr in Kammern euch einander ins Ohr saget, das wird von den Dächern kundgemacht werden. (Bibel NT; Lk. 12,3) / Alles, was einer arbeitet ohne Gottes Beistand, das ist alles Nacht. (Johannes Tauler, um 1300–1361) / Lern, Mensch, dass auch die Nacht kein Laster bergen mag, wer was im Finstern tut, der büßt es bei dem Tag. (William Shakespeare, 1564–1616) / Das Licht der Finsternis scheint mitten in der Nacht. Wer kann es sehen? Ein Herz, das Augen hat und wacht. (Angelus Silesius, 1624–1677)

Unser Herr steigt jede Nacht, wenn sie das letzte Drittel erreicht hat, zum unteren Himmel herab und sagt: Wer ruft mich an, dass ich ihn erhöre? Wer bittet mich, dass ich ihm gebe? Wer bittet mich um Vergebung, dass ich ihm vergebe? (Mohammed, 570–632; „Hadith") / Liebe ist der urewige Wein, den die Auserwählten in der Nacht des Bündnisses tranken. (al-Hallâdsch, 858–922) / Letzte Nacht lehrte mich mein Lehrer, was Armut ist: nichts haben und nichts wollen. (Dschelâleddin Rûmî, 1207–1273) / Nur auf dem Pfad der Nacht erreicht man die Morgenröte. (Kahlil Gibran, 1883–1931)

Die Menschen eilen seit der ersten Nacht, die sie im Mutterschoße zugebracht, von Tag zu Tage ohne Rast und Ruh geradewegs dem Untergange zu. (Nârâjana, 9./10. Jhdt.; „Hitopadesa") / Bei Nacht und in tiefer Finsternis sind die Frauen zur Liebe entschlossen und hingebungsvoll. Wenn um diese Zeit umworben, verlassen sie kaum einen Mann. (Kokkoka, 12. Jhdt.; „Ratirahasya") / Beschließe den Tag mit Gebet, so wirst du eine friedliche Nacht verbringen, frei von Träumen und Alpdrücken. (Mahatma Gandhi, 1869–1948)

Die Guten leuchten weit, wie des Hochgebirges Pracht; die Schlechten sieht man nicht, wie Pfeile in der Nacht. (Gautama Buddha, um 550–480 v. Chr.; „Dhammapada") / Wenn Sterne auch und Mond, die Zier der Erde scheinen, sowie die Sonne sinkt, beginnt die Nacht. (Nâgârjuna, um 200 n. Chr.; „Stütze der Weisheit") / Mitternacht ist das wahre Licht. Die Morgendämmerung ist nicht hell. (Tung-shan Liang-chieh, 807–869; „San-mei-k'o")

Namen

Der Mensch erkannte die Namen von allem Viehe und allem Gevögel unter dem Himmel und den Tieren des Feldes; doch keines ward für den Menschen gefunden zur Hilfe zu seiner Seite. (Bibel AT; 1. Mos. 2,20) / Sieh zu, dass du einen guten Namen behaltest, der bleibt gewisser denn tausend Schätze Gold. (Bibel AT; Sir. 41,15) / Der Erfolg ist keiner der Namen Gottes. (Martin Buber, 1878–1965)

Wo zwei oder drei in meinem Namen versammelt sind, da bin ich mitten unter ihnen. (Bibel NT; Mt. 18,20) / Man kann den höchsten Gott mit allen Namen nennen, man kann ihm wiederum nicht einen zuerkennen. (Angelus Silesius, 1624–1677; „Der Cherubinische Wandersmann“) / Ein guter Name geht in Augenblicken verloren; ein schlechter wird in Jahren nicht zu einem guten. (Jeremias Gotthelf, 1797–1854)

Wie immer ihr ihn rufet; sein sind die schönsten Namen. (Mohammed, 570–632) / Jemand sagte zu Dhû'n-Nûn: „Zeige mir den größten Namen Gottes!“ Er sprach: „Zeige mir den kleinsten!“, und warf ihn hinaus. (Dhû'n-Nûn, ca. 796–859) / Schone Hingegangener guten Namen, dass die Zukunft deinen Namen schone. (Saadî, um 1215–1292; „Gulistân“) / Bald nennen wir dich Wein, bald Becher, bald nennen wir dich Korn, bald Schlinge. Es gibt nichts als nur deinen Namen auf der Bühne der Welt – bei welchem Namen also sollen wir dich rufen? (Dschâmî, 1414–1492; „Diwan“)

Ist es unser Geist im Herzen? Unser Denken, Wissen, Bedenken, Erkennen und Verstehen? Unsere Einsicht, Entschlusskraft, Absicht, Leidenschaft, Erinnerung und Vorstellung? Unsere Energie, unsere Liebe, unser Wille und unser Leben? – Nein, denn das alles sind Namen des Bewusstseins. (Aitareya-Upanishad; 800–500 v. Chr.) / Aus Bein und Harn und Kot und Fleisch allein der Leib besteht. Drum hüte deinen Namen, Freund, verachte, was vergeht! (Nârâjana, 9./10. Jhdt.; „Hitopadesa“) / Alle Dinge, die Namen und Formen besitzen, sind vergänglich, also auch Erde und Himmel. (Swâmi Vivekânanda, 1862–1902; „Erkenntnisse des Hinduismus“)

Die Menschen, die man sieht und hört, nennt man mit Namen so und so; den Namen nur, den kennt man noch, wenn sie gestorben sind. (Gautama Buddha, um 550–480 v. Chr.; „Sutta-Nipâta“) / Gut und Böse zusammen rolle zu einer Kugel. Wickle sie in Papier und fort damit und vergessen! (Bankei Eitaku, 1622–1693) / Wer ist derjenige, den du bei deinem eigenen Namen nennst? Woher kam er? Wo geht er hin? (Sokei-an Roshi, 1882–1945; „Der Zen-Weg“)

Nation

Es kann das Volk sein eigener Tyrann sein und ist es oft gewesen. (Ludwig Börne, 1786–1837; „Kritiken“) / Der Nationalismus, das ist die Liebe, die mich mit den Dummköpfen meines Landes verbindet, mit den Beleidigern meiner Sitten und mit den Schändern meiner Sprache. (Karl Kraus, 1874–1936; „Sprüche und Widersprüche“) / Das Gedächtnis einer kleinen Nation ist nicht kleiner als das Gedächtnis einer großen, es verarbeitet daher den vorhandenen Stoff gründlicher. (Franz Kafka, 1883–1924; „Tagebücher“)

Alle Nationen germanischen Ursprungs sind von Natur aus religiös. (Germaine de Staël, 1766–1817) / Die Nation ist ein sich täglich wiederholendes Plebiszit. (Ernest Renan, 1823–1892; „Was ist eine Nation?“) / Wenn eine Nation vollkommen wird, wird sie übernational. (Friedrich Lienhard, 1865–1929) / Was ist Nationalismus? Das ist ein Patriotismus, der seine Vornehmheit verloren hat. (Albert Schweitzer, 1875–1965)

Ein gewisses soziales System mag imstande sein, die Raubgier Einzelner zu dämpfen; doch es gibt nichts, was die Raubgier einer Nation hemmen könnte – es sei denn diejenige einer noch stärkeren. Böses wird gutgeheißen, wenn es sich in das Gewand des Nationalismus hüllt. (Maulânâ Muhammad Ali, 1874–1951; „Die neue Weltordnung") / Das souveräne Recht, über sich selbst zu verfügen, ruht bei der Nation. (Kemâl Atatürk, 1881–1938) / Es gibt keine Macht ohne Heer, kein Heer ohne Geld, kein Geld ohne Landwirtschaft, keine Landwirtschaft ohne Gerechtigkeit. (Mohammed Reza Pahlewi, 1919–1980)

Was ist eine Nation? – Es ist die Erscheinung eines ganzen Volkes als organisierte Macht. (Rabindranâth Tagore, 1861–1941) / Ich bin ganz und gar davon überzeugt, dass kein Einzelwesen oder keine Nation gedeihen kann, wenn es oder sie sich von der Gemeinschaft der anderen fern hält; wann immer solch ein Versuch unter falschen Vorstellungen von Größe, Politik oder Heiligkeit unternommen wurde, ist das Ergebnis für den, der sich ausschloss, stets unselig gewesen. (Swâmi Vivekânanda, 1862–1902) / Nationalismus ist kein „natürlicher" Instinkt. Er ist ein erworbenes künstliches Gefühl. (Sarvepalli Radhakrishnan, 1888–1975; „Religion und Gesellschaft")

Selbst wenn ein Land fruchtbar, glücklich und friedlich ist, wird, solange die Leidenschaften dort noch ihr Unwesen treiben, der menschliche Geist Elend und Leiden erzeugen. (Takakusu/Watanabe; „Das Chinesische Tripitaka") / Dass alle Vaterländer nur Täuschung sind, sei dir bewusst. (Milarepa, 1052–1135) / Die Pflicht des einzelnen Landes wie des einzelnen Menschen kann nur darin bestehen, die Kräfte des Friedens, der Verständigung und der Menschlichkeit zu fördern und zu pflegen. (Lama Govinda, 1898–1985)

Natur

Wenn erst einmal die menschliche Natur vervollkommnet ist, hält sie den Menschen von allem fern, was seine Vollkommenheit gefährdet, nämlich vom Laster. (Moses Maimonides, 1135–1204; „Mischna-Kommentar") / Unbedingt aus der Tugend handeln ist dasselbe wie nach den Gesetzen der eigenen Natur handeln. (Baruch Spinoza, 1632–1677; „Die Ethik") / Hätte die Natur so viele Gesetze wie der Staat, Gott selbst könnte sie nicht regieren. (Ludwig Börne, 1786–1837)

Was für die niedere Natur ein Ding der Unmöglichkeit, das ist in der höheren Natur natürlich und selbstverständlich. (Meister Eckhart, um 1260–1327) / Es ist erstaunlich, dass noch nie ein kanonischer Autor sich der Natur bedient hat, um Gott zu beweisen. Alle gehen darauf aus, den Glauben an ihn zu wecken. (Blaise Pascal, 1623–1662) / Seht euch vor, dass ihr das Natürliche nicht verliert, indem ihr das Übernatürliche sucht. (Henri D. Lacordaire, 1802–1861) / Die Gesetze Gottes gehen über die Natur hinaus, aber sie gehen nicht über die Natur hinweg. (Bonifazius Wöhrmüller, geb. 1885)

Wir haben das, was auf der Erde ist, zu einem Schmuck für sie gemacht, um sie auf die Probe zu stellen und zu sehen, wer von ihnen am besten handelt. (Korân; Sure 18,7) / Wenn du vernimmst, dass ein Berg versetzt worden sei, so glaube es! Wenn du aber vernimmst, dass ein Mensch seinen Charakter geändert habe, so glaube es nicht! (Aus Arabien) / Frösche mögen lauter brüllen als Stiere, aber sie können nicht den Pflug auf dem Felde nach sich ziehen, auch nicht das Rad der Weinpresse drehen, und aus ihrer Haut kann man keine Schuhe machen. (Kahlil Gibran, 1883–1931; „Aphorismen“)

Natur betrachtet man als Grund der Entstehung von Ursache und Wirkung, den Geist als Grund des Erlebens von Freude und Leid. (Bhagavadgîtâ XIII,20; ca. 300 v. Chr.) / Der Mensch ist Mensch, solange er darum ringt, sich über die Natur zu erheben; und diese Natur ist sowohl außerhalb wie inwendig. (Swâmi Vivekânanda, 1862–1902; „Jnana-Yoga“) / Die menschliche Natur ist älter als schöne Grundsätze und wird sie auch alle überleben. (Rabindranâth Tagore, 1861–1941)

Diese leuchtende Natur des Geistes erleidet wie der Himmelsraum niemals eine Veränderung. Durch den äußerlichen Schmutz der Begierde etc., der durch unrichtige Vorstellungen entsteht, erfährt sie jedoch eine Besudelung. (Sâramati, um 250 n. Chr.; „Erläuterung des Keimes der drei Juwelen“) / Der Geist ist jenseits der Natur, wird aber in körperlichen Formen erfahren. (Padma Sambhava, 8. Jhdt.) / Überlasse dich der innersten Natur, dann wandelst du geruhsam. Füge dich dem jeweils dir gegebenen Anlass, dann bist du frei und ledig. (Dau-Wau, 8. Jhdt.; „Bi-Yän-Lu“)

Neid

Erhitze dich nicht über den, dem alles wohlgerät. (Bibel AT; Ps. 37,7) / Rabbi Eleasar Hakkappar lehrte: Der Neid, die Begierde und die Ehrsucht bringen den Menschen aus der Welt. (Talmud; 70–500 n. Chr.; Aboth IV,21) / Es erhellt, dass die Menschen von Natur zu Hass und Neid geneigt sind, und die Erziehung befördert dies. Denn die Eltern pflegen die Kinder nur durch die Reizmittel der Ehre und des Neides zur Tugend anzuhalten. (Baruch de Spinoza, 1632–1677)

Die Hunde werden zahm, wenn man sie füttert, die Löwen werden folgsam, wenn man sie pflegt, die Neidischen werden durch Gefälligkeiten nur noch wilder. (Basilius der Große, 330–379) / Den der Neider schwärzen will, pflegt er gern vorher zu loben. (Friedrich von Logau, 1604–1655) / Das Einzige, um das uns niemand beneidet, ist der letzte Platz. Darum gibt es auf diesem Platz weder Eitelkeit noch Herzeleid. (Theresia von Lisieux, 1872–1897)

Lasse deine Freunde deine Vermögensverhältnisse nicht wissen! Wenn du reich bist, beneiden sie dich, und wenn du arm bist, verlassen sie dich. (Mohammed, 570–632) / Wenn Neid zu Eifersucht wird, so wird das saure Herz verbittert. (Hazrat Inayat Khan, 1882–1927; „Gayan“) / Beneiden nicht die im Äther wohnenden Geister den Menschen um seinen Schmerz? (Kahlil Gibran, 1883–1931; „Aphorismen“)

Wer andere um ihre Reichtümer, ihre schöne Gestalt, ihren Heldenmut, ihre edle Abstammung, ihre Freuden, ihr Glück und um die Ehre, die man ihnen erweist, beneidet, der leidet an einer nicht enden wollenden Krankheit. (Aus Indien) / Jedermann kann unter dem Einfluss des Aberglaubens, des Pfaffentums oder der Eingebung des Augenblicks folgend eine gute Tat tun oder ein Geschenk machen; wer aber die Menschheit wirklich liebt, neidet niemandem etwas. (Swâmi Vivekânanda, 1862–1902) / Gönne anderen den Wohlstand, obwohl er nicht dir selbst gehört; Geschickte genießen stets auch den Reichtum, den andere besitzen. (Aus Indien)

Die Wahrheit achtend, hat der Weise festen Stand, und gab er alles auf, so wird er „still“ genannt. Dann ist er wissenreich, durch Wahrheit ganz befreit; ein solcher wandelt recht und kennt hier keinen Neid. (Gautama Buddha, um 550–480 v. Chr.; „Sutta-Nipâta“) / Man misst die Türme nach ihren Schatten und die großen Männer nach ihren Neidern. (Aus China) / Beneide nicht irgendeines Menschen scheinbares Glück, denn seinen eigenen Kummer kennst du nicht. (Aus Tibet)

Neu

Was man getan hat, eben das tut man hernach wieder, und es geschieht nichts Neues unter der Sonne. (Bibel AT, Pred. 1,9) / Man muss sich jeden Tag erneuern, um sich zu vollenden. (Rabbi Nachmann, 1771–1810; „Worte des Rabbi Nachmann“) / Die Welt ist eine Schlange und ihre Haut das Jahr, die neue, wenn sie wechselt, wird, wie die alte war. (Ephraim Moses Kuh, 1734–1790) / Ein neuer Gedanke – das ist meist eine uralte Banalität in dem Augenblick, da wir ihre Wahrheit an uns selbst erfahren. (Arthur Schnitzler, 1862–1931)

Gießt man jungen Wein in neue Schläuche, dann werden beide erhalten. (Bibel NT; Lk. 5,38) / Die einfachste und bekannteste Wahrheit erscheint uns augenblicklich neu und wunderbar, sobald wir sie zum ersten Mal an uns selbst erleben. (Marie von Ebner-Eschenbach, 1830–1916; „Aphorismen“) Hat man mir alte Brunnen verschüttet, so grabe ich neue auf. (Carl Jatho, 1851–1913) / Der Mensch will erleben, was noch nicht in ihm ist. Neues, Höheres. (Artur Bonus, 1864–1941)

Ich bin kein Neuerer unter den Gesandten ... ich folge nur dem, was mir offenbar wurde, und ich bin nur schlicht ein öffentlicher Warner. (Korân; Sure 46,10) / Wer in diese unsere Sache (Islam) etwas Neues einführt, das nicht dazugehört, ist zurückzuverweisen. (Mohammed, 570–632; „Hadith“) / Lieber seine alten Kleider flicken als neue borgen. (Aus Persien) / Liebe, die nicht immer wieder neu entsteht, stirbt ständig. (Kahlil Gibran, 1883–1931; „Aphorismen“)

Nach der Art, wie er im vergangenen Leben war, so wird dem Geist seine neue Stätte. (Upanishaden; 800–500 v. Chr.) / Man freut sich jedesmal, wenn man den Eintritt einer Jahreszeit erlebt, als wenn etwas Neues gekommen wäre; doch mit dem Wechsel der Jahreszeiten schwindet das Leben der Lebenden dahin. (Aus Indien) / Wohl aufs Neue erlangen kann man Frauen, Besitz, Land, einen Sohn und ein Glück bringendes Wirken. Einen neuen Körper aber erlangt man niemals wieder. (Kokkoka, 12. Jhdt.; „Ratirahasya“)

Wie schwer auch das Gestern gewesen sein mag, wichtig ist, dass du heute neu beginnen kannst. (Gautama Buddha, um 550–480 v. Chr.; „Jâtaka") / Unter den Menschen sind die Alten die besten, unter den Kleidern die neuen. (Aus China) / Die Zukunft ist die Zukunft, die Vergangenheit die Vergangenheit; jetzt sollten wir an etwas Neuem arbeiten. (Shunryu Suzuki, 1905–1971; „Zen-Geist")

Nichts

Nicht traue er auf Nichtiges, er ist getäuscht; denn das Nichts wird seine Vergeltung sein. (Bibel AT; Hiob 15,31) / Drei Häupter sind geprägt, eines im andern, eines über dem andern. Ein Haupt verhüllte Weisheit, die gänzlich sich verbirgt und nie sich offenbaren kann. Und diese verborgene Weisheit ist Haupt den Häuptern aller übrigen Weisheit. Das oberste Haupt: der heilige Alte, der Verborgene aller Verborgenen – Beginn alles Beginnens, Beginn, der kein Beginn ist, nicht erkennend und nicht erkannt, der sich noch nicht verband mit Weisheit und mit unterscheidender Vernunft. – Und darum wird der heilige Alte auch „Nichts" genannt, denn an ihm haftet nichts mehr. (Moses de Léon, geb. um 1240; „Sohar, Gebet des Eliahu") / Der Mensch kostet, wie er sagt, das Nichts und lässt es auch noch auf der Zunge zergehen; oder er füllt den des Sinns entleerten Raum des Daseins mit der Masse der Programme. (Martin Buber, 1878–1965; „An der Wende")

Wenn ich mein ganzes Vermögen zum Unterhalt der Armen hingäbe und meinen Leib zum Verbrennen hingäbe, es fehlte mir aber die Liebe, so nützte es mir nichts. (Bibel NT; 1. Kor. 13,3) / Du musst zuvor ein Nichts sein, wann du willst etwas werden. Doch auch, der etwas ist, der bleibt in Tods Beschwerden. (Angelus Silesius, 1624–1677; „Der Cherubinische Wandersmann") / Der Anblick meines Nichts, anstatt mich zu betrüben, hilft mir, mich zu vergessen und nur an den zu denken, der alles ist. (Charles de Foucauld, 1858–1916)

Mein Gott, wenn du den Menschen vergeben würdest, von Adam angefangen bis zum Jüngsten Tag, so würdest du doch nur einer Hand voll Staub vergeben, und wenn du sie brennen lassen würdest, so würdest du doch nur eine Hand voll Staub verbrennen! (Bâyazîd Bistâmî, gest. 874) / Der Geist nur, den im Werden und Vergehn wir bald als Tier und bald als Pflanze sehn, wird niemals, wie du meinst, in nichts verwehn: Wenn auch die Form zerfällt – er bleibt bestehn! (Omar Khayyâm, um 1045–1122; „Sinnsprüche") / Wer die Grenzen erkennt und in ihnen sein Glück, der kann es auch halten sein Leben lang; wen aber das Irrlicht seines Verlangens weitertreibt vom einen immer zum Nächsten, der stürzt am Ende – ins Nichts. (Nizâmî, 1141–1209)

Im Anbeginn – nicht Tod war damals noch Unsterblichkeit, nicht war die Nacht, der Tag nicht offenbar. Es hauchte windlos in Ursprünglichkeit, das Eine, außer dem kein anderes war. (Rigveda 10; 1500–500 v. Chr.) / Wenn ein Mann aus seinem Traum erwacht, lösen sich seine Traumhandlungen in nichts auf. Erwacht ein Mensch zur Erkenntnis, dass er

Brahman ist, so lösen sich alle aufgehäuften Ursachen von Millionen und Abermillionen Leben auf. (Shankara, 788–820; „Kleinod der Unterscheidung") / Aus dem Nichts führe mich zum Sein, aus dem Dunkel zum Licht, aus dem Tode zur Unsterblichkeit! (Rabindranâth Tagore, 1861–1941)

Wenn du besonnen auf das Nichts hinschaust, wirst du mit „Es ist nichts" die Flut durchqueren. (Gautama Buddha, um 550–480 v. Chr.; „Sutta Nipâta") / Wenn man die Idee der Leere annimmt, dann verschwindet die Idee der Existenz; und später wird durch die Gewöhnung an den Gedanken, dass nichts existiert, auch die Idee der Leere selbst ausgeschaltet. (Sântideva, 7. Jhdt.; „Bodhicaryâvatâra") / Nichts außer dem Geist ist erkennbar. (Padma Sambhava, 8. Jhdt.) / Wenn du an Dingen nicht hängst, wird die treibende Welt vergehen. Nichts bleibt übrig, leeres Nichts – das heißt: ein lebender Buddha. (Bankei Eitaku, 1622–1693)

Nichtsein

Aus Nichts hat Gott die Welt erschaffen. (Bibel AT, 2. Makk. 7,28) / Gott als höchster Wert und höchstes Ziel ist nicht ein Mensch, ist nicht die Natur, nicht Macht, Besitz, Sexualkräfte oder irgendein vom Menschen künstlich gefertigtes Gebilde. (Erich Fromm, 1900–1980) / Das, was vor dem Menschen war, ist nicht Nichts, sondern Niemand. (Hannah Arendt, 1906–1975)

Gott ist ein solcher, dessen Nichtsein die Welt erfüllt, und die Stätte seines Wesens ist nirgends. (Meister Eckhart, um 1260–1327) / Das Endliche wird vor dem Unendlichen zu nichts, es wird ein reines Nichts. (Blaise Pascal, 1623–1662) / Die Religion ist nichts, wenn sie nicht alles ist. (Germaine de Staël, 1766–1817)

Eine Stunde über seine eigene Nichtexistenz nachdenken ist besser als ein Jahr lang religiöse Andachten verrichten und dabei denken, dass man existiert. (Abû Sa'îd-i Abû'l-Khair, gest. 1049) / Werde still und geh den Weg des Schweigens hin zum Nichtsein. Und wenn du nicht mehr bist, so wirst du ganz zu Lob und Preis. (Dschelâleddin Rûmî, 1207–1273) / Besser zeitlebens barfuß gegangen als im knappen Schuh; besser nie Haus und Hof erlangen als ein böses Weib dazu. (Aus Arabien)

Bestünde die Erscheinungswelt, würd ohne Zweifel sie vergehn. Die Zweiheit doch nur Blendwerk ist. In Wirklichkeit gibt es Einheit nur. (Mândûkya-Upanishad; 800–500 v. Chr.) / Aus dem Nicht-Seienden wird kein Sein. Aus dem Seienden kein Nicht-Sein. (Bhagavadgîtâ; ca. 300 v. Chr.) / Nicht ist die Welt mit Gebirgen und Meeren, nicht sind die Götter, die wir verehren, nicht sind wir selbst, und nicht sind die Dinge, darum bezwinge den Gram des Lebens! (Shankara, 788–820; „Lehrgedichte")

„Es gibt ein Ich, es gibt ein Mein"; das ist vom Standpunkt der höchsten Wahrheit irrig, da es nach wahrheitsgemäßer Erkenntnis beides nicht gibt. (Nâgârjuna, um 200 n. Chr.; „Juwelenkette") / Im Zustand der höchsten Seligkeit gibt es weder Selbst noch Anderes. (Âryadeva, 3. Jhdt.; „Sarahas Liederschatz") / Erleuchtung und Verblendung gibt es von Anbeginn nicht. Sie sind nur gefundene Ideen, von deinen Eltern nie vererbt. (Bankei Eitaku, 1622–1693) / Die buddhistische Null ist weder Null noch Eins. Sie wird Nicht-Existenz genannt. Natürlich existiert sie nicht, aber wenn wir sehr genau über diese Nicht-Existenz nachdenken, stellen wir fest, dass sie wirklich existiert. (Sokei-an Roshi, 1882–1945; „Der Zen-Weg")

Not

Vertraue keinem Freunde, du habest ihn denn erkannt in der Not. (Bibel AT; Sir. 6,7) / Not! Der Wissenschaft Tod. (Talmud; 70–500 n. Chr.; Aboth III,21) / Alle Nöte des Menschen kommen aus ihm selbst, denn das Licht Gottes ergießt sich ewig über ihn, aber der Mensch macht sich durch sein allzu körperliches Leben einen Schatten, so dass das Licht Gottes nicht zu ihm gelangen kann. (Rabbi Nachmann, 1771–1810; „Worte des Rabbi Nachmann")

Gewaltlosigkeit ist die Antwort des Negers auf seine Not. Sie wird vielleicht auch die Antwort auf die verzweifelte Not der Menschheit sein. (Martin Luther, 1483–1546) / Freund und Anker kennet man, wenn sie Hilf in Not getan. (Abraham a Santa Clara, 1664–1709) / Man soll ohne Not von sich nichts Gutes, von anderen nichts Böses reden. (Alban Stolz, 1808–1883) / Am klarsten ist der Mensch oft in der größten Not. (Hans Much, 1880–1932)

Wenn jemand Not leidet und diese den Menschen aufbürdet, wird seine Not nicht behoben. Wer sie Gott überläßt, dem gewährt Gott bald, was ihn befreit: entweder durch einen schnellen Tod oder einen schnellen Reichtum. (Mohammed, 570–632; „Hadith") / „Spirituelle Not" ist unerläßlich, denn für den Schüler gibt es keinen kürzeren Weg zu Gott; dringt es durch den harten Felsen, bricht Wasser kraftvoll hervor. „Spirituelle Not" ist für die Sufis grundlegend; es ist die Gnade, die Gott ihnen verleiht. (Abû Sa'îd-i Abû'l-Khair, gest. 1049) / Dass eigene Not dir leichter scheine, betrachte größere als die deine! (Saadî, um 1215–1292; „Bostân")

Zuckerrohr bewahrt seine Süße, mag man es hinbringen, wohin man will; ein edler Mensch lässt auch in der Not nicht von seinem sittlichen Lebenswandel und seinen guten Eigenschaften. (Aus Indien) / Solange der Kompass richtig genordet ist, wird ein Schiff nicht von seinem Kurs abgetrieben werden und in Not geraten. (Shrî Râmakrishna, 1834–1886) / Dasselbe Treiben eines Mannes, aus dem die Leute, solange er sich in den gewohnt guten Verhältnissen befindet, Nutzen ziehen, verzeihen ihm sogar Anverwandte nicht, sobald er in Not gerät. (Aus Indien)

Bei Gastmählern scharen wir uns um die heiteren Menschen, die Lebensfreude ausstrahlen. Doch in der Bedrängnis brauchen wir aufrichtige Menschen. (Gautama Buddha, um 550–480 v. Chr.; „Udâna") / Selbst der gelehrteste Schüler des Buddha erleidet die Qualen der Hölle, wenn er die Essenz nicht berührt. (Yung-chia Hsüan-chüeh, 665–713; „Shodoka") / Im Notfall erst bedauert man seine Wissenslücken. Ohne Erfahrung kennt man nicht der Dinge verborgene Tücken. (Meister Dsi, 18./19. Jhdt.)

Nutzen

Verdeckte Weisheit und vergrabener Schatz, was bringen die beiden für Nutzen? (Bibel AT; Sir. 20,30) / Bevorzuge die Wahrheit und das Recht, die dir zum Nachteil scheinen, vor einer Lüge und Ungerechtigkeit, die dir zu nützen scheinen. (Moses Maimonides, 1135–1204) / Die Menschen kennen den Nutzen des Nutzlosen nicht. (Martin Buber, 1878–1965)

Der Nutz ist Teil der Schönheit. (Albrecht Dürer, 1471–1528) / Ich will den erschaffenen Dingen gegenüber wie eine Biene sein, die sich nicht an der Schönheit der Blumen ergötzt, sondern Nutzen daraus zieht. (Arnold Janssen, 1837–1909) / Ein vollkommen guter Mensch wäre für nichts zu gebrauchen. (Karl Heinrich Waggerl, 1897–1973; „Kleine Münze") / Freiheit ist ein Gut, das durch Gebrauch wächst, durch Nichtgebrauch dahinschwindet. (Carl Friedrich von Weizsäcker, geb. 1912)

Sie befragen dich über Wein und Glücksspiel. Sprich: „In beiden liegt große Sünde, aber auch Nutzen für die Menschen; doch ihre Sünde ist größer als ihr Nutzen." (Korân; Sure 2,219) / Wir und du sind nicht voneinander getrennt, doch wir brauchen dich, und du brauchst uns nicht. (Dschâmî, 1414–1492; „Diwan") / Wer andern vertraut, aber nicht sich selbst, hat keinen Nutzen davon. (Hazrat Inayat Khan, 1882–1927; „Gayan")

Wallfahrten ohne Gottesliebe sind ohne Nutzen. Mit Gottesliebe im Herzen aber ist es nicht nötig, zu den heiligen Orten zu pilgern. Dann bist du, wo du bist, am rechten Ort. (Shrî Râmakrishna, 1834–1886) / In dem Augenblicke, in dem ich die leise innere Stimme unterdrücke, werde ich aufhören, nützlich zu sein. (Mahatma Gandhi, 1869–1948) / Was ist der Nutzen von Wahrheit, Güte, Harmonie und Schönheit? Sie sind sich selber Ziel. (Sri Nisargadatta Maharaj, 1897–1981; „Ich bin")

Das Glück erlebst du, wenn deine Worte und Taten ein Nutzen sind für dich selbst und für deine Mitmenschen. (Gautama Buddha, um 550–480 v. Chr.; „Dhammapada") / Ohne Nutzen und Sinn ist es, wenn man gelehrt in den spirituellen Unterweisungen ist, aber über keine ihnen entsprechenden inneren Erfahrungen verfügt; man gleicht einem Reichen, der keinen Schlüssel zu seiner Schatzkammer besitzt. (Gampopa, 1079–1153; „Der kostbare Rosenkranz") / Durch Reden ist noch nichts zustande gekommen, durch Phrasen noch kein Schuß ausgelöst worden. Wer sich auf Worte verlässt, ist verloren; wer Regeln folgt, geht irre. (Wu-men Hui-kai, 1183–1260; „Wu-men-kuan")

Obrigkeit

Wehe dir, Land, des König ein Kind ist und des Fürsten in der Frühe speisen! (Bibel AT; Pred. 10,16) / Zu ihren Lustbarkeiten laden die Fürsten nur Edelleute ein. Aber wenn das Unglück über sie kommt, bitten sie auch ihre Bürger zu Gaste. (Ludwig Börne, 1786–1837) / Die moralischen Qualitäten der führenden Persönlichkeiten sind für eine Generation und für den Lauf der Geschichte vielleicht von noch größerer Bedeutung als rein intellektuelle Leistungen. (Albert Einstein, 1879–1955)

Jedermann sei untertan der Obrigkeit, die Gewalt über ihn hat! Denn es ist keine Obrigkeit ohne von Gott; wo aber Obrigkeit ist, die ist von Gott verordnet. (Bibel NT; Röm. 13,1) / Weltliche Obrigkeit ist nicht von Gott eingesetzt, dass sie den Frieden brechen und Krieg anfangen solle, sondern dass sie den Frieden handhabe und Kriegen wehre. (Martin Luther, 1483–1546) / Man soll die lieben, über die man befiehlt, aber man soll es ihnen nicht sagen. (Antoine de Saint-Exupéry, 1900–1944)

Tu im Amte nichts, dass du im Privatstand verachtet und getadelt hast! Sei in jedem Stande menschenfreundlich, dass du jederzeit geadelt seiest! (Saadî; um 1215–1292) / Lieber unter reißenden Löwen wohnen als einem grausamen Herrscher fronen. (1001 Nacht; 16./17. Jhdt.) / Zur Armut wird am Ende alle Herrschaft – der Knospe Krone wird zur Bettlerschale. (Azad Bilgrami, gest. 1784) / Nur, wer unter mir ist, kann mich beneiden oder hassen. Ich bin nie beneidet oder gehasst worden; ich stehe über niemandem. Nur, wer über mir ist, kann mich loben oder herabsetzen. Ich bin nie gelobt oder herabgesetzt worden; ich stehe unter niemandem. (Kahlil Gibran, 1883–1931; „Aphorismen“)

Verachtung bleibt auch einem Mächtigen nicht erspart, solang er seine Stärke nicht hat offenbart. Leicht springt man über Feuer, das im Holz noch ruht; doch wenn es flammt, wer ist's wohl, der es dann noch tut? (Pantschatantra; 5. Jhdt.) / Überall und immer mächtig ist der Reiche in der Welt. Immer ist das Geld die Wurzel, die der Fürsten Macht erhält. (Nârâjana, 9./10. Jhdt.; „Hitopadesa“) / Gott vollbringt alles. Wir selber vollbringen nichts. Befiehlt er uns zu leiden, so leiden wir. (Shrî Aurobindo, 1872–1950)

Wenn ein kleiner Kopf in führender Stellung arbeitet, gleicht er einer Greisin, die Großvieh hütet. (Gampopa, 1079–1153; „Der kostbare Rosenkranz“) / Täusche deine Vorgesetzten, aber nie deine Untergebenen. (Aus China) / Richter irren, Gelehrte irren, Vollziehungsbeamte irren sich nie. (Wu Cheng-en, um 1500–1582) / Wer es einem Vorgesetzten gleichtun will, beginnt mit den schlechten Eigenschaften. (Aus Japan)

offenbar / Offenbarung

Offenbare nicht eines andern Heimlichkeit. (Bibel AT; Spr. 25,9) / Wer geduldig ist, der ist weise; wer aber ungeduldig ist, der offenbaret seine Torheit. (Bibel AT; Spr. 14,29) / Wer das helfende Wort in sich aufruft, erfährt das Wort. Wer Halt gewährt, verstärkt in sich den Halt. Wer Trost spendet, vertieft in sich den Trost. Wer Heil wirkt, dem offenbart sich das Heil. (Martin Buber, 1878–1965)

Die Offenbarung Gottes zeigt uns mehr, was er nicht ist, als was er ist. (Thomas von Aquin, 1225–1274) / Es gibt keinen Ort, keine Zeit, keine Gelegenheit, kein Gefühl, keine Lage, wo Gott nicht offenbar würde. (Henri D. Lacordaire, 1802–1861) / Was in einem Menschen lebt, wird daran offenbar, was für Menschen sich von ihm angezogen fühlen. (Romano Guardini, 1885–1968)

Und den Koran haben wir in Abschnitten offenbart, damit du ihn den Menschen stückweise vortragen mögest, und wir sandten ihn nach und nach hinab. (Korân; Sure 17,106) / In Gott sind beide Möglichkeiten: Anfang ist Einsamkeit, und Ziel ist Offenbarung. (Muhammad Iqbal, 1877–1938) / Wenn du dem Wind deine Geheimnisse offenbarst, solltest du den Wind nicht tadeln, wenn er sie den Bäumen offenbart. (Kahlil Gibran, 1883–1931; „Aphorismen")

Unentfaltet ist die Welt im Innern, offenbar die Welt, die draußen liegt. Der Unterschied liegt in den Sinnen, als Einbildung sind alle gleich. (Mândûkya-Upanishad; 800–500 v. Chr.) / Belehrt mich Ehrwürdiger! Mit diesen Worten kam Nârada zu Sanatkumâra. Der erwiderte: Sage mir, was du schon weißt, und dann werde ich dir alles Weitere verkünden. (Chândogya-Upanishad; 800–500 v. Chr.) / Ich sah, dass die Erkenntnis, die man durch Denken erhält, anders ist als jene, die durch Meditation erlangt wird. Und von völlig anderer Natur ist ihrerseits die Erkenntnis, die durch Gottes Offenbarung zuteil wird. (Shrî Râmakrishna, 1834–1886)

Buddha sagte in Wirklichkeit kein einziges Wort, obwohl er neunundvierzig Jahre seine Lehre darlegte. (Huang-po, gest. 850) / Die Zeit offenbart den Charakter eines Mannes. (Aus China) / Wirklichkeit kann nicht bewiesen werden, sie ist aber auch nicht unbeweisbar, sondern sie beweist sich durch sich selber. (Paul Dahlke, 1865–1928)

Opfer

Du sollst dem Herrn, deinem Gott, nichts opfern, was nicht fehlerlos ist. (Bibel AT; 5. Mos. 15,21) / Recht und Gerechtigkeit üben gefällt dem Herrn besser als Opfer. (Bibel AT; Spr. 21,3) / Solange der Tempel stand, löste das Opfer von der Sünde. Jetzt löst die Gastfreundschaft. (Talmud; 70–500 n. Chr.; Berachot 55a)

Christus opferte sein Leben für uns; daran haben wir erkannt, was Liebe ist. Auch wir müssen deshalb bereit sein, unser Leben für unsere Brüder zu opfern. (Bibel NT; 1. Joh. 3,16) / Dich sucht Gott mehr als deine Opfergabe. (Aurelius Augustinus, 354–430) / Nur für Opfer zahlt das Leben. (Johann C. Biernatzki, 1795–1840) / Der Mensch verwächst am innigsten mit demjenigen, dem er am meisten opfert. (Else Hasse, 1870–1960)

Opfere das Ich; andernfalls kümmere dich nicht um das verrückte Gerede der Weisen. (Abû Sa'îd-i Abû'l-Khair, gest. 1049) / Die Liebenden, sie schenken Gott sich ganz und bringen den Verstand zum Opfer dar. (Muhammad Iqbâl, 1873–1938; „Das Buch der Ewigkeit") / Meine Unabhängigkeit! – Wie viele Opfer habe ich dir gebracht, und doch gibst du dich nie zufrieden. (Hazrat Inayat Khan, 1882–1927; „Gayan")

Die Opfergaben, die den Regeln entsprechend im Feuer gespendet werden, steigen zur Sonne auf. Von der Sonne kommt der Regen, aus dem Regen die Nahrung und daraus die Lebewesen. (Maitrâyâni-Upanishad; 800–500 v. Chr.) / Wie bescheiden auch das Opfer sein mag, wenn es in Liebe und Aufrichtigkeit dargebracht wird, ist es für Gott immer annehmbar. (Sarvepalli Radhakrishnan, 1888–1975) / Ein Volk, das unermesslicher Opfer fähig ist, wird zu unermesslichen Höhen aufsteigen können. Je reiner das Opfer, umso schneller der Aufstieg. (Mahatma Gandhi, 1869–1948)

Kein Feuer brennt so stark wie unsere Gier nach Besitz und Lust. Kein Brand ist so verheerend, wie der Hass sich unter Menschen ausbreitet und unzählige Opfer fordert. (Gautama Buddha, um 550–480 v. Chr.; „Anguttara-Nikâya“) / Was einer opfern mag, um zu Verdienst zu kommen, ist nicht ein Viertel wert des Grusses für den Frommen. (Gautama Buddha, um 550–480 v. Chr.; „Dhammapada“) / In meinem Reiche darf kein lebendes Wesen getötet werden, um ein Opfer zu veranstalten. Auch soll man keine lärmenden religiösen Feste feiern. (Kaiser Ashôka, um 250 v. Chr; „I. Fels-Edikt“) / Unter den vier Arten von Opfergaben versteht man Kleider, Obdach, Nahrung und Pflege. (Nyogen Senzaki, 1876–1958; „Keine Spur im Wasser“)

Ordnung

Selbst der Storch am Himmel kennt seine Zeiten, und Turteltaube, Schwalbe, Kranich, sie halten ein die Zeit ihrer Heimkehr; aber mein Volk will nichts wissen von der Ordnung des Herrn. (Bibel AT; Jer. 8,7) / Die Gesellschaft erwirbt Stabilität und Ordnung in vollem Maße durch Weisheit, guten Charakter und die Befolgung der Weisungen der Thora. (Moses Maimonides, 1135–1204; „Mischna-Kommentar“) / Ein deutsches philosophisches System kommt mir vor wie ein Getreidefeld, zu dem man uns hinführt und uns freundlich einladet, uns satt zu essen. (Ludwig Börne, 1786–1837; „Aphorismen“)

Ein Sportler, der an einem Wettkampf teilnimmt, kann den Preis nur gewinnen, wenn er sich genau an die Regeln hält. (Bibel NT; 2. Tim. 2,5) / Ordnung ist das erste Gesetz des Himmels. (Alexander Pope, 1688–1744) / Die Ordnung ist die Lust der Vernunft, aber die Unordnung ist die Wonne der Phantasie. (Paul Claudel, 1868–1955) / Die Ordnung der Welt ist die Schönheit der Welt. (Simone Weil, 1909–1943)

Stiftet nicht Unheil auf der Erde, nachdem sie in Ordnung gebracht worden ist. Und ruft ihn in Furcht und Begehren an. Die Barmherzigkeit Gottes ist den Rechtschaffenen nahe. (Korân; Sure 7,56) / Der die sieben Zonen regiert, hat jedem gegeben, was ihm gebührt; wären der Katze Flügel gegeben, ließe sie keinen Sperling am Leben. (Saadî, um 1215–1292; „Gulistân“) / Das erste Erfordernis einer neuen Weltordnung ist, dass sie auf der Kraft des Geistes aufgebaut sei. Der Geist aber muss in den Tiefen der Religion wurzeln. (Maulânâ Muhammad Ali, 1874–1951; „Die neue Weltordnung“) / Streit in der Natur ist nur Unordnung, die sich nach Ordnung sehnt. (Kahlil Gibran, 1883–1931; „Aphorismen“)

Bist du hoch, so beuge dich! Stehst du niedrig, ist es an der Zeit, dass du dich hebst. (Tiruvalluvar, 6. Jhdt.; „Kurral“) / Nichts gibt's, das schön und hässlich nur, weil's so geordnet die Natur: Was unsern Sinn gefangen hält, das scheint uns schön in dieser Welt. (Nârâjana, 9./10. Jhdt.; „Hitopadesa“) / Unserem Volk mangelt es gänzlich an Organisationstalent. Dieser Mangel ist die Ursache vieler Missstände. Wir Inder lassen uns nicht dazu bewegen, uns gemeinsam für etwas einzusetzen. (Swâmi Vivekânanda, 1862–1902)

Willst du das Land in Ordnung bringen, so musst du zuerst die Provinzen in Ordnung bringen. Willst du die Provinzen in Ordnung bringen, so musst du zuerst die Städte in Ordnung bringen. Willst du die Städte in Ordnung bringen, so musst du zuerst die Familien in Ordnung bringen. Willst du die Familien in Ordnung bringen, so musst du zuerst deine Familie in Ordnung bringen. Willst du deine Familie in Ordnung bringen, so musst du zunächst dich selber in Ordnung bringen. (Aus China) / Das Weltbild des Glaubens mit seinem Leben ohne Sterben ist eine Fiktion; das Weltbild der Wissenschaft mit seinem Sterben ohne entsprechende Geburt ist eine Hypothese; beide liefern sie keinen geordneten Welthaushalt. (Paul Dahlke, 1865–1928) / Um in Ordnung zu kommen, müsst ihr meditieren und tief in euer Herz und euren Geist eindringen. (Sokei-an Roshi, 1882–1945; „Der Zen-Weg“)

Ort, Platz

Alle Orte, auf die eure Sohle tritt, sollen euch zuteil werden. (Bibel AT; 5. Mos. 11,24) / Es ist von großem Vorteil, dass ein Mensch seinen konkreten Platz kennt und nicht glaubt, das ganze Universum sei nur für ihn da. (Moses Maimonides, 1135–1204) / Ihr werdet keinen einzigen Ort in der Welt finden können, wo das Achtzehngebet wortwörtlich identisch ist mit dem Achtzehngebet an irgendeinem anderen Ort. (David Abudraham, 14. Jhdt.; „Sepher Abudraham“)

Den Ort des Gebetes findet die tugendhafte Seele überall, denn sie trägt ihn stets in sich. (Katharina von Siena, 1347–1380) / Es gibt in dieser Welt keinen Platz, von dem aus nicht ein Pfad zur Hölle führte. (Aus Ungarn) / Jeder Mensch, schlechthin jeder, hat in der Welt seinen ihm und nur ihm bestimmten Platz. (Paul de Lagarde, 1827–1891)

Wenn Gott beschließt, dass ein Mensch an einem bestimmten Ort sterben soll, gibt er ihm einen Grund, dorthin zu gehen. (Mohammed, 570–632; „Hadith“) / Wenn es irgendeinen Ort gibt, wo man Gott begegnen kann, so ist es auf dieser Erde. (Hazrat Inayat Khan, 1882–1927; „Vadan“)

Was hier ist, das ist auch dort. Was dort ist, das ist auch hier. Solange man da Verschiedenheit sieht, geht man von Tod zu Tod. (Katha-Upanishad; 800–500 v. Chr.) / Vom Orte, da dich niemand ehrt, den Freunde und Verwandte fliehen, der aller Wissenschaft entbehrt, von diesem Orte sollst du ziehen. (Nârâjana, 9./10. Jhdt.; „Hitopadesa“) / Was vermag wohl Gelehrsamkeit, wenn sie am falschen Orte angebracht wird? Sie gleicht einer Lampe, die man in einen Topf setzt und so durch Finsternis zudeckt. (Aus Indien)

Wenn man zu lange an einem Orte wohnt, häufen sich zu viele Sachen an. Man übernimmt zu viele Pflichten und Geschäfte, verkehrt mit zu vielen Familien, und wenn man fortzieht, empfindet man Trennungsschmerz. (Buddha, um 550–480; „Anguttara-Nikâya“) / Sitz nicht zu Hause, geh nicht in den Wald, sondern erkenne den Geist, wo immer du bist. (Âryadeva, 3. Jhdt.; „Sarahas Liederschatz“) / In unserem Körper gibt es keinen Ort, zu dem man gehen oder an dem man bleiben könnte. (Seng-ts'an, gest. 606; „Hsin-hsin-ming“)

Paradies, Nirvana

Man soll seinem Schöpfer nicht in der Absicht dienen, einst des Paradieses teilhaftig zu werden, sondern rein nur aus Liebe zu ihm und zu der Pflichterfüllung, die er geboten hat. (Jehuda Hachassid, 13. Jhdt.; „Das Buch der Frommen") / Die sanfteste, edelmütigste Frau besitzt von der Hölle wenigstens ein volles Kohlenbecken, und es ist keine so ruchlos, die nicht einen kleinen Winkel des Paradieses in ihrem Herzen trüge. (Ludwig Börne, 1786–1837) / Es gibt zwei menschliche Hauptsünden, aus welchen sich alle anderen ableiten: Ungeduld und Lässigkeit. Wegen der Ungeduld sind die Menschen aus dem Paradiese vertrieben worden, und wegen der Lässigkeit kehren sie nicht zurück. (Franz Kafka, 1883–1924; „Das dritte Oktavheft")

Wer aus dem Fluss des Paradieses getrunken hat, von dem ein Tropfen größer ist als das Meer, in dem ist der Durst nach dieser Welt ausgelöscht. (Aurelius Augustinus, 354–430) / Ein großes Licht wird sein, und alles, was hier schön ist, wird dort nichts sein. Unsere Augen werden glänzen wie fein' Silber, unser Leib wird leicht dem Willen folgen wie ein Flaum. (Martin Luther, 1483–1546) / Macht Ernst mit euren schönen Worten, so wird das Paradies auf Erden sein! (Paul de Lagarde, 1827–1891) / In jedem Menschen werden Adam und Eva neu geboren und immer von neuem wieder aus dem Paradiese getrieben. (Ludwig Diehl, geb. 1894)

Wer Böses tut, dem soll nur mit Gleichem vergolten werden; wer aber Gutes tut – sei er Mann oder Weib – und gläubig ist, diese werden in den Garten eintreten; darin werden sie versorgt werden mit Unterhalt ohne Maß. (Korân; Sure 4,40) / Der Korân sagt, im Paradies sei Wein der Frommen Lohn und holde Mägdelein. Dann sei schon hier mir Lieb und Wein erlaubt, wenn's droben doch dasselbe nur soll's sein! (Omar Khayyâm; um 1045–1122; „Sinnsprüche") / Ein Derwisch betrachtete den gestirnten Himmel und sagte: „O Gott! Wenn das Dach deines Gefängnisses schon so schön ist, wie schön muss dann erst das Dach deines Gartens sein!" (Attâr, um 1136 bis ca. 1220; „Meer der Seele") / Das Leben ist eine Quarantäne für das Paradies. (Aus Arabien)

Nicht den prunkenden Himmel suche ich. Nicht ein grundloses Aufgehen im Absoluten. Das Leben in der Welt von Werden und Vergehen ist Gott und ist alles, was ich brauche. (Tukârâm, 1608–1649) / O nimm mich auf, mein Gott, noch diesmal nimm mich auf, und wende nicht im Zorn von mir dein Angesicht! Dies Herz, das vor dir liegt nach irrem, wirrem Lauf, nimm es an deine Brust, o Herr, verstoß es nicht! (Rabindranâth Tagore, 1861–1941) / Obwohl ich in meiner Schwäche tausendmal falle, verliere ich dennoch nicht die gläubige Hoffnung, dass ich das Licht schauen werde, wenn das Fleisch einst, seiner Bestimmung folgend, vollkommen unterworfen sein wird. (Mahatma Gandhi, 1869–1948)

Nirvana ist ein Ziel, ein anderes Weltlichkeit. Den Buddhamönch, der dies verstanden hat, erfreut kein Ruhm, er liebt allein Zurückgezogenheit. (Gautama Buddha, um 550–480 v. Chr.; „Dhammapada") / Das Nirvana ist aber auch kein Nichtsein, wie viel weniger ein Sein. Das Schwinden der

Vorstellungen von Sein und Nichtsein wird Nirvana genannt. (Nâgârjuna, um 200 n. Chr.; „Juwelenkette") / Die Nahrung für das Nirvana ist Zwecklosigkeit, Geist ohne Absicht. (Sokei-an Roshi, 1882–1945; „Übertragung des Zen")

Person / Persönlichkeit

Sieh nicht auf den Krug, sondern auf das, was darinnen ist; mancher Krug ist neu und voll alten Weins, und manch alter Krug hat nicht einmal neuen Wein in sich. (Sprüche der Väter 4,27; ca. 200 n. Chr.) / Der Mensch sei biegsam wie ein Schilfrohr und nicht starr wie eine Feder. (Talmud; 70–500 n. Chr.; Taanit 29b) / Persönlichkeiten werden nicht durch schöne Reden geformt, sondern durch Arbeit und eigene Leistung. (Albert Einstein, 1879–1955)

Die Kardinalfrage der Menschheit ist die Arbeit an der eigenen Persönlichkeit. (Friedrich Lienhard, 1865–1929) / Je mehr dein Ich zum Wir hinaufwächst, umso mehr bist du Persönlichkeit. (Anton Heinen, 1869–1934) / Persönlichkeit ist die Vorbedingung aller Kultur und Bildung, ja sogar aller Religiosität. Puppen und Schatten können Gott nicht verehren. (Romano Guardini, 1885–1968)

Drei erkennt man nur bei dreien: den Milden beim Zorn, den Tapferen beim Krieg und den Bruder, wenn man ihn braucht. (Mohammed, 570–632; „Hadith") / Machst du mit einem Schlechten dich gemein, gleich will er deinesgleichen sein. (Saadî, um 1215–1292; „Gulistân") / Die Persönlichkeit eines Menschen spiegelt sein Denken und Handeln. (Hazrat Inayat Khan, 1882–1927; „Gayan")

Noch nie hat schlechter Umgang dem geschadet, der in der Hand den Stein des Wissens hielt; der Knabe eines Gauklers und Beschwörers mit einer Schlange ungefährdet spielt. (Kabîr, 1440–1518; „Spruchgedichte") / Gott kommt nicht in eigener Person herab, um das Leid aus der Welt zu schaffen. Er wirkt durch die Vermittlung des Menschen. (Mahatma Gandhi, 1869–1948) / Wie die menschliche Persönlichkeit von der Dauer des Gedächtnisses abhängt, so hängt das soziale Leben vom Fortbestand der Überlieferung ab. (Sarvepalli Radhakrishnan, 1888–1975; „Gemeinschaft des Geistes")

Von eurem Scheitel bis zu den Fußsohlen könnt ihr nichts finden, was „Ich" ist, wie sehr ihr auch sucht und euren Geist anstrengt, es zu erforschen. Dies ist die Ichlosigkeit der Person. (Geshe Drom, 11. Jhdt.; „Kadamthorbu") / Geschichten von „Wiedergeburten" verleiten zur Annahme, dass es eine individuelle Persönlichkeit gibt, was jemand, der ernsthaft nach der Wahrheit sucht, nur ablehnen kann. (Nyogen Senzaki, 1876–1958; „Keine Spur im Wasser") / Die Persönlichkeit eines geistig unentwickelten Menschen beschränkt sich auf seine materielle Erscheinungsform, seinen physischen Körper. Die Persönlichkeit eines geistig fortgeschrittenen Menschen umfasst nicht nur das Materielle seiner Erscheinungsform, sondern auch seine geistigen und seelischen Funktionen. (Lama Govinda, 1898–1985; „Buddhistische Reflexionen")

Pflicht

Der Lohn für eine erfüllte Pflicht ist die Kraft, die nächste zu tun. (Rabbi Ben Azai) / Jeder Mensch wurde erschaffen, um etwas in der Welt zu verbessern. Also: Entweder er bedarf der Welt, oder die Welt bedarf seiner. (Baruch aus Niedzyboz, 1757–1810) / Der Mensch ist verpflichtet, sich immer zu erneuern. (Rabbi Nachmann, 1771–1810) / Die Erwählung hat dem jüdischen Volk nur Pflichten auferlegt, aber ihm keine bevorzugte Stellung gewährt. (Simon Bernfeld, 1860–1940)

Der Weg zum Himmel ist die Erfüllung unserer Pflichten auf Erden. (Heinrich Pestalozzi, 1746–1827) / Große Gaben legen große Pflichten auf. (Henri D. Lacordaire, 1802–1861) / Mit jedem Leben wird ein Lebensrecht geboren und mit dem Lebensrecht die Lebenspflicht. (Carl Jatho, 1851–1913) / Eine erkannte und doch nicht erfüllte Pflicht verdirbt und befleckt den Charakter. (Bonifazius Wöhrmüller, geb. 1885)

Eine Pflicht kann nur vorhanden sein, wo freier Wille ist. In der Annahme einer irrigen Lehre aus fester Überzeugung liegt keine Verletzung der Glaubenspflicht. (Averroes, 1126–1198; „Zwischen Glauben und Wissen“) / Des Menschen Pflicht ist es, über sich selbst nachzudenken, sich selbst zu erkennen und damit die höchste Herrlichkeit und Allmacht Gottes. (Bokhari von Johor, 16./17. Jhdt.; „Die Krone aller Fürsten“) / Erhebt sich der Mensch über das Pflichtgefühl, so wird ihm die Pflicht zur Freude. (Hazrat Inayat Khan, 1882–1927; „Gayan“)

Besser ist es, seine eigene Pflicht, wenn auch mit schwachen Kräften, zu erfüllen, als die Pflicht eines andern, wenn auch noch so vortrefflich, zu tun. Besser ist es, in der Erfüllung der eigenen Pflicht zu sterben, als in Furcht vor derselben zu leben. (Bhagavadgîtâ; ca. 300 v. Chr.) / Die Erkenntnis der Pflicht bringt als Frucht Beglückung; die Erkenntnis des Brahman hingegen hat als Frucht das höchste Gut. (Shankara; um 780–820; „Vedanta Sutras“) / Ich schlief und träumte, das Leben wäre Freude. Ich erwachte, und siehe, das Leben war Pflicht. Ich handelte, und siehe, die Pflicht ward Freude. (Rabindranâth Tagore, 1861–1941)

Die Pflicht wird nicht erfüllt, man tut, was sich nicht schickt; so wird man immer mehr in Leidenschaft verstrickt. (Gautama Buddha, um 550–480 v. Chr.; „Dhammapada“) / Ich halte es für meine Pflicht, für das Wohl aller Menschen zu arbeiten. Die Voraussetzung hierfür ist angestrengte Arbeit und die rasche Erledigung aller Angelegenheiten. – Mein Streben geht dahin, alle Wesen in dieser Welt glücklich zu machen und dafür zu sorgen, dass sie nach dem Tode in himmlische Welten gelangen. (Kaiser Ashôka, um 250 v. Chr; „VI. Fels-Edikt“) / Betrachte deine Kräfte, deine Bedürfnisse und Möglichkeiten, so wirst du des Lebens Pflichten erfahren und wirst auf allen deinen Pfaden Geleit haben. (Aus Tibet)

Pforte, Tür, Tor

Wer seine Tür hoch macht, ringet nach Unglück. (Bibel AT; Spr. 17,19) / Der Himmel hat tausend Pforten, die Hölle nur eine, und seltener, als man denkt, gelingt es dem Menschen und schwerer, als man glaubt, sich verdammen zu sehen. (Ludwig Börne, 1786–1837; „Der Gott in Höflingen") / Die Tür, die dem Bettler verschlossen bleibt, öffnest du dem Arzt. (Aus Israel) / Ich suche allerlanden eine Stadt, die einen Engel vor der Pforte hat. (Else Lasker-Schüler, 1869–1945; „Gebet")

Versperrt ist mir des Glückes Tor, ich stehe wie verwaist davor, vergeblich ist und nutzlos all mein Klopfen. Könnt wohl ein Wunder größer sein: Es regnet rechts und links, allein ich Dürstender bekomme keinen Tropfen. (Walther von der Vogelweide, um 1170 bis um 1230) / Mensch, wirst du nicht ein Kind, so gehst du nimmer ein, wo Gottes Kinder sind: Die Tür ist gar zu klein. (Angelus Silesius, 1624–1677; „Der Cherubinische Wandersmann") / Die Pforte im Himmel ist klein. Es kann kein Prahlhans hinein. (Abraham a Santa Clara, 1644–1709)

Solange du beim Gebet bist, klopfst du an die Pforte des Königs, und wer an die Pforte des Königs pocht, dem wir aufgetan. (Mohammed, 570–632; „Hadith") / Dem, dessen Herz beim Gebet und bei der Meditation nicht anwesend ist, bleibt das Tor Gottes verschlossen. (Ibrâhîm ibn Adham, gest. 770) / Wenn er von den Geschöpfen dich entfremdet, so wisse, dass er dir die Pforte der Vertrautheit mit sich auftun will. (Ibn Ata'ullah, gest. 1309; „Hikam") / Das Herz des Heiligen ist das Tor zu Gottes Altar. (Hazrat Inayat Khan, 1882–1927; „Vadan")

Die drei Höllentore, die zum Zerfall der Seele führen, sie heißen: Wollust, Zorn und Gier. (Bhagavadgîtâ; ca. 300 v. Chr.) / Halte die Tür deines Geistes stets offen, so dass keine einzige Wahrheit Gottes sich abwenden muss, weil sie die Tür verschlossen fand. (Dhan Gopal Mukerdshi, 1890–1936) / Einbildung ist eine offene Pforte für die Krankheiten oder ihre Heilung. Selbst wenn ihr krank seid, glaubt nicht an die Krankheit, und der nicht gern gesehene Besucher wird sich rasch zurückziehen. (Paramhansa Yogânanda, 1893–1952; „Autobiografie")

Mara, der Böse, erschien und verlangte ihr Verderben. Er verschloss ihnen das sichere und gute Tor, das zum Glück führte, und er öffnete die gefährliche Pforte, so dass sie später in Verderben und Verlust fallen würden. (Gautama Buddha, um 550–480 v. Chr.; „Majjhima-Nikâya") / Erfüllung zu suchen im Vergnügen ist die Pforte zu allem Elend. (Geshe Drom, 11. Jhdt.; „Kadamthorbu") / Die Pforte der Barmherzigkeit ist schwer zu öffnen und schwer zu schließen. (Aus China)

Phantasie

Die Phantasie ist der mächtigste Despot. (Berthold Auerbach, 1812–1882; „Tausend Gedanken eines Collaborators") / Aller Verstand muss sich zuletzt im Unwesentlich-Wirklichen verlieren. Die träumende Phantasie allein findet den Aufstieg zum Wesentlich-Wahren. (Walther Rathenau, 1867–1922) / Phantasie ist wichtiger als Wissen. (Albert Einstein, 1879–1955)

Wenn es nicht wahr ist, ist es doch gut erfunden. (Giordano Bruno, 1548–1600; „Über die heroischen Leidenschaften") / Die Phantasie aber ist das eigentlich Individuelle und Besondere eines jeden. (Friedrich Schleiermacher, 1768–1834) / Ohne Phantasie keine Güte, keine Weisheit. (Marie von Ebner-Eschenbach, 1830–1916; „Aphorismen")

Wenn du der Mehrzahl derer, die auf der Erde sind, folgst, werden sie sich doch vom Weg Gottes abirren lassen. Sie folgen ja nur Vermutungen, und sie nehmen nur Dinge an. (Korân; Sure 6,116) / Was immer du dir vorstellst, Gott ist das Gegenteil davon. (Dhû'n-Nûn, ca. 796–859) / Es liegt ein Raum zwischen der schöpferischen Einbildungskraft eines Menschen und dem, was ein Mensch erreicht, den er nur durch seine Sehnsucht durchschreiten kann. (Kahlil Gibran, 1883–1931; „Aphorismen")

Genau die Welt entsteht einem, die man sich im Geiste vorstellt, und was man sich reinen Herzens wünscht, das geht auch in Erfüllung. (Mundaka-Upanishad; 800–500 v. Chr.) / Vorstellung ist eine Erkenntnis, die bloß auf Worten beruht, die bar jeder Wirklichkeit sind. (Patanjali, 2. Jhdt. v. Chr.; „Yoga-Sutra") / Stellt euch Gott vor als etwas, was in euch ist, nicht als etwas, was man findet, wenn man von Heiligtum zu Heiligtum wandert. (Dhan Gopal Mukerdshi, 1890–1936)

Mit einem, der in irren Phantasien lebt, kannst du von deinem Traum nicht reden. (Wu-men Hui-kai, 1183–1260; „Wu-men-kuan") / Wie viele Jahre hast du verschwendet mit deiner Flucht in leere Träume? Das Glück wartet nicht. Es schenkt sich hier und jetzt. (Drugpa Rinpoche, gest. 1989; „Tibetische Weisheiten")

Philosophie

Ich weiß nicht, wie ich Philosophie lehren soll, ohne Störer hergebrachter Religion zu werden. (Baruch Spinoza, 1632–1677) / Alle Spekulation, vielleicht alles Philosophieren ist nur ein Denken in Spiralen: Wir kommen wohl höher, aber nicht eigentlich weiter, und dem Zentrum der Welt bleiben wir immer gleich fern. (Arthur Schnitzler, 1862–1931) / Verallgemeinerung ist die Philosophie der Primitiven. (Mose Ya'aqob Ben-gavriêl, 1891–1965)

Die Philosophie erzog die Griechen für Christus wie das Gesetz die Hebräer. (Clemens von Alexandrien, um 150 bis um 215; „Paidagogos") / Sich über die Philosophie lustig machen ist wirklich philosophieren. (Blaise Pascal, 1623–1662) / Echte Philosophie hält auf Gutsein mehr als auf Gelehrtsein. (Johann Michael Sailer, 1751–1832) / Nur der vollkommenste Mensch kann die vollkommenste Philosophie entwickeln. (Novalis, 1772–1801)

Omar, der Zeltmacher, hat von früh bis spät an manchem Zelt der Philosophie genäht, bis Schicksals Schere sein Lebensseil ihm kappt und Trödler Tod ihn um ein Nichts ersteht. (Omar Khayyâm; um 1045–1122) / Eine Wahrheit kann der anderen nicht widersprechen. Die Philosophie stimmt mit dem Glauben überein und legt Zeugnis für ihn ab. (Averroes, 1126–1198; „Zwischen Glauben und Wissen") / Wenn das Leben keinen Sänger findet, der ihm aus dem Herzen singt, bringt es einen Philosophen hervor, der von des Lebens Geist spricht. (Kahlil Gibran, 1883–1931; „Aphorismen")

Die Weisheit unterscheidet sich von der Intelligenz der Worte und Schlussfolgerungen, denn sie hat eine besondere Bedeutung. (Patanjali, 2. Jhdt. v. Chr.; „Yoga-Sutra") / Nur wer dieser unheilvollen Falle, dem Drang nach Sinnesfreuden, entkommen ist, wird zur Befreiung reif, und kein anderer, mag er auch alle sechs Systeme der Philosophie beherrschen. (Shankara, 788–820; „Kleinod der Unterscheidung") / Das Ziel einer Religion ist die wahre Erkenntnis Gottes. Lehren von Gott sind nur Wegweiser für die Suchenden, die das Ziel nicht erreicht haben. (Sarvepalli Radhakrishnan, 1888–1975; „Gemeinschaft des Geistes")

„Wie sieht ein Diskurs aus, der die Lehre Buddhas und der Patriarchen übertrifft?" „Wie ein Kuchen!" (Yün-Men, 10. Jhdt.; „Bi-Yän-Lu") / Bei allzu langem Nachdenken kommt man nicht auf den richtigen Gedanken. (Aus Japan) / Philosophen verschwenden Millionen von Wörtern, um die Definition des Lebens zu finden. Wir Buddhisten sagen kein Wort, doch die Definition ist hier – Schweigen. (Sokei-an Roshi, 1882–1945; „Der Zen-Weg")

Politik

Gelangen die Frommen zur Macht, so freut sich das Volk; regiert aber der Gottlose, so seufzen die Menschen. (Bibel AT; Spr. 29,2) / Weichliche Naturen machen gerne energische Programme von weit ausgreifendem Umfang und erschöpfen im Programm ihren momentanen Enthusiasmus. (Berthold Auerbach, 1812–1882) / Tatsächlich und normalerweise gelten neun Zehntel der politischen Tätigkeit den wirtschaftlichen Aufgaben des Augenblicks, der Rest den wirtschaftlichen Aufgaben der Zukunft. (Walther Rathenau, 1867–1922; „Kritik der Zeit") / Politik, das ist die Freistatt, wo Verbrechen, die sonst Gefängnis oder Tod zur unvermeidlichen Folge hätten, wo Verrätereien, die sonst zu flammender Empörung aufriefen, wo Lügen, die sonst im allgemeinen Hohngelächter untergingen, nicht nur vor diesen sonst natürlichen Konsequenzen bewahrt zu bleiben pflegen, sondern wo all diese Verbrechen, Verrätereien und Lügen als durchaus natürliche, wenn nicht gar rühmenswerte Bestätigungen der menschlichen Natur angesehen werden. (Arthur Schnitzler, 1862–1931)

Die Regierenden erfüllen einen Auftrag Gottes, indem sie ständig über dem Rechten wachen. (Bibel NT; Röm. 13,6) / Wiss', dass man zwölf Parteien find't, wo nur ein Dutzend Deutsche sind, und wenn sie sich erst unterhalten, dann wollen sie sich auch noch spalten. (Daniel Sanders, 1819–1897; „366 Sprüche, 111") / Weniger die Politik verdirbt den Charakter als der Charakter die Politik. (Dietrich Eckart, 1868–1923)

In Reichsangelegenheiten ist der Schreibstift wichtiger als das Schwert; denn vieles, was das Schwert verrichten kann, kann auch der Schreibstift zuwege bringen, aber nicht umgekehrt. (Bokhari von Johor, 16./17. Jhdt.; „Die Krone aller Fürsten") / Ein guter König ist der Schatten Gottes auf Erden. (Aus Arabien) / Dem Reformbestreben ist in jedem Zeitalter Spielraum gegeben. (Hazrat Inayat Khan, 1882–1927; „Gayan") / Kein Opfer ist jemals zu groß, wenn es um der Freiheit willen dargebracht wird. (Hazrat Inayat Khan, 1882–1927; „Gayan")

Die Gruppe hat kein Recht, das Individuum so zu betrachten, als sei es nur eine Zelle seines Körpers, ein Stein seines Gebäudes, ein Werkzeug seines kollektiven Lebens und Wachstums. (Shrî Aurobindo, 1872–1950) / Der einzig mögliche Weg, die Gesellschaft zu ändern, ist der harte und mühsame Weg, den einzelnen Menschen zu ändern. (Sarvepalli Radhakrishnan, 1888–1975; „Gemeinschaft des Geistes") / Die Fragen, die ein Land stellt, sind ein Maßstab für seine politische Entwicklung. Oftmals ist das Versagen eines Landes der Tatsache zuzuschreiben, dass es nicht die die richtige Frage an sich selbst gestellt hat. (Jawaharlal Nehru, 1889–1964)

Religionen, die der Individualität des Menschen ihre volle Berechtigung zugestehen, werden automatisch zu Förderern der Humanität. Solche aber, die den Anspruch erheben, im alleinigen Besitz der Wahrheit zu sein, oder die den Wert des Individuums und individueller Überzeugungen gering schätzen, können zu Feinden der Humanität werden – und dies umso mehr, wenn Religion zu einer politischen oder gesellschaftlichen Machtfrage wird. (Lama Govinda, 1898–1985; „Buddhistische Reflexionen") / Die großen Verwandlungen vollziehen sich in kleinen Schritten. Setze jeden Tag einen Stein, verlasse den Bau nie, und das Gebäude wird wachsen. (Drugpa Rinpoche, gest. 1989; „Tibetische Weisheiten")

Pracht

Der Ruhm glänzt wie die Sonne mit eignem Licht. Die Ehre gleicht der Erde, die mit geborgten Strahlen leuchtet. (Ludwig Börne, 1786–1837) / Ein Drittel, vielleicht die Hälfte der Weltarbeit geht auf, um der Menschheit Reizungs- und Betäubungsmittel, Schmuck, Spiel, Tand, Vergnügungen und Zerstreuungen zu schaffen, deren sie zur Erhaltung des leiblichen, zur Beglückung des seelischen Lebens nicht bedarf, die vielmehr dazu dienen, den Menschen dem Menschen und der Natur zu entfremden. (Walther Rathenau, 1867–1922)

Die rechte, wahre Kirche ist gar ein kleines Häuflein, hat kein oder gar wenig Ansehn, liegt unter dem Kreuze. Aber die falsche Kirche ist prächtig, blühet und hat ein schön groß' Ansehen wie Sodom. (Martin Luther, 1483–1546) / Die Natur entfaltet ihre Pracht bisweilen ohne Zweck, zuweilen sogar mit einem Luxus. (Germaine de Staël, 1766–1817)

Die Dame, schön von Wuchs und edlem Antlitz, braucht Ringe nicht und Schminke schwarz und rot. (Saadî, 1184–1283; „Rosengarten") / Lügen summen wie Fliegen und Mücken, die Wahrheit aber strahlt prächtig wie die Sonne. (Maurisches Sprichwort)

Des Geistes Geist, des Lebens waches Regen, der Blick im Auge und der Klang beim Hören, das ist nur Strahl von einem einzigen Segen. (Upanishaden; 800–500 v. Chr.) / Ob ich mich mit Asche schmücke, ob ich von Juwelen blitze, ob ich am Fuß des Baumes wohne oder auf dem Throne sitze: Mutter, für Kamalâkânta ist es gleich, wie du bestimmst, wenn du nur in seines Herzens Tempel deinen Wohnsitz nimmst. (Kamalâkânta Bhattâcârya, Indien, 18. Jhdt.)

Der Mann ohne Fehl wird das Denken nicht auf die Pracht der Welt lenken. (Gautama Buddha, um 550–480 v. Chr.; „Majjhima-Nikâya") / Auch im Purpurrock und goldenen Gurt und von bunt geschirrtem Ross getragen, sind wir nur Narren eines kurzen Traums. (Meister Dsi, 18./19. Jhdt.)

Priester, Prediger, Mönch

Du sollst ihn heilig halten, deinen Priester, denn die Speise deines Gottes bringt er dar. (Bibel AT; 3. Mos. 21,8) / Sechs Dinge sind für einen Schriftgelehrten unschicklich: Er gehe nicht parfümiert auf die Straße; er gehe nicht nachts allein; er gehe nicht in geflickten Schuhen; er unterhalte sich nicht mit einem Weibe auf offener Straße; er weile nicht in einer Gesellschaft von Unwissenden, und er komme nicht als Letzter ins Lehrhaus. (Talmud; 70–500 n. Chr.; Berakhot 6,5) / Alle privilegierten Priester haben sich verbündet mit Cäsar und Konsorten zur Unterdrückung der Völker. (Heinrich Heine, 1797–1856; „Von Luther bis Kant") / In der Religion des Judentums bedarf es nicht der Vermittlung besonderer Personen, ein jeder sei selbst sein Priester, selbst sein Mittler zu Gott. (Abraham Geiger, 1810–1874)

Es gibt viele und doch wenige Priester; viele dem Namen nach, wenige im Werke. Denn nicht der Sitz macht den Priester, sondern der Priester den Sitz; nicht der Ort heiligt den Menschen, sondern der Mensch den Ort; nicht jeder Priester ist ein Heiliger, aber jeder Heilige ein Priester. (Johannes Chrysostomus, 344–407) / Drei Dinge machen einen Theologen: die Meditation, das Gebet und die Anfechtung. (Martin Luther, 1483–1546) / Der Priester muss durch seine bloße Gegenwart Ehrfurcht und Schweigen abnötigen. (Henri D. Lacordaire, 1802–1861)

Sie (Juden und Christen) haben sich ihre Schriftgelehrten und Mönche zu Herren genommen neben Allah und den Messias, den Sohn der Maria. Und doch war ihnen geboten, allein den einigen Gott anzubeten. Es ist kein Gott außer ihm. Allzu heilig ist er für das, was sie ihm zur Seite stellen! (Korân; Sure 9,31) / Die Frommen und Propheten litten stets von der Ungeschliff'nen Sitten. (Saadî; um 1215–1292) / Zum Predigen bedarf es der Kunst. Mit bloßem Reden ist es nicht getan; viele können die Wahrheit aussprechen, als schlüge ein Schmied auf den Amboss. (Hazrat Inayat Khan, 1882–1927; „Gayan")

Was steigst du, Mullah, auf das Minarett? Gott ist nicht taub, er hört dich hier. Um seinetwillen rufst du zum Gebet, such ihn in deinem Herzen, spricht Kabir. (Kabîr, 1440–1518; „Spruchgedichte") / Wo Licht ist, kommen die Nachtfalter uneingeladen in Schwärmen an. Der Prediger, der mit göttlicher Vollmacht spricht, braucht niemanden einzuladen. Muss der Magnet zum Eisen sagen: „Komm zu mir?" (Shrî Râmakrishna, 1834–1886; „Ewige Botschaft") / Wer mit Gott Freund sein will, muss allein bleiben oder die ganze Welt zu seinem Freund machen. (Mahatma Gandhi, 1869–1948)

Begnüg dich, Mönch, mit dem, was man dir gibt, und sieh auf andere nicht mit Neid, sonst findest du Sammlung nie. (Gautama Buddha, um

550–480 v. Chr.; „Dhammapada“) / Ein Heiliger und vollkommener Lama ist einer, der den Weg kennt und der das Dunkel erhellt. (Milarepa, 1052–1135) / Die Priester in den Tempeln trachten oft nur danach, die Mitgliederzahl ihrer Gemeinde zu erhöhen, und legen deshalb großen Wert auf äußere Konformität – auf Kosten inneren Wachstums. (Nyogen Senzaki, 1876–1958; „Keine Spur im Wasser“)

Propheten

Ein Prophet ist, der die Aussprüche Gottes hört und der Erkenntnis des Höchsten hat, der die Gesichte des Allmächtigen sieht, der niederfällt und enthüllte Augen hat. (Bibel AT; 4. Mos. 24,16) / Die Hoffnungen guter Menschen sind Prophezeiungen, die Besorgnisse schlechter sind es auch. (Ludwig Börne, 1786–1837; „Fragmente und Aphorismen“) / Einstmals hat das Volk Israel jeden großen Propheten gepeinigt – heute kann jedes falsche und kleine Prophetlein das ganze jüdische Volk peinigen. (Jüdisches Sprichwort)

Ein Prophet ist nirgends weniger geachtet als in seinem Vaterlande und in seiner Familie. (Bibel NT; Mt. 13,57) / Die Unschuld des Herzens macht uns zum Propheten. (Novalis, 1772–1801) / Das ist die Kraft der wahren Propheten, dass sie den Mut haben, in der Nacht den Sonnenaufgang zu verkünden. (Karl Adam, geb. 1876) / Echte Propheten haben manchmal, falsche Propheten haben immer fanatische Anhänger. (Marie von Ebner-Eschenbach, 1830–1916; „Aphorismen“)

O Volk der Schrift, nunmehr ist unser Gesandter zu euch gekommen, der euch vieles enthüllt, was ihr vor der Schrift verborgen hieltet, und vieles übergeht. Gekommen ist zu euch fürwahr ein Licht von Allah und ein klares Buch. (Korân; Sure 5,15) / Der Prophet besitzt eine besondere, das natürliche Maß übersteigende Eigentümlichkeit in seiner kombinierenden Phantasie. Wenn diese die Oberherrschaft gewinnt und erstarkt und von den Sinnen nicht in Anspruch genommen und abgelenkt wird, erschaut sie die wohlbewahrte Schicksalstafel und empfängt die Wesensformen der partikulären Dinge der Zukunft in sich eingeprägt. Den Propheten überkommt dieses Schauen im wachen Zustande, die übrigen Menschen im Schlafe. (al-Ghazâlî, 1058–1112; „Widerlegung der Philosophen“) / Ist Menschenformung Ziel der Poesie, ist Dichtung Erbschaft auch der Prophetie. (Muhammad Iqbâl, 1873–1938; „Das Buch der Ewigkeit“)

Erst bitte Gott in den Tempel deines Herzens, zuerst erkenne ihn. Mit Predigten, Vorträgen und anderem kannst du anfangen, nachdem du Gott geschaut hast, aber nicht zuvor. (Shrî Râmakrishna, 1834–1886) / Die Religion mit ihrem „Du sollst entsagen“ ist das genaue Gegenteil des neuen Gebotes „Du sollst froh sein“, in welchem alle unsere Propheten übereinstimmen. (Sarvepalli Radhakrishnan, 1888–1975; „Idealismus und Leben“)

Was zählt, ist der gegenwärtige Augenblick. Solange die Anhänger des Okkultismus dies nicht begreifen und nicht zur Vernunft kommen, werden die spirituellen Geschäftemacher hier und überall äußerst erfolgreich sein. (Nyogen Senzaki, 1876–1958; „Keine Spur im Wasser“)

Prüfung

Alle Wege des Menschen sind gerade in seinen Augen. Aber der Ewige prüft die Herzen. (Bibel AT; Spr. 21,2) / Rabbi Jakob sagte: Diese Welt ist gleichsam der Vorhof der künftigen Welt. Bereite dich im Vorhof darauf vor, dass du in den Speisesaal eintreten kannst. (Sprüche der Väter 4,21; ca. 200 n. Chr.) / Prüfe deine Reden, ob sie taugen für jeden, und prüfe deine Antworten, ob du sie kannst verantworten. (Talmud; 70–500 n. Chr.; Tachkemoni 44)

Wenn mancherlei Prüfungen euch treffen, haltet es für die größte Freude; und wisset, dass die Prüfung eures Glaubens Geduld wirket. (Bibel NT; Jak. 1,1–3) / Versuchungen und Trübsale sind der Prüfstein, der den ganzen Wert des Menschen entscheidet. (Thomas a Kempis, 1380–1471) / Die Seelen, welche mein Vater am meisten liebt, sind jene, welche er am meisten prüft, und die Größe der Prüfung ist das Maß seiner Liebe. (Theresia von Avila, 1515–1582)

Wer jemandes Liebe will beloben, muss bei Gewinn und Verlust sie erproben. (Firdausî, 935–1021; „Schah-Nameh“) / Des Mannes Wert wird durch Prüfung bewährt. (al-Harîrî, 1054–1122; „Die Makamen“) / Geprüft wird die Liebe durch den Wettstreit mit dem eigenen Vorteil. (al-Ghazâlî, 1058–1112; „Elixier der Glückseligkeit“)

Der Stamm der Ichsucht versperrt die Schwelle zu Gottes Haus. Ohne diesen Baumstamm zu überwinden, vermag niemand sein Haus zu betreten. (Shrî Râmakrishna, 1834–1886) / Der erste Prüfstein einer wahren Lehre liegt darin, dass sie der Vernunft nicht widersprechen darf. (Swâmi Vivekânanda, 1862–1902; „Erkenntnisse des Hinduismus“) / Alle Religionen in der Welt wie alle Frauen auf Erden halten keinen Vergleich mit der aus, die unsere eigene ist. (Sarvepalli Radhakrishnan, 1888–1975; „Gemeinschaft des Geistes“)

Wie der Stamm der Banane als solcher nicht mehr existiert, wenn man ihn in seine Teile zerlegt, ebenso ist das Ich nicht wirklich, wenn es mit Kritik geprüft wird. (Sântideva, 7. Jhdt.; „Bodhicaryâvatâra“) / Prüft nicht die Fehler anderer, sondern sucht eure eigenen Fehler, und reinigt euch von ihnen, wie man sich von schlechtem Blut reinigt. (Geshe Drom, 11. Jhdt.; „Kadamthorbu“) / Der Wert einer Religion erweist sich nur durch das geistige und ethische Niveau ihrer Nachfolger. (Lama Govinda, 1898–1985; „Buddhistische Reflexionen“)

Quelle

Sie werden gesättigt vom Überfluss deines Hauses, und mit dem Strome der Wonne tränkest du sie; denn bei dir ist die Quelle des Lebens, und in deinem Licht schauen wir Licht. (Bibel AT; Ps. 35,9) / Je mehr wir in die Geheimnisse der wundervollen Werke des Unendlichen eindringen, desto weitere Aussichten tun sich unsern gierigen Blicken auf; je mehr wir ergründen, desto mehr finden wir zu erforschen; je mehr wir genießen, desto unerschöpflicher ist die Quelle. (Moses Mendelssohn, 1729–1786; „Phaedon“) / Aufrichtigkeit ist die Quelle aller Genialität. (Ludwig Börne, 1786–1837; „Vermischte Aufsätze“)

Wer von dem Wasser trinkt, das ich gebe, den wird nimmer wieder dürsten; vielmehr wird das Wasser, das ich ihm gebe, in ihm selbst eine Quelle werden, die hin in das ewige Leben quillt. (Bibel NT; Joh. 4,14) / Alle Dinge werden zu einer Quelle der Lust, wenn man sie liebt. (Thomas von Aquin, 1225–1274) / Das hebt den Menschen aus der Natur heraus, dass er zur Reinheit der Quelle zurückkehren kann, wenn das verschlammte Gewässer ihn zu ersticken droht. (Ina Seidel, 1885–1974)

Ich seh an jedem Ort zu jeder Zeit durch Gott, dass alles ist durch Gott, nur Gott ist nur durch Gott. (Nizâmî, 1141–1209) / Hoch überm Firmament sucht' ich die Quelle von Vorbestimmung, Paradies und Hölle! Da sprach mein weiser Lehrer: „Freund, in dir allein sind Schicksal, Paradies und Hölle!" (Omar Khayyâm; um 1045–1122; „Sinnsprüche") / Verbirg das Gute, das du tust. Nimm dir ein Beispiel am Nil, der seine Quellen versteckt. (Aus Ägypten)

Bemüh dich nicht um des Leibes Wahrung, der Schöpfer ist es, der dich erquickt. Die Brüste strömen ihre Nahrung, sobald ein Kind die Welt erblickt. (Nârâjana, 9./10. Jhdt.; „Hitopadesa") / Wissen ist eine Quelle, die nie versiegt, die nie der Durst erschöpft und die den Durst nie stillt. (Aus Indien) / Die Quelle all dessen, was besteht, ist die unendliche Möglichkeit, die höchste Wirklichkeit, die in ihnen liegt und ihre Kraft, ihre Liebe und ihr Licht auf jede Erfahrung wirft. (Sri Nisargadatta Maharaj, 1897–1981; „Ich bin")

Ungeboren und unvergänglich ist der Geist der Quelle. Erde, Feuer, Wasser und Wind nur eine Absteige über Nacht. (Bankei Eitaku, 1622–1693) / Sobald die kleine Quelle versiegt, trocknet der große Strom aus. (Aus Japan) / Wenn wir die ursprüngliche Quelle unseres Schöpferischen vergessen, sind wir wie Kinder, die nicht wissen, was tun, wenn sie ihre Eltern verlieren. (Shunryu Suzuki, 1905–1971; „Zen-Geist")

Rache

Denn es kommt der Tag der Rache des Herrn. (Bibel AT, Jes. 34,8) / Wer sich rächt, an dem wird sich der Herr wieder rächen. (Bibel AT; Sir. 28,1) / Hat man dich mit unrichtigem Gewicht betrogen, dich bestohlen oder falsches Zeugnis gegen dich abgelegt, so lass dich nicht verleiten, aus Rache das Gleiche zu tun. (Jehuda Hachassid, 13. Jhdt.; „Das Buch der Frommen")

Nicht räche dich an ihm, wann dich dein Feind will plagen, wenn du dich überwindest, alsbald ist er geschlagen. (Angelus Silesius, 1624–1677; „Der Cherubinische Wandersmann") / Nichts entehrt den Menschen so sehr als eine unedle Rache. (Abraham a Santa Clara, 1664–1709) / Wer sich rächt, ist ohne Beherrschung: Er greift Gott vor. (Henry Benrath, 1882–1949) / Die Rache schläft in den Dingen selber. (Ernst Bertram, 1884–1957)

Sari sagt: „Wer vergibt, obwohl er die Macht hat, sich zu rächen, dem wird auch von Allah vergeben, wenn er Strafe verdient." (Husayn-al-Sulami, 936–1021; „Futuwwah") / In der Verzeihung liegt ein lieblicher Geschmack, den es in der Rache nicht gibt. (Aus Persien) / Rachedurst ist wie

Durst nach Gift. (Hazrat Inayat Khan, 1882–1927; „Gayan“) / Beißt dich ein Hund und du beißt ihn nicht wieder, so sagt er, du habest keine Zähne. (Aus dem Sudan)

H Sinne niemals Böses gegen jene, die dir etwas zu Leide tun: Sie werden von selbst fallen wie Bäume, die am Ufer stehen. (Aus Indien) / Das auflodernde Feuer der Feindschaft und das Unrecht, das man einem anderen antut, erlöschen nicht eher, als bis einer der beiden Streitenden verbrannt und zugrunde gerichtet ist. (Aus Indien)

B Wenn dich jemand mit der Hand, Stöcken oder einem Schwert schlüge, so sollst du alle gemeinen Gedanken leugnen, und kein böser Laut soll deinem Mund entfahren. (Gautama Buddha, um 550–480 v. Chr.; „Majjhima-Nikâya“) / Wer auf Rache aus ist, grabe zwei Gräber. (Aus China) / Wenn euch jemand Leid antut, so rächt euch nicht, sondern übt euch in Duldsamkeit. (Geshe Drom, 11. Jhdt.; „Kadamthorbu“)

Rat

J Wer auf guten Rat hört, der ist weise. (Bibel AT; Spr. 12,15) / Hüte dich vor dem, der Vorteil hat von dem Rat, den er dir gibt. (Talmud; 70–500 n. Chr.; Sanhedrin 76b) / Holt sich ein Nichtjude bei dir Rat, so sage ihm, wer an dem Orte, wo er Hilfe erwartet, redlich redet und handelt – und wer ein Betrüger ist. (Jehuda Hachassid, 13. Jhdt.; „Das Buch der Frommen“)

C Der Mensch, der berührt wird von der Einwirkung der ersten Ursache, der braucht nicht Rat zu suchen bei menschlicher Verständlichkeit; dem soll er folgen, was über allem Verstande ist. (Meister Eckhart, um 1260–1327) / Wer dir viel Rat und wenig Tat gewähret, wenn dich die Last des schweren Kummers presst, ist einer, der die Spinnenweb’ abkehret und doch dabei die Spinne leben lässt. (Andreas Gryphius, 1649–1706) / Da ich in diesem tiefen, mysteriösen Brunnen von Herzeleid gewesen bin, besteht ein Schatten von Möglichkeit, dass ich dir etwas Nützliches sagen kann. (Vincent van Gogh, 1853–1890)

I Der erste Schritt besteht darin, sich nicht mehr von Gott abzusondern. (al-Hallâdsch, 858–922) / Der Frauen Rat taugt nur für Frauen. (Aus der Türkei) / Dies ist der Liebenden Rat. Lass ihn das Herz dir berühren: Schweige liebend, denn still sagt ihr Geheimstes die Welt. (Dschelâleddin Rûmî, 1207–1273; „Spruchgedichte“) / Frage lieber einen erfahrenen Mann um Rat als einen Gelehrten. (Aus Arabien)

H Ein Vernünftiger verbirgt seinen Rat auch vor dem Feinde nicht, der seine Hilfe sucht. (Pantschatantra; 5. Jhdt.) / Sehr leicht ist es, anderen weisen Rat zu geben. Doch immer selber redlich zu leben ist wenigen Charakteren gegeben. (Nârâjana, 9./10. Jhdt.; „Hitopadesa“) / Geht man an ein Werk, so soll man es nicht auf unrechte Art und Weise tun, da ja auch ein schlecht herausgezogener Dorn lange Zeit Eiterungen verursacht. (Aus Indien)

B Wer Böses hegt, den frage nicht um Rat. (Lama Kazi Dawa-Samdup; „Unendliche Freude der Weisen“) / Nimm die Worte eines weisen Mannes als

Rat an! Wenn man sich um ein gutes Wort recht kümmert, dann geht es im Herzen auf. (Aus der Mongolei) / Wer auf einen Dummen hört, dem geht die Sonne unter. (Aus Japan)

Raum

Wer misst und wägt, wird leer und unwirklich wie Maß und Gewicht. „Wer seiner voll ist, in dem hat Gott keinen Raum." (Israel ben Eliser, 1699–1760; „Legende des Baalschem") / Ganz ohne Frage gibt es eine Welt des Unsichtbaren – das Problem ist, wie weit ist sie vom Stadtzentrum entfernt, und wie lange hat sie offen? (Woody Allen, geb. 1935)

Durch den Tod sind wir, um es bildlich auszudrücken, lediglich von einem Raum in einen anderen, nämlich vom Diesseits ins Jenseits, eingetreten. (Friedrich Wilhelm Schelling, 1775–1854) / Der Himmel ist Geist, Geist ist der Raum, den wir als Himmel bewohnen werden; und in was willst du übergehen als nur in Geist, und du hast keinen Raum, als den du dir im Geist erwirbst. (Bettina von Arnim, 1785–1859; „Briefe") / Auch das Denken kennt einen dreidimensionalen Raum. (Simone Weil, 1909–1943)

Lass immer Raum für Frieden und Harmonie, so dass deine Freunde noch näher an dich herankommen können und dass sich deine Feinde dessen schämen, was sie dir angetan haben. (Husayn-al-Sulami, 936–1021; „Futuwwah") / Das, was im Menschen Raum hat, ist die Welt – was in der Welt nicht Raum hat, ist der Mensch. (Muhammad Iqbâl, 1873–1938; „Das Buch der Ewigkeit") / Es gibt keinen Raum zwischen der Erde und der Sonne für denjenigen, der aus den Fenstern der Milchstraße heruntersieht. (Kahlil Gibran, 1883–1931; „Aphorismen")

Wenn sich die Menschen in den Raum wie in ein Kleid kleiden werden, dann wird das Ende des Leides gekommen sein, auch ohne den Gott zu kennen. (Svetâsvatara-Upanishad; 800–500 v. Chr.) / Was man auch an Begierden wegräumt, der Raum wird immer vom Glück ausgefüllt. (Mahâbhârata; 500 v. Chr. bis 500 n. Chr.) / Wenn der Topf zerbricht, was wird dann aus dem Raum im Topf? Er zerfließt im Weltenraum – wie dereinst unsere Seele in der Seele des Alls. (Mândûkya-Upanishad III.; 800–500 v. Chr.) / Der Raum bleibt derselbe. Es ist ganz gleich, ob ich ihn von der Seite oder der Mitte aus ansehe. (Shrî Râmakrishna, 1834–1886)

Die Erde beruht auf dem Wasser, das Wasser auf dem Wind, der Wind auf dem Raum. Der Raum dagegen beruht nicht auf den Elementen des Windes, des Wassers und der Erde. (Sâramati, um 250 n. Chr.; „Erläuterung des Keimes der drei Juwelen") / Die Quelle des Ursprungs ist jenseits von Raum und Zeit. Ein Augenblick des Bewusstseins wird zu den zehntausend Jahren. (Seng-ts'an, gest. 606; „Hsin-hsin-ming") / Für uns Buddhisten ist die Welt unendlicher Raum und existiert durch unendliche Zeiten. (Sokei-an Roshi, 1882–1945; „Der Zen-Weg")

Rausch

Bei wem ist Wehe? Bei wem ist Ach? Bei wem ist Zank? Bei wem ist Klage? Wer kriegt Schläge ohne Ursache? Wer hat rote Augen? Die bis spät in die

Nacht beim Weine sitzen, die kommen, den Mischtrank zu kosten. Schau nicht nach dem Wein, wie er rötlich spielt, wie er im Becher so herrlich funkelt! Glatt und angenehm geht er ein, hinterher aber beißt er wie eine Schlange, spritzt sein Gift aus wie eine Natter. Da werden die Augen Seltsames sehen, und dein Herz wird verkehrte Dinge reden. Du wirst sein wie einer, der dahinfährt auf hoher See, wie ein Schiffer im heftigen Sturm. (Bibel AT; Spr. 23,29–34) / Die Trunkenheit macht einen tollen Narren noch toller. (Bibel AT; Sir. 31,37) / Was beim Nüchternen in der Lunge, ist beim Betrunkenen auf der Zunge. (Jüdisches Sprichwort)

Seht zu, dass eure Herzen nicht durch Rausch, Trunkenheit und irdische Sorgen belastet werden. (Bibel NT; Lk. 21,34) / Nichts sieht der Teufel so gern wie Schwelgerei und Trunkenheit. Denn daraus werden alle Laster geboren. (Johannes Chrysostomus, 344–407) / Es säuft sich voll für sich kein unvernünftig Tier. O, hätten sie Vernunft, sie tränken auch wie wir! (Friedrich von Logau, 1604–1655; „Trunkenheit") / Wer niemals einen Rausch gehabt, das ist kein braver Mann. (Joachim Perinet, 1765–1816; „Das Sonntagskind")

Gleich geschmolzenen Rubinen glänzt im Glas des Weines Welle; her damit, auf dass ihr Schimmer mir den dunklen Geist erhelle! (Omar Khayyâm; um 1045–1122; „Strophen") / Ich bin Rausch, der Liebeswein mein Ursprung. – Sag, was außer Rausch kann von mir kommen. (Dschelâleddin Rûmî, 1207–1273) / In der Begeisterung immer auf dem Sprunge steht das Geheimste, löst der Wein die Zunge. (Hâfis, 1326–1390; „Der Sänger von Schiras") / Erst wenn der Mensch aus dem Lebensrausch erwacht, beginnt er zu staunen. (Hazrat Inayat Khan, 1882–1927; „Gayan") / Wenn jemand durch ein Traumbild berauscht ist, hält er den schwachen Ausdruck der Erscheinung für den wahrhaftigen Wein. (Kahlil Gibran, 1883–1931; „Aphorismen")

Von allen Räuschen, wie dem Weinrausch und ähnlichen, ist der Machtrausch der schlimmste: Denn wer vom Machtrausch erfasst ist, erwacht nicht vor dem Sturze. (Aus Indien) / Der Pessimismus ist eine Art geistiger Trunksucht; er verschmäht gesunde Nahrung, frönt dem Genuss des Haderns und Anklagens und bringt sich künstlich in einen Zustand der Niedergeschlagenheit, der ihn nach stärkeren Mitteln greifen lässt. (Rabindranâth Tagore, 1861–1941) / Gutes wie Böses, das im Herzen des Menschen ruht, sei es auch noch so gut verborgen, kann man aus ihren Reden im Traum und im Rausch erfahren. (Aus Indien)

Um Lebewesen zu retten, erschien der Erhabene an Wegkreuzungen und Straßenecken. Er betrat sogar Bordelle, um auf das Übel des Verlangens hinzuweisen. Und er ging in die Kneipen, um die Betrunkenen Achtsamkeit zu lehren. (Vimalakirtinirdesha-Sutra, 2. Jhdt. n. Chr.) / Sogar im Augenblick des Todes bleibt der Zen-Schüler gelassen. Auch Drogen können ihn nicht aus der Ruhe bringen. (Yung-chia Hsüan-chüeh, 665–713; „Shodoka") / Ward der Wein dir heut gegeben, so berausch dich heut am Wein. Achte nicht, was vor der Tür steht, mag es gut, mag's böse sein. (Wu Cheng-en, um 1500–1582)

Recht

Du sollst nicht der Menge folgen, Böses zu tun, auch sollst du nicht bei einer Rechtssache so antworten, dass du der Menge nach dich neigest und das Recht beugest. (Bibel AT; 2. Mos. 23,2) / Ein König richtet das Land auf durch das Recht. (Bibel AT; Spr. 29,4) / Die Rechtschaffenen aller Völker haben Anteil an der zukünftigen Welt. (Talmud; 70–500 n. Chr.; Tosefta Sanhedrin 13,2) / Jeder hat so viel Recht, wie er Macht hat. (Baruch Spinoza, 1632–1677; „Tractatus politicus“) / Recht ist der Schutz des Menschen vor dem Menschen durch den Menschen um Gottes willen. (Franz Werfel, 1890–1945)

Wer das Rechte tut, kann genauso wie Christus vor Gottes Urteil bestehen. (Bibel NT; 1. Joh. 3,7) / Gerechtigkeit ist die Versicherung, die auf unserem Leben und auf dem Vermögen ruht. Gehorsam ist die Prämie, die wir dafür bezahlen. (William Penn, 1644–1718) / Man wird nie jemanden von seinem Unrecht überzeugen, wofern man nicht anhebt, sein Recht anzuerkennen. (Richard Rothe, 1799–1867) / Gott, lass uns den Menschen ihr Recht geben, aus dem Gebot der Liebe aber gib uns die Kraft, dass wir es nicht fordern mit Streit und Gezänk. (Leo Weismantel, 1888–1964)

Wo man das Recht hinauswirft, kommt der Schrecken zur Tür herein. (Aus dem Sudan) / Recht und Unrecht hängen eher von der inneren Einstellung und den Umständen ab als vom Tun. (Hazrat Inayat Khan, 1882–1927; „Gayan“) / Seltsam, dass wir all unser Unrecht mit mehr Nachdruck verteidigen als unsere Rechte. (Kahlil Gibran, 1883–1931; „Aphorismen“)

Das Recht ist die Herrschaft über die Herrschaft. Darum gibt es nichts Höheres als das Recht. Durch das Recht beherrscht der Schwächere den Stärkeren. (Brihad-Âranyaka-Upanishad I.; 800–500 v. Chr.) / Das verletzte Recht verletzt, das geschützte Recht schützt; darum dürfen wir das Recht nicht verletzen, auf dass es nicht, von uns verletzt, uns verletze. (Aus Indien) / Recht und Unrecht, Lust und Leid, was den Sinn bewegt, ist nicht in dir, o Herr! Du handelst nicht, es geschieht dir nichts – erlöst bist du in Ewigkeit. (Ashtâvakra-Gîtâ; ca. 2. Jhdt. v. Chr.) / Es ist des Bürgers gutes Recht, dem Staate seine Mitwirkung zu verweigern, wenn diese Mitwirkung für ihn zur Erniedrigung führt. (Mahatma Gandhi, 1869–1948)

Lass jeden Menschen in sich selber erst begründen, was recht ist, dann lass ihn andere ermahnen. (Gautama Buddha, um 550–480 v. Chr.; „Dhammapada“) / Wie kann es recht sein, ein hilfloses Geschöpf zu töten, das sich nicht wehren kann? (Lama Kazi Dawa-Samdup; „Unendliche Freude der Weisen“) / Grobiane müssen grob behandelt werden. Eine Geschwulst kann durch Brennen und Schneiden ausgetrieben werden; wenn man sie in Ruhe lässt, wird sie bösartig. (Sakya Pandita, 1182–1251; „Kostbare Schatzkammer der Tugenden“)

Reden

Im Munde des Toren ist eine Rute für seinen Rücken, den Weisen aber behüten seine Lippen. (Bibel AT; Spr. 14,3) / Sag mit wenig viel, gleich dem, der beides kann: wissen und schweigen. (Bibel AT; Sir. 32,8) / Wir sprechen nur deshalb so viel, weil wir uns nicht ausdrücken können. (Rahel Varnhagen, 1771–1833) / Wer zu den Köpfen redet, muss viele Sprachen verstehen, und man versteht nur eine gut. Wer mit dem Herzen spricht, ist allen verständlich. (Ludwig Börne, 1786–1837)

Unsere Rede ist ein Stammeln, wenn wir von der göttlichen Natur reden wollen. (Meister Eckhart, um 1260–1327) / Im Reden ist Diskretion viel wichtiger als Beredsamkeit. (Balthasar Gracian, 1601–1658) / Wie der Mann, so die Rede. (Franz von Seeburg, 1836–1894) / Ich behaupte, wenn alle Menschen wüssten, was die einen über die anderen reden, so gäbe es keine vier Freunde auf Erden. (Blaise Pascal, 1623–1662)

Wenn's ohne mein Dreinreden geht vonstatten, brauch ich mich nicht mit Reden zu ermatten; doch säh ich einen Blinden und die Grube, wollt ich dann Schweigen, so wär ich ein Spitzbube. (Saadî, um 1215–1292; „Gulistân") / Wenn es möglich ist, den Geliebten selbst sprechen zu hören, warum dann Berichten aus zweiter Hand lauschen. (Dschâmî, 1414–1492; „Diwan") / Die Lebensstimme in mir kann des Lebens Ohr in dir nicht erreichen; lass uns jedoch reden, damit wir uns nicht so allein fühlen. (Kahlil Gibran, 1883–1931; „Aphorismen")

Das Denken ist dem Sprechen überlegen. Denn wie man mit einer Faust zwei Eicheln, zwei Beeren oder zwei Nüsse umfassen kann, so umfasst das Denken sowohl den Namen als auch das Sprechen. (Chândogya-Upanishad; 800–500 v. Chr.) / Rede freundlich, ohne doch zu klagen, sei ein Held, doch ohne es zu sagen. (Nârâjana, 9./10. Jhdt.; „Hitopadesa") / Wo ein gutes und ein schlechtes Wort gleich viel gelten, da sollte ein Kluger nicht reden, wie auch ein Sänger nicht vor Tauben singt. (Aus Indien)

Zu keinem rede hart und rauh, leicht möchte er's erwidern dir; gar schmerzlich, ach, sind Zank und Streit, zu Tätlichkeiten kommt es bald. (Gautama Buddha, um 550–480 v. Chr.; „Dhammapada") / Sprich nach reiflicher Überlegung zur rechten Zeit und am rechten Ort. Was du sagst, mögen Weisheitssprüche sein, aber wenn es zu viele sind, dann ist es wie bei einem Überangebot von Waren, die keine Nachfrage finden. (Sakya Pandita, 1182–1251; „Kostbare Schatzkammer der Tugenden") / Wenn man wirklich in der Mitte des Bewusstseins ist, gibt es nichts mehr zu sagen oder zu beschreiben. (Sokei-an Roshi, 1882–1945; „Der Zen-Weg")

Regeln

Gegen deinen Willen wurdest du geboren, gegen deinen Willen lebst du, gegen deinen Willen wirst du sterben. Dann wirst du auch gegen deinen Willen Rechenschaft ablegen müssen vor Gott – Gott hat die höchste Macht, und Gottes Heiligkeit sei gepriesen! (Sprüche der Väter 4,29; ca. 200 n. Chr.) / Über Grundsätze lässt sich hadern, über Erfahrungen nicht. (Ludwig Börne, 1786–1837) / Dies ist, glaube ich, die Fundamentalregel alles Seins: „Das Leben ist gar nicht so. Es ist ganz anders." (Kurt Tucholsky, 1890–1935)

Menschen, die sich nicht gewisse Regeln vorgesetzt haben, sind unzuverlässig. Man weiß sich oft nicht in sie zu finden, und man kann nie recht wissen, wie man mit ihnen dran ist. (Immanuel Kant, 1724–1804; „Über Pädagogik“) / Alles in der Welt geht in der Wellenlinie. Jede Landstraße und so weiter. Wehe dem, der überall das Lineal anlegt! (Wilhelm Raabe, 1831–1910; „Gedanken und Einfälle“) / Ausnahmen sind nicht immer Bestätigung der alten Regel. Sie können auch Vorboten einer neuen sein. (Marie von Ebner-Eschenbach, 1830–1916) / Man hüte sich, auf das Heil des Staates dieselben Regeln anzuwenden wie auf das Heil der Seele. (Simone Weil, 1909–1943)

Mit den Menschen sprechet wenig, und mit Gott sprechet viel! (Yahya ibn Mu'adh, gest. 871) / Als Throngeschenk vor Salomon das Bein von einer Heuschreck' bringen ist nicht fein, doch ist's verdienstlich für ein Ameislein. (Saadî; um 1215–1292) / Ich rufe Gott in der Öffentlichkeit an, wie Herren angerufen werden, aber privat, wie Geliebte angerufen werden. In der Öffentlichkeit sage ich: „O mein Gott!“, privat aber: „O mein Geliebter!“ (Sufi-Weisheit, Kleinasien, 9. Jhdt.)

Gewaltlosigkeit, Wahrhaftigkeit, Nicht-Stehlen, reiner Lebenswandel und Nicht-Besitzergreifen sind die Regeln der äußeren Disziplin. (Patanjali, 2. Jhdt. v. Chr.; „Yoga-Sutra“) / Die Befolgung äußerlicher Vorschriften ist gut, um deine Gedanken rein zu erhalten, aber zur Wahrheit und Wirklichkeit führt sie dich nicht. (Shankara, 788–820; „Sankaracharya“) / Beim Bau eines Hauses ist ein Gerüst unbedingt erforderlich, doch nach dem Ende der Arbeiten erachtet es keiner mehr für notwendig. (Shrî Râmakrishna, 1834–1886)

Letztlich und im Grunde gibt es weder Vorschrift noch Regel. (Seng-ts'an, gest. 606; „Hsin-hsin-ming“) / Regeln des richtigen Handelns hat es nie gegeben. Der Kampf zwischen Gut und Böse ist nur eine Falle des Ich. (Bankei Eitaku, 1622–1693) / Vollkommene Freiheit wird nicht ohne feste Regeln gefunden. (Shunryu Suzuki, 1905–1971; „Zen-Geist“)

Reich (das)

Dein Reich ist ein Reich für alle Ewigkeit, und deine Herrschaft währt von Geschlecht zu Geschlecht. (Bibel AT; Ps. 145,13) / Es ist uns nicht gewährt, die Wahrheit zu besitzen; aber wer an sie glaubt und ihr dient, baut an ihrem Reich. (Martin Buber, 1878–1965) / Das Reich und der Staatsbegriff stehen nicht über allen Dingen dieser Welt. (Kurt Tucholsky, 1890–1935; „Schnipsel“)

Das Reich Gottes kommt nicht mit Aufsehenerregen. (Bibel NT; Lk. 17,20) / Das Reich Gottes besteht nicht in Wort und Schall, sondern in Kraft und Tat. (Thomas a Kempis, 1380–1471) / Wer nur Begriffe versteht, wird das Reich Gottes nie verstehen. Denn das Reich Gottes übersteigt jeden Begriff. (Joseph Wittig, 1879–1949)

Wenn du Gott wahrhaft liebst, dann löse dich von allem, außer von Gott. Trachte allein nach dem Reiche, in dem das Leben unvergänglich und der Genuss vollkommen ist. (Ibrâhîm ibn Adham, gest. 770) / In deinem Reich suche die verborgene Flamme ... Es ist eines Menschen nicht würdig,

Licht von anderswo zu borgen. (al-Hallâdsch, 858–922) / Das Reich dauert schließlich noch mit Unglauben, aber nicht mit Ungerechtigkeit. (Nizâm ul-Mulk; 1018–1092; „Sîyâstnâma“)

H Neben seinem Wohnen in den Sphären von Raum und Zeit hat der Mensch noch eine andere Wohnung: in dem Reiche seiner Innerlichkeit, in der Welt immaterieller Werte und Werterfahrnisse. (Rabindranâth Tagore, 1861–1941) / Echtes Gebet bedeutet, dass wir auf Erden das himmlische Königreich errichten. (Mahatma Gandhi, 1869–1948) / Große Reiche beruhen nicht so sehr auf ihrer Stärke als auf der Untertänigkeit der Menschen, die sich von ihnen beherrschen lassen. (Jawaharlal Nehru, 1889–1964)

B Ein Reich ist leicht zu regieren, eine Familie schwer. (Aus China) / Wir dürfen nicht von der Voraussetzung ausgehen, dass es ein Wahres außerhalb des Unwahren gibt. Wir müssen erkennen, wie das Heilige unheilige Zustände verwandelt. Hier und jetzt müssen wir das himmlische Reich errichten. (Nyogen Senzaki, 1876–1958; „Keine Spur im Wasser“)

Reichtum

J Manch einer teilt gar reichlich aus und wird noch reicher; ein anderer spart am Nötigen und wird noch ärmer. (Bibel AT; Spr. 11,24) / Reichtum ist wohl gut, wenn man ihn ohne Sünde braucht. (Bibel AT; Sir. 13,30) / Wer ist reich? Wer sich mit dem Seinigen begnügt. (Talmud; 70–500 n. Chr.) / Reichtum macht das Herz schneller hart als kochendes Wasser ein Ei. (Ludwig Börne, 1786–1837; „Aphorismen“)

C Es ist leichter, dass ein Kamel durchs Nadelöhr gehe, als dass ein Reicher ins Himmelreich komme. (Bibel NT; Mt. 19,24) / Wen Gott reich macht, den kann kein Mensch arm machen. (Cyprian, gest. 258) / Gottes Reichtum ist es, nichts von all dem zu bedürfen, zu besitzen oder zu sein, was man in Worte fassen kann. (Meister Eckhart, um 1260–1327) / Reichtum ist das geringste Ding auf Erden und die allerkleinste Gabe, die Gott dem Menschen geben kann. Darum gibt unser Herrgott gemeiniglich Reichtum den groben Eseln, denen er sonst nichts gönnt. (Martin Luther, 1483–1546; „Deutsche Schriften“) / Besitz verlockt zur Sünde, und die Anhäufung von Reichtümern entsittlicht den Menschen. (Leo Tolstoi, 1828–1910)

I Ein mit Weisheit geschmücktes Herz gleicht einem reichen Schatz! (Firdausi, 939–1020) / Wer scharrt, erstarrt; wer häuft, ersäuft. (al-Harîrî, 1054–1122; „Die Makamen“) / Wer sich kalt in seinen Reichtum einkreist, stirbt verwaist nach magerm Lebenslauf. (Ibn Razin, 1045–1103; „Diwan aus Al-Andalus“) / Vermögen dient zur Bequemlichkeit des Lebens, nicht das Leben zur Anhäufung des Vermögens. (Saadî, um 1215–1292; „Rosengarten“)

H Mag immerhin der Mensch nach Reichtum trachten, durch Götterdienst verehrend ihn erstreben! – Doch dann besprech er sich mit seinem Herzen, im eignen Geiste Besseres zu ergreifen! (Rigveda 10,31; 1500–500 v. Chr.) / Dem Reichen jeder ist befreundet, dem Reichen jeder ist verwandt. Der Reiche ist ein Mann auf Erden, der Reiche nur hat hier Verstand.

(Nârâjana, 9./10. Jhdt.; „Hitopadesa") / Am reichsten sind die Menschen, die auf das meiste verzichten können. (Rabindranâth Tagore, 1861–1941)

Nur Weise leben wirklich hier, auch ohne Geld, auch ohne Gut: Doch wer da keine Weisheit erwirbt, der lebt nicht, wäre er noch so reich. (Gautama Buddha, um 550–480 v. Chr.; „Dhammapada") / Es hat viele reiche und viele berühmte Männer gegeben: Aber man weiß nicht, wohin sie mit ihrem Reichtum und mit ihrem Ruhme gegangen sind. (Sântideva, 7. Jhdt.; „Bodhicaryâvatâra") / Da Reichtum dem Tautropfen gleicht und nur etwas Erborgtes ist, bleibt es sehr töricht, sich vom Knoten der Habsucht fesseln zu lassen. (Milarepa, 1052–1135; „Sieben Legenden")

Reife

Die wahre Lebensreife ist ein fleckenloser Wandel. (Bibel AT; Sal. 4,9) / Alles Vorhaben unter dem Himmel hat seine Stunde. (Bibel AT; Pred. 3,1) / Von der Welt wegblicken, das hilft nicht zu Gott; auf die Welt hinstarren, das hilft auch nicht zu ihm; aber wer die Welt in ihm schaut, steht in seiner Gegenwart. (Martin Buber, 1878–1965)

Da ich ein Kind war, redete ich wie ein Kind und war klug wie ein Kind und hatte kindische Anschläge. Da ich aber ein Mann ward, tat ich ab, was kindisch war. (Bibel NT; 1. Kor. 13,11) / Wir werden erst am Kleinen reif fürs Große. (Johannes Tauler, um 1300–1361) / Der Mensch macht gewöhnlich drei Reifestufen durch. Zuerst lernt er die richtigen Antworten. Im zweiten Stadium lernt er die richtigen Fragen, und auf der dritten und letzten Stufe lernt er, welche Fragen sich überhaupt lohnen. (Blaise Pascal, 1623–1662) / Die Menschen, bei denen Verstand und Gemüt sich die Wage halten, gelangen spät zur Reife. (Marie von Ebner-Eschenbach, 1830–1916; „Aphorismen")

Das Selbst lässt sich nur dann errichten, wenn man sein Schicksal voll und ganz annimmt. (al-Hallâdsch, 858–922) / Menschen mit Weisheit haben drei Prinzipien: den Frieden in sich zu finden, die Gaben Allahs in Gesellschaft von Menschen zu verteilen, die an ihn denken, und zu den Menschen mit weiser Zunge über Allah zu sprechen. (Husayn-al-Sulami, 936–1021; „Futuwwah") / Wenn du dich nach Segnung sehnst, die du nicht beim Namen nennen kannst, und wenn du dich grämst und den Grund nicht kennst, dann wächst du wahrhaftig mit allen Dingen, die wachsen, und brichst zu deinem größeren Selbst auf. (Kahlil Gibran, 1883–1931; „Aphorismen")

Das Göttliche lässt jedes Wesen von Geburt an reifen, regiert allein über alles in der Welt und teilt einem jeden seine besonderen Eigenschaften zu. (Svetâsvatara-Upanishad II.; 800–500 v. Chr.) / Kluge vermeiden es, sich mit Dingen zu beschäftigen, die sie nichts angehen. (Aus Indien) / Die Erkenntnis Gottes hält Schritt mit dem Glauben. Mit geringem Glauben wird man schwerlich viel Wissen finden. (Shrî Râmakrishna, 1834–1886)

Wir denken, wir haben viel Zeit zum Reifen. Doch wir lassen viel Zeit ungenützt verstreichen. (Gautama Buddha, um 550–480 v. Chr.; „Sutta-

Nipâta") / Untat, die noch nicht reif, scheint Toren süß zu sein; doch ist sie ausgereift, bringt sie dem Toren Pein. (Gautama Buddha, um 550–480 v. Chr.; „Dhammapada") / Wenn ihre Zeit gekommen ist, platzen die Pfirsiche im Schatten. (Aus Japan) / Wie die Sonne frei von Vorstellungen durch ihre gleichzeitig entsendeten Strahlen die Lotos weckt und andere zur Reife bringt, so wirkt die Sonne des Vollendeten frei von Vorstellungen durch die Strahlen der trefflichen Lehre auf die Lotos der Belehrbaren. (Sâramati, um 250; „Erläuterung des Keimes der drei Juwelen")

Reinheit

Wisse, dass der Heilige, gelobt sei er, rein ist, und dass seine Diener, die Engel, rein sind und dass rein auch die Seele ist, die er dir gab. Bewahrst du sie in Reinheit, gut; wo nicht, entreiße ich sie dir. (Talmud; 70–500 n. Chr.; Nidda 30b) / Nur ein Land der Sauberkeit kann für die Dauer ein Land der Freiheit sein. (Leo Baeck, 1873–1956; „Dieses Volk") / Geld ist die reinste Form des Werkzeugs. (Georg Simmel, 1858–1918)

Selig, die reinen Herzens sind, sie werden Gott schauen. (Bibel NT; Mt. 5,8) / Eine unreine Seele kann sich nicht in das reine Reich erheben. (Isaak von Ninive, 7 Jhdt.) / Mensch, denkst du Gott zu schauen dort oder hier auf Erden, so muss dein Herz zuvor ein reiner Spiegel werden. (Angelus Silesius, 1624–1677; „Der Cherubinische Wandersmann") / Reinheit des Herzens ist, in Wahrheit eines zu wollen, und zwar das Gute, das seinen Lohn in sich selber trägt. (Sören Kierkegaard, 1813–1855)

Ist der Spiegel deines Herzens getrübt, so ist die Oberfläche nicht von Rost befreit worden. (Dschelâleddin Rûmî, 1207–1273) / Ein schöner Titel, wie du weißt, verspricht ein gutes Buch zumeist. Doch wessen Außenseite unrein: noch schlechter wird dessen Kehrseite sein. (Saadî; um 1215–1292) / Um die göttliche Vollkommenheit zu erkennen, muss der Mensch sein unvollkommenes Selbst verlieren. (Hazrat Inayat Khan, 1882–1927; „Gayan")

Welle, Schaum, Wirbel, Strudel – sie alle sind ihrer Natur nach Wasser. Ähnlich sind der Körper und das Ich in Wirklichkeit nichts als reines Bewusstsein. Alles ist seinem Wesen nach Bewusstsein, Reinheit, Freude. (Shankara, 788–820; „Kleinod der Unterscheidung") / Kleider werden rein durch Wasser, das Herz wird rein durch die Wahrheit, die Seele durch Gewaltlosigkeit, der Verstand durch Wissen. (Aus Indien) / Der Staub der toten Worte haftet an dir. Bade deine Seele im Schweigen. (Rabindranâth Tagore, 1861–1941) / Reinheit des Lebens ist die höchste und wahrste Kunst. (Mahatma Gandhi, 1869–1948)

Rein oder unrein wird man durch sich selbst; kein anderer kann dich rein machen. (Gautama Buddha, um 550–480 v. Chr.; „Dhammapada") / Wie bei aufgewühltem und dann wieder beruhigtem Wasser die Klarheit nicht anderswoher entsteht, sondern nur eine Entfernung des Schmutzes stattfindet – diese gleiche Regel gilt auch bei der Läuterung des eigenen Geistes. (Maitreyanâtha, um 300 n. Chr.; „Schmuck der Sutren des Mahayana") / Wenn ihr erkennt, dass dies nicht euer eigener Körper ist, dass ihr diesen Körper nicht besitzt, vergesst ihr die Unreinheit und die miteinander verbundenen Vorstellungen von rein und unrein. (Sokei-an Roshi, 1882–1945; „Übertragung des Zen“)

Reisen

Ein Mann, der weit herumgekommen ist, hat reiche Kenntnisse, und ein Vielerfahrener wird verständig Aufschluss geben. (Bibel AT; Sir. 34,9) / Wie Blinde zu gut Sehenden, so verhalten sich die, die nie eine Reise gemacht haben, zu Vielgereisten. (Philo von Alexandria, um 25 v. Chr. bis 54 n. Chr.; „Über Abraham“) / Alle Reisen haben eine heimliche Bestimmung, die der Reisende nicht ahnt. (Martin Buber, 1878–1965; „Baalschem“)

Allein aus Freude am Sehen und ohne Hoffnung, seine Eindrücke und Erlebnisse mitteilen zu dürfen, würde niemand über das Meer fahren. (Blaise Pascal, 1623–1662) / Wem Gott will rechte Gunst erweisen, den schickt er in die weite Welt. (Joseph von Eichendorff, 1788–1857; „Der frohe Wandersmann“) / Wir reisen nicht nur an andere Orte, sondern vor allem reisen wir in andere Verfassungen der eigenen Seele. (Werner Bergengruen, 1892–1964; „Badekur des Herzens“)

Ein Mann kam zu Abû’Ali ad-Daqqâq und sagte: „Von sehr weit her bin ich zu dir gereist.“ Abû’Ali ad-Daqqâq erwiderte: „Um Wissen über den Pfad zu erlangen, brauchst du keine große Distanz zu überwinden oder Reisen zu unternehmen. Entferne dich auch nur einen einzigen Schritt von dir selbst, und du hast dein Ziel erreicht.“ (Abû’Ali ad-Daqqâq, gest. 1015 oder 1021) / Diese irdische Welt ist eine Karawanserei auf dem Wege zu Gott, und alle Menschen finden sich in ihr als Reisegenossen zusammen. – Daher müssen sie Frieden und Eintracht miteinander halten und einander helfen und ein jeder die Rechte des andern achten. (al-Ghazâlî, 1058–1112; „Elixier der Glückseligkeit“) / Die Wege sind wie Wanderer auf der Reise – du siehst das Bleiben, Wandern ist verborgen. (Muhammad Iqbal, 1877–1938)

Die ersten Schritte sind wertlos, wenn der Weg nicht zu Ende gegangen wird. (Shankara, 788–820; „Kleinod der Unterscheidung“) / Ich bin erschöpft vom Wandern hin und her. Meine Seele ist umhüllt mit dem Schleier der Täuschung. (Tukârâm, 1608–1649) / Kein Weg ist kurz oder lang, aber manche Menschen wandeln mit größerem oder weniger großem Ernst auf ihm. (Sri Nisargadatta Maharaj, 1897–1981; „Ich bin“)

Ich habe nicht begriffen, dass ich hienieden ein Durchreisender war; in Verblendung, aus Neigung und Hass habe ich vielfach gesündigt. (Sântideva, 7. Jhdt.; „Bodhicaryâvatâra“) / Wird das Reisen zu leicht und zu bequem gemacht, so geht sein geistiger Sinn verloren. Allein ein gewisses Gefühl der Einsamkeit, das auf der Reise entsteht, führt den Menschen zum Nachdenken über den Sinn des Lebens; denn das Leben ist schließlich auch eine Reise von einem Unbekannten zum andern. (Daisetz T. Suzuki, 1870–1966; „Zen und die Kultur Japans“) / Dies ist das Glück der Nomaden: Wer unterwegs ist, der verwurzelt sich bei jedem neuen Schritt. Er hat seinen Platz immer dort, wo er sich gerade befindet. (Drugpa Rinpoche, gest. 1989; „Tibetische Weisheiten“)

Religion

Religion ist Liebe und Versöhnung. Schon im Worte liegt es: Sie verbindet wieder, was getrennt war. (Ludwig Börne, 1786–1837) / Eine Religion, welche nicht oder nicht mehr fähig ist, sich auf die Höhe der erworbenen Wissenschaft zu erheben, ist eine tote Religion. (Leopold Zunz, 1794–1886) / Liebet Gott und die Kreatur, feiert die Sonne und machet Musik: So habt ihr eine Religion! (Walther Rathenau, 1867–1922) / Die Naturwissenschaft ohne Religion ist lahm, die Religion ohne Naturwissenschaft ist blind. (Albert Einstein, 1879–1955) / Der Mensch hat zwei Beine und zwei Überzeugungen: eine, wenn's ihm gut geht, und eine, wenn's ihm schlecht geht. Die Letztere heißt Religion. (Kurt Tucholsky, 1890–1935)

Eine reine, unbefleckte Religion ist diese, sich der Waisen und Witwen in ihrer Bedrängnis annehmen und sich selber unbefleckt vor Gott erhalten. (Bibel NT; Jak. 1,26) / Schau in dich selbst hinein, in die Tiefe deines eigenen Wesens, dort findest du Religion; nicht als Willkür und Laune und persönliche Einfälle, sondern als das zentrale Grundgesetz deines Lebens. (Friedrich Schleiermacher, 1768–1834) / Durch nichts hat die Menschheit furchtbarer gelitten als durch die Religion. Gerade weil sie das Höchste, das Zarteste, das Innerlichste ist. Gerade weil das Heil an ihr hängt, das innerste Geborgensein der Seele des Menschen, weil sie an das Fühligste in uns rührt. (Ida von Coudenhove, 1901–1971)

Wahrlich, die wahre Religion vor Allah ist Islam (d. h. „vollständige Ergebung“). Und die, denen das Buch gegeben war, wurden uneins erst, nachdem das Wissen zu ihnen gekommen war, aus Neid aufeinander. (Korân; Sure 3,19) / Abu Muhammad al-Jurayri hat gesagt: „Die Religion enthält zehn Schätze, fünf äußere und fünf innere. Die äußeren Schätze bestehen darin, dass man wahr ist in der Rede, großzügig mit seinem Besitz, bescheiden in seinem Auftreten, dass man es vermeidet, anderen Schwierigkeiten zu machen, dass man aber die Schwierigkeiten erträgt, die andere verursachen. Die fünf inneren Schätze der Religion bestehen darin, dass man die Trennung von ihm (Allah) fürchtet, dass man sich wünscht, mit ihm zu sein, dass man seine üblen Taten bedauert, dass man ein Gewissen hat und dass man Scham vor dem Herrn empfindet.“ (Husayn-al-Sulami, 936–1021; „Futuwwah“) / Von wohl siebzig Religionen hör ich, die's auf Erden gibt; doch die wahre Religion ist die nur, dass der Mensch dich liebt. (Omar Khayyâm; um 1045–1122; „Strophen“)

Warum entarten Religionen? Das Regenwasser ist rein. Doch wenn es Dach und Gassen durchlaufen hat, die unsauber sind, so verliert es seine reine Klarheit. (Râmakrishna, 1834–1886; „Der Samnyasin und Vedantist“) / Kirche, Lehren und Formen sind nur Hecken, um die zarte Pflanze der Religion zu beschützen; sie müssen entfernt werden, damit die kleine Pflanze zum Baum werden kann. (Swâmi Vivekânanda, 1862–1902; „Jnana-Yoga“) / Die Religionen sind verschiedene Wege, die alle zu dem gleichen Punkt hinführen. Was bedeutet es, dass wir verschiedene Pfade benützen, wenn wir doch das gleiche Ziel erreichen? In Wirklichkeit gibt es ebenso viele Religionen wie Individuen. (Mahatma Gandhi, 1869–1948)

Wer nur die eigene Religion verherrlicht, der schädigt sich selbst. Lasst uns offen auf alle Lehren lauschen. (Kaiser Ashôka, um 250 v. Chr; „Fels-Edikt") / Der Buddhismus ist die einzige aller Religionen, die das Ziel, das sie zeigt, zu einer Erlebbarkeit macht, und insofern ist er überhaupt die einzige aller Religionen, die sich mit Recht so nennen darf. (Paul Dahlke, 1865–1928) / Von den zwei großen Weltreligionen betont das Christentum die Liebe und der Buddhismus die Weisheit. Doch letztlich gibt es keine zwei Religionen in der Welt, es gibt nur eine. (Sokei-an Roshi, 1882–1945; „Übertragung des Zen")

Rettung

Ich weiß, mein Retter lebt; auftreten wird er endlich über dem Staube. (Bibel AT; Hiob 19,25) / Wohltätigkeit rettet vor dem Tod. (Bibel AT; Spr. 10,2) / Um Sodom vor der Vernichtung zu retten, wären mindestens zehn Gerechte nötig gewesen. Um die ganze Welt ins Chaos zu versetzen, genügt ein einziger Idiot. (Rabbi Menachem Mendel)

Jesus Christus kam in diese Welt, um die Sünder zu retten. (Bibel NT; 1. Tim. 1,15) / Der Mensch ist geschaffen, um Gott, seinen Herrn, zu loben, ihn zu ehren und ihm zu dienen und dadurch seine Seele zu retten. (Ignatius von Loyola, 1491–1556) / Bet und vertrau; je größer die Not, je näher die Rettung. (Johann Heinrich Voss, 1751–1826; „Der 70. Geburtstag")

Der Prophet sagte: Sucht die goldene Mitte und das Rechte, und wisst, dass keiner von euch aufgrund seiner Taten gerettet wird. (Mohammed, 570–632; „Hadith") / Ich bin nicht gekommen, die Menschheit zu ändern; ich bin gekommen, ihr vorwärts zu helfen. (Hazrat Inayat Khan, 1882–1927; „Gayan") / Wäre unsere Rettung dies: frei sein vom Streben – das Grab wäre besser als solch Himmelsleben! O Gast, die Seele stirbt im Stillestehen – lebendig wird sie nur im steten Flug! (Muhammad Iqbâl, 1873–1938; „Das Buch der Ewigkeit")

Wie auf dem Lotosblatt Tropfen zergehen, siehst du das Leben im Winde verwehen, steig in den Nachen – die Freundschaft mit Guten. Rette dich so aus des Weltenstromes Fluten. (Shankara, 788–820; „Lehrgedichte") / Ständig erlebt man einen Wechsel von Freuden und Leiden; davor kann einen kein Verstand, kein kluges Benehmen und keine menschliche Anstrengung retten. (Aus Indien) / Wer einen einzigen Strahl der großen Liebe fühlte, der ist gerettet, ist bei Gott. (Kabîr, 1440–1518; „Spruchgedichte")

Wer sein Ich und den Nächsten schnell zu retten wünscht, muss die höchste Geheimlehre üben: das Vertauschen des Nächsten und des eigenen Ich. (Sântideva, 7. Jhdt.; „Bodhicaryâvatâra") / Mich selbst zu retten und andere, werde ich nie aufhören, niemals in alle Ewigkeit! (Yung-chia Hsüan-chüeh, 665–713) / Ihr könnt weder in den Himmel noch ins Wasser, noch in Stein schlüpfen, um euer Leben zu retten. Wenn ihr die Idee aufgebt, in irgendetwas einzutreten, könnt ihr dem Tod entgehen. (Sokei-an Roshi, 1882–1945; „Der Zen-Weg")

Reue

Dem Reuigen gestattet Gott die Umkehr und ermutigt die, denen die Hoffnung ausgehen will. (Bibel AT; Sir. 17,24) / Bereue einen Tag vor deinem Tode; da man nicht weiß, wann man sterben wird – vielleicht heute, vielleicht morgen –, soll man alle Tage seines Lebens in Reue verbringen. (Moses Maimonides, 1135–1204; „Mischna-Kommentar") / Nichts bereuen ist aller Weisheit Anfang. (Ludwig Börne, 1786–1837; „Fragmente und Aphorismen")

Im Himmel wird mehr Freude sein über einen Sünder, der Buße tut, als über 99 Gerechte, die der Buße nicht bedürfen. (Bibel NT; Lk. 15,7) / Eine wahre Reue ist eine zweite Unschuld. (Johannes Tauler, um 1300–1361) / Die beste Reue ist die bessere Tat. (Friedrich Lienhard, 1865–1929) / Die Reue vermag dem Geschehenen einen neuen Sinn zu geben und so das Böse dem Guten dienstbar zu machen. (Johannes Hessen, 1889–1971)

Wer aber nach seiner Sünde bereut und sich bessert, gewiss, ihm wird sich Allah gnädig zukehren, denn wahrlich, Allah ist allvergebend und barmherzig. (Korân; Sure 5,39) / Wen Liebe reut – der liebte nicht; wer liebt, der flieht das Sterben nicht. (Nizâmî, 1141–1209; „Sieben Geschichten") / Wer einem, den es reut, erlässt seinen Handel, dem erlässt Gott seine Sünden. (al-Harîrî, 1054–1122; „Die Makamen")

Reden wollen, aber nicht reden, das hat schon viele gereut. (Kâlidâsa, 4./5. Jhdt.; „Sakuntala") / Wer im Augenblick der Furcht oder der Freude erst überlegt und nicht voreilig zur Tat schreitet, der fühlt später keine Reue. (Aus Indien) / Das Gebet ist ein Zeichen der Reue, eine Sehnsucht, besser, reiner zu werden. (Mahatma Gandhi, 1869–1948)

Nicht gut ist eine Tat, die dich zur Reue zwingt und die, wenn ausgereift, dir Schmerz und Tränen bringt. (Gautama Buddha, um 550–480 v. Chr.; „Dhammapada") / Die Reue ist der Mai der Tugenden. (Aus China) / Einem Menschen verzeihen, der nicht bereut, ist wie Zeichnen im Wasser. (Aus Japan)

Revolution

Nicht allen Revolutionen gehen Zeichen und Warnungen vorher; es gibt auch den politischen Schlaganfall. (Ludwig Börne, 1786–1837; „Aphorismen") / Das Messianische des Judentums fordert den neuen Menschen, den, der mit sich Ernst macht ... Und auch in dieser Idee vom Frieden ist darum etwas Treibendes, Stoßendes, etwas Aufrührerisches fast. (Leo Baeck, 1873–1956) / Jede Revolution zieht Leute an, die mit den Ideen der Revolution nicht das Geringste zu tun haben, die aus Abenteuerlust, aus unklarer, nebuloser Stimmung, aus Freude an Bewegung, aus Sucht, sich zu berauschen, aus Haltlosigkeit und aus vielen Motiven, deren „Schmutzigkeit" ich hier nicht darstellen möchte, zur Revolution stoßen.

(Ernst Toller, 1893–1939) / Der radikalste Revolutionär ist ein Konservativer am Tag nach der Revolution. (Hannah Arendt, 1906–1975)

Nicht die Religion, die Revolution ist Opium für das Volk. (Simone Weil, 1909–1943) / Wenn jemand eine Revolution, das heißt eine Umwandlung zum Besseren, will, dann muss er bei sich selbst beginnen. (Hermann Stehr, 1864–1940) / Wer eine friedliche Revolution unmöglich macht, macht eine gewaltsame unvermeidbar. (John F. Kennedy, 1917–1963)

O Menschenkind, wenn du siehst, dass dein Herr – gepriesen sei er! – seine Gnaden immer weiter über dich schickt, während du rebellierst, so hüte dich vor ihm! (Ali ibn Ali Talib, gest. 661) / Eine Revolution, die nicht auf dem Blut gegründet ist, wird nie Bestand haben. (Kemâl Atatürk, 1881–1938) / Wenn Tatsachen umstürzen, wird die Wahrheit geboren. (Hazrat Inayat Khan, 1882–1927; „Vadan")

Man gehe nicht an der Spitze eines Haufens: Gelingt die Sache, so ist der Lohn für alle gleich; misslingt sie, so wird der Rädelsführer hingerichtet. (Aus Indien) / Klassenhass als mächtige treibende Kraft kann nie zum Erfolg führen. Materielle Gewalt ist kein moralisches Beweismittel. (Sarvepalli Radhakrishnan, 1888–1975; „Religion und Gesellschaft") / Kein Opfer ist zu groß für unterdrückte, bedrängte Klassen. Freiheit muss nach Freiheit für die Unterklassen beurteilt werden. (Jawaharlal Nehru, 1889–1964)

Würden die Menschen danach streben, sich selber zu vervollkommnen, statt die ganze Welt zu retten, selbst innerlich frei zu werden, statt die ganze Menschheit zu befreien – wie viel hätten sie getan zur wahrhaften Befreiung der ganzen Menschheit! (Aus China) / Renne gegen die Ereignisse nicht mit einem Gefühl der Furcht und der Aggression an. Passe dich ihrem Rhythmus an, und reite auf ihnen. (Drugpa Rinpoche, gest. 1989; „Tibetische Weisheiten") / Die Jugend kennt viele Träume; die meisten sind schnell vergessen. (Aus China)

Richten

Hillel sagte: „Sondere dich nicht von der Gemeinschaft ab, und glaube nicht an dich selbst bis zu deinem Todestag, und richte deinen Nebenmenschen nicht, bis du in seine Lage kommst." (Talmud; 70–500 n. Chr.; Aboth II,4) / Wenn der Mensch sich selbst nicht richtet, richten ihn alle Dinge, und alle Dinge werden die Boten Gottes. (Rabbi Nachmann, 1771–1810; „Worte des Rabbi Nachmann") / Sei beugsam! Sonst wird man dich beugen! (Jüdisches Sprichwort)

Richtet nicht, so werdet ihr nicht gerichtet; verdammt nicht, so werdet auch ihr nicht verdammt; vergebt, so wird auch euch vergeben werden. (Bibel NT; Lk. 5,37) / Wer ein Richter der Menschen sein will, muss selbst ein Mensch werden. (Johann Georg Hamann, 1730–1788) / Lieber wollte ich schmerzhaft auf meine Zunge beißen als einen Menschen richten. (Joseph Bernhart, 1881–1969)

Sollte ich mir einen anderen Schiedsrichter als Gott suchen, wo er es doch ist, der das Buch, ins Einzelne auseinandergesetzt, zu euch herabgesandt hat? (Korân; Sure 6,114) / Wenn des Richters Maulesel stirbt, geht jedermann zum Begräbnis. Wenn der Richter selber stirbt, geht niemand. (Aus Arabien) / Gott fragt dich einst am Tag der Rechenschaft, warum ein Kind sich stieß an einem Stein! (Saadî, um 1215–1292)

Ruf mich in deinen Dienst, mach mich zu deinem Knecht, und jäte, o Vater, aus in mir die Freude am Verbrechen! (Mânikkavâshagar, 9. Jhdt.) / Wie ein Elefant ohne Brunstsaft, eine Schlange ohne Gift und ein Schwert ohne Schneide wird ein Herrscher mit Geringschätzung angesehen, wenn er bei einem Vergehen keine Strafe verhängt. (Aus Indien) / Auf die Aussage eines anderen hin soll man über niemanden eine Strafe verhängen; erst dann, wenn man die Nachricht untersucht hat, soll man jemanden einsperren oder freilassen. (Aus Indien)

Der andern Fehler und ihr Tun gehen dich nichts an; betrachte, was du selbst und was du nicht getan! (Gautama Buddha, um 550–480 v. Chr.; „Dhammapada“) / Selbst der ehrlichste Richter vermag in Familienangelegenheiten kein Urteil zu fällen. (Aus China) / Einige Dinge wurden lange Zeit für falsch angesehen, obwohl sie richtig waren. Da der Wert der Rechtschaffenheit vielleicht erst Jahrhunderte später erkannt wird, ist es unnötig, sofortige Wertschätzung zu erwarten. (Zengetsu, China, 9. Jhdt.)

Ruhe

Wenn du nicht die Gesetze deines Gottes hältst, wirst du keine Rast haben unter den Völkern und keine Ruhe für die Sohle deines Fußes, und Gott wird dir geben ein zitterndes Herz, ein Erblassen der Augen und Schwinden der Seele. Du wirst dich fürchten bei Nacht und bei Tage und wirst deines Lebens nicht sicher sein. (Bibel AT; 5. Mos. 28,65–66) / Warum bist du dem Wanderer gleich, der nur zur Nachtruhe zeltet? (Bibel AT; Jer. 14,8) / Schön ist das Schweigen der Weisen – um wie viele mehr das der Narren. (Talmud; 70–500 n. Chr.; Pessachim 99a) / Ruhe ist Glück, wenn sie ein Ausruhen ist. (Ludwig Börne, 1786–1837; „Aus meinem Tagebuch“)

Nehmet mein Joch auf euch, und lernet von mir; denn ich bin sanftmütig und demütig von Herzen; und ihr werdet Ruhe finden für eure Seele. (Bibel NT; Mt. 11,29) / Gott ist die Ruhe und beruhigt alles, und ihn, die Ruhe, anschauen heißt selber ruhen. (Bernhard von Clairvaux, 1090–1153; „In Quadragesimo sermo“) / Meine Seele kann nirgends Ruhe finden außer bei Gott und bei Männern, die sie verstehen. (Theresia von Avila, 1515–1582) / Ließe der Mensch sich genügen, so hätte er Ruhe. (Jakob Böhme, 1575–1624) / Wahre Ruhe ist nicht Mangel an Bewegung, sondern ist Gleichgewicht der Bewegungen. (Ernst von Feuchtersleben, 1806–1849)

Sei hastig nie, auch wo du Hast hast; denn seine Ruhe liebt, wer Hast hasst. (al-Harîrî, 1054–1122; „Die Makamen“) / Empor zum Himmel hebe dein Gefieder, und lass dich hoch zu seliger Ruhe nieder! (Hâfis, 1326–1390; „Der Sänger von Schiras“) / Anfangs lebt die Liebe nur von Gegenliebe; wenn sie aber zur vollen Entfaltung gelangt, ruht sie in sich selbst. (Hazrat Inayat Khan, 1882–1927; „Gayan“)

Der Yoga ist das Zur-Ruhe-Bringen der Bewegungen der „inneren Welt“. (Patanjali, 2. Jhdt. v. Chr.; „Yoga-Sutra“) / Das wichtigste Merkmal der indischen Denkweise ist ihre Ruhe, ihr Schweigen. Die ungeheure Macht, die dahinter steht, wurde nie durch Gewalt ausgedrückt. (Swâmi Vivekânanda, 1862–1902) / Wenn du im Recht bist, kannst du dir leisten, die Ruhe zu bewahren, und wenn du im Unrecht bist, kannst du dir nicht leisten, sie zu verlieren. (Mohandas Gandhi, 1869–1908; „Erinnerungen“)

Wenn dein Geist zur Ruhe kommt, dann werden deine Entscheidungen klar. Dann bist du nicht mehr hin- und hergerissen von Wünschen und Erwartungen. (Gautama Buddha, um 550–480 v. Chr.; „Digha-Nikâya“) / Nicht durch die Feindschaft kommt in dieser Welt Feindschaft zur Ruhe. Durch Nichtfeindschaft kommt sie zur Ruhe. (Gautama Buddha, um 550–480 v. Chr.; „Dhammapada“) / Wenn unser Geist die Ruhe findet, verschwindet er von selbst. (Seng-ts'an, gest. 606; „Hsin-hsin-ming“) / Durch Befolgung der Gebote erreicht ihr Ruhe, wo auch immer ihr seid. Durch diese Ruhe erlangt ihr Weisheit, und durch diese Weisheit erlangt ihr das Gewahrsein der Befreiung. (Sokei-an Roshi, 1882–1945; „Der Zen-Weg“)

Ruhm

Es rühme dich ein anderer und nicht dein Mund, ein Fremder und nicht deine Lippen. (Bibel AT; Spr. 27,2) / Die Ehre verpflichtet zur Sittlichkeit, der Ruhm noch mehr, die Macht am meisten. (Berthold Auerbach, 1812–1882) / Soll Ruhm mir blühn, komm er beizeit! Was hat die Nachwelt mir zu geben? Ich möchte von meiner Unsterblichkeit doch ein paar Jährchen miterleben. (Paul von Heyse, 1830–1914; „Spruchbüchlein“)

Wer sich rühmt, der rühme sich des Herrn. (Bibel NT; 1. Kor. 1,31) / Die größte Niedertracht des Menschen ist sein Streben nach Ruhm, aber gerade dieses ist auch das Zeichen, dass er etwas Höheres ist. (Blaise Pascal, 1623–1662) / Lorbeer ist ein bittres Blatt dem, der's sucht, und dem, der's hat. (Emanuel Geibel, 1815–1884; „Sprüche“) / Bei den Hottentotten ist nicht einmal Napoleon berühmt. (Marie von Ebner-Eschenbach, 1830–1916; „Aphorismen“)

Dem Ersten gebührt der Ruhm, wenn auch die Nachfolger es besser gemacht haben. (Arabisches Sprichwort) / Wohl kannst du leugnen Gottes Existenz, doch niemals leugnen des Propheten Ruhm. (Muhammad Iqbal, 1877–1938) / Ruhm ist der Schatten einer Leidenschaft, die im Licht steht. (Kahlil Gibran, 1883–1931; „Aphorismen“)

Nähm ich zur Tinte auch die sieben Meere und hätte ich die Erde als Papier und würden Schreibrohr mir des Waldes Bäume, nicht schrieb ich Gottes Ruhm aus – spricht Kabir. (Kabîr, 1440–1518; „Spruchgedichte“) / Gewisse Schriftgelehrte, die im Rufe großer Weisheit stehen, sind wie die Geier. Der schwingt sich hoch in die Lüfte, hält aber den Blick unverwandt auf die Erde gerichtet auf der Suche nach Aas. (Shrî Râmakrishna, 1834–1886; „Ewige Botschaft“) / Glückselig ist der, dessen Ruhm seine Wahrheit nicht überstrahlt. (Rabindranâth Tagore, 1861–1941)

Der König glaubt nicht, dass Ruhm und Nachruhm großen Wert haben, es sei denn, dass die Menschen durch seine Bemühungen in der Gegenwart und Zukunft veranlasst würden, den Forderungen des moralischen Gesetzes entsprechend zu handeln. (Kaiser Ashôka, um 250 v. Chr; „X. Fels-Edikt") / Um des Ruhmes willen opfern manche ihre Reichtümer und bringen sich gar den Tod. Aber kann man Silben essen? Und wenn man tot ist, wer genießt dann die Früchte des Ruhmes? (Sântideva, 7. Jhdt.; „Bodhicaryâvatâra") / Alles im menschlichen Leben hat Bedeutung, doch eine wahre Sache hat keine Bedeutung. Bedeutung ist etwas vom Menschenhirn Erfundenes. Wirklichkeit hat keine Bedeutung, sie ist transzendental. (Sokei-an Roshi, 1882–1945; „Der Zen-Weg")

Sanftmut

Worte, die von Herzen kommen, gehen zu Herzen. (Aus Israel) / Sei kein Schäfchen zwischen den Menschen, denn Scherer finden sich immer. (Jüdisches Sprichwort) / Eine Katze in Handschuhen wird niemals Mäuse fangen. (Jüdisches Sprichwort)

Selig sind die Sanftmütugen; sie werden das Land besitzen. (Bibel NT; Mt. 5,4) / Du strebst so emsiglich nach einem Flecklein Erden: Durch Sanftmut könntest du der ganzen Erbherr werden. (Angelus Silesius, 1624–1677; „Der Cherubinische Wandersmann") / Nur selbstständige Weiblichkeit, nur sanfte Männlichkeit ist gut und schön. (Friedrich von Schlegel, 1772–1829)

Wem die Sanftmut vorenthalten wurde, dem ist das Gute insgesamt vorenthalten worden. (Mohammed, 570–632; „Hadith") / Sanftmut ist gut, aber Sichdurchsetzen zuweilen besser. (Nizâm ul-Mulk, 1018–1092; „Sîyâstnâma") / Hartes Wort gib dem nicht, der mit lindem focht; droh nicht Kampf dem, der an das Tor des Friedens pocht. (Saadî, um 1215–1292; „Gulistân")

Durch Sanftmut besiege man den Zornigen, durch Güte den Bösen, durch Spenden den Geizhals, durch Wahrheit den Lügner. (Mahâbhârata; 500 v. Chr. bis 500 n. Chr.) / Durch Milde schlägt man den Harten, durch Milde schlägt man den Weichen. Durch Milde kann man alles erreichen; darum ist Milde das Strengere. (Aus Indien) / Wer selbst kein beleidigendes Wort spricht und auch andere nicht anstiftet, ein solches zu sprechen; wer, wenn er geschlagen wird, nicht wiederschlägt, nicht zulässt, dass andere für ihn schlagen, und auch nicht daran denkt, einen bösen Menschen zu schlagen, auf dessen Ankunft freuen sich die Götter. (Aus Indien)

Sei sanft und voll der Demut, strebst du nach Erhöhung, preis jedes Tugend, willst du ihn zum Freund. (Lama Kazi Dawa-Samdup; „Unendliche Freude der Weisen") / Jeder von uns sollte versuchen, Herr über seinen Geist und seinen Körper zu sein, seine Umgebung friedlich zu beeinflussen, ein reines und selbstloses Leben zu führen und Menschen und Tieren gegenüber freundlich und hilfsbereit zu sein. (Nyogen Senzaki, 1876–1958; „Keine Spur im Wasser") / Gib den anderen die Möglichkeit, zu lieben und zu existieren, denn sie sind ebenso bedeutsam wie du selbst. (Drugpa Rinpoche, gest. 1989; „Tibetische Weisheiten")

Scham

Wer sich leicht schämt, sündigt schwer. (Talmud; 70–500 n. Chr.) / Schwerwiegender als Adams Essen der verbotenen Frucht war, dass er sich anschließend vor Gott versteckte, nachdem er gegessen hatte. So ist der Mensch: Er versteckt sich, er flieht, er hat ein Alibi. Gott ist weniger entfernt, als wir denken; wenn wir uns nach Gott sehnen, schwindet seine Ferne. (Abraham Joshua Heschel, 1907–1972) / Was nützt dir deines Vaters vornehme Herkunft, wenn man sich deiner schämt? (Jüdisches Sprichwort)

Die Schamhaftigkeit ist eine Begleiterin der Keuschheit. (Ambrosius, um 340–397; „Von den Pflichten“) / Um edel zu empfinden, lasst Scham nicht aus der Seele schwinden! (Wolfram von Eschenbach, um 1170–1220; „Parzival“) / Scham bezeichnet im Menschen die innere Grenze der Sünde. Wo er errötet, beginnt eben sein edleres Selbst. (Friedrich Hebbel, 1813–1863; „Die Scham“)

Gott schämt sich nicht, zu einem Gleichnis eine Mücke oder das, was darüber ist, anzuführen. Diejenigen nun, die glauben, wissen, dass es die Wahrheit von ihrem Herrn ist. (Korân; Sure 2,26) / Scham ist ein Teil des Glaubens. (Mohammed, 570–632; „Hadith“) / Wen die Scham bekleidet, dessen Fehler sehen die Menschen nicht. (Ali ibn Ali Talib, gest. 661) / Was unter vier Augen sorgende Liebe und guter Rat ist, wird in Gegenwart anderer zu Beschimpfung und Beschämung. – Öffentliche Ermahnung bedeutet Bloßstellung. (al-Ghazâlî, 1058–1112; „Elixier der Glückseligkeit“)

Nicht Scham noch Rücksicht oder Scheu, nicht Sittsamkeit ein Weib begehrt; nur dann ist sie dem Gatten treu, wenn keiner ist, der sie begehrt. (Nârâjana, 9./10. Jhdt. n. Chr.; „Hitopadesa“) / Prahlerei ist nur Schamgefühl unter falscher Maske; sie glaubt nicht wirklich an sich. (Rabindranâth Tagore, 1861–1941)

Wer falscher Lehre folgt, sich schämt, wo nichts zu schämen, und schamlos frevelt, muss den Weg zur Hölle nehmen. (Gautama Buddha, um 550–480 v. Chr.; „Dhammapada“) / Wenn ihr einen tiefen Graben der Scham um euch herum grabt, seid ihr vor dem Angriff des Feindes sicher und habt inneren Frieden. (Sokei-an Roshi, 1882–1945; „Der Zen-Weg“) / Scheue dich nicht, das Leben wegen seiner Schönheit, seiner Wunder zu begehren – wie ein Verliebter, wie ein Verehrer. (Drugpa Rinpoche, gest. 1989; „Tibetische Weisheiten“)

Schande

In Armut und Schande fällt, wer Zucht in den Wind schlägt. (Bibel AT; Spr. 13,18) / Reden bringet Ehre, und Reden bringet auch Schande, und den Menschen fället seine eigene Zunge. (Bibel AT; Sir. 5,15) / Es ist eine Schande für den Löwen, vor einem Fuchs zu weinen. (Midrasch Tanna debe Eliahu 17)

Wir haben den heimlichen Dingen, deren man sich schämen muss, entsagt. (Bibel NT; 2. Kor. 4,2) / Die Welt schändet immer, was man loben soll, und lobt, was man schänden soll. (Martin Luther, 1483–1546;

„Deutsche Schriften") / Es ist kein Lager so hart, kein Frost so scharf, keine Not so bitter wie die Schande. (Joseph von Eichendorff, 1788–1857)

Wie hab ich blindlings meinen Lüsten gehorcht am Tag und in der Nacht; Gebiss und Zügel des Verbotes getrotzt und das Gebot verlacht! (al-Harîrî, 1054–1122) / Iss, wenn du ein Mensch bist, mit Mäßigkeit; in Schmach bringt den Hund seine Gefräßigkeit. (Saadî, um 1215–1292; „Gulistân") / Leihen und borgen ist die größte Schande. (Aus Arabien)

Die Welt trägt nach der Wahrheit kein Verlangen; sie tritt in dessen Spur, der schon vorangegangen. (Pantschatantra; 5. Jhdt.) / Man soll keinem Menschen trauen, der aus Heuchelei Kasteiung übt. Man sieht ja sogar an heiligen Plätzen Asketen, die nur für ihren Magen leben. (Aus Indien) / Jene Selbstzufriedenheit, jene unersättliche Gier, jener Stolz auf Besitz, jenes hochmütige Sichabwenden des Herzens hüllt uns ein wie ein Leichentuch. (Rabindranâth Tagore, 1861–1941)

Ach, es ist besser zu sterben, als einer heiligen Person Schmach anzutun. (Geshe Drom, 11. Jhdt.; „Kadamthorbu") / Schande folgt der Narrheit auf dem Fuße; nach dem Zorn kommen die Gewissensbisse. (Aus Tibet) / Es ist eine Schande eurer eigenen Seele gegenüber, wenn ihr nicht erleuchtet seid. Ihr sollt Tag für Tag Fortschritte machen und die Last von Geist und Seele verringern. (Sokei-an Roshi, 1882–1945; „Der Zen-Weg")

Scheidung

Der Mensch tritt in die Welt mit geschlossenen Händen, als wolle er andeuten: Die ganze Welt ist mein; ich nehme sie in Besitz. Wenn er von der Welt scheidet, sind seine Hände ausgestreckt, als wolle er sagen: Ich habe von der Welt nichts mitgenommen; siehe, alles ist dein. (Midrasch; „Kohelet rabba 5,14") / Wenn ein Mann sich von seiner ersten Frau scheidet, weint der Altar. (Jüdischer Spruch)

Was nun Gott zusammengefügt hat, das soll der Mensch nicht scheiden. (Bibel NT; Mt. 19,6) / Gott schickt am End uns Leiden, auf dass uns diese Welt, wenn wir nun von ihr scheiden, nicht mehr so mächtig hält. (Justinus Kerner, 1786–1862; „Religiöses") / Je schöner und voller die Erinnerung, desto schwerer ist die Trennung. Aber die Dankbarkeit verwandelt die Erinnerung in eine stille Freude. Man trägt das vergangene Schöne nicht wie einen Stachel, sondern wie ein kostbares Geschenk in sich. (Dietrich Bonhoeffer, 1906–1945)

Und wenn ihr euch von den Frauen scheidet und sie nähern sich dem Ende ihrer Wartefrist, dann sollt ihr sie entweder auf geziemende Art behalten oder auf geziemende Art entlassen; doch haltet sie nicht widersetzlich zurück, so dass ihr euch vergeht. (Korân; Sure 2,231) / Und wenn ihr eine Frau gegen eine andere vertauschen möchtet und habt der einen bereits einen Schatz gegeben, so nehmt nichts davon zurück. (Korân; Sure 4,20) / Gott hat nichts auf Erden geschaffen, was ihm lieber wäre als die Freilassung eines Sklaven, und nichts, was ihm verhasster wäre als Scheidung. (Mohammed, 570–632; „Hadith")

Wer eine Frau verlässt, die seinen Befehlen gehorcht, willig ist, treffliche

Söhne gebiert und freundlich spricht, soll den dritten Teil seines Vermögens bezahlen und, wenn er kein Vermögen hat, die Frau ernähren. (Yâjnavalkya; 2.–5. Jhdt.) / Schließt man mit andern einen Bund, steht Trennung schon im Hintergrund, wie unvermeidlich schon der Tod bei der Geburt dem Menschen droht. (Nârâjana, 9./10. Jhdt.; „Hitopadesa“)

Die Herzen, die sich am schnellsten geben, nehmen sich am schnellsten zurück. (Aus China) / Mann und Frau können ebenso wenig getrennt werden wie Himmel und Erde. (Aus China) / Auch wenn man seine Frau nicht liebte, glaubt man, bei der Scheidung ein kleines Vermögen verloren zu haben. (Aus Japan)

Schein

Es gibt Erfolg, der einem Manne zum Unheil ausschlägt, und es gibt Gewinn, der zum Schaden gereicht. (Bibel AT; Sir. 20,9) / Das ist ein Jagen auf dieser Erden nach Rang und Würden und gleißendem Schein. Im hitzigen Fieber, etwas zu werden, versäumen die Toren, etwas zu sein. (Oskar Blumenthal, 1852–1917) / Es kommt gewiss, wie wichtig auch das sein mag, nicht so sehr auf das an, wöfür andere uns halten, als auf das, was wir in Wahrheit sind. Wir sind aber das, was wir sein wollen. (Max Wiener, 1882–1950)

Wenn ihr fastet, dann setzt keine Leidensmiene auf wie die Heuchler. Sie machen ein saures Gesicht, damit jeder merkt, dass sie fasten. (Bibel NT; Mt. 6,16) / Man braucht sich über keine zeitweilige Berühmtheit des Wertlosen aufzuregen. Die Zeit vernichtet alles Scheinberühmte in kürzester Frist, gleichviel ob man es bekämpft oder nicht. (Joseph Bernhart, 1881–1969) / Was du scheinst, das werten Menschen, was du bist, das wertet Gott. (Margarete Seemann, 1893–1949)

O du, der wähnt, dass ihm das Schicksal flucht: Zu sich hinan kommt nur, wer heimgesucht. (Dschelâleddin Rûmî, 1207–1273; „Spruchgedichte“) / Sei kein Frommer nur zum Schein; fehlt der Kern, wozu die Hülle? (Saadî, um 1215–1292; „Bostân“) / Kein Schleier ist die Welt für Gottes wahres Sein – den Taucher schrecket nicht des Wasserbildes Schein! (Muhammad Iqbal, 1873–1938; „Das Buch der Ewigkeit“)

Aus dem Nichterkennen des Selbst erhebt sich der Schein der Welt, aus dem Erkennen des Selbst erhebt sich kein Schein. Aus dem Nichterkennen des Stricks erhebt sich der Schein, es sei eine Schlange, aus seinem Erkennen erhebt sich kein Schein. (Ashtâvakra-Gîtâ; ca. 2. Jhdt. v. Chr.) / Der blauen Farbe in dem Himmelsraum, dem Dieb, für den man nachts den Pfosten hält, dem Trugbild, das man in der Wüste sieht – all diesem gleicht die unwirkliche Welt. (Shankara, 788–820; „Lehrgedichte“) / Es ist millionenmal besser, unwahr zu scheinen vor der Welt, als gegen uns selbst unwahr zu sein. (Mahatma Gandhi, 1869–1948; „Jung-Indien“)

Einen Buddha kann man nachahmen, aber keinen Reichen. (Aus Japan) / Warum haben die Menschen so falsche Vorstellungen über die Wirklichkeit? Weil sie sich keine Mühe geben, sie kennen zu lernen. Das Hasten und Jagen lassen ihnen keine Zeit. (Paul Dahlke, 1865–1928) /

Wer den Himmel im Wasser sieht, sieht die Fische auf den Bäumen. (Aus China)

Schicksal

Der von seinen Affekten abhängige Mensch ist nicht Herr über sich selbst, sondern ein Sklave des Schicksals. (Baruch Spinoza, 1632–1677) / Wie unaussprechlich elend wäre das Schicksal der Menschen, wenn von der Auslegung dunkler Stellen in einem Buche, das vor undenklichen Zeiten in einer fremden, jetzt toten Sprache für ein bestimmtes Volk in Asien geschrieben worden, die ewige Glückseligkeit des ganzen menschlichen Geschlechtes abhängen sollte. (Moses Mendelssohn, 1729–1786; „An Carl zu Braunschweig") / Es kommt mir so vor, als ob ich nichts aus mir heraus willkürlich tun kann, als ob ich geführt werde, sanft, wenn ich mich füge, rauh, wenn ich widerstehe. (Walther Rathenau, 1867–1922)

Der Charakter wird zum Schicksal. Das gilt für den Einzelnen und für ein Volk. (Papst Gregor der Große, 540–604) / Schicksal und sich schicken scheinen mir nicht ohne Bedeutung nahe verwandt. Wie wir uns schicken, so ist unser Schicksal. (Novalis, 1772–1801) / Nicht, was wir erleben, sondern wie wir empfinden, was wir erleben, macht unser Schicksal aus. (Marie von Ebner-Eschenbach, 1830–1916) / Große Menschen beeinflussen den Schicksalsgang der Zeit. (Peter Lippert, 1879–1936)

Die Planer planen, und das Schicksal lacht darüber. (Mohammed, 570–632; „Hadith") / Bau aufs Geschick nicht mit Zuversicht! Gradheit liebt man am Bogen nicht. (Firdausî, 935–1021; „Schah-Nameh") / Alle, die ihr sorglos lebet, denen fern das Ungemach ist, denkt, eh ihr zum Schlaf euch hinstreckt, dass das Schicksal immer wach ist. (Abul Beka Salih, 13. Jhdt.) / Wenn dir von dem Geschick das Herz verblutet, verlang von Gott ein anderes Geschick! Wenn du ein neues forderst, ist's erlaubt, denn Gottes Schicksalspläne sind unendlich. (Muhammad Iqbal, 1877–1938)

Schicksal und Handeln gehen Hand in Hand. Das eine ist ein Teil vom andern wie Licht und Schatten. (Pantschatantra; 5. Jhdt.) / Erblickt das Schicksal reiche Gabe so plötzlich wie die Nuss der Rabe, lässt's doch die eignen Hände ruhn und wartet auf der Menschen tun. (Nârâjana, 9./10. Jhdt.; „Hitopadesa") / Der Mensch ist nicht der Gnade eines unabwendbaren Schicksals ausgeliefert. Wenn er will, kann er sich über seine Vergangenheit hinwegsetzen. Es gibt keine Unabwendbarkeit der Geschichte. (Sarvepalli Radhakrishnan, 1888–1975)

Mancher wird wieder Mensch; Böse zur Hölle gehen, Gute ins Himmelreich; die Heiligen ganz verwehen. (Gautama Buddha, um 550–480 v. Chr.; „Dhammapada") / Sicher wie des Abends Schatten langsam tauchen in die Nacht, so kommt der grimme Tod von Stunde zu Stunde näher ohne Aufenthalt. Bereite dich schon heute zur Begegnung vor. (Phadampa Sangay, um 1100) / Gefahren, Missgeschick und Mangel, Schmerz und Beleidigungen sind mehr oder minder das sichere Los eines jeden Menschen, der in diese Welt eintritt. (Aus Tibet)

Schlaf

Wer arbeitet, dem ist der Schlaf süß. (Bibel AT; Pred. 5,11) / Der Schlaf bis in den Vormittag, Wein am Mittag, kindisches Geschwätz und der Aufenthalt an den Versammlungsorten der Ungebildeten schaden der Seele eines Menschen. (Sprüche der Väter 3,14; ca. 200 n. Chr.) / Der Schlaf ist doch die köstlichste Erfindung. (Heinrich Heine, 1797–1856, „William Ratcliff") / Der Traum ist der Wächter des Schlafes, nicht sein Störer. (Sigmund Freud, 1856–1939)

Ach, wie oft seh ich große Kunst, gut Ding im Schlaf, desgleichen mir wachend nit fürkommt! (Albrecht Dürer, 1471–1528; „Nachlass") / Schlafen ist Verdauen der Sinneseindrücke. Träume sind Exkremente. (Novalis, 1772–1801) / Wenn zu rechter Zeit jeder Mensch fassen würde, welche süße Gabe der Schlaf ist, es würde keiner mehr ihn so mutwillig auf das Nichtwürdigste verschleudern. (Jeremias Gotthelf, 1797–1854) / Der Schlaf ist ein Hineinkriechen des Menschen in sich selbst. (Friedrich Hebbel, 1813–1863)

Wenn einer schläfrig wird, während er betet, so soll er sich hinlegen, bis der Schlaf ihn wieder verlässt. Denn, wenn einer von euch betet, während er schläfrig ist, so könnte es geschehen, dass er geht, um Vergebung zu erbitten, tatsächlich aber sich selbst verflucht. (Mohammed, 570–632; „Hadith") / Eines verständigen Menschen Schlaf ist verdienstlicher als eines Dummen Gebet. (Bokhari von Johor, 16./17. Jhdt.; „Die Krone aller Fürsten") / Lang warst du ein Traum in deiner Mutter Schlaf, und dann erwachte sie, um dich zu gebären. (Kahlil Gibran, 1883–1931; „Aphorismen")

Wäre dieses Weltall wirklich, so würden wir es weiter im Tiefschlaf wahrnehmen. Hier aber nehmen wir nichts wahr. Folglich ist es unwirklich wie unsere Träume. (Shankara, 788–820; „Kleinod der Unterscheidung") / Für die durch Wissen Befreiten ist der Wachzustand so wirklich wie jener des Schlafes. (Shrî Râmakrischna, 1834–1886) / Lege dich nie mit schmerzlichen Gedanken und quälenden Erinnerungen schlafen. Sie werden dir nicht dazu verhelfen, gesund und völlig gelassen zu erwachen – die beiden Beschaffenheiten von Körper und Geist, ohne die kein Mensch sein Tagewerk gut verrichten kann. (Dhan Gopal Mukerdshi, 1890–1936; „Ghond")

Wenn Mann und Frau auch auf dem gleichen Kissen schlafen, so haben sie doch unterschiedliche Träume. (Aus der Mongolei) / Alle Wesen der Natur befinden sich im schlafenden Zustand, haben aber ihre eigene bestimmte Ausdrucksweise. (Sokei-an Roshi, 1882–1945; „Der Zen-Weg") / Der Schlaf ist die andere Hälfte deines Lebens; vernachlässige sie nicht! (Drugpa Rinpoche, gest. 1989; „Tibetische Weisheiten")

Schmerz

Mein Schmerz ist unheilbar. Doch ist's mein Schmerz, ich muss ihn tragen. Müht euch nicht, mich zu trösten ob des Unterganges meines Volkes. (Bibel AT; Jes. 22) / Der Schmerz ist das Glück der Seligen. Am meisten lebt, wer am meisten leidet. (Ludwig Börne, 1786–1837) / Wer mit täppischer Hand nach einer Rose greift, darf sich nicht beklagen, dass ihn die Dornen verletzen. (Heinrich Heine, 1797–1856; „Der Rabbi von Bacharach")

Je vollkommener, desto mehr Schmerzen. (Michelangelo, 1475–1564) / Kommt dir ein Schmerz, so halte still und frage, was er von dir will! (Emanuel Geibel, 1815–1884) / Die Langeweile wollt uns töten. Da war der Schmerz uns höchst vonnöten: Er macht die Sinne frisch und klar. (Aus Russland)

Der Schmerz der Liebe wurde das Heilmittel eines jeden Herzens. Keine Schwierigkeit löst sich ohne Liebe. (Attâr, um 1136 bis ca. 1220) / Schmerz ist im Leben der Preis für die Belebung des Herzens. (Hazrat Inayat Khan, 1882–1927; „Gayan") / Vor tausend Jahren sagte mein Nachbar zu mir: „Ich hasse das Leben, weil es nichts als Schmerz ist." Und gestern kam ich an einem Friedhof vorbei und sah auf seinem Grab das Leben tanzen. (Kahlil Gibran, 1883–1931; „Aphorismen")

Die Schmerzen, die durch ein Gewicht auf dem Kopf verursacht werden, kann ein anderer fortnehmen. Das Leiden aber, das durch Hunger und Ähnliches entsteht, kann jeder nur für sich selbst erleichtern. (Shankara, 788–820; „Kleinod der Unterscheidung") / Nicht Krankheit, nicht Gift, nicht Hitze oder irgendetwas anderes auf Erden verursacht solch einen Schmerz wie die aus den Menschen selbst hervorgehenden Torheiten. (Aus Indien) / Der Fluss des Lebens fließt zwischen den Ufern von Freude und Schmerz. Nur wenn der Geist sich weigert, mit dem Leben zu fließen, und an seinen Ufern versandet, wird ein Problem daraus. (Sri Nisargadatta Maharaj, 1897–1981; „Ich bin")

Alle Schmerzen und Klagen, alle Leiden in der Welt, sie kommen durch das, was einem lieb ist; wo es nichts Liebes gibt, entstehen auch sie nicht. (Gautama Buddha, um 550–480 v. Chr.; „Udâna") / Alle Lebewesen sind zwei Arten von Schmerzen unterworfen – Schmerzen des Körpers und Schmerzen des Geistes –, und diese zwei plagen sie fortwährend. Es gibt kein Land ohne diese zwei Arten von Plage. (Takakusu/Watanabe; „Das Chinesische Tripitaka") / Wer die Hunderte von Schmerzen des Daseins umgehen, wer die Leiden der Geschöpfe beheben, wer die vielen Hunderte von Glücksfreuden kosten will, der darf niemals von dem Bodhi-Gedanken (d.i. der Entschluss, zum Wohl aller Wesen Erleuchtung zu erlangen) lassen! (Sântideva, 7. Jhdt.; „Bodhicaryâvatâra") / Schmerz ist dazu da, um an ihm die Freude zu messen. (14. Dalai-Lama, geb. 1935; „Mein Leben und mein Volk")

Schönheit

Wie goldene Säulen auf silberner Unterlage ruhen, so schöne Beine auf wohlgebildeten Füßen. (Bibel AT; Sir. 26,18) / Noch kein Dichter hat die schönen Augen seiner eigenen Frau schön besungen. (Ludwig Börne, 1786–1837; „L'exalté") / Jeder, der sich die Fähigkeit erhält, Schönes zu erkennen, wird nie alt werden. (Franz Kafka, 1883–1924)

Wahre und bleibende Schönheit ist die Folge der schönsten und gesündesten, den Körper abhärtenden Lebensweise. (Clemens von Alexandrien, um 150 bis um 215; „Paidagogos") / Was uns an der sichtbaren Schönheit entzückt, ist ewig nur die unsichtbare. (Johannes vom Kreuz, 1542–1591) / Jemand stellte einmal die sehr berechtigte Frage, warum die Christen eigentlich davon überzeugt seien, dass die schönen Dinge nur für die bösen Menschen da seien. Man darf sich doch wirklich vorstellen, dass die Gottheit die schönen Dinge auch für die Guten gedacht hat. (Herman Weidelener, 1903–1972; „Abendländische Meditationen")

Die Schönheit eines Dinges besteht darin, dass die seinem Wesen entsprechende und ihm mögliche Vollkommenheit an ihm in Erscheinung tritt. (al-Ghazâlî, 1058–1112; „Elixier der Glückseligkeit") / Nur äußre Schönheit ohne Herz – wie reizvoll auch und rosenmundig – genügt dem feinern Sinne nicht des Manns, der wahrer Liebe kundig. (Hâfis, 1326–1390; „Der Sänger von Schiras") / Schönheit ist Ewigkeit, die sich selbst im Spiegel erschaut. (Kahlil Gibran, 1883–1931; „Der Prophet")

Was unsern Sinn gefangen hält, das scheint uns schön in dieser Welt. (Nârâjana, 9./10. Jhdt.; „Hitopadesa") / Eine nur für den ersten Augenblick blendende Schönheit tritt uns überall entgegen, dagegen ist ein Mensch, den dauerhafte Einsicht schmückt, schwer anzutreffen. (Aus Indien) / Die großen Kräfte der Natur offenbaren ihre Wahrheit nicht in Hässlichkeit, sondern in Schönheit. (Rabindranâth Tagore, 1861–1941)

Sei es im Dorf, im Wald, im Tal, auf Bergeshöhn: Wo heilige Männer sind, ein solcher Ort ist schön. (Gautama Buddha, um 550–480 v. Chr.; „Dhammapada") / Nicht die Schönheit der Frauen blendet die Männer, sondern die Männer blenden sich selbst. (Aus China) / Die Bewunderung des Schönen ist im Grunde ein religiöses Gefühl. Niemand kann echte Schönheit entdecken und genießen, der nicht religiös ist. (Daisetz T. Suzuki, 1870–1966; „Zen und die Kultur Japans")

Schöpfung

Im Anfang schuf Gott den Himmel und die Erde. (Bibel AT; 1. Mos. 1,1) / Wir sind nicht des Glaubens, dass der göttliche Wille in jeder Sache immerfort von neuem wirksam sei, sondern wir meinen, der göttliche Wille bestimmte alles in den sechs Schöpfungstagen, und alle Dinge haben beständig ihren naturgemäßen Verlauf. (Moses Maimonides, 1135–1204; „Acht Kapitel") / Die Absicht, dass der Mensch glücklich sei, ist im Plan der Schöpfung nicht enthalten. (Sigmund Freud, 1856–1939)

Alles, was Gott geschaffen hat, ist gut. (Bibel NT; 1. Tim. 4,4) / Wäre ich der Schöpfer, der Einige ohne Anfang und ohne Ende, und hätte ich die Kreaturen geschaffen und er wär meine Seele wie jetzt ich, so würde ich aus all der Herrlichkeit weichen und sie dazu eingehen lassen, Gott zu sein, und ich würde Kreatur werden. Ich möchte lieber von einem Gott geliebt werden, als Gott zu sein. (Meister Eckhart, um 1260–1327) / Dich predigt Sonnenschein und Sturm, dich preist der Sand am Meere. Bringt, ruft auch der geringste Wurm, bringt meinem Schöpfer Ehre! (Christian Fürchtegott Gellert, 1715–1769)

Gott sprach: „O Menschenkind, ich habe dich für mich geschaffen und habe die Dinge um deinetwillen geschaffen.“ (Mohammed, 570–632; „Hadith“) / Gott schafft alles, wie er es will, und unseres Staunens ist kein Ziel. (Firdausî, 935–1021; „Schah-Nameh“) / O Klausner, halte mich nicht ab vom Weingelage! Mit Wein geknetet ward mein Staub am Schöpfungstage. (Hâfis, 1326–1390) / Das Wissen schaudert vor der Macht der Schöpfung – die Liebe versinkt in der Pracht der Schöpfung! (Muhammad Iqbal, 1877–1938)

Doch wem ist auszuforschen es gelungen, wer hat, woher die Schöpfung stammt, vernommen? (Rigveda 10,129; 1500–500 v. Chr.) / Wer weiß in Wahrheit, wer vermag zu künden, woher sie ward, woher sie kam, die Schöpfung? Die Götter reichen nicht in jene Ferne – wer ist's, der weiß, von wo sie ist gekommen? Von wannen diese Schöpfung ist gekommen, ob sie geschaffen oder ungeschaffen: Das weiß nur er, der Allbeschauer droben im höchsten Himmel – oder weiß er's auch nicht? (Rigveda 10,129; 1500–500 v. Chr.) / Eine Wahrheit kann nicht erschaffen, sondern nur wahrgenommen werden. (Paramhansa Yogânanda, 1893–1952; „Autobiografie“)

Allem geht der Geist voraus. Angeführt vom Geist, sind alle Gegebenheiten Geschöpfe des Geistes. (Gautama Buddha, um 550–480 v. Chr.; „Dhammapada“) / Wenn wir die Wunder der Schöpfung sehen und über sie staunen können, wie können wir dann unsere Mitmenschen hassen? Die Wunder des Lebens sind ungleich größer als der Hass, der Neid, die Lüge. (Theragâthâ; ca. 400 bis 200 v. Chr.) / Warum vollendet Gott nicht auf einmal die Schöpfung? Er hat niemand anders als sich selbst Rechenschaft abzulegen. Es gibt keinen, den er nicht geschaffen hätte. Auf was wartet er also, um zu handeln? (Sântideva, 7. Jhdt.; „Bodhicaryâvatâra“)

Schöpferisch

Es liegt nicht an dir, das Werk zu vollenden, du bist aber auch nicht frei, es zu unterlassen. (Sprüche der Väter 2,21; ca. 200 n. Chr.) / Der Mensch sät – doch ob er die Frucht essen wird, ist nicht sicher. (Talmud; 70–500 n. Chr.; Sukka 49b) / Schöpferische Gemüter haben immer gewusst, wie sie jede Art von schlechter Erziehung überleben. (Anna Freud, 1895–1987)

Schöpferisch tätig sein heißt, etwas Ureigenes aus sich selbst herauszugeben. (Henri D. Lacordaire, 1802–1861) / Leben heißt mit den Widersprüchen der Wirklichkeit auf schöpferische Weise fertig werden. (Robert Saitschik, 1868–1965) / Das Geheimnis des schöpferischen Geistes liegt in der Macht, die Kräfte zur Kraft zu einen; Herr im eigenen Hause zu sein. (Hans Much, 1880–1932)

Diejenigen Leute, die Allah am Jüngsten Tag am heftigsten straft, sind die Bildner. (Mohammed, 570–632; „Hadith“) / Vorzüge sind verloren, wenn sie verborgen bleiben; anzünden muss man Aloe und Moschus zerreiben.

(Saadî, um 1215–1292; „Gulistân") / Dem Ersten gebührt der Ruhm, wenn auch die Nachfolger es besser gemacht haben. (Aus Arabien)

Man ist tätig, wenn man Freude verspürt. Wer keine Freude empfindet, ist nicht tätig. Das Tätigsein beruht auf der Freude. (Chândogya-Upanishad; 800–500 v. Chr.) / Magst du auch aus dem Meere schöpfen, du bekommst doch nur so viel, als dein Krug fassen kann. (Aus Indien) / Was der Geist nicht begreifen kann, aber was den Geist erzeugt hat, wisse, das allein ist Gott. Was die Sprache nicht offenbaren kann, aber was die Sprache hervorgebracht hat, wisse, das allein ist Gott. (Swami Hariharananda; „Kriya-Yoga")

Der Mann der Urzeit, der seinem Mädchen die erste Blumenwinde brachte, tat so den ersten Schritt über das Tier hinaus. Er betrat den Bezirk der Poesie, da er den zarten Nutzen des Unnützen begriff. (Kakuzo Okakura, 1862–1913; „Ideale des Ostens") / Wir erschaffen die Welt jeden Tag und jeden Augenblick neu. Wenn wir schlafen, gibt es nichts, sobald wir aber aufwachen, erschaffen unsere Sinne sogleich die Welt der Formen, der Farben, des Geruchs, des Geschmacks und der Berührung. (Nyogen Senzaki, 1876–1958; „Keine Spur im Wasser") / Wenn wir die ursprüngliche Quelle unseres Schöpferischen vergessen, sind wir wie Kinder, die nicht wissen, was sie tun sollen, wenn sie ihre Eltern verlieren. (Shunryu Suzuki, 1905–1971; „Zen-Geist")

Schuld

Nie habe ich verheimlicht nach Menschenweise mein Vergehen; nie im Busen verborgen meine Schuld. (Bibel AT; Hiob 31,33) / Wer sich vom Sünder sondert, geht in der Schuld von dannen. Der Heilige aber vermag an der Sünde eines Menschen wie an seiner eigenen zu leiden. (Israel ben Eliser, 1699–1760; „Legende des Baalschem") / Die Sünde ist eben dies, was man seiner Art nach nicht mit dem ganzen Wesen tun kann: Es ist möglich, den Widerspruch in der Seele zum Schweigen zu bringen, aber es ist nicht möglich, ihn auszutilgen. (Martin Buber, 1878–1965)

Wer unter euch ohne Sünde ist, werfe den ersten Stein. (Bibel NT; Joh. 8,7) / Oft sehen meine Augen Schuld, wo die Menschen loben und rühmen. (Thomas a Kempis, 1380–1471) / Keine Religion als die christliche hat gelehrt, dass der Mensch als Sünder geboren wird. (Blaise Pascal, 1623–1662; „Gedanken über die Religion") / Es ist meine Schuld, meine ganz persönliche Schuld, dass die Welt elend ist. (Fjodor M. Dostojewski, 1821–1881) / Wer in seinem Herzen andere von ihrer Schuld freispricht, dem ist, als habe er eine Bürde abgeworfen, und er fühlt sich leicht und frei. (Hans Much, 1880–1932)

Unser Herr, vergib uns unsere Schuld und unsere Übertretung in unserem Anliegen! Festige unsere Füße, und hilf uns gegen die ungläubigen Menschen! (Korân; Sure 3,147) / Heim holt die Welt ihr Darlehn bald genug; in Tropfen schickt sie dir's und holt's im Krug. (Nizâmî, 1141–1209; „Iskander Name") / Du schuldest demjenigen, der dir dient, mehr als Gold. Schenke ihm dein Herz, oder diene ihm. (Kahlil Gibran, 1883–1931; „Aphorismen")

Kinder können ihren Vater von seinen Verschuldungen lösen. Sonst vermag keiner einen anderen zu befreien: jeder muss dies für sich allein vollbringen. (Shankara, 788–820; „Kleinod der Unterscheidung") / Man strafe einen Menschen nicht auf eines anderen Bericht. Erst untersuche man die Schuld, dann folge Strafe oder Huld. (Nârâjana, 9./10. Jhdt.; „Hitopadesa") / Unbehaglich wie in einem Haus voller Schlangen schläft in der Nacht der Schuldvolle, der einen ihm nahe stehenden unschuldigen Menschen in Zorn versetzt. (Aus Indien) / Der Mensch ist durch sich selbst verflucht, nicht durch Gott. (B. H. Bon, geb. 1901; „Die Antwort der Religionen")

Man sieht die eigene Schuld nur schwer, die fremde gern; die sucht man schlau heraus wie aus der Spreu den Kern. (Gautama Buddha, um 550–480 v. Chr.; „Dhammapada") / Keinen gibt es in der Welt, der nicht Schuld trägt. (Gautama Buddha, um 550–480 v. Chr.; „Dhammapada") / Kümmere dich nicht um Schuld und Unschuld. (Wu-men Hui-kai, 1183–1260; „Wu-men-kuan") / Es ist ein Fluch und eine Gefahr unserer Zeit, ganzen Völkern die Schuld für Verbrechen zu geben, die von Einzelnen begangen worden sind. (14. Dalai-Lama, geb. 1935; „Mein Leben und mein Volk")

Schutz

Gott, deine Hilfe schütze mich! (Bibel AT; Ps. 69,30) / Gegen einen Dieb im eigenen Hause kann man sich nicht schützen. (Jüdisches Sprichwort) / Gegen Herzlose kannst du dich schützen, gib ihnen nur dein Herz nicht preis! (Paul von Heyse, 1830–1914; „Das Ärgste") / Recht ist der Schutz des Menschen vor dem Menschen durch den Menschen um Gottes willen. (Franz Werfel, 1890–1945)

Die Gott besonders lieb hat, die schützt er durch schlimme Feinde. (Franz von Sales, 1567–1622) / Gott wünscht, dass wir den Tieren beistehen, wenn es vonnöten ist. Ein jedes Wesen in Bedrängnis hat gleiches Recht auf Schutz. (Franz von Assisi, 1181–1226) / Mensch, wenn du so genau das Deine willst beschützen, so wirst du nimmermehr in wahrem Frieden sitzen. (Angelus Silesius, 1624–1677; „Wer Frieden sucht, muss viel übersehn") / Die Narrheit ist eine Schutzhülle gegen die Umwelt. (Peter Bamm, 1897–1975)

Wenn einer der Götzendiener bei dir Schutz sucht, dann gewähre ihm Schutz, bis er Allahs Wort vernehmen kann; hierauf lasse ihn die Stätte seiner Sicherheit erreichen. (Korân; Sure 9,6) / Fath al-Mawsili sagte: „Sei allein, halte dich fern von den Menschen. So schützt du deine Religion und dein Glück." (Husayn-al-Sulami, 936–1021; „Futuwwah") / Geduldiges Ertragen ist der stärkste Schutz. (Hazrat Inayat Khan, 1882–1927; „Gayan")

Selbst der Teufel bittet um Schutz vor jungen Mädchen. (Aus Indien) / Wie uns die Regenwolke nützt, so ist's der König, der uns schützt. (Nârâjana, 9./10. Jhdt.; „Hitopadesa") / Die Götter schützen nicht nach Art der Hirten, indem sie etwa den Stab zur Führung ergreifen; wen sie zu schützen gewillt sind, den bedenken sie mit Verstand. (Aus Indien) / Ein

Mensch, den Gott zu bewahren wünscht, kann nicht straucheln, wenn er es auch will. (Mahatma Gandhi, 1869–1948; „Mein Leben“)

Seid euch selber Schutz und Zuflucht. Nur wer sich selbst beherrscht, wird sicheren Schutz besitzen. (Gautama Buddha, um 550–480 v. Chr.; „Dhammapada“) / Ein Mensch mag wie ein Narr erscheinen, ohne dumm zu sein. Vielleicht will er seine Weisheit bewahren und hütet sie sorgfältig. (Zengetsu, China, 9. Jhdt.) / Auch der Baum, unter dem man Schutz sucht, lässt das Wasser durch. (Aus Japan) / Viele Buddhisten sind wie jene drei Äffchen, die ihre Augen, Ohren und Mäuler zuhalten, um nichts Böses zu sehen, zu hören oder zu sprechen. Sie haben Angst, sich den Dingen in der Welt der Erscheinungsformen zu stellen. (Nyogen Senzaki, 1876–1958; „Keine Spur im Wasser“)

Schwäche, Schwächen

In den Kinderjahren lernt man reden, im Alter zu schweigen. Das ist ein großer Fehler beim Menschen: Er lernt zu reden, bevor er zu schweigen gelernt hat. (Rabbi Nachmann, 1771–1810) / Es gibt Menschen, die hündischer sind als Hunde und nicht heulen, wenn sie geschlagen werden. (Ludwig Börne, 1786–1837; „Fragmente und Aphorismen“) / Der Schwache zweifelt vor der Entscheidung; der Starke hernach. (Karl Kraus, 1874–1936)

Kleinmut und Verzagtheit gehen nicht aus dem Gewicht der Drangsal, sondern aus der Schwäche des Gemütes hervor. (Johannes Chrysostomus, 344–407) / Selig der Mensch, der seinen Nächsten erträgt in seiner Schwäche, in allem, wo er selbst möchte ertragen werden, so er in ähnlichem Falle wäre. (Franz von Assisi, 1181–1226) / Wer in den Belastungsproben des Lebens versagt und sich als Schwächling erweist, ist kein Christ. (Bonifazius Wöhrmüller, geb. 1885)

Ich bin dem niederen Selbst ja so verfallen: Ein kleiner Sperling in des Falken Krallen. (Attâr, um 1136 bis ca. 1220) / Nicht ist's schwacher Spinnen Sache, jagend Beute zu erlangen; sie zu nähren, müssen Fliegen sich in ihren Netzen fangen. (Saadî, um 1215–1292; „Gulistân“) / Freund, die Gelegenheit siehst du entschweben schnell wie die Wolke, sie kommt nicht zurück! Nutze sie, Freund, für dies teuere Leben, mit der versäumten versäumst du dein Glück. (Hâfis, 1326–1390)

Ohne Zweifel haben jene ausgezeichneten Dichter eine verkehrte Ansicht, wenn sie stets behaupten, liebende Mädchen seien schwach: Wie sollten die schwach sein, die durch den Blick ihrer Augen wie tanzende Sterne sogar den Gott Indra und andere Götter besiegt haben? (Aus Indien) / Welche Macht ist größer als die Reinheit? Liebe und Reinheit regieren die Welt. Diese Gottesliebe kann von den Schwachen nicht erlangt werden; sei darum nicht schwach, werder körperlich noch geistig, weder moralisch noch seelisch. (Swâmi Vivekânanda, 1862–1902) / Misstrauen ist ein Zeichen von Schwäche. – Was soll Misstrauen dem, der den Gegner nicht vernichten, sondern zu sich hinüberziehen will. (Mahatma Gandhi, 1869–1948; „Mein Leben“)

Die Schwächen anderer deckt man auf so viel als möglich recht mit Lust, behutsam verbirgt man eigene wie Würfelspieler ihre List. (Gautama Buddha, um 550–480 v. Chr.; „Majjhima-Nikâya") / Der Mensch kennt seine Schwäche so wenig wie der Ochse seine Stärke. (Aus China) / Das Böse ist stark, die Schüler sind schwach, so verbreiten sich Angst und Hass. (Yung-chia Hsüan-chüeh, 665–713; „Shodoka")

Schweigen

Mancher schweigt, weil er nichts zu sagen weiß, und mancher schweigt, weil er die Zeit kennt. (Bibel AT; Sir. 20,6) / Die ganze Welt beruht auf dem Geheimnis, und wenn es schon der Verschwiegenheit bedarf, sobald es sich um irdische Geschäfte handelt, um wie viel mehr müssen wir Schweigen bewahren, wenn die mystischen Lehrsätze in Betracht kommen, die Gott nicht einmal seinen höchsten Engeln offenbart? (Moses de Léon, geb. um 1240; „Sohar, Idra Suta") / Ach, selbst das weiseste Sprichwort irrt: Nicht alles ist Gold, was geschwiegen wird! (Oskar Blumenthal, 1852–1917) / Gott schweigt – wenn wir jetzt bloß die Menschen dazu brächten, die Klappe zu halten. (Woody Allen, geb. 1935)

Indem ich schweig, hab ich viel mehr von mir erfahrn, als vor mir ausgeschwätzt viel Weis' in hundert Jahren. (Angelus Silesius, 1624–1677; „Der Cherubinische Wandersmann") / Alle Worte müssen im Schweigen wachsen wie der Kristall im Berge. (Ernst Bertram, 1884–1957) / Zusammen schweigen können ist die höchste Blüte der Geselligkeit. (Isolde Kurz, 1853–1944) / Schweigen ist ein Argument, das kaum zu widerlegen ist. (Heinrich Böll, 1917–1985)

Wenn du redest, so muss deine Rede besser als dein Schweigen werden. (Aus Arabien) / Gott spricht aus dem innersten Sein des Mystikers, während dieser schweigt. (Junayd, ca. 825–910) / Weil er schweigt, sitzt der Falke auf der Hand des Königs. Weil die Nachtigall singt, ist sie im Käfig eingesperrt. (Attâr, um 1136 bis ca. 1220; „Meer der Seele") / Am Baum des Schweigens hängt der Friede. (Aus Arabien)

Häuslich' Unglück, Gutes Schwund, Kummer in des Herzens Grund, angetanen Spott und Trug, die verschweige, bist du klug. (Nârâjana, 9./10. Jhdt.; „Hitopadesa") / Das wichtigste Merkmal der indischen Denkweise ist ihre Ruhe, ihr Schweigen. Die ungeheure Macht, die dahinter steht, wurde nie durch Gewalt ausgedrückt. (Swâmi Vivekânanda, 1862–1902) / Beschwichtige die Stimme des Aufruhrs in dir. Höre die Rede Gottes, der das letzte Schweigen ist und in unseren Herzen wohnt. (Dhan Gopal Mukerdshi, 1890–1936; „Wir pilgern zum Himalaya")

Die Menschen schelten den, der viel redet. Aber sie sind auch mit dem unzufrieden, der schweigt. Doch sie haben Respekt vor dem, der mäßig redet. (Gautama Buddha, um 550–480 v. Chr.; „Digha-Nikâya") / Wenn jemand auf die Bergspitze geht und dann in sein kleines Dorf zurückkehrt, ist seine Stimme anders. Auch der Ton des Schweigens dessen, der dieses Leben transzendiert hat und dann zurückkehrt, um es zu leben, ist anders. (Sokei-an Roshi, 1882–1945; „Der Zen-Weg") / Die Schweigsamkeit ist keine Dumpfheit, keine Verlegenheit, sondern die Erkenntnis selbst. Sie bildet das höchste Stadium, in dem alle ostasiatischen Ideale zusammenfließen. (Junyu Kitayama, 1904–1962; „West-östliche Begegnung")

Schwert

Eine jegliche Sünde ist wie ein scharfes Schwert. (Bibel AT; Sir. 21,4) / Selbst wenn einem ein scharfes Schwert schon am Halse liegt, soll man mit dem Gebet nicht zurückhalten. (Talmud; 70–500 n. Chr.; Berakhot 10a) / Die Zunge ist schärfer als ein Schwert. (Jüdisches Sprichwort)

Ich bin nicht gekommen, Frieden zu senden, sondern das Schwert. (Bibel NT; Mt. 10,34) / Steck dein Schwert an seinen Platz; denn alle, die zum Schwert greifen, werden durch das Schwert umkommen. (Bibel NT; Mt. 26,52) / Es ist kein Schwert, das schärfer schiert, als wenn ein Bauer zum Herren wird. (Christoffel von Grimmelshausen, 1622–1676)

Ihr sollt wissen: Das Paradies liegt im Schatten der Schwerter. (Mohammed, 570–632; „Hadith") / Wer sich gegen Unrecht nicht wehrt, der ist nicht sicher vor dem Schwert. (1001 Nacht; 16./17. Jhdt.) / In Reichsangelegenheiten ist der Schreibstift wichtiger als das Schwert; denn vieles, was das Schwert verrichten kann, kann auch der Schreibstift zuwege bringen, aber nicht umgekehrt. (Bokhari von Johor, 16./17. Jhdt.; „Die Krone aller Fürsten")

Sie, mit der behaftet der hienieden treibt, was er nicht sollte, die Begierde, müsst ihr mit scharfen Schwertern ausrotten und immer wieder ausrotten. (Mahâbhârata; 500 v. Chr. bis 500 n. Chr.) / Wer mit dem Schwert der wahren Begierdelosigkeit den Haifisch der Sinneslust getötet hat, überquert das Meer dieser Welt ohne Hindernis. (Shankara, 788–820; „Kleinod der Unterscheidung") / Wer sich selber bezwingt, bezwingt den Blitz. Wer das Schwert der Einsicht zieht, wird nicht oft der stählernen Waffe bedürfen. (Dhan Gopal Mukerdshi, 1890–1936)

Der Asket Gautama nimmt Abstand vom Töten und Verletzen fühlender Wesen. Daher rührt er keinen Stock und kein Schwert an. (Gautama Buddha, um 550–480 v. Chr.; „Digha-Nikâya") / Um ihrer Sünden willen wird der Wunsch der Sünder nach Genuss, worauf auch immer er sich richtet, überall mit dem Schwerte des Leidens vernichtet. (Sântideva, 7. Jhdt.; „Bodhicaryâvatâra") / Die Seele des Kriegers wohnt im Schwert, die Seele der Frau im Spiegel. (Aus Japan)

Schwierigkeiten

Alles Vortreffliche ist ebenso schwierig wie selten. (Baruch Spinoza, 1632–1677; „Die Ethik") / Beim Beginne einer Unternehmung und unweit des Zieles ist die Gefahr des Misslingens am größten. Wenn Schiffe scheitern, so geschieht es nahe am Ufer. (Ludwig Börne, 1786–1837; „Fragmente und Aphorismen") / Je vollkommener und je gegenwärtiger etwas ist, desto schwerer ist es uns, es zu lieben. (Walther Rathenau, 1867–1922; „Aphorismen")

Wohlbehagen ermattet den Geist, Schwierigkeiten erziehen und kräftigen ihn. (Francesco Petrarca, 1304–1374) / Christum predigen ist gar ein schwer und gefährlich Amt. Hätt ich's etwa gewusst, so wollt ich mich nimmermehr dazu hergegeben haben, sondern gesagt mit Mose: Sende, wen du willst! (Martin Luther, 1483–1546; „Deutsche Schriften") / Es treibt mich, euch zu zeigen, dass ihr nicht der Schwere dieser Welt gehorchen dürft. (Friedrich Lienhard, 1865–1929)

Ich rief meine Seele zu Gott, aber sie verweigerte mir die Gefolgschaft und machte Schwierigkeiten. Da ließ ich sie stehen und ging weiter zu Gott. (Bâyazîd Bistâmî, gest. 874) / Dawud al-Ta'i sagte: „Schließe Freundschaft mit den Gläubigen, denn von allen Menschen dieser Welt sind sie es, die dir die wenigsten Schwierigkeiten bereiten und die meiste Hilfe geben werden." (Husayn-al-Sulami, 936–1021; „Futuwwah") / Die Zufriedenheit ist eine Frucht der Liebe und ist eine von den höchsten Stufen derer, die Gott nahe sind. Ihr Wesen aber ist den meisten Menschen verborgen, und die Zweifel und Schwierigkeiten, die sich daran knüpfen, lösen sich nur dem, den Gott selbst die rechte Auslegung gelehrt und dem er selbst das Verständnis in den Dingen der Religion eröffnet hat. (al-Ghazâlî; 1058–1112; „Elixier der Glückseligkeit")

Wer Gott nicht kennt, bleibt als Genießer gebunden, wer ihn erkannt hat, wird frei von allen Banden. (Svetâsvatara-Upanishad; 800–500 v. Chr.) / Auch ein abgeschlagener Baum wächst wieder, auch der Mond nimmt, nachdem er verschwunden war, wieder zu: Kluge, die solches erwägen, härmen sich nicht wegen Widerwärtigkeiten. (Aus Indien) / Behindern den Yoga-Übenden störende Gedanken, so soll er über das Gegenteil meditieren. Störende Gedanken sind Gewalttätigkeit, Lüge, Stehlen, Zügellosigkeit und Besitzgier. (Patanjali, 2. Jhdt. v. Chr.; „Yoga-Sutra")

Schwer ist es, Mensch zu werden hier, schwer lebt sich's bei den Sterblichen, schwer hört man von dem wahren Heil, schwer trifft man einen Buddha an. (Gautama Buddha, um 550–480 v. Chr.; „Dhammapada") / Nichts in der Welt ist schwierig; es sind nur unsere eigenen Gedanken, welche den Dingen diesen Anschein geben. (Wu Cheng-en, um 1500–1582) / Wenn Leute Schwierigkeiten haben, ohne der Schwierigkeiten gewahr zu sein, dann ist das wirkliche Schwierigkeit. (Shunryu Suzuki, 1905–1971; „Zen-Geist")

Seele

Bei all deinen Taten hab Acht auf deine Seele, denn wer das tut, beachtet die Gebote. (Bibel AT; Sir. 32,33) / Die Seele des Menschen ist wie ein Licht. So wie das Licht leuchtet oder verloschen ist, so leuchtet auch die Seele des Menschen oder ist in Dunkel gehüllt. (Israel ben Eliser, 1699–1760) / Da die Seele jedes Menschen ein Teil Gottes ist, muss man Mitleid mit dem göttlichen Funken haben, auch mit dem, der im Körper eines bösen Menschen ist, denn auch ihn müssen wir lieben. (Chassidische Weisheit)

Was hülfe es dem Menschen, wenn er die ganze Welt gewänne, aber Schaden litte an seiner Seele? (Bibel NT; Mt. 16,26) / Meine Seele vermache ich dem allmächtigen Gott, der sie erschaffen und durch sein kostbares Blut wieder erkauft hat. (Theresia von Avila, 1515–1582; „Testament") / Das Gefühl, in die Seele eines anderen aufgenommen zu sein und in ihr zu wirken, kennen wir aus dem Irdischen als die höchste Seligkeit. (Hans Much, 1880–1932)

Allah nimmt die Seelen der Menschen hin zur Zeit ihres Absterbens und auch derer, die nicht gestorben sind, während ihres Schlafs. Dann hält er die zurück, über die er den Tod verhängt hat, und schickt die andern zurück bis zu einer bestimmten Frist. (Korân; Sure 39,42) / Mit deiner Seele hat sich meine gemischt wie Wasser mit dem Weine. Wer kann den Wein vom Wasser trennen, wer dich und mich aus dem Vereine? (Dschelâleddin Rûmî, 1207–1273; „Ghaselen") / Ich bin ein Reisender und ein Seefahrer, und jeden Tag entdecke ich eine neue Region in meiner Seele. (Kahlil Gibran, 1883–1931; „Aphorismen")

Wie ein Reiskorn oder Gerstenkorn oder Hirsekorn oder eines Hirsekornes Kern, so ist dieser Geist im innern Selbst, golden wie eine Flamme ohne Rauch; und er ist größer als der Himmel, größer als der Raum, größer als diese Erde, größer als alle Wesen. Er ist des Lebens Seele, er ist meine Seele; zu ihm von hier, zu dieser Seele werde ich hinscheidend eingehen. (Shatapatha-Brâhmana 10; 1000–500 v. Chr.) / Es gibt weder Geburt noch Tod, weder eine unfreie noch strebende, weder eine befreite noch eine suchende Seele. – Dies ist die letzte und absolute Wahrheit. (Shankara, 788–820; „Kleinod der Unterscheidung") / Die Seele weiß nicht, sie ist Wissen; die Seele kann nicht glücklich sein, sie ist Glück. Was glücklich ist, hat sein Glück entliehen, was Wissen hat, hat sein Wissen empfangen. (Swâmi Vivekânanda, 1862–1902; „Jnana-Yoga")

Tun oder Nichttun, beide finden in dir Platz: Bewegt ist dein Körper, still dein Geist. Und deine Seele wie ein Bergsee klar. (Lama Kazi Dawa-Samdup; „Unendliche Freude der Weisen") / Die Seele, der Buddha und das wahre Sein – diese drei sind in unserer eigenen Seele enthalten; darüber hinaus gibt es keine Realität. (Nichiren, 1222–1282) / Die Lehre muss in der innersten Seele erlebt worden sein, um erstmalig verständlich zu sein. (Daisetz T. Suzuki, 1870–1966; „Die große Befreiung")

Segen

Der Herr segne dich und behüte dich! Der Herr lasse sein Angesicht leuchten über dir und sei gnädig! Der Herr erhebe sein Angesicht über dich und gebe dir Frieden. (Bibel AT; 4. Mos. 6,24–26) / Des Vaters Segen bauet den Kindern Häuser, aber der Mutter Fluch reißet sie nieder. (Bibel AT; Sir. 3,11) / In gläubigen Zeiten entdecken die Menschen den Segen, der in dem Fluch „Im Schweiße deines Angesichts" verborgen liegt; in den ungläubigen vergessen sie den Segen und wissen nur noch den Fluch. (Martin Buber, 1878–1965; „Einsichten")

Liebet eure Feinde; segnet, die euch fluchen; tut wohl denen, die euch hassen; bittet für die, so euch beleidigen und verfolgen, auf dass ihr Kinder seid eures Vaters im Himmel; denn er lässt die Sonne aufgehen über die Bösen und über die Guten und lässt regnen über Gerechte und Ungerechte. (Bibel NT; Mt. 5,44) / Ich weiß, dass ich den vollen Segen Christi mitbringe, wenn ich zu euch komme. (Bibel NT; Röm. 15,29) / Wenn gesundes Leben über deine Ufer flutet, in die Menschenherzen hinein – das ist ein Segen. (Bonaventura, 1221–1274)

Gott, die Engel und die Bewohner des Himmels und der Erde, sogar die Ameise in ihrem Bau und der Fisch, alle erbitten den Segen für den, der die Menschen das Gute lehrt. (Mohammed, 570–632; „Hadith") / Wo du fluchst, wird man dich nicht segnen; was du ausgesandt, wird dir begegnen. (Saadî; um 1215–1292) / Ein großer Mann hat zwei Herzen; das eine segnet, und das andere hat Geduld. (Kahlil Gibran, 1883–1931; „Aphorismen")

Um ein Unglück kümmere dich drei Jahre nicht, und es wird zum Segen! (Aus Indien) / Auf einer Familie, in der stets der Gatte mit der Gattin und die Gattin mit dem Gatten zufrieden ist, ruht sicherlich Segen. (Aus Indien) / Alle Segnungen kommen von innen. Wende dich nach innen. (Sri Nisargadatta Maharaj, 1897–1981; „Ich bin")

Nicht dein Rang in der Gesellschaft bringt dir Segen. Es ist dein Herz, es ist dein Mitgefühl mit anderen, das dein Leben reich werden lässt. (Gautama Buddha, um 550–480 v. Chr.; „Anguttara-Nikâya") / Geht, ihr Mönche, zum Segen für die Menschen durch das Land, zum Glück der Menschen und aus Mitgefühl mit der Welt. (Gautama Buddha, um 550–480 v. Chr.; „Vinaya, Mahavagga") / Hat man Haus und Herd sowie Freunde und Verwandte aufgegeben und sich einem edlen Menschen angeschlossen, bedeutet dies einen großen, besonderen Segen für einen. (Gampopa, 1079–1153; „Der kostbare Rosenkranz")

Sehnsucht

Herr, all mein Verlangen liegt offen vor dir, und mein Seufzen ist dir nicht verborgen. (Bibel AT; Ps. 38,10) / Nur die Sehnsucht macht reich. (Ludwig Börne, 1786–1837) / Die Sehnsucht nach dem Höchsten und Besten, der Anschluss an die Gesamtheit, das Hinaufringen nach dem Menschlichen trotz der eigenen Endlichkeit, das ist Religion. (Abraham Geiger, 1810–1874)

Sehnsucht und stetes Herzeleid hab ich von Kindheit an gehabt um ein gutes Ende. (Mechthild von Magdeburg, um 1208–1282) / Nie hat ein Mensch sich irgendwonach so sehr gesehnt, wie Gott sich danach sehnt, den Menschen dahin zu bringen, dass er seiner innewerde. (Meister Eckhart, um 1260–1327) / Wer keine Sehnsucht in sich hat, hört keine Stimme aus der höheren Welt. (Robert Saitschik, 1868–1965)

Wenn man mir die acht Paradiese in meine Hütte brächte und ich die Herrschaft über beide Welten erhielte, so gäbe ich dafür doch nicht jenen Seufzer her, der zur Morgenstunde, wenn ich mich meiner Sehnsucht nach ihm erinnere, aus der Tiefe meiner Seele aufsteigt. (Bâyazîd Bistâmî, gest. 874) / Das Leben in der Welt ist überaus interessant für mich, weltferner Einsamkeit aber gilt meine Sehnsucht. (Hazrat Inayat Khan, 1882–1927; „Gayan") / Deine Kinder sind nicht deine Kinder. Sie sind die Söhne und die Töchter der Sehnsucht des Lebens nach sich selbst. (Kahlil Gibran, 1883–1931; „Der Prophet“)

Wer sich nach der göttlichen Vereinigung sehnt, soll seinen Atem kontrollieren, durch die Nase ausatmen und seine Gedanken und Gefühle beherrschen. (Svetâsvatara-Upanishad; 800–500 v. Chr.) / Ich, Lallà, zog mit Sehnsucht aus, im Suchen mir Tag und Nacht verstrich, da fand ich den Herrn in meinem Haus, und der Stern der Stunde nie wieder verblich. (Lallà, 14. Jhdt.) / Wen die Sehnsucht übermannt, der erblickt das Morgenrot. Danach wird die Sonne aufgehen. (Shrî Râmakrishna, 1834–1886)

Er, der von allen Träumen aufgewacht und aller Welten Eitelkeit durchdacht; seht, welches Siegen könnte ihn noch rühren, mit welcher Sehnsucht wollt ihr ihn verführen? (Gautama Buddha, um 550–480 v. Chr.; „Dhammapada“) / Auf Reisen stoße ich mich nicht an dem Stadt- und Hofleben, zu Hause sehne ich mich nicht nach dem, was die Leute für Güter halten. Seitdem ich das kann, ist meine Seele ruhig, wo immer ich bin. (Po Chü-i, 772–846) / Deine Sehnsucht nach der Geliebten ist nur jetzt aktuell, sie kommt aus der Zeit, bevor du sie kanntest. (Bankei Eitaku, 1622–1693)

Selbst

Der Herr hat uns geschaffen, nicht wir uns selbst. (Bibel AT; Ps. 99,3) / Wer sich an andere hält, dem wankt die Welt. Wer auf sich selber ruht, steht gut. (Paul von Heyse, 1830–1914) / Bei sich selbst anfangen, aber nicht bei sich selbst enden; von sich selbst ausgehen, aber nicht sich selbst zum Ziel haben; sich selbst verstehen, aber nicht zu stark mit sich selbst beschäftigt sein. (Martin Buber, 1878–1965)

Erbarmung fällt dem leicht, der nie vergisst, wie schwer er selbst gefallen und wie schwer ihm die eigene Umwandlung fiel. (Aurelius Augustinus, 354–430) / An mir selber habe ich genug und übergenug, was mich demütigt und mich lehrt, dass ich nichts bin. (Martin Luther, 1483–1546) / Willst du, dass andere Gutes von dir sagen, tu es nie selber. (Blaise Pascal, 1623–1662)

Alle Freude und alles Leid kommt von uns selbst; alles, was über uns kommt, kommt von uns. (Attâr, um 1136 bis ca. 1220; „Meer der Seele“) / Was gut, was böse, lerne aus dir allein; wozu soll dir ein anderer Führer sein? (Hâfis, 1326–1390; „Der Sänger von Schiras“) / Nicht durch Selbstverwirklichung verwirklicht man Gott, sondern Gottesverwirklichung führt zur Selbstverwirklichung. (Hazrat Inayat Khan, 1882–1927; „Gayan“) / Niemals habe ich mich mit meinem anderen Selbst gänzlich vertragen. Der wahre Grund scheint zwischen uns zu liegen. (Kahlil Gibran, 1883–1931; „Aphorismen“)

Der in uns wohnt als Menschenregierer, der, in dem des Himmels hundert Lichter eins sind – der ist das geistige Selbst der Menschen! (Brâhmanas, Taittiriya-Aranyaka 3; 1000–500 v. Chr.) / Wie ein Gewand, wenn man's betrachtet, nichts als Fäden ist, so ist das All – genau betrachtet – nichts als das Selbst. (Ashtâvakra-Gîtâ; ca. 2. Jhdt. v. Chr.) / Gewahrt einer die Welt, so gewahrt er das Selbst nicht; wird er des Selbst gewahr, so schwindet die Welt. (Shrî Ramana Maharshi, 1879–1949; „Der Weg zum Selbst“)

Die bloße Zuflucht beim Erhabenen gibt keinem einen höheren Wert. Sie öffnet nur das Tor zum neuen Wege. Den Weg muss jeder selbst gehen. (Gautama Buddha, um 550–480 v. Chr.) / Spanne nicht eines anderen Bogen! Reite nicht eines anderen Pferd! Sprich nicht über eines anderen Fehler! Erforsche nicht eines anderen Angelegenheiten! (Wu-men Hui-kai, 1183–1260; „Wu-men-kuan“) / Wer sich selbst kennt, sich selbst zu jeder Zeit und an jedem Ort begreift, der ist Gott selbst. (Junyu Kitayama, 1904–1962; „West-östliche Begegnung“)

Selbsterkenntnis

Tief, tief beuge den hochfahrenden Sinn, denn was des Menschen wartet, ist – Verwesung. (Bibel AT; Sir. 7,17) / Der größte Hochmut und der größte Kleinmut kommen gleich der größten Selbst-Unkenntnis. (Baruch Spinoza, 1632–1677; „Die Ethik“) / Selbsterkenntnis ist fast niemals der erste Schritt zur Besserung, aber oft genug der letzte zur Selbstbespiegelung. (Arthur Schnitzler, 1862–1931)

So ich mich selber lese, so lese ich in Gottes Buch. (Jakob Böhme, 1575–1624) / Einem gelang es: Er hob den Schleier der Göttin zu Sais. Aber was sah er? – Er sah – Wunder des Wunders, sich selbst! (Novalis, 1772–1801; „Die Lehrlinge zu Sais“) / Nicht der äußere Mensch, sondern der innere hat Spiegel nötig. Man kann sich nicht anders sehen als im Auge eines fremden Sehers. (Jean Paul, 1763–1825; „Kleine Bücherschau“)

Der Schlüssel zur Erkenntnis Gottes liegt in der Selbsterkenntnis. (al-Ghazâlî, 1058–1112; „Elixier der Glückseligkeit“) / Das Schwerste für den Menschen ist Selbsterkenntnis. (Aus Arabien) / Was ist der Glaube? Aus dem Staub sich heben, damit das reine Herz sich selbst erkennt! (Muhammad Iqbal, 1873–1938; „Das Buch der Ewigkeit“) / Man sagte mir: „Solltest du dich selbst kennen, würdest du alle Menschen kennen.“ Und ich sagte: „Nur wenn ich alle Menschen suche, werde ich mich selbst kennen.“ (Kahlil Gibran, 1883–1931; „Aphorismen“)

Was auch als Vielheit geht und steht, dies wird allein im Geist sichtbar. Und wenn der Geist sich hat befreit von seinem eigenen Geiste, dann wird die Vielheit unsichtbar. (Mândûkya-Upanishad; 800–500 v. Chr.) / Wie das Öl in Samenkörnern, wie die Butter in der Milch, wie das Wasser in den Flüssen oder wie das Feuer in den Reibhölzern, so erkennt das eine Selbst im eigenen Selbst, wer mit der Wahrheit und mit Entsagungen nach ihm sucht. (Svetâsvatara-Upanishad; 800–500 v. Chr.) / Ich bin es, der das gegenwärtige Sein, das vergangene erkannte und das zukünftige erkennen wird. (Shankara, 788–820; „Kleinod der Unterscheidung“)

Die meisten irdischen Leiden bereiten wir einander selbst. (Gautama Buddha, um 550–480 v. Chr.; „Dhammapada“) / Sucht der Unwissende im Außen oder außerhalb des Geistes sich selbst zu erkennen, wie sollte er sich selbst finden können, da er andere als sich selbst sucht? Wer so Selbsterkenntnis sucht, gleicht einem Wahnsinnigen, der sich inmitten einer Menge zur Schau stellt und vergisst, wer er ist, um sich selbst dann überall zu suchen. (Padma Sambhava, 8. Jhdt.) / Im wahren Sinn hatte keiner der erleuchteten Buddhisten einen Lehrer. Auch ich kann euch keine Erweckung bringen. Ihr müsst es selber tun. (Sokei-an Roshi, 1882–1945; „Übertragung des Zen“)

Selbstkritik

Einem jeglichen dünkt sein Weg recht; aber der Herr prüft die Herzen. (Bibel AT; Spr. 21,2) / Von allen Qualen, die den Menschen heimsuchen können, ist die Selbstverachtung die höchste. (Berthold Auerbach, 1812–1882) / Du sollst dich nicht immerzu mit dem quälen, was du falsch gemacht hast, sondern die Seelenkraft, die du auf solche Selbstvorwürfe verwendest, sollst du der Tätigkeit an der Welt zuwenden, für die du bestimmt bist. (Martin Buber, 1878–1965)

Weissagungen verachtet nicht. Prüfet aber alles, und das Gute behaltet! (Bibel NT; 1. Thess. 5,21) / Die Welt schändet immer, was man loben soll, und lobt, was man schänden soll. (Martin Luther, 1483–1546) / Wir sind leicht bereit, uns selbst zu tadeln. Unter der Bedingung, dass niemand einstimmt. (Marie von Ebner-Eschenbach, 1830–1916; „Aphorismen“) / Von einem schöpferischen Genie verlangt man keine kritische Objektivität. (Romain Rolland, 1866–1944)

Alle seid ihr eigner Fehler Träger. Seid nicht fremder Fehler Jäger. (Saadî, um 1215–1292; „Gulistân“) / Was klagst du übern Himmelslauf? Klag über dein Betragen, denn über Schädigung von dir hat noch die Welt zu klagen. (Saadî; um 1215–1292) / Es ist ein nutzloser Versuch, dich geben zu wollen, wie du in Wirklichkeit nicht bist. (Hazrat Inayat Khan, 1882–1927; „Gayan“)

Ich kann nicht beseitigen die grausame Krankheit der Lust! Ich vermag nicht zu zerreißen die Fessel der Begierde! Ich kann nicht aufwachen, um das Auge der Erkenntnis zu öffnen und das Wesen meines Fleisches zu erkennen. Aus Unwissenheit habe ich mir eine schwere Last aufgeladen. (Appâr, Südindien, 7. Jhdt.) / So nutzlos wie ein Vogel bin ich auf Erden hier! Ich weiß nicht, wie ich loskomme von meinem trügerischen Leib, noch wie ich soll gelangen zu dir, o Herr! (Mânikkavâshagar, 9. Jhdt.) / Ich weiß von keinem Menschen, ob Mann oder Frau, der den Weg der Selbstreinigung ging und dennoch von Furcht befallen war. (Mahatma Gandhi, 1869–1948)

Lass jeden Menschen in sich selber erst begründen, was recht ist, dann lass ihn andere ermahnen. (Gautama Buddha, um 550–480 v. Chr.; „Dhammapada“) / Wegen dieses Lebens, das dem Tautropfen auf der Blume gleicht, was habe ich, der Unverständige, nicht schon alles ausgehalten, dass ich selbst vor stolzen Reichen, vom Besitze dumpf Berauschten, mit erlogener Scham beging die Sünde, mein Verdienst zu rühmen. (Bhartrihari, 7. Jhdt.) / Wer sein eigenes Gesicht wäscht, ist rein. (Aus China) / Den besessenen Geist bringst du selbst hervor, wenn er dich gnadenlos plagt – schilt dich selbst und sonst niemand! (Bankei Eitaku, 1622–1693)

Selig

Die Selbstzufriedenheit ist in Wahrheit das Höchste, was man erhoffen kann. (Baruch Spinoza, 1632–1677) / Der Schmerz ist das Glück der Seligen. Am meisten lebt, wer am meisten leidet. (Ludwig Börne, 1786–1837) / Das ist das Seligste an der seligen Zeit der ersten Liebe, dass diese Liebe so ganz und gar nicht klügelt, dass ihr das Wunderbarste einfach erscheint und das Einfachste als ein Wunder. (Karl Emil Franzos, 1848–1904; „Die Juden von Barnow")

Selig ist, der an mir keinen Anstoß nimmt. (Bibel NT; Lk. 7,23) / Selig, wen die Not treibt zur ewigen Erlösung – die Lüge zur ewigen Wahrheit – der Menschenhass zur ewigen Liebe – das erlittene Unrecht zur ewigen Gerechtigkeit – die Nacht zum ewigen Lichte – die Hässlichkeit des Bösen zur ewigen Schönheit – der Tod zum ewigen Leben. (Johann Michael Sailer, 1751–1832) / Selig gepriesen wird nicht, wer möglichst viel glaubt, sondern wer fest und erleuchtet glaubt. (Bonifazius Wöhrmüller, geb. 1885)

Der Tod ist ein duftendes Kraut für den Gläubigen. (Mohammed, 570–632; „Hadith") / Wenn des Weines goldne Fluten aus dem Becher mich durchrinnen und es mir im Freudenrausche schwindeln wird in allen Sinnen, tausend Wunder seh ich dann und höre Stimmen, die in klaren Worten mir das tiefste Wesen aller Dinge offenbaren. (Omar Khayyâm; um 1045–1122)

Aufgrund der inneren Ruhe erlangt man unübertreffliche Freude. (Patanjali, 2. Jhdt. v. Chr.; „Yoga-Sutra") / Wenn du den Leib beiseite lässt und findest ruhevoll im Geiste deinen Stand, wirst du beseligt sein, friedvoll, von Banden erlöst. (Ashtâvakra-Gîtâ; ca. 2. Jhdt. v. Chr.)

Seligkeit schafft ein gezähmter Geist. (Gautama Buddha, um 550–480 v. Chr.; „Dhammapada") / Wie die Tautropfen verdunsten, von den Sonnenstrahlen berührt, so schwindet alles Grübeln, wenn uns die vollkommene Weisheit trifft. In unserer Alltagssprache loben wir sie, die sich nicht um unseren Beifall schert, und gelangen zur Seligkeit. (Aus Tibet)

Sex

Du darfst nicht mit einem Mann schlafen, wie man mit einer Frau schläft; das wäre ein Gräuel. (Bibel AT; 3. Mos. 18,22) / Ihre Liebe soll dich allezeit sättigen, an ihrer Liebkosung magst du dich immer berauschen. (Bibel AT; Spr. 5,19) / Die eigene Frau ist dem Mann gestattet, und mit ihr darf er es tun, wie es ihm gefällt. Er darf mit ihr nach Belieben den Beischlaf ausüben, sie küssen, wo er möchte, auf natürliche und unnatürliche Weise ihr beischlafen. (Moses Maimonides, 1135–1204) / Jemand fragte mich, ob ich denn Sex für schmutzig hielte, und ich sagte: Sex ist schmutzig, wenn man es richtig macht. (Woody Allen, geb. 1935)

Der Mann soll seine Frau nicht vernachlässigen, und die Frau soll sich dem Mann nicht versagen. Die Frau verfügt nicht über ihren Körper, sondern der Mann; ebenso verfügt der Mann nicht über seinen Körper, sondern die Frau. (Bibel NT; 1. Kor. 7,3–4) / Die geschlechtliche Lust bei der Frau kann mit der Sonne verglichen werden, die milde und leicht und ständig die Erde mit ihrer warmen Glut durchdringt, auf dass sie Früchte hervorbringe. (Hildegard von Bingen, 1098–1179) / Es ist für den Menschen keine Schande, dem Schmerz zu unterliegen, aber es ist eine Schande für ihn, der Lust zu unterliegen. (Blaise Pascal, 1623–1662) / Der Sinnesrausch ist zur Liebe, was der Schlaf zum Leben. (Novalis, 1772–1801; „Fragmente")

Und unter seinen Zeichen ist dies, dass er Gattinnen für euch schuf aus euch selber, auf dass ihr Frieden in ihnen fändet, und er hat Liebe und Zärtlichkeit zwischen euch gesetzt. (Korân; Sure 30,21) / Der Gesandte Gottes sagte über den, der mit seiner menstruierenden Frau Geschlechtsverkehr übt: Er hat einen Dinar oder einen halben Dinar als Almosen zu geben. (Mohammed, 570–632; „Hadith") / Mein Vater und meine Mutter wünschten ein Kind, und sie zeugten mich. Und ich wünschte eine Mutter und einen Vater, und ich zeugte die Nacht und das Meer. (Kahlil Gibran, 1883–1931; „Aphorismen")

Dem hängt der Mensch an, dem geht er nach mit seiner Tat, woran sein Phallus und sein Denken hängen. (Brhadâranyaka-Upanishad; 800–500 v. Chr.) / Beim ersten Koitus zeigt der Mann feuriges Ungestüm und Schnelligkeit; das Umgekehrte bei den späteren. Bei der Frau ist es gerade umgekehrt. (Vâtsyâyana, 4. Jhdt.; „Kama-Sutra") / Die Liebesbegierde entspringt der natürlichen Veranlagung. Durch Handlungen gesteigert und in ihrer Erregung durch den Verstand geläutert, wird sie stark und unvergänglich. (Kokkoka, 12. Jhdt.; „Ratirahasya")

Solang im Mann die Lust am Weib nicht kommt zur Ruh, hangt er am Weibe noch, wie's Kälbchen an der Kuh. (Gautama Buddha, um 550–480 v. Chr.; „Dhammapada") / Verschließe dein Herz nicht den Zärtlichkeiten der Liebe; die Reinheit ihres Feuers wird dein Herz läutern und es für tiefste Empfindungen empfänglich machen. (Aus Tibet) / Weise die Freude am Sex nicht zurück, als handelte es sich um etwas, was eines Menschen auf dem Weg zur spirituellen Erkenntnis nicht würdig ist. (Drugpa Rinpoche, gest. 1989; „Tibetische Weisheiten")

Sicherheit

Das Werk der Gerechtigkeit wird Friede sein und die Frucht des Rechten Sicherheit auf ewig. (Bibel AT; Jes. 32,17) / Ein Weiser gewinnet die Stadt der Starken und stürzet ihre Macht, auf die sie sich verlässt. (Bibel AT; Spr. 21,22) / Bist du schon gut, weil du gläubig bist? Der Teufel ist sicher kein Atheist. (Paul von Heyse, 1830–1914; „Spruchbüchlein")

Nichts gibt Sicherheit außer der Wahrheit. Nichts gibt Ruhe als das ehrliche Suchen nach der Wahrheit. (Blaise Pascal, 1623–1662) / Ein schöner Rückzug ist ebenso viel wert wie ein kühner Angriff. Man bringe seine Taten, wann ihrer genug, wann ihrer viele sind, in Sicherheit. (Baltasar Gracián, 1601–1658; „Handorakel") / Durch Achtsamkeit blüht unser Glück am besten, nur von der Sicherheit kommt Unglück her. (Christian Wernicke, 1661–1725; „Epigramme") / Wir leben, solange wir nicht sicher sind. (Graham Greene, 1904–1991)

Wenn ich bereue, so lässt Gott mich wünschen, und wenn ich sündige, lässt er mich hoffen, wenn ich entfliehe, so ruft er mich zu sich, und wenn ich mich nahe, zieht er mich heran. (Yahya ar Razi, gest. um 890) / Halte du dich auch nicht sicher, traue nicht, keinem ist des Himmels Freibrief zugeschickt. Freue dich nicht, dass der Feind gestorben ist, weil der Vogel ein Korn um das andre pickt. (Saadî; um 1215–1292) / Wenn über eine dumme Sache endlich Gras gewachsen ist, kommt sicher ein Kamel und frisst es ab. (Aus Arabien)

Sieh auf die Mutter, bevor du dich mit der Tochter verlobst! (Aus Indien) / Unsere Werturteile, unsere Überzeugungen von etwas Wahrem, unsere Würdigung des Schönen, unsere Erfahrungen der Liebe sind der Beweis, dass wir nicht ein Produkt rein physikalischer Kräfte sind. (Sarvepalli Radhakrishnan, 1888–1975; „Idealismus und Leben") / Kriechen ist das Beste und Sicherste. Es ist nämlich unmöglich, in jener waagerechten Lage niedergeschlagen zu werden oder zu fallen. (Jawaharlal Nehru, 1889–1964)

Von Furcht getrieben, suchen manche Zuflucht bald bei heil'gen Bäumen, bald auf Bergen, bald im Wald; doch solche Zuflucht gibt nicht höchste Sicherheit; dort werden sie ja nicht von allem Leid befreit. (Gautama Buddha, um 550–480 v. Chr.; „Dhammapada") / Im tiefen Dschungel sicher wähnt sich das Rhinozeros; doch sieh, es brennt der Dschungel! Wo ist jetzt noch Sicherheit? (Phadampa Sangay, um 1100) / Aus vielem Reden erwächst Reue; doch Sicherheit wohnt im Schweigen. (Aus Tibet) / Wer kann mit Sicherheit behaupten, dass er den Morgen sehen wird? (Lama Kazi Dawa-Samdup; „Unendliche Freude der Weisen")

Sieg

Der Sieg erträgt die Wahrheit nicht, und wenn man vor seinen Augen ein wahres Ding ausbreitet, verstößt du es wegen des Sieges. Wer da die Wahrheit in ihr selbst will, treibe den Geist des Sieges von dannen; dann erst bereite er sich, die Wahrheit zu schauen. (Rabbi Nachmann, 1771–1810; „Worte des Rabbi Nachmann") / Mit der Wahrheit hat noch keiner die Welt erobert. (Jüdisches Sprichwort) / Wenn Unglück durch die Welt gewittert und in den Tiefen uns erschüttert – dem Pessimisten bleibt die Freude: Es fügt sich in sein Lehrgebäude. (Oskar Blumenthal, 1852–1917)

Tod, wo ist dein Stachel? Hölle, wo ist dein Sieg? (Bibel NT; 1. Kor. 15,55) / Wer sich von der Wahrheit nicht besiegen lassen will, der wird vom Irrtum besiegt. (Aurelius Augustinus, 354–430) / Je länger und stärker der Streit, umso größer und löblicher auch der Sieg und die Ehre des Siegers. (Meister Eckhart, um 1260–1327) / Eine stolz getragene Niederlage ist auch ein Sieg. (Marie von Ebner-Eschenbach, 1830–1916; „Aphorismen")

Er (Allah) ist es, der seinen Gesandten geschickt hat mit der Leitung und mit der Religion der Wahrheit, dass er sie siegreich macht über jede andere Religion. (Korân; Sure 48,28) / Wenn Gott euch zum Sieg verhilft, gibt es für euch niemanden, der euch besiegen könnte. Wenn er euch aber im

Stich lässt, wer könnte euch danach noch Hilfe leisten? (Korân; Sure 3,154) / Wie der Hahn sich brüsten mag als Sieger: Gegen Falkenklauen ist er kein Krieger. Für die Maus ein Löw' ist wohl die Katze, aber eine Maus nur für den Tiger. (Saadî; um 1215–1292)

Treue Frauen, die die Liebe zum Gatten als Wagen besteigen, mit dem Panzer der Sittlichkeit sich schützen, die Tugend zum Wagenlenker und Einsicht zum Wurfgeschoss haben, erringen den Sieg. (Aus Indien) / Freude liegt im Kampf, im Wagnis, in der Leidensbereitschaft, nicht im Siege. (Mahatma Gandhi, 1869–1948) / Der Sieg der Materie über die Menschlichkeit ist das Grundübel unserer Kultur. (Sarvepalli Radhakrishnan, 1888–1975; „Religion und Gesellschaft")

Ihm, dem den Sieg nicht einer mehr entreißt, dem niemand auf dem Siegespfade folgt – auf welcher Spur wollt ihr ihm folgen, ihm, dem Erwachten ohne Spur? (Gautama Buddha, um 550–480 v. Chr.; „Dhammapada") / Allen Triumph den Menschen lassen und für sich selbst die Niederlage hinnehmen ist ein Kennzeichen eines edlen Menschen. (Gampopa, 1079–1153; „Der kostbare Rosenkranz") / Immer ist Niederlage im Sieg und Sieg in der Niederlage. (Wu Cheng-en, um 1500–1582) / Ebenso wenig wie ein Temperament über das andere siegt, kann eine Religion über die andere siegen. (Lama Govinda, 1898–1985; „Die Antwort der Religionen")

Sieger

Ist ein Mensch arm und Not leidend, dann gibt er dafür die Schuld nicht sich selbst, sondern er macht Gott dafür verantwortlich. Aber der reich gewordene Mensch rühmt sich und prahlt: „Meine Kraft und Stärke haben das alles bewirkt." (Mosche ais Kosnitz) / Es ist gut, zu finden, besser, zu gewinnen, noch besser, zu verdienen. (Jüdisches Sprichwort) / Jeder Herzschlag klopft dem Grabe zu. Weiter und weiter – unaufhaltsam. In mir wächst der Tod. (Kurt Tucholsky, 1890–1935; „Schnipsel")

Den Sieger werde ich mit mir auf meinem Throne sitzen lassen, wie auch ich als Sieger mit meinem Vater auf seinem Throne sitze. (Bibel NT; Offb. 3,21) / Trifft dein letzter Tag dich nicht als Sieger, so finde er dich wenigstens als Kämpfer. (Aurelius Augustinus, 354–430) / Wer bei seiner äußeren Niederlage doch kämpfend gefunden wird, der ist ein Sieger. (Friedrich Rittelmeyer, geb. 1872)

Gott hat bestimmt: Ich werde gewiss obsiegen, ich und meine Gesandten. Gott ist stark und mächtig. (Korân; Sure 58,21) / Die Welt kannst du dir unterwerfen mit der Entsagung Schwert: Der ganze Garten ist dem eigen, der dort kein Nest begehrt. (Abu Talib Kalim, gest. 1651) / Ich habe keine Feinde, o Gott, aber wenn ich je einen Feind haben sollte, lass seine Stärke meiner ebenbürtig sein. Allein die Wahrheit mag der Sieger sein. (Kahlil Gibran, 1883–1931; „Aphorismen")

Weder hart noch scharf ist das Geschoss des Liebesgottes, und dennoch hat er die Dreiwelt besiegt. (Aus Indien) / Gott hat kein Begehren und erfüllt alle Begehren; er bleibt unbesiegt und ist der Sieger, er bleibt verborgen und ist doch offenbar. Man kennt ihn als den, der im Herzen weilt und doch in der Ferne wohnt, der mitleidvoll ist, aber von Leid selbst unberührt. (Kâlidâsa, 4./5. Jhdt.)

Nicht wer in Kampf und Schlacht besiegt viel tausend Krieger, nur wer sich selbst besiegt, der ist der höchste Sieger. (Gautama Buddha, um 550–480 v. Chr.; „Dhammapada") / Der Sieger hat viele Freunde, der Besiegte hat gute Freunde. (Aus der Mongolei) / Wo kein Sieger ist, da ist auch kein Besiegter. Wo kein Hass ist, da ist Reue nicht nötig. (Aus China)

Sinn

Nur wie ein Schatten geht der Mensch einher, macht Lärm um ein Nichts, häuft zusammen und weiß nicht, wer einsammeln wird. (Bibel AT; Ps. 39,7) / Nach Wahrheit forschen, Schönheit lieben, Gutes wollen, das Beste tun – das ist die Bestimmung des Menschen. (Moses Mendelssohn, 1729–1786) / Es gibt kein größeres Sakrileg, als vom Zweck des Lebens oder Zweck der Welt zu sprechen. Es gibt nirgends einen Zweck als in der Verderbtheit. (Walther Rathenau, 1867–1922) / In dem Augenblick, in dem ein Mensch den Sinn und den Wert des Lebens bezweifelt, ist er krank. (Sigmund Freud, 1856–1939)

Eine Religion nach der andern löscht aus, aber der religiöse Sinn, der sie alle schuf, kann der Menschheit nie getötet werden. (Jean Paul, 1763–1825; „Levana") / Aller innere Sinn ist Sinn für Sinn. (Novalis, 1772–1801) / Alles Lebendige trägt seinen Sinn in sich selber. (Emil Brunner, 1889–1966) / Wenn es dir möglich ist, einer einzigen im Dunkel irrenden Seele ein Licht zu entzünden, einem Betrübten die sonnige Seite des Lebens zu zeigen, einem andern die höhere und edlere Lebensanschauung zu geben, einem Mitmenschen zu helfen, dass er ein besserer Mensch werde, einem Mühsamen und Beladenen die Lasten zu erleichtern, mit auch nur einem kleinen Funken der Liebe die Welt zu bereichern, dann hast du nicht vergebens gelebt. (Jack London, 1876–1916)

Siebenfacher Sinn, verborgen, ruht in Gottes hehrem Wort, einer baut sich auf dem andern bis zur Endbedeutung fort. (Dschelâleddin Rûmî, 1207–1273; „Persisch-türkische Mystik") / Es hat keinen Sinn, eine Lampe für eine Moschee zu stiften, wenn sie zu Hause dringend benötigt wird. (Aus Persien) / Ein gerechter Sinn entspricht dem innersten Wesen der Seele. (Hazrat Inayat Khan, 1882–1927; „Gayan")

Dazu, des Menschen Sinn zu ändern, hat Unterweisung nicht Gewalt: Auch wenn man gut das Wasser wärmte, es wird doch immer wieder kalt. (Pantschatantra; 5. Jhdt.) / Zum Verständnis des Sinnes heiliger Texte helfen das Hören, das Reflektieren und die Meditation. (Râmânuja, 1057–1137; „Siddhanta") / Kein Leben wird umsonst gewesen sein. Im Universum gibt es nichts Sinnloses. (Swâmi Vivekânanda, 1862–1902)

Besser, als in tausend Reden Worte ohne Sinn verschwendet, ist ein Wort voll tiefen Sinnes, das dem Hörer Frieden spendet. (Gautama Buddha, um 550–480 v. Chr.; „Dhammapada") / Wu-Di von Liang fragte den Großmeister Bodhidharma: „Welches ist der höchste Sinn der heiligen Wahrheit?" – Bodhidharma sagte: „Offene Weite – nichts von heilig."

(Yüan Wu, 1063–1135; „Bi-Yän-Lu“) / Anstatt besondere Sachen im Sinn zu haben, sollt ihr eure Geschäftigkeit einschränken. (Shunryu Suzuki, 1905–1971; „Zen-Geist“)

Sinne, Sinnlichkeit

Wie der Körper erschlafft, wenn er immer nur mühsame Arbeiten verrichtet, und erst durch Ruhe und Erholung wieder in die behagliche Stimmung zurückkehrt, ebenso bedarf die Seele der Erholung, indem sich die Sinne mit Betrachtung der Kunstgebilde und zierlicher Gegenstände unterhalten, bis sie sich von ihrer Abspannung erholt hat. (Moses Maimonides, 1135–1204) / Sinnlich beginnt der Mensch, dann denkt er, endlich glaubt er. (Ludwig Börne, 1786–1837) / Die Lust hat ihren Höhepunkt schon überschritten, wenn man sie weiß – das Leid aber kommt damit erst gerade auf seinen Höhepunkt. (Georg Simmel, 1858–1918)

Erachtet alles als Gift, was den Samen sinnlichen Vergnügens in sich trägt. (Hieronymus, um 347–419) / Die Sinne betrügen die Vernunft, und die Leidenschaften der Seele verwirren die Sinne: Sie lügen und betrügen sich um die Wette. (Blaise Pascal, 1623–1662) / Der Mensch ist eine Sonne. Seine Sinne sind seine Planeten. (Novalis, 1772 – 1801; „Fragmente“)

Ihr scheltet und schmäht die Sinne, die lieblichen Sinne – warum? Weil ihr zu tot und dumm, zu begreifen den Geist der Sinne. (Hâfis, 1326–1390) / Ein guter Wein und ein schönes Weib sind zwei süße Gifte. (Aus der Türkei) / Worauf des Menschen Sinn gerichtet ist, das bestimmt seinen Wert. (Aus Arabien)

Wer wie die Schildkröte, wenn sie ihre Glieder einzieht, alle seine Sinne von äußerlichen Dingen abwendet, dessen Weisheit ist beständig. (Bhagavadgîtâ II,27; ca. 300 v. Chr.) / Der Erlöste ist den Sinnendingen nicht Feind, noch auch lüstern nach ihnen. Immer bleibt sein Sinnen unberührt, wenn er Willkommenem und Unwillkommenem begegnet. (Ashtâvakra-Gîtâ; ca. 2. Jhdt. v. Chr.) / Kein Reicher ist so reich und groß wie Gott, sein Wandel ist, sein Walten unvergleichbar. Er ist Gebieter über alle Welt, für unsere Sinne ist er nicht erreichbar. (Dâdû, 1544–1603; „Bânî“)

Wenn man sich bemüht und überall herumläuft, um die verschiedenen Objekte der Sinnesgenüsse zu erlangen, so nennt man diesen Zustand Ergreifen. (Vasubandhu d. J., um 400–480 n. Chr.; „Abhidharmakosha“) / Bewegt wie Wellen auf dem Teiche ist die Sinnlichkeit; such nicht das ewig Fliessende, das trugvoll ist. (Phadampa Sangay, um 1100) / Lass deine Sinne nicht zum Spielplatz deines Geistes werden. (Sakya Pandita, 1182–1251; „Kostbare Schatzkammer der Tugenden“)

Sitte / Sittlichkeit

Wie ein goldener Ring am Rüssel eines Schweins, so ist ein schönes Weib ohne Sitte. (Bibel AT; Spr. 11,22) / Auch die Begriffe von Tugend und Sittlichkeit sind der Mode unterworfen, und wer sich nicht nach den Modebegriffen seines Jahrhunderts schmiegen kann, der wird von den Zeitgenossen verkannt und verschrieen. (Moses Mendelssohn, 1729–1786; „An

Hennings“) / Nicht die Sittlichkeit regiert die Welt, sondern eine verhärtete Form derselben: die Sitte. (Berthold Auerbach, 1812–1882; „Barfüßele“) / Keine sittliche Ordnung kann durch Gewalt erzwungen werden. (Stefan Zweig, 1881–1942)

So mächtig ist das Sittliche, dass niemand sich von ihm entfernen kann als zur Unseligkeit. (Aurelius Augustinus, 354–430) / Ebenso abgeschmackt, wie eine Laute tönt, wenn die Saiten nicht zusammenstimmen, lautet es bei Eheleuten, wenn die Sitten nicht zusammenstimmen. (Abraham a Santa Clara, 1644–1709) / Zwischen den Gesetzen und den Sitten besteht der Unterschied, dass die Gesetze mehr die Handlungen des Bürgers und die Sitten mehr die Handlungen des Menschen regeln. Zwischen den Sitten und Gebräuchen besteht der Unterschied, dass Erstere mehr das innere Verhalten, Letztere mehr das äußere betreffen. (Charles de Montesquieu, 1689–1755; „Der Geist der Gesetze“)

Wenn ihr zu Dritt seid, so sollen sich nicht zwei von euch miteinander unterhalten, ohne den Dritten zu berücksichtigen, bis ihr euch unter die Menge mischt. Denn dies würde ihn betrüben. (Mohammed, 570–632; „Hadith“) / Leis kommt den angenommenen Sitten die angeborene nachgeschritten. (Aus Arabien) / Die richtige Haltung im Leben besteht darin, das Gleichgewicht zwischen Gerechtigkeit und Güte zu bewahren. (Hazrat Inayat Khan, 1882–1927; „Vadan“)

Die größte Entdeckung, die der Mensch je gemacht hat, ist die Entdeckung des sittlichen Gesetzes, dass der Mensch der Wahrheit umso näher kommt, je mehr er sich in andern erkennt und empfindet. (Rabindranâth Tagore, 1861–1941) / Wahres Wissen verleiht sittlichen Rang und sittliche Kraft. (Mahatma Gandhi, 1869–1948) / Obgleich sittliches Verhalten Anpassung verlangt, verdanken wir allen moralischen Fortschritt denen, die sich nicht anpassen. (Sarvepalli Radhakrishnan, 1888–1975; „Idealismus und Leben“)

Wenn eine Pflicht dich ruft, erfüll sie treu und redlich! Ein sittenloser Mensch wirkt auf die Umwelt schädlich. (Gautama Buddha, um 550–480 v. Chr.; „Dhammapada“) / Der Sittenreine, der sittlich Vollkommene, gelangt beim Zerfall des Leibes, nach seinem Tode, zu einem glücklichen Leben in einer Himmelswelt. (Gautama Buddha, um 550–480 v. Chr.; „Dhammapada“) / Die höchste Sittlichkeit ist ein friedlicher Geist. (Geshe Drom, 11. Jhdt.; „Kadamthorbu“) / Die Sitten der Völker sind verschieden, aber gute Handlungen werden überall als solche anerkannt. (Aus Japan)

Sklaverei

Die Sklaven der Zeit – sie sind die unfreisten Sklaven; die Sklaven Gottes – nur sie sind frei. (Jehuda Halevi, 1075–1141) / Freiheit kann gar nichts anderes heißen, als seiner innersten Natur sklavisch folgen zu dürfen. (Rahel Varnhagen, 1771–1833) / Antisemitismus entsteht bei einer inneren Versklavung der Völker, die versklavten Schichten halten sich schadlos an den Juden, die Herren unterstützen das. So tragen die Juden zur Erhaltung der Despotien bei. (Alfred Döblin, 1878–1957; „Flucht und Sammlung des Judenvolks")

Jeder, der Sünde tut, ist der Sünde Sklave. (Bibel NT; Joh. 8,34) / In dir ein edler Sklave ist, dem du die Freiheit schuldig bist. (Matthias Claudius, 1740–1815) / Das Christentum hat die Frauen aus einem Zustande gerissen, welcher der Sklaverei glich. (Germaine de Staël, 1766–1817)

Dienen heißt, dass du in jedem Augenblick Sein Sklave bist, so wie Er in jedem Augenblick dein Herr. (Dhû'n-Nûn, ca. 796–859) / Soweit es dir möglich ist, versuche zu vermeiden, der Sklave von einem zu sein, der nicht Allah ist. Halte dich frei von der Unterwerfung unter weltliche Dinge, und sei nur der Diener Allahs. (Husayn-al-Sulami, 936–1021; „Futuwwah") / Der wahrhaft freie Mensch ist der, der die Last der leibeigenen Sklaven geduldig trägt. (Kahlil Gibran, 1883–1931; „Aphorismen")

Auf der Erde verfolgen die Menschen ihre Ziele, als gehorchten sie einem Befehl. Sie streben danach, ein Reich zu beherrschen oder ein Stück Land zu besitzen, und dafür leben sie. Und so sind sie die Sklaven ihrer Wünsche. (Chândogya-Upanishad, 800–500 v. Chr.) / Die Ursache der Verjochung des Menschen mit der Welt ist die aus dem Nichtwissen entspringende „Weltbefangenheit". (Patanjali, 2. Jhdt. v. Chr.; „Yoga-Sutra") / Hast du dein Denkorgan in der Gewalt, so hast du Gewalt über den ganzen Körper; anstatt der Sklave dieser Maschine zu sein, ist die Maschine dein Sklave. (Swâmi Vivekânanda, 1862–1902)

Menschen, die vom Verlangen beherrscht werden, gleichen Kaninchen in der Falle. (Gautama Buddha, um 550–480 v. Chr.; „Dhammapada") / Die ganze Welt wird durch den Schein der Dinge versklavt, und niemand begreift seine wahre Natur. (Âryadeva, 3. Jhdt.; „Sarahas Liederschatz") / Ich weihe mich ganz und ohne Rückhalt den Buddhas sowie ihren Söhnen. Ergreifet Besitz von mir, ihr erhabenen Wesen; ich mache mich in Demut zu euerem Sklaven. Euer Besitz geworden, habe ich hienieden nichts mehr zu fürchten; ich tue das, was den Geschöpfen heilsam ist; ich tue meine alte Sünde ab und sündige hinfort nicht mehr. (Sântideva, 7. Jhdt.; „Bodhicaryâvatâra")

Sohn, Söhne

Ein närrischer Sohn ist seines Vaters Herzeleid. (Bibel AT; Spr. 19,13) / Mein Sohn, von deiner Jugend an eigne dir Bildung an, und bis zum Greisenalter wirst du Weisheit erlangen. (Bibel AT; Sir. 6,18) / Der Vater nimmt Anteil am Leid der Söhne, aber die Söhne nehmen nicht teil am Leid des Vaters. (Martin Buber, 1878–1965)

Die Liebe Gottes hat sich darin uns bewiesen, dass Gott seinen eingeborenen Sohn in die Welt gesandt, damit wir durch ihn leben. (Bibel NT; 1. Joh. 4,9) / Es kommt ein Schiff, geladen recht bis zum höchsten Bord; bringt uns den Sohn des Vaters, das ewig wahre Wort. (Johannes Tauler, um 1300–1361; „Kirchenlied") / Das Mutterherz ist der schönste und unverlierbare Platz des Sohnes, selbst wenn er schon graue Haare trägt. (Adalbert Stifter, 1805–1868)

Sprich: „Aller Preis gebührt Allah, der sich keinen Sohn zugesellt hat und niemanden neben sich hat in der Herrschaft noch sonst einen Gehilfen aus Schwäche." (Korân; Sure 17,111) / Wenn dein Sohn groß wird, mache deinen Bruder daraus. (Aus Arabien) / Dein Sohn ist mit fünf Jahren dein Gebieter, mit zehn Jahren dein Sklave, mit fünfzehn Jahren dein Ebenbild und danach entweder dein Freund oder dein Feind. (Aus der Türkei)

Besser ein Sohn mit Vorzügen als Hunderte von Toren: Der eine Mond verscheucht die Finsternis, nicht die Scharen von Sternen. (Aus Indien) / Ich bin Gottes Kind, der Sohn des Königs der Könige. Wer kann mich denn binden? (Shrî Râmakrishna, 1834–1886) / Um christliche Sprache zu gebrauchen: Der Sohn Gottes ist auch der Menschensohn, und beide Elemente sind notwendig, um die Christusschaft zu vollenden. (Shrî Aurobindo, 1872–1950)

Nicht Söhne helfen dir, nicht Vater und nicht Vetter, wenn dich der Tod ergreift; dann gibt es keinen Retter. (Gautama Buddha, um 550–480 v. Chr.; „Dhammapada") / Nicht zu folgen ist nicht die Kindespflicht des Sohnes. Nicht zu gehorchen bedeutet, kein wirklicher Gefolgsmann zu sein. (Tung-shan Liang-chieh, 807–869; „San-mei-k'o") / Nie weiß der Mensch, wie hoch sein Korn wachsen wird im Laufe des Jahres vor der Ernte. Auch kann er nicht wissen, ob sein Sohn einmal auf Abwege geraten wird. (Aus der Mongolei) / Da selbst die Schar von Söhnen und Enkeln nicht ewig besteht, sind die Güter, die man ihnen vermacht hat, ohne inneren Nutzen, da auch sie sich zerstreuen werden. (Gampopa, 1079–1153; „Der kostbare Rosenkranz")

Sonne

Was man getan hat, eben das tut man hernach wieder, und es geschieht nichts Neues unter der Sonne. (Bibel AT, Pred. 1,9) / Der Anspruch auf einen Platz an der Sonne ist bekannt. Weniger bekannt ist, dass sie untergeht, sobald er errungen ist. (Karl Kraus, 1874–1936) / Alles, selbst die Lüge, dient der Wahrheit; Schatten löschen die Sonne nicht aus. (Franz Kafka, 1883–1924)

Die Stadt Gottes bedarf nicht der Sonne noch des Mondes zu ihrer Erleuchtung; denn die Herrlichkeit Gottes erhellet sie. (Bibel NT; Offb. 21,23) / Gott, du leuchtest in die Seele mein wie die Sonne gegen Gold. (Mechthild von Magdeburg, um 1208–1282) / Merk auf: Die Sonne scheint auch mitten in der Nacht. Auch Gott in dem, der es gleich nimmer nimmt in Acht. (Angelus Silesius, 1624–1677; „Der Cherubinische Wandersmann") / Was kann die Sonne anders tun als scheinen? (Emanuel Geibel, 1815–1884)

Wer erst die Sonne und dann sich selbst betrachtet, dem scheint, er bestehe aus nichts als aus Sonnenstrahlen, und er ruft: „Ich bin die Sonne!" (al-Hallâdsch, 858–922) / Lügen summen wie Fliegen und Mücken, die Wahrheit aber strahlt prächtig wie die Sonne. (Maurisches Sprichwort) / Du siehst nur deinen Schatten, wenn du deinen Rücken zur Sonne drehst. (Kahlil Gibran, 1883–1931; „Aphorismen")

Die Sonne ist mehr als Nichtfinsternis. Gutsein ist mehr als Nichtschlecht-Sein. (Aus Indien) / Das Absolute gleicht dem Lichte der Lampe. Bei solchem Lichte vermögt ihr die heiligen Schriften zu lesen, aber beim gleichen Lichte könnt ihr auch Unterschriften fälschen. – Die Sonne leuchtet in gleicher Weise dem Bösen wie dem Guten. (Shrî Râmakrishna, 1834–1886; „Leben des Râmakrishna“) / Gott ist stiller als die Berge und doch schneller als der schnellste Gedanke. Die Sonne geht auf und nieder, doch sie ist nur die goldene Maske vor dem Antlitz der Wahrheit. (Dhan Gopal Mukerdshi, 1890–1936; „Ghond“)

So wie hier die Sonne, wenn sie aufgeht, mit ihren ausgebreiteten tausend Strahlen ringsum die Welt erleuchtet und der Reihe nach die höchsten, mittleren und niedrigsten Berge bescheint, so bescheint die Sonne des Buddha der Reihe nach die Scharen der Wesen. (Sâramati, um 250 n. Chr.; „Erläuterung des Keimes der drei Juwelen“) / Kannst du nicht Sonne sein, sei ein Planet. (Sakya Pandita, 1182–1251; „Kostbare Schatzkammer der Tugenden“) / Geht die Sonne am Himmel auf, bleibt keiner der strahlenden Sterne mehr sichtbar. (Sakya Pandita, 1182–1251; „Erlesene Aussprüche“)

Sorgen

Die Sorge führet vor der Zeit das Alter herbei. (Bibel AT; Sir. 30,26) / Wer sich vom Joch des Gesetzes losmacht, muss das Joch des Königtums und der weltlichen Sorgen tragen. (Sprüche der Väter 3,7; ca. 200 n. Chr.) / Jeder Mensch braucht ein gewisses Maß an Sorgen und Leiden. Wie ein Schiff ohne Frachtgut – es schwankt und läuft Gefahr zu kentern. (Jizchas Eisik aus Kumarna)

Was unter die Dornen fiel, sind jene, die das Wort zwar hören, aber dann in den Sorgen, Reichtümern und Genüssen des Lebens aufgehen und es ersticken und so keine Frucht bringen. (Bibel NT; Mt. 13,22) / Der Mensch allein, der Schöpfung Haupt, vergräbet sich in Sorgen, ist immer seiner selbst beraubt, lebt immer nur für morgen. (Robert Roberthin, 1600–1648) / Ich habe es bis jetzt auch nicht gewusst, dass die Sorge mit das Beste in der Welt ist. (Wilhelm Raabe, 1831–1910)

Wer alle Sorgen zu einer einzigen macht, dem nimmt Gott die Sorgen um die Welt ab. Wenn einer aber seine Sorgen zerfetzt, dann kümmert sich Gott nicht darum, in welchem Tale der Welt er umkommt. Gott schickt keine Krankheit, ohne auch das Heilmittel zu schicken. (Mohammed, 570–632; „Hadith“) / Die Sorgen jagen dich von Jammer zu Verdruss, solang du weise bist. Dies aber ist der Weisheit letzter Schluss: Nur der ist weise, der nie weise ist. (König Al-Mutamid, 1040–1095; „Diwan aus Al-Andalus“) / Wenn nur ans Krokodil der Taucher dächte, die edle Perle nie zur Hand er brächte. (Saadî, um 1215–1292; „Gulistân“) / Die bitterste Sache an unseren heutigen Sorgen ist die Erinnerung an unsere gestrigen Freuden. (Kahlil Gibran, 1883–1931; „Aphorismen“)

An Kindern, Weibern und Familie hängen alle Menschen; sie gehen unter in dem trüben Meer der Sorgen wie alte Waldelefanten im Schlamm.

(Mahâbhârata; 500 v. Chr. bis 500 n. Chr.) / Kummer vernichtet die Einsicht, Kummer vernichtet die Gelehrsamkeit, Kummer vernichtet die Standhaftigkeit: Es gibt keine Finsternis des Geistes, die dem Kummer gleichkäme. (Aus Indien) / Vernunft, geheiligte Tradition und Hunderte von heiligen Schriften erklären, dass das objektive Weltall kein wirkliches Sein besitzt. Wer sich mit ihm identifiziert, sammelt Sorgen auf Sorgen. (Shankara, 788–820; „Kleinod der Unterscheidung") / Wenn wir für das Heute sorgen, sorgt Gott für das Morgen. (Mahatma Gandhi, 1869–1948; „Jung-Indien")

Viel stärkere Fesseln als der Strick, der Block, das Eisen sind Sorgen um Besitz, um Weib und Kind dem Weisen. (Gautama Buddha, um 550–480 v. Chr.; „Dhammapada") / Selbst geschaffene Sorge: in den Stand des Hausvaters einzutreten ohne genügende Mittel zum Lebensunterhalt – ein Schwachsinniger, der todbringendes Gift nimmt. (Dvagpo-Lharje, um 1077–1152; „Kostbarer Rosenkranz") / Wer sich verbittern lässt vom Leben dieser Welt der treibenden Sorgen, quält sich selbst, verstört seinen Geist und brütet dumpf über leeren Träumen. (Bankei Eitaku, 1622–1693) / Dass die Vögel der Sorge und des Kummers über deinem Haupte fliegen, kannst du nicht ändern. Aber dass sie Nester in deinem Haar bauen, das kannst du ändern. (Aus China)

Spiegel

Selbsterkenntnis ist fast niemals der erste Schritt zur Besserung, aber oft genug der letzte zur Selbstbespiegelung. (Arthur Schnitzler, 1862–1931) / Alles Abbild des Essenziellen, des Transzendenten und Ewigen im Spiegel des menschlichen Geistes ist unveränderlich und gleich, von Mose bis Plato, von Leonardo bis Goethe: Hier waltet keine Originalität. Originell ist nur das Menschliche: Die Trübung. (Walther Rathenau, 1867–1922)

Geduld ist nicht der tränenverhangene Spiegel eines zerbrochenen Lebens, sondern der strahlende Inbegriff letzter Unverwundbarkeit. (Johannes Chrysostomos, 344–407) / Der Spiegel ist ein Beichtvater, der den Mund hält. (Germaine de Staël, 1766–1817)

Der Mensch ist der Spiegel des Menschen. (Aus der Türkei) / Ein sauberer Körper spiegelt die Reinheit der Seele und ist das Geheimnis der Gesundheit. (Hazrat Inayat Khan, 1882–1927; „Gayan")

Was ihm nah steht, zeigt im Glas der Spiegel; was ihm nah geht, im Gesicht das Herz. (Tiruvalluvar, 6. Jhdt.; „Kurral") / Ein wahrer Freund hält dir den Spiegel vor, damit du deine Fehler erkennst. (Aus Indien)

Eine unklare Rede ist wie ein blinder Spiegel. (Aus China) / Ein Spiegel spiegelt sich in allen Spiegeln; alle Spiegel spiegeln sich gesammelt in einem Spiegel. Dieses Spiegeln ist die Wirklichkeit der wirklichen Welt. (Daizohkutsu R. Ohtsu; „Kommentar zu ‚Der Ochs und sein Hirte'")

Spott

Tadle nicht den Spötter, damit er dich nicht hasse! Doch tadle einen Weisen, und dieser wird dich lieben! (Bibel AT; Spr. 9,8) / Wohl dem, der nicht wandelt im Rat der Gottlosen noch tritt auf den Weg der Sünden, noch sitzet, wo die Spötter sitzen. (Bibel AT; Ps. 1,1) / Man solle sich davor hüten, verächtlich von einem Menschen zu reden oder ihn zu verspotten, wer immer es auch sein möge. Ist es aber geschehen, so soll man sich beeilen, ihn zu versöhnen. (Jehuda Hachassid, 13. Jhdt.; „Das Buch der Frommen") / Der Satiriker ist ein gekränkter Idealist. (Kurt Tucholsky, 1890–1935)

Habe ich verdient, dass sie meiner spotten, Vater, so lass mich durch diese verdiente Züchtigung weiser werden. Hab ich es nicht verdient, so lass durch mein Dulden und Verzeihen meine Spötter weiser werden. (Johann Michael Sailer, 1751–1832) / Man kann über alles spötteln, weil alles eine Kehrseite hat. (Charles de Montesquieu, 1689–1755) / Der Spott endet, wo das Verständnis beginnt. (Marie von Ebner-Eschenbach, 1830–1916; „Aphorismen")

Verlasse die, welche mit ihrer Religion Scherz und Spott treiben. (Korân; Sure 6,71) / Solange du selbst bartlos bist, verspotte nicht den mit dem dünnen Barte. (Aus Arabien) / Kein Glaub', o Menschengeist, sei deiner Weisheit Spott, denn jeder Glaub' ist Glaub', und Glaube führt zu Gott. (Saadî; um 1215–1292) / Man kann kein kleinstes Wort im Scherze sagen, dem Weisen wird es eine Lehre sein. (Saadî, um 1215–1292; „Gulistân")

Häuslich Unglück, Gutes Schwund, Kummer in des Herzens Grund, angetanen Spott und Trug, die verschweige, bist du klug. (Nârâjana, 9./10. Jhdt.; „Hitopadesa") / Die Wissenschaft, die Kleinigkeiten lehrt; die Liebe, die man gibt und nimmt für Geld; die Speise, die ein anderer uns gewährt: Das sind zum Spott drei Gründe in der Welt. (Nârâjana, 9./10. Jhdt.; „Hitopadesa")

Der zahme Elefant ist standhaft in den Schlachten; der wohl erzogene Mensch wird Kränkung nicht beachten. (Gautama Buddha, um 550–480 v. Chr.; „Dhammapada") / Mahne den, der nur Spott hat für den Lahmen, sich wohl zu hüten, dass er selbst nicht hinke; wer immer und besonders gerne von eines anderen Fehlern spricht, wird mit Herzensbitterkeit von seinen eigenen hören. (Aus Tibet) / Die Geschichte der buddhistischen Ausbreitung ist nicht mit Blut beschmutzt. Es gibt kein Beispiel der Zerstörung von Sitten und Bräuchen anderer Länder und Religionen, weder gewaltsam noch durch Lächerlichmachung, durch diejenigen, die den Buddhismus verbreiten. (Nyogen Senzaki, 1876–1958; „Keine Spur im Wasser")

Sprache

Die Sprache ist der Schreibstift des Herzens, der Gesang der Schreibstift der Seele. (Chassidische Weisheit) / Du übersetzt die alten Poeten? Das heißt wohl recht, Gestorbene töten. (Ephraim Moses Kuh, 1734–1790; „Der Übersetzer der Alten") / Menschen, die mit Leichtigkeit fremde Sprachen erlernen, haben gewöhnlich einen starken Charakter. (Ludwig Börne, 1786–1837; „Aphorismen") / Am unverständlichsten reden die Leute daher, denen die Sprache zu nichts anderem dient, als sich verständlich zu machen. (Karl Kraus, 1874–1936)

C Gott ist eine Sprache ohne Sprache und ein Wort ohne Wort, und in ihm werden alle Geschöpfe lebendig und wachsen. (Meister Eckhart, um 1260–1327) / Zum Befehlen oder Gebieten brauche ich gern die deutsche, im Frauenzimmer gern die französische, im Rat die italienische Sprache. (Karl V., 1500–1558) / Die Menschen haben, wie es scheint, die Sprache nicht empfangen, um die Gedanken zu verbergen, sondern um zu verbergen, dass sie keine Gedanken haben. (Sören Kierkegaard, 1813–1855) / Wer seine Sprache nicht achtet und liebt, kann auch sein Volk nicht achten und lieben. (Ernst Moritz Arndt, 1769–1860; „Entwurf einer Teutschen Gesellschaft")

I Wir haben keinen Gesandten anders geschickt als nur immer mit der Sprache seines Volkes, damit er ihm seine Pflichten deutlich macht. (Korân; Sure 14,5) / Das, wovon wir sprechen, kann nie durch Suchen gefunden werden. Doch nur die Suchenden finden es. (Bâyazîd Bistâmî, gest. 874) / Wer da spricht, das frage nicht; aber merke, was man spricht. (Tûtî-Nâmeh, 14. Jhdt.; „11. Abend") / Wir werden niemals einander verstehen, bis wir die Sprache auf sieben Worte reduzieren. (Kahlil Gibran, 1883–1931; „Aphorismen")

H Der Weise zügele das Denken und die Sprache. (Kâthaka-Upanishad; 800–500 v. Chr.) / Man soll zu dem reden, der einem auch glaubt, vor allem, wenn er fragt; spricht man dagegen zu dem, der einem nicht glaubt, so ist dies, als wenn man in einen Wald hinein klagt. (Aus Indien) / Wenn wir Ohren haben, zu hören, dann redet Gott in unserer eigenen Sprache zu uns, ganz gleich, welche Sprache das sein mag. (Mahatma Gandhi, 1869–1948)

B Wenn wir Sprache und Denken aufgeben, können wir über alles hinausgehen. (Seng-ts'an, gest. 606; „Hsin-hsin-ming") / Buddha sagte in Wirklichkeit kein einziges Wort, obwohl er neunundvierzig Jahre seine Lehre darlegte. (Huang-po, gest. 850) / Gegensätze haben nur begriffliches Dasein, und jeder Begriff ist ein künstlicher Stillstand der immer beweglichen Wirklichkeit. (Paul Dahlke, 1865–1928)

Staat

J Ohne Offenbarung verwildert das Volk, wohl dem, der das Gesetz hält! (Bibel AT; Spr. 29,18) / Die Menschen werden nicht als Staatsbürger geboren, sondern erst dazu gemacht. (Baruch Spinoza, 1632–1677; „Politischer Traktat") / Regierungen sind Segel, das Volk ist Wind, der Staat ist Schiff, die Zeit ist See. (Ludwig Börne, 1786–1837; „Aphorismen") / Der Staat ist die immer wechselnde Form, unter der die Zeit sich Schritt für Schritt der Ewigkeit zubewegt. Im Gottesvolk ist das Ewige schon da mitten in der Zeit. In den Völkern der Welt ist reine Zeitlichkeit. Aber der Staat ist der notwendig immer zu erneuernde Versuch, den Völkern in der Zeit Ewigkeit zu geben. (Franz Rosenzweig, 1886–1929; „Der Stern der Erlösung")

C Jeder soll sich der staatlichen Gewalt unterordnen. Es gibt keine Autorität, die nicht von Gott verliehen wird. (Bibel NT; Röm. 13,1) / Wenn der Staat eine Angelegenheit des Volkes ist und es kein Volk gibt, das nicht durch die Übereinstimmung des Rechts geeint wird, das Recht aber dort nicht vorhanden ist, wo es keine Gerechtigkeit gibt, so folgt daraus ohne Zweifel der Schluss, dass da kein Staat vorhanden ist, wo es keine Gerechtigkeit gibt. (Aurelius Augustinus, 354–430; „Vom Gottesstaat“) / Wohl regieren ist eine viel größere Kunst, als die Grenzen zu erweitern, und dem Reich wohl vorzustehen ist besser als dasselbe vermehren. (Kaiser Rudolf I., 1273–1291) / Der Staat – das ist die große Fiktion, dass jedermann auf Kosten von jedermann leben kann. (Frédéric Bastiat, 1801–1850)

Wer mir gehorcht, gehorcht Gott. Und wer gegen mich ungehorsam ist, ist gegen Gott ungehorsam. Wer meinem Gouverneur gehorcht, gehorcht mir. Und wer gegen meinen Gouverneur ungehorsam ist, ist gegen mich ungehorsam. (Mohammed, 570–632; „Hadith“) / Anstatt dass der Staat der Vermehrung menschlichen Glückes diene, wurde er zur größten Bedrohung dieses Glückes, seit der Einzelne vom Götzen Staat derartig versklavt wurde, dass er zum Bestandteil einer gewaltigen Maschinerie herabsank, die für die Vernichtung der Menschheit arbeitet. (Maulânâ Muhammad Ali, 1874–1951; „Die neue Weltordnung“) / Regierung ist eine Abmachung zwischen dir und mir. Wir haben beide oft Unrecht. (Kahlil Gibran, 1883–1931; „Aphorismen“)

Die Häuser gehn durch Streit zugrunde, der Menschen Ruhm durch böse Taten, die Freundschaft durch ein böses Wort, durch schlechte Herrscher ganze Staaten. (Pantschatantra; 5. Jhdt.) / Wer edel von Geschlecht, an Sitten völlig rein, ein Richter, der gerecht, umglänzt von Hoheitsschein, gewandt in Staatenführung, der schickt sich zur Regierung. (Nârâjana, 9./10. Jhdt.; „Hitopadesa“) / Es ist des Bürgers gutes Recht, dem Staate seine Mitwirkung zu verweigern, wenn diese Mitwirkung für ihn zur Erniedrigung führt. (Mahatma Gandhi, 1869–1948; „Jung-Indien“)

Beamtete Hüter des Rechtes und der Moral setzen sich ein für die Verhütung ungerechter Freiheitsbeschränkung, für die Beseitigung von Schwierigkeiten, für die Befreiung aus Gefangenschaft und dies besonders bei Kinderreichen, bei Kranken und bei alten Leuten. (Kaiser Ashôka, um 250 v. Chr; „V. Fels-Edikt“) / Richte deine Aufmerksamkeit auf deine eigenen Angelegenheiten; den Regierenden aber überlass die Sorge um den Staat. (Aus Tibet) / Da die Welt nicht richtig regiert wird und Hunger und Kälte Leiden schaffen, wird es immer Verbrecher geben. Ist es nicht herzlos, die Menschen in ihrer Not zu belassen, so dass sie die Gesetze übertreten, und dann strenge Strafen über sie zu verhängen? (Yoshida Kenkô, 1283–1350) / Der Staat als sittliche Substanz und die Religion widersprechen einander nicht. (Kitarô Nishida, 1870–1945)

Stärke

Die Weisheit gibt den Weisen mehr Stärke als zehn Herrscher. (Bibel AT; Pred. 7,19) / Derjenige ist stark, der den Feind zum Freunde umschafft. (Rabbi Nathan) / Stärke des Charakters ist oft nichts anderes als eine Schwäche des Gefühls. (Arthur Schnitzler, 1862–1931) / Es muss einer sehr stark sein, wenn man ihn nicht totschweigen kann. (Kurt Tucholsky, 1890–1935)

O Gott, unsere Stärke ist stark, wenn du sie bist; sie ist schwach, wenn es unsere Stärke ist. (Aurelius Augustinus, 354–430) / Der Wein ist stark, der König stärker, die Weiber noch stärker, aber die Wahrheit am allerstärksten. (Martin Luther, 1483–1546; „Tischreden“) / Der Glaube war zu allen Zeiten die Stärke der Schwachen und das Heil der Unglücklichen. (Alexander Vinet, 1797–1847) / Nicht immer siegt der Stärkere. (Friedrich Lienhard, 1865–1929)

Der Starke ist nicht der, der die Menschen zu Boden wirft. Der Starke ist der, der im Zorn seine Seele beherrscht. (Mohammed, 570–632; „Hadith“) / Vorausbestimmung ist des Starken Glauben – dem Unerfahrenen ist sie wie ein Grab. (Muhammad Iqbal, 1873–1938; „Das Buch der Ewigkeit“) / Oftmals hasste ich aus Selbstverteidigung; aber wenn ich stärker wäre, hätte ich nicht solch eine Waffe gebraucht. (Kahlil Gibran, 1883–1931; „Aphorismen“)

Die Stärke ist der Erkenntnis überlegen. Denn vor einem einzigen, der stark ist, zittern selbst hundert Menschen, die Erkenntnisse haben. (Chândogya-Upanishad; 800–500 v. Chr.) / Zeigt seine Stärke nicht einmal der Held, so wird er nur verachtet von der Welt. (Nârâjana, 9./10. Jhdt.; „Hitopadesa“) / Stärke entspringt nicht aus physischer Kraft, sondern aus einem unbeugsamen Willen. (Mahatma Gandhi, 1869–1948)

Es ist nicht schwer, seine Macht durchzusetzen, wenn man der Stärkere ist. (Gautama Buddha, um 550–480 v. Chr.; „Dhammapada“) / Was ist Stärke? Die Tatkraft im Guten. Wie heißt ihr Feind? Die Trägheit, das Hangen am Schlechten, die Entmutigung, der Tadel seiner selbst. (Sântideva, 7. Jhdt.; „Bodhicaryâvatâra“) / Es gibt immer noch einen Stärkeren als den Stärksten! (Wu Cheng-en, um 1500–1582)

Sterben

Lehre uns bedenken, dass wir sterben müssen, auf dass wir klug werden. (Bibel AT; Ps. 90,19) / Der Mensch tritt in die Welt mit geschlossenen Händen, als wolle er andeuten: Die ganze Welt ist mein; ich nehme sie in Besitz. Wenn er von der Welt scheidet, sind seine Hände ausgestreckt, als wolle er sagen: Ich habe von der Welt nichts mitgenommen; siehe, alles ist Dein. (Midrasch; „Kohelet rabba 5,14“) / Was das Leben nicht vollbrachte, schafft auch das Sterben nicht. (Martin Buber, 1878–1965)

Im Grab liegt ein Körper, der von natürlichem Leben beseelt war. Als ein Körper, der ganz vom Geist Gottes beseelt ist, wird er zu neuem Leben erweckt. (Bibel NT; 1. Kor. 15,44) / Lebe so, dass du allezeit zu sterben bereit bist. (Mary Ward, 1575–1645) / Bei deinem Sterben denke an die edle Form, in der du vor Gott erscheinen willst. (Hans Much, 1880–1932) / So arbeiten, als müsste man nie sterben, und so leben, als könnte man jeden Tag sterben. (Don Bosco, 1815–1888)

Von den Gerechten stirbt jeder täglich siebzigmal infolge des Ringens ihrer Seelen und der Bezwingung ihrer Leidenschaften und des Teufels, der in ihren Adern fließt. (Mohammed, 570–632) / Ein Mann ist nicht der, welcher fröhlich zu leben, sondern der, welcher fröhlich, frei von der Welt, zu sterben weiß. (Attâr, um 1136 bis ca. 1220; „Meer der Seele“) / Wenn die Erde atmet, leben wir; wenn sie ihren Atem anhält, sterben wir. (Kahlil Gibran, 1883–1931; „Aphorismen“)

Wer beides erkennt, Schöpfung und Zerstörung, der überwindet durch die Zerstörung den Tod und erlangt durch die Schöpfung Unsterblichkeit. (Îshâ-Upanishad; 800–500 v. Chr.) / Wie reifen Früchten keine andere Gefahr droht als das Herabfallen, so droht dem zur Welt gekommenen Menschen keine andere Gefahr als das Sterben. (Aus Indien) / Sterben ist das Auslöschen der Lampe im Morgenlicht, nicht das Auslöschen der Sonne. (Rabindranâth Tagore, 1861–1941; „Sadhana“)

Es ist leicht zu sterben, aber schwer zu leben. (Aus Japan) / Sterben heißt sich selber beerben. (Paul Dahlke, 1865–1928) / Sterben heißt nur: sich der Mehrheit anschließen. (Nakagawa Soen, 1907–1984)

Sterne

Gott führte Abraham hinaus und sprach zu ihm: Schau doch gen Himmel, und zähle die Sterne, wenn du sie zählen kannst. Und er sprach zu ihm: So soll dein Same sein. Und Abraham glaubte Gott. (Bibel AT; 1. Mos. 15,5–6) / Du fragst mich Kind, was Liebe ist? Ein Stern in einem Haufen Mist. (Heinrich Heine, 1797–1856; „Neue Gedichte“) / Der Mensch, das sonderbare Wesen: mit den Füßen im Schlamm, mit dem Kopf in den Sternen. (Else Lasker-Schüler, 1869–1945)

Die Sterne sind nur der Vater deines Schicksals. Die Mutter ist deine eigene Seele. (Johannes Kepler, 1571–1630) / Es kann auch der Schwächste, der Ärmste, der Geringste den glanzvollen Stern über seinem Haupte festhalten und sich zu eigen machen. (Joseph von Eichendorff, 1788–1857) / Denket nicht an meinen Hügel! Von den Sternen grüß ich euch. (Annette von Droste-Hülshoff, 1797–1848)

Und er (Allah) ist es, der die Sterne für euch geschaffen, auf dass ihr mit ihrer Hilfe die rechte Richtung einhalten könnt in der dichten Finsternis des Landes und des Meeres. (Korân; Sure 6,97) / Kannst du kein Stern am Himmel sein, so sei eine Lampe im Haus. (Aus Arabien)

Dort, in der Freiheit, scheinen weder Sonne noch Mond, und auch Sterne funkeln dort nicht. Es zucken keine Blitze, und es brennt kein irdisches Feuer. Das Göttliche allein leuchtet dort, und alles andere reflektiert nur sein Licht. (Svetâsvatara-Upanishad; 800–500 v. Chr.) / Nichts ist in Gottes Augen groß oder klein. Hätte er nicht die Atome geschaffen, könnte der Himmel nicht die herrlichen Sternbilder tragen. (Paramhansa Yogânanda, 1893–1952; „Autobiografie“)

Diese Welt betrachtend, seine Augen auf den Morgenstern gerichtet, umgeben von den Bäumen und Bergen der großen Erde, trat Buddha unverzüglich ins Nirvana ein. (Sokei-an Roshi, 1882–1945; „Der Zen-Weg“) / Heutzutage versucht die Menschheit – aus dem verzweifelten Gefühl heraus, dass wir an der Schwelle von etwas Neuem stehen, ohne zu wissen, wohin es uns führt –, den Weltraum nach außen hin zu erobern. Ich frage mich, ob dies nicht ein Suchen in falscher Richung ist. (Lama Govinda, 1898–1985; „Buddhistische Reflexionen“)

Stille

In Umkehr und Ruhe liegt euer Heil; in Stillehalten und Vertrauen besteht eure Stärke. (Bibel AT; Jes. 30,15) / In einem wankenden Schiff fällt um, wer stillesteht, nicht wer sich bewegt. (Ludwig Börne, 1786–1837) / Es gibt vielerlei Lärme. Aber es gibt nur eine Stille. (Kurt Tucholsky, 1890–1935)

Das ewige Wort wird nur in der Stille laut. (Meister Eckhart, um 1260–1327) / Die Stille der Nacht oder des Waldes kann der Seele ein Hilfsmittel sein, in ihre eigenen Tiefen hineinzuschauen. (Friedrich Lienhard, 1865–1929) / Alles Gewaltige kommt aus der Stille. (Else Hasse, 1870–1960)

All dies Geschwätz und Durcheinander, der Lärm und das Hin und Her, sind außerhalb des Schleiers; innerhalb des Schleiers sind Stille und Ruhe und Frieden. (Bâyazîd Bistâmî, gest. 874) / Es rast einher der Bergstrom mit Getümmel und schwindet spurlos in des Schlundes Gruft; der Tau jedoch, der still entsinkt der Luft, die Sonne trinkt ihn, und er steigt zum Himmel. (Saadî, um 1215–1292; „Bostân“) / Käm’ Stetigkeit und Stille in mein Leben, so bäte ich, es nicht mehr zu verlängern! (Muhammad Iqbal, 1877–1938)

Wenn die fünf Sinne ruhen, die Gedanken und Gefühle still geworden sind und auch der Intellekt nach nichts mehr strebt, das nennt man den höchsten Zustand. (Katha-Upanishad; 800–500 v. Chr.) / Weltliches und soziales Wissen lassen sich durch Feuer und Schwert ausbreiten. Spirituelle Erkenntnisse können aber nur in der Stille vermittelt werden. (Swâmi Vivekânanda, 1862–1902) / Solange du mit dem eilenden Winde dahinfährst, wirst du die Stille nicht erlangen. Die Stille des Selbst ist allgegenwärtig. Sie ist höchster Friede, Schweigen, reglos wie der Fels, der alle Regungen alles Tätigseins auf seiner Oberfläche trägt. In dieser schweigenden Stille wurzelt Gott, wurzeln die Erlösten. (Shrî Ramana Maharshi, 1879–1949; „Der Weg zum Selbst“)

Lass deinen Geist still werden wie ein Teich im Wald. Er soll klar werden wie Wasser, das von den Bergen fließt. (Gautama Buddha, um 550–480 v. Chr.; „Digha-Nikâya“) / Je mehr man redet und denkt, desto weiter entfernt man sich vom Einen. Erst wenn man das Reden und Denken einstellt, kann es überall vordringen. (Seng-ts’an, gest. 606) / Meine Religion ist schlicht, einfach und ruhig. Zen ist die Religion der Stille. (Sokei-an Roshi, 1882–1945; „Der Zen-Weg“)

Stolz

Besser demütig sein mit Gebeugten als Beute teilen mit Stolzen. (Bibel AT; Spr. 16,19) / Der höchste Stolz und der höchste Kleinmut ist die höchste Unkenntnis seiner selbst. (Baruch Spinoza, 1632–1677; „Ethik“) / Wird Stolz sich seiner bewusst, so ist er Eitelkeit. (Walther Rathenau, 1867–1922)

Wer auf etwas stolz sein will, soll stolz sein auf das, was der Herr getan hat. (Bibel NT; 1. Kor. 1,31) / Im Reiche des Fleisches herrscht recht eigentlich die Begehrlichkeit, im Reiche des Geistes recht eigentlich die Neugierde, in der Weisheit recht eigentlich der Stolz. (Blaise Pascal, 1623–1662; „Gedanken“) / Ein stolzer Mensch verlangt von sich das Außerordentliche, ein hochmütiger schreibt es sich zu. (Marie von Ebner-Eschenbach, 1830–1916; „Aphorismen“)

Ibrahim al-Khawwas sagt: „Stolz verhindert, dass der Mensch seinen wahren Wert erkennt, so wie uns die Hast von der Wahrheit wegführt und edles Betragen und Fürsorglichkeit verhindern, dass wir etwas bereuen müssen.“ (Husayn-al-Sulami, 936–1021; „Futuwwah“) / Des Kleides Lappen flicken und im Armutwinkel bleiben ist besser als um ein Gewand an reiche Lappen schreiben. (Saadî, um 1215–1292; „Gulistân“) / Großzügigkeit gibt mehr, als du kannst, und Stolz nimmt weniger, als du benötigst. (Kahlil Gibran, 1883–1931; „Aphorismen“)

Alles, was geschieht, wird durch die Bewegungen der Kräfte der Natur vollbracht. Derjenige, dessen Seele vom Eigendünkel geblendet ist, meint, er sei der Vollbringer. (Bhagavadgîtâ III,27; ca. 300 v. Chr.) / Wenn ein niedrig Geborener Reichtum erlangt, trägt er einen Schirm um Mitternacht. (Aus Indien) / Jene, die wandeln den Pfad des Stolzes, das niedere Leben zermalmend unter ihrem Tritt, bedeckend das zärtliche Grün der Erde mit ihren blutigen Fußspuren, lass sie sich freuen und danken dir, Herr, denn ihnen gehört das Heute. (Rabindranâth Tagore, 1861–1941)

Stolz sein auf seine Lebensart, was ist das anderes als Mangel an Lebensart. (Gautama Buddha, um 550–480 v. Chr.; „Digha-Nikâya“) / Gescholten hat man mich, verletzt, hat mich besiegt, hat mich verlacht: wer solchen Sinn im Herzen hegt, von Feindschaft lässt er nimmer ab. (Gautama Buddha, um 550–480 v. Chr.; „Majjhima Nikâya“) / Ist einer unsterblich geworden, was soll ihm dann noch der Grafentitel? (Wu-men Hui-kai, 1183–1260; „Wu-men-kuan“)

Strafe

Auge um Auge, Zahn um Zahn, Hand um Hand, Fuß um Fuß, Brand um Brand, Wunde um Wunde, Beule um Beule. (Bibel AT; 2. Moses 21,24) / Den Weg der Frommen ebnest du, auch deine Strafen sind ein Pfad. (Bibel AT; Is. 26,7) / Es ist besser frei strafen denn heimlich Hass tragen. (Bibel AT; Sir. 20,2) / Im Gefängnis gewesen zu sein, das ist ein großes Erlebnis, das kein politischer Mensch aus seinem Dasein streichen kann. Es ist die Berührung mit einer abgesonderten Welt, die eingemauert zwischen uns ragt und von der wir weniger wissen als von Tibet. (Carl von Ossietzky, 1889–1938; „Rückkehr“)

Wer Unrecht tut, wird dafür bestraft werden, gleichgültig wer er ist. Vor Gott sind alle gleich. (Bibel NT; Kol. 3,25) / Strafe ist Gerechtigkeit für die Ungerechten. (Aurelius Augustinus, 354–430) / Welche Strafe ist größer als die Wunde des Gewissens? (Ambrosius, um 340–397) / Das Böse, das man selbst an sich hat, straft man desto härter am anderen. (Theodor

Gottlieb von Hippel, 1741–1796) / Um einen Staat zu beurteilen, muss man sich seine Gefängnisse von innen ansehen. (Leo Tolstoi, 1828–1910)

Doch nicht die Reue derer wird angenommen, die Böses tun bis zuletzt, wenn der Tod ihnen naht, und dann sprechen: „Ich bereue nun"; noch derer, die als Ungläubige sterben. Ihnen haben wir schmerzliche Strafe bereitet. (Korân; Sure 4,18) / Für den Richter ist es besser, beim Verzeihen einen Fehler zu machen, als beim Bestrafen einen Fehler zu machen. (Mohammed, 570–632; „Hadith") / Man schlägt die Kuh, die sich dem Joch nicht beugt, doch wird sie nicht gestraft, wenn sie nicht fliegt. (Dschelâleddin Rûmî, 1207–1273)

Ungerechtes Strafen zerstört Himmel, Ruhm und Welt. (Yâjnavalkya; 2.–5. Jhdt.) / Man strafe einen Menschen nicht auf eines anderen Bericht. Erst untersuche man die Schuld, dann folge Strafe oder Huld. (Nârâjana, 9./10. Jhdt.; „Hitopadesa") / Nur so viel wie das, was den Bauch füllt, ist der Besitz der Menschen; wer mehr verlangt, verdient, als Dieb bestraft zu werden. (Aus Indien)

Karma bedeutet, dass alles in unserem Leben Folgen hat. Mit keiner bösen Tat kommen wir ungestraft davon. Jede gute Tat aber erzeugt Glück und Gnade. (Gautama Buddha, um 550–480 v. Chr.; „Anguttara-Nikâya") / Wer die wahre Gestalt der Wahrheit erlebt, für den gibt es weder Menschen noch Dinge. Im Nu entschwinden ihm die fortwirkende Tat (Karma) und die ewig strafende Hölle. (Yung-chia Hsüan-chüeh, 665–713) / Diejenigen ohne Erkenntnis, die mit ihren falschen Vorstellungen die Menschen betrügen, werden sich im eigenen Leben eine Hölle schaffen. (Yung-chia Hsüan-chüeh, 665–713; „Shodoka")

Streben

Liebe einzuflößen ist das unaufhörliche Bestreben der Weiber. (Ludwig Börne, 1786–1837; „Fastenpredigt") / Das ist ein Jagen auf dieser Erden nach Rang und Würden und gleißendem Schein. Im hitzigen Fieber, etwas zu werden, versäumen die Toren, etwas zu sein. (Oskar Blumenthal, 1852–1917) / Dem Streben, Weisheit und Macht zu vereinigen, war nur selten und nur auf kurze Zeit Erfolg beschieden. (Albert Einstein, 1879–1955; „Aphorismen für Leo Baeck")

Freund, so du etwas bist, so bleib doch ja nicht stehn: Man muss aus einem Licht fort in das andre gehn. (Angelus Silesius, 1624–1677; „Der Cherubinische Wandersmann") / Wir suchen niemals die Dinge, sondern das Suchen nach ihnen. (Blaise Pascal, 1623–1662) / Die Kraft ruht in der Einsamkeit des Strebens in sich selbst. Streben zu Höherem kann nur der sich selbst Beschränkende. (Ernst Wiechert, 1887–1950)

Der Strebende ist Gottes Freund. (Dschelâleddin Rûmî, 1207–1273) / Wer mit Bedacht handelt, erreicht, was er erstrebt. (Aus Arabien) / Jeder Same birgt eine Sehnsucht. (Kahlil Gibran, 1883–1931; „Aphorismen")

Erkenntnis erlangt man durch ausdauerndes Streben, nicht aber durch flatterhaftes Studieren und Vielwisserei. (Shankara, 788–820; „Sankaracharya") / Das Wissen hängt vom Studium ab, durch Taten kommt man zur

Vernunft, Wohlstand erreicht man durch Fleiß, der Erfolg jedoch hängt ab vom Schicksal. (Aus Indien) / Ein Boot gehört ins Wasser, das Wasser aber niemals ins Boot. Wer zu Gott strebt, darf in der Welt leben, die Welt aber nicht in ihm. (Shrî Râmakrishna, 1834–1886)

Wohlan, ihr Mönche, ich sage euch: Der Vergänglichkeit untertan sind alle Gestaltungen. Lasst niemals nach in eurem Streben! Dies war des Vollendeten letztes Wort. (Gautama Buddha, um 550–480 v. Chr.; „Dhammapada“) / Wie ein Edelstein seinen Glanz zeigt, ohne dass er sich bemüht, so zeigen die Buddha ihre Tätigkeiten ohne ein Streben ihrerseits. (Maitreyanâtha, um 300 n. Chr.; „Schmuck der Sutren des Mahayana“) / Geistiges Streben, verbunden mit spiritueller Rüstung gegen Versuchungen und mit innerer Stärke, ist unentbehrlich. (Gampopa, 1079–1153; „Der kostbare Rosenkranz“) / Das unaufhörliche Streben nach absoluter Vollkommenheit ist die Hauptlehre des Buddhismus. (Sokei-an Roshi, 1882–1945; „Der Zen-Weg“)

Streit

Dem Feuer gehen Qualm und Rauch voraus, so dem Blutvergießen Schimpfreden. (Bibel AT; Sir. 22,24) / Wenn man Streit übernachten lässt, so wird er ganz geschlichtet. (Talmud; 70–500 n. Chr.; Sanhedrin 95a) / Zank ist der Rauch der Liebe. (Ludwig Börne, 1786–1837; „Der Narr im Weißen Schwan“) / Ist es nicht an der Zeit, dass wir endlich aufhören, über Gott zu streiten, und dass wir uns stattdessen gemeinsam darum bemühen, die heutigen Formen des Götzendienstes zu entlarven? (Erich Fromm, 1900–1980; „Wege aus einer kranken Gesellschaft“)

Wenn ihr einander wie wilde Tiere beißt und fresst, werdet ihr euch noch alle gegenseitig verschlingen. (Bibel NT; Gal. 5,15) / Wer streitsüchtig ist, achtet weder auf das Wollen noch die Wohlfahrt seiner Mitmenschen. (Hildegard von Bingen, 1098–1179) / Die bittersten Worte, die Menschen einander sagen, wirken selten so entzweiend wie die ungesprochenen, die der eine vom andern vergeblich erwartet. (Hans Carossa, 1878–1956; „Geheimnisse des reifen Lebens“)

Und streitet nicht mit dem Volk der Schrift, es sei denn in der besten Art; doch streitet gar nicht mit denen von ihnen, die ungerecht sind. Und sprecht: „Wir glauben an das, was uns offenbart ward und was euch offenbart ward; und unser Gott und euer Gott ist einer; und ihm sind wir ergeben.“ (Korân; Sure 29,46) / Nichts in dieser Welt ist es wert, dass um seinetwillen Zwietracht herrscht zwischen Brüdern. (Husayn-al-Sulami, 936–1021; „Futuwwah“) / Streit in der Natur ist nur Unordnung, die sich nach Ordnung sehnt. (Kahlil Gibran, 1883–1931; „Aphorismen“)

Hundert Goldstücke hingeben, um nicht zu streiten, ist das Merkmal des Klugen; sogar ohne Grund Streit anzufangen ist das Merkmal des Toren. (Aus Indien) / Religiöse Streitereien entbrennen immer um Äußerlichkeiten. Wenn Reinheit und Geistigkeit schwinden und die Seele leer zurücklassen, beginnen die Streitigkeiten, und nicht eher. (Swâmi Vivekânanda, 1862–1902) / Lässt man das Gesetz des Dschungels an die

Stelle der menschlichen Vernunft treten, um Streitigkeiten zu lösen, so macht man die Erde wieder zum Dschungel. – Kriege und Verbrechen zahlen sich nie aus. (Paramhansa Yogânanda, 1893–1952; „Autobiografie“)

Es plagen mit der Theorie sich einige Asketen; und streiten, weil vom Ganzen sie nur einen Teil erspähten. (Gautama Buddha, um 550–480 v. Chr.; „Udâna“) / Manche denken nicht daran, dass alle von uns eines Tages sterben werden; würden sie es tun, würden ihre Zwistigkeiten sogleich aufhören. (Gautama Buddha, um 550–480 v. Chr.; „Dhammapada“) / Wer mich beschimpft, kann doch ein ehrbarer Mann und mein Freund sein. (Aus China)

Stunde

Ein jegliches hat seine Zeit, und alles Vorhaben unter dem Himmel hat seine Stunde. (Bibel AT; Pred. 3,1) / Schon eine einzige Stunde ist für alle guten und edlen Männer kostbar, wenn sie mit reinem Sinn in einem freien Lande und nach den Gesetzen, die dessen Ruhm begründet haben, verlebt wird. (Flavius Josephus, 37–100; „Jüdische Altertümer“) / Ein Mensch, dem nicht an jedem Tag eine Stunde gehört, ist kein Mensch. (Rabbi Mosche Löb von Sassow, um 1760; „Erzählungen der Chassidim“) / Nur Arbeit hebt dich sanft hinweg aus dumpfem Weltverneinen: Sie gibt der Stunde einen Zweck – hat auch das Leben keinen. (Oskar Blumenthal, 1852–1917)

Wachet! Denn ihr wisst nicht, zu welcher Stunde euer Herr kommen wird. (Bibel NT; Mt. 24,42) / Wer klug ist, versäumt keine Zeit und gibt die gegenwärtige Stunde, die ihm gehört, nicht unbenützt weg für eine andere, die noch nicht sein eigen ist. (Katharina von Siena, 1347–1380) / Es gibt nur eine Stunde für jegliches Tun. (Isolde Kurz, 1853–1944)

Jedem Volk ist eine Frist gesetzt, und wenn ihre Stunde gekommen ist, dann kann sie nicht um einen Augenblick hinaus- oder vorverschoben werden. (Korân; Sure 7,34) / Die Welt ist nur eine Stunde, so verwendet sie zum Gehorsam! (Mohammed, 570–632; „Hadith“) / Gott nannte „sehend“ sich aus diesem Grund: damit du weißt: Er sieht dich Stund um Stund. (Dschelâleddin Rûmî, 1207–1273)

Wer in seiner letzten Stunde meiner gedenkt, der geht in meine Wesenheit ein, daran ist kein Zweifel. (Bhagavadgîtâ; ca. 300 v. Chr.) / Ich weine meiner Unwürdigkeit, wenn ich mein Leben sehe in den Händen der nichtssagenden Stunden. (Rabindranâth Tagore, 1861–1941)

Wenn die richtige Stunde gekommen ist, trifft man einen guten Freund. Wenn sie vorüber ist, begegnet man einer schönen Frau. (Aus China) / Ist dein Glück vorbei, verliert gar das Gold seine Farbe. Naht deine Stunde, bekommt auch das Eisen Glanz. (Meister Dsi, 18./19. Jhdt.) / Wähle in deinem Tagesablauf eine Stunde aus, in der du dich von den anderen zurückziehst. Nutze diese Zeit, um über deine Handlungen und Entscheidungen nachzudenken. (Drugpa Rinpoche, gest. 1989; „Tibetische Weisheiten“)

Suche

Du bist der Gott der Götter – die gesamte Natur legt Zeugnis davon ab. Kraft deiner Alleinherrschaft muss alles dir dienen, denn alle Geschöpfe sind dir untertan. Deiner Herrlichkeit geschieht kein Abbruch durch jene, die fremden Göttern huldigen, denn auch ihre Absicht bleibt es, dich zu erreichen, nach dir zu streben. (Salomo ibn Gabirol, 1021–1056) / Unsere Weisen lehren: „Suche den Frieden an deinem Ort!" Nur der findet Frieden, der nirgendwo anders sucht als bei sich selbst. (Israel ben Eliser; 1699–1760) / Die Geschöpfe sind mir in den Weg gestellt, damit ich, ihr Mitgeschöpf, durch sie und mit ihnen zu Gott finde. (Martin Buber, 1878–1965)

Niemand kann dich suchen, der dich nicht schon gefunden. Du lässt dich finden, um gesucht zu werden. Du lässt dich suchen, damit man dich finde. (Aurelius Augustinus, 354–430) / Suche Gott, so findest du Gott und alles Gute dazu. (Meister Eckhart, um 1260–1327) / Sei getrost, du würdest mich nicht suchen, hättest du mich nicht gefunden. (Blaise Pascal, 1623–1662)

Die Seele fragt: „Sag, wo bist du, Herr, dass ich dich aufsuchen kann?" Und Gott antwortet: „Wenn du anfängst, mich zu suchen, bist du schon zu mir hingelangt." (al-Ghazâlî, 1058–1112; „Ihja ulum ad-din") / Die Welt erfüllt von Suchenden ein Heer; der sucht die Perl', und jener sucht das Meer. (Nizâmî, 1141–1209; „Iskander Name") / Du kamst noch nicht zum Menschen – was willst nach Gott du suchen? (Muhammad Iqbal, 1877–1938; „Botschaft des Ostens")

Das Erreichen des Zieles hängt vor allem von der Befähigung des Suchenden ab. Die rechte Zeit, der rechte Ort und andere solcher Voraussetzungen sind Hilfen auf dem Wege zum Ziel. (Shankara, 788–820; „Kleinod der Unterscheidung") / Ihr sucht nach Gott? Dann sucht ihn im Menschen. Seine Göttlichkeit offenbart sich im Menschen wie jedem andern Dinge. (Shrî Râmakrischna, 1834–1886) / Wenn wir Gott suchen, dann muss es um Gottes willen sein und um nichts sonst; denn das ist der höchste Ruf, der an unser Sein ergeht, die tiefste Wahrheit des Geistes. (Shrî Aurobindo, 1872–1950; „Der integrale Yoga")

Wer ehrlichen und aufrichtigen Menschen folgt, wird selber um Wahrhaftigkeit ringen. Daher sucht Menschen, die euch auf dem Weg der Lebensweisheit und Erleuchtung vorangehen. (Gautama Buddha, um 550–480 v. Chr.; „Anguttara-Nikâya") / Suche deine eigene Weisheit in dir selbst. (Padma Sambhava, 8. Jhdt.) / Buddhas Stätte suche man, die ewig, ohne Anfang, Mitte und Ende ist. (Râma-Candra, 13. Jhdt.; „Bhakti – Hundert Verse") / Wir, die Suchenden, sind die Gesuchten. Es gibt hier keine zwei. (Daizohkutsu R. Ohtsu; „Kommentar zu ‚Der Ochs und sein Hirte'")

Sünde

Der Sünde Begier soll unter dir sein, und du sollst über sie herrschen. (Bibel AT; 1. Mos. 4,7) / Betrachte drei Dinge, und du kommst nicht zu einer

Sünde: Wisse, woher du kommst, wohin du gehst und vor wem du dereinst Rechenschaft und Rechnung ablegen wirst. (Talmud; 70–500 n. Chr.; Aboth III,1) / Die Sünde ist eben dies, was man seiner Art nach nicht mit dem ganzen Wesen tun kann: Es ist möglich, den Widerspruch in der Seele zum Schweigen zu bringen, aber es ist nicht möglich, ihn auszutilgen. (Martin Buber, 1878–1965)

Wer von euch ohne Sünde ist, der werfe den ersten Stein. (Bibel NT; Joh. 8,7) / Wir müssen zuerst unsere Sünden ablegen und uns den Fesseln des Teufels entwinden und dann über Gott reden. (Katharina von Siena, 1347–1380) / Nach einer Sünde sagt die Seele zu dir: Nun bist du weniger, als du warst. (Bonifazius Wöhrmüller, geb. 1885)

Und wer eine Sünde begeht, der begeht sie nur gegen sein eigenes Selbst. (Korân; Sure 4,111) / Nichts trifft den Menschen an Schwäche, Krankheit, Sorge, Trauer, Schaden oder Gram, nicht einmal die Dorne, die ihn sticht, ohne dass Gott einen Teil seiner Sünden damit sühnt. (Mohammed, 570–632; „Hadith“) / Du musst auch die Sünden deiner Feinde bereuen und sie nicht wegen ihrer Fehler tadeln. (Husayn-al-Sulami, 936–1021; „Futuwwah“)

Wie auf einem flammenden Berg Tiere und Vögel nicht verbleiben, so bleiben die Sünden nicht in denen, die das Brahman kennen. (Maitrâyanî-Upanishad VI.; 800–500 v. Chr.) / Krankheit und Bedrängnis, Sorge Schmerz, Gefängnis sind die Früchte, die wir finden an den Bäumen unserer Sünden. (Nârâjana, 9./10. Jhdt.; „Hitopadesa“) / Wenn der Mensch sündigt, so nimmt er die Partei des Endlichen gegen das Unendliche in sich selbst. Die Sünde ist die Besiegung seiner Seele durch sein Ich. (Rabindranâth Tagore, 1861–1941; „Sadhana“)

Das Süße hat der Tor im Sinn, solang die Sünde nicht gereift: Ist aber reif die Sündenfrucht, dann fällt dem Leiden er anheim. (Gautama Buddha, um 550–480 v. Chr.; „Dhammapada“) / Die Dämonen der Hölle sehen keine Hölle. Die Hölle wird von denen gesehen, die gesündigt haben. Die Hölle existiert subjektiv. (Sokei-an Roshi, 1882–1945; „Der Zen-Weg“) / Sünden rühren die innerste Natur der Seele nicht an. Die wahre Seele ist ihrer Natur nach rein. Sünden sind Mängel äußerer oder zweitrangiger Seelenbereiche. (14. Dalai-Lama, geb. 1935; „Mein Leben und mein Volk“)

Symbole

Es heißt allgemein, dass Märchen ein Mittel zum Einschlafen sind. Ich aber sage, dass man mit Märchen Menschen aus ihrem Schlummer reißen kann. (Rabbi Nachmann, 1771–1810) / Kain und Abel – das ist beinahe die Essenz der ganzen Weltgeschichte. (Jüdisches Sprichwort)

Meinungen, Lehrsätze, Gebräuche, in denen jede Religion sich darstellt, sind nicht die Religion selbst, sie ist ein Inneres, Ursprüngliches. (Friedrich Daniel Schleiermacher, 1768–1834) / Symbole sind die im Sichtbaren gesprochene Sprache eines Unsichtbaren. (Gertrud von Le Fort, 1876–1971)

In der Intuition führt der erste Schritt zum Verständnis der symbolischen

Bedeutung verschiedener Dinge und der nächste zu ihrer symbolischen Darstellung. (Hazrat Inayat Khan, 1882–1927; „Gayan“) / Das Tiefe und das Hohe gehen in gerader Linie zur Tiefe oder zur Höhe; nur das Umfassende kann sich in Kreisen bewegen. (Kahlil Gibran, 1883–1931; „Aphorismen“)

Alle geheiligten Gegenstände wie Kreuz und Halbmond stellen sozusagen nur „Haken“ dar, an denen spirituelle Ideen befestigt werden können. (Swâmi Vivekânanda, 1862–1902; „Erkenntnisse des Hinduismus“) / Mensch und Kosmos sind gleicherweise Symbol und Ausdrucksform der gleichen verborgenen Wirklichkeit. (Shrî Aurobindo, 1872–1950; „Zyklus der menschlichen Entwicklung“)

Von einem schlechten Brauch lass ab, auch wenn die Väter ihn dich lehrten. (Lama Kazi Dawa-Samdup; „Unendliche Freude der Weisen“) / Der primitive Mensch denkt in Symbolen, der intellektuelle in Begriffen. (Lama Govinda, 1898–1985; „Buddhistische Reflexionen“)

Tapferkeit

Weit tapferer als Kriegshelden sind die Geduldigen, und tapferer als die Eroberer von Städten sind, die das eigene Gemüte beherrschen. (Bibel AT; Spr. 16,32) / Mittleren Menschen mag man den Mut loben, edlen die Besonnenheit. (Walther Rathenau, 1867–1922)

Dem Tapferen sind glückliche und unglückliche Geschicke wie seine rechte und linke Hand, er bedient sich beider. (Katharina von Siena, 1347–1380) / Wer tapfer ist, der ist auch geduldig. (Thomas von Aquin, 1225–1274) / Geist ist Tapferkeit. Alles fasst er streng und deutlich. Was er fasst, ist Gottes Atem – denn in Gott kann Geist nur leben. (Bettina von Arnim, 1785–1859; „Briefe“)

Tapfer ist, wer alle Erfahrungen mutig erträgt. Feige ist, wer keinen Schritt nach einer neuen Richtung hin wagt. Töricht ist, wer sich vom Wechselspiel der Lust und Laune treiben lässt. (Hazrat Inayat Khan, 1882–1927; „Gayan“) / Wenn du alle Geheimnisse des Lebens gelöst hast, sehnst du dich nach dem Tod, denn er ist nur ein anderes Geheimnis des Lebens. Geburt und Tod sind die beiden edelsten Ausdrücke für Tapferkeit. (Kahlil Gibran, 1883–1931; „Aphorismen“)

Vor dem die Welt nicht zittern muss, der zittert auch nicht vor der Welt. (Bhagavadgîtâ 12,15; ca. 300 v. Chr.) / Der Dichter sagt: Der Pfad der Wahrheit ist der Pfad der Tapfern, der Feigling kann ihn nicht betreten. (Mahatma Gandhi, 1869–1948)

Der Tapfere hält beim Kampfe ein, wenn sein Gegner strauchelt. (Aus der Mongolei) / Wie ein Kamel in der Wüste, ohne zu ermatten, Mühsal, Hitze, Hunger und Durst erträgt, so soll die Tapferkeit den Menschen alle Gefahren überwinden helfen. (Aus Tibet)

Taten

Mit Gott werden wir Taten tun. (Bibel AT; Ps. 108,14) / Auch dem Stahl verleiht nur Tatkraft seine Stärke. (Flavius Josephus, 37–100; „Jüdische

Altertümer“) / Wenn eine Seele auf die Welt kommt, beginnt ihre Tat aus den heimlichen Welten emporzusteigen. (Rabbi Nachmann, 1771–1810; „Worte des Rabbi Nachmann“)

Unsere Liebe darf nicht aus leeren Worten bestehen. Es muss wirkliche Liebe sein, die sich in Taten zeigt. (Bibel NT; 1. Joh. 3,18) / Denker, die ihr ethisches Wissen in die Tat umsetzen, sind die mächtigsten Faktoren der Weltgeschichte. (Albert Schweitzer, 1875–1965) / Was am leichtesten zu verstehen ist, ist am schwersten zu tun. (Hans Much, 1880–1932)

Wer eine gute Tat vollbringt, dem soll zehnfach vergolten werden; wer aber eine böse Tat übt, der soll nur das gleiche als Lohn empfangen; und kein Unrecht sollen sie leiden. (Korân; Sure 6,160) / Ein jeder Mensch dient als Pfad für seine Handlungen. (Korân; Sure 52) / Wenn ich täte, was ich spreche, stürbe ich als ein Heiliger. (Saadî, um 1215–1292; „Gulistân“) / Ob ich gut bin oder böse: Merk auf deine eignen Taten; denn am Ende erntet jeder nur die Früchte eigner Saaten. (Hâfis, 1326–1390; „Der Sänger von Schiras“)

Tue, was getan werden muss, aber selbstlos und ohne persönliche Rücksicht. (Bhagavadgîtâ III,19; ca. 300 v. Chr.) / Krankheit wird nicht durch das Wort „Medizin“ geheilt. Du musst die Medizin schon nehmen. (Shankara, 788–820; „Kleinod der Unterscheidung“) / Geringes fangen Toren an und lassen da sich schon verwirren. Nur Großes tut ein weiser Mann, und nichts kann seine Ruhe irren. (Nârâjana, 9./10. Jhdt.; „Hitopadesa“)

Denn tatbedingt ist dieses All, der Wesen Schicksal folgt der Tat, um Tun dreht sich die ganze Welt wie um die Achse sich das Rad. (Gautama Buddha, um 550–480 v. Chr.; „Sutta-Nipâta“) / Nicht schnell, wie Milch gerinnt, löst sich die böse Tat in ihre Folgen auf. Wie glimmende Asche folgt sie dem Toren, und wenn sie offenbar geworden, vernichtet sie sein Glück. (Gautama Buddha, um 550–480 v. Chr.; „Dhammapada“) / Es ist leicht, Ruhe in Untätigkeit zu erlangen, schwer, Ruhe in der Tätigkeit zu erlangen, doch Ruhe in der Tätigkeit ist wahre Ruhe. (Shunryu Suzuki, 1905–1971; „Zen-Geist“)

Teufel

Der schlimmste Mensch ist der, dessen Zunge schärfer ist als der Verstand. (Mosche ibn Esra) / Luther hatte es verstanden, als er dem Teufel das Tintenfass an den Kopf geworfen! Nur vor Tinte fürchtet sich der Teufel; damit allein verjagt man ihn. (Ludwig Börne, 1786–1837; „Fragmente und Aphorismen“) / Der Teufel ist kein Atheist. (Paul von Heyse, 1830–1914) / Es kann ein Wissen vom Teuflischen geben, aber keinen Glauben daran, denn mehr Teuflisches, als da ist, gibt es nicht. (Franz Kafka, 1883–1924; „Aphorismen“)

Auch die Teufel glauben, dass nur ein Gott sei, und zittern. (Bibel NT; Jak. 2,19) / Der Teufel ist ein Unglücklicher, der nicht weiß, was lieben heißt. (Theresia von Avila, 1515–1582) / Wenn der Herrgott in mir spielt, dann werden alle meine Teufel Melodien. (Friedrich Lienhard, 1865–1929) /

Wen Kinder lieb haben, der hat mit dem Teufel nichts zu tun. (Ina Seidel, 1885–1974)

Wahrlich, Satan ist euch ein Feind; so behandelt ihn als einen Feind. Er ruft seine Anhänger nur herbei, damit sie Bewohner des flammenden Feuers werden. (Korân; 35,6) / Vom Teufel kommt das hastige Treiben, doch vom Erbarmer das Geduldigbleiben. (Nizâm ul-Mulk; 1018–1092; „Sîyâstnâma“) / Hat erst ein Menschenkind sich selbst erkannt, schafft auch aus Schaden Nutzen seine Hand. Mit Teufeln schmausen ist für ihn die Pest – mit Teufeln kämpfen ist für ihn ein Fest! (Muhammad Iqbal, 1873–1938; „Das Buch der Ewigkeit“)

Ohne eine Frau wird das Haus zur Wohnung des Teufels. (Aus Indien) / Die Selbstsucht ist der jedem Menschen innewohnende Teufel. Jeder Teil deines Ego ist des Teufels. Gibst du auf der einen Seite etwas von diesem Teufel auf, so tritt Gott auf der anderen Seite hinzu. (Swâmi Vivekânanda, 1862–1902) / Wir sehen die Welt nicht als eine Erfindung des Teufels an oder als eine Selbstbetörung der Seele, sondern als eine Manifestation Gottes, wenngleich sie erst noch eine teilweise, weil progressive und in der Evolution begriffene Manifestation ist. (Shrî Aurobindo, 1872–1950)

Dem auf das trockne Land geworfnen Fische gleich, so quält das Denken sich, zu fliehen aus des Teufels Reich. (Gautama Buddha, um 550–480 v. Chr.; „Dhammapada“) / Je ärmer einer ist, desto mehr Teufeln begegnet er. (Aus China) / Wenn Buddha erscheint, werdet ihr ihn willkommen heißen; wenn der Teufel erscheint, werdet ihr ihn willkommen heißen. (Shunryu Suzuki, 1905–1971; „Zen-Geist“)

Tiefe

Um das Geheimnis der Tiefen zu ergründen, muss man manchmal nach den Gipfeln schauen. (Henri Bergson, 1859–1941) / Der Furchtmensch ist scheu und unruhig. Seine hastigen, an Störung gewöhnten Freuden sind kurz. Deshalb braucht er Abwechslung. Der Reichtum seines Lebens ist nicht Tiefe sondern Mannigfalt. (Walther Rathenau, 1867–1922) / Künstler ist nur einer, der aus der Lösung ein Rätsel machen kann. (Karl Kraus, 1874–1936)

Wahrlich, eine unergründliche Tiefe ist der Mensch! Du hast die Haare seines Hauptes gezählt, und bei dir geht keines verloren. Eher aber lassen sich seine Haare zählen als seine Empfindungen und die Neigungen seines Herzens. (Aurelius Augustinus, 354–430) / Die Tiefe der Menschenseele birgt unergründliche Kräfte, weil Gott selbst in ihr wohnt. (Franz von Assisi, 1181–1226) / Gott führt nicht alle denselben Weg. Und vielleicht steht gerade derjenige, der meint, er wandle ganz in der Tiefe, sehr hoch in den Augen Gottes. (Theresia von Avila, 1515–1582)

Einfach sind des Korâns Worte, doch zu ihren Tiefen hin führt durch der Erkenntnis Pforte ein anderer, geheimer Sinn. (Dschelâleddin Rûmî, 1207–1273; „Persisch-türkische Mystik“) / Wahrheit ist als göttliches Erbe in der Tiefe eines jeden Menschenherzens zu finden. (Hazrat Inayat Khan, 1882–1927; „Gayan“) / Wenn auch ein Wortschwall für immer auf uns lastet, so ist doch unsere Tiefe auf ewig schweigsam. (Kahlil Gibran, 1883–1931; „Aphorismen“)

Ich bin die Seele, die in der Tiefe aller Wesen weilt; ich bin der Anfang der Wesen, bin ihre Mitte und ihr Ende. (Bhagavadgîtâ X,20; ca. 300 v. Chr.) / Das Übernatürliche ist das Natürliche in seiner wahren Tiefe und Unbegrenztheit. (Sarvepalli Radhakrishnan, 1888–1975; „Idealismus und Leben“) / Bei oberflächlichen Menschen erzeugen armselige Gedanken große Wirkungen; bei Geistern, mächtig wie der Ozean, kräuselt selbst die Sturzsee der Eingebung kaum die Oberfläche. (Paramhansa Yogânanda, 1893–1952; „Autobiografie“)

Gleichwie ein tiefer See, ganz rein und ungetrübt, bleibt klar der Weise, der sich in der Lehre übt. (Gautama Buddha, um 550–480 v. Chr.; „Dhammapada“) / Ein Narr, der sich mit seinen Fähigkeiten brüstet, der Weise nützt sie still für sich. Der Strohhalm treibt nur auf des Wassers Oberfläche, in die Tiefe sinkt der teure Edelstein. (Sakya Pandita, 1182–1251; „Erlesene Aussprüche“) / Meinungen sind wie Nägel: Je mehr du auf sie einschlägst, umso tiefer dringen sie ein. (Aus China) / Je tiefer unser Verständnis für religiöse Fragen ist, desto größer ist die Erkenntnisfähigkeit für das Wirkliche. (Lama Govinda, 1898–1985; „Die Antwort der Religionen“)

Tiere

Ein lebender Hund ist besser als ein toter Löwe. (Bibel AT; Spr. 9,4) / Philosophische Tugenden gestatten dem Menschen, Abstand von Gemütsbewegungen zu finden, so dass er weder sich enerviert noch Vergnügungen nachrennt wie die Tiere, so wie es der Pöbel tut. (Moses Maimonides, 1135–1204; „Moreh Newuchim“) / Der untrüglichste Gradmesser für die Herzensbildung eines Volkes und eines Menschen ist, wie sie die Tiere betrachten und behandeln. (Berthold Auerbach, 1812–1882)

Seid klug wie die Schlangen und ohne Falsch wie die Tauben! (Bibel NT; Mt. 10,16) / Gott wünscht, dass wir den Tieren beistehen, wenn es vonnöten ist. Ein jedes Wesen in Bedrängnis hat gleiches Recht auf Schutz. (Franz von Assisi, 1181–1226) / Grausamkeit gegen Tiere ist eines der kennzeichnendsten Laster eines niederen und unedlen Volkes. (Alexander von Humboldt, 1769–1859) / Mensch, erhebe dich nicht über die Tiere: Sie sind sündlos, du aber mit deiner Erhabenheit befleckst die Erde. (Fjodor Dostojewski, 1821–1881; „Die Brüder Karamasow“)

Und das Vieh hat er erschaffen, ihr habt an ihm Wärme und allerlei Nutzen; und einiges davon esset ihr. Und es ist Schönheit darin für euch, wenn ihr es abends eintreibt und morgens austreibt auf die Weide. (Korân; Sure 16,5–6) / Eine Frau ist in das Höllenfeuer eingegangen, weil sie eine Katze gebunden hatte. Sie gab ihr nicht zu fressen und hinderte sie daran, sich von den Insekten der Erde zu ernähren. (Mohammed, 570–632; „Hadith“) / Der Hund vergisst den einzigen Bissen nicht, und wirfst du ihm auch hundert Steine nach. Im Menschen, den du jahrelang gepflegt, werden durch ein Nichts Verrat und Feindschaft wach. (Saadî, um 1215–1292; „Rosengarten“)

„Ich will den Himmel nicht betreten, wenn dieser Hund nicht mit mir kommt", sagte König Yudishtira. Gott Indra sprach: „Heute noch wirst du Unsterblichkeit, Erlösung und unvergängliche Glückseligkeit gewinnen. Du begehst keine Sünde, wenn du diesen unreinen Hund zurücklässt." „Nein", beharrte Yudishtira, „nicht für alle Schätze des Himmels will ich diesen Hund im Stiche lassen, der meinen Schutz gesucht hat und mir treu ergeben ist." (Mahâbhârata; 500 v. Chr. bis 500 n. Chr.) / Gott wohnt auch im Tiger, aber das ist kein Grund, den Tiger zu umarmen. (Shrî Râmakrishna, 1834–1886; „Ewige Botschaft") / Zwischen mir und dem kleinsten Tier liegt der Unterschied nur in der Erscheinungsform, im Prinzip sind wir das Gleiche; das Tier ist mein Bruder und besitzt die gleiche Seele wie ich. Dieser Gedanke der Gleichheit ist der größte, den Indien lehrte. (Swâmi Vivekânanda, 1862–1902; „Erkenntnisse des Hinduismus")

Wertvoll sind Elefant, Maultier und edles Pferd, jedoch ein Mensch, der sich beherrscht, hat höhern Wert. (Gautama Buddha, um 550–480 v. Chr.; „Dhammapada") / Im Essen, Schlafen, Fürchten und Begatten sind Mensch und Tier sich gleich. Durch religiöse Übung nur erhebt der Mensch sich über das Tier. (Nâgârjuna, um 200 n. Chr.; „Stütze der Weisheit") / Tiere, die sonst frei herumlaufen, werden hinter Hecken verschlossen und angekettet; die frei fliegenden Vögel werden mit gebrochener Schwinge im Käfig gehalten. Diese sehnen sich nach den Wolken. Die anderen träumen von der Steppe oder den Bergen. – Kann man ein Herz haben und sich freuen, sie so zu sehen? (Yoshida Kenkô, 1283–1350)

Tochter

Eine Tochter ist für einen Vater ein beunruhigender Schatz. Aus Besorgnis für sie findet er nachts keinen Schlaf: Solange sie klein ist, dass sie nicht verführt werde; wenn sie erwachsen ist, dass sie nicht verhure; wenn sie mannbar ist, dass sie nicht sitzen bleibe; wenn sie alt ist, dass sie nicht Zauberei treibe. (Talmud; 70–500 n. Chr.; „Sanhedrin") / Bei Weibern ist die Liebe so oft eine Tochter als die Mutter der Eifersucht. (Ludwig Börne, 1786–1837; „Dramaturgische Blätter")

Liebe Tochter, halte dich also gegen deinen Mann, dass er fröhlich wird, wenn er auf dem Heimwege des Hauses Spitzen sieht. (Martin Luther, 1483–1546; „Tischreden") / Die Armut und die Hoffnung sind Mutter und Tochter. Indem man sich mit der Tochter unterhält, vergisst man die andere. (Jean Paul, 1763–1825; „Aphorismen")

Sieh auf die Mutter, bevor du dich mit der Tochter verlobst! (Aus Indien) / Worte sind die Töchter der Erde und die Taten die Söhne des Himmels. (Aus Indien)

Eine in die Fremde gegebene Tochter gleicht einem in die Berge geschossenen Pfeil. (Aus der Mongolei) / Ohne Töchter könnte die Welt nicht existieren. (Aus China)

Tod

Der Mensch geht in sein ewiges Haus, und die um ihn klagen, ziehen auf der Gasse umher, und der Staub wird wieder zu Erde, wie er gewesen, der Odem aber kehrt wieder zu Gott, der ihn gegeben. (Bibel AT; Pred. 12,5–8) / Der Mensch soll immer annehmen, er stände kurz vor seinem Tode, er könne in seiner Sündhaftigkeit plötzlich sterben. (Moses Maimonides, 1135–1204; „Die starke Hand“) / Ein freier Mensch denkt über nichts weniger nach als über den Tod; seine Weisheit besteht nicht im Denken über den Tod, sondern über das Leben. (Baruch Spinoza, 1632–1677; „Die Ethik“) / Der Tod ist nichts als der lebendige Beweis, dass kein Mensch auf der Welt unentbehrlich ist. (Moritz Gottlieb Saphir, 1795–1858)

Wo ist dein Stachel, o Tod, wo ist dein Sieg? (Bibel NT; 1. Kor. 15,55) / Der Tod, den die Menschen fürchten, ist die Trennung der Seele vom Körper. Den Tod aber, den die Menschen nicht fürchten, ist die Trennung von Gott. (Aurelius Augustinus, 354–430) / Der Tod ist uns so nahe, dass sein Schatten stets auf uns fällt. (Johann Geiler von Kaysersberg, 1445–1510; „Postille“) / Mensch, stirbest du nicht gern, so willst du nicht dein Leben; das Leben wird dir nicht als durch den Tod gegeben. (Angelus Silesius, 1624–1677) / Manchen Tod musst du sterben, dass der letzte dir glückt. (Joseph Bernhart, 1881–1969)

Wo ihr auch sein möget, der Tod ereilt euch doch, und wäret ihr im festest gebauten Turm. (Korân; Sure 4,78) / Was soll ein Licht, das der Wind hat ausgeblasen? Was tot ist, liegt am besten unterm Rasen. (Nizâmî, 1141–1209; „Iskander Name“) / Der Tod ist ein schwarzes Kamel, das vor jeder Tür niederkniet. (Aus der Türkei) / Der Tod ist nicht näher bei den Bejahrten als bei den Neugeborenen; das Leben auch nicht. (Kahlil Gibran, 1883–1931; „Aphorismen“) / Nur der ist wirklich tot, der keinen guten Namen hinterlässt. (Aus Persien)

Durchs Denken muss man's so ansehn: „Nicht gibt es hier Vielheit irgendwie.“ Derjenige erlangt den Tod, der hier die Vielheit gleichsam sieht. (Brhadâranyaka-Upanishad; 800–500 v. Chr.) / Nur immer zu! Ihr wollt dem Tod entfliehen? Ach, er hat doppelt sicher euch in Händen. (Upanishaden; 800–500 v. Chr.) / Sitzen ist besser als stehen, liegen ist besser als sitzen, aber das Beste ist tot sein. (Aus Indien) / Ein Elefant hinterlässt nach seinem Tode eine deutliche Spur, ein Huftier nichts als seine Hufe. (Aus Indien)

Das Denken an den Tod, geübt, gepflegt, bringt hohen Lohn, hohe Befriedigung, flutet zum Todlosen, endet im Todlosen. (Gautama Buddha, um 550–480 v. Chr.; „Anguttara-Nikâya“) / Beim Tod ist für mich keine Furcht; es gibt auch keine Lust am Leben. Den Körper werde ich einst ablegen, vollkommen ruhig und ohne Bedauern. (Theragâthâ; ca. 400 bis 200 v. Chr.) / Der Tod prüft nicht, was man getan und was man nicht getan hat; er vernichtet uns mit Zuversicht. Für gesunde und kranke Menschen ist er gleich wenig vertrauenswürdig; er ist ein unvermuteter Blitzstrahl. (Sântideva, 7. Jhdt.; „Bodhicaryâvatâra“) / „Ewiger Tod“, das ist eine wunderliche und ganz und gar sinnlose Vorstellung. „Tod“ – dieses Wort kann nur etwas bedeuten, wenn es im Gegensatz steht zu „Geburt"; denn es ist ein relativer Begriff. (Daisetz T. Suzuki, 1870–1966; „Der westliche und der östliche Weg")

Toleranz

Den Albernen tötet sein Eifern. (Bibel AT; Hiob 5,2) / Wer nur im Glaubensbruder seinen Bruder sieht, aus Moses' Lehre nicht die rechte Lehre zieht; willst du im Geiste dich zu ihr bekennen, so musst du alle Menschen Brüder nennen. (Talmud; 70–500 n. Chr.; Sifre Kedaschim 4) / Wer selbst erfahren hat, wie schwer es ist, die Wahrheit zu finden und sich davon zu überzeugen, dass man sie gefunden habe, der ist allezeit geneigter, gegen diejenigen tolerant zu sein, die anders denken. (Moses Mendelssohn, 1729–1786; „An Kant 1770")

Wir wollen aufhören, uns gegenseitig zu verurteilen. Denkt lieber darüber nach, wie ihr alles vermeiden könnt, was eure Brüder verwirrt oder ihren Glauben in Gefahr bringt. (Bibel NT; Röm. 14,13) / Lass du nur die Leute ihre Wege gehen, so werden sie dich wohl auch deine Wege wandeln und deine Geschäfte treiben lassen! (Thomas a Kempis, 1380–1471; „Die Nachfolge Christi") / Die größte Nachsicht mit einem Menschen entspringt aus der Verzweiflung an ihm. (Marie von Ebner-Eschenbach, 1830–1916; „Aphorismen")

Und wenn dein Herr wollte, würden die, die auf der Erde sind, alle zusammen gläubig werden. Willst nun du die Menschen dazu zwingen, dass sie glauben? (Korân; Sure 4,20) / Großzügigkeit, Toleranz und das Geben von Gaben gehören dem einen Vergebenden an. Daher bittet nur ihn. (Husayn-al-Sulami, 936–1021; „Futuwwah") / Toleranz ist Liebe, belastet mit der Krankheit des Hochmuts. (Kahlil Gibran, 1883–1931; „Aphorismen")

Auch wer andere Götter glaubensvoll verehrt, verehrt nur mich. (Bhagavadgîtâ; ca. 300 v. Chr.) / Das Staubecken hat verschiedene Zugangstreppen. Von der einen schöpfen Hindus Wasser in Krügen und nennen es „jal"; von der anderen schöpfen Muslime das Wasser mit Lederschläuchen und nennen es „pani"; von einer dritten die Christen und nennen es „water". – Werden wir uns darauf versteifen wollen, dieses Wasser sei nicht „jal", sondern „pani" oder „water"? Welche Lächerlichkeit! (Shrî Râmakrishna, 1834–1886; „Leben des Râmakrishna") / Ich erkenne alle Religionen der Vergangenheit an und achte sie, ich verehre Gott in jeder von ihnen, gleichgültig, wie er angebetet wird. (Swâmi Vivekânanda, 1862–1902)

„Wer eine abweichende Lehre vorträgt, verfehlt die Reinheit und ist ungebildet"; so reden die Sektierer immer wieder, auf ihrem Wege nur gäbe es festen Grund. (Gautama Buddha, um 550–480 v. Chr.; „Sutta-Nipâta") / Der König ehrt alle religiösen Vereinigungen, sowohl Mönche wie Laienanhänger, mit Spenden und allerlei Ehrungen. Äußeren Reichtum und Ansehen hält der König bei allen religiösen Vereinigungen nicht für so wichtig wie das Wachstum der inneren Werte. Voraussetzung dafür ist die Zurückhaltung im Reden, auf dass man nicht bei unpassender Gelegenheit die eigene religiöse Vereinigung herausstreiche und über andere religiöse Vereinigungen abfällig urteile. (Kaiser Ashôka, um 250 v. Chr; „XII. Fels-Edikt“) / Der Kluge sieht das Gemeinsame in den verschiedenen Religionen, der Dummkopf die Unterschiede. (Aus China)

Torheit

Der Tor lässt gleich seinen Ärger merken. (Bibel AT; Spr. 12,16) / Ein Tor ist immer willig, wenn eine Törin will. (Heinrich Heine, 1797–1856; „Heimkehr“) / Alle Narrheit erschöpfen – so gelangt man zum Boden der Weisheit. (Ludwig Börne, 1786–1837; „Aphorismen“) / Unter all meinen Freunden und Weggenossen fand ich noch jeden froh entschlossen, des andern Weisheit zu verlachen und seine Torheit nachzumachen. (Oskar Blumenthal, 1852–1917)

Das ist der Toren Torheit: Sie leben ohne Herzeleid. (Mechthild von Magdeburg, um 1212 bis um 1280; „Das fließende Licht der Gottheit“) / Dadurch, dass ich töricht mich liebte, habe ich mich selbst verloren. (Thomas a Kempis, 1380–1471) / Ein Tor find't allemal noch einen größeren Toren, der seinen Wert zu schätzen weiß. (Christian Fürchtegott Gellert, 1715–1769) / Am auffälligsten unterscheiden sich die Leute darin, dass die Törichten immer wieder dieselben Fehler machen, die Gescheiten immer wieder neue. (Karl Heinrich Waggerl, 1897–1973; „Kleine Münze“)

Von Weisheit hundert Hauptstücke, einem Toren gepredigt, sind ein Scherz in seinen Ohren. (Saadî, um 1215–1292; „Gulistân“) / Das ewige Mysterium der Schönheit fasst die Liebe nur; der Tor sieht Mängel überall, von eigner Wichtigkeit durchdrungen. (Hâfis, 1326–1390; „Der Sänger von Schiras“) / Gott liebt es nicht, von törichten Menschen verehrt zu werden, die nur jemand anderen nachahmen. (Kahlil Gibran, 1883–1931; „Aphorismen“)

Inmitten des Nichtwissens lebend, sich selbst für Weise, Gelehrte haltend, ziellos laufen die Toren hin und her wie von einem Blinden geführte Blinde. (Maitrâyâni-Upanishad; 800–500 v. Chr.) / Toren verachten mich, wenn ich in meiner Menschengestalt erscheine. Sie erkennen nicht meine höchste Wesenheit, der ich der Herr des Weltalls bin. (Bhagavadgîtâ; ca. 300 v. Chr.) / Ins wirre Netz dessen, was im ewigen Wandel lebt, knüpfen die Toren Tausende von Knoten ein. (Lallà, 14. Jhdt.)

Der Törichte sagt voll Stolz: „Diese Söhne sind mein, diese Güter gehören mir.“ Und er macht sich viele Sorgen um seinen Besitz. Doch wenn er kein dauerhaftes Selbst hat, wie kann er dann Söhne und Güter besitzen? (Gautama Buddha, um 550–480 v. Chr.; „Dhammapada“) / Der Weise ist nichthandelnd, der Törichte liebt und hängt an. (Seng-ts'an, gest. 606; „Hsin-hsin-ming“) / Ein Tor bewundert sich nie so sehr, als wenn er eine Torheit begangen hat. (Aus China) / Es ist töricht, Tempel zu bauen, diese mit Götterbildern zu füllen und davor zu knien oder in die Hände zu klatschen, wie die Japaner es tun, und auf diese Weise etwas zu verehren, das nicht wirklich ist, sondern abstrakt. (Sokei-an Roshi, 1882–1945; „Der Zen-Weg")

Trägheit

Der Rat in der Hand des Trägen ist wie die Fackel in der Hand des Blinden. (Akedat Jizchak) / Wo nur Standesgenossen zusammenkommen, da wird immer sehr bald die Langeweile präsidieren und die Dummheit das Protokoll führen. (Ludwig Börne, 1786–1837)

Trägheit versäumt manchen guten Schatz. (Mechthild von Magdeburg, um 1208–1282) / Die Abneigung vieler Menschen gegen die Wirkung der höheren Persönlichkeit ist die Trägheit. (Robert Saitschik, 1868–1965) / Die größte Sünde gegen das Weltgesetz heißt Trägheit. Ja, man kann Trägheit die einzige Sünde nennen. (Hans Much, 1880–1932)

Man schlägt den Ochsen, der sich dem Joch nicht beugt, doch wird er nicht gestraft, wenn er nicht fliegt. (Dschelâleddin Rûmî, 1207–1273) / Der Teufel verführt alle Menschen, der Müßiggänger aber verführt den Teufel. (Aus der Türkei) / Sogar die Hände, die Kronen aus Dornen machen, sind besser als untätige Hände. (Kahlil Gibran, 1883–1931; „Aphorismen")

Hat man sein Denken von Trägheit und Ablenkungen befreit und zur Ruhe gebracht und ist dadurch in einen gedankenfreien Zustand gelangt, dann ist man im höchsten Zustand. (Maitrâyâni-Upanishad, IV,9; 800–500 v. Chr.) / In der Welt des Menschen ist es genauso wie in der Natur: Vollkommene Einförmigkeit lähmt die Initiative und macht den Intellekt träge. (Rabindranâth Tagore, 1861–1941) / Verdienst du auch, was du dir wünschst? Für das, was du dir wünschst, musst du immer auf die eine oder andere Weise arbeiten. Stecke Energie hinein, und warte die Ergebnisse ab. (Sri Nisargadatta Maharaj, 1897–1981; „Ich bin")

Gemeines fliehe überall, leb nicht in dumpfer Trägheit hin, verabscheue, was falsch und schlecht, treib in der Welt dich nicht umher. (Gautama Buddha, um 550–480 v. Chr.; „Majjhima-Nikâya") / Die Trägheit kommt von der Sorglosigkeit gegenüber den Leiden des Daseins; infolge von Nachlässigkeit, Ergötzung am Vergnügen, Schlaf und Verlangen nach einem Halt. (Sântideva, 7. Jhdt.; „Bodhicaryâvatâra") / An trägen, unverbindlichen Tätigkeiten Freude zu finden anstatt Fleiß aufzuwenden, wenn einmal die günstigen Bedingungen für inneren Fortschritt vorhanden sind, ist ein schwerer Fehler. (Gampopa, 1079–1153; „Der kostbare Rosen kranz")

Tränen

Die unter Tränen säen, die werden ernten mit Freuden. Sie gehen hin und streuen weinend ihren Samen in Furchen. Sie kehren heim mit Frohlocken und tragen reiche Garben. (Bibel AT; Ps. 125,5ff.) / Beweinet den, der leidet, nicht den, der scheidet! (Talmud; 70–500 n. Chr.) / Nicht weinen, nicht zürnen, sondern begreifen! (Baruch Spinoza, 1632–1677)

Weinet mit den Weinenden! (Bibel NT; Röm. 12,14) / Was im weinenden

Auge mir oft die Tränen zurückhält, ist ein spielendes Kind oder ein Vogel im Flug. (Justinus Kerner, 1786–1862; „Tröstung“) / Die Tränen der Gekränkten fallen nicht daneben. Sie fallen immer auf das Haupt des Schuldigen. (Leo Tolstoi, 1828–1910; „Die Macht der Finsternis“)

Geht mit den Leuten so um, dass, wenn ihr sterbt, sie euch beweinen, und wenn ihr lebt, euch freundlich sind. (Ali ibn Ali Talib, gest. 661) / Wenn es nicht Tränen gäbe, würden die Rippen verbrennen. (Aus Arabien) / Du magst denjenigen vergessen, mit dem du gelacht, aber nie denjenigen, mit dem du geweint hast. (Kahlil Gibran, 1883–1931; „Aphorismen“)

Keine Träne wird vergießen, wer mit Erkenntnis begabt ist, wenn er den Lauf der Welt betrachtet. Wer alles richtig ansieht, für den ist kein Anlass, Tränen zu vergießen. (Mahâbhârata; 500 v. Chr. bis 500 n. Chr.) / Die einen weinen Tränen um Tränen, weil ihnen kein Stammhalter geboren wurde, andere richten ihr Herz zugrunde, weil ihnen Reichtum verwehrt bleibt. Doch wie viele weinen darum, dass sie Gott nicht erlangt haben? (Shrî Râmakrishna, 1834–1886) / Ich weine wegen meiner Unwürdigkeit, wenn ich mein Leben sehe: in den Händen nichts sagender Stunden. (Rabindranâth Tagore, 1861–1941)

Was meint ihr Jünger, was ist mehr, das Wasser, das in den vier großen Meeren ist, oder die Tränen, die geflossen und von euch vergossen sind, wie ihr auf diesem weiten Wege des Daseinskreislaufs umherirrtet? (Gautama Buddha, um 550–480 v. Chr.) / Halte deine Tränen nicht zurück. Es hilft dir nichts zu fragen, warum du traurig bist. Alles ist vergänglich, deine Freude genauso wie deine Sorge. (Nyogen Senzaki, 1876–1958; „Keine Spur im Wasser“)

Trauer

Traure mit dem Traurigen. (Bibel AT; Sir. 7,38) / Zum Trauerlied ward mir die Laute, zu lautem Weinen die Schalmei. (Bibel AT; Hiob 30,25) / Tröste dein Herz, und treibe Traurigkeit ferne von dir; denn Traurigkeit tötet viele Leute und dienet doch nirgend zu. (Bibel AT; Sir. 30,24) / Tröste den Trauernden nicht, solange noch sein Toter vor ihm liegt! (Talmud; 70–500 n. Chr.) / Freude ist an und für sich nicht schlecht, sondern gut; Traurigkeit dagegen ist an und für sich schlecht. (Baruch Spinoza, 1632–1677; „Die Ethik“) / Die Melancholie ist die Freudigkeit Gottes. (Ludwig Börne, 1786–1837)

Ihr braucht nicht traurig zu sein wie die anderen, die keine Hoffnung haben. (Bibel NT; 1. Thess. 4,13) / Man muss die Menschen bei ihrer Geburt beweinen, nicht bei ihrem Tode. (Charles de Montesquieu, 1689–1755) / Die Traurigkeit ist das Los der tiefen Seelen und der starken Intelligenzen. (Alexandre Vinet, 1797–1847; „Die Freude“) / Wahrhaft große Leute müssen in dieser Welt immer eine große Traurigkeit empfinden. (Fjodor M. Dostojewski, 1821–1881; „Schuld und Sühne“)

Wenn ich einst sterbe, waschet mich mit Wein, ein lust'ges Trinklied soll mein Grablied sein! (Omar Khayyâm; um 1045–1122) / Hoffe stets, wird auch Verborgenes nicht enthüllt vor deinem Blicke: Hinterm Vorhang spielen seltsam die Geschicke – traure nicht! (Hâfis, 1326–1390; „Der Sänger von Schiras“) / Traurigkeit ist nur eine Mauer zwischen zwei Gärten. (Kahlil Gibran, 1883–1931; „Aphorismen“)

Dem Geborenen ist der Tod gewiss, dem Gestorbenen die Geburt; darum darfst du über eine unvermeidliche Sache keine Trauer empfinden. (Bhagavadgîtâ II,27; ca. 300 v. Chr.) / Die wahres Verständnis haben, trauern hier auf Erden weder um das Ewige noch um das Vergängliche, weil auch für Trauernde die Natur der Dinge nicht geändert werden kann. (Aus Indien) / Nicht die acht Hauptberge, nicht die sieben Meere, nicht die Götter Brahman und Indra, die Sonne und der Gott Shiva, nicht du, nicht ich, nicht diese Welt werden bestehen: Warum gibt man sich dennoch der Trauer hin? (Aus Indien)

Traurig ist es, in Zeiten zu leben, in denen die wahre Lehre nicht gelebt wird und böse Gedanken gedeihen. (Yung-chia Hsüan-chüeh, 665–713; „Shodoka“) / Wenn ein mir nahe stehender Mensch verunglückt oder stirbt, so bedeutet das gewiss Leid. Und dieses Leid auf sich zu nehmen ist weitaus besser, als teilnahmslos in kaltem Gleichmut zu verharren. (Lama Govinda, 1898–1985; „Buddhistische Reflexionen“) / Das, was glücklich macht, kann auch Traurigkeit verursachen. (Drugpa Rinpoche, gest. 1989; „Tibetische Weisheiten“)

Traum, Träume

Das Leben ist nicht mehr als ein Traum – aber weck mich nicht auf! (Jüdisches Sprichwort) / Der Traum ist der Wächter des Schlafes, nicht sein Störer. (Sigmund Freud, 1856–1939) / Der Traum enthüllt die Wirklichkeit, hinter der die Vorstellung zurückbleibt. (Franz Kafka, 1883–1924; „G. Janouch, Gespräche mit Kafka“) / Wer im Dunkeln sitzt, zündet sich einen Traum an. (Nelly Sachs, 1891–1970)

Da fand ich dich, und Wonn' und Schrecken kam auf meine Seele, denn meinen kühnsten Traum sah ich erfüllt. (Emanuel Geibel, 1815–1884) / Schlafen ist Verdauen der Sinneseindrücke. Träume sind Exkremente. (Novalis, 1772–1801) / Nichts Ewiges kann das Glück uns geben; denn flüchtiger Traum ist Menschenleben, und selbst die Träume sind ein Traum! (Pedro Calderon, 1600–1681; „Das Leben ein Traum“) / Manche Leute schlafen nur deshalb so gut, weil sie so langweilige Träume haben. (Germaine de Staël, 1766–1817)

Ich sah meinen Herrn in meinen Träumen und fragte ihn: „Wie kann ich dich finden?“ Er erwiderte: „Lasse dich und komm!“ (Bâyazîd Bistâmî, gest. 874) / Schaum ist das Glück, ein Traum das Erdentreiben! – Vergeltung nur und guter Name bleiben. (Saadî, um 1215–1292; „Bostân“) / Wer die Tage seines Lebens nicht auf der Bühne der Träume verbringt, wird ein Sklave der Zeit. (Kahlil Gibran, 1883–1931; „Aphorismen“)

Wie ein vom Traum dir umgaukeltes Netz betrachte drei oder fünf Tage lang Freund und Feld, Gut und Haus, Weib und Erde und was sonst dir zufiel. (Ashtâvakra-Gîtâ; ca. 2. Jhdt. v. Chr.) / Die gier- und hasserfüllte Welt ist nur ein Alpdruck in der Nacht, ihr Dasein wird zu leerem Schein, wenn man aus diesem Traum erwacht. (Shankara, 788–820; „Lehrgedichte“) / Gutes wie Böses, das im Herzen der Menschen ruht, sei es auch noch so gut verborgen, kann man aus ihren Reden im Traum und im Rausch erfahren. (Aus Indien)

Was sich im Traum ereignet hat, das schwindet hin, wenn man erwacht; so sieht man Menschen, die man liebt, nicht mehr nach ihrem Tod. (Gautama Buddha, um 550–480 v. Chr.; „Sutta-Nipâta“) / Wenn im Traume der Sohn verloren geht, so bestimmt die irrige Vorstellung von seiner Nichtexistenz das Aufkommen der Idee von seiner Existenz, die auch irrig ist. (Sântideva, 7. Jhdt.; „Bodhicaryâvatâra“) / Scheint auch machtvoll das Rollen des Donners, so ist es doch leerer Schall. Herrlich zwar sind die Farben des Regenbogens, doch schwindet er bald. Mag reizend die Welt auch erscheinen, sie ist nur ein Traum. (Milarepa, 1052–1135; „Sieben Legenden“)

Trennung

Hillel sprach: „Trenn dich nicht von deiner Gemeinde! Trau dir selber nicht bis zu deinem Todestag!“ (Sprüche der Väter 2,5; ca. 200 n. Chr.) / Religion ist Liebe und Versöhnung; schon im Worte liegt es; sie verbindet wieder, was getrennt ist. (Ludwig Börne, 1786–1837) / Wie der Mensch durch seine Schuld von Gott sich getrennt hat, so muss er sich ihm wieder durch seine sittliche Tat nähern. Und wenn die Seele noch so sehr mit Sünde belastet ist, es bleibt ihr die volle Freiheit und Fähigkeit zu besserem Tun. (Max Dienemann, 1875–1939)

Der Tod, den die Menschen fürchten, ist die Trennung der Seele vom Körper. Den Tod aber, den die Menschen nicht fürchten, ist die Trennung von Gott. (Aurelius Augustinus, 354–430) / Ich sage, dass ein vollkommener Mensch sich so schwer von Gott scheiden und trennen würde, dass ihm eine Stunde ebenso schmerzlich wäre als tausend Jahre. (Meister Eckhart, 1260–1327; „Buch der göttlichen Tröstung“) / Trennung ist wohl Tod zu nennen, denn wer weiß, wohin wir gehen, Tod ist nur ein kurzes Trennen auf ein baldig Wiedersehen. (Joseph von Eichendorff, 1788–1857)

Dreißig Jahre gedachte ich Gottes. Als ich schwieg, sah ich, dass mein Gedenken der Schleier war, der mich von Gott getrennt hatte. (Bâyazîd Bistâmî, gest. 874) / Zwischen mir und dir verbleibt ein „Ich bin es“, das mich quält. O entferne durch deine Gnade dies „Ich bin es“, das uns noch trennt. (al-Hallâdsch, 858–922) / Vereinigung mit Gott ist Trennung von allem anderen, und Trennung von allem anderen ist Vereinigung mit Gott. (Nûrî, gest. 907)

Der eine Bock bespringt mit Lust die eine rot-weiss-schwarze Ziege, die viele Junge wirft. Der andere Bock trennt sich von ihr, nachdem er sie genossen hat. (Svetâsvatara-Upanishad; 800–500 v. Chr.) / Was sich geeint, muss sich entzwein, und was entsteht, zugrunde gehen. (Nârâjana, 9./10. Jhdt.; „Hitopadesa“) / Es mag noch lange dauern, bis das Gesetz der Liebe landesweit wirksam wird. Die Regierungsapparate stehen zwischen den

Völkern und trennen die Herzen der Menschen voneinander. (Mahatma Gandhi, 1869–1948)

Wenn man zu lange an einem Orte wohnt, häufen sich zu viele Sachen an. Man übernimmt zu viele Pflichten und Geschäfte, verkehrt mit zu vielen Familien, und wenn man fortzieht, empfindet man Trennungsschmerz. (Gautama Buddha, um 550–480; „Anguttara-Nikâya") / Alles Angehäufte wird verstreut, alles Errichtete wird niedergerissen, alle Begegnungen müssen in Trennungen enden. (Gautama Buddha, um 550–480 v. Chr.; „Udâna") / Gib schlechte Gefährten und Anhänger auf, die dir für Geist und Herz zum Schaden gereichen. (Gampopa, 1079–1153; „Der kostbare Rosenkranz")

Treue

Der Narr klagt: Mir ist niemand treu, niemand dankt mir für meine Wohltat. (Bibel AT; Sir. 20,17) / Wüsste ich nicht, dass die Treue so alt ist wie die Welt, so würde ich glauben, ein deutsches Herz habe sie erfunden. (Heinrich Heine, 1797–1856; „Die Harzreise") / Kein Zweifel, der Hund ist treu. Aber sollen wir uns deshalb an ihm ein Beispiel nehmen? Er ist dem Menschen treu und nicht dem Hund! (Karl Kraus, 1874–1936)

Wer im Kleinen treu ist, der ist auch treu im Großen, und wer bei wenigem ungerecht ist, der ist auch bei vielem ungerecht. (Bibel NT; Lk. 16,10) / Dass ich dir treu sei in meiner Not ohne allen Widertrotz, das begehre ich mehr denn dein Himmelreich. (Mechthild von Magdeburg, um 1208–1282) / Gott ist treu, seine Hand trägt noch in den Tiefen des Abgrundes. (Ida von Coudenhove, 1901–1971) / Treue im Kleinsten macht die Treue dir leicht im Größten. (Johann Kaspar Lavater, 1741–1801; „Worte des Herzens")

Treu' entweder gab es niemals in der Welt, oder niemand lebt jetzt, der sie treibt: Keiner hat von mir die Schützenkunst gelernt, der zuletzt nicht mich gemacht zur Scheibe. (Saadî; um 1215–1292) / Treue hat einen Duft, der in der Ausstrahlung des Treuen wahrnehmbar ist. (Hazrat Inayat Khan, 1882–1927; „Gayan") / Viele Frauen leihen sich das Herz eines Mannes; sehr wenige können es in Besitz nehmen. (Kahlil Gibran, 1883–1931; „Aphorismen")

Hält ein wertloser Mensch sein Wort, gilt er als wertvoll allemal. Bricht ein verdienstvoller Mensch sein Wort, wird gleich all sein Verdienst zunichte. (Aus Indien) / Treue bis zum Tode. Das ist die Summe der gegenseitigen Pflichten eines verheirateten Paares. (Aus Indien)

Vier Früchte bringt die Tat dem Ehebrecher ein: Missachtung, schlechten Schlaf, Verruf und Höllenpein. (Gautama Buddha, um 550–480 v. Chr.; „Dhammapada") / Ein Esel, der mich trägt, ist mir mehr wert als ein Pferd, das nach mir schlägt. (Aus der Mongolei) / Hier kosen sie, dort schaun sie hin, den Dritten haben sie im Sinn, und sie betrügen alle drei: Das ist der Weiber Liebestreu. (Bhartrihari, 7. Jhdt.; „Sprüche")

Trieb

Der böse Trieb im Menschen lüstet nur nach Verbotenem. (Talmud; 70–500 n. Chr.; Joma VI,4) / Man kann Gott mit dem bösen Trieb dienen, wenn man sein Entbrennen und seine begehrende Glut zu Gott lenkt. Und ohne bösen Trieb ist kein vollkommener Dienst. (Rabbi Nachmann, 1771–1810; „Worte des Rabbi Nachmann") / Mag die Seele von Gott dem Menschen rein gegeben sein, so ist sie nun hingerissen in den Streit der beiden Triebe seines zweigespaltenen Herzens. (Franz Rosenzweig, 1886–1929)

Einige meinen, die Geschlechtsgier habe ihre Quelle im Hirn, andere, in den Lenden; meiner Ansicht nach aber nur in einem ungezügelten Gemüt und einem ungeregelten Gedankenleben. Wird das in Schranken gehalten, dann sind die natürlichen Regungen unschädlich. (Johannes Chrysostomus, 344–407) / Der Mensch erkennt nur das, was er zu erkennen Trieb hat. (Friedrich von Schelling, 1775–1854) / Sobald sich ein Mensch gegen Gott empört, empören sich seine Triebe gegen ihn. (Bonifazius Wöhrmüller, geb. 1885)

Dein größter Feind ist die Triebseele, die zwischen deinen Rippen ist. (Mohammed, 570–632; „Hadith") / Verlangen ist das halbe Leben; Gleichgültigkeit der halbe Tod. (Kahlil Gibran, 1883–1931; „Aphorismen")

Vierfach ist bei Weibern der Verstand; sechsfach ist der Trieb, zu wahren ihren Willen; achtfach ist der Trieb, die Liebeslust zu stillen. (Nârâjana, 9./10. Jhdt. n. Chr.; „Hitopadesa") / Wie Männer Mut im Streit, ziert Frauen Lüsternheit, die zum Genuss bereit. (Nârâjana, 9./10. Jhdt. n. Chr.; „Hitopadesa") / Es erschlafft der Leib, nicht aber das Verlangen; es vergeht die Schönheit, nicht aber die böse Gesinnung; es erscheint das Greisenalter, nicht aber die Erkenntnis. (Aus Indien)

Der in Weisheit wohlbereitete Geist wird ganz und gar von den Trieben befreit, nämlich: dem Sinnlichkeitstrieb, dem Daseinstrieb, dem Glaubenstrieb, dem Nichtwissenstrieb. (Gautama Buddha, um 550–480 v. Chr.; „Digha-Nikâya") / Aus Lebensdrang erwachsen dir Sorge nur und Furcht; wer sich davon befreit, kennt Sorge nicht noch Furcht. (Gautama Buddha, um 550–480 v. Chr.; „Dhammapada") / Das Heil der Menschheit liegt in dem religiösen Trieb, der allen Menschen innewohnt, welchen Glaubens sie auch sein mögen; die gewaltsame Unterdrückung dieses Triebs ist der Feind des Friedens. (14. Dalai-Lama, geb. 1935; „Mein Leben und mein Volk")

Trost

Der Herr schützt alle, die da fallen, und richtet alle Gebeugten auf. (Bibel AT; Ps. 145,14) / Elenden ist es ein Trost, Gefährten im Unglück zu haben. (Baruch Spinoza, 1632–1677; „Die Ethik") / Trost gibt der Himmel. Von dem Menschen erwartet man Beistand. (Ludwig Börne, 1786–1837; „Ankündigung der Zeitschwingen")

Trösten ist eine schwere Kunst. Nur wer aus Überwindungen kommt, versteht sie. (Dante, 1265–1321) / Nur dem kann religiöser Trost gereicht werden, der die ganze Trostlosigkeit der menschlichen Existenz erfahren hat. (Michael Pfliegler, 1891–1972) / Was im weinenden Auge mir oft die Tränen zurückhält, ist ein spielendes Kind oder ein Vogel im Flug. (Justinus Kerner, 1786–1862; „Tröstung“)

Kein Spiegel wird zu Eisen in der Welt, kein Brot wird wieder Weizen auf dem Feld; die reife Traube wird nicht wieder grün, die reife Frucht braucht nicht mehr zu glühn! (Dschelâleddin Rûmî, 1207–1273) / Wer ohne Liebe atmet unter uns, dem wollen wir, als sei er schon gestorben, tiefsinnig halten einen Grabsermon. (Hâfis, 1326–1390) / Weine nicht mit den Traurigen, sondern tröste sie, andernfalls werden deine Tränen nur ihren Kummer vergrößern. (Hazrat Inayat Khan, 1882–1927; „Gayan“)

Ich irrte müde umher, und keiner kam, mich zu trösten! Und du, der du dem Blitze gleichst, du willst mich doch nicht verlassen? (Mânikkavâshagar, 9. Jhdt.) / Der Fluss, der sich im Wüstensand verliert, und all die Schwachen, Langsamen und Toren, die hinten bleiben oder sich verirren, ich weiß gewiss, auch sie sind nicht verloren. (Rabindranâth Tagore, 1861–1941)

Wer jung stirbt, dem bleibt viel Leid erspart. (Aus China)

Tugend

Die wahre Tugend ist das Leben unter der Leitung der Vernunft. (Baruch Spinoza, 1632–1677; „Posthum“) / Auch die Begriffe von Tugend und Sittlichkeit sind der Mode unterworfen, und wer sich nicht nach den Modebegriffen seines Jahrhunderts schmiegen kann, der wird von den Zeitgenossen verkannt und verschrieen. (Moses Mendelssohn, 1729–1786; „An Hennings“) / Die Grabsteine der Tugend werden gewöhnlich beim Juwelier gekauft. (Oskar Blumenthal, 1852–1917)

Darin besteht das Wesen der Tugend, dass du in Leiden und Freuden ein und derselbe Mensch bist. (Thomas a Kempis, 1380–1471) / Das Laster flieht zu seinen Finsternissen, wenn sich die Tugend naht. (Christoph August Tiedge, 1752–1842) / Wir verlangen sehr oft nur deshalb Tugenden von anderen, damit unsere Fehler sich bequemer breit machen können. (Marie von Ebner-Eschenbach, 1830–1916; „Aphorismen“)

Jeder wird den Tod erleiden. Wir stellen euch auf die Probe durch die Prüfungen des Guten und des Bösen. Zu uns werdet ihr zurückkehren. (Korân; Sure 21,35) / Tugend und Adel verbergen sich nicht. (Firdausî, 935–1021; „Schah-Nameh“) / Die Selbstsucht wird nur dann bekämpft, wenn sie als seelische Erkrankung Einzelner zutage tritt; wird sie aber zur Epidemie, welche ein ganzes Volk erfasst, dann feiert man dasselbe Laster als große nationale Tugend. (Maulânâ Muhammad Ali, 1874–1951; „Die neue Weltordnung“)

Pflichtgetreu sind stets die Guten, ohne Wanken, ohne Wehen: Ihre Tugend lenkt die Sonne und erhält die Erde aufrecht. (Mahâbhârata; 500 v. Chr. bis 500 n. Chr.) / Es beugen sich fruchtbeladene Bäume, es beugen sich tugendhafte Menschen; trockenes Holz dagegen und ein Narr werden gebrochen und beugen sich nicht. (Aus Indien) / Jeder ist für das Böse, das irgendwo in der Welt geschieht, verantwortlich. Alles, was mit dem Universum vereint, ist Tugend. Alles Trennende ist Sünde. (Swâmi Vivekânanda, 1862–1902)

Wer gleich der Erde nie sich widersetzt, wer Türschwellen gleich des Gleichmuts Tugend übt, wer wie der Bergsee frei von jedem Schmutz – ein Weiterwandern gibt es für den nicht. (Gautama Buddha, um 550–480 v. Chr.; „Dhammapada") / Hüten soll man sich vor Missetaten, die durch das Reden verursacht werden. Haltet mit Reden zurück! Übt Tugend mit dem Geist! (Gautama Buddha, um 550–480 v. Chr.; „Dhammapada") / Talente ohne Tugend sind Sklaven ohne Herren: Sie können sich nicht gut benehmen und sind zu allem fähig. (Aus China)

Überfluss

Überfülle dich nicht mit allerlei niedlicher Speise, und friss nicht zu gierig; denn viel Fressen macht krank, und ein unsättiger Fraß kriegt das Grimmen! (Bibel AT; Sir. 37,32) / Stolz ist Freude, die dem Mann entspringt, der zu viel von sich hält. (Baruch Spinoza, 1632–1677) / Es wird zu viel regiert, hier ist das Übel. (Ludwig Börne, 1786–1837, „Aristokratismus")

Wer hat, dem wird gegeben und bis zum Überfluss gegeben werden; wer aber nicht hat, dem wird auch das, was er hat, genommen werden. (Bibel NT; Mt. 13,12) / Wenn der Reiche den Überfluss behält, bestiehlt er den Armen. (Thomas von Aquin, 1225–1274) / Überfluss heißt Gefahr. (Tyrge Gulbransson, 1894–1962) / Alles, was uns wirklich nützt, ist für wenig Geld zu haben, nur das Überflüssige kostet viel. (Axel Munthe, 1857–1949)

O Kinder Adams, legt euren Schmuck an am Orte der Andacht, und esset und trinket, doch überschreitet die Grenzen nicht; denn wahrlich, Allah liebt nicht die Unmäßigen. (Korân; Sure 7,31) / Die Sattheit verhärtet das Herz und verdirbt den Verstand; sie hebt die Vorsicht auf und macht die Glieder zu schwer für die Frömmigkeit und die Wissenschaft; sie stärkt die Leidenschaften und unterstützt die Heere des Satans. (al-Ghazâlî, 1058–1112; „Der Anfang der Leitung") / Möge Gott die Überreichen ernähren! (Kahlil Gibran, 1883–1931; „Aphorismen")

Wer unter tausend, unter Millionen Wagenladungen nur auf den Scheffel sieht, der zu seinem Unterhalte ausreicht, wer in einem Palaste nur auf eine Schlafstelle für sich sieht, der ist ein freier Mann. (Mahâbhârata; 500 v. Chr. bis 500 n. Chr.) / Die Umwandlung zu einer andersartigen Existenz wird durch den Überfluss der Natur bewirkt. (Yoga-Sutra IV,2; 2. Jhdt. v. Chr.) / Man braucht nicht mit der Keule totzuschlagen, was sowieso schon tot ist. (Râmânuja, 1057–1137; „Siddhanta") / Wenn der Wind bläst, sind Fächer überflüssig. (Shrî Râmakrishna, 1834–1886)

Schöpf das Wasser aus dem Boot, Mönch, schöpf es aus! Leicht wird es dann fahren. (Gautama Buddha, um 550–480 v. Chr.; „Sutta-Nipâta") / Wenn der Wohlstand zu groß wird, dann ist der Verfall nahe. Wenn ein Wasserbehälter zu voll ist, muss man ihn entleeren, sonst bricht er. (Sakya Pandita, 1182–1251; „Kostbare Schatzkammer der Tugenden") / Zu viel Geist haben heißt nicht genug davon haben. (Aus China)

Übermut

Kommt Übermut, so kommt auch Schande. (Bibel AT; Spr. 11,2) / Wandere nicht mit einem Tollkühnen, dass er dich nicht ins Unglück bringe. (Bibel AT; Sir. 8,18) / Die Regierungen tun öfters Böses aus Feigheit als aus Übermut. (Ludwig Börne, 1786–1837; „Fragmente und Aphorismen“)

Sitzt die Maus am Speck, so piept sie nicht. (Abraham a Santa Clara, 1644–1709; „Judas der Erzschelm“) / Gott am fernsten ist, wer glaubt, das Rätsel der Welt lösen zu können. (François R. de Chateaubriand, 1768–1848) / Wenn der Mensch Gott verstoßen hat, so beugt er sich vor einem Götzen. (Fjodor M. Dostojewski, 1821–1881)

Und wenn Allah seinen Dienern die Versorgung erweitern würde, sie würden übermütig werden auf Erden; doch er sendet mit Maß hinab, wie es ihm gefällt. Fürwahr, er kennt und durchschaut seine Diener. (Korân; Sure 42,27) / Ein wahrer Diener seines Herrn nur jener ist, der über der Gnade des Herrn nicht diesen selbst vergisst. (Saadî; um 1215–1292) / Die Zunge des Vernünftigen liegt unter seinem Herzen, und das Herz des Unvernünftigen liegt hinter seiner Zunge. (Ali ibn Ali Talib, gest. 661)

Wer unbewusst dahinlebt mit ungezügelten Gedanken und Gefühlen, dessen Sinne gehen mit ihm durch. Sie gleichen schlechten Pferden, die den Zügeln des Wagenlenkers nicht gehorchen. (Katha-Upanishad; 800–500 v. Chr.) / Das fortwährende Zusammenwohnen mit dem Glück verblendet einen unverständigen Menschen; das Glück fegt seine Besonnenheit hinweg wie der Wind die Wolke im Herbst. (Mahâbhârata; 500 v. Chr. bis 500 n. Chr.) / Durch übermütige Reden schlechter Menschen schwindet fürwahr niemals die Würde eines großen Mannes: Sinkt etwa der Wert eines Edelsteins, wenn er mit Erdenstaub bedeckt ist? (Aus Indien)

In den Ästen der Gebirgsbäume bewegen sich flink die Affen, groß und klein. Vor dem Hinunterstürzen fürchten sie sich nicht, es ist ihre wahre Natur, diese Art von Übermut. (Milarepa, 1052–1135; „Sieben Legenden“) / Inmitten einer großen Freude soll man nichts versprechen. (Aus China) / Gar mancher, der sein Inneres nach Außen schreit, weil übergroß ist die Geschwätzigkeit. (Lama Kazi Dawa-Samdup; „Unendliche Freude der Weisen“)

Übertreibung

Sei nicht überfromm, und gebärde dich nicht gar zu weise; warum willst du dich zugrunde richten? Sei auch nicht zu gottlos, und sei kein Tor; warum willst du vor der Zeit sterben? (Bibel AT; Pred. 7,17–18) / Sei nicht überfromm, denn gerade das verführt zu ungesetzlichem Handeln. (Jehuda Hachassid, 13. Jhdt.; „Das Buch der Frommen“) / Was uns als Größenwahn erscheint, ist nicht immer eine Geisteskrankheit. Oft genug ist es nur die Maske eines Menschen, der an sich verzweifelt. (Arthur Schnitzler, 1862–1931)

Nach allem, was ich sehe, sind die ebenso krank, die sich mit allzu viel überladen, als die bei nichts darben. (William Shakespeare, 1564–1616;

„Der Kaufmann von Venedig") / Die Übertreibung ist der Lüge verwandt, und man kommt durch sie um den Ruf des guten Geschmacks, welches viel, und um den der Verständigkeit, welches mehr ist. (Balthasar Gracian, 1601–1658) / Die Pforte im Himmel ist klein. Es kann kein Prahlhans hinein. (Abraham a Santa Clara, 1644–1709)

Die Frucht der Übertreibung ist Reue, und die Frucht der klugen Beherrschung ist Gesundheit. (Ali ibn Ali Talib, gest. 661) / Wer aus seinen kleinen Leiden viel Wesens macht, den schlägt Gott mit seinen großen. (1001 Nacht; 16./17. Jhdt.) / Einmal erzählte ich einem Bach vom Meer, doch der Bach hielt mich für einen phantasiereichen Übertreiber. Und einmal erzählte ich dem Meer vom Bach, doch das Meer hielt mich für einen geringschätzigen Verleumder. (Kahlil Gibran, 1883–1931; „Aphorismen")

Auf Trunksucht, Weiber, Jagd und Spiel, auf harte Strafen und Verschwendung, auf hartes Wort der Fürst verfiel infolge sündiger Verblendung. (Nârâjana, 9./10. Jhdt.; „Hitopadesa") / Großreiche haben die Tendenz, uns zu entseelen. Ausdehnung im Raum ist nicht notwendig Wachstum im Geist. (Sarvepalli Radhakrishnan, 1888–1975; „Gemeinschaft des Geistes")

Wer viel schießt, ist noch kein Schütze. Wer viel redet, ist noch kein Redner. (Aus China) / Die Menschen gehen verschwenderisch mit Worten um, weil sie so zerstreut sind. Wenn Schweigen Gold ist, dann kann man nur feststellen, dass zurzeit viel zu viele Silberstücke in Umlauf sind. (Nyogen Senzaki, 1876–1958; „Keine Spur im Wasser") / Übertriebene Höflichkeit ist Unhöflichkeit. (Aus Japan)

Überwindung

Der Eigensinn einer Frau ist auf eine ganz wunderliche Art befestigt. Der Graben ist hinter dem Wall. Hat man die steilsten Einwendungen erstiegen und glaubt, jetzt wäre alles geschehen, entdeckt man erst, dass das Schwerste noch zu tun sei. (Ludwig Börne, 1786–1837; „Fragmente und Aphorismen") / Wir können uns in nur vierzehn Tagen von unseren Depressionen befreien, wenn wir uns nur jeden Tag überlegen, wie wir anderen helfen können. (Alfred Adler, 1870–1937) / Die Widerstände der Welt werden größer mit den größeren Zielen. (Franz Kafka, 1883–1924)

Jede Kraft ist bestrebt, ihre eigene Ursache zu überwinden, und wenn sie diese überwunden hat, so stirbt sie. (Leonardo da Vinci, 1452–1519) / Was uns erhebt und stürzt, sind Willen und Verstand, wer über beide steigt, der wird mit Gott bekannt. (Angelus Silesius, 1624–1677; „Der Cherubinische Wandersmann") / Soviel du dich selbst überwindest, so viel wirst du dich entdecken und befreien. (Bonifazius Wöhrmüller, geb. 1885)

Wisset, dass das diesseitige Leben nur Spiel, Zerstreuung, Schmuck und Prahlerei den anderen gegenüber ist und Wetteifern nach mehr Vermögen und mehr Kindern ... Das diesseitige Leben ist nur eine trügerische Nutznießung. (Korân; Sure 57,20) / Der wahre Liebende findet das Licht nur, wenn er, der Kerze gleich, sich selbst verzehrt. (Attâr, um 1136 bis ca.

1220) / Nur wer der Welt sich ferne hält, entrinnt der Welt in dieser Welt. (Saadî, um 1215–1292; „Bostân“)

Wem Verlangen schwand, der ist des Leidens bar und wird auch im Strom der Geburten nicht gequält. (Ashtâvakra-Gîtâ; ca. 2. Jhdt. v. Chr.) / Jedes Lebewesen im Universum trägt die Möglichkeit in sich, die Grenzen der Welt der Erscheinungen zu überschreiten; selbst der kleine Wurm wird eines Tages Gott in sich verwirklichen. (Swâmi Vivekânanda, 1862–1902) / Wer sich selbst bezwingt, bezwingt den Blitz. Wer das Schwert der Einsicht zieht, wird nicht oft der stählernen Waffe bedürfen. (Dhan Gopal Mukerdshi, 1890–1936; „Ghond“)

Gescholten hat man mich, verletzt, hat mich besiegt, hat mich verlacht: Wer solchen Sinn zu bannen weiß, von Feindschaft lässt er eilig ab. (Gautama Buddha, um 550–480 v. Chr.; „Majjhima-Nikâya“) / Lasst die Menschen den Zorn durch Liebe und Güte, das Böse durch Gutes, den Geiz durch Freigebigkeit überwinden; lasst sie den Lügner durch die Wahrheit besiegen. (Gautama Buddha, um 550–480 v. Chr.; „Dhammapada“) / Wenn du einen Feind, der dir geschadet hat, überwinden möchtest, dann überwinde zuerst deinen Zorn. (Sakya Pandita, 1182–1251; „Kostbare Schatzkammer der Tugenden“)

Überzeugung

Bei jedem Werk hab deine Überzeugung. (Bibel AT; Sir. 35,23) / Ich glaube mit voller Überzeugung, dass der Schöpfer – gepriesen sei sein Name! – einzig ist, dass es keine Einzigkeit gleich der seinen in irgendeiner Art gibt, dass nur er allein unser Gott war, ist und sein wird. (Moses Maimonides, 1135–1204) / Der Mensch hat zwei Beine und zwei Überzeugungen: eine, wenn's ihm gut geht, und eine, wenn's ihm schlecht geht. Die Letztere heißt Religion. (Kurt Tucholsky, 1890–1935)

Man muss Überzeugungen hochhalten: man soll erst lange darüber nachdenken, ehe man ihnen seine Zustimmung gibt. (Henri D. Lacordaire, 1802–1861) / Man stirbt für Meinungen und nicht für Gewissheiten, für das, was man glaubt, nicht für das, was man weiß. (Ernest Renan, 1823–1892; „L'église chrétienne“) / Eine Überzeugung, nach der ein Mensch nicht lebt, ist nicht seine Überzeugung. (Christoph Schrempf, geb. 1860)

Erwidre das Böse mit dem, was besser ist: Und dann wird derjenige, mit dem du in Feindschaft lebtest, so umgewandelt werden, als wenn er ein warmherziger Freund wäre. (Korân; Sure 41,35) / Der Kapitän hat eine andere Rechnung als der Matrose. (Aus Ägypten) / Das Paradies ist dort, hinter dieser Tür im nächsten Zimmer; aber ich habe den Schlüssel verloren. Vielleicht habe ich ihn auch nur verlegt. (Kahlil Gibran, 1883–1931; „Aphorismen“)

Wir haben keine Macht über die Überzeugung anderer. (Rabindranâth Tagore, 1861–1941) / Willst du einen Gegner überzeugen, so musst du ihm die besten und edelsten Züge seines Charakters vor Augen führen. Umwirb ihn auf diese Weise. Halte ihm nicht seine Fehler vor. (Mahatma Gandhi, 1869–1948)

Jemand in die Augen zu sehen ist besser, als von ihm zu hören. (Wu-men Hui-kai, 1183–1260; „Wu-men-kuan") / Meinungen sind wie Nägel: Je mehr du auf sie einschlägst, umso tiefer dringen sie ein. (Aus China) / Die meisten Menschen klammern sich an „ihre" Gedanken und verursachen auf diese Weise Leiden in der Welt. (Nyogen Senzaki, 1876–1958; „Keine Spur im Wasser")

Übung

Gib deinem Gesetzesstudium einen festen Rahmen. Sprich wenig! Tu viel! Empfang alle Menschen freundlich! (Sprüche der Väter 1,15; ca. 200 n. Chr.) / Der Maggid von Kosnitz sagte: „Der Mensch muss jeden Tag aus seinem Ägypten ausziehen." (Chassidische Weisheit) / Wir haben mit der Verwirklichung Gottes da zu beginnen, wo wir hingestellt sind. (Martin Buber, 1878–1965)

Oft ist Buße tun eine Übung im Sündigen und infolge von Mangel an Selbstzucht die Neigung, immer wieder nach der anderen Seite umzuschlagen. (Clemens von Alexandrien, um 150 bis um 215; „Paidagogos") / Es genügt nicht, die Dinge zu wissen; man muss sie auch üben. (Don Bosco, 1815–1888) / Religiöse Übung zieht vom Irdischen ab und sammelt doch die Kraft für das Irdische. (Hans Much, 1880–1932)

Soll ich euch mitteilen, was noch besser ist als Fasten, Gebet und Almosen? Es ist: Aussöhnung schaffen. (Mohammed, 570–632; „Hadith") / Und denke so inständig Gottes, bis selber du ganz dich vergisst, dass du im Gerufenen aufgehst, wo Rufer und Ruf nicht mehr ist! (Dschelâleddin Rûmî, 1207–1273)

Klug zu sein, wenn es gilt, andere zu unterweisen, ist eine leichte Sache für jedermann; aber selbst das Gute zu üben ist nur dem einen oder anderen großen Charakter zu eigen. (Aus Indien) / Wir müssen uns stets vor Augen halten, dass äußere Übungen nur von Wert sind, wenn sie die innere Reinheit fördern. (Swâmi Vivekânanda, 1862–1902) / Die religiösen Übungen sind ein blumenbestreuter Weg, über den man die Jugend zu Gott führt. (Dhan Gopal Mukerdshi, 1890–1936; „Ghond")

Da ihr nicht wisst, wann der Tod kommt, sollt ihr euch immer in der Religion so üben, als ob ihr noch diesen Abend sterben würdet. (Geshe Drom, 11. Jhdt.; „Kadamthorbu") / Lass deine Sinne nicht zum Spielplatz deines Geistes werden. (Lama Kazi Dawa-Samdup; „Unendliche Freude der Weisen") / Wenn ihr übt, eins zu werden mit dem Universum, werdet ihr in dieses eintreten und es in euch. (Sokei-an Roshi, 1882–1945; „Der Zen-Weg")

Unabhängigkeit

Der Mensch braucht keine heiligen Stätten für seine Gebete, weder Synagogen noch Religionsschulen, noch Tempel. Er kann überall beten, auch unter den Bäumen des Waldes. (Israel ben Eliser; 1699–1760) / Weder der Rechtschaffene noch der Dieb kann Vergnügen oder Verdruss in Gott bewirken. (Baruch Spinoza, 1632–1677) / Wünsch ständig nur das Gute! Das Böse kommt von allein. (Jüdisches Sprichwort)

Beschreibung des Menschen: Abhängigkeit, Wunsch nach Unabhängigkeit, Bedürfnisse. (Blaise Pascal, 1623–1662) / Mein bester Freund, mein Leib, der ist mein ärgster Feind; er bind't und hält mich auf, wie gut er's immer meint. Ich hass und lieb ihn auch, und wenn es kommt zum Scheiden, so reiß ich mich von ihm mit Freuden und mit Leiden. (Angelus Silesius, 1624–1677; „Der Cherubinische Wandersmann") / Unabhängigkeit von andern ist für unsere Freiheit gefährlich. Sie ist völlige Verlassenheit von allen äußeren Bundesgenossen gegen die Tyrannei unseres Eigennutzes. (Richard Rothe, 1799–1867)

Für einen Menschen gibt es nichts Besseres, als ohne irgendetwas zu sein – ohne Askese, ohne Theorie, ohne Praxis. Wenn er ohne alles ist, ist er mit allem. (Bâyazîd Bistâmî, gest. 874) / Wäre der Wind nicht so ungebunden, vielleicht hätte er eine Gestalt gefunden. (Firdausî, 935–1021; „Schah-Nameh") / Dessen Saum erfasse, der aus hohem Sinn schüttelte vom Ärmel Welt und weltlich Gut. (Dschâmî, 1414–1492; „Diwan") / Das beste Mittel, seiner Unabhängigkeit verlustig zu gehen, ist, das Geld auszugeben, das man nicht besitzt. (Kemâl Atatürk, 1881–1938)

Der Mensch ist anders als sein Schatten. Unabhängig von dem, was seinen Schatten berührt – Hitze, Kälte, Gutes oder Böses –, bleibt er selbst völlig unberührt. (Shankara, 788–820; „Kleinod der Unterscheidung") / Wer Gutes tut und nicht haftet an der Welt, der hat den Büßerwald im eigenen Heime. (Nârâjana, 9./10. Jhdt.; „Hitopadesa") / Der Hindu glaubt daran, dass der Mensch Geist ist. Ihn kann das Schwert nicht verletzen, ihn kann das Feuer nicht verbrennen, das Wasser kann ihn nicht aufweichen, die Luft kann ihn nicht austrocknen. (Swâmi Vivekânanda, 1862–1902)

O wie so glücklich leben wir, wir atmen frei von diesem nimmersatten Raffen, und wenn die Gier der Welt sich selber frisst, wir haben nichts damit zu schaffen. (Gautama Buddha, um 550–480 v. Chr.; „Dhammapada") / An einer Seele, die völlig frei von Gedanken und Erregungen ist, findet selbst der Tiger keine Stelle, seine Krallen einzuheften. (Takuan Shûhô, 1573–1645; „Das Unbewegte Begreifen") / Ungebundenheit bedeutet, von Farben nicht gefärbt, von Tönen nicht weggetragen und von Wasser nicht ertränkt zu werden. (Sokei-an Roshi, 1882–1945; „Übertragung des Zen")

Unbeständigkeit

Wessen Werke mehr sind als sein Wissen, dessen Wissen hat Bestand. Wessen Wissen aber seine Werke übertrifft, dessen Wissen hat keinen Bestand. (Sprüche der Väter 3,13; ca. 200 n. Chr.) / In einem wankenden Schiff fällt um, wer stillesteht, nicht wer sich bewegt. (Ludwig Börne, 1786–1837) / Wer sich an andre hält, dem wankt die Welt. Wer auf sich selber ruht, steht gut. (Paul von Heyse, 1830–1914; „Stammbuchvers")

Der Mensch ist leichtfertig durch die Unbeständigkeit seines Wandels. (Hildegard von Bingen, 1098–1179) / Der Zustand des Menschen: Unbeständigkeit, Langeweile, Unruhe. (Blaise Pascal, 1623–1662) / Die Unbeständigkeit des Glücks ist unser Glück. (Christian Wernicke, 1661–1725)

Das irdische Leben ist nur ein Spiel, nur Getändel. Die Pracht, die Sucht nach Ruhm und das Verlangen nach Mehrung der Reichtümer und Kinder gleichen Pflanzen, durch Regen genährt, deren Wachstum den Landmann erfreuen, die aber dann dürr und welk und zuletzt verdorrte Stoppeln werden. (Korân; Sure 57,21) / Ewig werden nicht die Sphären rollen noch die Welt bestehen, jene großen Lichter, Mond und Sonne, werden einst vergehen, und die Erdbewohner alle, ob in Städten, ob im Zelt sie nun hausen, müssen endlich scheiden aus der flüchtigen Welt. (Ibn Sara, gest. 1123; „Diwan aus Al-Andalus") / O Welt, du bist ganz Trug und Wind, dir traut kein verständiges Menschenkind. (Firdausî, 935–1021; „Schah-Nameh")

Unbeständig ist alles das hier, verdorben von dreifacher Schmerzensglut, wesenlos, verwerflich, hinfahrenswert, wer so entscheidet kommt zur Ruhe. (Ashtâvakra-Gîtâ; ca. 2. Jhdt. v. Chr.) / Wenn man stets erkennt, dass das Leben der Menschen so schwankend ist wie das Bild des Mondes im Wasser, wird man glücklich. (Nârâjana, 9./10. Jhdt. n. Chr.; „Hitopadesa")

Nichts ist bleibend, nichts ist unbeweglich. Wir sollten nicht an einem Zustand unseres Bewusstseins festhalten, nicht an einem Bild unseres Selbst hängen. (Milindapana, 1. Jhdt. v. Chr.) / Ich nehme die unbeständige Welt der Erscheinung als Gleichnis. Die irdischen Güter achte ich dem Trugbild des Wassers gleich. (Milarepa, 1052–1135; „Sieben Legenden") / Am Morgen mag man noch leben und am Nachmittag schon nicht mehr. Zur Schlafenszeit mag man noch dort sein und zur Aufstehzeit ist man nicht mehr hier. Jetzt lebt man noch und nun schon nicht mehr. Wahrhaft beängstigend ist das Leben in seiner unbeständigen Art. (Jesche Tsöndrü, 1761–1816; „Die Elixiere der Erleuchtung")

Unbewusstheit

Die menschliche Freiheit besteht lediglich darin, dass sich die Menschen ihres Wollens bewusst und der Ursachen, von denen sie bestimmt werden, unbewusst sind. (Baruch Spinoza, 1632–1677) / Nur unbewusste Freude ist von trüben Wolken frei; denn wer die Schatten nur vermisst, der ruft sie schon herbei. (Oskar Blumenthal, 1852–1917) / Wir sind alle Darsteller von Nebenrollen, ohne allzu viel vom Stück zu wissen. (Max Brod, 1884–1968)

Es liegt nichts dran, ob es der Mensch nicht merken will, Gott liebt ihn, wie er ist, ohn Maß und Ziel. (Angelus Silesius, 1624–1677; „Der Cherubinische Wandersmann") / Wenn man bei den Sorgen der Männer tief genug gräbt, kommt meist eine Frau zum Vorschein. (Aus der Bretagne) / Das Leben braucht den Schutz der Unbewusstheit. (Romano Guardini, 1885–1968)

Die Menschen in der Welt gleichen einer Karawane, die dahingeführt wird, während sie schlafen. (Ali ibn Ali Talib, gest. 661) / Ob Sultan, Heiliger, Taschendieb, einen jeden packt die Liebe beim Schopf und schleppt uns auf geheimen Wegen zu Gott. Nie war mir bewusst, dass auch Gott sich nach uns sehnt. (Dschelâleddin Rûmî, 1207–1273) / Schönheit in ihrer zartesten Form bleibt oft unbemerkt und ungehört. (Kahlil Gibran, 1883–1931; „Aphorismen“)

Aufgrund der Leiden, die durch die Veränderung, die Bedrückung und die unterbewussten Eindrücke entstehen, und weil die Bewegungen der Kräfte der Natur sich gegenseitig stören, erkennen die unterscheidenden Wesen, dass alles Leiden ist. (Patanjali, 2. Jhdt. v. Chr.; „Yoga-Sutra“) / Der Narr sieht die Widerspiegelung der Sonne im Wasser einer Schale und hält sie für die wirkliche Sonne. In Täuschung befangen, hält der unwissende Mensch die Widerspiegelung des reinen Bewusstseins auf seinen Hüllen irrtümlicherweise für das wirkliche Ich. (Shankara, 788–820; „Kleinod der Unterscheidung“) / Es gibt einen Zustand, in dem lösen sich Gedanken, Gefühl und Intuition im Unteilbaren auf. (Shrî Râmakrishna, 1834–1886)

Was immer ihr wahrnehmt, was immer ihr aussprecht – es gibt nichts, was nicht von eurem eigenen Geist stammt. (Geshe Drom, 11. Jhdt.; „Kadamthorbu“) / Ich kümmere mich nicht mehr um Erleuchtung den ganzen Tag, und daher kommt es: Am Morgen wach ich ausgeschlafen auf! (Bankei Eitaku, 1622–1693) / Wenn euer Geist zu eurem Unterbewusstsein vordringt, vergesst ihr euch selber, und weder Zeit noch Raum bleiben übrig. (Sokei-an Roshi, 1882–1945; „Der Zen-Weg“)

Undank

Sie essen Gottes Brot und rufen ihn nicht an. (Bibel AT; Ps. 53,5) / In den Brunnen, aus dem man getrunken hat, soll man keinen Stein werfen. (Talmud; 70–500 n. Chr.; Baba Qamma 92a) / Der größte Fehler ist Undankbarkeit. Sie ist selbst den Tieren gegenüber nicht gestattet. (Jehuda Hachassid, 13. Jhdt.; „Das Buch der Frommen“)

Wer sich viel über Undankbarkeit beschwert, ist ein Taugenichts, der niemals aus Menschlichkeit, sondern aus Eigennutz andern gedient hat. (Ewald von Kleist, 1715–1759; „Prosaische Aufsätze“) / Ein jeder von uns muss sich dagegen wehren, die bitteren Sprüche von der Undankbarkeit der Welt in seine Weltanschauung aufzunehmen. (Albert Schweitzer, 1875–1965) / Undank ist umso ärger, je lauterer und größer die Liebe des Wohltäters war. (Hugo Lang, 1892–1967)

Wer den Menschen nicht dankbar ist, der ist auch Gott nicht dankbar. (Mohammed, 570–632; „Hadith“) / Wer gegen Gott undankbar ist, der nimmt nirgends das Gute wahr. (Firdausî, 935–1021; „Schah-Nameh“) / Der Hund vergisst den einzigen Bissen nicht, und wirfst du ihm auch hundert Steine nach. Im Menschen, den du jahrelang gepflegt, werden durch ein Nichts Verrat und Feindschaft wach. (Saadî, um 1215–1292; „Rosengarten“)

Hundert Wohltaten sind verloren an Schlechte, hundert schöne Sprüche sind verloren an Dumme, hundert Ratschläge an den, der keine Ratschläge befolgt, hundertfacher Verstand ist verloren an Unvernünftige. (Aus Indien) / Man soll nicht allzu gerade sein; geh und sieh dir einen Wald an: Da werden die geraden Bäume gefällt, und die krummen bleiben stehen.

(Aus Indien) / Wer mit Güte den Schlechten sucht zu gewinnen, pflügt nutzlos die Wolken, wäscht unsichtigen Wind und malt in die Wogen. (Aus Indien)

B Der Meister der Schönschreibkunst wird sich nie über den Pinsel beklagen, den er benutzt. (Aus Korea) / Dem Satten schmeckt die beste Mahlzeit nicht. (Wu-men Hui-kai, 1183–1260; „Wu-men-kuan“) / Der Weise vergisst die Beleidigungen wie ein Undankbarer die Wohltaten. (Aus China)

Unendlichkeit

J Es gibt nur eine, alle Determination und Negation von sich ausschließende, unendliche Substanz, welche Gott genannt wird und das eine Sein in allem Dasein ist. (Baruch Spinoza, 1632–1677) Was sieht der Seher? Die Felder des Heiligen Landes. (Martin Buber, 1878–1965)

C Nichts ist dem Geist erreichbarer als das Unendliche. (Novalis, 1772–1801) / Das Endliche soll sich weiten zum Unendlichen. Es gibt kein Jenseits, kein anderes Ufer mehr, wenn das Unendliche in unser Leben selbst zu liegen kommt. (Joseph Bernhart, 1881–1969) / In der Unendlichkeitsanlage des Strebens zeigt sich die Anlage auf ein unendliches Gut. (Hans Much, 1880–1932)

I Gott ist ein einziger Gott, der erhabene Gott. Er hat nicht gezeugt, noch ist er gezeugt, und kein einziger ist ihm ebenbürtig. (Korân; Sure 112) / O Gott, niemals lausche ich auf die Stimme eines Tieres oder das Rauschen eines Baumes, das Sprudeln von Wasser oder den Sang eines Vogels, das Brausen des Windes oder das Grollen des Donners, ohne zu finden, dass sie deine Einzigkeit bezeugen und darauf hinweisen, dass es keinen gleich dir gibt, dass du der Allumfassende, der Allwissende bist. (Dhû'n-Nûn, ca. 796–859) / Ich bin, was ich bin. Wenn ich versuche, etwas zu sein, dann begrenze ich jenes Selbst, das in Wahrheit alles ist. (Hazrat Inayat Khan, 1882–1927; „Vadan“)

H Das Lebensprinzip könnte man sich vorstellen als den hundertsten Teil eines Hundertstels einer gespaltenen Haarspitze. Dann erscheint es als Unendlichkeit. (Svetâsvatara-Upanishad; 800–500 v. Chr.) / Die Schrift Lehrt: „Unendlichkeit ist dort, wo man nichts anderes sieht, hört und weiß.“ Es gibt keine Dualität. So stellt sie unsere falsche Vorstellung vom vielfältigen Sein richtig. (Shankara, 788–820; „Kleinod der Unterscheidung“) / Kann irgendjemand Gott in seiner Allmacht und Unendlichkeit kennen? Ich sehe auch gar nicht ein, wozu das notwendig wäre. Wenn ein Glas Wasser meinen Durst löscht, wozu sollte ich ausmessen, wie viel Wasser im See ist? (Shrî Râmakrishna, 1834–1886; „Ewige Botschaft“)

B In diesem Jahr ist das Universum meine Heimat geworden. Außen – nehme ich die Welt, wie sie ist, innen – durchbreche ich die Grenze, die die Sinne mir setzen. (Po Chü-i, 772–846) / Das Kleine dringt ein ins Unendliche. Das Große begrenzt den Kosmos. (Tung-shan Liang-chieh, 807–869; „San-mei-k'o“) / Wo Außen und Innen gleich, ist Wissens Unendlichkeit, wo Schatten und Licht identisch, ist der Weisheit Unendlichkeit. (Milarepa, 1052–1135; „Sieben Legenden“)

Ungerechtigkeit

So geht es jedem, der ungerechten Gewinn sucht; es kostet dessen Besitzer das Leben. (Bibel AT; Spr. 1,19) / Wehe dem, der da baut sein Haus mit Ungerechtigkeit und seine Gemächer mit Unrecht, der seinen Nächsten ohne Entgelt arbeiten lässt und seinen Lohn ihm nicht gibt. (Bibel AT; Jer. 22,13) / Es steht nicht in unserer Macht zu erklären, warum Ungerechte ruhig leben und Gerechte leiden. (Sprüche der Väter 4,19; ca. 200 n. Chr.) / Weh, verflucht sei die Welt – wenn man sieht, wen sie segnet und wen sie schilt. (Jüdisches Sprichwort)

Wer im Kleinsten ungerecht ist, der ist auch im Großen ungerecht. (Bibel NT; Lk. 16,10) / Alle Ungerechtigkeiten der Welt scheinen mir so unbedeutend zu sein, dass man davon in keiner Weise berührt werden sollte. (Theresia von Avila, 1515–1582) / Sich von einem ungerechten Verdacht reinigen zu wollen ist entweder überflüssig oder vergeblich. (Marie von Ebner-Eschenbach, 1830–1916; „Aphorismen") / Ungerechtigkeit irgendwo auf der Welt gefährdet die Gerechtigkeit überall. (Martin Luther King, 1929–1968)

Eine böse Tat werde mit gleich Bösem vergolten. Wer aber verzeiht und zum Frieden bereit ist, erhält seinen Lohn bei Gott. Gott liebt nicht die Ungerechten. (Korân; Sure 42,40) / Meide die Ungerechtigkeit. Die Ungerechtigkeit ist Dunkelheit am Tag der Auferstehung. (Mohammed, 570–632; „Hadith") / Das Reich dauert schließlich noch mit Unglauben, aber nicht mit Ungerechtigkeit. (Nizâm ul-Mulk; 1018–1092) / Es gibt auf der Welt weder Unterdrücker noch Unterdrückte. Es gibt solche, die dulden, dass man sie unterdrückt, und solche, die es nicht dulden. (Kemâl Atatürk, 1881–1938)

Hier in dieser Welt trägt die Erde Gute und Böse, scheint die Sonne auf Gute und Böse, weht der Wind für Gute und Böse, und reinigt das Wasser Gute und Böse. (Aus Indien) / Die Ungerechtigkeit, dass Dumme in Freuden leben, Kluge und Gescheite dagegen zu leiden haben, sieht man in der Welt weit verbreitet. (Aus Indien) / Durch Ungerechtigkeit gewinnt der Mensch, was wünschenswert erscheint. Er besiegt seine Feinde, geht aber darüber in seinem Wesen zugrunde. (Rabindranâth Tagore, 1861–1941)

Wie Rost wirkt die ungerechte Verteilung der Güter in der Welt. (Gautama Buddha, um 550–480 v. Chr.; „Dhammapada") / Unrecht, dem angetan, der schuldlos wie ein Kind, zum Täter kehrt's zurück wie Staubwurf gegen Wind. (Gautama Buddha, um 550–480 v. Chr.; „Dhammapada")

Unglaube

Des Hochmuts Anfang ist es, wenn ein Mensch sich auflehnt und sein Herz von seinem Schöpfer abfällt. (Bibel AT; Sir. 10,12) / Ein freudiger Ungläubiger, sagte Rabbi Naftali von Ropschütz, hat im Himmel mehr Ansehen als ein trauriger Chassid. Siehst du einen frommen Mann, der keine Freude hat, dann wisse, dass seine Gottesfurcht nicht aus reinem Quell fließt. (Chajim Bloch, 1881–1973; „Aus Mirjas Brunnen") / Es sind in Deutschland die Theologen, die dem lieben Gott ein Ende machen. On n'est jamais trahi que par les siens. Man wird immer nur von seinen Angehörigen verraten. (Heinrich Heine, 1797–1856; „Religion und Philosophie")

Der Glaube ist nicht jedermanns Ding. (Bibel NT; 2. Thess. 3,2) / Nur große Menschen haben Ketzereien hervorgebracht. (Aurelius Augustinus, 354–430; „Enarratio in Psalm 124,5") / Der rechte Unglaube bezieht sich auf keine einzelnen Sätze und Gegensätze, sondern auf die Erblindung gegen das Ganze. (Jean Paul, 1763–1825; „Levana") / Einen Gottlosen habe ich noch nie gesehen; nur Ruhelose sind mir begegnet. (Fjodor Dostojewski, 1821–1881; „Der Jüngling")

Ungläubig sind wahrlich, die da sprechen: „Allah ist der Dritte von Dreien"; es gibt keinen Gott als den einigen Gott. Und wenn sie nicht abstehen von dem, was sie sagen, wahrlich, so werden die unter ihnen, die dem Unglauben huldigen, eine schmerzliche Strafe erleiden. (Korân; Sure 5,73) / Glaube und Unglaube unterscheiden sich im Hinblick auf den Namen; aber im Hinblick auf die Wirklichkeit gibt es keinen Unterschied zwischen ihnen. (al-Hallâdsch, 858–922) / Wer nicht an das Schöne glaubt, streue Asche auf sein Haupt. (Hâfis, 1326–1390; „Der Sänger von Schiras")

Kabir! Mit denen, die ungläubig sind, verkehre nicht, und fliehe sie im Leben – berührst du einen schmutzig schwarzen Topf, bleibt etwas Schmutz doch immer an dir kleben. (Kabîr, 1440–1518; „Spruchgedichte") / Die Welt für wirklich und das Selbst für unwirklich zu halten ist Unwissenheit und Ursache des Leidens. (Sri Nisargadatta Maharaj, 1897–1981; „Ich bin")

Zu Ungläubigen vom Glauben reden ist wie süße Milch den giftigen Schlangen geben. (Lama Kazi Dawa-Samdup; „Unendliche Freude der Weisen") / Wer nicht glaubt, dass gerade gerade ist, muss sich vor dem Bösen des Guten hüten. (Wu Cheng-en, um 1500–1582) / Der Buddhismus bemüht sich nicht um Anhänger. (Nyogen Senzaki, 1876–1958; „Keine Spur im Wasser")

Unglück

Wie die Fische, die im bösen Netze sich fangen, wie die Vögel, die in der Schlinge stecken, so werden die Menschen verstrickt zur Zeit des Unheils. (Bibel AT; Pred. 9,12) / Gräme dich nicht über das Unglück von morgen, denn du weißt nicht, was der Tag gebiert; morgen bist du vielleicht nicht mehr da und grämst dich über eine Welt, die nicht dein. (Talmud; 70–500 n. Chr.; Synhedrin) / Das eben ist das Unglück der Könige, dass sie die Wahrheit nicht hören wollen. (Johann Jacoby, 1805–1877)

Dem Tapferen sind Glück und Unglück wie seine rechte und linke Hand; er bedient sich beider. (Katharina von Siena, 1347–1380) / Wo ein Tröpflein Unglück ist, da ist doch auch ein Meer voll göttlicher Wohltaten. (Martin Luther, 1483–1546) / Ich habe herausbekommen, dass alles menschliche Unglück aus einer einzigen Ursache herkommt, nämlich der, dass man nicht ruhig in seinem Zimmer zu bleiben vermag. (Blaise Pascal, 1623–1662) / Siehe das Unglück, ehe es dich sieht. (Hans Eschelbach, 1868--1948)

O Gott, jeder, der jemand liebt, sucht dessen Ruhe; aber wenn du jemanden liebst, so lässt du Heimsuchungen über sein Haupt regnen! (Yahya ibn Mu'adh, gest. 871) / Wer sich am Unglückstag der Hilfe will erfreuen, muss edelmütig sich zur Zeit des Glückes zeigen. (Saadî, um 1215–1292; „Rosengarten") / Alles irdische Glück, das nicht näher zu Gott führt, ist ein Unglück. (1001 Nacht; 16./17. Jhdt.)

Auch durch den kleinsten Riss kann Unglück eindringen. (Kâlidâsa, 4./5. Jhdt.; „Sakuntala") / Dieses mächtige Ich kann bis auf die Wurzeln abgeschnitten werden. Doch wenn die Gedanken es auch nur einen Augenblick ernähren, wird es wieder lebendig und richtet hundertfaches Unheil an. (Shankara, 788–820; „Kleinod der Unterscheidung") / Waffen, Gifte, Feuers Flammen, Hunger, Absturz, Sorgen auch rauben uns den Lebenshauch. (Nârâjana, 9./10. Jhdt.; „Hitopadesa")

Auch allein böse Gedanken können viel Unheil schaffen. (Gautama Buddha, um 550–480 v. Chr.; „Dhammapada") / Das Glück verwandelt sich in Unglück. Das Unglück verwandelt sich in Glück. (Tung-shan Liang-chieh, 807–869; „San-mei-k'o") / Das sind des Mannes Leiden: jäher Tod des Wallachs während des Marsches, Zerbrechen des Bogens auf der Jagd, Tod der Frau im Alter und Bersten des Kessels im Winter. (Aus der Mongolei)

Unrecht

Schätze, durch Unrecht erworben, nützen nichts. (Bibel AT; Spr. 10,2) / Mancher dienet dem andern zu unrechten Sachen, und eben darum kriegt er ihn zum Feinde. (Bibel AT; Sir. 20,25) / Die Demut erfordert, Unrecht zu leiden ohne Wiedervergeltung, den Zorn zu bändigen und mit dem Nächsten in Frieden zu leben. (Jechiel ben Jekutiel ben Benjamin, 13. Jhdt.) / Die Jugend hat in der Regel Unrecht in dem, was sie behauptet; aber Recht darin, dass sie es behauptet. (Georg Simmel, 1858–1918)

Wer im Geringsten treu ist, der ist auch im Großen treu, und wer im Geringsten unrecht ist, der ist auch im Großen unrecht. (Bibel NT; Lk. 16,10) / Wenn der innere Mensch auch imstande wäre, ungestraft allen Leuten unrecht und übel zu tun, es gelüstete ihn doch nicht danach, da ihm doch unerträglich ist, was immer Gott unangemessen und fremd ist und wider Geziemen. (Meister Eckhart, um 1260–1327) / Jedes Unrecht ist von Gott verlassen. (Joseph von Görres, 1776–1848) / Das Recht des Stärkeren ist das stärkste Unrecht. (Marie von Ebner-Eschenbach, 1830–1916)

Gott liebt es nicht, dass jemand über das Böse öffentlich redet, es sei denn, es wurde ihm unrecht getan. (Korân; Sure 4,148) / Und wer ein Unrecht oder eine Sünde begeht und sie dann einem Unschuldigen zur Last legt, der hat gewiss Verleumdung und offenbare Sünde auf sich geladen. (Korân; 6,112) / Willst du nicht von Großen Unrecht leiden, magst du schonen, lieber Freund, die Kleinen. Tut dir weh der Tritt des Elefanten, so setze nicht auf Ameisen den deinen! (Saadî, um 1215–1292) / Wenn der Habicht ein Küken fängt, wirft man ihm nicht ein Ei nach, um ihm das Küken wieder abzujagen. (Aus dem Sudan)

Nicht einmal der Traum hält das Unrecht fern. (Rigveda; 1500–500 v. Chr.) / Wenn du im Recht bist, kannst du dir leisten, die Ruhe zu bewahren, und wenn du im Unrecht bist, kannst du dir nicht leisten, sie zu verlieren. (Mohandas Gandhi, 1869–1908; „Erinnerungen“) / Das Unrecht kann sich keine Niederlage leisten, aber das Recht kann es. (Rabindranâth Tagore, 1861–1941)

Gescholten hat man mich, verletzt, hat mich besiegt, hat mich verlacht: Wer solchen Sinn im Herzen hegt, von Feindschaft lässt er nimmer ab. (Gautama Buddha, um 550–480 v. Chr.; „Majjhima-Nikâya“) / Hütet euch vor den bösen Taten, auch vor den kleinen Vergehen, denn sie vergiften euer Leben. (Gautama Buddha, um 550–480 v. Chr.; „Dhammapada“) / Der ist ein guter Mensch, der Unrecht ertragen kann. (Aus China)

Unsterblichkeit

Gottes Nähe bringt Unsterblichkeit. (Bibel AT; Sal. 6,19) / Für die, welche an keine Unsterblichkeit glauben, gibt es auch keine. (Ludwig Börne, 1786–1837; „Fragmente und Aphorismen“) / Gott hat nichts manifestiert, was auf eine Fortdauer nach dem Tode hinwiese. Auch Moses redet nicht davon. Es ist Gott vielleicht gar nicht recht, dass die Frommen die Fortdauer so fest annehmen. (Heinrich Heine, 1797–1856; „Religion und Philosophie“) / Wie könnten wir sterben, wenn wir nicht unsterblich wären? (Franz Werfel, 1890–1945)

Das Verlangen nach Seligkeit und Unsterblichkeit hat Gott in unser Wesen eingesenkt. (Aurelius Augustinus, 354–430) / Die Unsterblichkeit der Seele ist von so gewaltiger Bedeutung für uns, berührt uns so tief, dass man jedes Gefühl verloren haben muss, wenn es einem gleichgültig sein kann, zu wissen, was es damit auf sich hat. (Blaise Pascal, 1623–1662) / Das ganze Lebensgeschäft besteht darin, dass wir die Interessen unseres flüchtigen Daseins der Unsterblichkeit aufopfern. (Germaine de Staël, 1766–1817)

Bekämpfe alle fremden Gedanken, sei dir immer bewusst, was du tust und was du denkst, so dass jedes flüchtige Ereignis deines täglichen Lebens den Stempel deiner Unsterblichkeit trage. (Abdul Khâliq Ghijduwânî, gest. 1220) / Wenn sie am Tage des Todes tief in die Erde mich senken, dass mein Herz dann noch auf Erden weile, darfst du nicht denken! (Dschelâleddin Rûmî, 1207–1273)

Wenn alle Begierden schwinden, die im Herzen sich befinden, dann wird, wer sterblich, unsterblich. (Brhadâranyaka-Upanishad; 800–500 v. Chr.) / Der Mensch, der gütig ist und redlich handelt, gleichgültig gegen Dinge dieser Welt, der jedes Wesen, das auf Erden wandelt, für das, was er im Tiefsten selbst ist, hält, dem schenkt sich gnädig die Unsterblichkeit: In ihm ist Gottes wahre Wesenheit. (Kabîr, 1440–1518; „Spruchgedichte“) /

Die Unsterblichkeit liegt nicht im Nektar, sondern in dem, der ihn kostet, und wer sie außer sich sucht, dem entgeht sie. (Rabindranâth Tagore, 1861–1941; „Meine Lebenserinnerungen")

Achtsamkeit für alle Lebewesen ist der gute Weg zum glücklichen Leben und zur Unsterblichkeit. Doch Lieblosigkeit und Herzenshärte sind die Wege der Zerstörung. (Gautama Buddha, um 550–480 v. Chr.; „Dhammapada") / Ich gehe in die Stadt, um das Rad des Dharma zu drehen. In einer blind gewordenen Welt schlage ich die Trommel der Unsterblichkeit. (Gautama Buddha, um 550–480 v. Chr.; „Vinaya, Mahavagga") / Unsterblichkeit heißt: Ein Mensch stirbt, und seine Worte leben. (Aus China)

Untergang

Wer bei Nacht aufsteht, wer allein reist und wer sein Herz zum Eitlen wendet, ist Schuld an seinem Untergang. (Sprüche der Väter 3,6; ca. 200 n. Chr.) / Der Sinn des Absturzes ist es, dass man wieder den Aufstieg beginnt. (Rabbi Nachmann, 1771–1810) / Ein Jude weiß nicht, wo der Himmel ist – so hat man ihn zur Erde niedergedrückt! (Jüdisches Sprichwort)

Wenn ich wüsste, dass die Welt morgen untergeht, würde ich dennoch heute einen Apfelbaum pflanzen. (Martin Luther, 1483–1546; „Tischreden") / Untergehn und nicht vergehn ist der Sonne Eigenschaft: Durch des Schöpfers Will und Kraft stirbt der Mensch zum Auferstehn. (Friedrich von Logau, 1604–1655; „Der Sonne und des Menschen Untergang") / Das Zaudern, das in ruhigen Zeiten nützlich ist, bringt Männern in unruhigen Zeiten den Untergang. (Alphonse de Lamartine, 1790–1869)

Alles, was zum Gipfel aufklomm, muss zum Untergang sich wenden; lass, o Mensch, dich von des Lebens flüchtigen Reizen nicht verblenden! (Abul Beka Salih, 13. Jhdt.) / Ist der Tod ein Mann, so soll er kommen, ich will eng an meine Brust ihn ziehen. Er bekommt von mir ein Kleid, ein buntes, ich bekomm von ihm die farblose Seele. (Dschelâleddin Rûmî, 1207–1273)

Auf eine rechte Art und Weise erziehe man den Geist, der durch Lust und Gier zerstreut ist. Und wie der Geist ganz ruhig dann dem Untergang entgegengeht, so wird der Untergang zur Lust. (Mândûkya-Upanishad; 800–500 v. Chr.) / Es opfere sein Gut und gehe in den Tod der Weise, andere zu retten aus der Not. Denn da wir alle gehen in den Tod hienieden, sei uns zu gutem Zweck der Untergang beschieden! (Nârâjana, 9./10. Jhdt.; „Hitopadesa") / Warum entarten Religionen? Das Regenwasser ist rein. Doch wenn es Dach und Gassen durchlaufen hat, die unsauber sind, so verliert es seine reine Klarheit. (Râmakrishna, 1834–1886; „Der Samnyasin und Vedantist")

Manche sterben im Mutterleib, einige bei der Geburt, andere im rüstigen oder auch im hohen Alter. Wenn die Früchte des Wirkens reif sind, führen mannigfache Ursachen den Untergang des Individuums herbei. (Lin-chi, gest. 867) / Fällt ein Edler, so gleicht er dem Balle, der sich gleich wieder hebt nach dem Falle; fällt dagegen ein Schlechter nieder, hebt er sich wie ein Erdkloß nicht wieder. (Bhartrihari, 7. Jhdt.)

Unterschied

Durch drei Dinge unterscheidet sich der eine Mensch von dem andern: durch seine Stimme, durch sein Gesicht und durch seine Ansichten. (Talmud; 70–500 n. Chr.; Sanhedrin 38a) / Der Unterschied zwischen Freiheit und Freiheiten ist so groß wie zwischen Gott und Göttern. (Ludwig Börne, 1786–1837; „Fragmente und Aphorismen“) / Tatsächlich macht es in unserer Kultur weder vom psychologischen noch von einem ernsthaft religiösen Standpunkt aus einen wesentlichen Unterschied, ob jemand an Gott glaubt oder nicht. (Erich Fromm, 1900–1980; „Wege aus einer kranken Gesellschaft“)

In der Kirche gibt es keinen König und vor Gott keinen Unterschied. Dort sind wir alle gleich. (Friedrich Wilhelm III. von Preußen, 1770–1840) / Die Liebe kennt keine Verschiedenheit der Rassen und keine örtliche Entfernung. (Don Bosco, 1815–1888) / Man müsste Gott selber sein, um Erfolge und Misserfolge unterscheiden zu können. (Anton P. Tschechow, 1860–1904)

Glaube und Unglaube unterscheiden sich im Hinblick auf den Namen; aber im Hinblick auf die Wirklichkeit gibt es keinen Unterschied zwischen ihnen. (al-Hallâdsch, 858–922) / Die Gegensätze bewirken die Unterschiede im Leben. (Hazrat Inayat Khan, 1882–1927; „Gayan“) / Ein gütiger Gott macht keinen Unterschied zwischen Worten und Namen. Wenn es einen Gott gäbe, der denen, die ihren eigenen Weg in die Ewigkeit gehen, seinen Segen verweigert – kein menschliches Wesen sollte ihn anbeten. (Kahlil Gibran, 1883–1931; „Aphorismen“)

Des Geistes Zeiten sind innerlich, der Vielheit Zeiten sind äußerlich. Ihr Unterschied liegt nur hierin. Als Einbildung sind alle gleich. (Mândûkya-Upanishad; 800–500 v. Chr.) / Wenn ein Herr ohne Unterschied gleich verkehrt mit seinen Knechten, wird es bald den Guten leid, mehr zu leisten als die Schlechten. (Nârâjana, 9./10. Jhdt. n. Chr.; „Hitopadesa“) / Erst wenn die seelischen Schwingungen zur Ruhe gekommen sind, kann der Mensch erkennen, dass sich sein Wesenskern völlig von Körper, Geist und Seele unterscheidet. (Bhoja, 11. Jhdt.)

Ist der Geist nicht den Unterscheidungen unterworfen, werden alle Daseinsformen des Kosmos Einheit. (Seng-ts'an, gest. 606; „Hsin-hsin-ming“) / Verblendung ist es auch, wenn man glaubt, Verblendung könnte entstehen oder beseitigt werden. Verblendung hat eigentlich keine Grundlage, sondern kommt nur durch unterscheidende Denktätigkeit zustande. (Huang-po, gest. 850) / Wenn alles innerhalb eures großen Geistes existiert, fallen alle dualistischen Beziehungen weg. Es gibt keinen Unterschied zwischen Himmel und Erde, Mann und Frau, zwischen Lehrer und Schüler. (Shunryu Suzuki, 1905–1971; „Zen-Geist“)

Unvergänglichkeit

Allen Eigenschaften Gottes, seiner Weisheit, seiner Güte, seiner Gerechtigkeit, würde es widersprechen, wenn er die vernünftigen und nach der Vollkommenheit strebenden Wesen nur zu einer zeitlichen Dauer geschaffen hätte. (Moses Mendelssohn, 1729–1786; „Phaedon") / Ein jüdischer Schriftsteller ist bereit, bei lebendigem Leibe vor Hunger zu sterben, um dafür nach dem Tode ruhmvoll zu leben. (Jüdisches Sprichwort) / Wenn das, was im Paradies zerstörbar sein soll, zerstörbar war, dann war es nicht entscheidend; war es aber unzerstörbar, dann leben wir in einem falschen Glauben. (Franz Kafka, 1883–1924; „Das dritte Oktavheft")

Klein ist der Mensch, der Vergängliches sucht, groß aber, wer das Ewige im Sinn hat. (Antonius von Padua, 1195–1291; „Predigten") / Wir müssen nicht klagen, dass alles vergänglich sei. Das Vergänglichste, wenn es uns wahrhaft berührt, weckt in uns ein Unvergängliches. (Friedrich Hebbel, 1813–1863; „Tagebücher") / Je höher unsere Liebe, desto stärker ist unser Verlangen, das Unvergängliche zu lieben. (Robert Saitschik, 1868–1965)

Genügsamkeit ist ein Vermögen, das nie ausgegeben werden kann, und ein unvergänglicher Schatz. (Ali ibn Ali Talib, gest. 661) / Greif nach der Süße des Seins, nicht nach langem Bestehn. (Hâfis, 1326–1390) / Diese Welt gleicht einem tönernen Gefäß, das zerbrechlich ist. Die geistige Welt gleicht einem goldenen Gefäß, das unzerbrechlich ist. (Sufi-Weisheit)

Indra sprach: Wer mich als Leben, als Unsterbliches verehrt, der gelangt in dieser Welt zur vollen Lebensdauer, und er erlangt Unsterblichkeit, Unvergänglichkeit in der himmlischen Welt. (Kaushîtaki-Upanishad 3; 800–500 v. Chr.) / Die Weisen schauen nicht dies und das, sie schauen das unvergängliche Wesen. (Ashtâvakra-Gîtâ; ca. 2. Jhdt. v. Chr.) / Wenn du Gott erfahren hast und lebst dann in der Welt, ist sie nicht vergänglich. (Shrî Râmakrischna, 1834–1886)

Ganz gleich, wie oft man das Juwel der Weisheit auch anwendet, es verliert dadurch nichts von seinem kostbaren Wert. (Yung-chia Hsüan-chüeh, 665–713; „Shodoka") / Bevor wir den ersten Schritt machten, waren wir da; bevor wir die Zunge bewegten, hatten wir gesprochen. (Wu-men Hui-kai, 1183–1260; „Wu-men-kuan") / Kehre suchend um zu jener Zeit, als du zur Welt kamst: Du hast alles vergessen! (Bankei Eitaku, 1622–1693)

Unwissenheit

Wer unwissend ist, fürchtet keine Sünde, und wer ungebildet ist, ist nicht religiös. Wer schüchtern ist, wird nicht lernen, und wer ungeduldig ist, kann nicht lehren. (Sprüche der Väter 2,6; ca. 200 n. Chr.) / Der, welcher sagt, er wisse nicht, weiß viel mehr als der, welcher sagt, er wisse alles. (Jüdisches Sprichwort) / Die Nachwelt ist nicht besser als die Mitwelt, sie ist nur später. (Arthur Schnitzler, 1862–1931)

Besser gläubiges Unwissen als anmaßendes Wissen. (Aurelius Augustinus, 354–430) / Je mehr man schon weiß, je mehr hat man noch zu lernen. Mit dem Wissen nimmt auch das Nichtwissen in gleichem Grade zu oder vielmehr das Wissen des Nichtwissens. (Friedrich von Schlegel, 1772–1829) / Vorurteil stützt die Throne, Unwissenheit die Altäre. (Marie von Ebner-Eschenbach, 1830–1916)

Übe Nachsicht und gebiete Gütigkeit, und wende dich ab von den Unwissenden. (Korân; Sure 7,199) / Jene, deren Liebe immer Gegenliebe fand, wissen nicht um wahres Liebesempfinden. (Hazrat Inayat Khan, 1882–1927; „Gayan“) / Ich kenne die absolute Wahrheit nicht. Aber ich stehe meiner Unwissenheit demütig gegenüber, und darin liegen meine Ehre und meine Belohnung. (Kahlil Gibran, 1883–1931; „Aphorismen“)

Ich glaube zwar nicht, dass ich es gut weiß. Doch weiß ich auch nicht, dass ich es nicht weiß. Wer von uns dieses oder jenes weiß, der weiß dieses oder jenes. Nicht aber weiß er, dass er nichts weiß. (Kena-Upanishad; 800–500 v. Chr.) / Nichtwissen ist die Auffassung des Nicht-Ewigen, Unreinen, Leidvollen und Nicht-Selbstes als ewig, rein, lustvoll und als das Selbst. (Patanjali, 2. Jhdt. v. Chr.; „Yoga-Sutra“) / Aus Nichtwissen erwächst das All, Erkenntnis bringt es zum Verschwinden, die Gier allein ernährt sein Entstehen, wer dies weiß, kann Erlösung finden. (Shankara, 788–820; „Lehrgedichte“)

Wie ein Esslöffel nichts weiß vom guten Geschmack der Speisen, so weiß auch der Törichte nichts von der göttlichen Weisheit. (Gautama Buddha, um 550–480 v. Chr.; „Dhammapada“) / Unwissenheit ist Übelstes der Übel. Nur Weisheit hilft sie überwinden. (Lama Kazi Dawa-Samdup; „Unendliche Freude der Weisen“) / Ungewiss ist, ob ich heut nicht sterbe, und wo Geburt ich wieder nehme, steht außer meiner Macht. (Jesche Tsöndrü, 1761–1816; „Die Elixiere der Erleuchtung“)

Ursprung

Alle Narrheit erschöpfen, so gelangt man zum Boden der Weisheit. (Ludwig Börne, 1786–1837; „Aphorismen“) / Man darf weder die himmlischen noch die irdischen Mächte nach den Gründen ihrer Ratschlüsse fragen. (Jüdisches Sprichwort) / Der Ursprung allen Konflikts zwischen mir und meinen Mitmenschen ist, dass ich nicht sage, was ich meine, und dasss ich nicht tue, was ich sage. (Martin Buber, 1878–1965)

Die Sache haben sie (die Menschen) gesehen, aber nicht die Ursache. (Aurelius Augustinus, 354–430) / Gründe stammen aus Überzeugungen, nicht Überzeugungen aus Gründen. (Sören Kierkegaard, 1813–1855) / Wie köstlich frisch und lauter sind alle Wasser an ihrem Ursprung! Selig, wer gegen den Strom wandert, dahin, wo der Geist sich uns aus der Quelle schenkt. (Joseph Bernhart, 1881–1969)

Gott sagte: In deiner Gemeinschaft sagen die Leute: Was ist dieses? Was ist jenes?, bis sie schließlich sagen: Das ist Gott, er hat die Schöpfung erschaffen. Wer hat aber Gott selbst erschaffen? (Mohammed, 570–632; „Hadith“) / Das Urlicht ist Erscheiner, du der Erscheinung Ort; undenkbar ist Entzweiung der beiden hier und dort. (Dschâmî, 1414–1492; „Diwan“) / Das Ursprüngliche in uns ist Schweigsamkeit; das Erworbene Beredsamkeit. (Kahlil Gibran, 1883–1931; „Aphorismen“)

Was immer herrlich, wahr, heilbringend oder machtvoll ist, das hat seinen Ursprung in einem Bruchteil meines Glanzes. (Bhagavadgîtâ X,41; ca. 300 v. Chr.) / Das Brahman ist die bewirkende und die materielle Ursache der Welt. (Shankara, 788–820; „Vedanta-Sutras“) / Die Welt muss versöhnt werden, und sie kann versöhnt werden, weil sie ihren Ursprung und ihre letzhinnige Zuflucht in Gott hat. (Sarvepalli Radhakrishnan, 1888–1975) / Alles ist ohne Ursache. Die Welt hat keine Ursache. (Sri Nisargadatta Maharaj, 1897–1981; „Ich bin“)

Der Ursprung des Übels ist der Lebenstrieb, der zur Wiedergeburt führt, von Wohlgefallen und Lust begleitet ist und bald hier, bald dort Befriedigung findet, der Durst nach sinnlicher Lust, der Durst nach Leben. (Gautama Buddha, um 550–480 v. Chr.; „Majjhima-Nikâya“) / Nirgends hat ein und dieselbe Ursache die Kraft, alles hervorzubringen. (Sântideva, 7. Jhdt.; „Bodhicaryâvatâra“) / Das Festhalten an der Selbstsucht ist die Ursache für all meine Leiden. Die anderen wertzuschätzen, hingegen erkenne ich als Ursache für all mein Glück. (Jesche Tsöndrü, 1761–1816; „Die Elixiere der Erleuchtung“)

Urteile

Urteile niemals über etwas allein, denn allein urteilen darf niemand außer Gott. Und sprich nicht: „Nehmet meine Meinung an!“, denn darüber sollen die anderen entscheiden, nicht du. (Sprüche der Väter 4,10; ca. 200 n. Chr.) / Nimm dir Zeit beim Entscheiden. Verkünde das Urteil nicht in Hast, bevor du den Fall genau verstehst. Neue Gesichtspunkte können auftauchen, die vorher nicht ersichtlich waren. (Moses Maimonides, 1135–1204; „Mischna-Kommentar“)

Wenn Abbas Agathon etwas sah und sein Herz über die Sache urteilen wollte, sprach er zu sich: „Agathon, tu das nicht!“ Und so kam sein Denken zur Ruhe. („Worte der Väter“, 5./6. Jhdt.) / Wie schwierig ist es, dem Urteil eines anderen etwas zu unterbreiten, ohne sein Urteil durch die Weise, wie man es ihm unterbreitet, zu verderben! (Blaise Pascal, 1623–1662) / Manch Urteil ist ja längst beschlossen, eh des Beklagten Wort geflossen. (Anastasius Grün, 1806–1876; „Der Pfaff vom Kahlenberg“) / Alles, was man über mich aussagen könnte, lässt mich gleichgültig, denn ich weiß, wie unzuverlässig menschliches Urteilen ist. (Theresia von Lisieux, 1872–1897)

Ein Mann kam zu Ibn Yazdaniyar und sagte: „Gib mir einen Rat.“ Da sagte Ibn Yazdaniyar: „Beurteile andere so, wie du selbst beurteilt werden möchtest.“ (Husayn-al-Sulami, 936–1021; „Futuwwah“) / Fällt ein Reicher, so heißt es: ein Unfall. Fällt ein Armer, so heißt es: Er ist betrunken. (Aus der Türkei) / Du kannst andere nur nach deinem Wissen um dich selbst beurteilen. Nun, sage mir, wer unter uns ist schuldig und wer unschuldig? (Kahlil Gibran, 1883–1931; „Aphorismen“)

Wenn jeder Fehler angemerkt wird, hört jeder Umgang auf. (Aus Indien) / Wer sich selbst gering schätzt und eine falsche Meinung von sich hat, dem sind die Götter nicht hold, da bei ihm nicht einmal die eigene Person als Triebfeder wirkt. (Aus Indien) / Ein Fehler springt uns mehr in die Augen als ein Vorzug: Der Flecken im Mond pflegt mehr aufzufallen als sein heller Glanz. (Aus Indien)

Andere Menschen können wir schwer beurteilen, sogar uns selber können wir schwer richtig bewerten. Verbringen wir nicht zu viel Zeit auf dem

Richterstuhl, denn jedes Urteil ist vorläufig. (Theragâthâ; ca. 400–200 v. Chr.) / Selbst der ehrlichste Richter vermag in Familienangelegenheiten kein Urteil zu fällen. (Aus China) / Beurteile die Menschen nicht nach dem, was sie tun, denn Taten können uns irreführen, sondern nach dem, was sie innerlich sind und was durch ihr Tun sichtbar wird. (Drugpa Rinpoche, gest. 1989; „Tibetische Weisheiten")

Vater

Die Väter sollen nicht um der Söhne willen gestraft werden, und die Söhne sollen nicht um der Väter willen gestraft werden. (Bibel AT; 5. Mos. 24,16) / Wer seinen Vater ehret, der wird auch Freude an seinen Kindern haben. (Bibel AT; Sir. 3,6) / Schmerz ist der Vater und Liebe die Mutter der Weisheit. (Ludwig Börne, 1786–1837; „Aphorismen") / Die meisten Menschen haben das starke Bedürfnis nach einer Autorität, die sie bewundern und der sie sich unterwerfen können, die sie beherrscht und manchmal sogar misshandelt. Von der Psychologie des Individuums haben wir gelernt, woher dieses Verlangen kommt: Es ist die Sehnsucht nach dem Vater. (Sigmund Freud, 1856–1939)

Vater, vergib ihnen, denn sie wissen nicht, was sie tun. (Bibel NT; Lk. 23,24) / Gott, du Vater der Wahrheit, Vater der Weisheit, Vater des wahren, hohen Lebens, Vater der Glückseligkeit, Vater des Guten und des Schönen, Vater des geistigen Lichtes, Vater unseres Seelenmorgens, unserer Geistbestrahlung, Vater der Stimme, die dich bezeugen, sind ermahnt, sich heimzuwenden zu dir. (Aurelius Augustinus, 354–430) / Ein Vater schilt, straft und stäubt sein Kind und ist ihm doch nicht Feind; der ist ihm aber Feind, der seiner Bosheit schweigt und nicht schilt noch straft. (Martin Luther, 1483–1546; „Deutsche Schriften")

Bâyazîd sah Gott im Traum. Der sagte: „Alle Menschen verlangen etwas von mir, nur Bâyazîd verlangt mich selbst." (Bâyazîd Bistâmî, gest. 874) / Wer von seinem Vater einen Hügel geerbt hat, sollte ihn erklimmen. (Arabische Spruchweisheit) / Die Heiligen Schriften nennen ihn den Schöpfer; die Freimaurer nennen ihn den Baumeister; ich aber kenne ihn als den Schauspieler auf der Bühne des Lebens. (Hazrat Inayat Khan, 1882–1927; „Vadan")

Der Vater soll sie schützen als Mädchen, der Gatte als Verheiratete, die Söhne aber im Alter; wenn diese fehlen, ihre Verwandten. Niemals soll die Frau von sich selbst abhängen. (Yâjnavalkya; 2.–5. Jhdt.) / Stirbt die Mutter, so wird der Vater zum Onkel. (Aus Indien) / Ich werde geboren, ich sterbe und lebe, um Pein zu erleiden! Mich Elenden hat der Vater zu seinem Knechte berufen, seinen Getreuen mich zugesellt! (Mânikkavâshagar, 9. Jhdt.)

Die Gefolgschaft muss dem König gehorchen. Der Sohn muss seinem Vater folgen. (Tung-shan Liang-chieh, 807–869; „San-mei-k'o") / Wenn der Mensch die Herkunft des leiblichen Vaters nicht kennt, gleicht er einem Affen, der sich im Walde verlaufen hat. (Aus der Mongolei) / Bedenke, so du Vater bist, die Bedeutung deiner Verantwortung; das Wesen, das du gezeugt hast, zu erhalten ist deine Pflicht. (Aus Tibet) / Wer dich einen Tag unterrichtete, ist das ganze Leben lang dein Vater. (Aus China)

Verachtung

Wer verkehrten Sinnes ist, verfällt der Verachtung. (Bibel AT; Spr. 12,8) / Verachte keinen Menschen, und halte kein Ding für unmöglich; denn es gibt keinen Menschen, der nicht seine Stunde hätte, und es gibt kein Ding, das nicht hätte seinen Platz. (Talmud; 70–500 n. Chr.; Aboth IV,3) / Du sollst nicht den ganzen Menschen verachten! Siehst du jemanden Fehler begehen, wähne nicht, dies sei sein ganzes Wesen und er sei verachtungswürdig, sondern sage dir: Diese und jene Fehler gehören zu seinem Wesen, sonst aber ist der Mensch erhaben! (Chajim Bloch, 1881–1973; „Aus Mirjas Brunnen")

Gott verachtet nicht die Bitten der Armen. (Hildegard von Bingen, 1098–1179) / Ich bin so beschaffen: Wenn ich eine Beleidigung Gottes sehe, muss ich sie verhindern; und stünde auch ein Heer gegen mich, ich würde mich nicht zurückziehen und nicht weichen. (Don Bosco, 1815–1888) / Das Arge ist nicht, verachtet zu werden, sondern lediglich, sich selbst verachten zu müssen. (Georges Bernanos, 1888–1948)

Verachte die kleinste gute Tat nicht, auch wenn sie darin besteht, dass du deinem Bruder mit freundlichem Gesicht begegnest. (Mohammed, 570–632; „Hadith") / Sieh dich nicht mit Verachtung an, denn mehr als du kann niemand sein. Dein Leib ist ein Partikel, deine Seele das Universum. (Attâr, um 1136 bis ca. 1220; „Meer der Seele") / Sieh schlichte Leute nicht verachtend an – der Staub verhüllt manch einen Rittersmann. (Auhadi Maraghi, gest. 1337)

Dieser Körper, der aus Haut, Fleisch, Blut, Arterien, Venen, aus Fett, Mark und Knochen besteht, ist voll eitler Materie und Schmutz. Er verdient unsere Verachtung. (Shankara, 788–820; „Kleinod der Unterscheidung") / Ein Weiser, der Verachtung fand, wahrt sich doch sicher den Verstand. Hast du der Fackel Fuß erhoben, es strebt die Flamme doch nach oben. (Nârâjana, 9./10. Jhdt.; „Hitopadesa") / Diese zwei werfen wegen ihres verkehrten Treibens ein schlechtes Licht auf sich: ein Familienvater, der die Hände in den Schoß legt, und ein Bettler, der sich abarbeitet. (Aus Indien)

Die Verachtung des menschlichen Leibes ist der Führer zur Zähmung des Haftens am Ich. (Milarepa, 1052–1135; „Sieben Legenden") / Unterlasst es, andere zu verachten und zu tadeln, und erzeugt einen erbarmungsvollen Geist gegenüber denen, die euch unterlegen sind. (Geshe Drom, 11. Jhdt.; „Kadamthorbu") / Ich schere mich nicht um den Himmel. Ich sorge mich nicht um die Erde. Frisch und fröhlich lebe ich – so lebt kein König und kein Fürst. (Meister Dsi, 18./19. Jhdt.)

Verantwortung

Wo es an Menschen fehlt, die Verantwortung tragen können, da übernimm du Verantwortung. (Bibel AT; Spr. 2,6) / Jeder Einzelne soll sich sagen: Für mich ist die Welt geschaffen, daher bin ich mit verantwortlich. (Talmud; 70–500 n. Chr.; Sanhedrin 7b) / Echte Verantwortung gibt es nur da, wo es wirklich Antworten gibt. (Martin Buber, 1878–1965) / Die christliche Moral ... hat immer betont, dass man sich nur um das Eigene kümmern solle, dass politische Verantwortung eine Last sei und dass man die Bürde des Politischen ausschließlich um der Nächstenliebe willen auf sich nehmen dürfe. (Hannah Arendt, 1906–1975)

Der gute Hirte lässet sein Leben für seine Schafe. Der Mietling aber, der nicht Hirte ist, des die Schafe nicht eigen sind, siehet den Wolf kommen und verlässet die Schafe und fleucht. (Bibel NT; Joh. 10,12) / Dies ist die Pflicht: sich dem All gegenüber in jedem Augenblick verantwortlich zu wissen und sein Äußerstes einzusetzen im Kampf gegen Schwachheit und Lüge, gegen Halbheit und Unwahrhaftigkeit. (Fjodor M. Dostojewski, 1821–1881) / Ethik ist ins Grenzenlose erweiterte Verantwortung gegen alles, was lebt. (Albert Schweitzer, 1875–1965)

Nicht deine Verantwortung ist es, dass sie den rechten Weg befolgen; doch Allah leitet, wen er will. (Korân; Sure 2,272) / Eigentum bereitet Schmerzen. (Aus Arabien) / Freundschaft ist immer eine angenehme Verantwortung, niemals eine günstige Gelegenheit. (Kahlil Gibran, 1883–1931; „Aphorismen“)

Ruhelosigkeit ist das Schicksal eines Mannes, dem die Leitung der Dinge dieser Welt anvertraut ist. Auch der Sonnengott darf keinen Augenblick die Zügel seiner Rosse lockern. (Kâlidâsa, 4./5. Jhdt.; „Sakuntala“) / Wenden wir uns von der Ichsucht nicht ab, wird Gott keine Verantwortung für uns übernehmen. (Shrî Râmakrishna, 1834–1886) / Da die Menschen die Früchte ihrer Taten seinen Gesetzen entsprechend ernten, haben sie die Verantwortung, nicht Gott. Gott ist durch keine Taten gebunden. (Shrî Ramana Maharshi, 1879–1949)

Auf Vielgeschäftigkeit lass dich nicht ein, bekleide nicht bei andern einen Posten. Und lebe nicht auf anderer Leute Kosten! Die Lehre soll dir kein Gewerbe sein. (Gautama Buddha, um 550–480 v. Chr.; „Dhammapada“) / Es wäre schade, dieses schwer zu erlangende lautere Menschenleben mit unheilsamem, schlechtem Wirken zu vertun. (Gampopa, 1079–1153; „Der kostbare Rosenkranz“) / Barfuß den Messerberg der Hölle besteigen ist immer noch besser, als für eine Familie zu sorgen. (Wu-men Hui-kai, 1183–1260; „Wu-men-kuan“)

Verborgenheit

Sei freigebig mit Spenden und Liebeserweisungen, und übe Gastfreundschaft, prahl aber mit deiner Wohltätigkeit nicht, sondern übe sie um Gottes willen. (Jakob ben Ascher, 1270–1340) / Es gibt Menschen, die im Offenbaren gar keine Herrschaft haben, aber im Verborgenen regieren sie das Geschlecht. (Rabbi Nachmann, 1771–1810; „Worte des Rabbi Nachmann“) / Es ist leicht, den Hass, schwer, die Liebe, am schwersten, Gleichgültigkeit zu verbergen. (Ludwig Börne, 1786–1837; „Aphorismen“)

Das Unsichtbare Gottes wird durch das Erschaffene erkannt und geschaut.

(Bibel NT; Röm. 1,20) / Ein Tor, wer meint, nur der Schlaf höre am Morgen auf, während der Tod ein Schlaf sei, der ewig währt. Wem die Hoffnung das Auge erleuchtet, der schaut das Verborgene und dass der Schlaf des Todes an jenem Morgen endigt. (Ephraem der Syrer, 305–373) / Gott kann nicht geschaut werden, sondern wird durch die Schöpfung erkannt. (Hildegard von Bingen, 1098–1179) / Wir sind mit dem Unsichtbaren näher als mit dem Sichtbaren verbunden. (Novalis, 1772–1801; „Fragmente“)

Das ist Liebe: himmelwärts zu fliegen, jeden Augenblick hundert Schleier zu zerreißen; unser Herz von den sichtbaren Dingen zu lösen, nicht nur zu sehen, was uns sichtbar scheint. (Dschelâleddin Rûmî, 1207–1273) / In der Menschen Augen ist mein Äußeres schön, während ich verborgne Fehler büße. Alle Welt belobt am Pfau die Farbenpracht, doch er schämt sich seiner garstigen Füße. (Saadî, um 1215–1292; „Gulistân“) / Nicht verzweifle, wenn du des Geschicks Geheimnis nicht erkennst; ein verborgnes Spiel ist hinter jenen Flören; zage nicht. (Hâfis, 1326–1390; „Ghasel“)

Ein großer Wächter sieht uns stets, als ständ er heimlich neben uns. Du glaubst, im Dunkel deine Tat zu tun: die Götter kennen sie. (Brâhmanas, Atharvaveda 16; 1000–500 v. Chr.) / Verborgen sind des Menschen Taten nicht dem Gott des Todes und dem Gott der Pflicht. (Pantschatantra; 5. Jhdt.) / Ein verborgener Schatz wird nicht gehoben, nur weil man sagt: „Komm hervor!“ Man muss den Ort wissen, muss graben, Steine und Erde forträumen und ihn an sich nehmen. (Shankara, 788–820; „Kleinod der Unterscheidung“) / Schon ein Wölkchen genügt, die mächtige und herrliche Sonne zu verhüllen. Das Ichgefühl ist wie die dunkle Wolke. Es verbirgt Gott und entzieht die Glorie des Ewigen unseren Blicken. (Shrî Râmakrishna, 1834–1886; „Ewige Botschaft“)

Verblendung und Erleuchtung sind wie Verborgenes und Sichtbares. Licht und Dunkelheit treten nicht getrennt auf. (Pârsva, 2. Jhdt. n. Chr.) / Die verborgene Handlung, geheim und vertraut benutzt, erscheint dumm und beschränkt. (Tung-shan Liang-chieh, 807–869; „San-mei-k’o“) / Im schauenden Geist ist die Leere erschienen, das Wesen der Schauung ist nicht zu fassen dem Staubkorn gleich, wer das zu Schauende schaut, entschwindet und gehet dahin. (Milarepa, 1052–1135; „Sieben Legenden“) / Alle Versuche, mit dem begrifflichen Denken des Geheimnisses des Lebens Herr zu werden, gleichen dem Versuch des fahrenden Schiffes, über seine eigene Bugwelle hinauszufahren. (Paul Dahlke, 1865–1928)

Verbrechen

Den Totschläger soll man töten nach dem Munde zweier Zeugen. (Bibel AT; 4. Mos. 35,30) / Den meisten haftet Raub an, wenigen Unzucht und jedem Verleumdung. (Talmud; 70–500 n. Chr., Baha Batra 165a) / Es ist einmal so, dass man das Verbrechen auch nur eines Juden zu einem Verbrechen aller Juden macht. Darum ist der Betrug gegen einen Nichtjuden ein Verbrechen an der ganzen Judenschaft. (Jehuda Hachassid, 13. Jhdt.; „Das Buch der Frommen“)

Daraus, dass jedes Verbrechen eine Sünde ist, folgt noch nicht, dass jede Sünde ein Verbrechen ist. (Aurelius Augustinus, 354–430) / Wenn Gott zürnete und alles Gelehrte aus der Welt wegnähme, so würden die Leute gar zu Bestien und wilden Tieren. Da wäre kein Verstand noch Witz, kein Recht, sondern eitel Rauben, Stehlen, Morden, Ehebrechen und Schaden tun. (Martin Luther, 1483–1546; „Tischreden") / Durch das Verbrechen stellt ein Mensch sich selbst außerhalb des Zusammenhangs ewiger Verpflichtungen, welcher jedes Menschenwesen mit allen übrigen verknüpft. (Simone Weil, 1909–1943)

Gott möge jede Sünde vergeben, es sei denn, einer stirbt als Polytheist oder ein Gläubiger tötet einen Gläubigen vorsätzlich. (Mohammed, 570–632; „Hadith") / Wer nachts mit Steinen wirft, kann den eigenen Bruder töten. (Aus dem Sudan) / Ein Guter ließ sich einst von einem Bösen schmähn. Er trug es still und sprach: „Mög es dir glücklich gehn! Viel schlimmer bin ich noch, als du es ausgesprochen; denn besser ja als du weiß ich, was ich verbrochen." (Saadî, 1184–1283; „Rosengarten") / Wie oft habe ich mir Verbrechen zugeschrieben, die ich nie begangen habe, damit der andere Mensch sich in meiner Gegenwart wohl fühlen kann. (Kahlil Gibran, 1883–1931; „Aphorismen")

Manche, die töten, glauben, dass sie damit tatsächlich jemanden töten. Andere werden getötet und glauben, dass sie dann sterben. Beide irren sich jedoch. Denn weder tötet der eine, noch wird der andere getötet. (Katha-Upanishad; 800–500 v. Chr.) / Der schlechte Mensch, welcher kein Zeugnis abgibt, obwohl er die Sache weiß, ist an Verbrechen und an Strafe den falschen Zeugen gleichzustellen. (Yâjnavalkya; 2.–5. Jhdt.) / Selbst den Brahmanen-Mörder ehrt die Welt, besitzt er nur das nötige Geld. (Nârâjana, 9./10. Jhdt.; „Hitopadesa") / Töte einen, und du bist ein Mörder! Töte tausende, und du bist ein Held! (Aus Indien)

Gib es auf, deinen Lebensunterhalt durch Raub, Diebstahl, Unredlichkeit und Verschlagenheit zu gewinnen. (Gampopa, 1079–1153; „Der kostbare Rosenkranz") / Die Räuber von Geld werden hingerichtet, die Räuber von Ländern zu Königen gemacht. (Aus Japan) / Da die Welt nicht richtig regiert wird und Hunger und Kälte Leiden schaffen, wird es immer Verbrecher geben. Ist es nicht herzlos, die Menschen in ihrer Not zu belassen, so dass sie die Gesetze übertreten, und dann strenge Strafen über sie zu verhängen? (Yoshida Kenkô, 1283–1350) / Es ist ein Fluch und eine Gefahr unserer Zeit, ganzen Völkern die Schuld für Verbrechen zu geben, die von Einzelnen begangen worden sind. (14. Dalai-Lama, geb. 1935; „Mein Leben und mein Volk")

Verdienst

Es kommt vor, dass einer sich den Himmel in einer einzigen Stunde verdient. (Talmud; 70–500 n. Chr.; Awoda Sara 10b) / Ich habe niemals einen wirklich großen Geschäftsmann gesehen, dem das Verdienen die Hauptsache war. (Walther Rathenau, 1867–1922) / Das Leben ist ein Geschenk, das wir verdienen, indem wir es hingeben. (Martin Buber, 1878–1965)

Die Geheimnisse Gottes wissen um das Urteil über einen jeden nach seinem Verdienst. (Hildegard von Bingen, 1098–1179) / Die Braut verdient sich mehr mit einem Kuss um Gott als alle Mietlinge mit Arbeit bis in'n Tod. (Angelus Silesius, 1624–1677; „Der Cherubinische Wandersmann") / Mit zwanzig Jahren hat jeder das Gesicht, das Gott ihm gegeben hat, mit vierzig das Gesicht, das ihm das Leben gegeben hat, und mit sechzig das Gesicht, das er verdient. (Albert Schweitzer, 1875–1965)

Und meidet offenbare Sünden so wie geheime. Wahrlich, diejenigen, welche Sünden begehen, werden dereinst sicherlich nach Verdienst belohnt werden. (Korân; 6,120) / Jede Seele ist ein Pfand für das, was sie verdient hat. (Korân; Sure 81,28) / Alle Handlungen der Menschen, Bewegungen sowohl als Ruhe, sind ihr eigenes Verdienst. (Abu Hanifa, 699–767) / Reichtum und Hoheit kommt und geht, Verstand nur und Verdienst besteht. (Saadî, um 1215–1292; „Bostân")

Männer, die wirklich heldenhaft handeln, rühmen sich ihrer Verdienste nie. Feuer brennt lautlos, und ohne Lärm scheint die Sonne. (Mahâbhârata; 500 v. Chr. bis 500 n. Chr.) / Weder Geldspenden, um Opfer damit auszurichten, noch Baden in allen heiligen Gewässern, die es gibt, noch die Frucht sämtlicher Spenden an Bedürftige kommt dem religiösen Verdienst gleich, das man durch Gewaltlosigkeit erreicht. (Aus Indien) / Müde schlief ich auf unruhigem Bette im Wahn, dass die Arbeit ein Ende hätte. Am Morgen, da wachte ich auf und fand, dass mein Garten voll Blumenwundern stand. (Rabindranâth Tagore, 1861–1941)

Treib an dich selber durch dich selbst, dich selbst erforsche durch dich selbst; besonnen, durch dich selbst bewacht, wirst glücklich weilen du. (Gautama Buddha, um 550–480 v. Chr.; „Dhammapada") / Ähnlich dem Bananenbaume sinkt jedes andere Verdienst ins Nichts, wenn es seine Frucht gezeitigt hat; aber der Baum „Bodhi-Gedanke" (d. i. der Entschluss, zum Wohl aller Wesen Erleuchtung zu erlangen) trägt zu allen Zeiten Früchte, ohne sich zu erschöpfen; er ist in Wahrheit fruchtbar. (Sântideva, 7. Jhdt.; „Bodhicaryâvatâra") / Wer gut verdient, strengt sich nicht an. Wer sich anstrengt, verdient nicht gut. (Aus China)

Vereinigung

Würden alle Menschen einander die Hände reichen, dann könnten sie eine Kette bilden und den himmlischen Thron berühren. (Chassidische Weisheit) / Immer sollen Verstand und Herz in Harmonie sein! (Chassidische Weisheit) / Religion ist Liebe und Versöhnung; schon im Worte liegt es; sie verbindet wieder, was getrennt ist. (Ludwig Börne, 1786–1837)

Geistliche Vereinigung nenne ich jenes unaufhörliche Gedenken, das untrennbar im Herzen innen jubelt durch die Glut der Liebe. (Isaak von Ninive, 7 Jhdt.) / Auf eine seltsame Weise wird die Liebe, wenn sie so voranschreitet, immer mehr krank: Je stärker die Glut der Sehnsucht nach Gott das Herz ergreift, desto mehr schmilzt der Geist, wird vor Liebessehnsucht flüssig und geht über in Gott. (Adam von Perseigne, um 1200) / Schnell ist der Augenblick, doch eh er sich erkiest, geschiehet es, dass Gott und Mensch vereinigt ist. (Angelus Silesius, 1624–1677; „Der Cherubinische Wandersmann“)

Wenn ich einen ergebenen Suchenden liebe, werde ich, der Herr, zu seinem Ohr, so dass er durch mich hört, zu seinem Auge, so dass er durch mich sieht, zu seiner Zunge, so dass er durch mich spricht, und zu seiner Hand, so dass er durch mich besitzt. (Dhû'n-Nûn, ca. 796–859) / Ich schlüpfte aus meinem Bâyazîd-Sein heraus wie eine Schlange aus ihrer Haut. Dann schaute ich und sah, dass Liebender, Geliebter und Liebe eins sind, denn im Zustand der Vereinigung vermag alles eins zu sein. (Bâyazîd Bistâmî, gest. 874) / Im Zustand der Vereinigung nimmt der Mensch wahr, dass alles Er ist und alles geschieht durch Ihn, und alles gehört Ihm. So betrachtet er Gottes Wirken, und was er vom Hörensagen kannte, weiß er jetzt intuitiv. Dann erkennt er ganz und gar, dass er kein Recht hat; „ich“ oder „mein“ zu sagen. (Abû Sa'îd-i Abû'l-Khair, gest. 1049)

Wie Ströme rinnen und im Ozean, aufgebend Name und Gestalt, verschwinden, so geht, erlöst von Name und Gestalt, der Weise ein zum göttlich höchsten Geiste. (Mundaka-Upanishad III.; 800–500 v. Chr.) / Das, was die Menschen Entsagung nennen, ist ein Eingehen ins Göttliche. (Bhagavadgîtâ VI,2; ca. 300 v. Chr.) / Aus dem Studium erfolgt die Vereinigung mit der geliebten Gottheit. (Patanjali, 2. Jhdt. v. Chr.; „Yoga-Sutra“)

Die Vereinigung mit dem Weisen ist Glück wie das Treffen lieber Verwandter. (Gautama Buddha, um 550–480 v. Chr.; „Dhammapada“) / Ein Gott außerhalb der Welt wäre ein falscher Gott und eine Welt, die nicht in Gott wäre, eine unwirkliche. Alles kehrt zum Einen zurück, und das Eine wirkt in allem. (Nyogen Senzaki, 1876–1958; „Keine Spur im Wasser“) / Wenn ihr ihr selbst seid, dann seht ihr die Dinge, wie sie sind, und ihr werdet eins mit eurer Umwelt. (Shunryu Suzuki, 1905–1971; „Zen-Geist“)

Verfolgung

Zahlreich sind, die mich verderben, die mich grundlos anfeinden; was ich nicht geraubt habe, soll ich erstatten. (Bibel AT; Ps. 69,5) / Der Ort, zu dem ein Mensch in seiner Bedrängnis flieht: Das ist der Ort seiner Wurzel. (Chassidische Weisheit) / Einmal wird dieser schreckliche Krieg doch aufhören, einmal werden wir auch wieder Menschen und nicht allein Juden sein. (Anne Frank, 1929–1945; „Tagebuch“)

Selig, die um der Gerechtigkeit willen Verfolgung leiden; für sie ist das Himmelreich. (Bibel NT; Mt. 5,10) / Es ist besser, dass das Evangelium in aller Welt verfolgt, als dass es nicht beachtet wird. (Hans Eschelbach, 1868–1948) / Alle Verfolgten sind meine besten Freunde. (Don Bosco, 1815–1888)

Jener aber, der sich dem Gesandten widersetzt, nachdem ihm der rechte Weg klar geworden, und einen anderen Weg befolgt als den der Gläubigen, den werden wir verfolgen lassen, was er verfolgt, und werden ihn in die Hölle stürzen, und schlimm ist die Bestimmung. (Korân; Sure 4,115) / Der Wahrheitsliebende wird aus der Stadt gejagt. (Aus der Türkei) / Nur wenn man dich verfolgt, wirst du schnell. (Kahlil Gibran, 1883–1931; „Aphorismen")

Wie unter tausend Kühen ein Kalb seine Mutter ausfindig macht, so folgt auch ihrem Täter nach die Tat, die er vormals vollbracht. (Pantschatantra; 5. Jhdt.) / Höchster, siehe es denen nach, die mich verfolgt haben, denn wenn du ihnen Strafe zuteil werden lässt, tust du es mit dir selbst, denn du bist wirklich in allem. (Shrî Râmakrischna, 1834–1886) / In Indien hat es niemals irgendwelche religiösen Verfolgungen durch die Hindus gegeben, sondern stets diese großartige Hochachtung, die sie allen Religionen der Welt entgegenbringen. (Swâmi Vivekânanda, 1862–1902)

Es ist sehr hart, sich für die Verfolgten einzusetzen und dabei selber Verfolgung zu riskieren. (Gautama Buddha, um 550–480 v. Chr.; „Dhammapada") / Wer fremde Religionen verfolgt, der gräbt der eigenen Religion das Grab, und er schädigt die fremde Religion. (Kaiser Ashôka, um 250 v. Chr; „Fels-Edikt") / Sie werden uns beschimpfen, verhöhnen und verlachen. Und so werden wir wieder und wieder vertrieben aus unseren Klöstern und Heiligtümern. Hass und Verfolgungen, all das müssen wir ertragen in Langmut und Beharrlichkeit, weil wir dem Wege Buddhas folgen. (Lotos-Sutra; um 80 v. Chr.)

Vergangenheit

Den Frühern gedenkt man nicht mehr; und auch der Spätern, die kommen werden, auch ihrer wird nicht mehr gedacht werden bei denen, die nach ihnen kommen. (Bibel AT; Pred. 1,11) / Während du dastehst und dich sorgst, was du morgen tun sollst, wäre es besser, dass du flickst, was du gestern gemacht hast. (Chassidische Weisheit) / Die Juden sind eine Summe von Individuen. Darin liegt ihr Verhängnis, darin liegt ihre europäische Vergangenheit, darin liegt ihre Menschheitszukunft, Glück und Untergang. (Jakob Wassermann, 1873–1934)

Jede Art Vergangenheit und Künftigkeit ist Gott fremd und ferne. (Meister Eckhart, um 1260–1327) / Der, dessen Vergangenheit frei ist von Schuld, kann sich in ihr ergehen wie in einem friedlichen Garten. (Peter Rosegger, 1843–1918; „Heimgärtners Tagebuch") / Auf dem Gebiete der Kunst und des religiösen Lebens bleibt die Vergangenheit gegenwärtig, lebendig für die Gegenwart. (D. Wilhelm Bousset, 1865–1920) / Die Menschen der alten Zeit sind auch die der neuen, aber die Menschen von gestern sind nicht die von heute. (Marie von Ebner-Eschenbach, 1830–1916; „Aphorismen")

Was diejenigen, die vor euch lebten, ins Verderben gestürzt hat, das waren ihre zahlreichen Fragen und ihre Meinungsverschiedenheiten über ihre Propheten. (Mohammed, 570–632; „Hadith") / Man muss das Element der Zeit verstehen und darf der Zeit nur in der Zeit Wichtigkeit beimessen. Das bedeutet, man muss der Zeit in der Gegenwart die unmittelbare Aufmerksamkeit schenken, bevor diese Vergangenheit wird. (Husayn-al-Sulami, 936–1021; „Futuwwah") / Gott war, und nichts war neben ihm. Er ist noch jetzt so, wie er war. (Ibn Ata'ullah, gest. 1309; „Hikam")

H Ein Hauch von Früherem, der dich durchtränkt, ist der ziellose Strom der Geburten. Lass alles, was dich von früher her durchtränkt, fahren, gib auf, was von früher her an dir hängt, und du gibst den ziellosen Strom der Geburten auf. Und stehst in Ruhe unverrückbar. (Ashtâvakra-Gîtâ; ca. 2. Jhdt. v. Chr.) / Des Vergangenen sollst du nicht gedenken und auch über das Zukünftige dir keine Gedanken machen: Genieße hier die Freuden, die unerwartet kommen und gehen. (Aus Indien) / Nimm die Menschen, wie sie heute sind. Finden wir nicht dasselbe Unglück und Glück, dieselben Freuden und Leiden, dieselben Unterschiede in der Stellung wie in der Vergangenheit? (Swâmi Vivekânanda, 1862–1902)

B Wem nichts mehr gilt Vergangenheit, nichts Zukunft und nichts Gegenwart, den Nichtsbegehrer, Nichtswünscher, den heiß ich einen Heiligen. (Gautama Buddha, um 550–480 v. Chr.; „Dhammapada") / Du darfst nicht fragen, nicht suchen inmitten der Natur des vollkommenen Nirvana. Der Vergangenheit trüber Spiegel ist niemals gereinigt worden. (Yung-chia Hsüan-chüeh, 665–713) / Blickst du in die Vergangenheit – sie ist nur ein Abendtraum. Hast du das erkannt, ist alles, was du siehst, nur Lüge. (Bankei Eitaku, 1622–1693) / Wenn wir in Leid geraten, hat dies seine weit in die Vergangenheit zurückliegenden Gründe. (14. Dalai-Lama, geb. 1935; „Mein Leben und mein Volk")

Vergänglichkeit

J Erde bist du, und zur Erde musst du zurück. (Bibel AT; 1. Mos. 3,19) / Nichts geht von Gott selbst aus. Seine Substanz verbreitet sich nicht. Nichts geht von ihm aus, und nichts kehrt in ihn zurück, denn er ist undurchdringlich und unveränderlich. Alles, was beginnt, was erscheint, was sich teilt, was vergeht und verschwindet, beginnt, erscheint, teilt sich, vergeht und verschwindet in seinem Schatten. Gott ist unveränderlich in seinem Lichte, und er bleibt ruhig wie ein alter Wein, der nicht mehr vergärt. (Moses de Léon, geb. um 1240; „Sohar, Idra Suta") / Wir begreifen die Ruinen nicht eher, als bis wir selbst Ruinen sind. (Heinrich Heine, 1797–1856; „Gedanken und Einfälle") / Das Leben, das für alle anderen Tiergattungen identisch mit ihrem Sein überhaupt ist, fällt für den Menschen wegen des ihm innewohnenden „Widerwillens gegen Vergeblichkeit" und Vergänglichkeit so wenig mit seiner Existenz zusammen, dass es ihm sogar als eine Last erscheinen kann, die ihn gerade am Menschsein hindert. (Hannah Arendt, 1906–1975)

C Was ist denn euer Leben? Es gleicht einem leichten Nebel, der aufsteigt und sich gleich wieder auflöst. (Bibel NT; Jak. 4,14) / Gott ist etwas, wogegen alle vergänglichen und zeitlichen Dinge nichts sind. (Meister Eckhart, um 1260–1327) / Wir müssen nicht klagen, dass alles vergänglich sei. Das Vergänglichste, wenn es uns wahrhaft berührt, weckt in uns ein Unvergängliches. (Friedrich Hebbel, 1813–1863; „Tagebücher 1837") / Der Gedanke an die Vergänglichkeit aller irdischen Dinge ist ein Quell unendlichen Leids und ein Quell unendlichen Trostes. (Marie von Ebner-Eschenbach, 1830–1916; „Aphorismen")

Das irdische Leben ist nur vergänglicher Trug. (Korân; Sure 3,186) / Wirf dich aufs Leben wie auf eine Beute dem Adler gleich im Sturz; denn wenn es sich selbst tausend Jahre freute, es wäre doch zu kurz. (König Al-Mutamid, 1040–1095; „Diwan aus Al-Andalus“) / Was vergeht, ist das Zeitbewusstsein, nicht die Zeit selbst; denn Zeit ist Gott und Gott ist ewig. (Hazrat Inayat Khan, 1882–1927; „Gayan“)

Nicht ewig währen Jugend und Gestalt, nicht Leben, Freude, Gut und Herrschgewalt. Drum gibt sich nie verständiger Männer Sinn, verlor er sie, betörtem Schmerze hin. (Nârâjana, 9./10. Jhdt.; „Hitopadesa“) / Höre auf, dich mit Rasse, Familie, Namen, Gestalt und sozialer Stellung zu identifizieren. Diese gehören zum Körper, dem Kleid der Vergänglichkeit. (Shankara, 788–820; „Kleinod der Unterscheidung“) / Armut und Wohlstand und Glück sind nur vorübergehend; sie gehören nicht unserer wirklichen Natur an; denn diese liegt jenseits von Elend und Glück, jenseits jedes Sinnesobjektes, jenseits unserer Vorstellungskraft; und dennoch müssen wir fortfahren zu arbeiten. (Swâmi Vivekânanda, 1862–1902)

Von allem Lieben, von allem, woran das Herz sich hängt, müssen wir einmal uns scheiden, müssen es entbehren dann und meiden, müssen erfahren, dass unseres Daseins Weg uns von ihm trennt. Denn wie wäre hier in dieser Welt es zu erreichen, dass, was geboren, was geworden, was durch des Daseins Bildkräfte sich gefügt und dem Gesetz des Verfalls unterliegt, dass dies nicht auch in Wirklichkeit verginge. (Gautama Buddha, um 550–480 v. Chr.; „Digha-Nikâya“) / Es flieht die Zeit, das Lernen währet lang, und keiner kennt die Dauer seines Lebens. Drum tu’s dem Schwane gleich, der Milch aus Wasser zieht, und widme dich dem kostbarsten der Pfade. (Nâgârjuna, um 200 n. Chr.; „Stütze der Weisheit“) / Wenn man einem Menschen, der mit eiligen Schritten zu seiner Hinrichtungsstätte geführt wird, die fünf Arten von Sinnesgenüssen anbieten würde, wäre dies etwa ein Grund zur Freude für ihn? (Jesche Tsöndrü, 1761–1816; „Die Elixiere der Erleuchtung“)

Vergebung

Hast du gesündigt, so tu’s nicht mehr, und wegen des Vergangenen bete um Vergebung. (Bibel AT; Sir. 22,21) / Wer eine Sünde begeht und sich ihrer schämt, dem sind alle Sünden vergeben. (Talmud; 70–500 n. Chr., Berachot 12b) / Ja, man muss seinen Feinden verzeihen, aber nicht eher, als bis sie gehängt worden. (Heinrich Heine, 1797–1856; „Gedanken und Einfälle“)

Gott vergibt lieber Großes als Kleines. (Meister Eckhart, um 1260–1327) / Zu der brüderlichen Vergebung gehört auch, dass der Bruder, dem ich vergeben soll, seine Fehler bekenne; denn die Sünde, welche nicht bekannt wird, kann ich nicht vergeben. (Martin Luther, 1483–1546; „Tischreden“) / Um jemandem leichter vergeben zu können, muss man eine kleine Sünde gegen ihn begehen, damit er auch etwas zu vergeben habe. (Friedrich Hebbel, 1813–1863)

Wer Böses tut oder sich wider eine Seele versündigt und dann bei Allah

Vergebung sucht, der wird Allah langmütig vergebend und barmherzig finden. (Korân; Sure 4,110) / Du, der die Schlange uns gesellt in Eden und uns umstrickt mit der Versuchung Fäden, die Sünden, welche wir begehn im Leben, vergib uns, wie wir dir vergeben. (Omar Khayyâm, um 1045–1122; „Strophen") / Wenn jemand weh dir tut, lass dich's nicht kränken, vergib, und dir auch wird man Sünden schenken. (Saadî, um 1215–1292; „Gulistân")

Wir begehen viele Sünden, deren kein Ende ist. O Gott, vergibst du uns nicht und vereinst du uns nicht mit dir, so können wir nicht Vergebung erlangen. (Amar Dâs, Indien, 1479–1574) / Warum euer Leben lang von Sünde und Hölle reden? Preist Gottes Namen! Sagt nur einmal: „Ich habe, o Herr, Dinge getan, die ich hätte unterlassen, und solche unterlassen, die ich hätte tun sollen. Herr, vergib mir!" Wenn ihr so sprecht, glaubt an ihn, und ihr werdet rein gewaschen werden von aller Sünde. (Shrî Râmakrishna, 1834–1886; „Worte des Râmakrishna") / Vergeben ist männlicher als bestrafen. (Mahatma Gandhi, 1869–1948)

Der Weise vergisst die Beleidigungen wie ein Undankbarer die Wohltaten. (Aus China) / Es gibt Vertreter der verschiedensten Religionen, die den Leuten die Vorstellung verkaufen wollen, dass ihre Sünden von anderen ausgelöscht werden können. (Nyogen Senzaki, 1876–1958; „Keine Spur im Wasser")

Vergeltung

Ich bin der Herr, dein Gott, bin ein eifernder Gott, der heimsucht die Missetat der Väter an den Söhnen bis ins dritte und bis ins vierte Glied, an denen, die mich hassen, und der Gnade übt an denen, die mich lieben und meine Gebote halten. (Bibel AT; 2. Mos. 20,5–6) / Sprich nicht: „Ich werde das Böse vergelten", sondern hoffe auf Gott, dass er dir helfen wird. (Jehuda Hachassid, 13. Jhdt.; „Das Buch der Frommen") / Wer Gott recht liebt, darf nicht verlangen, dass Gott ihn wiederliebe. (Baruch Spinoza, 1632–1677; „Die Ethik")

Achtet darauf, dass keiner Unrecht mit Unrecht zurückzahlt. (Bibel NT; 1. Thess. 5,15) / Vergeltung ist eine Art wilder Gerechtigkeit. (Francis Bacon, 1561–1626) / Ich erwarte meinen Lohn allein von Gott, dem gerechten Vergelter aller guten Werke. (Don Bosco, 1815–1888)

Und einem jeden Menchen befestigen wir sein Los an seinem Halse, und am Tage der Auferstehung wollen wir ihm ein Buch geben, das ihm geöffnet vorgelegt werden soll, sprechend: „Lies dein Buch! Du selbst sollst heute Rechenschaft wider dich geben!" (Korân; Sure 17,14) / Jede Tat schlägt ihren Täter. (al-Harîrî, 1054–1122; „Die Makamen") / Das Wölflein zu füttern ein Mann sich befliss, da ward es ein Wolf, der den Mann zerriss. (Saadî, um 1215–1292; „Gulistân")

Wer einem anderen ein Leid zufügt, der erfährt selbst noch größeres Leid; darum soll einer, der selbst kein Leid erfahren möchte, niemandem ein Leid zufügen. (Aus Indien) / Wer in der Gesellschaft lebt, sollte um seines Selbstschutzes willen sein Vermögen, dem Bösen zu widerstehen, nicht im

Verborgenen lassen. Gleichzeitig aber sollte er bemüht sein, Übel nicht mit Übel zu vergelten. (Shrî Râmakrishna, 1834–1886) / Nährst du Hass und Neid, so werden sie dir mit Zinseszinsen zurückgezahlt werden. Keine Macht kann diese Kräfte zurückhalten; sind sie erst einmal in Bewegung gesetzt, so wirst du ihre Früchte tragen müssen. (Swâmi Vivekânanda, 1862–1902)

Wer nicht an die ewige Vergeltung (Karma) glaubt, kann fast jede böse Tat begehen. (Gautama Buddha, um 550–480 v. Chr.; „Dhammapada") / Den Gebrauch verletzlicher Worte sollst du vermeiden, auch gegen einen Feind, denn mit Sicherheit fällt auf dich zurück, wie das Echo am Fels, was du ausgesandt. (Sakya Pandita, 1182–1251; „Erlesene Aussprüche") / Die Güte Buddhas zu vergelten bedeutet, eure eigene ursprüngliche Natur zu erkennen und das Gesetz zu verstehen. (Sokei-an Roshi, 1882–1945; „Der Zen-Weg")

Vergessen

Gerechte Lippen begraben den Hass. (Bibel AT; Spr. 10,18) / Wer die Thora lernt und wieder vergisst, gleicht einer Frau, die ein Kind gebiert und begräbt. (Talmud; 70–500 n. Chr.; Sanhedrin 99a) / Man kann verhindern, dass Völker lernen; aber verlernen machen kann man sie nichts. (Ludwig Börne, 1786–1837; „Aphorismen")

Nichts wird langsamer vergessen als eine Beleidigung und nichts eher als eine Wohltat. (Martin Luther, 1483–1546) / Man kann eigentlich die Elastizität eines Menschen an seiner Kunst zu vergessen messen. (Sören Kierkegaard, 1813–1855; „Entweder – Oder") / Vergiss die geleisteten, aber nicht die empfangenen Wohltaten. (Don Bosco, 1815–1888)

Nicht weil ich dich vergessen hätte, erinnere ich mich deiner so überschwänglich. Es ist ganz einfach, was mir auf der Zunge brennt. (Dhû'n-Nûn, ca. 796–859) / Ein Herz, in dem das Licht der Liebe ist, sei es nun Jude, Muslim oder Christ, wenn's nur in Gottes Buch der Liebe steht, des Himmels und der Hölle ganz vergisst. (Omar Khayyâm, um 1045–1122) / Wer liebt, denkt nicht an sein eigenes Leben; um wahrhaft zu lieben, muss ein Mensch sich selbst vergessen, ob er nun ein asketischer oder ausschweifender Mensch ist. (Attâr, um 1136 bis ca. 1220)

Das Kind spielt mit seinen Spielsachen und vergisst dabei selbst Hunger und körperlichen Schmerz. So findet, wer Brahman (Gott) erkannt hat, Ergötzung im Atman (Selbst) und vergisst alle Gedanken des „Ich" und „Mein". (Shankara, 788–820; „Kleinod der Unterscheidung") / Kein „Ich" ist und kein „Du", kein „Der" ist und kein „Das", der Schöpfer ist allein, der selber sich vergaß. (Lallà, 14. Jhdt.) / Der Augenblick kommt, wo man alles vergessen muss, was man gelernt hat: Kehricht wird zusammengefegt, um weggeschüttet zu werden. (Shrî Ramana Maharshi, 1879–1949; „Der Weg zum Selbst") / Wer vergisst, wie man die Erde beackert und das Feld bestellt, vergisst sich selbst. (Mahatma Gandhi, 1869–1948)

Sich jemand ins Gedächtnis rufen heißt nicht vergessen können. Niemanden zu rufen heißt niemanden vergessen haben. (Bankei Eitaku, 1622–

1693) / Wenn ihr ins Kino geht und die schöne Greta Garbo seht, vergesst ihr euch selber und werdet die große Garbo selbst. Das ist Erleuchtung. (Sokei-an Roshi, 1882–1945; „Der Zen-Weg“) / Wenn ihr eure dualistischen Vorstellungen vergesst, dann wird alles zu eurem Lehrer, und alles kann Gegenstand der Verehrung sein. (Shunryu Suzuki, 1905–1971; „Zen-Geist“)

Vergnügen

Alles Mühen des Menschen geschieht für den Mund, und doch wird die Begier nicht gestillt. (Bibel AT; Pred. 6,7) / Vergnügen ist nichts als ein höchst angenehmer Schmerz. (Heinrich Heine, 1797–1856; „Reisebilder“) / Zwischen Vergnügungen und Vergnügen besteht ein großer Unterschied. Ich jedenfalls habe selten Vergnügen an so genannten Vergnügungen gehabt. (Gustav Mahler, 1860–1911)

Wer nicht liebt Wein, Weiber und Gesang, der bleibt ein Narr sein Leben lang. (Martin Luther, 1483–1546) / Ohne Zerstreuung gibt es für den Menschen keine Freude, mit Zerstreuung keine Trauer. (Blaise Pascal, 1623–1662) / Während ein Feuerwerk abgebrannt wird, sieht niemand nach dem gestirnten Himmel. (Marie von Ebner-Eschenbach, 1830–1916; „Aphorismen“)

Lieb gemacht wurden mir vom Diesseits die Frauen und die Wohlgerüche, und Trost für meine Seele bringt das Gebet. (Mohammed, 570–632; „Hadith“) / Das Vergnügen blockiert, aber der Schmerz legt die Wege der Inspiration frei. (Hazrat Inayat Khan, 1882–1927; „Gayan“) / Seltsam, das Verlangen nach bestimmten Vergnügen ist ein Teil meiner Schmerzen. (Kahlil Gibran, 1883–1931; „Aphorismen“)

Begierde ist jene Spannung im Menschen, die dem Vergnügen nachfolgt. (Patanjali, 2. Jhdt. v. Chr.; „Yoga-Sutra“) / Vergeude nicht einen Augenblick mit weltlichen Dingen oder Sinnesreizen. Erinnere dich selbst im Schlaf an Brahman (Gott). Meditiere über den Atman (Selbst) in deinem eigenen Herzen. (Shankara, 788–820; „Kleinod der Unterscheidung“) / Wenn ich auch verfallen bin dem Leben dieser Welt, will Gott mich darum verlassen? (Mânikkavâshagar, 9. Jhdt.)

Wer nur dem Vergnügen nachjagt, ohne seine Sinne zu zügeln; wer maßlos ist im Essen und Trinken, der schädigt sein eigenes Leben. Zur Lebensweisheit gehört das rechte Maß in allen Dingen. (Gautama Buddha, um 550–480 v. Chr.; „Dhammapada“) / Wenn man sich von den Tätigkeiten und mannigfaltigen Dingen des lärmenden Weltgetriebes zerstreuen lässt und nicht die ursprünglich-natürliche Weisheit in sich hütet und nährt, gleicht man einem Garuda-Vogel, der sich die Flügel hat zerbrechen lassen. (Gampopa, 1079–1153; „Der kostbare Rosenkranz“) / Es ist leicht, unerträgliches Leiden auszuhalten, wenn du denkst, dass es nur einen Tag dauert. Genau dasselbe bei Vergnügen: Wenn du bedenkst, dass es nur einen Tag dauert, wirst du nicht abhängig davon. (Shôju Rônin, 1642–1721)

Verirrungen

Weh denen, die das Böse gut und das Gute böse nennen, die die Finsternis zum Licht und das Licht zur Finsternis machen, die das Bittere süß und das Süße bitter machen. (Bibel AT; Jes. 5,20) / Die unwandelbare Freundschaft und der ewige Friede zwischen allen Völkern – sind das denn Träume? Nein, der Hass und der Krieg sind Träume, aus denen man einst erwachen wird. (Ludwig Börne, 1786–1837) / Vollbringen setzt ein Ablehnen voraus. Nur wer sich abwenden kann von täuschenden Gestirnen, von trügerischen Göttern, wird dorthin gelangen, wo das Seiende wohnt. (Leo Baeck, 1873–1956; „Dieses Volk")

Wir wollen nicht wie unmündige Kinder sein, die sich durch das Trugspiel der Menschen und durch die Verführungskünste des Irrtums von jeder windigen Lehre hin und her schaukeln und treiben lassen. (Bibel NT; Eph. 4,14) / Halt an, wo läufst du hin, der Himmel ist in dir: Suchst du Gott anderswo, du fehlst ihn für und für. (Angelus Silesius, 1624–1677) / Für mich waren manche Verirrungen entscheidende Erlebnisse, die schließlich Tapferes auslösten. (Friedrich Lienhard, 1865–1929)

Verloren fürwahr sind jene, die ihre Kinder töten aus Unwissenheit, und das für unerlaubt erklären, was Allah ihnen bereitet hat, Lüge gegen Allah erfindend. Sie sind wahrlich irregegangen und sind nicht recht geleitet. (Korân; Sure 6,140) / In stetem Hoffen ward zu Blut mein Herz, in stetem Hoffen ruhelos, voll Schmerz. Schenk Einigung mir nur für einen Nu, gib einen Hauch dem Leid um dich nur Ruh! (Attâr, um 1136 bis ca. 1220) / Wir alle täuschen uns, solange wir leben, und die Schicksalsfäden kann niemandes Hand entwirren; und dennoch fällt keiner, wenn er nur den Anfang aller Fäden, den allmächtigen Gott, nicht verliert. (Nizâmî, 1141–1209; „Sieben Gechichten")

Die sich mit Ärmeren nur vergleichen, die werden Schätze nie erreichen. (Nârâjana, 9./10. Jhdt.; „Hitopadesa") / Ungerufen hereintreten, ungefragt schwatzen, sich selbst loben und andere tadeln, diese vier Sachen kennzeichnen einen leichtfertigen Menschen. (Aus Indien) / Ich kannte einen Menschen, den die Welt als verrückt bezeichnete, und dies war seine Antwort: „Meine Freunde, die ganze Welt ist ein Narrenhaus: Einige sind verrückt nach weltlicher Liebe, andere nach Ruhm, viele nach Geld, wieder andere nach Erlösung und danach, in den Himmel zu gelangen. In diesem großen Narrenhaus bin ich ebenfalls verrückt; ich bin verrückt nach Gott. Ich glaube aber, dass meine Verrücktheit die beste ist." (Swâmi Vivekânanda, 1862–1902)

Zu bedauern sind die verirrten Mitmenschen, o Brüder und Schwestern. Sie leben wie blind und suchen ihren größten Genuss. Sie haben vergessen, was gut und böse ist. Und sie sagen, ihnen sei alles erlaubt. So streiten sie andauernd und verletzen sich gegenseitig. (Gautama Buddha, um 550–480 v. Chr.; „Udâna") / Was auch ein Feind dem Feinde antun mag, was ein Hassender einem Gehassten – mehr schaden wird uns ein falsch geleiteter Geist. (Gautama Buddha, um 550–480 v. Chr.; „Dhammapada") / Verbündete, die unrecht handeln, suchen deine Taten ihren anzugleichen; lass ab von Freundschaft, die dich irreführt. (Phadampa Sangay, um 1100)

Verleumdung

Ein Dieb ist ein schändliches Ding, aber ein Verleumder ist viel schändlicher. (Bibel AT; Sir. 5,17) / Die Verleumdung tötet drei Menschen: den Verleumder selber, den, der die Verleumdung mit anhört, und den Verleumdeten. (Talmud; 70–500 n. Chr.; Erachim 15b) / Die Weisen sagten: Wegen drei Übertretungen wird vom Menschen in dieser Welt Strafe erduldet, und er hat keinen Anteil an der zukünftigen Welt: Götzendienst, verbotene Sexualität und Blutvergießen. Und die böse Zunge gleicht den dreien zusammen. (Moses Maimonides, 1135–1204; „Mischneh Torah")

Verleumdung schadet auf einmal dreien: dem, von dem man Böses sagt, dem, welchem man es sagt, am meisten dem, der es sagt. (Basilius der Große, 330–379) / Die schweigende Verachtung, mit der man einer Verleumdung oder Unbill begegnet, ist gewöhnlich ein heilsameres Gegenmittel als Empfindlichkeit, Zwist oder Rache. (Franz von Sales, 1567–1622) / Wenn dein Nachbar verleumdet wird, höre es an und sage dir: „Ich warte auf die Verleumdung gegen mich." (Aus Abessinien)

Und wer ein Unrecht oder eine Sünde begeht und sie dann einem Unschuldigen zur Last legt, der hat gewiss Verleumdung und offenbare Sünde auf sich geladen. (Korân; Sure 4,112) / Der Gläubige verleumdet nicht, er flucht nicht, er frevelt nicht, und er ist nicht niederträchtig im Reden. (Mohammed, 570–632; „Hadith") / Zu Verleumdungen schweigen, das heißt ausliefern und im Stich lassen. (al-Ghazâlî, 1058–1112; „Elixier der Glückseligkeit")

Verleumde Gott nicht, der Herr ist über alle Geschöpfe. Lerne ihn erkennen, und beuge dich seinem Willen. (Mahâbhârata; 500 v. Chr. bis 500 n. Chr.) / Weil es den Leuten ums Mäkeln zu tun ist, kommt es ihnen weniger darauf an, von den trefflichen Eigenschaften eines Menschen als von seinen Mängeln zu reden. (Aus Indien) / Unredliche Menschen mögen dir noch so Arges sagen, dich verleumden! Willst du Gott von Herzen, wirst du alles ertragen. (Shrî Râmakrishna, 1834–1886)

Schädlich ist der Umgang mit Lügnern und Verleumdern. Denn ihre Verletzungen gehen tief, sie zerstören unser Leben. (Gautama Buddha, um 550–480 v. Chr.; „Dhammapada") / Wenn der Erhabene hier etwas gehört hat, hinterbringt er es nicht dort, und wenn er dort etwas gehört hat, nicht hier, um auf beiden Seiten Unfrieden zu stiften. (Gautama Buddha, um 550–480 v. Chr.; „Dhammapada") / Wenn jemand schlecht über euch spricht, nehmt es einfach demütig an, erwidert nichts, erklärt nichts, nicht einmal eurem besten Freund! (Sokei-an Roshi, 1882–1945; „Übertragung des Zen")

Verlust

Verliere gerne dein Geld um deines Bruders und Nächsten willen, und vergrabe es nicht unter einen Stein. (Bibel AT; Sir. 29,13) / Eine Frau, die den Verlust eines Kindes durchgemacht hat, erschrickt nicht mehr. (Talmud; 70–500 n. Chr.; Kethuboth 62a) / Für einen Vater, dessen Kind stirbt, stirbt die Zukunft. Für ein Kind, dessen Eltern sterben, stirbt die Vergangenheit. (Berthold Auerbach, 1812–1882)

Geld in des Armen Hand und Geduld in des Liebenden Seele und das Wasser im Sieb eilen und fließen davon. (Johann Gottfried von Herder, 1744–1803; „Das Rosental") / Wer einmal hat dein göttlich Bild verloren, was ihm doch eigen war wie seine Seele, gegen den hat sich die ganze Welt verschworen. (Annette von Droste-Hülshoff, 1797–1848) / Was du am meisten liebst, erkennst du beim Verlust. (Aus Polen)

Wenn du dich an folgende vier Dinge hältst, dann macht es nichts aus, wenn du alles andere in dieser Welt verlierst: Beschütze, was dir anvertraut ist, sage die Wahrheit, habe einen edlen Charakter, und verdiene dein Einkommen auf gesetzmäßige Weise. (Husayn-al-Sulami, 936–1021; „Futuwwah") / Wenn du denkst, du habest Ihn gefunden – genau dann hast du Ihn verloren. Und wenn du glaubst, du hättest Ihn verloren, so hast du Ihn gefunden. (Abû Sa'îd-i Abû'l-Khair, gest. 1049) / Wenn du lernst, dich zu verlieren, wirst du den Geliebten erreichen. Kein anderes Geheimnis gibt es zu erfahren, und mehr als das ist mir nicht bekannt. (Abdallah-i Ansârî, 1006–1089)

Wer mich in allem sieht und alles sieht in mir, dem gehe ich nicht verloren, und der geht mir nicht verloren. (Bhagavadgîtâ VI,30; ca. 300 v. Chr.) / Gewinnt oder verliert ein Baum irgendetwas, wenn eines seiner Blätter in einen Graben und nicht in einen Fluss, wenn es auf geheiligten Grund und nicht auf das offene Feld fällt? (Shankara, 788–820; „Kleinod der Unterscheidung") / Behalte deinen Glauben und deine Gefühle für dich. Sprächest du von ihnen, würdest du viel verlieren. (Shrî Râmakrishna, 1834–1886; „Worte des Râmakrishna")

Unser Leben ist voll von Verlusten und Niederlagen. Lernen wir rechtzeitig, Dinge loszulassen, an denen wir hängen. Dann begreifen wir den Wandel, dem wir ausgesetzt sind. (Gautama Buddha, um 550–480 v. Chr.; „Digha-Nikâya") / Den Schatz der Wahrheit verliert man durch die eigenen Sinne und den eigenen Verstand. Ein und derselbe Mond spiegelt sich in allen Wassern. Alle Monde in den Wassern sind eins mit dem einen einzigen Mond. (Yung-chia Hsüan-chüeh, 665–713) / Der Verlust wird zum Gewinn. Der Gewinn wird zum Verlust. (Tung-shan Liang-chieh, 807–869; „San-mei-k'o")

Vernichtung

Der menschliche Geist kann mit dem Körper nicht ganz vernichtet werden, sondern es bleibt etwas von ihm übrig, was ewig ist. (Baruch Spinoza, 1632–1677; „Die Ethik") / Noch nie habe ich so sehr verspürt, wie zweifelhaft all unser inneres Dasein trotz aller Werke der Erneuerung ist, wie in diesen Tagen, da die Maßen unseres Volkes in die Gewalt ihrer Todfeinde gegegeben sind. (Martin Buber, 1878–1965; „Schweigen und Schreien, 1944") / Einen innerlich freien und gewissenhaften Menschen kann man zwar vernichten, aber nicht zum Sklaven oder blinden Werkzeug machen. (Albert Einstein, 1879–1955)

Bevor man die Welt verändert, wäre es vielleicht wichtiger, sie nicht zugrunde zu richten. (Paul Claudel, 1868–1955) / Die Menschwerdung des Gottessohnes ward in diesem Augenblick vollendet, da nichts mehr Menschengleiches an dieser Elendsgestalt war; denn der Mensch wird aus seiner Vernichtung heraus. (Joseph Wittig, 1879–1949) / Wer den Menschen die Hölle auf Erden bereiten will, der braucht ihnen nur alles zu erlauben. (Graham Greene, 1904–1991)

Da alles endlich wird dem Staub zum Raube, Freund, werde Staub, bevor du wirst zum Staube. (Saadî, um 1215–1292; „Gulistân") / Sturm und Schnee vernichten wohl die Blumen, aber ihre Samen können sie nicht töten. (Kahlil Gibran, 1883–1931; „Aphorismen") / Die menschliche Natur ist so geartet, dass sie dem Ruf zum Zerstören williger folgt als dem zum Aufbau. (Mohammed Reza Pahlewi, 1919–1980)

Ein Unrecht, das man in der Welt begeht, trägt, wie ein Acker, nicht sogleich Früchte; allmählich jedoch kommt es heran und vernichtet den Täter bis auf den Grund. (Aus Indien) / Wenn der Mensch stirbt, dann kehrt er zu den Elementen zurück, aus denen sein Körper bestand. – Zerstörung ist die Rückkehr zur Ursache. (Swâmi Vivekânanda, 1862–1902; „Jnana-Yoga") / In der Zerstörung von Leben und Besitz, sei es in Angriff oder Verteidigung, sehe ich weder Tapferkeit noch Opfermut. (Mahatma Gandhi, 1869–1948)

Schöpfe das Boot hier aus; wenn es ausgeschöpft ist, wird es leicht dahinsegeln; hast du Leidenschaft und Hass vernichtet, so wirst du zum Nirvana eingehen. (Gautama Buddha, um 550–480 v. Chr.; „Dhammapada") / Es gibt niemals weder Vernichtung noch Existenz: Darum ist dieses ganze Universum frei von Entstehung wie von Vernichtung; genau betrachtet sind die Eigenschaften der Geschöpfe einem Traume vergleichbar und dem Stamm der Banane gleich. Es gibt keinen realen Unterschied zwischen den erlösten und den unerlösten Geschöpfen. (Sântideva, 7. Jhdt.; „Bodhicaryâvatâra") / Wenn selbst solide Dinge wie die Erde, der Berg Meru, die vier Kontinente, der Ozean und anderes mehr zugrunde gehen, wie kann ich da gewiss sein, ob dieser Körper – zerbrechlich wie ein irdener Topf – nicht jetzt auch gleich zerfällt? (Jesche Tsöndrü, 1761–1816; „Die Elixiere der Erleuchtung")

Vernunft

Warum sollte es uns schwer erscheinen, Interpretationen zu finden, die die wörtliche Bedeutung außer Acht lassen, um sie mit der Vernunft und mit der rechten Realität in Einklang zu bringen, obwohl es heilige Schriften sind? (Moses Maimonides, 1135–1204; „Perek Chelek") / Nichts bringt dem Menschen mehr Gewinn, als nach den Grundsätzen der Vernunft zu leben. (Baruch Spinoza, 1632–1677) / Die Stimme der Vernunft ist leise. Aber sie ruht nicht, ehe sie sich Gehör verschafft hat. (Sigmund Freud, 1856–1939)

Der Vernunft gab Gott zwei Flügel. Der rechte bedeutet die Erkenntnis des Guten, der linke die Erkenntnis des Bösen. (Hildegard von Bingen, 1098–1179) / Es gibt zwei gleich gefährliche Abwege: die Vernunft schlechthin zu leugnen und außer der Vernunft nichts anzuerkennen. (Blaise Pascal, 1623–1662) / In Widerspruch zur eigenen Vernunft zu leben ist der unerträglichste aller Zustände. (Leo Tolstoi, 1828–1910)

Der Vernünftige ist der, der sich selbst richtet und für das Leben nach dem Tod wirkt. Der Schwache ist der, der der Neigung seiner Seele folgt und sich sonst alles von Gott erhofft. (Mohammed, 570–632; „Hadith") / Wenn von der Welt ganz die Vernunft verschwände, gewiss ein jeder bei sich selbst sie fände. (Saadî, um 1215–1292; „Gulistân") / Vernunft ist die Illusion der Wirklichkeit. (Hazrat Inayat Khan, 1882–1927; „Gayan")

Vernunft ist notwendigerweise vom Irrtum begleitet; aber gerade das Ringen darum, den Irrtum zu besiegen, macht uns zu Göttern. (Swâmi Vivekânanda, 1862–1902; „Jnana-Yoga") / Die Vision des Höchsten in unserer Seele ist unmittelbares Schauen und gründet sich auf keine Überlegung oder Beweisführung der Vernunft. (Rabindranâth Tagore, 1861–1941; „Sadhana") / Vernunft endet kurz vor dem Göttlichen und geht Kompromisse mit den Problemen des Lebens ein. (Shrî Aurobindo, 1872–1950; „Zyklus der menschlichen Entwicklung")

Das geistliche Leben ist geprägt durch ein gutes Maß an gesundem Menschenverstand. (Gautama Buddha, um 550–480 v. Chr.; „Dhammapada") / Die Vernunft ist für den Weisen, das Gesetz für den Unweisen. (Aus China) / Schau nicht länger durch ein Schilfrohr zum Himmel hinauf, er reicht viel zu weit, als dass du ihn messen könntest. (Yung-chia Hsüan-chüeh, 665–713; „Shodoka")

Versenkung

Der Mensch, der lediglich sich selbst betrachtet, kann nur in Melancholie verfallen. Sobald er aber die Augen öffnet und die Schöpfung ringsum erblickt, wird er voll von Frohsinn sein. (Israel ben Eliser; 1699–1760) / Es ist besser für den Menschen, in sich hineinzublicken, um zu sehen was da in ihm ist, als in den Himmel zu schauen, um feststellen zu können, was dort geschieht. (Chassidische Weisheit) / Man kann kein guter Jude sein, wenn man nicht täglich einen Teil seiner Zeit dem Zwiegespräch mit Gott widmet. (Rabbi Nachmann, 1771–1810)

Gott spricht: O Seele, suche dich in mir, und, Seele, suche mich in dir. (Theresia von Avila, 1515–1582) / Wer in sich schaut, der schaut, was Sonn und Erde trägt, es regt sich alles zwar, doch er bleibt unbewegt. (Angelus Silesius, 1624–1677; „Der Cherubinische Wandersmann") / Einem gelang es – er hob den Schleier der Göttin zu Sais. – Aber was sah er? Er sah – Wunder des Wunders – sich selbst. (Novalis, 1772–1801; „Fragmente")

In der Moschee und Kirche Dämmerschein schwätzt man von Himmelsglück und Höllenpein. Doch wen durchdrungen hat des Höchsten Sein, sät diesen Samen nie ins Herz hinein. (Omar Khayyâm, um 1045–1122) / Verlass die Welt, so bist du Herr der Welt, geh aus dir selbst, so bist du Gott gesellt. (Dschelâleddin Rûmî, 1207–1273; „Spruchgedichte") / Der Mensch besteht aus zwei Teilen: Einer wacht in der Dunkelheit, und der andere schläft im Licht. (Kahlil Gibran, 1883–1931; „Aphorismen")

Der Geist soll sich in Gott und in sich selbst versenken, der Leib ist nichts als Speise für die Krähen. (Lallà, 14. Jhdt.) / Am Tag zu betteln, und wenn der Tag verrint, in Gott sich zu versenken gilt mehr als alle Pracht und Herrlichkeit. (Kabîr, 1440–1518; „Spruchgedichte") / Das Tier findet sein Glück durch die Sinne, der Mensch durch seinen Intellekt und der Gottmensch in geistig-religiöser Betrachtung. (Swâmi Vivekânanda, 1862–1902)

Nicht gibt es Versenkung, wo nicht Erkenntnis ist, und Erkenntnis gibt es nicht, wo nicht Versenkung ist, und in wem Versenkung und Erkenntnis ist, der ist dem Nirvana nahe. (Gautama Buddha, um 550–480 v. Chr.; „Dhammapada") / Dadurch dass man Körper und Denken isoliert, ist keine Zerstreuung möglich; deshalb gebe man die Welt auf und weise die Vorstellungen zurück. (Sântideva, 7. Jhdt.; „Bodhicaryâvatâra") / Die Buddhisten meditieren über sich selber und dringen in die Tiefe ihres eigenen Bewusstseins ein. Dieses Bewusstsein ist wie ein Spiegel mit zwei Seiten, eine gegen außen und eine gegen das bodenlose Innere gerichtet. (Sokei-an Roshi, 1882–1945; „Übertragung des Zen")

Verstand

Wo kein Augapfel ist, fehlt das Licht; wo kein Verstand ist, fehlt die Weisheit. (Bibel AT; Sir. 3,25) / Der Mensch ist durch seinen Intellekt ausgezeichnet; der Ausdruck bezieht sich in dieser Weise auf Form und Ebenbild Gottes, keineswegs auf Hände und Füße und dergleichen. Der Intellekt braucht keine leiblichen Organe. (Moses Maimonides, 1135–1204; „Moreh Newuchim") / Der Verstand ist ein Geschenk, die Bildung erworben. (Salomo ibn Gabirol)

Viele verlieren den Verstand nur deshalb nicht, weil sie keinen haben. (Balthasar Gracian, 1601–1658) / Ein Tropfen Liebe ist mehr als ein Ozean an Wille und Verstand. (Blaise Pascal, 1623–1662; „Gedanken") / Alle Gelegenheit, glücklich zu werden, hilft nichts, wer den Verstand nicht hat, sie zu benutzen. (Johann Peter Hebel, 1760–1826)

Tu zu deinem Verstand den Verstand eines andern und frag um Rat; denn die Wahrheit verbirgt sich nicht vor zweier Menschen Verstand. (1001 Nacht; 16./17. Jhdt.) / Zur Offenbarung zieht es den Verstand, die Liebe zu der Einsamkeiten Strand. (Muhammad Iqbal, 1877–1938; „Buch der Ewigkeit") / Dein Verstand und mein Herz werden sich niemals einigen, bis dein Verstand aufhört, in Zahlen zu leben und mein Herz im Dunkel. (Kahlil Gibran, 1883–1931; „Aphorismen")

Begriffliches Denken stützt sich auf Wort-Erkennen und ist sachleer. (Patanjali, 2. Jhdt. v. Chr.; „Yoga-Sutra") / Ein sinniger, verständiger Mann wünscht nicht, was er nicht haben kann, betrauert nicht, was ihm entschwand, bewahrt im Unglück den Verstand. (Nârâjana, 9./10. Jhdt.; „Hitopadesa") / Mit klarem Verstande bestimme man, was möglich und was unmöglich ist: Stößt ein Elefant mit dem Kopf gegen einen Felsen, bewirkt das nur, dass er sich seine Zähne abbricht. (Aus Indien)

Wer durch das Tor des Zen eingehen will, der muss seinen Verstand ablegen. Darin besteht gerade die Kraft der unmittelbaren Schau und Weisheit, dass sie mit einem Sprunge ins Ungeborene führt. (Yung-chia Hsüan-chüeh, 665–713) / Der Verstand ist der große Verneiner des Wirklichen. Lass den Schüler den Verneiner verneinen. (Sakya Pandita, 1182–1251; „Kostbare Schatzkammer der Tugenden") / Vergiss Subjekt und Objekt, überspringe den Intellekt, trenne dich vom Verstand, und dringe unmittelbar bis zur Identität mit dem Buddhageist, außerhalb seiner gibt es keine Wirklichkeit. (Daisetz T. Suzuki, 1870–1966; „Die große Befreiung")

Verstehen

Böse Menschen verstehen nicht, was recht ist; die aber den Herrn suchen, verstehen alles. (Bibel AT; Spr. 28,5) / Das Unvermögen unseres Verstandes, Gottes Wesen zu erfassen, gleicht dem Unvermögen des Augenlichtes, das Sonnenlicht zu erfassen. (Moses Maimonides, 1135–1204; „Acht Kapitel") / Ich habe mich eifrig darum bemüht, der Menschen Tun weder zu belachen noch zu beweinen, noch zu verabscheuen, sondern es zu begreifen. (Baruch Spinoza, 1632–1677; „Tractatus politicus")

Was ist es Großes um eine Seele, die eine andere versteht! (Theresia von Avila, 1515–1582) / Wir werden die Welt verstehen, wenn wir uns selbst verstehen. (Novalis, 1772–1801) / Das Leben leben kann man nur vorwärts, das Leben verstehen nur rückwärts. (Sören Kierkegaard, 1813–1855) / Der Mensch sieht alles nur so, wie er es versteht. (Hugo Lang, 1892–1967)

Redet mit den Leuten nach Maßgabe ihres Verstandes! (Mohammed, 570–632; „Hadith") / Mangel an Verständnis für das menschliche Wesen verursacht allen Streit und Zwiespalt. (Hazrat Inayat Khan, 1882–1927; „Gayan") / Es ist der Verstand in uns, der sich den Gesetzen fügt, die wir gemacht haben, aber niemals der Geist in uns. (Kahlil Gibran, 1883–1931; „Aphorismen")

Was nützen dem Lehrbücher, der keinen Verstand besitzt? Was wird dem ein Spiegel nützen, der keine Augen hat? (Aus Indien) / Wenn jemand eine Blume riecht und sagt, er verstehe das nicht, so kann man ihm nur antworten: „Da ist nichts zu verstehen; es ist nur ein Duft." (Rabindranâth Tagore, 1861–1941; „Meine Lebenserinnerungen") / Die Heiligkeit allein kann Heiligkeit begreifen. Und nur insoweit wir selbst Kinder der Unsterblichkeit werden, können wir diese Söhne Gottes verstehen, die der Menschheit zu helfen suchen. (Dhan Gopal Mukerdshi, 1890–1936)

Und fragt mich jemand: „Was für eine Wahrheit ist denn das, die du verstanden hast?" So antworte ich: „Die Kraft vollkommener Weisheit." (Yung-chia Hsüan-chüeh, 665–713) / Man kann den Buddhismus nicht verstehen, wenn man nicht den buddhistischen Standpunkt annimmt. (Sokei-an Roshi, 1882–1945; „Der Zen-Weg") / Nie kann das begriffliche

Verstehen das Wesen der Dinge erreichen. Erst wenn der Suchende noch einen Sprung über dieses Verstehen hinaus wagt, wie über die Spitze eines hohen Baumes, bricht er in die wahre Welt ein. (Daizohkutsu R. Ohtsu; „Kommentar zu ‚Der Ochs und sein Hirte'")

Versuchung

An Frauenschönheit sind schon viele zugrunde gegangen. (Bibel AT; Sir. 9,8) / Soweit der Geist alle Dinge als notwendig erfasst, so weit hat er größere Kontrolle über die Affekte und leidet unter ihnen. (Baruch Spinoza, 1632–1677; „Die Ethik") / Hybris und Maßlosigkeit sind die Versuchungen, die allem Handeln als solchem eigen sind. (Hannah Arendt, 1906–1975)

Wachet und betet, damit ihr nicht in Versuchung fallet. (Bibel NT; Lk. 22,40) / Es kennt der Mensch sich nicht, er lerne sich denn kennen in Versuchung. (Aurelius Augustinus, 354–430) / Äußere Sicherungen sind eine stete Versuchung, kraftlos zu werden. (Matthias Laros, 1882–1965)

Die Welt ist schön und grün, und Gott bestellt euch darin als Nachfolger, um zu sehen, wie ihr handelt. So hütet euch vor der Welt, und hütet euch vor den Frauen. Denn die erste Verführung der Kinder Israels erfolgte durch die Frauen. (Mohammed, 570–632; „Hadith") / Alles, was einen auf der Reise nach dem ersehnten Ziel aufhält, ist Versuchung. (Hazrat Inayat Khan, 1882–1927; „Gayan") / Versuchung ist ein Maß, mit dem Gott den Wert der menschlichen Seele misst. Sie ist eine Waage, die Gott gebraucht, um die Seelen zu wägen. (Kahlil Gibran, 1883–1931; „Abgründe der Seele")

Nur Toren folgen ihren Begierden in der Außenwelt und gehen so dem Tod ins ausgespannte Netz. Doch die Weisen wissen um die Unsterblichkeit und suchen das Dauerhafte nicht im Vergänglichen. (Katha-Upanishad; 800–500 v. Chr.) / Jeder Mensch, dessen Kraft noch nicht versucht war, ist ein Held. (Nârâjana, 9./10. Jhdt. n. Chr.; „Hitopadesa") / Wenn wir unseren Gefühlen freien Lauf lassen, so verschwenden wir Energie, strapazieren unsere Nerven, stören unsere innere Ruhe und erreichen nur sehr wenig. (Swâmi Vivekânanda, 1862–1902)

Ich zog hinaus, um rein zu leben, und doch fällt mich Versuchung an. Wie sollten Frauen mich betören? Ich stehe fest, lass mich nicht fangen. (Theragâthâ; ca. 400–200 v. Chr.) / Während all der sechs Jahre, in denen der Erhabene sich in Entbehrungen übte, folgte ihm ein Dämon auf Schritt und Tritt und suchte nach einer Gelegenheit, ihm zu schaden.. Er fand jedoch keine und ging entmutigt und unzufrieden davon. (Lalitavistara-Sutra; 2. Jhdt. v. bis 2. Jhdt. n. Chr.) / Stünden nicht Mädchen mit feurigem Aug' am Wege des Lebens, wahrlich! Es wandelte dann ohne Gefahr sich dahin! (Bhartrihari, 7. Jhdt.)

Vertrauen

Von der Morgenwache bis zur Nacht lass uns vertrauen auf den Herrn. (Bibel AT; Ps. 129,6) / Halte es mit jedermann freundlich, vertraue aber unter Tausenden kaum einem. (Bibel AT; Sir. 6,6) / Einfältig wandeln mit deinem Gott – nichts weiter wird da gefordert als ein ganz gegenwärtiges Vertrauen. Aber Vertrauen ist ein großes Wort. Es ist der Same, daraus Glaube, Hoffnung und Liebe wachsen, und die Frucht, die aus ihnen reift. (Franz Rosenzweig, 1886–1929; „Der Stern der Erlösung“)

Herr, ich vertraue auf dich: Ich weiß von keinem Gute außer dir. (Aurelius Augustinus, 354–430) / Wenn man einen anderen herzlich und hingebend liebt, so ist somit das Vertrauen von selber gesetzt. (Meister Eckhart, um 1260–1327) / Vertrau auf Gott, was auch immer kommen mag. (Vater von Don Bosco, 1815–1888) / Vertrauen ist für alle Unternehmungen das Betriebskapital, ohne welches kein nützliches Werk auskommen kann. (Albert Schweitzer, 1875–1965)

Wer auf Gott vertraut, dem wird er genug sein, denn Gott erreicht seine Sache; jedem Ding hat er bereits seine Bestimmung gegeben. (Mohammed, 570–632) / Wenn Gott ein Herz erobern möchte, vertraut er ihm Geheimnisse an, welche das Herz dann wahrnimmt und verkündet. (al-Hallâdsch, 858–922) / Ein Mann des Heils vertraut sich selber nicht, und wer auf Gott schaut, schaut sich selber nicht. (Saadî, um 1215–1292; „Bostân“) / Glaube den Frauen nicht; trau ihren Schwüren nicht! Schon Vater Adam, schau, ward verjagt wegen der Frau. (1001 Nacht; 16./17. Jhdt.)

Man meide gleich von Anfang an mit allen vertrauten Umgang, die uns nicht gefallen. (Pantschatantra; 5. Jhdt.) / Wohin auch immer ich gehe, ist Gott mein Begleiter: Er nimmt mich bei der Hand und führet mich. Wie ich dahinwandere, lehne ich mich an ihn an. (Tukârâm, 1608–1649) / Vertrauen ist eine Tugend. Misstrauen geht immer aus Schwäche hervor. (Mahatma Gandhi, 1869–1948)

Vertraue keinem Menschen blind, du weißt nicht, ob er zuverlässig oder ob er ein Lügner ist. Sei wachsam bei schönen und süßen Worten. Sei wie eine Hirschkuh, die sich vor dem Löwen zu schützen weiß. (Gautama Buddha, um 550–480 v. Chr.; „Jâtaka“) / Wer im Vertrauen schwankt, kommt nie zu weisem Wissen. (Gautama Buddha, um 550–480 v. Chr.; „Dhammapada“) / Auf was wir Wert legen, ist starkes Vertrauen in unsere ursprüngliche Natur. (Shunryu Suzuki, 1905–1971; „Zen-Geist“)

Verwirrung

Ein Mann voll Frevel lehnt Zurechtweisung ab, nach seinem Belieben verzerrt er das Gesetz. (Bibel AT; Sir. 32,17) / Am Tage, da die Ägypter im Meer ertranken, wollten die Engel vor Gott ihr Lied anstimmen. Da sprach Gott zu ihnen: Das Werk meiner Hände ertrinkt im Meer, und ihr wollt euer Lied anstimmen! (Talmud; 70–500 n. Chr.; Sanhedrin) / Alles, was die Seele durcheinander rüttelt, ist Glück. (Arthur Schnitzler, 1862–1931)

Ihre Frauen haben den natürlichen Verkehr vertauscht mit dem widernatürlichen; desgleichen haben auch die Männer den natürlichen Verkehr mit den Frauen verlassen und sind in Begierde zueinander entbrannt und haben Mann mit Mann Schande getrieben und den Lohn ihrer Verirrung, wie es ja sein musste, an sich selbst empfangen. (Bibel NT; Röm. 1,26–27) / Es gibt eine Verwirrung, die zum Tode, und es gibt eine Verwirrung, die zum Leben führt. (Hieronymus, um 347–419; „Komm. zu Ezech. 16,52") / Das Schlimmste sind nicht die äußeren Bedrängnisse, sondern die Verwirrungen, die sie in Herz und Kopf der Menschen anrichten. (Bonifazius Wöhrmüller, geb. 1885)

Es gibt keine größere Verstellung als deine eigene Ichheit. Sobald du dich mit deinem eigenen Selbst beschäftigst, bist du von Ihm getrennt. (Abû Sa'îd-i Abû'l-Khair, gest. 1049) / Endloser wird diese Liebe in jedem Augenblick, immer verwirrter ist man in ihr. (Attâr, um 1136 bis ca. 1220) / Manchmal zeigt er sich auf diese Weise, manchmal auf die entgegengesetzte – Gotteswerk ist nichts als Verwirrung. (Dschelâleddin Rûmî, 1207–1273) / Nur der kopflose Tropf verliert nie den Kopf. (Hâfis, 1326–1390; „Der Sänger von Schiras")

Wer inmitten des Gewirrs den Anfangs- und Endlosen, den Schöpfer des Weltalls, den vielfach Gestalteten, den Einen, der das Weltall umschlossen hält, als Gott erkannt hat, der wird von allen Fesseln befreit. (Svetâsvatara-Upanishad; 800–500 v. Chr.) / Wer, ohne seinen Vorteil zu erkennen, seinen Sinn auf Freundschaft richtet, gleich, ob bei Freund oder Feind, ist verwirrten Sinnes. (Mahâbhârata; 500 v. Chr. bis 500 n. Chr.) / Wo Weiber sind, da ist Verwirrung. (Aus Indien) / Wenn wir uns durch physische und geistige Schranken gewaltsam vom unerschöpflichen Leben der Natur lösen, wenn wir nur Menschen und nicht Menschen im Universum werden, dann schaffen wir verwirrende Probleme, und nachdem wir die Quelle ihrer Lösung verschüttet haben, probieren wir alle möglichen künstlichen Methoden aus, von denen jede Einzelne ihre eigene Ernte endloser Schwierigkeiten bringt. (Rabindranâth Tagore, 1861–1941)

Flechtwerk innen, Flechtwerk außen, Flechtwerk fesselt rings die Menschheit. Dieses verworrene Geflecht, Gautama, wer vermag es aufzulösen? (Gautama Buddha, um 550–480 v. Chr.; „Samyutta-Nikâya") / Was je der Feind dem Feind getan, was Hasser je Gehasstem tat: Der Geist, der schlecht gerichtet ist, tut selbst sich Schlimmres noch als das. (Gautama Buddha, um 550–480 v. Chr.; „Dhammapada") / Dieser Welt der Verwirrung zu entsagen, sich davon zu distanzieren und dagegenzustellen ist der erste notwendige Schritt beim Eintritt in eine Religion. (Sokei-an Roshi, 1882–1945; „Übertragung des Zen") / Wenn auch Wolken und Blitze kommen, der Himmel ist nicht verwirrt. (Shunryu Suzuki, 1905–1971; „Zen-Geist")

Verzeihen

Der Mensch darf nicht hart und unversöhnlich sein, sondern er muss schwer zu erzürnen und leicht zu versöhnen sein. (Moses Maimonides, 1135–1204) / Ja, man muss seinen Feinden verzeihen, aber nicht eher, als bis sie gehängt worden. (Heinrich Heine, 1797–1856; „Gedanken und Einfälle") / Wem man alles verziehen hat, mit dem ist man fertig. (Sigmund Freud, 1856–1939)

Zu der brüderlichen Vergebung gehört auch, dass der Bruder, dem ich vergeben soll, seine Fehler bekenne; denn die Sünde, welche nicht bekannt wird, kann ich nicht vergeben. (Martin Luther, 1483–1546; „Tischreden von der Sünde 22“) / Gerechtigkeit ist besser als Pardon. Was hilft aller Pardon auf Erden? Wir müssen doch alle vor das Gericht. (Clemens Brentano, 1778–1842; „Geschichte vom braven Kasperl und dem schönen Annerl“) / Wir sollen immer verzeihen: dem Reuigen um seinetwillen, dem Reuelosen und unseretwillen. (Marie von Ebner-Eschenbach, 1830–1916; „Aphorismen“)

Allah verzeiht, wem er will, und bestraft, wen er will, Allah, der über alle Dinge Macht hat. (Korân; Sure 2,285) / Wer einen Blinden vierzig Schritte führt, dem werden seine früheren Sünden vergeben. (Mohammed, 570–632; „Hadith“) / O Gott, wenn ich mich auch nicht von der Sünde zurückhalten kann, so kannst du doch die Sünde verzeihen! (Yahya ibn Mu’adh, gest. 871) / Wenn ein Mann, der noch nie etwas Gutes getan hat, zum Himmel blickt und sagt: „Ich habe einen Herrn; o Herr, verzeih mir!“, so sagt Gott: „Ich habe dir verziehen.“ (al-Ghazâlî, 1058–1112)

Wer wünscht, dass ihm eine absichtlich oder unabsichtlich begangene tadelnswerte Tat verziehen wird, der begehe sie kein zweites Mal. (Aus Indien) / Mutter, Weltenmutter! Deine Füße hab ich nicht geehrt, dir reiche Gaben nicht gespendet. Dennoch hast du Liebe mir gezeigt ohne Ende. Ward doch ein schlechter Sohn schon manches Mal geboren, doch eine schlechte Mutter gibt es nicht. (Shankara, 788–820) / Wo jeder Fehler vermerkt wird, hört aller Umgang auf. (Aus Indien)

Hast du mehr davon, wenn du Mitmenschen grollst oder wenn du ihnen ihre Fehler verzeihst? Wäge dies genau ab, dann entscheide dich. (Gautama Buddha, um 550–480 v. Chr.; „Dhammapada“) / Einem Menschen verzeihen, der nicht bereut, ist wie Zeichnen im Wasser. (Aus Japan)

Verzicht

Ich verzichte auf meine Besitztümer. Was ich habe, gehört mir nicht mehr. Wenn also Diebe den einen oder anderen Gegenstand forttragen, übertreten sie keines der Zehn Gebote. (Chassidische Weisheit) / Vieles kann der Mensch entbehren, nur den Menschen nicht. (Ludwig Börne, 1786–1837; „Über den Umgang mit Menschen“) / Selbst wenn ein Talmudgelehrter auf die ihm zustehende Ehre verzichtet – die Ehre selber verzichtet nicht. (Jüdisches Sprichwort)

Hast du auf alles verzichtet, aber dich selbst nicht verlassen, dann hast du auf nichts verzichtet; besitzest du ein Königreich, hast aber dich selbst verlassen, dann hast du auf alles verzichtet. (Meister Eckhart, um 1260–1327) / Verzicht bedeutet nicht Loslösung, wenn die Begierde bleibt. (Johannes vom Kreuz, 1542–1591) / Du hast nichts wirklich, worauf du noch nicht verzichtet hast. (Ludwig Reeg, geb. 1866)

Und wenn Verwandte und Waisen und Arme bei der Erbteilung zugegen sind, so gebt ihnen etwas davon und sprecht Worte der Güte zu ihnen. (Korân; Sure 4,8) / Die Welt ist eine Braut. Wer sie begehrt, schmückt sie, als sei er ihre Zofe; wer sie hasst, schwärzt ihr das Gesicht; aber wer sich ganz zu Gott wendet, kümmert sich nicht um sie. (Yahya ibn Mu'adh, gest. 871)

Der Verzicht auf die Werke und das uneigennützige Verrichten derselben, beide führen zur Erhöhung der Seele. (Bhagavadgîtâ; ca. 300 v. Chr.) / Unter den Bäumen, wo Götter thronen, Felle tragend im Walde zu wohnen und der Genüsse sich ganz zu entschlagen, wen beglückt es nicht, so zu entsagen? (Shankara, 788–820; „Lehrgedichte") / Am reichsten sind die Menschen, die auf das meiste verzichten können. (Rabindranath Tagore, 1861–1941)

Lasst euch von euren Wünschen und Gefühlen nicht hin- und herreißen, sondern übt euch im Verzicht. (Gautama Buddha, um 550–480 v. Chr.; „Dhammapada") / Der König erstrebt im Interesse aller Wesen Verzicht auf Gewalt, Selbstbeherrschung, Gerechtigkeit und Milde. (Kaiser Ashôka, um 250 v. Chr; „XIII. Fels-Edikt") / Verzicht auf Geld und Frauen sind die zwei ersten Voraussetzungen für das Mönchstum, es ist das Schlachtfest der Mönche. (Sokei-an Roshi, 1882–1945; „Der Zen-Weg")

Verzweiflung

Warum nur kam ich aus Mutterschoß, dass ich Mühsal und Herzeleid schaute, dass meine Tage in Schande vergingen? (Bibel AT; Jer. 20,18) / In jedem starken menschlichen Gefühl ist sein Gegenteil enthalten. Im Ausbruch der Verzweiflung verkündet sich der Trost, im Jubel lauter die Verzweiflung. (Walther Rathenau, 1867–1922) / Ich bin Jude, weil an jedem Orte, wo ein Schmerz blutet, der Jude blutet; ich bin Jude, weil in allen Zeiten, wo eine Verzweiflung aufschreit, der Jude hofft. (Edmond Fleg, 1874–1963)

Kleinmut und Verzagtheit geht nicht aus dem Gewichte der Drangsal, sondern aus der Schwäche des Gemütes hervor. (Johannes Chrysostomus, 344–407) / Niemals und auf keine Weise sollten wir uns entmutigen lassen. Gerade dann, wenn wir unsere Mängel und Fehler zu erkennen in der Lage sind, haben wir den allerwenigsten Grund, unzufrieden zu sein. (François Fénélon, 1651–1715) / Wer verzweifelt, findet den ewigen Menschen. (Sören Kierkegaard, 1813–1855) / Die größte Nachsicht mit einem Menschen entspringt aus der Verzweiflung an ihm. (Marie von Ebner-Eschenbach, 1830–1916; „Aphorismen")

Einen Teil der Menschen hat Allah recht geleitet, und einen Teil hat er gebührend dem Irrtum übergeben, weil sie statt Allah die Satane zu Beschützern genommen haben. (Korân; Sure 7,31) / Du bist frei von dem, an dem du verzweifelst, und versklavt durch das, was du begehrst. (Ibn Ata'ullah, gest. 1309; „Hikam")

Das Unterweisen eines dummen Schülers, der Unterhalt für eine liederliche Frau und die Verbindung mit einem Feind können sogar einen Weisen zur Verzweiflung bringen. (Aus Indien) / Jedes Kind ist uns ein Zeichen, dass Gott noch nicht am Menschen verzweifelt. (Rabindranath Tagore, 1861–1941) / Die schlimmste Form der Knechtschaft ist es, wenn wir der Verzagtheit anheim fallen; denn sie raubt uns den Glauben an uns selbst und damit jede Hoffnung auf Befreiung. (Rabindranâth Tagore, 1861–1941)

Wenn du nicht zum Ursprung der Dinge durchdringst, wird sich der Geist vergeblich erschöpfen. (Seng-ts'an, gest. 606; „Hsin-hsin-ming") / Der umgehauene Baum schlägt wieder aus, und der geschwundene Mond wird wieder voll: dies überlegend, wird der Gute nie den Mut verlieren bei des Schicksals Groll. (Bhartrihari, 7. Jhdt.) / Der Mensch, dessen Geist durch Studium und Ausübung der Religion geformt ist, nimmt Heimsuchungen mit Geduld und Langmut hin. Wer aber vom Weg des Glaubens abweicht, kann unter dem Ansturm dessen zusammenbrechen, was ihm als Unglück erscheint, und entweder verzweifeln oder aber zu Unternehmungen verleitet werden, die andere ins Unheil stürzen. (14. Dalai-Lama, geb. 1935; „Mein Leben und mein Volk")

Vielfalt

Wie Angesicht neben Angesicht, so sind der Menschen Herzen verschieden. (Bibel AT; Spr. 27,19) / Wer aber glaubt, dass Gott Einer ist, der viele Eigenschaften besitzt, nennt ihn zwar mit seinem Wort Einen, hält ihn aber in seinem Denken für eine Vielheit. (Moses Maimonides, 1135–1204; „Führer der Unschlüssigen) / Vielseitigkeit mag ich nicht recht oder glaube eigentlich nicht recht daran. Was eigentümlich und schön und groß sein soll, das muss einseitig sein. (Felix Mendelssohn-Bartholdy, 1809–1847; „Reisebriefe")

Es gibt nicht mehr Juden und Griechen, nicht Sklaven und Freie, nicht Mann und Frau; denn ihr alle seid „einer" in Christus. (Bibel NT; Gal. 3,28) / Die ganze Mannigfaltigkeit, der ganze Reiz und die ganze Schönheit des Lebens setzen sich aus Licht und Schatten zusammen. (Leo Tolstoi, 1828–1910) / Die Wahrheit ist eine, aber der Irrtum ist vielfältig. (Simone Weil, 1909–1943)

Und unter seinen Zeichen ist die Schöpfung des Himmels und der Erde und die Verschiedenheit eurer Sprachen und Farben. Hierin sind wahrlich Zeichen für solche, die wissen. (Korân; Sure 30,22) / Die Wege zu Gott sind so zahlreich wie die Atemzüge der Menschen. Gott schickt keine Krankheit, ohne auch das Heilmittel zu schicken. (Mohammed, 570–632; „Hadith") / Im Garten sind tausend Entzückende fein und Rosen und Veilchen mit Düften so rein und rinnendes, plätscherndes Wasser im Fluß – dies alles ist Vorwand: Er ist es allein. (Dschelâleddin Rûmî, 1207–1273)

Finde das All in dir selber wieder, reiße die Schranken der Vielheit nieder! (Shankara, 788–820; „Lehrgedichte") / So viele Seelen, so viele Pfade zu Gott. (Shrî Râmakrishna, 1834–1886; „Das Antlitz des Schweigens") / Das Selbst ist Erkenntnis und ist das einzig Wirkliche. Das Gewahren des Mannigfaltigen ist Nichtwissen. (Shrî Ramana Maharshi, 1879–1949; „Der Weg zum Selbst")

Die Wirklichkeit ist weder dualistisch noch mannigfaltig. (Vimalakîrti, 2. Jhdt. n. Chr.) / Hinter den Wolken ist der Mond immer derselbe; Flüsse und Berge nur wechseln ihr Aussehen. Welch Glück, welch Glück! Diese Einheit, diese Verschiedenheit! (Wu-men Hui-kai, 1183–1260; „Wu-men-kuan“) / Viele Dinge tauchen aus dem Nicht-Sein auf. Diese Vielfalt in der Existenz ist das Wahre, das Gute und das Schöne. (Sokei-an Roshi, 1882–1945; „Übertragung des Zen“)

Volk, Völker

Durch den Segen der Rechtschaffenen kommt ein Volk empor. (Bibel AT; Spr. 11,11) / Die jüdische Volksmasse wird sich an der großen geschichtlichen Bewegung der modernen Menschheit erst dann beteiligen, wenn sie ein jüdisches Vaterland haben wird. (Moses Hess, 1812–1875) / Ein Volk, das keine Heimat hat, muss durch ein lebendiges Band von gemeinsamem, bedeutungsvollem Erleben die heimatliche Einheit ersetzt sehen, wenn es ein Volk bleiben soll. (Martin Buber, 1878–1965; „Die jüdische Bewegung“) / Das Volk versteht das meiste falsch; aber es fühlt das meiste richtig. (Kurt Tucholsky, 1890–1935)

Lebt so, wie es sich für Menschen gehört, die Gott zu seinem Volk berufen hat. (Bibel NT; Eph. 4,1) / Auf diejenigen muss man nicht hören, die zu sagen pflegen: „Volkes Stimme ist Gottes Stimme“, da die Lärmsucht des Pöbels immer dem Wahnsinn sehr nahe kommt. (Alkuin, um 735–804; „Capitulare admonitionis ad Carolum“) / Was ist ein großer Mensch? Das ist einer, der die Not und Sehnsucht seines Volkes auf seine Seite nimmt, der sich mutig dazu bekennt. (Else Hasse, 1870–1960) / Die unmittelbarste Erfahrung des menschlichen Schicksals besitzt das Volk. (Simone Weil, 1909–1943)

Allah ändert die Lage eines Volkes nicht, ehe sie nicht selbst das ändern, was in ihren Herzen ist. (Korân; Sure 11,115) / Des Volkes Zunge ist Gottes Kesselpauke. (Aus Persien) / Die beste Klasse der Menschen in dieser Welt ist die, welche sich nicht über die Niedrigen erhebt und sich nicht vor den Hohen erniedrigt. (Ibn al-Muqaffa, gest. 756) / Der Dichter ist das Herz im Leib des Volkes; ein dichterloses Volk ist nichts als Staub. (Muhammad Iqbâl, 1873–1938; „Das Buch der Ewigkeit“)

Unter tausend Menschen strebt kaum einer nach Vollendung, und von denen, die danach streben und Erfolg haben, kennt mich (Gott) kaum einer wirklich. (Bhagavadgîtâ; ca. 300 v. Chr.) / Das Volk ist von Natur aus nicht gewalttätig, sondern friedlich. (Mahatma Gandhi, 1869–1948) / Allgemeine Gleichheit bedeutet nicht, dass alles gleich vulgär sein müsse. Der niedrige Stand der Massenseele ist für das Entstehen von Tyrannenherrschaften verantwortlich. (Sarvepalli Radhakrishnan, 1888–1975; „Religion und Gesellschaft“)

Hat ein Mongole nichts zu tun, dann schleift er sein Messer. Hat ein Chinese nichts zu tun, tötet er Flöhe. (Aus der Mongolei) / Das Volk vertraut letztlich nur dem, der aufrichtig ist. (Aus China) / Während der östliche Mensch dazu neigt, über die Universalität seines Ursprungs und seelischen Zentrums den Sinn und die Bedeutung der Individualität zu vergessen oder zu leugnen, um den leidvollen Konsequenzen der Selbstverantwortung und ihrer Problematik zu entgehen, neigt der westliche Mensch dazu, seine Individualität zu überschätzen, und vergisst darüber seinen universellen Ursprung, der dieser Individualität erst Sinn verleihen kann. (Lama Govinda, 1898–1985; „Buddhistische Reflexionen")

Vollendung

Vernichten wird er den Tod ewig. Und abwischen wird Gott, der Herr, die Tränen von jedem Antlitz. (Bibel AT; Jes. 25,8) / Jeder ist dazu berufen, etwas in der Welt zur Vollendung zu bringen. (Martin Buber, 1878–1965) / Tikkum Olam – die Vervollkommnung der Welt – wurde ein Schlüsselbegriff im Judentum, der die Wichtigkeit einer gemeinsamen Anstrengung für eine bessere Gesellschaft betont. Die kleinen Erfolge von Einzelpersonen können die messianische Zeit allmählich entstehen lassen. (Jonathan A. Romain, geb. 1954)

Gott wird alle Tränen abwischen. Es wird keinen Tod mehr geben und keine Traurigkeit, keine Klage und keine Quälerei mehr. Was einmal war, ist für immer vorbei. (Bibel NT; Offb. 21,4) / Vollkommen sein heißt Gott fürchten und lieben und dem Nächsten alles Gute tun. (Martin Luther, 1483–1546; „Deutsche Schriften") / Der tut am meisten für die Menschheit, der sich selbst zur höchsten Vollendung gestaltet. (Ida von Coudenhove, 1901–1971)

Wahrlich, ihr habt in dem Propheten Gottes ein schönes Vorbild für jeden, der auf Gott und auf den Jüngsten Tag hofft und Gottes häufig gedenkt. (Korân; Sure 33,21) / Drei Schleier muss der Gottsucher vor den Augen seiner Seele wegreißen, um das Ziel der Vollendung zu erreichen: Wenn man ihm die diesseitige und die jenseitige Welt schenkt, muss er unbewegt bleiben; denn die Bewegung der Freude ist das Kennzeichen des Begehrens. Wenn man ihm diese beiden Welten, die er besitzt, wegnimmt, muss er gelassen bleiben; denn Trauer um den Verlust ist das Kennzeichen des Begehrens. Und drittens dürfen ihn Lob und Verehrung wie Tadel und Verachtung nicht täuschen und beirren; denn diese Täuschung ist das Kennzeichen der Eitelkeit und Nichterkenntnis. (Ibrâhîm ibn Adham, gest. 770) / Wir haben unser Bild im Mann entworfen und in der Frau vollendet. (Hazrat Inayat Khan, 1882–1927; „Gayan")

Unter tausend Menschen strebt kaum einer nach Vollendung, und von denen, die danach streben und Erfolg haben, kennt mich (Gott) kaum einer wirklich. (Bhagavadgîtâ; ca. 300 v. Chr.) / Auch Schwache können in gegenseitiger Verbundenheit ihrer Vollendung sicher sein. Die dünnen Halme, zum Seil gebunden, fesseln selbst brünstige Elefanten. (Nârâjana, 9./10. Jhdt.; „Hitopadesa") / Macht können wir durch Wissen erlangen, aber zur Vollendung gelangen wir nur durch Liebe. (Rabindranâth Tagore, 1861–1941; „Persönlichkeit")

Güte, die in Reinheit quillt, selig, wer den Durst dort stillt! Ruhe, der alle Wünsche schweigen, Glück, dem sich die Himmel neigen! (Gautama Buddha, um 550–480 v. Chr.; „Dhammapada") / Zum Heil für viele Menschen Vollendete entstehen, für Frauen und für Männer, die dann den Weg auch gehen. (Theragâthâ; ca. 400–200 v. Chr.) / Erlange ich den höchsten Zustand, werden alle meine Fehler zunichte, und alle meine Qualitäten werden ausnahmslos vollendet. (Jesche Tsöndrü, 1761–1816; „Die Elixiere der Erleuchtung")

Vollkommenheit

Siehe, ich schaffe einen neuen Himmel und eine neue Erde; man wird der früheren Dinge nicht mehr gedenken, und niemand wird sich ihrer mehr erinnern, sondern man wird frohlocken und jubeln auf ewig über das, was ich schaffe. (Bibel AT; Jes. 65,17–18) / Ich begnüge mich mit der Überzeugung, dass ich ewig unter göttlicher Obhut stehen werde, dass seine heilige und gerechte Vorsehung in jenem Leben so wie in diesem über mich walte und dass meine wahre Glückseligkeit in den Schönheiten und Vollkommenheiten meines Geistes bestehe. Diese sind Mäßigkeit, Gerechtigkeit, Freiheit, Liebe, Wohlwollen, Erkenntnis Gottes, Beförderung seiner Absichten und Ergebung in seinen Willen. (Moses Mendelssohn, 1729–1786; „Phaedon") / Ein Mensch ohne Fehler ist kein vollkommener Mensch. (Alfred Polgar, 1875–1955)

Der wäre vollkommen, der, wenn es möglich wäre, alle Armen dieser Welt speisen und kleiden würde und sie mit allem Nötigen reichlich versorgte und alle Kirchen und Krankenhäuser und Brücken der Welt erbaute und der dann von allen Menschen für einen Schlechten gehalten würde und wüsste es wohl und wollte es nicht anders haben und würde trotzdem nicht ablassen von einem seiner guten Werke, sondern nur umso eifriger jegliches Gute tun. (Ägidius von Assisi, gest. 1262) / Gottes bedürfen ist des Menschen höchste Vollkommenheit. (Sören Kierkegaard, 1813–1855) / Vollkommenheit entsteht offensichtlich nicht dann, wenn man nichts mehr hinzuzufügen hat, sondern wenn man nichts mehr wegnehmen kann. (Antoine de Saint-Exupéry, 1900–1944)

Wer um Gottes willen gibt und um Gottes willen hindert und um Gottes willen liebt und um Gottes willen hasst und um Gottes willen heiratet, dessen Glaube ist vollkommen geworden. (Mohammed, 570–632; „Hadith") / Vollkommene Menschen haben alle Zustände verwirklicht und alle Stufen hinter sich gelassen und sind zu einer Stufe gelangt, die Herrlichkeit und Schönheit übersteigt, so dass sie keine Eigenschaften mehr haben und es für sie keine Beschreibung mehr gibt. (Ibn Arabî, gest. 1240) / Der ganze Lebenslauf ist eine Reise von der Unvollkommenheit zur Vollkommenheit. (Hazrat Inayat Khan, 1882–1927; „Gayan")

Die Vollkommenheit des Körpers besteht in Schönheit, Anmut, Kraft und diamantener Härte. (Patanjali, 2. Jhdt. v. Chr.; „Yoga-Sutra") / Der Atman (Selbst) ist ohne Geburt und Tod. Er wächst nicht, und er vergeht nicht. Er ist unwandelbar, ewig. Er vergeht nicht, wenn sich der Körper auflöst. Vergeht die Luft, wenn die Kugel zerbrochen ist, die sie enthielt? (Shankara, 788–820; „Kleinod der Unterscheidung") / Bist du selbstlos, so bist du vollkommen, ohne ein einziges religiöses Buch zu lesen, ohne eine Kirche oder einen Tempel zu betreten. (Swâmi Vivekânanda, 1862–1902)

Wenn am wolkenlosen Himmel die Sonne scheint, vergisst man ganz, wonach man suchen wollte. (Wu-men Hui-kai, 1183–1260; „Wu-men-kuan“) / Durch Meditation werden die unbewussten Zustände, Gedanken und Erfahrungen offenbar, und man kommt nach und nach zur Vollkommenheit. (Sokei-an Roshi, 1882–1945; „Der Zen-Weg“) / Wir sollten vollkommene Existenz finden durch unvollkommene Existenz. Wir sollten Vervollkommnung finden in Unvollkommenheit. (Shunryu Suzuki, 1905–1971; „Zen-Geist“)

Vorurteil

Verwirf nichts, ehe du es untersucht hast; erst prüfe, dann magst du's bestreiten. (Bibel AT; Sir. 11,7) / Das Vorurteil ist ein unentbehrlicher Hausknecht, der lästige Eindrücke von der Schwelle weist. Nur darf man sich von seinem Hausknecht nicht selber hinauswerfen lassen. (Karl Kraus, 1874–1936) / Welch triste Epoche, in der es leichter ist, ein Atom zu zertrümmern als ein Vorurteil! (Albert Einstein, 1879–1955)

Lass dich nicht durch Vorurteile bestimmen und begünstige keinen. (Bibel NT; 1. Tim. 5,21) / Ein Urteil lässt sich widerlegen, aber niemals ein Vorurteil. (Marie von Ebner-Eschenbach, 1830–1916; „Aphorismen“) / Das Vorurteil ist die hochnäsige Empfangsdame im Vorzimmer der Vernunft. (Karl Heinrich Waggerl, 1897–1973)

Dessen Größe hat keinen Bestand, der alle Menschen als klein empfand. (Aus Persien) / Ich und mein Bruder gegen unseren Vetter, wir drei gegen den Fremden. (Aus Ägypten)

Der Mensch kann genötigt werden, gefährliche Geschöpfe auszutilgen, aber es muss ohne Zorn oder Vorurteil geschehen. Alles Lebendige hat gleicherweise das Recht, die Luft dieser Welt zu atmen. (Paramhansa Yogânanda, 1893–1952; „Autobiografie“)

Ihr braucht die Wahrheit nicht zu suchen, wenn ihr nur keinen vorgefassten Urteilen und Meinungen anhängt. (Seng-ts'an, gest. 606; „Hsin-hsin-ming“) / Habt keine tiefe Bindung an eure Freunde, und hegt keine Vorurteile gegenüber euren Feinden. (Geshe Drom, 11. Jhdt.; „Kadamthorbu“) / Statt etwas zu suchen, das du deinem Wesen hinzufügen könntest, befreie dich von allen unnützen Vorstellungen, Vorurteilen, allem Stolz und den hundert anderen Dingen, die dich einschränken. (Nyogen Senzaki, 1876–1958; „Keine Spur im Wasser“)

Wachsamkeit

Selig der Mensch, der mir Gehör gibt, und wachet an meinen Türen Tag für Tag. (Bibel AT; Spr. 8,34) / Die Mutter soll im Lärm der Gassen ihr Kind nicht aus den Augen lassen. (Jüdisches Sprichwort) / Der Traum ist der Wächter des Schlafes, nicht sein Störer. (Sigmund Freud, 1856–1939)

Wachet, weil ihr weder den Tag noch die Stunde wisset. (Bibel NT; Mt. 25,13) / Wachet und betet, dass ihr nicht in Anfechtung fallet! (Bibel NT; Mt. 26,41) / Willst du einen Wächter haben, der vor Schaden wacht? Nimm dir einen an zum Diener namens: Wohlbedacht! (Friedrich von Logau, 1604–1655; „Deutsche Sinngedichte“)

Dreißig Jahre lang hielt ich Wache über mein Herz. Dann wachte mein Herz zehn Jahre lang über mich. Nun ist es zwanzig Jahre her, dass ich nichts von meinem Herzen weiß, und mein Herz weiß nichts von mir. (Junayd, ca. 825–910) / Gott, der Erhabene, wünscht, dass wir hier sind, damit beide Welten, die des Diesseits und die des Jenseits, bestehen. So hat er zwei Verwalter eingesetzt: Der eine ist die Vergesslichkeit und der andere Wachsamkeit, damit beide Häuser bewohnt bleiben. (Dschelâleddin Rûmî, 1207–1273) / Wer ein wachsames Mitgefühl hat, der lebt; tot ist, wessen Herz schläft. (Hazrat Inayat Khan, 1882–1927; „Gayan")

Wir sind auf der Welt, um unseren Mitmenschen zu dienen, und das kann nur gelingen, wenn wir hellwach sind. (Mahatma Gandhi, 1869–1948) / Halte die Tür deines Geistes stets offen, so dass keine einzige Wahrheit Gottes sich abwenden muss, weil sie die Tür verschlossen fand. (Dhan Gopal Mukerdshi, 1890–1936; „Ghond")

Sei wachsam, halte standhaft aus, geh weiter deinen rechten Gang. Wer recht geht, lebet glücklich hier, in diesem und in jenem Sein. (Gautama Buddha, um 550–480 v. Chr.; „Majjhima-Nikâya") / Lege Zügel an deine Zunge, setze Wächter vor deine Lippen, damit nicht deines Mundes Worte deinen Frieden stören. (Aus Tibet) / Über seines Wirkens Beweggründe und Konsequenzen wachen können wie über seine Augäpfel ist ein Kennzeichen eines edlen Menschen. (Gampopa, 1079–1153; „Der kostbare Rosenkranz")

Wachstum

Anfangs ist der böse Trieb wie ein Vorbeigehender, dann wie ein Gast und zuletzt Hausherr. (Talmud; 70–500 n. Chr.; Sukka 52a) / Wie auf dem Felde die Weizenhalme, so wachsen und wogen im Menschengeist die Gedanken. (Heinrich Heine, 1797–1856; „Buch der Lieder") / Das Leben zu wählen und zu gestalten, das ist die Forderung, die das Judentum an den Menschen richtet. (Leo Baeck, 1873–1956)

Die Seele wächst von dem, wovon sie ist, entweder von dieser Welt oder vom Geiste Gottes. (Makarius, um 300–390) / Wachset in eure Ideale hinein, dass das Leben sie euch nicht nehmen kann. (Novalis, 1772–1801) / Aufschauen zum Größten im Himmel und auf Erden bedeutet auch ein Wachsen und Größerwerden der Seele. (Romano Guardini, 1885–1968)

Wisset, dass das Leben in dieser Welt nur ein Spiel und ein Scherz ist und ein Schmuck ist und Gegenstand des Rühmens unter euch und ein Wettrennen um Mehrung an Gut und Kindern. Es gleicht dem Regen, der Pflanzen hervorbringt, deren Wachstum den Bebauer erfreut. Dann verdorren sie, und du siehst sie vergilben; dann zerbröckeln sie in Staub. (Korân; Sure 57,20) / Die Zweige der Niedrigkeit wachsen nicht breit, es sei denn aus dem Samen der Gier. (Ibn Ata'ullah, gest. 1309; „Hikam") / Das Einzige, an dem das Leben hindurch geschaffen wird, ist das eigene Wesen. (Hazrat Inayat Khan, 1882–1927; „Gayan")

Die Hingabe an Gott wächst in gleichem Maße, wie das Gebundensein an weltliche Dinge nachlässt. (Shrî Râmakrishna, 1834–1886) / Es ist unser

Vorrecht, wohltätig wirken zu dürfen, denn nur so können wir wachsen. Der Arme leidet, damit uns geholfen wird. (Swâmi Vivekânanda, 1862–1902) / Der Mensch ist ein geborenes Kind; seine höchste Gabe ist die Gabe des Wachsens. (Rabindranâth Tagore, 1861–1941)

Gefällter Baum wächst nach, wenn noch die Wurzel lebt; solang noch Drang besteht, das Leid sich neu erhebt. (Gautama Buddha, um 550–480 v. Chr.; „Dhammapada") / Wenn ihr das eine erlangt, verliert ihr das andere. Wenn ihr diese Sache verliert, erhaltet ihr dafür eine andere. Das Glück verwandelt sich in Unglück. Das Unglück verwandelt sich in Glück. (Tung-shan Liang-chieh, 807–869; „San-mei-k'o") / Wenn der Same gesät ist und keine hinderlichen Einflüsse auftreten, so wachsen die Früchte ohne Zweifel heran. In der gleichen Weise entsteht unvermeidlich Glück als Resultat der Ansammlungen von Tugendhaftem, wenn dies nicht von schädlichen Einflüssen, wie beispielsweise Hass, zerstört wird. (Jesche Tsöndrü, 1761–1816; „Die Elixiere der Erleuchtung")

Wahrheit

Sei mit der Wahrheit nie im Widerspruch! Kämpfe für die Wahrheit bis zum Tod. (Bibel AT; Sir. 4,25.28) / Einst sagte der Baal-Schem-Tow: „Ein Sprichwort im Munde des Volkes lautet: ‚Mit der Wahrheit kann man durch die ganze Welt kommen.' Das Wort ist richtig: Mit der Wahrheit kann man in der Tat durch die ganze Welt kommen, denn man lässt sie nirgends hinein und wird von einem Ort in den anderen verjagt." (Israel ben Eliser, 1699–1760; „Legende des Baalschem") / Was ist Vernunft? Der Wahnsinn aller. Was ist Wahnsinn? Die Vernunft des Einzelnen. Was nennt ihr Wahrheit? Die Täuschung, die Jahrhunderte alt geworden. Was ist Täuschung? Die Wahrheit, die nur eine Minute gelebt. (Baruch Spinoza, 1632–1677) / Wahrheit ist Harmonie. (Walther Rathenau, 1867–1922)

Die Wahrheit wird euch frei machen. (Bibel NT; Joh. 8,32) / Die Wahrheit ist so edel: Möchte Gott sich von der Wahrheit abkehren, ich wollte mich an die Wahrheit halten und Gott lassen. (Meister Eckhart, um 1260–1327) / Die Wahrheit richtet sich nicht nach uns, lieber Sohn, sondern wir müssen uns nach ihr richten. (Matthias Claudius, 1740–1815; „An meinen Sohn Johannes") / Gott ist nicht bei der Macht, er ist allein bei der Wahrheit. (Fjodor M. Dostojewski, 1821–1881)

Wer die göttliche Wahrheit mit dem Licht des Glaubens sucht, ist wie einer, der die Sonne mit dem Licht der Sterne sucht. (al-Hallâdsch, 858–922) / Wenn die Wahrheit von einem Besitz ergriffen hat, macht sie es leer von allem außer ihr selbst. (al-Hallâdsch, 858–922) / Die Einheit Gottes, zu dem sich die Weisen bekennen, besteht darin, das Geschaffene vom Ungeschaffenen zu trennen, sein Geburtsland zu verlassen, Bindungen zurückzuweisen und alles, was man weiß und was man nicht weiß, beiseite zu legen, so dass anstelle von diesem allem das Wahre steht. (Abû Sa'îd-i Abû'l-Khair, gest. 1049)

Es gibt weder Geburt noch Tod, weder eine unfreie noch strebende, weder eine befreite noch eine suchende Seele. – Dies ist die letzte und absolute Wahrheit. (Shankara, 788–820; „Kleinod der Unterscheidung“) / Bei dem Streit um die Wahrheit bleibt der Streit die einzige Wahrheit. (Rabindranâth Tagore, 1861–1941) / Ahimsa (Gewaltlosigkeit) und Wahrheit sind so sehr ineinander verflochten, dass es tatsächlich unmöglich ist, diese beiden Begriffe zu entwirren und zu trennen. Auf jeden Fall ist Ahimsa das Mittel und die Wahrheit das Ziel. (Mahatma Gandhi, 1869–1948)

Nicht, weil man große Reden hält, ist man ein Wahrheitskundiger. Wenn einer wenig nur gelernt und durch die Tat der Wahrheit lebt: Der ist ein Wahrheitskundiger, der Wahrheit bis zum Tode treu. (Gautama Buddha, um 550–480 v. Chr.; „Majjhima-Nikâya“) / Es ist schwer, die Wahrheit zu sagen, wenn sie uns Schaden bringt. Die nützlichen Dinge des Lebens sind schwer zu tun. (Gautama Buddha, um 550–480 v. Chr.; „Dhammapada“) / Ihr braucht die Wahrheit nicht zu suchen, wenn ihr nur keinen vorgefassten Urteilen und Meinungen anhängt. (Seng-ts’an, gest. 606; „Hsin-hsin-ming“)

Wandel

Die mit Tränen säen, werden mit Freuden ernten. (Bibel AT; Ps 126,5) / Die Welt ist wie ein kreisender Würfel, und alles kehrt in sich, und es wandelt sich der Mensch zum Engel und der Engel zum Menschen und das Haupt zum Fuß und der Fuß zum Haupt, so kehren sich und kreisen alle Dinge und wandeln sich, dieses in jenes und jenes in dieses, das Oberste zuunterst und das Unterste zuoberst. Denn in der Wurzel ist alles eines, und in dem Wandel und dem Wiederkehren der Dinge ist die Erlösung beschlossen. (Rabbi Nachmann, 1771–1810; „Worte des Rabbi Nachmann“) / Nichts ist dauernd als der Wechsel, nichts beständig als der Tod. (Ludwig Börne, 1786–1837; „Rede auf Jean Paul“)

Du schiltst den Unbestand der Güter und siehst dein eigen Herz nicht ein: Veränderlich sind die Gemüter, so mussten auch die Dinge sein. (Christian Fürchtegott Gellert, 1715–1769; „Das Kartenhaus“) / Glücklich, wer mit den Verhältnissen zu brechen versteht, ehe sie ihn gebrochen haben. (Franz von Liszt, 1811–1886) / Der Mensch gelangt nur dann zu sich selbst, wenn er sich verbunden weiß einer lebendigen Ewigkeit, in der seine Existenz sich wandeln wird wie ein Thema zu einer Symphonie. (Gabriel Marcel, 1889–1973)

Nicht ändert sich das Geschick eines Volkes, es sei denn, dass sich das Volk selbst ändert. (Korân; Sure 13,12) / Steter Wechsel, steter Wandel ist in allen Erdendingen; wenn das Glück dich heut erfreute, wird es morgen Leid dir bringen. (Abul Beka Salih, 1. Hälfte 13. Jhdt.) / Keinen Bestand hat Gut in freigebiger Hand, Geduld im Herzen der Liebe oder Wasser im Siebe. (Saadî, um 1215–1292; „Gulistân“)

Gleich wie der Mensch die abgetragenen Kleider abwirft und andere, neue anzieht, so streift das Selbst die alten Kleider ab und geht in neue ein. (Bhagavadgîtâ II,22; ca. 300 v. Chr.) / Alles, was vergeht, ist durch Umwandlung entstanden und vergeht, indem es sein Ende findet in dem Geiste; der Geist aber ist, weil keine Ursache des Vergehens da ist, unvergänglich, und weil keine Ursache der Veränderung da ist, darum ist er der allerhabene und ewige und darum eben seiner Natur nach ewig, rein und frei – erlöst. (Shankara, 788–820; „Vedanta Sutras“) / Ohne Geburt, ohne Tod, ohne Wandel ist die Seele. – Sie steht über dem Wandel, sie steht über dem Tod, sie ist ewig wie Gott. (Dhan Gopal Mukerdshi, 1890–1936; „Ghond“)

Was wir in ruhigen Zeiten sammeln, das bewahren wir für Zeiten des Sturmes und des Wandels. (Gautama Buddha, um 550–480 v. Chr.; „Jâtaka“) / Alles ist im Wandel und in der Veränderung. Unser Leben ist eine ständige Abfolge von verschiedenen Zuständen und Gefühlen. (Milindapana; 1. Jhdt. v. Chr.) / Die Natur begreift das kosmische Gesetz des Wandels besser als der Mensch. Kein Baum versucht, sich gegen die Vergänglichkeit zu wehren, er steht unmittelbar im Wandel der Natur. (Junyu Kitayama, 1904–1962; „West-östliche Begegnung“)

Warten

Sage nicht: Sobald ich Zeit dafür habe, werde ich lernen; vielleicht hast du nie dafür Zeit. (Sprüche der Väter 2,5; ca. 200 n. Chr.) / Wenn du aus Ägypten ausziehst – aus welchem auch immer bei dir konkret –, dann lass dich nicht aufhalten durch den Gedanken: „Wie verdiene ich meinen Lebensunterhalt da draußen?“ – Wer zögert, um Vorbereitungen für die Reise zu treffen, der wird Ägypten niemals verlassen. (Rabbi Nachmann, 1771–1810) / Je länger man vor der Türe zögert, desto fremder wird man. (Franz Kafka, 1883–1924; „Heimkehr“)

Gott wartet ungeduldiger als du, dass du ihm auftust; ihn verlangt danach tausendfach dringender nach dir als dir nach ihm. (Meister Eckhart, um 1260–1327) / Warte nicht auf eine spätere, gelegenere Zeit, denn du kannst nicht sicher sein, dass du sie haben wirst. Die Zeit entschwindet dir unbemerkt. Mancher hat sich noch Hoffnung auf ein längeres Leben gemacht, da kam der Tod. (Katharina von Siena, 1347–1380) / Wer da unter der Tür seines Hauses wartet, bis Gott seines Weges komme – der sieht ihn nie, er sehe ihn denn in allem, was da froh und elend vorübergeht an seinem Hause. (Joseph Bernhart, 1881–1969)

Wer geduldig ist, erlangt das Gewünschte. Wer ungeduldig ist, lästert Gott. (Aus Arabien) / Wenn du weißt, dass du etwas auf jeden Fall erfahren wirst, so beeile dich nicht, danach zu fragen; denn dieses schadet deinem Ansehen. (Saadî, um 1215–1292; „Rosengarten“) / Wir leben nur, um Schönheit zu entdecken. Alles andere ist eine Form des Wartens. (Kahlil Gibran, 1883–1931; „Aphorismen“)

Genieße die Freude, die dir zuteil wird, und trage das Leid, das dir zuteil wird; warte ruhig ab, was die Zeit bringt, wie der Landmann es mit der Frucht tut. (Mahâbhârata; 500 v. Chr. bis 500 n. Chr.) / Gott, der immer zu helfen bereit ist, wartet nur auf unseren vertrauensvollen Ruf. (Sarvepalli Radhakrishnan, 1888–1975) / Zeitweilige Rückschläge tragen oft dazu bei, Probleme zu klären und das Rückgrat zu stählen. (Jawaharlal Nehru, 1889–1964)

Warum greifst du nicht nach der Lampe und gehst die kurzen Freuden suchen heute? Warum willst du warten Jahr um Jahr? (Aus China) / Wir warten auf den großen Avatara, den wieder erscheinenden Gott. Bis dahin lasst uns eine Tasse Tee trinken. (Kakuzo Okakura, 1862–1913; „Ideale des Ostens") / Die Lehre des Buddha ist zu einfach, deshalb zögern die Menschen, nach ihr zu leben. (Nyogen Senzaki, 1876–1958; „Keine Spur im Wasser")

Wechselseitigkeit

Wer selbst gelernt hat, aber nicht andere lehrt, gleicht einer Myrte in der Wüste. (Talmud; 70–500 n. Chr.; Rosch ha-Schana 23a) / Was auf der Erde ist, ist auch in der Höhe. Es gibt kein noch so geringes Ding in dieser Welt, das nicht abhängig wäre von einem Wesen, das darüber gesetzt ist. Und wird das untere in Bewegung gebracht, dann auch jenes obere, das darüber gesetzt ist; denn alles ist wechselseitig miteinander verbunden und geeinigt. (Moses de Léon, geb. um 1240; „Sohar; Gebet des Eliahu") / Wer Gott recht liebt, muss nicht verlangen, dass Gott ihn wiederliebe. (Baruch Spinoza, 1632–1677)

Menschen und menschliche Dinge muss man kennen, um sie zu lieben. Gott und göttliche Dinge muss man lieben, um sie zu kennen. (Blaise Pascal, 1623–1662) / Es wäre denkbar, dass die Natur das Erzeugnis eines unbegreiflichen Einverständnisses unendlich verschiedener Wesen ist, das wunderbare Band der Geisterwelt, der Vereinigungs- und Berührungspunkt unzähliger Welten. (Novalis, 1772–1801; „Fragmente") / Man weiß, dass man beim Pflücken der Rosen immer Dornen antrifft; bei den Dornen sind aber auch immer Rosen. (Don Bosco, 1815–1888)

Wir brauchen Gott, um zu existieren, während er uns braucht, damit er sich selbst für sich manifestieren kann. Auch ich gebe ihm Leben, indem ich ihn in meinem Herzen erkenne. (Ibn Arabî, gest. 1240) / Wenn du schießest deinen Pfeil dem Feinde zu, so bedenk: In seinem Schuss stehest auch du. (Saadî, um 1215–1292; „Gulistân") / Vom Falle nur kennt man des Aufstehens Süße – vom Schwinden nur des Wachsens Lebensfreude. (Muhammad Iqbâl, 1873–1938; „Das Buch der Ewigkeit")

Morgen und Abend, Tage und Nächte, Frühling und Winter – ein endlos Geflechte! Im Spiel der Zeit die Jahre vergehen, aber die Hoffnung bleibt immer bestehen! (Shankara, 788–820; „Lehrgedichte") / Ohne das Ewige ist das irdische Leben, ohne das irdische Leben das Ewige nicht denkbar. (Shrî Râmakrischna, 1834–1886) / Niemand kann glücklich sein, solange nicht alle glücklich sind. Verletzt du ein Wesen, so verletzt du dich selbst, denn du und dein Bruder seid eins. (Swâmi Vivekânanda, 1862–1902)

Ich werde vom Leiden in der Gestalt der Freude, vom Hässlichen in der Gestalt des Schönen, vom Unglück in der Gestalt des Glückes überrannt. (Gautama Buddha, um 550–480 v. Chr.; „Udâna") / Wenn dieses ist, ist jenes, wie das Kurze, wenn das Lange ist. Infolge der Entstehung von diesem entsteht jenes, wie das Licht infolge der Entstehung der Lampe. (Nâgârjuna, um 200 n. Chr.; „Juwelenkette") / Halten wir die Bewegung an, gibt es keine Bewegung mehr. Bewegen wir das Ruhende, gibt es kein Ruhendes mehr. (Seng-ts'an, gest. 606; „Hsin-hsin-ming")

Weg

Gott ist das Ziel. Es gibt Wege ohne Zahl, aber am Ende werden nur die gezählt, die zu ihm führen. Klar liegen vor des Herrn Auge eines jeden Wege. (Bibel AT; Spr. 5,21) / Mein Gott, bewahre meine Zunge vor Bösem und meine Lippen, Falsches zu reden. Meine Seele schweige denen gegenüber, die mir fluchen, und möge meine Seele wie Staub allen gegenüber sein. (Talmud; 70–500 n. Chr.; Berachot 17a) / Der Weg zur Freiheit ist wie eine Wallfahrt nach Loretto – zwei Schritte vorwärts und einen zurück; aber man kommt doch endlich vor dem Allerheiligsten an. (Fanny Lewald, 1811–1889)

Johannes sagte: Ich bin die Stimme eines Rufenden in der Wüste. Bereitet den Weg des Herrn. (Bibel NT; Joh. 1,23) / Wer einen schweren Weg gegangen, ging ihn für sich und für uns. (Thomas von Aquin, 1225–1274) / Gerad wie ein Strich eilt die Natur zu Gott. Folg ihr. Dein Weg ist Gnad, ihr Weg hingegen Not. (Angelus Silesius, 1624–1677; „Der Cherubinische Wandersmann")

Gott lässt irren, wen er will, und lenkt auf den rechten Pfad, wen er will. (Korân; Sure 74,34) / Ma'ruf al-Karkhi sagt: „Jeder, der für sich in Anspruch nimmt, auf diesem Wege zu sein, muss die folgenden drei Zeichen erkennen lassen: vollständige Treue ohne Furcht, Großzügigkeit ohne Forderung nach Lob oder Hoffnung auf solches und den Wunsch zu geben, ohne darum gebeten worden zu sein." (Husayn-al-Sulami, 936–1021; „Futuwwah") / Gradheit bringt Gottessegen. Niemand sah ich irregehn auf graden Wegen. (Saadî, um 1215–1292; „Gulistân")

Man schädige kein Lebewesen, sondern beharre auf dem Wege der Freundlichkeit. (Mahâbhârata; 500 v. Chr. bis 500 n. Chr.) / Die ersten Schritte sind wertlos, wenn der Weg nicht zu Ende gegangen wird. (Shankara, 788–820; „Kleinod der Unterscheidung") / Mache eins aus Ziel und Weg! – Verrichtet eure Arbeit als Gebet, und weiht eure Arbeit als Gebet, und widmet ihr jeweils eure ganze Lebenskraft. (Swâmi Vivekânanda, 1862–1902; „Karma-Yoga")

Dies ist die hohe Wahrheit von dem zur Aufhebung des Leidens führenden Pfad: Es ist das dieser hohe, achtteilige Weg, nämlich: rechte Anschauung, rechte Gesinnung, rechtes Reden, rechtes Handeln, rechte Lebensführung, rechtes Bemühen, rechtes Denken, rechtes Sich-Versenken. (Gautama Buddha, um 550–480 v. Chr.; „Samyutta-Nikâya") / Der höchste Weg ist gar nicht schwer, nur ohne Wahl von Zweierlei. Dort wo man weder hasst noch liebt, herrscht wolkenlose Klarheit. (Seng-ts'an, gest. 606; „Hsin-hsin-ming") / Man schöpfe aus dem Quell von Himmel und Erde und verspüre im Munde den Geschmack des Windes. Ist das nicht gewaltig! Die Freude an dem Geist der Harmonie von Himmel und Erde, das ist der Weg. (Takuan Shûhô, 1573–1645; „Das Unbewegte Begreifen")

Weib, Weiber

Nicht wie die Ägypterinnen sind unsere Weiber. Rüstig sind sie. Ehe die Hebamme kommt, haben sie geboren. (Bibel AT; 2 Mos. 1,19) / Ich wollte lieber bei Löwen und Drachen wohnen, denn bei einem bösen Weibe. Wenn sie böse wird, so verstellet sie ihre Gebärde und wird so scheußlich wie ein Sack. Ihr Mann muss sich ihrer schämen, und wenn man es ihm vorwirft, so tut es ihm im Herzen wehe. (Bibel AT; Sir. 25,22) / Liebe einzuflößen ist das unaufhörliche Bestreben der Weiber. (Ludwig Börne, 1786–1837; „Fastenpredigt“)

Lasset eure Weiber schweigen in der Gemeinde! (Bibel NT; 1 Kor. 14,34) / Ein einzig böses Weib gibt es auf der Welt; nur schade, dass jeder seines für dieses eine hält. (Deutsches Sprichwort) / Es ist, als wenn die Weiber alles mit eigenen Händen machten und die Männer mit dem Handwerksgerät. (Friedrich von Schlegel, 1772–1829) / Dass das Weib sinnlicher ist als der Mann, zeigt schon die Bildung ihres Leibes. (Sören Kierkegaard, 1813–1855)

Das Weib ist ganz und gar Übel, aber das Übelste an ihr ist, dass man sie unbedingt braucht! (Ali ibn Ali Talib, gest. 661) / Früchte werden gut, wenn sie reifen – mit den Weibern ist es umgekehrt. (Nizâmî, 1141–1209; „Sieben Geschichten“) / Das Weib ist Hüterin des Lebensfeuers, sie ist die Tafel für das Seins-Geheimnis. (Muhammad Iqbal, 1877–1938)

Doppelt zehrt das Weib – das ist ja allbekannt; vierfach ist bei Weibern der Verstand; sechsfach ist der Trieb, zu wahren ihren Willen; achtfach ist der Trieb, die Liebeslust zu stillen. (Nârâjana, 9./10. Jhdt. n. Chr.; „Hitopadesa“) / Wo Weiber sind, da ist Verwirrung. (Aus Indien) / Das Weib ist nicht Sklavin des Mannes, sondern seine Gefährtin, Gehilfin und gleichwertige Partnerin in Freuden und Leid und ebenso frei wie der Mann, den eigenen Weg zu wählen. (Mahatma Gandhi, 1869–1948)

Hier kosen sie, dort schaun sie hin, den Dritten haben sie im Sinn, und sie betrügen alle drei: Das ist der Weiber Liebestreu. (Bhartrihari, 7. Jhdt.; „Sprüche“) / Speise nie ohne Begleitung im Haus einer Witwe. (Aus China) / Die Fallen der Weiber und der Dummköpfe sind am schwersten zu vermeiden. (Aus China)

Weisheit

Die Worte der Weisen, richtig ausgesprochen, finden mehr Beachtung als eines Narrenkönigs Brüllen. (Bibel AT; Sir. 9,17–18) / Ein Mensch bleibt weise, solange er die Weisheit sucht. Sobald er sie gefunden zu haben wähnt, wird er ein Narr. (Talmud; 70–500 n. Chr.) / Schmerz ist der Vater und Liebe die Mutter der Weisheit. (Ludwig Börne, 1786–1837; „Fragmente und Aphorismen“)

Die Weisheit dieser Welt ist in Gottes Augen Torheit. (Bibel NT; 1 Kor. 3,19) / Die Philosophie ist eifrige Beschäftigung mit der Weisheit. Die Weisheit aber ist die Kenntnis göttlicher und menschlicher Dinge und ihrer Ursachen. Demnach ist die Weisheit Herrin über die Philosophie, so wie diese Herrin über die vorbereitenden Wissenschaften ist. (Clemens von Alexandrien, um 150 bis um 215; „Paidagogos") / Es ist eine große Weisheit, in den Tagen der Lästerung zu schweigen. (Thomas a Kempis, 1380–1471) / Weisheit entspringt nicht so sehr aus dem Verstande als aus dem Herzen. (Peter Rosegger, 1843–1918)

Die Weisheit ist das verirrte Schaf des Gläubigen; wo immer er sie findet, da ergreift er sie. (Mohammed, 570–632; „Hadith") / Wer der Weisheit folgt, wird machtvoll! Weisheit gewährt dem Herzen Jugendfrische bis ins Greisenalter! Weisheit ist ein Ehrengewand, von Gott geschenkt! Weisheit überragt das Wissen und bleibt fern von Bosheit! Ein mit Weisheit geschmücktes Herz gleicht einem reichen Schatz! (Firdausî, 935–1021; „Schah-Nameh") / Der ist weise, der nach Gutem ringt und nichts lehrt, was er nicht selbst vollbringt. (Saadî, um 1215–1292; „Gulistân") / Solang du suchst das Wissen, musst du Weisheit missen. (Hâfis, 1326–1390; „Ghasel")

Die Welt der Vorfahren existiert nur wie ein Traum. Die Welt der himmlischen Wesen gleicht einem Spiegelbild im Wasser. Wer erkannt hat, wie die einzelnen sinnlichen Wahrnehmungen entstehen, vergehen und getrennt voneinander bestehen, der ist weise und sorgt sich nicht mehr. (Katha-Upanishad; 800–500 v. Chr.) / Diejenigen aber, welche zum Glück der Erkenntnis gelangt, über die Gegensätze erhaben und frei von Selbstsucht sind, diese erschüttert weder Glück noch Unglück irgendwann. (Mahâbhârata; 500 v. Chr. bis 500 n. Chr.) / Weisheit kann nicht durch die Augen, sondern muss durch jede Pore aufgenommen werden. Nicht nur das Hirn, sondern das ganze Sein muss von einer Wahrheit überzeugt sein. (Paramhansa Yogânanda, 1893–1952; „Autobiografie")

Die Weisheit sichtet Wort um Wort, kein Aufsehen will sie, keinen Ruhm: Die Weisheit lässt im Leide schon uns Freuden finden eigensam. (Gautama Buddha, um 550–480 v. Chr.; „Dhammapada") / Wer der Weisheit des Lebens begegnet, der schaut ein Stück des Erleuchteten, denn sein Licht strahlt in unser Leben. (Milindapana; 1. Jhdt. v. Chr.) / Der Weise kennt keine Hast, und der Hastende ist nicht weise. (Aus China)

Welt

Wie ein Stäubchen an der Waage, wie ein Tautropfen, der morgens auf die Erde fällt, so ist vor dir die ganze Welt. (Bibel AT; Sal. 11,22) / Aus Nichts hat Gott die Welt erschaffen. (Bibel AT, 2 Makk. 7,28) / Auf dreierlei hat die Welt Bestand: auf Recht, Wahrheit und Frieden; denn es heißt: Nach Wahrheit, Recht und Frieden richtet in euren Toren. (Talmud; 70–500 n. Chr.; Aboth I,18) / Die Herrlichkeit der Welt ist immer adäquat der Herrlichkeit des Geistes, der sie betrachtet. Der Gute findet hier sein Paradies, der Schlechte genießt schon hier seine Hölle. (Heinrich Heine, 1797–1856)

In der Welt habt ihr Angst; aber fasst Mut, denn ich habe die Welt überwunden. (Bibel NT; Joh. 16,33) / Wenn ich mich ändere, so ändert sich die Welt. (Novalis, 1772–1801) / Die Kirche hat nicht den Auftrag, die Welt zu verändern. Wenn sie aber ihren Auftrag erfüllt, verändert sich die Welt. (Carl Friedrich von Weizsäcker, geb. 1912)

I Was sind beide Welten? Ein Meer, dessen Name Herz ist. (Attâr, um 1136 bis ca. 1220; „Meer der Seele“) / Diese Welt gleicht einem tönernen Gefäß, das zerbrechlich ist. Die geistige Welt gleicht einem goldenen Gefäß, das unzerbrechlich ist. (Sufi-Weisheit) / Der Mensch: ein Schwert, und Gott ist's der es schwingt; die Welt: der Wetzstein für das scharfe Schwert. (Muhammad Iqbâl, 1873–1938; „Das Buch der Ewigkeit“) / Wenn entweder deine Freude oder deine Sorge groß wird, wird die Welt klein. (Kahlil Gibran, 1883–1931; „Aphorismen“)

H Eine Truhe ist die Welt, und der Geist, der greift hinein. Hoch bis zu dem Himmelszelt ragt der Deckel von dem Schrein. (Upanishaden; 800–500 v. Chr.) / Lebe in der Welt wie die Dienerin im Haus eines reichen Herrn. (Shrî Râmakrishna, 1834–1886; „Worte des Râmakrishna“) / Wir sind in diese Welt gekommen nicht nur, dass wir sie kennen, sondern dass wir sie bejahen. (Rabindranâth Tagore, 1861–1941) / Die Welt heißt heute eine freiheitliche Haltung willkommen und würdigt die Wahrheit überall, wo sie sie findet. (B. H. Bon, geb. 1901; „Die Antwort der Religionen“)

B An das Vergnügen ist die Welt gefesselt, Nachdenken ist ihre Hauptbeschäftigung. (Gautama Buddha, um 550–480 v. Chr.; „Sutta-Nipâta“) / Indem man das Entstehen der Ursachen und Wirkungen schaut und ebenso ihr Vergehen, erkennt man, dass die Welt in Wirklichkeit weder ist noch nicht ist. (Nâgârjuna, um 200 n. Chr.; „Juwelenkette“) / Die Welt leidet, weil alles veränderlich ist. Es gibt das Leiden der Geburt, das Leiden des Alters, das Leiden der Krankheit und das Leiden des Todes. (Sokei-an Roshi, 1882–1945; „Der Zen-Weg“)

Weltall, Universum

J Herr des Universums, ich möchte weder deinen Garten Eden noch deine Belohnungen im zukünftigen Leben: Ich sehne mich nur nach dir selbst. (Rabbi Schneur Salman von Lyady, 1745–1812) / Man hat Gott in einen unerreichbaren Generaldirektor der „Universum GmbH“ verwandelt; man weiß, dass er da ist, dass er den Laden schmeißt (wenn dieser vermutlich auch ohne ihn laufen würde), man bekommt ihn nie zu sehen, doch erkennt man ihn als Chef an, während man selbst seine Arbeit tut. (Erich Fromm, 1900–1980; „Wege aus einer kranken Gesellschaft“)

C Das Weltall ist ein Kreis, dessen Mittelpunkt überall und dessen Umfang nirgendwo ist. (Blaise Pascal, 1623–1662) / Was hilft mir die Weite des Weltalls, wenn meine Schuhe zu eng sind? (Aus Armenien) / Wir tun, als sei der Sternenhimmel das All, als läge nicht hinter jedem Himmel ein Himmel, hinter jedem sichtbaren All ein zweites und hinter beiden ein unsichtbares. (Jean Paul, 1763–1825) / Die Wunder des Universums verdunkeln sich vor unseren Blicken. (Germaine de Staël, 1766–1817)

I Das Weltall verhält sich wie die Stadt edler Bürger. Wenn dieselben auch viele leitenden Autoritäten besitzen, so bilden diese doch eine kontinuierliche Kette, die hinführt zu einer einzigen, obersten Leitung, und erstreben ein einziges Ziel. (Averroes, 1126–1198; „Metaphysik“) / Das Firmament kreist, und die Stunden zeigen beständigen Wechsel. (Aus Marokko)

Der gesamte Kosmos mit allem, was darin existiert, ist von Göttlichkeit durchdrungen. Erkenne dies, und entsage dem Vergänglichen. Das führt zu wahrer Freiheit und vollkommener Freude. (Îshâ-Upanishad; 800–500 v. Chr.) / Wer inmitten des Gewirrs den Anfangs- und Endlosen, den Schöpfer des Weltalls, den vielfach Gestalteten, den Einen, der das Weltall umschlossen hält, als Gott erkannt hat, der wird von allen Fesseln befreit. (Svetâsvatara-Upanishad; 800–500 v. Chr.) / Zweimal irrte der weise Schöpfer des Alls: zum Ersten, als er das Gold – und zum Zweiten, als er das Weib schuf. (Aus Indien)

Das All, wer allerseits erkennt, wen da von allem nichts mehr reizt, der wahrlich hat das All durchschaut, entgangen ist er allem Leid. (Gautama Buddha, um 550–480 v. Chr.; „Itivuttakam") / Denn tat-bedingt ist dieses All, der Wesen Schicksal folgt der Tat. Um Tun dreht sich die ganze Welt wie um die Achse sich das Rad. (Gautama Buddha, um 550–480 v. Chr.; „Sutta-Nipâta") / Der Buddhismus verlagert das Zentrum des Universums in die Subjektivität des individuellen Geistes, während andere Religionen es in der Objektivität außerhalb des Geistes ansiedeln. (Nyogen Senzaki, 1876–1958; „Keine Spur im Wasser")

Weltuntergang

Gäbe es einen Moment, wo wir Gott ganz und durchaus lieben könnten, so bräche die Welt zusammen. (Walther Rathenau, 1867–1922)

Wenn ich wüsste, dass die Welt morgen untergeht, würde ich dennoch heute einen Apfelbaum pflanzen. (Martin Luther, 1483–1546; „Tischreden") / In einem Theater brach hinter den Kulissen Feuer aus. Der Pierrot trat an die Rampe, um das Publikum davon zu unterrichten. Man glaubte, es sei ein Witz, und applaudierte. Er wiederholte seine Mitteilung; man jubelte noch mehr. So, denke ich mir, wird die Welt eines Tages untergehen. (Sören Kierkegaard, 1813–1855; „Entweder – Oder") / Mit jedem zerschellt eine Welt, denn jeder Tod ist ein Weltuntergang. (Rudolf von Gottschall, 1823–1909)

Gott wird am Tag der Auferstehung die Himmel zusammenfalten und sie dann in seine rechte Hand nehmen und sagen: Ich bin der König. Wo sind denn die Gewaltigen? Wo sind die Hochmütigen? Dann wird er die Erde in seiner linken Hand zusammenfalten und sagen: Ich bin der König. Wo sind die Gewaltigen? Wo sind die Hochmütigen? (Mohammed, 570–632; „Hadith") / Das Verschwinden der Welt wiegt leichter bei Gott als das Töten eines muslimischen Mannes. (Mohammed, 570–632; „Hadith") / Seligkeit ist, wo Gott erscheint, wo er fortgeht: Weltenende. (Dschelâleddin Rûmî, 1207–1273)

Wenn die Gesellschaft in einen Zustand gerät, wo Reichtum Rang verleiht, Besitz die einzige Quelle der Tugend wird, Leidenschaft das einzige Band zwischen Mann und Weib, Betrug die Grundlage des Erfolges im Leben, geschlechtliche Liebe der einzige Weg zur Freude und äußere Verwirrung mit innerlichem Glauben zusammengeworfen wird, dann ist das Kali-Jurga (d. i. das letzte Weltzeitalter) erreicht. Es ist das Zeitalter, in dem wir leben. (Vishnu-Purana; 2.–12. Jhdt.) / Wo ist dieses Weltall? Wer nahm es fort? Ist es in etwas anderem versunken? Vor kurzem noch sah ich es. Nun besteht es nicht mehr. Dies ist fürwahr wunderbar! (Shankara, 788–820; „Kleinod der Unterscheidung“) / Es währt der Leib nur eine Spanne lang, die Tugend bis zum Weltenuntergang. (Nârâjana, 9./10. Jhdt.; „Hitopadesa“)

So sollt ihr über diese ganze flüchtige Welt denken: ein Stern in der Morgendämmerung, eine Luftblase auf einem Fluss, ein Blitz in einer Sommerwolke, ein flackerndes Licht, ein Phantom, ein Traum. (Diamant-Sutra; um 50–100 n. Chr.) / Die wahre Gestalt ist nicht irgendwo verborgen. Mag die Welt untergehen, dir kann nichts geschehen. (Wu-men Hui-kai, 1183–1260; „Wu-men-kuan“) / Wir befinden uns in jedem Augenblick des täglichen Lebens wie auf einem sinkenden Schiff. Dieses Leben sinkt jeden Moment, umgeben vom Ozean des Leidens und den Wellen der Anhäufungen. (Sokei-an Roshi, 1882–1945; „Der Zen-Weg“)

Werden

Wer nicht jeden Tag etwas erneuert, zeigt, dass er auch nichts Altes hat. (Rabbi Ahron aus Karlin) / Ein Mensch, der nicht besser wird, der wird schlechter. (Chassidische Weisheit) / Wie der Planet noch um seinen Zentralkörper kreist, außer dass er um die eigene Achse rotiert, so nimmt auch der einzelne Mensch am Entwicklungsgang der Menschheit teil, während er seinen eigenen Lebensweg geht. (Sigmund Freud, 1856–1939; „Unbehagen in der Kultur“)

Ist man noch im Werden, so halte man sich zu den Ausgezeichneten, aber als gemachter Mann zu den Mittelmäßigen. (Baltasar Gracián, 1601–1658; „Handorakel) / Wir sind hier, um vollkommen zu werden, nicht um es zu sein. (Johann Michael Sailer, 1751–1832) / Im steten Werden liegt des Lebens Reiz allein. (Friedrich Güll, 1812–1879)

Folge den Spuren des Glücklichen, und du wirst glücklich werden. (Aus Arabien) / Fiel je ein Korn in die Erde, das sich nicht köstlich entfaltet? Glaubst du denn, dass sich das Korn, das die Menschen sind, anders gestaltet? (Dschelâleddin Rûmî, 1207–1273) / Wisse, dass es kein Leid gibt, dem nicht Freude folgt, kein Unglück, das nicht irgendein Glück nach sich zöge. (Aus Persien)

Das Göttliche lässt jedes Wesen von Geburt an reifen, regiert allein über alles in der Welt und teilt einem jeden seine besonderen Eigenschaften zu. (Svetâsvatara-Upanishad II.; 800–500 v. Chr.) / Keine Seele entsteht jemals, kein Entstehen ist in der ganzen Welt; das ist die höchste Heilswahrheit, dass es nirgend ein Werden gibt! (Mândûkya-Upanishad; 800–500 v. Chr.) / Nicht durch das Schicksal allein kommen Sachen zustande, auch nicht allein durch Anstrengung, wohl aber gelingen sie aus der Vereinigung beider. (Aus Indien)

Für den Jünger, in dem die Gier nach Werden ausgerottet, dessen Sinn beruhigt, dessen Geburtenkreislauf ganz beendet ist – für den gibt es keine Wiedergeburt. (Gautama Buddha, um 550–480 v. Chr.; „Udâna“) / Zu

Anfang des geistigen Werdens ist, noch befangen in Furcht vor Geburt und Tod, ein guter Glaube notwendig; ähnlich der eines Hirsches, der aus einer Fallgrube entfliehen will. (Gampopa, 1079–1153; „Der kostbare Rosenkranz") / Man soll etwas, woran etwas ist, nicht zu etwas machen, woran nichts ist. Es kommt gar oft etwas aus etwas, woran nichts ist. (Fa-Yen, 11. Jhdt.; „Bi-Yän-Lu")

Werke

Herr, wie zahlreich sind deine Werke! Mit Weisheit hast du sie alle gemacht, die Erde ist voll von deinen Geschöpfen. (Bibel AT; Ps. 104,24) / Wessen gute Werke mehr sind als seine Weisheit, dessen Weisheit hat Bestand; und wessen Weisheit mehr ist als seine guten Werke, dessen Weisheit hat keinen Bestand. (Talmud; 70–500 n. Chr.; Aboth III,12) / Das Werk ist die Totenmaske der Konzeption. (Walter Benjamin, 1892–1940)

Der Mensch wird durch die Werke gerecht und nicht durch den Glauben allein. (Bibel NT; Jak. 2,24) / Die gewaltigsten Prediger sind die guten Werke. (Meister Eckhart, um 1260–1327) / Nichts bringt uns Gott so nahe wie das Bestreben, ein vollkommenes Werk zu gestalten. (Michelangelo, 1475–1564)

Wer einst mit guten Werken kommt, der erhält zehnfachen Lohn dafür; wer aber mit bösen Werken erscheint, der erhält seine Strafe nach seinem Handeln. (Korân; Sure 6,161) / Bist du Manns genug für diesen Pfad, so nimm dein Herz in die Hand. Das, so sagen die Fachkundigen, ist das einzige Werk, das diesen Namen verdient. (Dschâmî, 1414–1492; „Diwan") / Ist einer Welt Besitz für dich zerronnen, sei nicht im Leid darüber – es ist nichts! Und hast du einer Welt Besitz gewonnen, sei nicht erfreut darüber – es ist nichts! Vorüber gehen die Leiden und die Wonnen, geh an der Zeit vorüber – es ist nichts! (Aus Persien)

Gott lässt das gute Werk den tun, den er aus diesen Welten emporführen will; und er ist es auch, der das böse Werk den tun lässt, welchen er abwärts führen will. (Kaushîtaki-Upanishad 3; 800–500 v. Chr.) / Die Frucht der bloßen Werke ist vergänglich, die Brahman-Erkenntnis aber bringt unvergängliche Frucht. (Râmânuja, 1057–1137; „Siddhanta") / Kein großes Werk kann durch Schwindel aufgebaut werden. Nur durch Liebe, Hingabe an die Wahrheit und ungeheure Energie gelingen alle Unternehmen. (Swâmi Vivekânanda, 1862–1902)

Verdienstliche Werke sind hilfreich für Götterwesen, hilfreich für Menschenwesen, hilfreich für Hauslose. (Gautama Buddha, um 550–480 v. Chr.; „Anguttara-Nikâya") / Willst du ein großes Werk vollbringen, dann suche dir einen zuverlässigen Freund. Wenn du einen ganzen Wald niederbrennen willst, muss der Wind dir zur Seite stehen. (Sakya Pandita, 1182–1251; „Erlesene Aussprüche") / Wenn ihr etwas tut, sollt ihr euch vollständig verbrennen wie ein gutes Feuer, ohne dass eine Spur von euch zurückbleibt. (Shunryu Suzuki, 1905–1971; „Zen-Geist")

Wert, Werte

Das Wohltun ist nur dann von Wert, wenn es mit Wohlwollen und Güte geübt wird. (Talmud, 70–500 n. Chr.; Sukka 49b) / Die Fassung der Edelsteine erhöht ihren Preis, nicht ihren Wert. (Ludwig Börne, 1786–1837; „Denkrede auf Jean Paul“) / Der Wert eines Mannes sollte in dem bestehen, was er gibt, und nicht in dem, was er zu erlangen vermag. (Albert Einstein, 1879–1955)

Seinen ersten Wert hat der Mensch von dem, was er ist, nicht von dem, was er tut. (Bonifazius Wöhrmüller, geb. 1885) / Wert ist die Selbst-Rechtfertigung des Seienden, dass es seines Daseins würdig ist. (Romano Guardini, 1885–1968) / Was Menschen und Dinge wert sind, kann man erst beurteilen, wenn sie alt geworden. (Marie von Ebner-Eschenbach, 1830–1916; „Aphorismen“)

Der Wert eines Menschen wird nach seinem Tode erkannt. (Ali ibn Ali Talib, gest. 661) / Warum klagst du, Dschâmî, dass kein Mensch dein Wort begehrt? Rede minder, Minderheit vermehrt der Ware Wert. (Dschâmî, 1414–1492; „Diwan“) / Ein jedes Ding wird durch den Blick bewertet: Gehört dir ein Juwel, ist's ein Juwel – sonst ist's ein Stein, wie Fisches Schuppen wertlos! (Muhammad Iqbâl, 1873–1938; „Das Buch der Ewigkeit“) / Die größten Werte in dieser Welt können die kleinsten in einer anderen sein. (Kahlil Gibran, 1883–1931; „Aphorismen“)

Pferde, Waffen, Bücher, Rede, Harfe, eine Frau werden wertvoll oder wertlos, je nachdem, wem sie gehören. (Pantschatantra; 5. Jhdt.) / Was ist der Glaube wert, wenn er nicht in die Tat umgesetzt wird? (Mahatma Gandhi, 1869–1948) / Wenn uns die Hindu-Denker auffordern, uns von „Maya“ (Illusion) zu befreien, so verlangen sie von uns, die Sklavenketten der unrealen Werte abzuschütteln, die uns beherrschen. Sie raten uns nicht, das Leben als eine Illusion zu betrachten oder uns gegenüber irdischem Wohlstand gleichgültig zu verhalten. (Sarvepalli Radhakrishnan, 1888–1975) / Wahre Religion beruht auf ihrem eigenen Wert. (B. H. Bon, geb. 1901; „Die Antwort der Religionen“)

Mehr wert, als hundert Jahr' zu leben faul und schwach, ist stark und krafterfüllt zu leben einen Tag. (Gautama Buddha, um 550–480 v. Chr.; „Dhammapada“) / Alles Geld der Welt ist nicht so viel wert wie zur rechten Stunde ein Becher besten Weines. (Aus China) / Nichts ist so gering, dass es nicht der Beachtung des schärfsten Verstandes wert wäre. (Kakuzo Okakura, 1862–1913; „Ideale des Ostens“)

Wesen

Was der große Lenker im Weltall ist, das ist wohl der menschliche Geist im Menschen; er ist selbst unsichtbar, sieht aber alles, er ist seinem Wesen nach unkenntlich, erkennt aber das Wesen der anderen Dinge. (Philo von Alexandria, um 25 v. Chr. bis 54 n. Chr.; „Über die Weltschöpfung“) / Am besten erkennt man den Charakter eines Menschen bei Geldangelegenheiten, beim Trinken und im Zorn. (Talmud; 70–500 n. Chr.) / Begierde ist des Menschen Wesen selbst. (Baruch Spinoza, 1632–1677) / Wir haben wohl manches vor den Tieren voraus; aber es ist nichts im Tiere, was nicht auch in uns wäre. (Ludwig Börne, 1786–1837; „Aphorismen“)

An ihren Früchten sollt ihr sie erkennen. (Bibel NT; Mt 7,16) / Das Verlangen nach Seligkeit und Unsterblichkeit hat Gott in unser Wesen eingesenkt. (Aurelius Augustinus, 354–430) / Mensch, werde wesentlich: Denn wenn die Welt vergeht, so fällt der Zufall weg – das Wesen, das besteht. (Angelus Silesius, 1624–1677; „Der Cherubinische Wandersmann“) / Sollte der Mensch nicht eher für sein Wesen als für seine Taten verantwortlich sein? (Ernst Bertram, 1884–1957)

Gott sieht nicht auf eure Körper und auch nicht auf eure Gestalten. Er sieht auf eure Herzen und eure Werke. (Mohammed, 570–632; „Hadith“) / Was in sich selbst wir gegründet finden, erweist als Wesen sich, das nimmer wankt. Doch sehn wir seines Daseins Grund in anderm, so stirbt's mit dem, dem es sein Leben dankt. (Ibn Hazm, 993–1064; „Das Halsband der Taube“) / O dessen Wesen wir über unserm nennen, des Form liegt außer unserem Erkennen! (Dschâmî, 1414–1492; „Diwan“)

Wer durch Wissenschaft und Erfahrung alles menschliche Wesen als schal und nichtig erkennt, der ist in jedem Sinne wahrhaft frei. (Mahâbhârata; 500 v. Chr. bis 500 n. Chr.) / Bittere Früchte werden nicht süß, auch wenn man sie mit Honig beschmiert. (Pantschatantra; 5. Jhdt.) / Erhellung ist mein eingeborenes Wesen, nicht bin ich davon verschieden. Hellt sich das All auf, dann ist das der Lichtschein des Ich. (Ashtâvakra-Gîtâ; ca. 2. Jhdt. v. Chr.) / Wissen, Sein und Glückseligkeit sind keine Eigenschaften der Seele, sie sind ihr Wesen. (Swâmi Vivekânanda, 1862–1902; „Jnana-Yoga“)

Achte auf jeden Augenblick und auf alle Wesen, die dir begegnen. So bist du auf dem Weg zur Erleuchtung und zur Weisheit. (Gautama Buddha, um 550–480 v. Chr.; „Digha-Nikâya“) / Wenn wir zum Urgrund zurückkehren, berühren wir das Wesen aller Dinge. Folgen wir dem Widerschein, verlieren wir das Ursprüngliche. (Seng-ts'an, gest. 606; „Hsin-hsin-ming“) / Die ganze Welt kann zu Asche werden, und das ganze Universum ist zerstörbar. Doch das wirkliche Wesen, das immer während existiert, kann nicht zerstört werden, es ist ewig. (Sokei-an Roshi, 1882–1945; „Der Zen-Weg“)

Widerstand

Was den Menschen hindert, die Vernunft zu vervollkommnen und ein vernünftiges Leben zu führen, dies allein ist ein Übel. (Baruch Spinoza, 1632–1677) / Es gibt kein Hindernis, das man nicht zerbrechen kann, denn das Hindernis ist nur des Willens wegen da, und in Wahrheit sind keine Hindernisse als nur im Geist. (Rabbi Nachmann, 1771–1810; „Worte des Rabbi Nachmann“) / Der Sauerteig eines widersprechenden Geistes scheint mir unentbehrlich, damit das Werk gedeihe und genießbar werde. (Ludwig Börne, 1786–1837)

Denn die Gewalt soll niemand brechen noch widerstehen denn alleine der, der sie eingesetzt hat; sonst ist's Empörung und wider Gott. (Martin Luther, 1483–1546; „An Kurfürst Friedrich den Weisen“) / Jeder Kampf geht verloren, der nur gegen etwas und nicht für etwas geführt wird. (Paul Anton de Lagarde, 1827–1891) / Ich glaube, dass Gott uns in jeder Notlage so viel Widerstandskraft geben will, wie wir brauchen. Aber er gibt sie nicht voraus, damit wir uns nicht auf uns selbst verlassen. (Dietrich Bonhoeffer, 1906–1945)

Die Frauen aber, deren Widerspenstigkeit ihr befürchtet, ermahnt, meidet sie im Ehebett und straft sie! Wenn sie euch dann gehorchen, setzt ihnen nicht mehr zu! Allah ist erhaben und groß. (Korân; Sure 4,34) / Scharfe Schwerter, kluge Worte sprengen jede Eisenpforte. (Saadî, um 1215–1292; „Bostân“) / Der Geist des Widerspruchs wird durch Argumente genährt. (Hazrat Inayat Khan, 1882–1927; „Gayan“)

Ehemals gingen mir Jahre wie Tage dahin; jetzt, da das Schicksal widrig ist, geht es umgekehrt: Tage erscheinen wie Jahre. (Aus Indien) / Möge der Mensch wirken, kämpfen und sich mit voller Kraft verteidigen. Dann erst, wenn er in sich die Kraft zum Widerstand hat, wird Nicht-Widerstreben zur Tugend. (Swâmi Vivekânanda, 1862–1902; „Karma-Yoga“) / Passiver Widerstand ist gedacht als Waffe des Schwachen. (Mahatma Gandhi, 1869–1948)

Ich werde niemand zu befreien versuchen hier in der Welt, den noch ein Zweifel plagt. (Gautama Buddha, um 550–480 v. Chr.; „Sutta-Nipâta“) / Der Weg zum Himmel ist leicht zu finden, aber Tausende und Abertausende weigern sich, ihn zu beschreiten. (Aus China) / Die meisten Leute leben in Täuschungen, sind eingeschlossen von ihren Problemen, versuchen ihre Probleme zu lösen. Doch leben heißt, in Problemen zu leben. (Shunryu Suzuki, 1905–1971; „Zen-Geist“)

Wiedergeburt

Gott tut nicht zweimal das gleiche Ding. Und wenn eine Seele wiederkehrt, wird ein anderer Geist ihr Genosse. Wenn eine Seele auf die Welt kommt, beginnt ihre Tat aus den heimlichen Welten emporzusteigen. (Rabbi Nachmann, 1771–1810; „Worte des Rabbi Nachmann“) / Jeder Jude, auch der getaufte, haftet solidarisch für die Wiedergeburt Israels. (Moses Hess, 1812–1875)

Niemand, der sein inneres Bewusstsein aufrichtig fragt, wird seine Rolle auf der Welt wiederholen wollen. (Jonathan Swift, 1667–1745) / Nur die Besinnung auf die eigene sittliche Kraft, nur Mut und herzliches Vertrauen können die Wiedergeburt bringen. (Joseph von Görres, 1776–1848) / Wiedergeburt, das besagt ein völliges Neuwerden des Menschen. Es bedeutet den Durchbruch heiliger Kräfte in der Menschenseele, den Aufbruch neuen gottgeschenkten Lebens. (Johannes Hessen, 1889–1971)

Allah ist es, der euch erschaffen hat; und dann hat er euch versorgt; dann wird er euch sterben lassen, und dann wird er euch wieder lebendig machen. (Korân; Sure 30,40) / Am Saum des Himmels und im Schoß der Erde ist alles Sterben nur und Auferstehn. (Omar Khayyâm, um 1045–1122; „Sinnsprüche“) / Du wünschest, länger noch zu leben, als du bereits gelebt; allein, was tatest du wohl, was würdig wäre, zum zweiten Mal gelebt zu sein? (Dschâmî, 1414–1492; „Diwan“) / Ich wurde zum zweiten Male geboren, als meine Seele und mein Körper einander liebten und sich vermählten. (Kahlil Gibran, 1883–1931; „Aphorismen“)

Durch die Geburt zum Tod erkoren und nach dem Tod aufs Neue geboren: Das ist des Weltenstromes Leid ohne Ende. Wer ist, der darin Zufriedenheit fände? (Shankara, 788–820; „Lehrgedichte“) / Das in früheren Leben eingesammelte Wissen, die in früheren Leben eingesammelten Reichtümer und die in früheren Leben eingesammelten guten Werke laufen stets vor uns her. (Aus Indien) / Die Lehre von der Wiedergeburt läuft parallel mit der Doktrin von der Unsterblichkeit der Seele. Nichts, was an einem Punkt endet, ist ohne Anfang, und nichts, was an einem Punkt beginnt, ist ohne Ende. (Swâmi Vivekânanda, 1862–1902)

Vieler Geburten Kreislauf habe ich rastlos durchlaufen, suchend den Hauserbauer. Leidvoll ist ewige Wiedergeburt. Hauserbauer, du bist durchschaut! Wirst nimmer das Haus mehr bauen. Frei ist mein Herz vom Willen zum Leben, hab aller Begierden Vernichtung erreicht. (Gautama Buddha, um 550–480 v. Chr.; „Dhammapada“) / Mein Leben in meinen Wiedergeburten, meine Güter, mein auf allen drei Pfaden erworbenes Verdienst gebe ich ohne Rücksicht auf mich selbst hin, um das Heil jeglicher Kreatur zu verwirklichen. (Sântideva, 7. Jhdt.; „Bodhicaryâvatâra“) / In der ganzen Geschichte des Universums wurde nie etwas genau so geschaffen, wie es vorher war. Madame Claire wurde geboren und Madame Claire genannt. Glaubt ihr, wenn sie wieder geboren wird, wird sie wieder Madame Claire sein? (Sokei-an Roshi, 1882–1945; „Der Zen-Weg“)

Wille

Gegen deinen Willen bist du erschaffen worden, gegen deinen Willen lebst du, gegen deinen Willen wirst du sterben, und gegen deinen Willen wirst du dereinst Rechenschaft ablegen und Rechnung vor dem Könige der Könige, dem Heiligen, gepriesen sei er. (Talmud; 70–500 n. Chr.; Aboth IV,29) / Die keinem Zweifel unterliegende Wahrheit ist allein dies, dass alle Handlungen des Menschen ihm selbst anheim gestellt sind: Will er etwas tun, so tut er es, will er es unterlassen, so unterlässt er es ohne irgendwelchen ihn dazu nötigenden oder ihm Gewalt antuenden Zwang. Hieraus folgt notwendig die Verpflichtung zur Gesetzeserfüllung. (Moses Maimonides, 1135–1204; „Acht Kapitel“) / Der Wille kann nicht als eine freie Ursache bezeichnet werden, sondern nur als eine notwendige. (Baruch Spinoza, 1632–1677; „Die Ethik“)

Wo ich für mich nichts will, da will statt meiner Gott. (Meister Eckhart, um 1260–1327) / Gab uns Gott die Willensfreiheit, dann gab uns der Teufel die Willensschwäche dazu. (Bonifazius Wöhrmüller, geb. 1885) / Man darf nicht die Wahrheit, dass der gute Wille genügt, dahin übersteigern, dass er das voll Ausreichende sei. (Ida von Coudenhove, 1901–1971)

Junayd sagte: „Ein Diener zu sein bedeutet, den eigenen Willen hintanzusetzen und demütig und bescheiden zu sein.“ (Husayn-al-Sulami, 936–1021; „Futuwwah“) / Wenn jemand eine Frage über den Willen hat und keinen Führer finden kann, der sie ihm beantwortet, dann soll er die Wünsche seines Ego betrachten und das genaue Gegenteil tun. Dann wird er die Wahrheit über die Sache erfahren. (Husayn-al-Sulami, 936–1021; „Futuwwah“) / Ein gelehrter Mensch ohne Willenskraft gleicht einem Kopf ohne Leib. (Hazrat Inayat Khan, 1882–1927; „Gayan“)

Der Mensch besteht aus Wollen, und so groß wie das Wollen ist, mit dem er aus dieser Welt scheidet, so groß ist das Wollen, mit dem er nach dem Tode in jene Welt eingeht. (Shatapatha-Brâhmana 10; 1000–500 v. Chr.) / Ist man Gottes noch nicht innegeworden, glaubt man, einen freien Willen zu haben. Doch er selbst ist es, der diesen Trugschluss in uns wachhält; sonst hätte sich das Übel in großem Ausmaß vermehrt. Die Menschen wären nicht mehr vor Bösem zurückgeschreckt, noch gäbe es eine Strafe für Verbrechen und Sünde. (Shrî Râmakrischna, 1834–1886) / Nicht der Mensch, der an etwas Bestimmtes glaubt, ist gut, sondern derjenige, der den Willen des Vaters im Himmel tut. (Swâmi Vivekânanda, 1862–1902)

Vorbedachtes Wollen bezeichne ich als Tat: Denn wenn man etwas gewollt hat, handelt man mit dem Leibe, mit der Rede oder mit dem Geiste. (Gautama Buddha, um 550–480 v. Chr.; „Anguttara-Nikâya“) / Es genügt nicht, zum Fluss zu kommen mit dem Willen, Fische zu fangen. Man muss auch das Netz mitbringen. (Aus China) / Wer starke Willenskraft hat, kann seinen Geist durch Übung kontrollieren, diejenigen, die jedoch keine starke Willenskraft haben, müssen sich auf etwas Äußeres verlassen, wenn sie die Ruhe des Geistes finden wollen. (Sokei-an Roshi, 1882–1945; „Der Zen-Weg“)

Wirken

Sollst wirken und streben, als würdest du ewig leben, und wiederum die Welt ansehn, als müsstest du morgen von hinnen gehn. (Talmud; 70–500 n. Chr.; Aboth IV,1) / Weder mit Schelten noch mit Lachen kann man die Welt anders machen. (Jüdisches Sprichwort) / Jeden Menschen rührt einmal, noch so kurz, noch so dämmerhaft, das Wirken des Unbedingten an; die Zeit des Lebens, in der dies an allen geschieht, nennen wir die Jugend. (Martin Buber, 1878–1965)

Mein Vater wirket bis auf diese Stunde fort, und so wirke auch ich. (Bibel NT; Joh. 5,17) / Sei stille, meine Seele, damit das Göttliche in dir wirken kann! (Sören Kierkegaard, 1813–1855) / Gedanken wirken nicht, nur Taten. (Hans Much, 1880–1932)

Hätte das Gebet von Kindern eine Wirkung, lebte nicht ein einziger Lehrer mehr. (Aus Persien) / Drei Eigenschaften gibt Gott dem, den er liebt: eine Freigebigkeit wie die des Ozeans, eine Milde wie die der Sonne und eine Demut wie die der Erde. (Bâyazîd Bistâmî, gest. 874) / Das Wunderbarste von all dem, was im Menschen ist, ist sein Herz; denn es ordnet sein ganzes Wirken. (1001 Nacht; 16./17. Jhdt.)

Man wirke durchaus in dieser Welt Werke und wünsche sich, hundert Jahre zu leben. (Ishâ-Upanishad III.; 800–500 v. Chr.) / Die Umwandlung zu einer andersartigen Existenz wird durch den Überfluss der Natur bewirkt. (Yoga-Sutra IV,2; 2. Jhdt. v. Chr.) / Eine Sache gar nicht anfangen ist das erste Zeichen von Verstand; etwas Angefangenes zu Ende führen – das zweite. (Aus Indien)

Wenn man also sieht, wie ein Feind oder ein Freund den Nächsten kränkt, so soll man denken: „So und so sind die Ursachen, die in ihm wirken", und soll die Seelenruhe bewahren. (Sântideva, 7. Jhdt.; „Bodhicaryâvatâra") / Das große Wirken, wo es in Erscheinung tritt, weiß nichts von Vorschrift und Regel. (Yün-Men, 10. Jhdt.; „Bi-Yän-Lu") / Alle Wirklichkeit ist Wirken. (Paul Dahlke, 1865–1928)

Wirklichkeit

Eine Idee muss Wirklichkeit werden können, oder sie ist eine Seifenblase. (Berthold Auerbach, 1812–1882) / Ich habe keine Lehre. Ich zeige nur etwas. Ich zeige Wirklichkeit, ich zeige etwas an der Wirklichkeit, was nicht oder zu wenig gesehen worden ist. (Martin Buber, 1878–1965) / Mathematische Theorien über die Wirklichkeit sind immer ungesichert – wenn sie gesichert sind, handelt es sich nicht um die Wirklichkeit. (Albert Einstein, 1879–1955) / Eine große Liebe lässt sich durch die Wirklichkeit des Geliebten nicht stören. (Hannah Arendt, 1906–1975)

Angst ist die Wirklichkeit der Freiheit vor der Möglichkeit. (Sören Kierkegaard, 1813–1855) / Die Werte unseres Geistes sind in den Tiefen des Seins lebendige Wirklichkeit. (Johannes Hessen, 1889–1971) / Der Gegenstand der Liebe ist nicht die Wahrheit, sondern die Wirklichkeit. (Simone Weil, 1909–1943)

Glaube und Unglaube unterscheiden sich im Hinblick auf den Namen; aber im Hinblick auf die Wirklichkeit gibt es keinen Unterschied zwischen ihnen. (al-Hallâdsch, 858–922) / Süß ist die Liebe, doch Verwirrung ihre innere Wirklichkeit. (Abû'Ali ad-Daqqâq, gest. 1015 oder 1021) / Viele Lehren sind wie eine Fensterscheibe. Durch sie sehen wir die Wahrheit, aber sie trennt uns von der Wirklichkeit. (Kahlil Gibran, 1883–1931; „Aphorismen")

Die Einheit ist die Wirklichkeit. Von Zweiheit spricht man doch nur dort, wo man die Einheit spaltet. (Mândûkya-Upanishad; 800–500 v. Chr.) / Die Erkenntnis der Wirklichkeit durch das Auge des klaren Verstandes wird durch das eigene Sehen erlangt und nicht durch die Augen des Lehrers. (Shankara, 788–820; „Sankaracharya") / Die Welt ist weder wirklich noch unwirklich; sie ist der Schatten der Wirklichkeit. (Swâmi Vivekânanda, 1862–1902; „Jnana-Yoga")

Nicht durch fremde Hilfe zu erkennen, friedvoll, durch Vielfalt nicht vielfältig, unvorstellbar und ohne Mannigfaltigkeit, das ist das Merkmal der Wirklichkeit. (Nâgârjuna, um 200 n. Chr.; „Merkverse der mittleren Lehre") / Die gewöhnlichen Menschen sehen und erfassen die Dinge als wirklich, nicht aber als illusorisch. Darin besteht der Gegensatz zwischen den nachdenklichen und den gewöhnlichen Menschen. (Sântideva, 7. Jhdt.; „Bodhicaryâvatâra") / Wir sollen Tatsachen als Tatsachen anerkennen und sollen wissen, dass Worte Worte sind und weiter nichts. (Daisetz T. Suzuki, 1870–1966; „Die große Befreiung")

Wissen

Wo viel Weisheit, da ist viel Verdruss, und je mehr Wissen, desto mehr Schmerz. (Bibel AT; Pred. 1,18) / Hast du Wissen erworben, was fehlt dir? Fehlt dir Wissen, was bleibt dir? (Talmud; 70–500 n. Chr.; Bemidbar 240b) / Bei wem das Tun über dem Wissen steht, dessen Wissen wird Bestand haben. Aber bei dem das Wissen über dem Tun steht, dessen Wissen wird keinen Bestand haben. (Sprüche der Väter 3,12; ca. 200 n. Chr.)

Was Gott an und für sich ist, wissen wir so wenig, als ein Käfer weiß, was ein Mensch ist. (Ulrich Zwingli, 1484–1531; „Von der wahren und falschen Religion") / Sage nicht alles, was du weißt, aber wisse immer, was du sagst. (Matthias Claudius, 1740–1815) / Alles Wissen geht aus einem Zweifel hervor und endigt in einem Glauben. (Marie von Ebner-Eschenbach, 1830–1916; „Aphorismen")

Nur wenn dein Wissen von dir selber dich befreit, ist dein Erkennen besser als Unwissenheit. (Dschelâleddin Rûmî, 1207–1273) / Durch Wissen kommt der Mensch zur Menschlichkeit. (Hâfis, 1326–1390; „Der Sänger von Schiras") / Du kannst nicht irgendjemanden über dein Wissen von ihm hinaus richten; wie klein ist dein Wissen. (Kahlil Gibran, 1883–1931; „Aphorismen")

Wer sowohl das Wissen als auch das Nichtwissen, alle beide, kennt, der erlangt, nachdem er durch Nichtwissen den Tod überwunden hat, durch Wissen die Unsterblichkeit. (Maitrâyâni-Upanishad, IV,9; 800–500 v. Chr.) / Ein einziger gelehrter Mann ist mehr wert als tausend Unwissende. (Mahâbhârata; 500 v. Chr. bis 500 n. Chr.) / Wissen ist kostbar für uns, denn wir werden nie Zeit haben, es zu vollenden. Alles ist getan und beschlossen im ewigen Himmel. Aber der Täuschung irdische Blumen hält ewig frisch der Tod. (Rabindranâth Tagore, 1861–1941; „Der Gärtner")

Nicht wissen, aber Wissen vortäuschen ist ein Laster. Wissen, aber sich dem Nichtwissenden gleich verhalten ist Weisheit. (Aus China) / Wie von den Strahlen, deren Glanz die Sonne auf einmal aussendet, die Welt beleuchtet wird, so wird vom Wissen der Buddha auf einmal alles Erkennbare beleuchtet. (Maitreyanâtha, um 300 n. Chr.; „Schmuck der Sutren des Mahayana") / Wissen ist ein Schatz, der seinen Besitzer überallhin begleitet. (Aus China)

Wissenschaft

Die Wissenschaft fängt eigentlich erst da an, interessant zu werden, wo sie aufhört. (Justus von Liebig, 1803–1873; „Briefe") / Das letzte Ziel aller wissenschaftlichen Erkenntnis besteht darin, das größtmögliche Tatsachengebiet aus der kleinstmöglichen Anzahl von Axiomen und Hypothesen zu erhellen. (Albert Einstein, 1879–1955) / Die Wissenschaft hat nur verwirklicht, was Menschen geträumt haben, und sie hat nur bestätigt, dass Träume keine Phantasie zu bleiben brauchen. (Hannah Arendt, 1906–1975)

Wir brennen vor Begier, alles zu ergründen und einen Turm aufzuführen, der bis in die Unendlichkeit reicht. Aber unser ganzes Gebäude kracht, und die Erde öffnet sich bis in die Tiefen. (Blaise Pascal, 1623–1662) / Die Wissenschaft, richtig verstanden, heilt den Menschen von seinem Stolz; denn sie zeigt ihm seine Grenzen. (Albert Schweitzer, 1875–1965) / Die wissenschaftliche Forschung ist nur eine Form der religiösen Kontemplation. (Simone Weil, 1909–1943)

Wenn du mit deinem Streben nach Wissenschaft von dir zu Gott die rechte Leitung suchst und dich nicht mit der Überlieferung begnügst, dann freue dich: Siehe, die Engel breiten ihre Flügel über dich aus, wenn du gehst, und die Fische des Meeres bitten für dich um Verzeihung. (Mohammed, 570–632) / Mit gutem Grund hat man gesagt, die Wissenschaft habe dem Menschen zwar eine Macht verliehen, die für Götter ausreiche, aber gleichzeitig habe sie den zivilisierten Menschen die Geisteshaltung von Teufeln eingegeben. (Maulânâ Muhammad Ali, 1874–1951; „Die neue Weltordnung") / Wissenschaft wird aus dem im Verstand empfangenen Samen der Intuition geboren. (Hazrat Inayat Khan, 1882–1927; „Gayan")

Unter allen Gütern ist die Wissenschaft das höchste Gut, weil sie nicht geraubt, nicht erkauft und nicht vernichtet werden kann. (Nârâjana, 9./10. Jhdt.; „Hitopadesa") / Die Leute begreifen nicht, dass die Wissenschaft sich nur mit der bedingten Erkenntnis befasst. Sie bringt keine Botschaft aus dem Lande des Unbedingten. (Shrî Râmakrishna, 1834–1886; „Worte des Râmakrishna") / Jede Wissenschaft muss da enden, wo eine Einheit gefunden wird, denn weiter können wir nicht gehen. Wurde eine vollkommene Einheit gefunden, so kann die Wissenschaft uns nichts Wichtiges mehr mitteilen. (Swâmi Vivekânanda, 1862–1902)

Dadurch dass die Wissenschaft sich auf den sinnlich-physischen Teil der Wirklichkeit beschränkt, sozusagen nur die Marionetten tanzen lässt, gewinnt sie die scheinbare Fähigkeit, der Wirklichkeit den Stempel der Beweisbarkeit aufzudrücken. (Paul Dahlke, 1865–1928) / Der Buddhismus schmeichelt der Wissenschaft nicht und kniet nicht vor dem Christentum. (Sokei-an Roshi, 1882–1945; „Der Zen-Weg") / Der religiöse und der wissenschaftlich denkende Mensch schließen sich gegenseitig nicht aus. (Lama Govinda, 1898–1985; „Buddhistische Reflexionen")

Wollust

Einem Weibe mit dreisten Augen passe gut auf, und wundre dich nicht, wenn sie gegen dich sündigt. Wie ein durstiger Wanderer den Mund öffnet und vom ersten Wasser trinkt, so lässt sie sich vor jedem Pflocke nieder und öffnet ihren Köcher allen Pfeilen. (Bibel AT; Sir. 26,11–12) / Sinnliche Ausschweifung ist viel öfter die Folge als die Ursache einer zerrütteten Gesundheit. (Ludwig Börne, 1786–1837; „Fragmente und Aphorismen") / Die Wollust ist die Prämie der Natur für die Mühen von Zeugungen und Geburt. (Sigmund Freud, 1856–1939)

Alle Dinge werden zu einer Quelle der Lust, wenn man sie liebt. (Thomas von Aquin, 1225–1274) / Du dienst einem Götzen, wenn du immer nur deinen Lüsten nachlebst. (Hildegard von Bingen, 1098–1179) / Die geschlechtliche Lust bei der Frau kann mit der Sonne verglichen werden, die milde und leicht und ständig die Erde mit ihrer warmen Glut durchdringt, auf dass sie Früchte hervorbringe. (Hildegard von Bingen, 1098–1179) / Wo die Wollust zu leben anhebt, da geht das Leben selbst. (Joseph Bernhart, 1881–1969)

Wenn eine Frau einem von euch gefällt und Verlangen in seinem Herzen weckt, dann soll er zu seiner Frau gehen und mit ihr verkehren. Das wird die Begierde seiner Seele stillen. (Mohammed, 570–632; „Hadith") / Ihr seid vom kleineren Glaubenskrieg zum größeren Glaubenskrieg gekommen; das ist, wenn der Mensch seine Lüste bekämpft. (Mohammed, 570–632; „Hadith") / Wir hatten einander gerne und lauschten heimlich versteckt als wie zwei Mandelkerne, von einer Schale bedeckt. (Aus Arabien)

Wer Bescheid weiß darüber, wie seine eigene Liebe entsteht, die Leidenschaften der Frauen sich steigern und wie man das Vertrauen eines Mädchens gewinnt, wird deren Geliebter. (Kokkoka, 12. Jhdt.; „Ratirahasya") / Wie ein Gegenstand aus Lack in der Nähe von Feuer schmilzt, so ein Mann in der Nähe einer schönen Frau, sei er auch noch so klug und noch so asketisch mager. (Aus Indien) / Der Fischer Liebesgott hat in diesem Meer, der Welt, eine Angel, Frau genannt, ausgeworfen, an der er die Fische, die Männer, die nach dem Köder, den Lippen der Schönen, begierig sind, alsbald aus dem Wasser zieht und am Feuer der Liebe brät. (Aus Indien)

Aus Sinnenlust erwächst dir Sorge nur und Furcht; wer sich davon befreit, kennt Sorge nicht noch Furcht. (Gautama Buddha, um 550–480 v. Chr.; „Dhammapada") / Hüte dich, Jüngling, vor der Wollust Lockungen, und lass dich von der Hure nicht zu ihren ausschweifenden Genüssen verführen. (Aus Tibet) / Die einen empfehlen den Genuss der Freuden und Wonnen der ehelichen Liebe. Die anderen verbieten diesen Genuss ... Wenn der Himmel aber den Mann geschaffen, wozu schuf er dann die Frau, wenn er sich von ihr fern halten soll? (Aus China)

Worte

Die Worte des Herrn schärfe ein deinen Söhnen, und rede davon, wenn du in deinem Hause sitzest und wenn du draußen gehest, wenn du dich niederlegst und wenn du aufstehst. (Bibel AT; 5. Mos. 6,7) / Das Wort gleicht der Biene: Es hat Honig und Stachel. (Talmud; 70–500 n. Chr.) / Worte, diese furchtbaren geheimen Oberen der Welt, regieren im Verborgenen. (Ludwig Börne, 1786–1837; „Kritiken, Der ewige Jude")

Nicht von Brot allein lebt der Mensch, sondern von jedem Worte, das aus dem Munde Gottes kommt. (Bibel NT; Mt. 4,4) / Es gibt Worte, die gehen in den Kopf wie Splitter ins Fleisch: Man merkt es nicht. Erst nach einer Weile fangen sie an, zu schmerzen und zu eitern, und oft hat man seine liebe Not, ehe man sie wieder rauskriegt. (Jeremias Gotthelf, 1797–1854) / Das Wort, das du ausgesprochen hast, gehört dir nicht mehr. (Augustin Wibbelt, 1862–1947)

Wenn das Meer Tinte für die Worte meines Herrn wäre, würde das Meer zu Ende gehen, bevor die Worte meines Herrn zu Ende gehen, auch wenn wir noch einmal so viel an Tinte hinzubrächten. (Korân; Sure 18,109) / Gute und schlechte Worte sind gleich Pfeilen, wenn auch einige danebengehen, einer trifft schließlich doch das Ziel. (Nizâm ul-Mulk, 1018–1092; „Sîyâstnâma“) / Gott hört nicht auf eure Worte, außer wenn er selber sie durch eure Lippen ausspricht. (Kahlil Gibran, 1883–1931; „Der Prophet“)

Ein Netzwerk von Worten ist ein großer Wald, in dem die Phantasie sich herumtreibt. Darum sollte jeder, der dies weiß, mit aller Kraft und Mühe Gott zu erfahren suchen. (Shankara, 788–820; „Sankaracharya“) / Taucht man einen leeren Krug ins Wasser, so hört man einen glucksenden Laut, der erst aufhört, wenn das Gefäß voll ist. So ist einer, der Gott noch sucht, voll tönender Worte über das Wesen des Allmächtigen. Wer ihn aber geschaut hat, ist von ihm erfüllt und erfreut sich schweigend der göttlichen Glückseligkeit. (Shrî Râmakrishna, 1834–1886; „Ewige Botschaft“) / Es ist besser, in das Gebet ein Herz ohne Worte zu legen als Worte ohne Herz. (Mahatma Gandhi, 1869–1948)

Wie ein tiefer See klar und still ist, so wird auch der weise Mensch still, wenn er die Worte der göttlichen Wahrheit gehört hat. (Gautama Buddha, um 550–480 v. Chr.; „Dhammapada“) / Selbst wenn unsere Worte genau und unsere Gedanken richtig sind, entsprechen sie doch nicht der Wahrheit. (Seng-ts'an, gest. 606; „Hsin-hsin-ming“) / Wir leben im Meer der Worte, und ihre Seelen unterscheiden sich nicht mehr voneinander. Im Anfang war das Wort – aber am Ende ist kein Wort. (Junyu Kitayama, 1904–1962; „West-östliche Begegnung“)

Wünsche

Wenn es auf der Welt das nicht gibt, was du begehrst – begehre, was es gibt. (Mosche ibn Esra) / Wir sind uns aller unserer Wünsche bewusst, wir sind uns aber nicht der Motive unserer Wünsche bewusst. (Baruch Spinoza, 1632–1677) / Ich meine fast, wenn ich mir mit der Seele etwas innig wünsche, dann erfüllt das Leben mir solche Wünsche gerne. (Arthur Rubinstein, 1889–1982; „Erinnerungen“)

Ich bin nicht arm; arm ist, wer viele Dinge wünscht. (Leonardo da Vinci, 1452–1519) / Man muss seine Wünsche nicht zu sehr einschränken. Hätten die Heiligen nicht vorerst hochherzige Ziele sich gesteckt, wie hätten sie sich dann jemals zu einer solchen Vollkommenheit erheben können? (Theresia von Avila, 1515–1582) / Unerfüllbare Wünsche werden als „fromme“ bezeichnet. Man scheint anzunehmen, dass nur die profanen in Erfüllung gehen. (Marie von Ebner-Eschenbach, 1830–1916; „Aphorismen“)

Die Vermeidung von Schicksalsschlägen hängt davon ab, dass man den Wünschen des Ego nicht nachgibt. (Husayn-al-Sulami, 936–1021; „Futuwwah“) / Jeder Wunsch steigert die Kraft des Menschen zur Erfüllung seines tiefsten Verlangens, das die Bestimmung jeder Seele ist. (Hazrat Inayat Khan, 1882–1927; „Gayan“) / Jeder Mann liebt zwei Frauen; die eine ist die Schöpfung seiner Einbildungskraft, und die andere ist noch nicht geboren. (Kahlil Gibran, 1883–1931; „Aphorismen“)

Viele lassen die Weltschöpfung auf Wunsch Gottes allein entstehen, andre glauben, die Zeit habe alle Wesen hervorgebracht. Zum Genusse sich, zum Spielzeuge schuf sie Gott, meinen andere. – Nein! Sie ist Gottes Selbstwesen! Was kann wünschen, wer alles hat? (Mândûkya-Upanishad I.; 800–500 v. Chr.) / Wenn wir auch unsern Wunsch gestalten, stets folgt ein neuer auf den alten. Und doch ist volle Wunscherhörung allein die volle Wunschzerstörung. (Nârâjana, 9./10. Jhdt.; „Hitopadesa“) / Es gibt so etwas: Gott zu lieben, ohne den Grund dafür zu wissen. Wenn sich das ereignet, sind alle Wünsche erfüllt. (Shrî Râmakrishna, 1834–1886)

Wenn unsere Wünsche spärlich werden, dann ist unser Herz glücklich. Wo wir nur mehr wenig begehren, dort kehrt der Friede ein. (Milindapana; 1. Jhdt. v. Chr.) / Lass in all deinen Wünschen dich von der Vernunft leiten, und setze dein Hoffen nicht über die Grenzen der Wahrscheinlichkeit hinaus. (Aus Tibet) / Wenig Wünsche haben und selbst mit dürftigen Dingen zufrieden sein ist ein Kennzeichen edler Menschen. (Gampopa, 1079–1153; „Der kostbare Rosenkranz“)

Würde

In Gottes Hand liegt der Erfolg eines Menschen, er verleiht dem Gesetzgeber seine Würde. (Bibel AT; Sir. 10,5) / Die wahre Liebe würdigt ihren Gegenstand. Aber das ist die wahre Liebe nicht, die nur das Würdige liebt. (Ludwig Börne, 1786–1837) / Das Leben ist eine Anstrengung, die einer besseren Sache würdig wäre. (Karl Kraus, 1874–1936)

Du sollst dankbar sein für das Geringste, und du wirst würdig sein, Größeres zu empfangen. (Thomas a Kempis, 1380–1471) / Von der Zunge hängen des Menschen Würde und Glück ab. (Erasmus von Rotterdam, 1469–1536) / Nicht im Raume darf ich meine Würde suchen, sondern in der Ordnung seiner Gedanken. (Blaise Pascal, 1623–1662) / Demut ist die dem Menschen eigentümliche Würde vor Gott. (Gertrud von Le Fort, 1876–1971)

Glaub nicht, dass Furcht vor der Welt mich quäle oder Furcht vor dem Tode und der Flucht der Seele! Nichts fürchte ich, als, wenn sie mich einst begraben, nicht würdig genug gelebt zu haben. (Omar Khayyâm, um 1045–1122; „Lieder und Sprüche“) / Zurückhaltung verleiht der Persönlichkeit Würde; ernsthaft und doch gütig zu sein ist die Art des Weisen. (Hazrat Inayat Khan, 1882–1927; „Gayan“)

Geduld verlieren heißt Würde verlieren. (Tiruvalluvar, 6. Jhdt.; „Kurral“) / Da Menschen, Nägel, Zähne, Haar sofort um alle Würde kommen, wenn sie von ihrem Ort genommen, so bleibt ein Weiser, wo er war. (Nârâjana, 9./10. Jhdt.; „Hitopadesa“) / Durch übermütige Reden schlechter Menschen schwindet fürwahr niemals die Würde eines großen Mannes: Sinkt etwa der Wert eines Edelsteins, wenn er mit Erdenstaub bedeckt ist? (Aus Indien)

Wer seine Sinne, Rossen gleich, im Zaume hält, befreit von Stolz und

Wunsch, der lacht der Götterwelt. (Gautama Buddha, um 550–480 v. Chr.; „Dhammapada“) / Der kluge Kaufmann verbirgt seine Schätze, als wäre er arm. Der Edle verbirgt seine Weisheit, als wüsste er nichts. (Aus China)

Wunder

Begreifst du die Wunder dessen, der vollkommen ist an Weisheit? (Bibel AT; Hiob 37,16) / Das ist das Seligste an der seligen Zeit der ersten Liebe, dass diese Liebe so ganz und gar nicht klügelt, dass ihr das Wunderbarste einfach erscheint und das Einfachste als ein Wunder. (Karl Emil Franzos, 1848–1904; „Die Juden von Barnow“) / Wer glaubt, kann keine Wunder erleben. Bei Tag sieht man keine Sterne. (Franz Kafka, 1883–1924; „Das dritte Oktavheft“)

Gott, du sprichst zu dem Unwürdigsten, den du je erschufst: Begehre mein heiligstes Wunder. (Mechthild von Magdeburg, um 1208–1282) / Jeder muss sich das Wunder seines Lebens stets aufs Neue wirken. (Adalbert Stifter, 1805–1868) / Du wusstest also nicht, dass der Mensch, sobald er das Wunder verwirft, auch Gott verwirft; denn der Mensch verlangt nicht so sehr nach Gott als nach dem Wunder. (Fjodor M. Dostojewski, 1821–1881; „Die Brüder Karamasow“) / Wir sind so wundersüchtig, weil wir nicht genug wundersichtig sind. (Hugo Lang, 1892–1967)

Die Leute denken, ein spiritueller Lehrer müsse Wunder wirken und Erleuchtung offenbaren. Das Erfordernis eines Lehrers ist aber nur, dass er alles besitzen muss, was der Schüler braucht. (Ibn Arabî, gest. 1240) / Der Mensch schaut nach Wundern aus; könnte er nur sehen, wie wunderbar schon das Menschenherz ist. (Hazrat Inayat Khan, 1882–1927; „Gayan“) / Es gibt drei Wunderdinge unseres Bruders Jesus, die noch nicht in der Bibel stehen: das erste, dass er ein Mensch war wie du und ich; das zweite, dass er einen Sinn für Humor hatte; und das dritte, dass er wusste, dass er ein Sieger durch Besiegte war. (Kahlil Gibran, 1883–1931; „Aphorismen“)

Mach stark das Herz, mach frei den Geist, damit er dieses Netz zerreißt. So nütze ihn, ihm ward die Kraft, mit dem er dieses Wunder schafft. (Upanishaden; 800–500 v. Chr.) / Wie eine Spinne aus sich heraus einen Faden spinnt und ihn wieder einzieht oder wie in der Erde Pflanzen sprießen oder wie beim Menschen die Haare auf Kopf und Körper wachsen, ebenso entsteht aus dem Unvergänglichen die ganze Welt. (Mundaka-Upanishad; 800–500 v. Chr.) / In vollkommenem Ergebensein und unbedingtem Vertrauen in Gott finden alle Wunder ihren Beginn. (Shrî Râmakrishna, 1834–1886)

Zu jener Zeit fiel sehr viel Regen, und eine große Flut entstand. Da ließ der Erhabene das Wasser ringsum zurückfließen, und er ging in der Mitte des staubigen Bodens hin und her. (Gautama Buddha, um 550–480 v. Chr.; „Vinaya, Mahavagga“) / Wenn wir das Wunder einer Blume klar erkennen, dann verändert sich unser Leben. (Theragâthâ; ca. 400–200 v. Chr.) / Wie das große Meer durch die Gewässer nicht gesättigt wird und durch einen Zustrom der ausgedehnten hellen Wasser nicht wächst, so wird das Element der Buddha durch den beständig eintreffenden Zustrom von

Reinheit nicht gesättigt und wächst nicht. Das ist hier das größte Wunder. (Maitreyanâtha, um 300 n. Chr.; „Schmuck der Sutren des Mahayana“)

Wurzel

Der Mensch, den Gott verlassen – von unten dorren seine Wurzeln, und von oben welket sein Zweig. (Bibel AT; Hiob 18,16) / Wo immer der Mensch sich daran hängt, etwas zu sein oder etwas zu wirken, da bleibt seine Wurzel im Menschlichen; und aus seiner Wurzel kann er heil werden, und worin immer er sich bindet, im Wissen oder im Worte, in Schönheit oder in Freude, in Tod oder in ewiger Ehre, er vermag durch sich selbst gelöst zu werden und sein Leben zu gründen. Wo aber der Mensch sich an den Trug hängt, etwas zu haben, da reißt er seine Wurzel aus dem Menschlichen, und sie saugt ihm kein Heil mehr aus der Menschenerde, und ich weiß ihm keine Hilfe. (Rabbi Nachmann, 1771–1810; „Geschichten des Rabbi Nachmann“) / Wer wahrhaft liebt, weiß aus der Tiefe seiner Identität mit dem anderen. Vom Wurzelgrunde des anderen Seins aus weiß er, woran es dem Freunde ermangelt. Das erst heißt Liebe. (Martin Buber, 1878–1965)

Geiz ist die Wurzel alles Übels. (Bibel NT; 1. Tim. 6,10) / Die Freundschaft und die Liebe sind zwei Pflanzen an einer Wurzel. Die Letztere hat nur einige Blumen mehr. (Friedrich Gottlieb Klopstock, 1724–1803) / So mag der Mensch, der im Leben steht wie die Wurzel in der Erde, blühen im Himmel, denn das Gute ist das Lebendige, und das stirbt nicht. (Clemens Brentano, 1778–1842)

Ein gutes Wort ist wie ein guter Baum, dessen Wurzel fest ist und dessen Zweige in den Himmel reichen. (Korân; Sure 14,25) / Öffne deine verborgenen Augen, und kehre zurück zur Wurzel der Wurzel deines eigenen Selbst. (Dschelâleddin Rûmî, 1207–1273) / Die Wurzel der Religion ist Erkenntnis. Die Wurzel der Erkenntnis ist Hingabe. Und die Wurzel der Hingabe ist Geduld. (Sufi-Weisheit) / Einsamkeit ist ein ruhiger Sturm, der all unsere toten Teile zerbricht. Jedoch treibt er unsere lebendige Wurzel tiefer in das lebendige Herz der lebendigen Erde. (Kahlil Gibran, 1883–1931; „Aphorismen“)

Zweiheit, ach!, ist die Wurzel des Leidens. Einziges Heilmittel dafür ist: „Alles Sichtbare hier ist trugvoll. Wer bin ich?: seiend, geistig, fleckenlose Essenz.“ (Ashtâvakra-Gîtâ; ca. 2. Jhdt. v. Chr.) / Man verlese Blüte für Blüte, haue aber nicht die Wurzeln ab: Wie ein Kranzwinder im Garten verfahre man, nicht wie ein Köhler. (Aus Indien) / Was die Seher den groben Körper nennen, besteht aus folgenden Substanzen: aus Mark, Knochen, Fett, Fleisch, Blut, Haut und Epidermis; aus Beinen, Schenkeln, Brust, Armen, Füßen, aus Rücken, Kopf und anderen Teilen. Dieser Körper gilt als die Wurzel des Trugbildes von „Ich“ und „Mein“. (Shankara, 788–820; „Kleinod der Unterscheidung“)

Wahrlich, die bei Tag und Nacht unermüdlich das, was von lieblicher Gestalt ist, aufgeben, die graben die Wurzel des Übels aus, die Beute des Todes. (Gautama Buddha, um 550–480 v. Chr.; „Udâna“) / Geist ist des

Bewusstseins Wurzel, alles Dingliche ist Staub. (Yung-Djia, um 700; „Bi-Yän-Lu") / Da Frauen die Wurzel fesselnder Leidenschaften sind, verlasst euch nicht auf sie. Da Wein die Wurzel fesselnder Leidenschaften ist, trinkt nicht. Da Reisen die Wurzel fesselnder Leidenschaften ist, unternehmt nicht viele Reisen. Da Anhäufung von weltlichen Gütern die Wurzel fesselnder Leidenschaften ist, gebt Gebundenheit an Materielles auf. (Geshe Drom, 11. Jhdt.; „Kadamthorbu")

Zeichen

Und Gott sprach: Es sollen Lichter werden an der Feste des Himmels, Tag und Nacht zu scheiden, und sie sollen als Zeichen dienen und zur Bestimmung von Zeiten, Tagen und Jahren. (Bibel AT; 1. Mos. 1,14) / Unmögliches Wollen und Wünschen ist fast immer ein Zeichen der Faulheit. (Fanny Lewald, 1811–1889)

Die äußerliche Vergebung, so ich mit der Tat erzeige, ist ein gewiss' Zeichen, dass ich selbst Vergebung der Sünde bei Gott habe. (Martin Luther, 1483–1546; „Deutsche Schriften") / Atheismus ist Zeichen eines starken Geistes – aber nur bis zu einem gewissen Grade. (Blaise Pascal, 1623–1662) / Gib ein kleines Zeichen! Ich bin ganz nah. Nur eine schmale Wand ist zwischen uns durch Zufall; denn es könnte sein: ein Rufen deines und meines Mundes – und sie bricht ein ganz ohne Lärm und Laut. (Rainer Maria Rilke, 1875–1926) / Oft spüren Häretiker zuerst die Zeichen der Zeit, und manchmal waren verurteilte Ketzer, die manifest Unrecht hatten, die innigsten Freunde Gottes. (Carl Friedrich von Weizsäcker, geb. 1912)

Zeichen und Warner nützen nichts bei einem Volk, das nicht glauben will. (Korân; Sure 10,103) / Eines der Zeichen eines guten Moslems ist es, dass er sich nicht um Dinge kümmert, die ihn nichts angehen. (Husayn-al-Sulami, 936–1021; „Futuwwah") / Diejenigen, welche Vereinigung erlangt haben, besitzen nichts als das innere Auge und die göttliche Lampe – sie sind von Zeichen und Wegen befreit. (Dschelâleddin Rûmî, 1207–1273)

Sei allen Wesen freundlich zugewandt, das äußere Zeichen macht die Tugend nicht. (Nârâjana, 9./10. Jhdt.; „Hitopadesa") / Jedes Kind ist uns ein Zeichen, dass Gott noch nicht am Menschen verzweifelt. (Rabindranath Tagore, 1861–1941)

Jene, die nichts ansammeln und deren Nahrung Erkenntnis ist, deren Bereich die Leere, die Zeichenlosigkeit und die Befreiung ist, sind schwer auszumachen wie der Weg der Vögel am Himmel. (Gautama Buddha, um 550–480 v. Chr.; „Dhammapada") / Die ungestörte Henne legt viele Eier; der unbewegte Pfau zeigt seinen schönen Schwanz; ein zahmes Ross hat einen schönen Gang. Des Heiligen Ruhe ist das Zeichen seiner Weisheit. (Sakya Pandita, 1182–1251; „Erlesene Aussprüche") / Im Allgemeinen ist es so, dass Freude ein Zeichen der Harmonie und Leiden ein Symptom der Disharmonie ist und dass beide darum Gradmesser unseres richtigen und falschen Verhaltens sind. (Lama Govinda, 1898–1985; „Die Antwort der Religionen")

Zeit

Ich wandte mich und sah, wie es unter der Sonne zugehet, dass zum Laufen nicht hilft schnell sein, zum Streit hilft nicht stark sein, zur Nahrung hilft nicht geschickt sein, zum Reichtum hilft nicht klug sein. Dass einer angenehm sei, hilft nicht, dass er ein Ding wohl könne; sondern alles liegt an Zeit und Glück. (Bibel AT; Pred. 9,11) / Wer scheut sich nicht, ein Menschenleben um eine Stunde zu verkürzen! Aber eine Stunde ihm zu verderben, wer hätte das Schlimmere nicht schon verschuldet. (Walther Rathenau, 1867–1922) / Zeit und Stunde sind umso mächtiger, je weniger der Mensch sie weiß. (Franz Rosenzweig, 1886–1929; „Der Stern der Erlösung“)

Witterungszeichen am Himmel wisst ihr zu beurteilen, aber die Zeichen der Zeit könnt ihr nicht verstehen. (Bibel NT; Mt. 16,4) / Gottes Werke lassen sich durch die Zeit nicht messen. (Theresia von Avila, 1515–1582) / Wem Zeit wie Ewigkeit und Ewigkeit wie Zeit, der ist befreit von allem Leid. (Jakob Böhme, 1575–1624) / Nichts bezeichnet den Menschen mehr als das, wofür er sich niemals Zeit nimmt. (Hugo Lang, 1892–1967)

Siehe, das Zählen der Monate bei Allah hat zwölf Monate ergeben nach Allahs Anordnung seit dem Tage, wo er die Himmel und die Erde erschuf. Von diesen sind vier heilig. (Korân; Sure 9,36) / Der Mann stirbt nur, wo ihm kommt seine Zeit; zur rechten Zeit kommt die Zeit allezeit. (Firdausî, 935–1021; „Schah-Nameh“) / Eure Zeit ist das Wertvollste, was ihr habt. Gebt jedem Augenblick das, was ihr ihm schuldet. (Husayn-al-Sulami, 936–1021; „Futuwwah“) / Zeit! – Nie hab ich dich erblickt, doch habe ich dein Schreiten vernommen. (Hazrat Inayat Khan, 1882–1927; „Gayan“)

Die Zeit schuf einst den Himmel dort, die Zeit die Erdenwelten hier; was war, was sein wird, durch die Zeit getrieben, muss sich entfalten. (Brâhmanas; Atharvaveda 19; 1000–500 v. Chr.) / Die Zeit bringt die Geschöpfe zur Reife, die Zeit rafft die Geschöpfe hinweg, die Zeit wacht, wenn andere schlafen, der Zeit vermag man nicht zu entgehen. (Aus Indien) / Nie war die Zeit, wo ich nicht war. Noch kommt die Zeit, wo ich nicht bin. (Bhagavadgîtâ; ca. 300 v. Chr.) / Ich weine meiner Unwürdigkeit, wenn ich mein Leben sehe in den Händen der nichts sagenden Stunden. (Rabindranâth Tagore, 1861–1941)

Die Quelle des Ursprungs ist jenseits von Raum und Zeit. Ein Augenblick des Bewusstseins wird zu den zehntausend Jahren. (Seng-ts'an, gest. 606; „Hsin-hsin-ming“) / Auch alle Heiligen und alle Weisen verschwinden wie ein Zucken des Blitzes. (Yung-chia Hsüan-chüeh, 665–713) / Das Leben schwindet wie der Tau des Morgens auf dem Grase; vergeude nicht die Zeit mit nutzlos' Werk. (Phadampa Sangay, um 1100) / Wenn ihre Zeit gekommen ist, platzen die Pfirsiche im Schatten. (Aus Japan)

Ziele

Geh immer geradeaus! Hab Acht auf deines Fußes Bahn! Sei deines Zieles gewiss! All deine Wege seien fest bestimmt. (Bibel AT; Spr. 4,26) / Es ist notwendig, dass der Mensch alle seine Seelenkräfte nach vernünftigem

Ermessen wirksam sein lasse und sich ein Ziel vor Augen setze, nämlich dies: Gott, den Allmächtigen und Erhabenen, zu erfassen, soweit es dem Menschen möglich ist. (Moses Maimonides, 1135–1204; „Acht Kapitel“) / Das Ziel der Philosophie ist einzig und allein die Wahrheit, das Ziel des Glaubens einzig und allein Gehorsam und Frömmigkeit. (Baruch Spinoza, 1632–1677; „Theologisch-politischer Traktat“)

Ich lasse alles hinter mir liegen und sehe nur noch, was vor mir liegt. Ich halte geradewegs auf das Ziel zu, um den Siegespreis zu gewinnen. Dieser Preis ist das neue Leben, zu dem Gott mich durch Jesus Christus berufen hat. (Bibel NT; Phil. 3,13–14) / Dem Menschen ist der Gedanke unerträglich, dass nicht alles, auch wenn es gegen seine Zwecke zu laufen scheint, irgendwelche unerkannte – höchste Ziele verfolgt. (Joseph Bernhart, 1881–1969) / Ebenso wie der ein schlechter Soldat ist, dessen einziges Ziel darin besteht, der Gefangennahme zu entkommen, ist jener ein schlechter Christ, dessen einziges Ziel es ist, der Hölle zu entgehen. (Evelyn Waugh, 1903–1966)

Jeder hat ein Ziel, nach dem er strebt; wetteifert daher miteinander in guten Werken. Wo immer ihr seid, Allah wird euch zusammenführen. (Korân; Sure 2,149) / Das letzte Ziel des Schöpfers waren wir, und seinem Schauen leihn die Augen wir. Milchstraße biegt sich, Siegelring dem Sein, um Gottes Finger. Und wir sind der Stein. (Omar Khayyâm, um 1045–1122; „Sinnsprüche“) / Schaue nach dem Ziele, und scheue nicht die Schwiele. (al-Harîrî, 1054–1122; „Die Makamen“)

Wer unbewusst dahinlebt, unvernünftig und unrein, der erreicht das Ziel nicht, sondern bleibt im Kreislauf von Geburt und Tod gefangen. (Katha-Upanishad; 800–500 v. Chr.) / Das Erlangen des Brahman (Gott) durch die Erkenntnis ist das Endziel des Menschen, weil durch seine Erlangung das Nichtwissen und das übrige Unheil, welches den Samen der Seelenwanderung bildet, völlig ausgerottet wird. (Shankara, um 780–820; „Vedanta Sutras“) / Die Religionen sind verschiedene Wege, die alle zu dem gleichen Punkt hinführen. Was bedeutet es, dass wir verschiedene Pfade benützen, wenn wir doch das gleiche Ziel erreichen? In Wirklichkeit gibt es ebenso viele Religionen als Individuen. (Mahatma Gandhi, 1869–1948)

Wer kann ein Ziel erreichen wollen, wenn die Geschöpfe nicht existieren? – Niemand in Wirklichkeit; die Bemühung um dieses Ziel beruht auf einer Illusion, aber da sie als Wirkung die Linderung des Schmerzes hat, so ist die Illusion nicht verboten. (Sântideva, 7. Jhdt.; „Bodhicaryâvatâra“) / Sein Menschenleben zu verbringen, indem man allen möglichen Angelegenheiten von geringem Belang nachjagt, anstatt des Ziels, der Einsicht in die wahre Natur der Welt, treu zu sein, ist ein schwerwiegender Fehler. (Gampopa, 1079–1153; „Der kostbare Rosenkranz“) / Wenn ihr etwas tut, so sollte euer Ziel einfach sein, es zu tun. (Shunryu Suzuki, 1905–1971; „Zen-Geist“)

Zorn

Wenn der Zorn des Herrschers gegen dich ausbricht, so weiche nicht von der Stelle; denn Gelassenheit verhütet große Sünde. (Bibel AT; Pred. 10,4)

/ Sobald der Mensch in Zorn gerät, gerät er in Irrtum. (Talmud; 70–500 n. Chr.) / Werde nicht schnell zornig: gib dich nicht Zorn und Ärger hin. Die Rabbis sagen: Wer zornig wird, ist, als ob er Götzen dient. (Moses Maimonides, 1135–1204; „Mischna-Kommentar“) / Entrüstung ist Bekenntnis der Hilflosigkeit. (Walther Rathenau, 1867–1922)

Im Zorn tut keiner, was vor Gott recht ist. (Bibel NT; Jak. 1,20) / Ich habe kein besser Werk denn Zorn und Eifer; denn wenn ich wohl dichten, schreiben, beten und predigen will, so muss ich zornig sein. Da erfrischet sich mein ganzes Geblüt, mein Verstand wird geschärft, und alle unlustigen Gedanken und Anfechtungen weichen. (Martin Luther, 1483–1546) / Zorn macht langweilige Menschen geistreich. (Francis Bacon, 1561–1626)

Keine Seele kann glauben ohne den Willen Allahs; doch wird er die seinen Zorn fühlen lassen, welche nicht einsehen wollen. (Korân; Sure 10,101) / Der Zorn kommt vom Satan. Der Satan wurde aus Feuer erschaffen. Das Feuer wird mit Wasser gelöscht. Wenn einer von euch in Zorn gerät, so soll er die rituellen Waschungen vollziehen. (Mohammed, 570–632; „Hadith“) / Wem, wenn er in Aufwallung gerät, die Leidenschaft der Seele den Verstand überwältigt, dem verschleiert der Zorn das Auge des Verstandes. (Nizâm ul-Mulk, 1018–1092; „Sîyâstnâma“)

Zorn ist der Würger der Menschen; er untergräbt jedes Glück. – Es gibt nichts Böses, was ein zorniger Mensch nicht zu tun imstande wäre. (Mahâbhârata; 500 v. Chr. bis 500 n. Chr.) / Nur einem kann der Blitz den Tod bereiten, des Königs Zorn verheert nach allen Seiten. (Nârâjana, 9./10. Jhdt.; „Hitopadesa“) / Aus bitterster Erfahrung zog ich diese eine und höchste Lehre: Man muss den Zorn in sich aufstauen, und so, wie gestaute Wärme in Energie umgesetzt werden kann, so kann unser aufgestauter Zorn in eine Kraft umgesetzt werden, die die Welt zu bewegen vermag. (Mahatma Gandhi, 1869–1948)

Wer den aufkommenden Zorn rechtzeitig zu bändigen weiß, so wie ein Kutscher eine schwankende Kutsche ins Gleichgewicht bringt, der ist weise an Leben. (Gautama Buddha, um 550–480 v. Chr.; „Dhammapada“) / „Der Zorn erzeugt alle diese Übel und viele andere“: Wer in diesem Gedanken den Zorn als Feind erkennt und ihn tatkräftig angreift, der ist hienieden und im Jenseits glücklich. (Sântideva, 7. Jhdt.; „Bodhicaryâvatâra“) / Wenn ein Grund vorhanden ist, kann Zorn angebracht sein, und man kann ihn besänftigen; aber wer könnte einen Menschen beruhigen, der ohne Grund zornig ist? (Sakya Pandita, 1182–1251; „Kostbare Schatzkammer der Tugenden“)

Zufall

Durch Zufall sind wir geworden, und danach werden wir sein, als wären wir nie gewesen. Der Atem in unserer Nase ist Rauch, und das Denken ist ein Funke, der vom Schlag des Herzens entfacht wird. (Bibel AT; Sal. 2,2) / Sicherlich ist der Untergang eines Schiffes mit seiner Besatzung oder der Einsturz des Hauses, der die Bewohner tötet, Werk des reinen Zufalls.

Nicht aber war es, glauben wir, Zufall, dass diese Menschen das Schiff bestiegen oder jene Menschen gerade in diesem Haus weilten. Das ist das Werk des göttlichen Willens. (Moses Maimonides, 1135–1204; „Moreh Newuchim“) / Der Zufall ist das Pseudonym, das der liebe Gott wählt, wenn er inkognito bleiben will. (Albert Schweitzer, 1875–1965)

Auch der Zufall ist nicht unergründlich. Er hat seine Regelmäßigkeit. (Novalis, 1772–1801); „Fragmente“) / Wäre in der Natur überhaupt Zufall – auch nur ein Zufall –, so würdest du sie in allgemeiner Regellosigkeit erblicken. Weil aber alles, was in ihr geschieht, mit blinder Notwendigkeit geschieht, so ist alles, was geschieht oder entsteht, Ausdruck eines ewigen Gesetzes und einer unverletzbaren Form. (Friedrich Wilhelm von Schelling, 1775–1854) / Der Zufall ist die in Schleier gehüllte Notwendigkeit. (Marie von Ebner-Eschenbach, 1830–1916; „Aphorismen“)

Ich kam, weiß nicht, warum, in diese Welt, und nicht, woher, so wie der Regen fällt. (Omar Khayyâm, um 1045–1122; „Sinnsprüche“) / Nichts ist Zufall; alle Ereignisse des Lebens wirken auf ein bestimmtes Endziel hin. (Hazrat Inayat Khan, 1882–1927; „Gayan“) / Wenn du zufällig in den Schmutz trittst, so ist es nicht nötig, dass du auch darin weitergehst. (Hazrat Inayat Khan, 1882–1927; „Gayan“)

Wie auf des großen Ozeanes Wellen zwei Scheite Holz einander sich gesellen, die bald die Woge auseinander schellt, so geht es allen Wesen in der Welt. (Nârâjana, 9./10. Jhdt.; „Hitopadesa“) / Wenn die Zufälligkeiten des täglichen Lebens anfangen, den Menschen zu beherrschen, so sieht er die Wahrheit nicht mehr und verliert seine Freiheit. (Rabindranâth Tagore, 1861–1941) / Das Unerwartete und Unvorhergesehene ist wirklich. (Sri Nisargadatta Maharaj, 1897–1981; „Ich bin“)

Geh lieber nach Hause, und mache ein Netz, als dass du im Teich nach Fischen tauchst. (Aus China) / Zu bestimmten Gelegenheiten schenkt sich uns das Leben als Überraschung, um uns in Erstaunen zu versetzen. Es tritt manchmal da in Erscheinung, wo du es nicht erwartest, bei einem Fremden oder bei deinem Feind. (Drugpa Rinpoche, gest. 1989; „Tibetische Weisheiten“) / Ehen schließt der Zufall. (Aus Japan)

Zuflucht

Herr, Gott, du bist unsere Zuflucht für und für. (Bibel AT; Ps. 90,1) / Von Ewigkeit zu Ewigkeit ist Gott, darum ist er uns „Zuflucht für und für“. Gott war und wird sein, so wird er denn „seinem Volke Kraft geben, er wird sein Volk mit Frieden segnen“. Gott bleibt immerdar; daher darf die Hoffnung auf seine Gerechtigkeit nie verzweifeln. (Leo Baeck, 1873–1956) / Im Unglück beginnt auch der klügste Mensch an Unsinn zu glauben. (Jüdisches Sprichwort)

So sollten wir durch zwei unwiderrufliche Taten, bei denen Gott unmöglich täuschen konnte, einen kräftigen Ansporn haben, wir, die wir unsere Zuflucht dazu genommen haben, die dargebotene Hoffnung zu ergreifen. (Bibel NT; Hebr. 6,18) / Ein Asyl für jeden Kummer ist das Gebet. (Johannes Chrysostomus, 344–407; „Contra Anon“) / Gott wünscht, dass wir den Tieren beistehen, wenn es vonnöten ist. Ein jedes Wesen in Bedrängnis hat gleiches Recht auf Schutz. (Franz von Assisi, 1181–1226)

Und wir machten den Sohn der Maria und seine Mutter zu einem Zeichen und gaben ihnen Zuflucht auf einem Hügel mit einer grünen Talmulde und dem fließenden Wasser von Quellen. (Korân; Sure 23,50) / Wer bei Gott Zuflucht sucht, dem sollt ihr Zuflucht gewähren. Wer um Almosen bittet um Gottes willen, dem sollt ihr es geben. Wer euch ruft, dem sollt ihr antworten. (Mohammed, 570–632; „Hadith") / Die Zuflucht eines jeden ist der Platz, an dem er seine Zuflucht genommen hat. (Husayn-al-Sulami, 936–1021; „Futuwwah")

Ich fühle mich in dieser Welt wie ein Frosch in einem trockenen Brunnenschacht. Ehrwürdiger, du bist meine einzige Zuflucht! (Maitrâyanî-Upanishad; 800–500 v. Chr.) / Lass alle Satzungen hinter dir, nimm allein Zuflucht zu mir; ich werde dich von allem Übel erlösen, trauere nicht! (Bhagavadgîtâ; ca. 300 v. Chr.) / Finde deine Zuflucht bei Gott, und schäme und fürchte dich nicht. (Shrî Râmakrishna, 1834–1886)

Erhaltet euch im Leben das Selbst als Leuchte, das Selbst als Zuflucht, sucht keine andere Zuflucht; die heilige Wahrheit sei eure Leuchte, die heilige Wahrheit eure Zuflucht. (Gautama Buddha, um 550–480 v. Chr.; „Digha-Nikâya") / Ich nehme Zuflucht zum Buddha. Ich nehme Zuflucht zur Lehre. Ich nehme Zuflucht zur Sangha/Gemeinschaft der Mönche. (Durch die Annahme der dreifachen Zufluchtsformel wird man zum Buddhisten). / Solange die Welt besteht, gilt das Buddhatum als die große Zuflucht aller Wesen, damit sie alles Missgeschick vermeiden und damit ihnen alles Glück zuteil werde. (Maitreyanâtha, um 300 n. Chr.; „Schmuck der Sutren des Mahayana")

Zufriedenheit

Erfülltes Verlangen tut dem Herzen wohl. (Bibel AT; Spr. 13,19) / Die meisten Menschen sind unzufrieden, weil die wenigsten wissen, dass der Abstand zwischen eins und nichts größer ist als der zwischen eins und tausend. (Ludwig Börne, 1786–1837; „Der Narr im Weißen Schwan") / Wer nicht mit dem zufrieden ist, was er hat, der wäre auch nicht mit dem zufrieden, was er haben möchte. (Berthold Auerbach, 1812–1882; „Auf der Höhe")

Man macht mir Kummer, und doch bin ich immer fröhlich. Ich bin arm wie ein Bettler und mache doch viele Menschen reich. Ich besitze nichts und habe doch vieles. (Bibel NT; 2. Kor. 6,10) / Schlecht ist die Zufriedenheit mit sich selbst. (Leo Tolstoi, 1828–1910) / Sich mit wenigem begnügen ist schwer, sich mit vielem begnügen unmöglich. (Marie von Ebner-Eschenbach, 1830–1916; „Aphorismen") / Wer mit dem Diesseits zufrieden ist, bleibt ein Philister. (Robert Saitschik, 1868–1965)

Jemand fragte Junayd: „Sklave Gottes, der du doch frei bist, sage mir, wie erreicht man einen Zustand von Zufriedenheit?" Junayd gab zur Antwort: „Wenn man durch Liebe gelernt hat zu akzeptieren." (Junayd, ca. 825–910) / Was willt du speichern? Sitz und iss, und sei der Gnade Gottes gewiss.

(Firdausî, 935–1021; „Schah-Nameh") / Unter gewöhnlichen Umständen lässt sich die Größe des menschlichen Glücks nach der Zufriedenheit bemessen, die in den einzelnen Heimen herrscht. (Maulânâ Muhammad Ali, 1874–1951; „Die neue Weltordnung")

Wer damit zufrieden ist, unwissend zu sein, lebt in blinder Finsternis. Aber in noch tiefere Finsternis gelangt, wer seinem Wissen huldigt. (Îshâ-Upanishad; 800–500 v. Chr.) / Die Zufriedenheit der Bauern ist die Grundlage für die Wohlfahrt im Staate. (Mahâbhârata; 500 v. Chr. bis 500 n. Chr.) / Zufriedenheit, Wohlwollen, rücksichtsvolles Wesen, freundliche Reden, gute Gemütsart, Bescheidenheit und Freigebigkeit sind die Vorzüge guter Menschen. (Aus Indien)

Lebensfreude und das Offensein für andere Menschen kommen aus einem zufriedenen Herzen. (Gautama Buddha, um 550–480 v. Chr.; „Digha-Nikâya") / Wer mit anderen das Lebensglück in den kleinen Dingen sucht, der wird zufrieden leben können. (Gautama Buddha, um 550–480 v. Chr.; „Dhammapada") / Mit wenigem zufrieden sein ist höchste Weisheit; wer seine Reichtümer vermehrt, vervielfacht seine Sorgen. (Aus Tibet)

Zukunft

Gedenket nicht mehr der früheren Dinge, und des Vergangenen achtet nicht. Siehe, nun schaffe ich Neues; schon sprosst es, gewahrt ihr es nicht? (Bibel AT; Jes. 43,18–19) / Besser eine Stunde in Bußfertigkeit und guten Werken als das ganze Leben der zukünftigen Welt; und besser eine Stunde der Seligkeit in der zukünftigen Welt als alles Leben dieser Welt. (Talmud; 70–500 n. Chr.; Aboth IV,22) / Es steht uns bevor die Zeit des Erkennens und der Grausamkeit. Nach ihr kommt die Zeit des Begreifens und der Liebe. (Walther Rathenau, 1867–1922; geschrieben 1908)

Gott hat uns einen neuen Himmel und eine neue Erde versprochen. Dort wird es kein Unrecht mehr geben, weil Gottes Wille regiert. Auf diese neue Welt warten wir. (Bibel NT; 2. Petr. 3,13) / Die Vergangenheit und die Gegenwart sind unsere Mittel. Die Zukunft allein ist unser Zweck. (Blaise Pascal, 1623–1662) / Entweder ist Gott unsere Zukunft, oder wir haben überhaupt keine Zukunft. Wir münden entweder ein in sein Leben, oder wir verfallen dem Tode. (Henri D. Lacordaire, 1802–1861)

Wer eine andere Religion als den Islam sucht – nie möge er sie annehmen –, der gehört im zukünftigen Leben gewiss zu den Verlorenen. (Korân; Sure 3,86) / Ich geh, weiß nicht, wohin, wie in der Wüste ein heißer Wirbelwind vor meinem Zelt. (Omar Khayyâm, um 1045–1122; „Sinnsprüche") / Wir leihen oft von unserer Zukunft, um die Schulden unserer Vergangenheit zu zahlen. (Kahlil Gibran, 1883–1931; „Aphorismen")

Man soll seine Gedanken nicht auf die Zukunft richten. Erst wenn sich die Aufgabe zeigt, kann man an ihre Ausführung gehen. Man kann kein Bild malen, bevor man nicht die Leinwand dazu hat. (Aus Indien) / Was wir künftig sein werden, wird das Ergebnis unseres jetzigen Tun und Denkens sein. (Swâmi Vivekânanda, 1862–1902; „Erkenntnisse des Hinduismus") / Die Utopie muss im Herzen des Einzelnen emporblühen, bevor sie zur Tugend aller wird. (Paramhansa Yogânanda, 1893–1952; „Autobiografie“)

Große, weit gespannte Pläne machen, als ob man ewig da sein könnte, anstatt zu leben, als ob man bei Anbruch des nächsten Tages von der Erscheinungswelt zu scheiden habe, ist ein schwerwiegender Fehler. (Gampopa, 1079–1153; „Der kostbare Rosenkranz“) / Was wird aus dem Menschen, der gestern reich war und heute ein Bettler ist? Ihr könnt ihn auf der Straße treffen und ihn Charlie nennen … oder vielleicht Robert. (Sokei-an Roshi, 1882–1945; „Der Zen-Weg“) / Die Zukunft ist die Zukunft, die Vergangenheit die Vergangenheit; jetzt sollten wir an etwas Neuem arbeiten. (Shunryu Suzuki, 1905–1971; „Zen-Geist“)

Zunge

Besser ein Fehltritt auf dem Fußboden als einer mit der Zunge. (Bibel AT; Sir. 20,18) / Wer mit der Zunge strauchelt, riskiert leicht Kopf und Kragen. (Talmud; 70–500 n. Chr.; Mibch. ha-pen) / Die Erfahrung lehrt über und über, dass die Menschen nichts weniger in der Gewalt haben als ihre Zunge. (Baruch Spinoza, 1632–1677)

Die Zunge ist ein kleines Glied und richtet doch große Dinge an. Siehe! Ein kleines Feuer zündet einen großen Wald an! (Bibel NT; Jak. 3,5) / Das Gewissen sind tausend Zungen, und einer, der etwas auf dem Gewissen hat, dem dünkt, alle Leute reden von ihm. (Martin Luther, 1483–1546) / Von der Zunge hängen des Menschen Würde und Glück ab. (Erasmus von Rotterdam, 1469–1536)

Sprecht, damit man euch erkennt, denn der Mensch ist unter seiner Zunge verborgen. (Mohammed, 570–632; „Hadith“) / Des Volkes Zunge ist Gottes Kesselpauke. (Aus Persien) / Die Zunge gegen böse Zungen zähm ich; die Bösen nur durch Gutestun beschäm ich. (Nizâmî, 1141–1209; „Iskander Name“) / Eine scharfe Zunge sticht tiefer als eine Degenspitze, und beißende Worte verwunden ärger als ein Schwert. (Hazrat Inayat Khan, 1882–1927; „Gayan“)

Der Hader mag mit Schweigen getilgt werden und die Traurigkeit mit Hoffnung, aber die Feindschaft, die die Zunge bereitet, wird nimmermehr verlöschen. (Pantschatantra; 5. Jhdt.) / Eine von Pfeilen verursachte Wunde vernarbt; ein von der Axt niedergehauener Wald schießt wieder empor; ein böses Wort, das die Zunge ausspricht, ist abscheulich; eine durch verletzende Worte geschlagene Wunde vernarbt niemals. (Aus Indien) / Gib Acht auf deine Zunge wie auf deinen Freund. (Aus Indien)

Wenn auch nur einen Augenblick der Suchende den Weisen sieht, wird er die Wahrheit so schnell verstehn, wie die Zunge Suppe schmeckt. (Gautama Buddha, um 550–480 v. Chr.; „Dhammapada“) / Der unbesonnene Mensch zügelt seine Zunge nicht; er schwatzt Unbedachtes und verstrickt sich in die törichte Wirrnis seiner eigenen Worte. (Aus Tibet) / Worte bilden sich nicht auf der Zungenspitze. (Wu-men Hui-kai, 1183–1260; „Wu-men-kuan“)

Zuversicht

Du bist voll Zuversicht, weil Hoffnung ist. (Bibel AT; Hiob 11,18) / Als ich in die Welt kam, fand ich sie durch die, die vor mir waren, gut ausgestattet vor; nun pflanze ich für die, die nach mir sein werden. (Talmud; 70–500 n. Chr.; Taanit 23a) / Man muss wünschen wollen, an sich glauben, auf das Morgen vertrauen, für das Morgen leben – das heißt Leben. (Fanny Lewald, 1811–1889)

Werdet fest, unerschütterlich, allezeit reich im Werk des Herrn, weil ihr wisst, dass eure Arbeit nicht vergeblich ist im Herrn. (Bibel NT; 1. Kor. 15,58) / Glaube und Zuversicht ohne gute Werke entgehen den Höllenstrafen nicht! (Hildegard von Bingen, 1098–1179) / Der Optimismus ist die Harmonie zwischen dem Geiste des Menschen und dem verheißenden Geiste Gottes. (Helen Keller, 1880–1968)

Wie könnt ihr an Gott nicht glauben, wo ihr tot waret und er euch lebendig machte? Dann lässt er euch sterben und macht euch wieder lebendig, und dann werdet ihr zu ihm zurückgebracht. (Korân; Sure 2,28) / Herr, ich stelle meine Rettung nicht auf mich, ich stelle sie mit Zuversicht auf dich! (Nizâmî, 1141–1209) / Erfolg liegt für den Zuversichtlichen bereit, denn die Zuversicht sichert den Erfolg. (Hazrat Inayat Khan, 1882–1927; „Gayan")

Die Verwirklichung von Liebe, Mitleid, Heiterkeit und Gleichmut in Bezug auf Freude und Leid, Gutes und Böses führt zur Abgeklärtheit des Geistes. (Patanjali, 2. Jhdt. v. Chr.; „Yoga-Sutra") / Ich weiß gewiss, von allem, was hienieden sich nicht entfalten und vollenden kann, wird nichts von der Vollendung ausgeschieden. Nichts geht verloren, und nichts wird vertan. (Rabindranâth Tagore, 1861–1941)

Wenn ich einen grünen Zweig im Herzen trage, wird sich ein Singvogel darauf niederlassen. (Aus China) / Das einzige Wunder, das der Buddha anerkennt, ist das Wunder der inneren Umkehr, denn in ihr liegt der erste Schritt zur Erleuchtung, zum vollen Erwachen zur Wirklichkeit. (Lama Govinda, 1898–1985; „Buddhistische Reflexionen") / Kultiviere in dir selbst einen Enthusiasmus, eine Gewissheit wie der Seemann, der auf dem aufgewühlten Ozean den Kurs hält, ohne die Hoffnung aufzugeben, sein Ziel, den Ort seiner Bestimmung, zu erreichen. (Drugpa Rinpoche, gest. 1989; „Tibetische Weisheiten")

Zwang

Die gewöhnlichen Menschen trachten, so scheint es wenigstens, nach nichts weniger als nach einem der Heiligen Schrift entsprechenden Leben. Vielmehr sehen wir, dass sie fast alle ihre Hirngespinste für Gottes Wort ausgeben und nur darauf bedacht sind, unter dem Deckmantel der Religion andere Leute zu zwingen, dass sie denken wie sie selbst. (Baruch Spinoza, 1632–1677; „Theologischer Traktat") / Alles eigentlich Logische übt auf menschliches Denken einen Zwang aus, dem es sich nicht entziehen kann. (Hannah Arendt, 1906–1975)

Dass wir Gott nicht zwingen, wozu wir wollen, daran ist das schuld, dass wir zweier Dinge gebrechen: Demütigkeit vom Grunde des Herzens und kräftiger Begehrung. (Meister Eckhart, um 1260–1327) / Der Liebende steht unter dem Zwang tiefster Überzeugungen. (Dante, 1265–1321) / Freiheit ist ein Zwang, den wir als Zwang nicht erkennen. (Karl Heinrich Waggerl, 1897–1973; „Kleine Münze“)

Zwinget keinen zum Glauben, da ja die wahre Lehre von der falschen deutlich und klar zu unterscheiden ist. (Korân; Sure 2,256) / Befehlt dem Knaben zu beten, wenn er das Alter von sieben Jahren erreicht hat. Wenn er zehn Jahre alt geworden ist, sollt ihr ihn durch Schläge dazu zwingen. (Mohammed, 570–632; „Hadith“)

Das Kind lehnt sich gegen den Zwang auf, sobald es geboren ist. Seine erste Lebensäußerung ist ein Schrei, ein Protest gegen die Bande, in die es sich gefesselt findet. Dieses Sehnen nach Freiheit erzeugt die Vorstellung eines Wesens, das absolut frei ist. (Swâmi Vivekânanda, 1862–1902) / Alle unsere Schwierigkeiten sind daraus entstanden, dass einer dem anderen seine Ansichten aufzwingen will. (Mahatma Gandhi, 1869–1948)

Jene, deren Zwänge geschwunden sind und die an der Nahrung nicht hängen, deren Bereich die Leere ist, die Zeichenlosigkeit und die Befreiung, sind schwer aufzuspüren wie die Vögel am Himmel. (Gautama Buddha, um 550–480 v. Chr.; „Dhammapada“) / Kein äußerer Zwang, keine staatliche oder politische Gleichschaltung kann ethische Werte hervorbringen. Sie müssen aus dem tiefsten Inneren des Menschen fließen. (Lama Govinda, 1898–1985; „Buddhistische Reflexionen“)

Zweck

Der Zweck des Staates ist in Wahrheit die Freiheit. (Baruch Spinoza, 1632–1677; „Politischer Traktat“) / Die Welt ist nur um der Wahl und des Wählenden geschaffen worden. Der Mensch, der Herr der Wahl, soll sagen: Die ganze Welt ist nur um meiner willen erschaffen worden. Daher soll jeder Mensch achten und schauen, zu jeder Zeit und an jedem Ort die Welt zu erlösen und ihren Mangel zu füllen. (Rabbi Nachmann, 1771–1810; „Worte des Rabbi Nachmann“) / Das Gesetz ist nicht der Zweck des Lebens; der Zweck des Lebens ist die Liebe. (Martin Buber, 1878–1965; „Die jüdische Bewegung“)

Deine Absicht erst gibt deinem Werke seinen Namen. (Ambrosius, um 340–397; „Von den Pflichten“) / Nur durch den Glauben an seine Unsterblichkeit erfasst der Mensch den vernünftigen Zweck seines Daseins auf Erden. (Fjodor M. Dostojewski, 1821–1881) / Ist der Zweck dieses Lebens das Leben? Bleiben die Füße der Kinder Gottes an diese elende Erde gefesselt? Nicht Leben ist Losung, sondern Sterben und unser Besitztum lachend verströmen. Das ist die Freude, das ist die Freiheit, das ist die Gnade, das ist die ewige Jugend! (Paul Claudel, 1868–1955)

Die Katze jagt die Mäuse nicht um Gottes willen. (Aus Persien) / Ich arbeite einfach, ohne mich um Ergebnisse zu kümmern. Die mir übertragene Arbeit nach bestem Können zu verrichten ist meine Befriedigung, und die Auswirkungen überlasse ich dem Urgrund aller Dinge. (Hazrat Inayat Khan, 1882–1927; „Gayan“)

Wer im andern nur Mittel sieht für seine eigenen Zwecke, der steht außerhalb der Welt. (Aus Indien) / Seine Freunde kennen und seine Feinde verstehen ist eine sehr subtile und von den Klugen geschätzte Sache in der Welt. Freunde werden zu Feinden und Feinde zu Freunden. – Nach Maßgabe des Zweckes entstehen Freunde und Feinde. (Mahâbhârata; 500 v. Chr. bis 500 n. Chr.) / An der Wahl der Zweckes erkennt man den Weisen, den Klugen an der Wahl der Mittel zu den Zwecken. (Aus Indien)

Edler als allerlei gute Werke, zu bestimmten Zwecken getan, ist das Werk eines Augenblicks, frei von Absicht und Zweck. (Gampopa, 1079–1153; „Der kostbare Rosenkranz“) / Solange wir auf der Ebene des zweckbestimmten Daseins verharren, sind wir keineswegs frei. Und Unfreiheit ist der Grund aller Sorgen, allen Elends und allen Streits, die auf der Erde umgehen. (Daisetz T. Suzuki, 1870–1966; „Zen und die Kultur Japans“) / Religion existiert nicht zu einem Zweck. Religion ist der Ort, wo ihr geboren seid, und der Ort, an dem ihr sterben werdet. (Sokei-an Roshi, 1882–1945; „Der Zen-Weg“)

Zweifel

O Herr, du bleibst ja im Recht, wenn ich wider dich hadre, und doch muss ich mit dir rechten: Warum geht es den Gottlosen so gut und leben so sicher alle, die treulos handeln? (Bibel AT; Jer. 12,1) / Verschaff dir einen Lehrer, um dem Zweifel zu entgehen. (Talmud; 70–500 n. Chr.) / Wer an dem Wert seiner Gedanken zweifelt, für den gibt es nur einen Trost: wenn andere seine Hintermauerungssteine für ihre Fassaden brauchen. Mit anderen Worten: wenn andere behaupten, was er voraussetzt. (Walther Rathenau, 1867–1922)

Der Zweifler gleicht einer Meereswoge, die, vom Winde gejagt, hin und her geworfen wird. (Bibel NT; Jak. 1,6) / Wer zu viel zweifelt, der verzweifelt. (Christoph Lehmann, um 1570–1638; „Politischer Blumengarten“) / Der Gläubige, der nie gezweifelt hat, wird schwerlich einen Zweifler bekehren. (Marie von Ebner-Eschenbach, 1830–1916; „Aphorismen“)

Zage nicht, sondern wage! Frage nicht, sondern jage! Denn der Zweifler erörtert nicht, und die Bedenklichkeit fördert nicht. (al-Harîrî, 1054–1122; „Die Makamen“) / Magst du auch rufen noch so oft und laut: Sieh, hier bin ich, Gott! Es kommt doch keine Antwort dir herab vom Himmelsthron. (Dschelâleddin Rûmî, 1207–1273) / Liebe und Zweifel sind niemals nur oberflächlich bekannt gewesen. (Kahlil Gibran, 1883–1931; „Aphorismen“)

Bei guten Menschen ist des Herzens Regung entscheidend, wenn sich Zweifel regen will. (Kâlidâsa, 4./5. Jhdt.; „Sakuntala“) / An den Namen Gottes zu glauben bewirkt Wunder, denn der Glaube ist Leben. Zweifel jedoch bedeutet Tod. (Shrî Râmakrishna, 1834–1886) / Zweifel enden nie. Ist einer behoben, so steigt ein neuer auf. Es ist, als wollte einer die Blätter eines Baumes einzeln abpflücken, und wenn alle Blätter abgezupft sind, wachsen neue nach. Man muss den Baum entwurzeln. (Shrî Ramana Maharshi, 1879–1949; „Der Weg zum Selbst“)

B Sobald auch nur ein Gedanke des Zweifels in euch aufkommt, behindert euch die ganze Erde. (Lin-chi, gest. 867) / Ist man im Zweifel, ob man etwas tun oder unterlassen soll, dann ist es meist besser, es nicht zu tun. (Yoshida Kenkô, 1283–1350) / Ein Mensch mag sein ganzes Leben lang Buddhismus studiert haben, aber wenn er sich auf eine falsche Vorstellung verlassen hat, überkommt ihn in seinem letzten Moment der große Zweifel. (Sokei-an Roshi, 1882–1945; „Der Zen-Weg“)

Autoren- und Wörterverzeichnis

Abdul Khâliq Ghijduwânî. Gest. 1220. Islamischer Dichter und Mystiker.

Abraham a Santa Clara. 1644–1709. Augustinermönch. Prediger in Wien.

Abû'Ali ad-Daqqâq. Gest. 1015 oder 1021. Islamischer Dichter und Mystiker.

Abû Bakr asch-Schibli. Gest. 945. Persischer Dichter und Mystiker.

Abudraham, David. 14. Jhdt. Spanisch-jüdischer Liturgiegelehrter.

Abu Hanifa Ibn Thabit. 699–767. Stifter einer islamischen Schulrichtung.

Abû Sa'îd-i Abû'l-Khair. Gest. 1049. Persischer Dichter und Mystiker.

Abu Talib Kalim. Gest. 1651. Indo-persischer Dichter.

Abul Beka Salih. 1. Hälfte 13. Jhdt. Islamischer Dichter und Mystiker.

Adam, Karl. Geb. 1876. Katholischer Theologe.

Adam von Perseigne. Um 1200. Zisterziensermönch.

Adler, Alfred. 1870–1937. Österreichischer Psychiater, Begründer der Individualpsychologie.

Adorno, Theodor W. 1903–1969 (eigtl. T. Wiesengrund). Deutscher Philosoph, Soziologe und Musiktheoretiker.

Ägidius von Assisi. Gest. 1262. Franziskaner, Seliger.

Ahmad ibn Hanbal. 780–855. Gründer der vierten sunnitischen Rechtsschule, der hanbalitischen Rechtsschule.

Alberus, Erasmus. 1500–1553. Protestantischer Theologe und Schriftsteller.

Alfonsus. 1696–1787. Heiliger.

Ali ibn Ali Talib. Gest. 661. Vetter und Schwiegersohn des Propheten Mohammed. Erster Imam der Schia.

Alkuin, Alcuinus. Um 735 bis um 804. Theologe. Lehrer Karls des Großen.

Allen, Woody. Geb. 1935 (eigtl. Allen Stewart Konigsberg). Amerikanisch-jüdischer Filmregisseur, Schauspieler und Autor.

Amar Dâs. 1479–1574. Indischer Dichter.

Ambrosius. Um 340–397. Heiliger, Bischof von Mailand.

Angelus Silesius. 1624–1677 (eigtl. Johannes Scheffler). Schlesischer Dichter und Mystiker.

Ansârî, Abdallah-i. 1006–1089. Persischer Dichter und Mystiker.

Antonius von Padua. 1195–1231. Bußprediger, Heiliger.

Appâr. 7. Jhdt. Südindischer Dichter.

Arendt, Hannah. 1906–1975. Deutsch-jüdische Schriftstellerin.

Arndt, Ernst Moritz. 1769–1860. Historiker, Philosoph und Dichter.

Arnim, Bettina von. 1785–1859. Dichterin. Schwester von Clemens Brentano und (ab 1811) Frau von Achim von Arnim.

Âryadeva. 3. Jhdt. n. Chr. Buddhistischer Philosoph. Schüler des Nâgârjuna und Autor verschiedener kurzer Schriften.

Ascher, Rabbi. 1. Hälfte 14. Jhdt. Jüdischer Rabbiner.

Ashôka. Indischer Kaiser. Regierte 273–232 v. Chr. das Maghadareich. Seine Herrschaftszeit gilt als die Blütezeit des Buddhismus in Indien.

Ashtâvakra-Gîtâ. Ca. 2. Jhdt. v. Chr. Lehrepos des Advaita-Vedanta. Als Verfasser des Werkes gilt Ashtâvakra, der Lehrer des Patanjali.

Attâr, Farîduddîn. Um 1136 bis ca. 1220. Persischer Dichter und Mystiker.

Auerbach, Berthold. 1812–1882 (eigtl. Moyses Baruch). Deutsch-jüdischer Schriftsteller.

Augustinus, Aurelius. 354–430. Größter abendländischer Kirchenvater.

Auhadi Maraghi. Gest. 1337. Persischer Dichter.

Aurobindo Ghose. 1872–1950. Indischer Philosoph und Weiser.

Averroes. 1126–1198. Bedeutender islamischer Philosoph des Mittelalters.

Az-Zubaidi. 928–989. Spanisch-arabischer Dichter.

Azad Bilgrami. Gest. 1784. Persisch-arabischer Dichter.

Baader, Franz von. 1765–1841. Mystisch und theosophisch ausgerichteter katholischer Philosoph.

Bacon, Francis. 1561–1626. Philosoph, engl. Lordkanzler.

Baeck, Leo. 1873–1956. Rabbiner. Seit 1913 Dozent in Berlin. Starb in London.

Bamm, Peter. 1897–1975 (eigtl. Curt Emmerich). Deutscher Schriftsteller.

Bankei Eitaku. 1622–1693. Japanischer Zen-Meister.

Barth, Karl. 1886–1968. Schweizer evangelischer Theologe.

Basilius der Große. 330–379. Kirchenvater, Bischof. Begründer der kirchlichen Trinitätslehre.

Bastiat, Frédéric. 1801–1850. Liberaler Volkswirtschaftler.

Baur, Theres. Geb. 1894. Schriftstellerin.

Beer-Hoffmann, Richard. 1866–1945. Wiener Dichter und Schriftsteller.

Ben-gavriêl, Mose Ya'aqob. 1891–1965. Österreichisch-jüdischer Schriftsteller und Dramatiker.

Benjamin, Walter. 1892–1940. Schriftsteller, Philosoph und Kulturkritiker.

Benrath, Henry. 1882–1949 (eigtl. Albert H. Rausch). Lyriker, Erzähler und Essayist.

Bergengruen, Werner. 1892–1964. Deutscher Schriftsteller, Übersetzer russischer Literatur.

Bergson, Henri. 1859–1941. Französischer Philosoph.

Berlin, Isaiah. 1725–1799. Rabbiner, Talmudgelehrter.

Bernanos, Georges. 1888–1948. Französischer Schriftsteller.

Bernfeld, Simon. 1860–1940. Rabbiner, Schriftsteller und Publizist.

Bernhard von Clairvaux. 1090–1153. Heiliger, Gründer des Bernhardinerordens, Kreuzprediger.

Bernhart, Joseph. 1881–1969. Theologe, Philosoph und Kulturhistoriker.

Bertram, Ernst. Geb. 1884. Schriftsteller und Literaturhistoriker.

Berulle, Pierre de. 1575–1629. Französischer Kardinal und Staatsmann.

Bhagavadgîtâ. Um 300 v. Chr. Der „Gesang des Erhabenen" gilt als die „Bibel Indiens". Sie zählt zu den tiefsten religiös-ethischen Dichtungen der Weltliteratur.

Bhartrihari. 7. Jhdt. Buddhistischer Mönch.

Bhoja. 11. Jhdt. n. Chr. König eines kleinen nordindischen Reiches.

Bibel. Die Heilige Schrift der Juden und Christen.

Die Bibel des Judentums umfasst 24 Bücher in drei Hauptteilen. Erstens: die fünf Bücher Mose, Thora genannt; zweitens: die prophetischen Bücher; drittens: die Schriften. Die im christlichen Alten Testament vorhandenen

Bücher: Tobias, Judith, I. u. II. Makkabäer, Weisheit Salomons, Jesus Sirach und Baruch fehlen in der jüdischen Bibel. Die christliche Bibel stellt außerdem Daniel unter die Propheten.

Die christliche Bibel kennt Altes und Neues Testament.

Die Bücher des Alten Testaments sind:

Das erste Buch Mose. Genesis (1. Mos.)
Das zweite Buch Mose. Exodus (2. Mos.)
Das dritte Buch Mose. Levitikus (3. Mos.)
Das vierte Buch Mose. Numeri (4. Mos.)
Das fünfte Buch Mose. Deuteronomium (5. Mos.)
Das Buch Josua (Jos.)
Das Buch der Richter (Richt.)
Das Buch Rut (Rut)
Das erste Buch Samuel (1. Sam.)
Das zweite Buch Samuel (2. Sam.)
Das erste Buch der Könige (1. Kön.)
Das zweite Buch der Könige (2. Kön.)
Das erste Buch der Chronik (1. Chr.)
Das zweite Buch der Chronik (2. Chr.)
Das Buch Esra (Esra)
Das Buch Nehemia (Neh.)
Das Buch Ester (Est.)
Das Buch Hiob (Hiob)
Die Psalmen (Ps.)
Die Sprüche (Spr.)
Der Prediger (Pred.)
Das Hohelied (H.L.)
Jesaja (Jes.)
Jeremia (Jer.)
Die Klagelieder (Klag.)
Ezechiel (Ez.)
Daniel (Dan.)
Hosea (Hos.)
Joel (Joel)
Amos (Am.)
Obadja (Ob.)
Jona (Jon.)
Micha (Mi.)
Nahum (Nah.)
Habakuk (Hab.)
Zefanja (Zef.)
Haggai (Hag.)
Sacharja (Sach.)
Maleachi (Mal.)

Die apokryphen Bücher des Alten Testaments sind:

Das erste Buch der Makkabäer (1. Makk.)

Das zweite Buch der Makkabäer (2. Makk.)
Das Buch Judit (Judit)
Das Buch Tobit (Tob.)
Das Buch Jesus Sirach (Sir.)
Das Buch der Weisheit (Sal.)

Die Bücher des Neuen Testaments:

Das Evangelium nach Matthäus (Mt.)
Das Evangelium nach Markus (Mk.)
Das Evangelium nach Lukas (Lk.)
Das Evangelium nach Johannes (Joh.)
Die Apostelgeschichte (Apg.)
Der Brief an die Römer (Röm.)
Der erste Brief an die Korinther (1. Kor.)
Der zweite Brief an die Korinther (2. Kor.)
Der Brief an die Galater (Gal.)
Der Brief an die Epheser (Eph.)
Der Brief an die Philipper (Phil.)
Der Brief an die Kolosser (Kol.)
Der erste Brief an die Thessalonicher (1. Thess.)
Der zweite Brief an die Thessalonicher (2. Thess.)
Der erste Brief an Timotheus (1. Tim.)
Der zweite Brief an Timotheus (2. Tim.)
Der Brief an Titus (Tit.)
Der Brief an Philemon (Philm.)
Der Brief an die Hebräer (Hebr.)
Der Brief des Jakobus (Jak.)
Der erste Brief des Petrus (1. Petr.)
Der zweite Brief an Petrus (2. Petr.)
Der erste Brief des Johannes (1. Joh.)
Der zweite Brief des Johannes (2. Joh.)
Der dritte Brief des Johannes (3. Joh.)
Der Brief des Judas (Jud.)
Die Offenbarung des Johannes (Offb.)

Biernatzki, Johann C. 1795–1840. Protestantischer Pfarrer und Schriftsteller.

Bistâmî, Bâyazîd. Gest. 874. Persischer Dichter und Mystiker.

Bloch, Chajim. 1881–1973. Jüdischer Schriftsteller.

Blumenthal, Oscar. 1852–1917. Gründer des Berliner Lessing-Theaters.

Bodelschwingh, Friedrich von. 1831–1910. Evangelischer Geistlicher.

Bodhidharma. Um 470–543. Begründer des Zen-Buddhismus.

Böhme, Jakob. 1575–1624. Protestantischer Mystiker.

Börne, Ludwig. 1786–1837 (eigtl. Löb Baruch). Deutsch-jüdischer Schriftsteller.

Böll, Heinrich. 1917–1985. Deutscher Schriftsteller, Nobelpreisträger.

Boger, Margot. Geb. 1888. Schriftstellerin.

Bokhari von Johor. 16./17. Jhdt. Der Dichter der „Krone aller Fürsten“ lebte als mohammedanischer Fakir auf der Halbinsel Malakka.

B. H. Bon Maharaj, Swami. Geb. 1901. Wanderprediger und hinduistischer Theologe.

Bonaventura. 1221–1274 (eigtl. Johannes Fidanza). Franziskaner, Heiliger und Kirchenlehrer.

Bonhoeffer, Dietrich. 1906–1945. Evangelischer Theologe.

Bonus, Artur. Geb. 1864. Evangelischer Theologe und Dichter.

Boros, Ladislaus. 1927–1981. Religiöser Schriftsteller.

Bosco, Giovanni, gen. Don Bosco. 1815–1888. Italienischer Priester und Pädagoge.

Bousset, D. Wilhelm. 1865–1920. Evangelischer Theologe.

Brod, Max. 1884–1968. Deutsch-jüdischer Schriftsteller.

Brunner, Emil. 1889–1966. Reformierter Schweizer Theologe.

Bruno, Giordano. 1548–1600. Italienischer Theologe und Philosoph. Auf dem Scheiterhaufen verbrannt.

Buber, Martin. 1878–1965. Jüdischer Religionsphilosoph.

Buck, Pearl S. 1892–1973. Amerikanische Schriftstellerin. Lebte viele Jahre in China.

Buddha Gautama. Um 550–480 v. Chr. Begründer des Buddhismus. Die Lehre Buddhas ist im sog. Tripitaka (d. h. Dreikorb) niedergelegt. Der Tripitaka gliedert sich in drei Teile:

1. Der Korb der Ordensregeln (Vinaya-Pitaka)
2. Der Korb der Lehrreden des Buddha (Sutta-Pitaka)
3. Der Korb der Lehrbegriffe (Abhidhamma-Pitaka)

Der 2. Korb, die Lehrreden des Buddha, enthält fünf Sammlungen:

a) Digha-Nikâya. 34 lange Dialoge, die zu den ältesten Überlieferungen gehören.
b) Mahjjima-Nikâya. 152 Reden mittlerer Länge.
c) Samyutta-Nikâya. Fast 2900 in Gruppen (Samyuttas) zusammengefasste kurze Stücke.
d) Anguttara-Nikâya. Über 2300 in elf Abschnitte (Nipâtas) gegliederte Lehrreden.
e) Khudakka-Nikâya. Sie besteht aus selbstständigen Stücken, darunter das „Dhammapada“ mit 423 Sprüchen ethischen Inhalts, das „Udana“ mit Kernsprüchen und das „Sutta-Nipâta“, das 112 kleinere Lehrvorträge Buddhas enthält.

Büchner, Georg. 1813–1837. Deutscher Schriftsteller und Dramatiker.

Bunam, Rabbi Ssimcha. Um 1760. Bedeutender Rabbiner.

Calderon de la Barca, Pedro. 1600–1681. Bedeutender spanischer Dichter.

Carossa, Hans. 1878–1956. Deutscher Schriftsteller.

Chagall, Marc. 1889–1985. Russisch-jüdischer Maler.

Chao Chou. 778–897 (jap. Joshu Jushin). Bedeutender chinesischer Zen-Meister der Tang-Zeit.

Chassidismus. Mystische Bewegung innerhalb des Judentums.

Châteaubriand, François René. 1768–1798. Vorkämpfer der frz. Romantik.

Chrysostomus, Johannes. 344–407. Patriarch von Konstantinopel. Kirchenvater.

Chuschhal Chan Chattak. Gest. 1689. Afghanischer Stammesfürst und Dichter.

Claudel, Paul. 1868–1955. Französischer Schiftsteller.

Claudius, Matthias. 1740–1815. Deutscher Schriftsteller.

Clemens von Alexandrien. Um 150 bis ca. 215. Verband griechische Philosophie mit christlicher Theologie. Gilt als „unkirchlicher Kirchenvater".

Corneille, Pierre. 1606–1684. Französischer Bühnenschriftsteller.

Coudenhove, Ida von. 1901–1971. Auch unter dem Namen Ida Friederike von Görres bekannte religiöse Schriftstellerin.

Coudenhove-Kalergi, Richard von. 1894–1972. Gründer der Paneuropa-Bewegung.

Cyprian. Gest. 258. Heiliger, Kirchenvater aus Karthago.

Dâdû. 1544–1603. Indischer Dichter.

Dahlke, Paul. 1865–1928. Arzt und Schriftsteller. Deutscher Buddhist.

Dalai-Lama. Geb. 1935. Tenzin Gyatso, der 14. Dalai-Lama, ist das weltliche und geistliche Oberhaupt der Tibeter. Er lebt seit 1959 in Indien im Exil.

Dante Alighieri. 1265–1321. Größter Dichter Italiens.

Daponte, Lorenzo. 1749–1838. Lehrer, Priester und Operndichter.

Daulatschah. Gest. 1492. Persischer Literaturhistoriker.

Dhû'n-Nûn, der Ägypter. Ca. 796–859. Früher islamischer Mystiker und Heiliger.

Diehl, Ludwig. Geb. 1894. Landesbischof der Pfalz, Schriftsteller.

Dienemann, Max. 1875–1939. Rabbiner, Schriftsteller und jüdischer Theologe.

Döblin, Alfred. 1878–1957. Arzt und Schriftsteller.

Dogen Zenji. 1200–1253. Bedeutender japanischer Zen-Meister.

Droste-Hülshoff, Annette von. 1797–1848. Deutsche Dichterin.

Drugpa Rinpoche. Gest. 1989. Tibetischer Lama, Berater und enger Vertrauter des Dalai-Lama.

Dschâmî, Maulânâ Abdur Rahmân. 1414–1492. Einer der größten persischen Dichter und Mystiker.

Eberhard, Paul. 1871–1923. Religionsphilosophischer Schriftsteller.

Ebner-Eschenbach, Marie von. 1830–1916. Österreichische Schriftstellerin.

Eckart, Dietrich. 1868–1923. Schriftsteller.

Eichendorff, Joseph von. 1788–1857. Deutscher Schriftsteller der Romantik.

Einstein, Albert. 1879–1955. Physiker und Schriftsteller.

Elbogen, Ismar. 1874–1943. Jüdischer Theologe und Historiker.

Ephraem der Syrer. 305–373. Heiliger, syrischer Kirchenschriftsteller.

Erasmus von Rotterdam. 1469–1536. Theologe und bedeutender Humanist der Reformationszeit.

Eschelbach, Hans. 1868–1948. Schriftsteller.

Fa-yen Wen-i. 885–958 (jap. Hôgen Buneki). Chinesischer Zen-Meister.

Faulhaber, Michael von. 1869–1952. Kardinal und Erzbischof von München.

Fénélon, François. 1651–1715. Französischer Schriftsteller und Theologe.

Feuchtersleben, Ernst von. 1806–1849. Arzt, Dichter und Philosoph.

Flake, Otto. 1880–1963. Erzähler, Essayist und Übersetzer.

Foucauld, Charles de. 1858–1916. Katholischer Priester. Lebte 16 Jahre als Einsiedler in der Wüste.

Frankl, Victor E. 1905–1996. Österr. Psychiater und Psychotherapeut.

Franz von Assisi. 1181–1226. Gründer des Franziskanerordens.

Franz von Sales. 1567–1622. Heiliger, Stifter des Ordens der Salesianerinnen.

Franzos, Karl Emil. 1848–1904. Jüdischer Schriftsteller.

Freud, Anna. 1895–1987. Österreichisch-englische Psychoanalytikerin. Tochter Sigmund Freuds.

Freud, Sigmund. 1856–1939. Bedeutender Psychiater und Psychologe. Begründer der Psychoanalyse.

Fröbel, Friedrich. 1782–1852. Deutscher Pädagoge, Mitarbeiter Pestalozzis, Begründer der Kindergärten.

Fromm, Erich. 1900–1980. Deutscher Psychologe, Begründer der Sozialpsychologie.

Gampopa. 1079–1153. Tibetischer Weisheitslehrer, Begründer der monastischen Tradition der Kagyüpa.

Gandhi, Mohandas. 1869–1908. Führer der indischen Unabhängigkeitsbewegung. 1908 ermordet.

Gandhi, Mohandas, gen. Mahatma. 1869–1948. Hinduistischer Politiker, Schriftsteller und Weiser. 1948 ermordet.

Geibel, Emanuel. 1815–1884. Deutscher Dichter. Haupt des Münchner Literatenkreises um König Maximilian II.

Geis, Robert Rafael. 1906–1972. Jüdischer Theologe.

Gellert, Christian Fürchtegott. 1715–1769. Volkstümlicher Schriftsteller. Professor in Leipzig.

Gerhardt, Paul. 1607–1676. Deutscher Kirchenliederdichter.

Gibran, Kahlil. 1883–1931. Syrisch-arabischer Dichter.

Gilbert von Hoyland. Um 1200. Zisterziensermönch.

Gladstone, William. 1809–1898. Englischer Staatsmann.

Görres, Joseph von. 1776–1848. Deutscher Publizist und Gelehrter.

Gogarten, Friedrich. 1887–1967. Evangelischer Theologe.

Gogh, Vincent van. 1853–1890. Holländischer Maler.

Gotthelf, Jeremias. 1797–1854. Pfarrer und Schriftsteller.

Gottfried von Straßburg. Um 1200. Mittelalterlicher Dichter.

Gottschall, Rudolf von. 1823–1909. Schriftsteller und Literaturhistoriker.

Gracian, Balthasar. 1601–1658. Spanischer Jesuit und Schriftsteller.

Greene, Graham. 1904–1991. Amerikanischer Schriftsteller.

Gregor der Große. 540–604. Papst, Heiliger.

Grillparzer, Franz. 1721–1872. Österreichischer Schriftsteller.

Grimmelshausen, Christoffel von. 1622–1676. Deutscher Barockschriftsteller.

Grün, Anastasius. 1806–1876 (eigtl. Anton Alexander Graf von Auersperg). Schriftsteller und Dichter.

Gryphius, Andreas. 1649–1706. Deutscher Barockdichter.

Guardini, Romano. 1885–1968. Bedeutender katholischer Theologe.

Güll, Friedrich. 1812–1879. Kinderliederdichter.

Gulbransson, Tyrge. 1894–1962. Norwegischer Schriftsteller.

Hachassid, Jehuda. 13. Jhdt. Jüdisch-chassidischer Schriftsteller. Das Sefer Chassidim, das „Buch der Frommen“, gilt als Hauptwerk des deutschen Chassidismus.

Halevi, Judah. 1079–1141. Spanisch-jüdischer Philosoph.

Hakuin Ekaku. 1686–1769. Bedeutender japanischer Zen-Meister der Rinzai-Schule.

al-Hallâdsch, Husain ibn Mansur. Gest. 922. Frühislamischer Mystiker.

Hamann, Johann Georg. 1730–1788. Schriftsteller und Philosoph.

Hariharananda, Swami. Indischer Yogi.

al-Harîrî. 1054–1122. Persischer Dichter und Sprachgelehrter.

Harnack, Adolf von. 1851–1930. Evangelischer Theologe.

Hasse, Else. 1870–1960. Deutsche Schriftstellerin.

Haug, Friedrich. 1761–1829. Süddeutscher Schriftsteller.

Hauptmann, Gerhart. 1862–1946. Deutscher Bühnenschriftsteller.

Hebbel, Friedrich. 1813–1863. Dramatiker, Begründer der realistischen Tragödie; in seinen Dramen schildert er Grundkonflikte zwischen Individuum und Weltordnung.

Hebel, Johann Peter. 1760–1826. Süddeutscher Volksschriftsteller und Meister der Anekdote.

Heiler, Friedrich. 1892–1967. Evangelischer Theologe. Religionshistoriker.

Heine, Heinrich. 1797–1856. Deutsch-jüdischer Schriftsteller.

Heinen, Anton. 1869–1934. Priester, Autor religiöser Schriften.

Herzl, Theodor. 1860–1904. Begründer der Zionismus-Bewegung.

Hess, Moses. 1812–1875. Jüdischer Schriftsteller, Sozialrevolutionär und Vorkämpfer des Zionismus.

Hesse, Hermann. 1877–1962. Deutscher Schriftsteller.

Hessen, Johannes. 1889–1971. Theologe und Philosoph.

Hey, Wilhelm. 1789–1854. Theologe und Fabeldichter.

Heyse, Paul von. 1830–1914. Deutsch-jüdischer Schriftsteller.

Hieronymus. Um 347–419. Bedeutender Kirchenvater.

Hildegard von Bingen. 1098–1179. Christliche Mystikerin, Benediktineräbtissin.

Hirsch, Samson Rafael. 1808–1888. Begründer der jüdischen Neo-Orthodoxie in Deutschland.

Huang-po Hsi-yün. Gest. 850 (jap. Ôbaku Kiun). Bedeutender chinesischer Zen-Meister.

Huch, Ricarda. 1864–1947. Deutsche Dichterin.

Hui-Neng. 638–713 (jap. Daikan Enô). Bedeutender chinesischer Zen-Meister. Sechster und letzter Patriarch des Zen.

Humboldt, Alexander von. 1769–1859. Deutscher Naturforscher und Weltreisender.

Hutten, Ulrich von. 1488–1523. Reichsritter, Freund Luthers und Sickingens.

Ibn al-Muqaffa. Gest. 756. Arabischer Literat persischer Herkunft.

Ibn Arabî, Muhyîuddîn Muhammad. Gest. 1240. Islamischer Dichter und Mystiker aus Andalusien.

Ibn Ata'ullah. Gest. 1309. Ägyptischer Mystiker des Schadiliyya-Ordens.

Ibn Hazm al-Andaluzi. 993–1064. Islamischer Religionshistoriker im mauri schen Spanien.
Ibn Sara. Gest. 1123. „Diwan aus Al-Andalus“
Ibrâhîm ibn Adham. Gest. 770. Islamischer Dichter und Mystiker.
Ignatius von Antiochien. Gest. um 110 n. Chr. Bischof und Märtyrer.
Ignatius von Loyola. 1491–1556. Gründer des Jesuitenordens.
Inge, William Ralph. 1860–1954. Englischer Theologe.
Iqbal, Muhammad. 1877–1938. Islamischer Dichter und Philosoph.
Isaak von Ninive. 7 Jhdt. Bedeutender Kirchenvater, Mystiker.
Israel ben Eliser. 1699–1760. Legendenumwobener, „Baal-Schem-Tow“ genannter Begründer des neuzeitlichen Chassidismus.
Jacobi, Friedrich Heinrich. 1746–1803. Deutscher Philosoph und Schriftsteller.
Jacobs, Christian Friedrich Wilhelm. 1764–1847. Bibliothekar und Altertumsforscher.
Jacoby, Johann. 1805–1877. Jüdischer Publizist und Politiker.
Janssen, Arnold. 1837–1909. Katholischer Theologe, Gründer der Gesellschaft des Göttlichen Wortes.
Jatho, Carl. 1851–1913. Evangelischer Theologe.
Jean Paul. 1763–1825 (eigtl. Jean Paul Friedrich Richter). Deutscher Dichter.
Jechiel ben Jekutiel ben Benjamin. 2. Hälfte 13. Jhdt. Jüdischer Weiser.
Jesche Tsöndrü, Kongpo Lama. 1761–1816. Tibetischer Lama.
Johannes vom Kreuz. 1542–1591. Spanischer Heiliger, Mystiker und Dichter.
Josephus, Flavius. 37–100. Jüdischer Pharisäer. Geriet während des jüdischen Aufstandes (67) in römische Gefangenschaft.
Junayd, Abûl-Qâsim Muhammad. 825–910. Führender Sufi-Lehrer aus Bagdad.
Kabîr. 1440–1518. Indischer Hindu-Heiliger.
Kafka, Franz. 1883–1924. Jüdischer Schriftsteller.
Kâlidâsa. 4./5. Jhdt. Bedeutender indischer Dichter.
Kant, Immanuel. 1724–1804. Deutscher Philosoph der Aufklärung.
Karl V. 1500–1558. Deutscher Kaiser von 1519–1556.
Karrer, Otto. 1888–1970. Katholischer Priester und Schriftsteller.
Kaschgari. Gest. um 1096. Zentralasiatischer Lexikograph und Schriftsteller.
Katharina von Siena. 1347–1380. Katholische Heilige.
Kaysersberg, Johann Geiler von. 1445–1510. Domprediger in Straßburg.
Keller, Helen. 1880–1968. Nordamerikanische Schriftstellerin, seit 1899 blind und taub.
Kemâl Atatürk, Mustafa. 1881–1938. Türkischer Heerführer im 1. Weltkrieg. Erster Staatspräsident der Türkei.
Kenkô, Yoshida. 1283–1350. Zunächst in hohen Ämtern, entsagte er schließlich der Welt und lebte als Einsiedler in den Bergen.
Kennedy, John F. 1917–1963. Präsident der USA.
Kentenich, Gottfried. Geb. 1873. Geschichtsschriftsteller.
Kerner, Justinus. 1786–1862. Deutscher Dichter und Arzt.
Khayyâm, Omar. Geb. um 1045–1122. Persischer Dichter, Naturwissenschaftler und Mathematiker.

Kierkegaard, Sören. 1813–1855. Dänischer Philosoph.

King, Martin Luther. 1929–1968. Amerikanischer Baptistenpfarrer und Bürgerrechtler. 1968 ermordet.

Kishon, Ephraim. Geb. 1924. Israelischer Schriftsteller, Satiriker.

Kitayama, Junyu. 1904–1962. Japanischer Philosoph. Schrieb eine „Metaphysik des Buddhismus".

Kleist, Ewald von. 1715–1759. Deutscher Dichter.

Klopstock, Friedrich Gottlieb. 1724–1803. Deutscher Schriftsteller. Das Versepos „Der Messias" (1748–1773) machte Klopstock berühmt und zum Protagonisten der deutschen Empfindsamkeit.

Kolping, Adolph. 1813–1865. Katholischer Theologe. Wegbereiter des „Kath. Gesellenvereins".

Kook, Abraham Isaak. 1865–1935. Jüdischer Schriftsteller und Theologe. Erster Ashkenazi-Oberrabbiner Israels.

Kopp, Georg von. 1837–1914. Bischof, Kardinal.

Korân. Das in arabischer Sprache abgefasste Werk – Korân bedeutet „Vertrag" – enthält die Niederschrift der Offenbarungen, die Mohammed in den Jahren 610 bis 632 zuteil geworden sind. Der Korân enthält Glaubens- und Sittenlehren, Rechtsvorschriften, Ermahnungen und Verheißungen. Die endgültige Redaktion des Textes und die Einteilung in 114 Suren erfolgten erst 653.

Kralik, Richard. 1852–1934. Deutscher Schriftsteller.

Kraus, Karl. 1874–1936. Österreichisch-jüdischer Schriftsteller.

Kuh, Ephraim Moses. 1734–1790. Dichter. Epigramme.

Kurz, Isolde. 1853–1944. Deutsche Schriftstellerin.

Lacordaire, Henri D. 1802–1861. Französischer Schriftsteller und Kanzelredner.

Lagarde, Paul de. 1827–1891. Philosoph und Orientalist.

Lallà. 14. Jahrhundert. Auch „Lal Ded" (Großmütterchen Lal) genannte hinduistische Dichterin aus Kaschmir.

Lamartine, Alphonse de. 1790–1869. Französischer Dichter.

Lang, Hugo. 1892–1967. Benediktinerabt und Autor religiöser Schriften.

Laros, Matthias. 1882–1965. Katholischer Priester, Religionsphilosoph.

Lasker-Schüler, Else. 1869–1945. Deutsche Dichterin. Bedeutendste Lyrikerin des Expressionismus.

Lavater, Johann Caspar. 1741–1801. Autor philosophischer und theologischer Werke.

Le Fort, Gertrud von. 1876–1971. Deutsche Schriftstellerin.

Lehmann, Christoph. Um 1570–1638. Lehrer und Stadtschreiber in Speyer.

Lenau, Nikolaus. 1802–1850. Österreichischer Schriftsteller.

Leonardo da Vinci. 1452–1519. Italienischer Künstler und Wissenschaftler.

Lhotzky, Heinrich. 1859–1930. Philosophischer Schriftsteller.

Liebermann, Max. 1847–1935. Deutscher impressionistischer Maler.

Liebig, Justus von. 1803–1873. Bedeutender deutscher Chemiker.

Lienhard, Friedrich. 1865–1929. Schriftsteller.

Lin-chi. Gest. 867 (jap. Rinzai). Bedeutender chinesischer Zen-Meister.

Lincoln, Abraham. 1809–1865. Amerikanischer Präsident von 1861–1865.

Lippert, Peter. 1879–1936. Religiöser Schriftsteller, Jesuit.

Liszt, Franz von. 1811–1886. Ungarisch-deutscher Komponist und Klaviervirtuose.

Loeber, Valentin. 1620–1685. Epigramm-Dichter.

Löbmann, Hugo. Geb. 1864. Musiker und Musikschriftsteller.

Logau, Friedrich von. 1604–1655. Deutscher Spruchdichter.

Lotos-Sutra. Um 80 v. Chr. aufgezeichnet. Eines der bedeutendsten Sutras des Mahayana-Buddhismus.

Luther, Martin. 1483–1546. Schöpfer der deutschen Reformation. Begründer des Protestantismus.

Mager, Alois. 1883–1946. Benediktinermönch, Psychologe und Religionsphilosoph.

Mahâbhârata. 500 v. Chr. bis 500 n. Chr. Umfangreiches indisches Nationalepos. Es umfasst etwa hunderttausend Doppelverse. Zu den Einschüben gehören: 1. die „Bhagavadgîtâ“, der „Gesang des Erhabenen“ – diese „Bibel Indiens“ zählt zu den tiefsten religiösen Dichtungen der Weltliteratur; 2. der Bittegsang „Sâwriti“ sowie 3. die Fabel „Katze und Maus“.

Maharshi, Shrî Ramana. 1879–1949. Indischer Hindu-Heiliger.

Mahler, Gustav. 1860–1911. Österreichischer Komponist und Musiker.

Maimonides, Moses. 1135–1204. Größter jüdischer Philosoph und Theologe des Mittelalters. Er verließ anlässlich der Judenverfolgungen Spanien und lebte zeitweise in Marokko und Kleinasien.

Maimon, Salomon. 1754–1800. Jüdischer Philosoph.

Maitreyanâtha. Um 300 n. Chr. Buddhistischer Philosoph.

Makarius. Um 300–390. Ägyptisch-christlicher Mönch.

Mânikkavâshagar. 9. Jhdt. Tamilischer Dichter. Verfasser der Liedersammlung „Tiruvâcaka“.

Mann, Thomas. 1875–1955. Deutscher Schriftsteller, Nobelpreisträger.

Marcel, Gabriel. 1889–1973. Französischer Philosoph. Vertreter eines christlichen Existenzialismus.

Marûf al-Karkhî. Gest. 815. Früher Sufi-Lehrer aus Bagdad.

Maulânâ Muhammad Ali. 1874–1951. Schriftsteller und Religionsführer.

Mauriac, François. 1885–1970. Französischer Schriftsteller.

Maurus, Hrabanus. Um 776–856. Benediktiner, Erzbischof.

Mayer, Augustin. Geb. 1875. Zisterziensermönch.

Mazarin, Jules. 1602–1661. Französischer Kardinal und Politiker.

Mechthild von Magdeburg. Um 1208–1282. Zisterzienserin, Mystikerin.

Meister Dsi. 18./19. Jhdt. Chinesischer Schelmenroman, in dem die Abenteuer eines „lebenden Buddha“ beschrieben werden. Verfasser unbekannt.

Meister Eckhart. Um 1260–1327. Bedeutender christlicher Mystiker.

Mendelssohn-Bartholdy, Felix. 1809–1847. Komponist. Gründete in Leipzig 1843 das erste deutsche Konservatorium der Musik.

Mendelssohn, Moses. 1729–1786. Jüdischer Philosoph.

Midrasch. Jüdische Auslegung des Alten Testaments. Anders als der erzählende Teil des Talmud (Haggada) sind die Midrasch-Texte nicht so sehr an das Schriftwort der Bibel gebunden. Die Zahl der Midrasch-Werke ist sehr groß.

Miegel, Agnes. 1879–1964. Deutsche Dichterin und Schriftstellerin.

Milarepa. 1052–1135. Tibetischer Heiliger, Dichter und Philosoph.

Milindapana. 1. Jhdt. v. Chr. Die „Fragen des Königs Milinda", von dem buddhistischen Mönch Nagasena beantwortet, gelten als das bedeutendste nichtkanonische Werk des Theravada-Buddhismus.

Mohammed. 570–632. Begründer des Islam. Als religiöser, politischer und militärischer Führer gelang es ihm, die zerstrittenen Araberstämme zu einigen. Er sah sich selbst als Menschen ohne übernatürliche Eigenschaften und letzten von Gottes Propheten.

Mohr, Johann Jakob. 1824–1886. Schulrektor und Schriftsteller.

Morus, Thomas. 1478–1535. Englischer Politiker und Philosoph.

Much, Hans. 1880–1932. Arzt, Wissenschaftler und Schriftsteller.

Muhammad Asad. Geb. 1900. In Österreich geborener pakistanischer Diplomat, Verfasser religiöser Schriften.

Mukerdshi, Dhan Gopal. 1890–1936. Indischer Schriftsteller.

Munthe, Axel. 1857–1949. Schwedischer Arzt und Schriftsteller.

Nâgârjuna. Um 200 n. Chr. Bedeutender buddhistischer Philosoph. Begründer des Mahayana-Buddhismus.

Nakagawa Soen. 1907–1984. Japanischer Zen-Meister.

Nâm Dev. 1270–1350. Indischer Bhakti-Dichter. Bhakti bedeutet Gottesliebe.

Nârâjana. Ca. 9./10. Jhdt. n. Chr. Bengalen, Verfasser der Hitopadesa, einer Bearbeitung der im 4./5. Jhdt. entstandenen Fabelsammlung Pantschatantra.

Nathan, Paul. 1857–1927. Publizist und Politiker.

Nehru, Jawaharlal. 1889–1964. Von 1947 bis 1964 Ministerpräsident der Republik Indien. Enger Vertrauter und Nachfolger Gandhis

Newman, John Henry. 1801–1890. Englischer Kardinal.

Nichiren. 1222–1282. Nichiren gründete in Japan eine eigenständige buddhistische Sekte.

Niemöller, Martin. 1892–1984. Evangelischer Theologe.

Nigg, Walter. 1903–1988. Evangelischer Theologe, Kirchenhistoriker.

Nikolaus von Kues. 1401–1464. Christlicher Philosoph und Kirchenpolitiker.

Nisargadatta Maharaj. 1897–1981. Indischer Weisheitslehrer.

Nishida, Kitarô. 1870–1945. Japanischer Philosoph.

Nizâm ul-Mulk. 1018–1092. Persischer Großwesir und Dichter. Stiftete die theologische Hochschule Nizamiyya in Bagdad.

Nizâmî, Abû Muhammad. 1141–1209. Persischer Dichter und Mystiker.

Novalis. 1772–1801 (eigtl. Friedrich Leopold Frhr. von Hardenberg). Frühromantischer Lyriker und Erzähler.

Nûrî, Abûl-Husain an. Gest. 907. Persischer Dichter und Mystiker.

Nusrat. Gest. 1726. Indo-persischer Dichter.

Oetinger, Friedrich Christoph. 1702–1782. Evangelischer Theologe.

Ohtsu, Daizohkutsu R. Japanischer Zen-Meister des 20. Jahrhunderts.

Okakura, Kakuzo. 1862–1913. Japanischer Kunsthistoriker.

Origenes. 185–253. Gelehrter und Kirchenschriftsteller der Ostkirche.

Ossietzky, Carl von. 1889–1938. Dt. Schriftsteller und Publizist. Nobelpreisträger 1935.

Phadampa Sangay. Um 1100. Tibetischer Weisheitslehrer und Spruchdichter. Gründete das Kloster Tingri.

Padma Sambhava. 2. Hälfte 8. Jhdt. Buddhist, tibetischer Heiliger.

Pahlewi, Mohammed Reza. 1919–1980. Schah von Iran 1941–1979.

Paine, Thomas. 1737–1809. Englischer Schriftsteller.

Pantschatantra. Indien, 5. Jhdt. Umfangreiche Sammlung moralisierender Erzählungen.

Pappenheim, Bertha. 1859–1936. Schriftstellerin, Frauen- und Sozialrechtlerin, Gründerin des Jüdischen Frauenbundes.

Pârsva. 2. Jhdt. n. Chr. Der 10. indische Patriarch des Zen-Buddhismus.

Pascal, Blaise. 1623–1662. Französischer Mathematiker und Philosoph.

Patanjali. 2. Jhdt. v. Chr. Der indische Grammatiker Patanjali gilt als Verfasser der Yoga-Sutras.

Pavese, Cesare. 1908–1950. Italienischer Schriftsteller.

Penn, William. 1644–1718. Britischer Quäker, Sozialphilosoph und Koloniegründer. Gründete 1681 mit königl. Erlaubnis die Kolonie Pennsylvania, die zum Anziehungspunkt für religiös und politisch Verfolgte aus Europa wurde.

Perinet, Joachim. 1765–1816. Österreichischer Schauspieler und Bühnenautor.

Pestalozzi, Johann Heinrich. 1746–1827. Schweizer Volkserzieher und Sozialpädagoge.

Petit-Senn, Jean Antoine. 1792–1870. Schweizer Dichter.

Petrarca, Francesco. 1304–1374. Italienischer Dichter und Gelehrter.

Pfliegner, Michael Christoph. 1891–1972. Österreichischer katholischer Theologe.

Phadampa Sangay. Um 1100. Tibetischer Weisheitslehrer und Dichter.

Philo von Alexandria. Um 25 v. Chr. bis 54 n. Chr. Jüdisch-hellenistischer Philosoph. Philo verband eine allegorische Deutung des Alten Testaments mit platonischen und stoischen Gedanken.

Platen, August von. 1796–1835. Deutscher Dichter.

Po Chü-i. 772–846. Chinesischer Zen-Meister.

Pope, Alexander. 1688–1744. Englischer Dichter.

Raabe, Wilhelm. 1831–1910. Deutscher Schriftsteller.

Rabbi Nachmann von Bratzlaw. 1771–1810. Chassidischer Rabbiner.

Rabbi von Polonoje. 18. Jhdt. Chasside, Schüler des Baalschem-Tow.

Râbia al-Adawîya. Um 717–801. Frühe islamische Mystikerin aus dem Irak.

Rabin, Yitzhak. 1922–1995. Israelischer Ministerpräsident.

Radecki, Sigismund von. 1891–1970. Deutscher Schriftsteller.

Radhakrishnan, Sarvepalli. 1888–1975. Indischer Philosoph und Staatsmann.

Rahner, Karl. 1904–1984. Katholischer Theologe, bedeutender Theoretiker der Dogmatik, Dogmengeschichte und Religionsphilosophie.

Râma-Candra. 13. Jhdt. Indischer Theologe. Trat vom Hinduismus zum Buddhismus über. Als Vertreter des Bakhti-Buddhismus lehrte er Erlösung durch Liebe.

Râmakrishna. 1834–1886. Indischer Hindu-Heiliger.

Râmânuja. 1057–1137. Indischer Heiliger. Er verband innige volkstümliche Religiosität mit der Gelehrsamkeit seiner Zeit.

Rathenau, Walther. 1867–1922. Politiker, Unternehmer und Schriftsteller. 1922 ermordet.

Reeg, Ludwig. Geb. 1866. Schriftsteller und Pfarrer.

Reichel, Eugen. 1853–1916. Dichter und Literaturhistoriker.

Reinmar von Zweter. Um 1200–1252. Mittelalterlicher Spruchdichter aus dem Rheinland.

Renard, Jules. 1864–1910. Französischer Schriftsteller.

Richelieu, Armand Jean von. 1585–1642. Kardinal und Staatsmann.

Riesser, Gabriel. 1806–1863. Schriftsteller, Jurist und Politiker.

Rilke, Rainer Maria. 1875–1926. Deutscher Dichter.

Rittelmeyer, Friedrich. Geb. 1872. Evangelischer Theologe und Anthroposoph.

Roberthin, Robert. 1600–1648. Ostpreußischer Dichter.

Rolland, Romain. 1866–1944. Französischer Schriftsteller.

Rollenhagen, Georg. 1542–1609. Schulrektor, Prediger und Dichter.

Rosegger, Peter. 1843–1918. Österreichischer Volksschriftsteller.

Rosenzweig, Franz. 1886–1929. Jüdischer Theologe und Philosoph.

Rothe, Richard. 1799–1867. Evangelischer Theologe.

Rubinstein, Arthur. 1889–1982. Pianist.

Rudolf I. von Habsburg. 1218–1291. Deutscher Kaiser, regierte 1273–1291.

Rûmî, Dschelâleddin. 1207–1273. Bedeutender persischer Sufi-Dichter.

Saadî, Muslih ad-din. Um 1215–1292. Persischer Spruchdichter.

Sachs, Nelly. 1891–1970. Deutsch-schwedische Schriftstellerin.

Sadat, Anwar el. 1918–1981. Ägyptischer Präsident. 1981 ermordet.

Sa'ib. Gest. 1677. Persischer Dichter.

Sailer, Johann Michael. 1751–1832. Katholischer Theologe, Jesuit.

Saint-Exupéry, Antoine de. 1900–1944. Französischer Schriftsteller.

Saitschik, Robert. 1868–1965. Autor kulturphilosophischer Werke.

Sakya Pandita. 1182–1251. Tibetischer Hierarch, der als erster Dalai-Lama auch weltlich weite Teile Tibets beherrschte.

Sanders, Daniel. 1819–1897. Schriftsteller, Lehrer und Lexikograph.

Sântideva. 7. Jhdt. Buddhistischer Gelehrter und Mönch aus Indien. Anhänger des „Großen Fahrzeugs".

Saphir, Moritz Gottlieb. 1868–1925. Wiener Theaterkritiker.

Sâramati. Um 250 n. Chr. Buddhistischer Philosoph.

Scheler, Max. 1874–1928. Philosoph. Scheler begründete die philosophische Anthropologie sowie die Kultur- und Wissenssoziologie.

Schelling, Friedrich Wilhelm von. 1775–1854. Deutscher Philosoph.

Schlegel, Friedrich von. 1772–1829. Kulturphilosoph, Philologe.

Schleiermacher, Friedrich. 1768–1834. Protestantischer Theologe und Philosoph.

Schneur Salman von Lyady. 1745–1812. Rabbiner und Spruchdichter, Gründer der jüdischen Bewegung des Habad-Haidismus.

Schnitzler, Arthur. 1862–1931. Arzt und Schriftsteller.

Scholem, Gershom. 1897–1982. Jüdischer Theologe und Philosoph.

Schrempf, Christoph. Geb. 1860. Evangelischer Theologe und Philosoph.

Schücking, Levin. 1814–1883. Deutscher Schriftsteller. Eng mit Annette von Droste-Hülshoff befreundet.

Schweitzer, Albert. 1875–1965. Arzt, Musiker und Schriftsteller.

Seeburg, Franz von. 1836–1894. Pseudonym des katholischen Priesters und Schriftstellers Franz Hacker.

Seemann, Margarete. 1893–1949. Österreichische Schriftstellerin und Musikerin.

Seidel, Ina. 1885–1974. Deutsche Schriftstellerin.

Seng-tsan. Gest. 606 (jap. Sosan). Der 3. Patriarch des Zen-Buddhismus, Autor des „Hsin-hsin-ming" (jap. „Shinjinmei", dt. „Gesang vom Glauben an den Geist").

Senzaki, Nyogen. 1876–1958. Japanischer Zen-Meister. Wirkte in den USA.

Sertillanges, Antonin-Gilbert. 1863–1948. Französischer Dominikanermönch, Schriftsteller und Theologe.

Seuse, Heinrich. Um 1295–1366. Christlicher Mystiker.

Shakespeare, William. 1564–1616. Englischer Dramatiker.

Shan-Shui. 487–569. Chinesischer Zen-Meister.

Sheehan, Patrick. 1853–1913. Irischer Erzähler.

Shi-tou Hsi-chien. 700–790 (jap. Sekito Kisen). Chinesischer Zen-Meister, Autor des „Tsan-tung-chi" (jap. Sandokai).

Shôju Rônin. 1642–1721. Japanischer Zen-Meister der Rinzai-Schule.

Simmel, Georg. 1858–1918. Deutsch-jüdischer Philosoph.

Sirius, Peter. 1858–1913. Deutscher Dichter.

Sivananda, Swami. 1887–1963. Indischer spiritueller Führer. Autor hinduistischer Werke.

Söderblom, Nathan. 1866–1931. Schwedischer protestantischer Theologe, Friedesnobelpreis 1930.

Der Sohar. Um 1300 entstandenes Hauptwerk der Kabbala. Verfasser ist der in Spanien um 1240 geborene Moses de Léon.

Sokei-an Roshi. 1882–1945. Japanischer Zen-Meister. Wirkte in den USA.

Sonnenschein, Carl. 1876–1929. Katholischer Theologe und Sozialpolitiker.

Spinoza, Benedictus de. 1632–1677 (eigtl. Baruch d'Espinoza). Holländisch-jüdischer Philosoph.

Sprüche der Väter. Um 200 n. Chr. abgeschlossen. Eine Sammlung rabbinischer Lebensweisheiten, die als Quintessenz der religiösen und ethischen Anschauungen des rabbinischen Judentums gilt.

Staël, Germaine de. 1766–1817. Französische Schriftstellerin.

Stehr, Hermann. 1864–1940. Schlesischer Schriftsteller.

Stein, Edith. 1891–1942. Philosophin und Ordensfrau.

Stifter, Adalbert. 1805–1868. Schriftsteller und Maler.

Stolz, Alban. 1808–1883. Katholischer Theologe und Volksschriftsteller.

Strauß, David Friedrich. 1808–1874. Theologe und Historiker.

Ssimcha Bunam von Pzyscha. 1765–1827. Chassidischer Rabbiner.

Sulami, Husayn-al-. 936–1021. Islamischer Mystiker. Hw.: „Futuwwah“, dt. „Der Sufi-Weg zur Vollkommenheit“.

Suzuki, Daisetz Taitaro. 1870–1966. Japanischer Zen-Meister. Wirkte in den USA und Europa.

Suzuki, Shunryu. 1905–1971. Japanischer Zen-Meister. Wirkte in den USA.

Swift, Jonathan. 1667–1745. Anglikanischer Geistlicher und Schriftsteller.

Sylva, Carmen. 1843–1916. Dichterin. „Carmen Sylva“ ist das Pseudonym der Königin Elisabeth von Rumänien.

Tagore, Devendranâth. 1817–1905. Sanskrit-Gelehrter, Organisator und Leiter einer sozial-religiösen Reformbewegung. Vater des unten genannten Dichters.

Tagore, Rabindranâth. 1861–1941. Indischer Schriftsteller und Dichter.

Takakusu/Watanabe. In den Jahren 1924 bis 1932 erschienen in Tokio die 85 Bände des Chinesischen Tripitaka. Das umfangreiche Werk fußt auf den nur in Chinesisch vorliegenden Texten der Lehrreden Buddhas. Herausgegeben wurde es von den Japanern J. Takakusu u. K. Watanabe.

Takuan Shûhô. 1573–1645. Bedeutender japanischer Zen-Meister der Rinzai-Schule. Dichter und Maler.

Talmud (hebr. für „Lehre“). Es existieren zwei Talmude, der Jerusalemer Talmud, der etwa um 400 niedergelegt wurde, und der bedeutendere Babylonische Talmud, dessen schriftliche Fixierung um 500 abgeschlossen wurde. Der Talmud ist eine Sammlung der religiösen Tradition der Juden. Er setzt sich aus religionsgesetzlichen Teilen (Halacha) und erzählenden Partien (Haggada) zusammen.

Tao-wu Yüan-chih. 768–853 (jap. Dôgo Enchi). Chinesischer Zen-Meister.

Tauler, Johannes. Um 1300–1361. Prediger und Mystiker.

Theragâthâ. Ca. 400–200 v. Chr. Lieder und Gesänge der Mönche des frühen Buddhismus.

Theresia von Lisieux. 1872–1897. Katholische Heilige, Verfasserin religiöser Schriften.

Thiess, Frank. 1890–1977. Deutscher Schriftsteller.

Thomas a Kempis. 1380–1471. Deutscher Mystiker.

Thomas von Aquin. 1225–1274. Heiliger, Scholastiker.

Tiedge, Christoph August. 1752–1842. Deutscher Dichter.

Tillich, Paul. 1886–1965. Protestantischer Theologe und Philosoph.

Tiruvalluvar. 6. Jhdt. Tamilischer Spruchdichter aus dem südindischen Madras.

Toller, Ernst. 1893–1939. Politisch engagierter deutscher Schriftsteller.

Tolstoi, Leo N. 1828–1910. Russischer Schriftsteller.

Tsöndrü, Jesche. 1761–1816. Tibetischer Lama.

Tsung-mi. 780–841. Chinesischer Zen-Meister. Letzter Patriarch der Hua-Yen-Schule des chinesischen Buddhismus.

Tucholsky, Kurt. 1890–1935. Deutsch-jüdischer Schriftsteller.

Tukârâm. 1608–1649. Indischer Bhakti-Dichter. Bhakti bedeutet Gottesliebe.

Tung-shan Liang-chieh. 807–869 (jap. Tôzan Ryôkai). Chinesischer Zen-Meister, Schöpfer der Schrift „San-mei-k'o“ (jap. „Hokyo Zanmai“, dt. „Samadhi des Schatzspiegels“).

Tûtî-Nâmeh. 14. Jhdt. „Das Papageienbuch“ ist eine indische Rahmenerzählung, die von Scheich Nashabi (gest. 1350) ins Persische übertragen wurde. Im 17. Jhdt. erhielt das Tûtî-Nâmeh in der Türkei seine endgültige Form.

Upanishaden. 800–500 v. Chr. Die Upanishaden, „Geheimlehren“, sind von Denkern verschiedener hinduistischer Schulen geschaffen worden. Sie zeichnen sich durch verblüffende Gedankenfreiheit und große Tiefgründigkeit aus. Zu den bedeutenden Upanishaden zählen die Aitareya-Upanishad, Kausîtaki-, Chândogya-, Katha-, Svetâsvatara-, Îshâ-, Mundaka- und Mândûkya-Upanishad.

Vallabha. Indien, 1479–1531. Indischer Heiliger und Philosoph. Verfasser religiöser Schriften.

Varnhagen, Rahel. 1771–1833. Deutsch-jüdische Literatin.

Vasubandhu d. J. Um 400–480 n. Chr. Herausragender buddhistischer Philosoph und Gelehrter.

Vâtsyâyana. 4. Jhdt. Indischer Gelehrter. Verfasser des berühmten Kama-Sutra.

Veden. Die Veden, d. h. „Wissen“, sind die älteste Sammlung religiöser Hymnen Indiens. Um 1500–500 v. Chr. verfasst, gelten sie im Brahmanismus als unmittelbare göttliche Offenbarung. Der vedische Schriftenkomplex vom sechsfachen Umfang der Bibel gliedert sich in vier Abteilungen:

1. Rigveda, den Veda der Verse;
2. Sâmaveda, den Veda der Lieder;
3. Yajurveda, den Veda der Opfersprüche;
4. Atharvaveda, den Veda des Atharvan, eines mystischen Feuerpriesters.

Vinet, Alexander. 1797–1847. Französischer protestantischer Theologe und Literaturhistoriker.

Vishnu-Purana. 2.–12. Jhdt. Die Vishnu-Puranas sind die Haupttexte der Vaishnavas. Diese – Verehrer des Gottes Vishnu – zählen zu den drei Hauptströmungen des modernen Hinduismus.

Vivekânanda, Swâmi. 1862–1902. Indischer Hindu-Weiser und Missionsgründer.

Voss, Johann Heinrich. 1751–1826. Deutscher Schriftsteller und Übersetzer.

Waggerl, Karl Heinrich. 1897–1973. Österreichischer Volksschriftsteller.

Walther von der Vogelweide. Um 1170 bis um 1230. Minnesänger.

Ward, Mary. 1585–1645. Stifterin der Englischen Fräulein.

Wassermann, Jakob. 1873–1934. Deutscher Erfolgsschriftsteller.

Waugh, Evelyn. 1903–1966. Englischer Schriftsteller.

Weber, Friedrich Wilhelm. 1813–1894. Arzt, Dichter.

Webster, John. Um 1580–1625. Englischer Dramatiker.

Weidelener, Herman. 1903–1972. Religionsphilosoph.

Weil, Simone. 1909–1943. Französische Philosophin. In einer jüdischen Familie aufgewachsen, wandte sie sich nach einem Erweckungserlebnis 1938 dem Christentum zu.

Weismantel, Leo. 1888–1964. Deutscher Schriftsteller.

Weizsäcker, Carl Friedrich von. Geb. 1912. Deutscher Philosoph und Physiker.

Werfel, Franz. 1890–1945. Österreichischer Lyriker, Erzähler und Dramatiker.

Wernicke, Christian. 1661–1725. Epigramm-Dichter.

Wibbelt, Augustin. 1862–1947. Westfälischer Pfarrer und Schriftsteller.

Wiechert, Ernst. 1887–1950. Deutscher Schriftsteller.

Wieland, Christoph Martin. 1733–1813. Deutscher Schriftsteller der Aufklärung.

Wiener, Max. 1882–1950. Rabbiner und Philosoph.

Wilhelm, Kurt. Geb. 1900. In Magdeburg geborener Rabbiner. Autor religiöser Werke.

Wittig, Joseph. 1879–1949. Autor religiöser Schriften.

Wöhrmüller, Bonifazius. Geb. 1885. Benediktinerabt, Schriftsteller.

Wolfram von Eschenbach. Um 1170–1220. Mittelalterlicher Dichter und Minnesänger.

Wu Cheng-en. Um 1500–1582. Chinesischer Schriftsteller.

Wu-men Hui-kai. 1183–1260 (jap. Mumon Ekai). Chinesischer Zen-Meister, Herausgeber und Kommentator der bedeutenden Spruchsammlung Wu-men-kuan (jap. „Mumonkan“, dt. „Das torlose Tor“), die er 1228 vollendete.

Yahya ar Razi. Gest. um 890. Persischer Mystiker.

Yahya ibn Mu'adh. Gest. 871. Mystischer Prediger aus Persien.

Yâjnavalkya. Indisches Gesetzeswerk aus der Zeit des 2. bis 5. Jahrhunderts.

Yogânanda, Paramhansa. 1893–1952. Indischer Hindu-Heiliger. Hw.: „Autobiografie eines Yogi“.

Young, Edward. Um 1683–1765. Anglikanischer Pfarrer und Dichter.

Yung-chia Hsüan-chüeh. 665–713 (jap. Yôka Daishi). Früher chinesischer Zen-Meister, Verfasser des „Shodoka“ (dt.: „Lied der Erleuchtung“).

Zengetsu. 9. Jhdt. Chinesischer Zen-Meister. Die genauen Lebensdaten sind unbekannt. Verfasser der „Empfehlungen an Zen-Schüler“.

Zia Gök-Alp. 1875–1924. Türkischer Dichter.

Zinzendorf, Nikolaus Graf von. 1700–1760. Stifter der Herrnhuter Brüdergemeinde.

Zunz, Leopold. 1794–1886. Begründer der Wissenschaft des Judentums.

Zweig, Stefan. 1881–1942. Österreichischer Schriftsteller.

Zwingli, Ulrich. 1484–1531. Schweizer Religionsführer und Reformator.

Literatur

Al Ghasâli. *Das Elixier der Glückseligkeit. München 1998. Aus dem Persischen und Arabischen von Hellmut Ritter.*

Besserman, Perle & Manfred Steger. *Verrückte Wolken. Aus dem Englischen von Wolfgang Waas. Berlin 1999.*

Böthlingk, Otto. *Indische Sprüche. Nachdruck der Ausgabe St. Petersburg 1870–1873, Osnabrück/Wiesbaden 1966.*

Conze, Edward. *Im Zeichen Buddhas. Frankfurt/M. 1957.*

Drugpa Rinpoche. *Tibetische Weisheiten. München 2002. Hrsg. von Jean-Paul Bourre. Aus dem Französischen übersetzt von Stephen Schuhmacher.*

Fromm, Erich. *Wege zur Befreiung. Zürich 1990.*

Geis, Robert Raphael. *Vom unbekannten Judentum. Freiburg 1961.*

Gibran, Khalil. *Sand und Schaum. Zürich 1998. Übersetzt von Frank-Roland Pohl.*

Gibran, Khalil. *Geheimnisse des Herzens. Olten 1979. Übersetzt von Eva Hirsch.*

Glasenapp, Helmut von. *Indische Geisteswelt. Baden-Baden 1958.*

Govinda, Lama Anagarika. *Buddhistische Reflexionen. Bern 1983.*

Hazrat Inayat Khan. *Gayan-Vadan-Nitran. Heilbronn 1996. Übersetzt von Karima Sen Gupta.*

Kongpo Lama Jesche Tsöndrü. *Die Elixiere der Erleuchtung. Übertragen und herausgegeben von Jürgen Manshardt. Berlin 2002.*

Meisig, Marion. *Lebensweisheiten des Hinduismus. Gütersloh 1995.*

Mensching, Gustav. *Buddhistische Geisteswelt. Wiesbaden o. J.*

Mensching, Gustav. *Die Weltreligionen. Darmstadt o. J.*

Nârâyana. *Hitopadesa oder Die freundliche Belehrung. München 1988. Übersetzung von Johannes Hertel, herausgegeben von Johannes Mehlig.*

Petuchowski, Jakob J. *Beten im Judentum. Stuttgart 1976. Übersetzt von Elizabeth R. Petuchowski.*

Sântideva. *Eintritt in das Leben der Erleuchtung (Bodhicaryâvatâra). München 1997. Aus dem Sanskrit übersetzt von Ernst Steinkellner.*

Schimmel, Annemarie. *Gärten der Erkenntnis. Das Buch der vierzig Sufi-Meister. Düsseldorf/Köln 1984.*

Schimmel, Annemarie. *Mohammed Iqbal. Prophetischer Poet und Philosoph. München 1989.*

Senzaki, Nyogen. *Keine Spur im Wasser. Hrsg. von Ruth Strout McCandless. Übertragen aus dem Englischen von Günther Cologna. Zürich 1992.*

Sertillanges, Antonin-Gilbert. *Im Tode vom Leben umfangen. Freiburg 1965.*

Shankara. *Das Kleinod der Unterscheidung. Übersetzung von Ursula von Mangoldt. München 1957.*

Shigetsu Sasaki Sokei-an Roshi. *Sokei-an's Übertragung des Zen. Zürich o. J. Übersetzung aus dem Amerikanischen von Agathe Wydler und Hilary Thompson.*

Shigetsu Sasaki Sokei-an Roshi. *Der Zen-Weg zur Befreiung des Geistes. Zürich 1984. Übersetzung aus dem Amerikanischen von Agathe Wydler und Hilary Thompson.*

Silesius, Angelus. *Der Cherubinische Wandersmann.*
Sri Nisargadatta Maharaj. *Ich bin. Berlin 1980. Übersetzt aus dem Englischen von Gilda Remscheid.*
Suzuki, Daisetz T. *Der östliche und der westliche Weg. Frankfurt 1960. Übersetzt von Lieselotte und Walter Hilsbecher.*
Suzuki, Daisetz T. *Der Weg zur Erleuchtung. Baden-Baden 1957. Übersetzt von Fritz Kaus.*
Suzuki, Daisetz T. *Die große Befreiung. Konstanz 1947.*
Suzuki, Daisetz T. *Zen und die Kultur Japans. Hamburg 1958. Übersetzt von Otto Fischer.*
Suzuki, Shunryu. *Zen-Geist / Anfänger-Geist. Berlin 1996. Redigiert von Trudy Dixon.*
Szczesny, Gerhard. *Die Antwort der Religionen. Gütersloh o. J.*
Tucholsky, Kurt. *Schnipsel. Hamburg 1973.*
Weidelener, Herman. *Abendländische Meditationen. Zürich 1990.*

Register